YINGKE® 盈科

盈科全国业务指导委员会系列丛书

PPP/特许经营项目百案讼争

盈科律师事务所/编
张国印/主编　王　晰　陶慧泉　刘雪莲/副主编

法律出版社 LAW PRESS · CHINA
北京

图书在版编目(CIP)数据

PPP/特许经营项目百案讼争 / 盈科律师事务所编 ；
张国印主编. -- 北京 ：法律出版社，2023
ISBN 978 - 7 - 5197 - 7396 - 0

Ⅰ. ①P… Ⅱ. ①盈… ②张… Ⅲ. ①政府投资－合作－社会资本－应用－特许经营－企业法－案例－中国
Ⅳ. ①D922.291.915

中国版本图书馆CIP数据核字(2022)第238123号

PPP/特许经营项目百案讼争
PPP / TEXU JINGYING XIANGMU BAIAN SONGZHENG

盈科律师事务所 编
张国印 主编

策划编辑 朱海波
责任编辑 蒋 橙 李沂蔚
装帧设计 汪奇峰 臧晓飞

出版发行 法律出版社
编辑统筹 法律应用出版分社
责任校对 邢艳萍
责任印制 刘晓伟
经　　销 新华书店

开本 710毫米×1000毫米 1/16
印张 50.5 **字数** 800千
版本 2023年1月第1版
印次 2023年1月第1次印刷
印刷 固安华明印业有限公司

地址：北京市丰台区莲花池西里7号(100073)
网址：www.lawpress.com.cn
投稿邮箱：info@lawpress.com.cn
举报盗版邮箱：jbwq@lawpress.com.cn

销售电话：010－83938349
客服电话：010－83938350
咨询电话：010－63939796

书号：ISBN 978－7－5197－7396－0
定价：180.00元

凡购买本社图书，如有印装错误，我社负责退换。电话：010－83938349

本书编委会

主 编 张国印

副主编 王 晰（盈科北京） 陶慧泉（盈科武汉）
刘雪莲（盈科乌鲁木齐）

编委会成员

王文升（盈科济南） 陈会军（盈科苏州） 王龙兴（盈科北京）
杜玉明（盈科广州） 王洪武（盈科郑州） 韩 潇（盈科郑州）
潘 醒（盈科兰州） 李 胜（盈科福州） 药东虎（盈科北京）
潘婷波（盈科北京） 郑彩虾（盈科泉州） 张伶娟（盈科广州）

前　言

看看别人走过的一段路，他是怎么走过的，是否经历过波折，是否跌倒过，是否掉进过坑里。若是走得顺利，又是怎么个走法儿。如果我们也要走这段路，或者将来可能要走这段路，那么对于我们来说，这个"看看"很重要。

无论是诉讼之事，还是非诉讼之事，学习相关案例都非常重要。

仔细学习、研究一个案例，有时会有亲身经历之感。作为律师，有时会有似曾代理过这个案件感觉的收获。看某方面的案例多些，再多些，有助于帮助我们成为该方面的行家里手。

PPP 项目运作案例图书市面上有一些，但是 PPP 项目诉讼案例图书不多，已有的，相应案例数量一般也较少。2018 年，我编辑出版过一本《PPP 项目运作与法律实务》，是有关 PPP 项目运作方面的图书，非诉讼的，不涉及诉讼、仲裁案件内容。为尽量汇集各种类型 PPP 项目诉讼案例于一本图书，通过这本图书基本可以了解 PPP 项目类型、领域，可以了解以往 PPP 项目诉讼案例类型、主要争议问题等，使其有助于广大 PPP 项目从业者从中总结经验教训，有助于 PPP 项目法律工作者更好地提供法律服务，有助于 PPP 项目争议法官、仲裁员公正、高效审裁案件，编者根据来源于中国裁判文书网的相关案例编著了本图书。

本图书包括 100 个案例，提炼了相关 300 个争议问题。300 个争议问题都列举在案例目录之中，便于遇到某一问题或者某一类型问题的读者朋友通过目录线索阅读相关具体案例。因一些具体案例有一定差异，在具体案例中，本图书并未追求结构的完全一致，有一些案例结构相同，有一些案例结构不同。总体包括相关问题、裁判要点摘选、案件事实、诉讼请求/申请事项、裁判意见/审查意见、案件结果等。对于案件所涉及当事人信息、项目具体信息，本图书尽量作了模糊简称等技术性处理。进行简称或者忽略处理将较大影响整个案例阅读，结合案例公开程度及是否有助于相关政府部门依法行政考虑，对部分当事人信息、项目具体信息进行了保留。100 个案例中的案由并不完全一致，有多种，但案例均与 PPP/政府特许经营相关。案例时间跨度较长，一定程度展示了 PPP/政府特许经营项目发展历程。

具体案例中，不一定仅是一个审理程序（如一审）情况，编者能够查询到的程序包括二审、再审的，都在一个案例中进行了相关内容的说明，尽量反映案件的全貌、全过程及结果。在本图书 100 个案例中，包括部分指导性案例、经典案例、典型案例。其中，指导性案例为最高人民法院公布，经典案例为中国裁判文书网标注，典型案例为编者标注。

PPP 与政府特许经营到底有无区别，区别几何，专家们结合国内、国外理论观点发表的意见并不完全一致，千呼万唤的有关法律界定也还没有出台。个人认为，PPP 与政府特许经营是有所区别的，但考虑到上述问题的存在，本图书中编入了有关政府特许经营项目案例。

开卷有益，希望本图书对打开它的朋友能够有所裨益。

鉴于编者水平与能力都十分有限，本图书难免存有错误或者其他不当之处，欢迎读者朋友批评、指正。

在此致谢！

北京市盈科律师事务所
张国印律师
2022 年 12 月于北京

目 录

CONTENTS

案例1　案涉公路项目是否必须通过公开招投标方式确定承包方

相关问题

1. 项目合同书是否涉及转让公路收费权；
2. 案涉公路项目是否必须通过公开招投标方式确定承包方；
3. 案涉项目合同书是否属无效合同。

要点说明

在公开招标方式下对社会资本方和施工总承包方同时招标的“两标并一标”，是合法有效的。如果PPP项目招标仅是招采社会资本方，不包含工程施工发包的招标，通过非公开招标方式选定社会资本方，则并不违反《招标投标法》必须招标的项目范围的规定，应当认定中标有效。

基本案情

原告：R县人民政府

被告：北桥公司

2012年3月12日，四川省发展和改革委员会（以下简称省发改委）下发《关于凉山州永郎至会理快速通道工程可行性研究报告的批复》（以下简称《可研批复》），同意凉山州永郎至会理快速通道工程可行性报告，项目业主为R县地方公路改扩建工程管理处，项目估算总投资50.07亿元，项目资本金为估算总投资的25%，由地方自筹解决，其余75%申请国内银行贷款筹集，项目投标事项核准意见：应严格按照《招标投标法》等规定和本核准要求进行招标投标活动。该批复附件《审批部门招标核准意见》载明:招标范围包括勘察设计、施工、监理、重要设备和材料(含安装)招标。附属工程应和主体工程一并招标、全部招标;招标组织形式:委托招标;招标方式:公开招标。

2012年3月13日,R县人民政府(以下简称县政府)作为甲方与作为乙方的北桥公司签订《凉山州永郎至会理快速通道项目投资合作协议书》(以下简称《合作协议书》),约定:甲、乙双方同意就协议项目投资建设开展合作;项目总投资50.07亿元;合作方式:项目采用甲方转让政府还贷公路收费权益(收费权、广告经营权、服务设施经营权)并给予乙方项目资本金补助及相关补偿的合作方式。2012年6月14日,双方签订《凉山州永郎至会理快速通道建设项目合同书》(以下简称《项目合同书》),约定:经项目所在凉山州政府(以下简称州政府)批准,北桥公司(乙方)通过合同方式从县政府(甲方)获得对本项目进行投资、勘察、设计、采购、建设、经营、管理的权利;甲方签订本合同是经过州政府批准,乙方签订本合同是经过乙方董事会批准;项目工程是指经省级主管部门审定的施工图设计、安保、绿化工程、附属服务工程等涉及的内容和规模。项目概况:项目拟修建里程全长60.669公里。总投资估算为50.07亿元。合作方式:甲、乙双方同意,项目采用转让政府还贷公路收费权益(收费权、广告经营权、服务设施经营权)并给予项目资本金补助及相关补偿的合作方式;乙方按照"EPC + BOT"模式,即勘察设计 + 采购 + 建设 + 经营 + 移交对本项目进行建设。合作期限:本项目为政府还贷收费公路,收费年限为25年,本项目拟定建设期为3年,时间为交通行政主管部门签发的开工许可批复起,甲方授予乙方收费经营期限为25年(不含建设期),特许期满,乙方无偿将项目形成的有形资产和无形资产全部交回甲方。并将《可研批复》《合作协议书》作为合同附件。

2012年9月21日,R县地方公路改扩建工程管理处发布凉山州永郎至会理快速通道工程融资建设总承包招标公告。2012年11月8日,进行开标评标,被告北桥公司参加了投标,但未中标。2013年3月25日,省发改委认定凉山州永郎至会理快速通道工程融资建设总承包招标无效。

2013年10月28日,县政府起诉北桥公司(案由为确认合同无效纠纷),请求:1.判决确认原、被告于2012年6月14日签订的《项目合同书》无效;2.诉讼费用由被告承担。

县政府主要诉讼意见:根据《公路法》《收费公路管理条例》《招标投标法》

《合同法》[①]等相关法律法规规定,原告、被告签订的《项目合同书》应属无效合同。原告多次通知被告并希望妥善解决未果。

北桥公司主要诉讼意见:双方签订的合同书合法有效。首先,合同在性质上属于投资合作合同,并非建设合同。合同内容是双方采用由被告投资建设经营,原告给予被告政策上的优惠的合作方式来开发快速通道。无论是《招标投标法》,还是《公路法》《收费公路管理条例》《合同法》都没有规定合作方式应当招投标。因此,合同不违反法律规定。其次,省发改委给凉山州发改委下发的批复中,关于招投标事项核准意见中明确规定了招标范围即勘察设计、施工、监理、重要设备和材料,而双方签订的合作合同是以投资为主的合作协议,并不涉及批复中的招标范围,且被告在履行合作合同时、建设过程中处于建设单位的地位,也会严格按照批复中的招标范围就勘察设计、施工、监理、重要设备及材料进行招标,未招标,不是不想招标,而是还没到招标的时候。

一审意见

本案争议焦点:双方签订的《项目合同书》是否有效。

一审法院认为,本案讼争的原告、被告双方签订的《项目合同书》约定建设的工程项目,在2012年3月12日省发改委文件中已明确为公路建设项目,估算总投资50.07亿元,项目资本金为估算总投资的25%,由地方自筹解决,其余75%申请国内银行贷款筹集,项目投标事项核准意见为"勘察、设计、施工、监理、重要设备和材料(含安装)招标。招标方式为公开招标"。该合同约定的"项目总投资50.07亿元,双方合作方式:项目采用县政府(甲方)转让政府还贷公路收费权益(收费权、广告经营权、服务设施经营权)并给予北桥公司(乙方)项目资本金补助及相关补偿的合作方式。乙方通过合同方式从县政府(甲方)获得对本项目进行投资、勘察、设计、采购、建设、经营、管理的权利即乙方按照'EPC+BOT'模式对本项目进行建设"内容,表明双方讼争的快速通道建设项目总投资约50.07亿元,项目资本金为估算总投资的25%,由地方自筹解决,其余75%申请国内银行贷款筹集;原告将该项目公路收费权益(收费权、广告经营权、服务设施经营权)转让给被告北桥公司,该公司按照"EPC+BOT"模式进行建设。故被告关于"合同在性质上属于投资合作合同,并非建设合同。且被告在

① 现已失效,下同。

履行合作合同时在建设过程中处于建设单位的地位，双方系合作、被告是替代政府管理项目，未转让公路收费权”的答辩与合同中上述约定不符，不予采信。根据《公路法》第59条“符合国务院交通主管部门规定的技术等级和规模的下列公路，可以依法收取车辆通行费：(一)由县级以上地方人民政府交通主管部门利用贷款或者向企业、个人集资建成的公路”、第61条“本法第五十九条第一款第一项规定的公路中的国道收费权的转让，必须经国务院交通主管部门批准；国道以外的其他公路收费权的转让，必须经省、自治区、直辖市人民政府批准，并报国务院交通主管部门备案”①的规定，双方当事人未依据上述法律规定经省人民政府批准即将讼争公路收费权转让，违反了上述法律强制性规定。同时，案涉项目也未依据国务院颁布的《收费公路管理条例》第19条“依照本条例的规定转让收费公路权益的，应当向社会公布，采用招标投标的方式，公平、公正、公开地选择经营管理者，并依法订立转让协议”和交通运输部、国家发展和改革委员会、财政部联合颁布的《收费公路权益转让办法》第19条“转让政府还贷公路收费权益和有财政性资金投入的经营性公路收费权益，应当采用公开招标的方式，公平、公正、公开选择受让方”的规定，采用公开招标的方式，公平、公正、公开选择受让方。被告“无论是招标投标法、公路法、收费公路管理条例、合同法都没有规定合作方式应当招投标。合同不违反法律规定”的答辩理由不能成立，不予采信。

另，讼争合同还约定被告有“投资、勘察、设计、采购、建设、经营、管理的权利”，即按照“EPC+BOT”模式对本项目进行建设。依据《公路法》第23条“公路建设项目应当按照国家有关规定实行法人负责制度、招标投标制度和工程监理制度”，《招标投标法》第3条“在中华人民共和国境内进行下列工程建设项目包括项目的勘察、设计、施工、监理以及与工程建设有关的重要设备、材料等的采购，必须进行招标：(一)大型基础设施、公用事业等关系社会公共利益、公众安全的项目”，国家发展计划委员会颁布的《工程建设项目招标范围和规模标准规定》②第2条“关系社会公共利益、公众安全的基础设施项目的范围包括：……(二)铁路、公路、管道、水运、航空以及其他交通运输业等交通运输项目”、第3条

① 最新2017年版已修订。

② 现已失效。

“下列公路工程施工项目必须进行招标,但涉及国家安全、国家秘密、抢险救灾或者利用扶贫资金实行以工代赈等不适宜进行招标的项目除外:(一)投资总额在3000万元以上的公路工程施工项目”的规定,讼争合同约定建设的公路项目必须通过公开招投标方式确定承包方,但本案讼争合同违反上述法律、法规规定并未通过招投标方式签订。

综上,双方当事人在讼争合同中约定转让的公路收费权未依法进行审批并公开招投标选择经营管理者,对讼争公路建设项目的设计、采购、施工的约定未依法采用公开招投标,即在讼争合同中明确约定被告采用“EPC + BOT”建设模式对项目进行总承包。依据《招标投标法》第4条“任何单位和个人不得将依法必须进行招标的项目化整为零或者以其他任何方式规避招标”、《合同法》第52条“有下列情形之一的,合同无效:……(五)违反法律、行政法规的强制性规定”的规定,讼争合同因违反法律、法规强制性规定,应为无效合同。原告“请求判决确认原、被告于2012年6月14日签订的《项目合同书》无效”的诉请,有事实及法律依据,予以支持。被告主张“双方系合作关系,未转让公路收费权,合同未违反法律规定”的答辩理由不能成立,不予采信。

一审结果

2014年1月29日,一审法院作出民事判决:确认原告县政府与被告北桥公司于2012年6月14日签订的《项目合同书》无效。

(编者注:未发现该案有二审、再审程序)

案例评析

从《合作协议书》的内容来看,属于政府特许经营协议。合同约定的“EPC + BOT”建设模式也是政府将工程设计、采购、建设总承包和特许经营,共同授权给被告北桥公司投资实施,所以合同的性质既包括北桥公司的特许经营,也包括工程总承包。案例项目是在2012年进行的招标采购,根据当时有效的《招标投标法》《政府采购法》《公路法》等法律的规定,相关EPC工程总承包,当时并无法律规定可以采取直接发包的方式。特许经营项目的采购依据《公路法》第61条、《收费公路管理条例》第19条规定实施,更是明确应当“采用招标投标的方式,公平、公正、公开地选择经营管理者,并依法订立转让协议”。因此,案涉“EPC + BOT”项目的工程建设和特许经营权授予,都要求必须进行公开招标,故法院认定原告县政府与被告北桥公司未经公开招投标签订的《项目合同书》无效,合法有据。

在 PPP 模式招标中,通常争议最大的问题,就是社会资本招标和工程发包招标的“两标并一标”的方式、效力问题。财政部 2015 年推广 PPP 建设模式的系列文件中,将社会资本方的招标采购分为公开招标、邀请招标、竞争性谈判、单一来源采购和竞争性磋商五种方式。其中,竞争性磋商是财政部财库〔2014〕214 号《政府采购竞争性磋商采购方式管理暂行办法》确定的一种新的采购方式,很多项目就是采取竞争性磋商方式选择社会资本方。但是,竞争性磋商并非《招标投标法》规定的采购方式。由于参与 PPP 项目的多为施工企业,其投标的目的是获取建设工程项目的施工承包权,政府方在设计招标文件时,也一般会明确列明项目承包对社会资本方在施工方面的资质、资格条件要求,从而使得中标社会资本方可以按照《招标投标法实施条例》第 9 条“除招标投标法第六十六条规定的可以不进行招标的特殊情况外,有下列情形之一的,可以不进行招标:……(三)已通过招标方式选定的特许经营项目投资人依法能够自行建设、生产或者提供”的规定进行,即在作为社会资本方中标时,同时取得工程项目的施工承包权。通过竞争性磋商直接选择社会资本方同时选定施工承包方的方式,因违反了《招标投标法》关于必须公开招标的项目范围的规定,并且根据《招标投标法》第 55 条的规定,必须招标的项目未经招标而签订合同的,属于中标无效,所签合同亦无效。故此,这种竞争性磋商“两标并一标”的招标模式,存在违反法律效力性禁止性规定导致中标无效的严重问题。

那么“两标并一标”的方式是否就不可行呢?根据编者前述分析,以及参考后续 PPP 项目整改所采取的实务处理,在公开招标方式下对社会资本方和施工总承包方同时招标的“两标并一标”是合法有效的。

当然,如果 PPP 项目招标仅是招采社会资本方,不包含工程施工发包的招标,通过非公开招标方式选定社会资本方,则并不违反《招标投标法》必须招标的项目范围的规定,应当认定中标有效。

案例2 案涉污水处理厂项目是否必须进行招标

相关问题

1. 案涉污水处理厂项目是否必须进行招标；
2. 被告应否对原告承担违约责任；
3. 原告在法院对协议效力释明后不改变诉讼请求可能的风险。

裁判要点摘选

《项目协议书》对污水处理厂的设计、建设及相关货物采购均作出了约定，虽然该协议书没有约定投资额，但康保公司在庭审中自认投资额为3000万元左右。根据《招标投标法》第3条等法律法规的规定，案涉污水处理项目属于必须进行招标的关系社会公共利益、公众安全的基础设施和公用事业工程建设项目的项目。《项目协议书》未经招标程序签订，依照《合同法》第52条第5项的规定，该协议书为无效合同。

基本案情

上诉人（一审原告）：康保公司

被上诉人（一审被告）：东莞市C镇人民政府

2007年8月5日，康保公司成立，经营范围：污水处理项目投资与运营，房地产开发及其物业管理（凭有效资质经营），热电项目投资与经营。

2010年7月2日，东莞市C镇人民政府（以下简称镇政府）作为甲方与康保公司作为乙方签订了《东莞市毛纺织环保专业基地污水处理厂招商项目协议书》(以下简称《项目协议书》),《项目协议书》第1.2条用语定义约定:"本项目指东莞市环保专业基地(以下简称环保专业基地)首期污水处理厂(工业、生活统一处理),及其厂区内各处理单元构筑物,各处理单元之间的各种连接管道,辅助性建筑物,厂内道路、照明、绿化、给排水等配套设施以及经甲方和乙方认可的其他服务设施。本协议生效后,为将税收、产值留在项目所在地,康保公司在项目所在地专门设立具有独立法人资格的项目公司,统筹本项目一切事务。例如,与具有资质的设计、施工等单位分别签订合同,依照法规约定及时推进、完成项目。现场指东莞市环保专业基地工业污水处理厂所在地。前置审批包括但不限于:环评批文、规划许可批文、用地预审批文、立项批文、施工许可批文。基准价是指本项目中合同约定的当前每吨污水处理费用的价格。本工程指本协议要求乙方提供设备、材料并施工、安装的环保专业基地的污水处理厂首期工程。污水处理厂额定处理能力指乙方按行业规范对项目进行运营和维修受到的限制和约束,亦称为设计处理量。单位为:吨/天。项目首期设计处理量为5000吨/天,回用率为60%。基准水量根据环评批文,当前本项目处理能力为1.5万吨/天,该水量即为本协议的基准水量";第3.1条项目特许权的授予约定:"特许权的授予是通过甲方与乙方签订本协议的方式来实现的。本协议经甲乙双方签字、盖章之后,本项目的特许权授予随之生效。即乙方在特许权内拥有本项目的融资、设计、建设、运营和维护项目设施并取得污水处理服务费的独家权利。乙方的特许经营权在整个特许经营权期内始终持续有效";第3.2条项目特许期约定:"除非依据本协议进行延长或第三十九条而终止,本项目特许期为30年。特许期起算点满足如下两个条件之一:(1)项目污水处理量稳定达到基准水量(1.5万吨/天);(2)相当于达到基准水量。污水水量虽然不达上述基准水量,但甲方对该基准水量实施最低水量保护,并按协议支付差额。当上述起算条件具备时,项目开始计算特许期,双方签署书面文件,并以该文件作为计算本项目特许期的起始凭证";第5.1条约定:"甲方按本协议第3.1条规定授予乙方的项目特许权具有独占性,同时甲方保证不得将本协议下的项目特许权部分或全部地授予第三方";第7.1条甲方的权利和义务约定:"(1)授予乙方特许经营权;(2)根据本协议的规定按时向乙方支付污水处理服务费;或由乙方直接向排污企业收取;(3)在特许经营期内,协助乙方办理有关政府部门要求的各种与本项目有关的审批手续;(4)……";第7.2条乙方的权利和义务约定:"(1)乙方在特许经营期内独家享有特许经营权;(2)根据本协议的规定,乙方应在特许经营权期内自行承担费用、责任和风险,进行项目的融资、建设,以及项目设施的运营与维护;(3)按照本协议规定的方式取得污水处理服务费;(4)接受政府部门的行业监督。服从社会公共利益,履行对社会公益性事业所应尽的义务和服务”;第8.1条项目范围约定:“系指本工程的投资建设(包括工程设计、设备采购及厂内建筑安装等工程)、营运和移交的特许权”;第8.2条工程规模约定:“污水厂污水处理量以环保专业基地环境影响评价报告之排污最高许可量为其基准水量。该基准水量即为本项目的设计处理量。甲方另有要求情况除外”;第8.3条项目用地第1款约定:“位于东莞市纺织环保专业基地,首期共计33,300平方米”;第2款约定:“甲方应在本协议生效后,按红线无偿向乙方提供污水处理项目用地的土地使用权,并确保乙方在特许经营期内独占性地使用该土地”;第8.4条项目法人的运作方式约定:“本项目按BOT(建设—运营—移交)方式运作,即乙方取得本污水处理项目的特许经营权,负责项目资金筹措、建设、运营、维护和债务偿还,乙方获取污水处理费作为污水处理厂的运营费用和项目的投资回报。特许经营期满后,乙方必须按协议条款,将运行良好的污水处理厂无偿移交给甲方或其指定的机构”;第8.6.1条约定:“甲方所承担的义务:(1)负责完成项目所有前置审批(包括但不限于:环评批文、规划许可批文、用地预审批文、立项批文、施工许可批文),并支付相关费用。当甲方将项目前置审批中最后一项‘施工许可批文’交付乙方,且同意或批准乙方动工时,项目开始计算乙方施工工期。甲方办理上述前置审批过程中,需乙方提供技术方案时,乙方免费提供相应的技术方案,以方便甲方办理相关审批。(2)负责本项目用地的征地、折迁、补偿、‘三通一平’及相关费用,上述工作必须在取得该项目用地预审批准之日起60日内完成。……(3)在协议有效期内,从试运行起始日起,按协议规定的水质、水量向乙方提供污水至接收点。乙方投资承建进出水管网情况除外”;第8.6.2条乙方所承担的义务约定:“(1)协助甲方完成本项目的前置审批(环评批文、规划许可批文、用地预审批文、立项批文、施工许可批文)。(2)依照所有适用法律法规和建设程序以及本协议的要求,负责本项目建设工程的融资、设计和建设。(3)负责项目设施的调试和试运行,包括对运行及维护人员的培训和管理。(4)负责项目设施的运营和维护,保证本项目正常运行,按行业规范和本协议规定,向甲方提供符合出水水质标准的污水处理服务”;第10.3条约定:“乙方必须在签订本协议后3～9个月内向东莞市环保部门提供本项目的技术方案,费用由乙方支付。因甲方原因项目用地发生变更的,其重复产生的费用,应由甲方负担”;第37.2.1条约定:“违约方应承担自己违约行为给对方造成的直接经济损失及剩余特许经营期的预期合理收费”;第39.5.2条约定:“如是乙方行使协议终止权生效后,甲方须赔偿乙方对本项目投资的直接经济损失及剩余特许经营期的预期合理收益。该预期合理收益计算方法:乙方实际经营天数的平均收入乘以剩余特许经营期限的天数”;除上述约定外,该协议还对双方的其他权利义务进行了约定。2011年6月3日,镇政府向康保公司发出《关于毛纺织环保专业基地污水处理厂项目重新招标的通知》(以下简称《重新招标通知》),大致内容:双方于2010年7月2日签订的《项目协议书》之项目属于东莞市市政污水处理工程,对东莞市的整体环境整治和当地社会公共利益具有极为重大的影响,根据《招标投标法》《广东省实施〈中华人民共和国招标投标法〉办法》等相关法律、法规的规定,该项目属于必须招标的项目;基于上述事实,镇政府通知康保公司:镇政府将于近日按照有关法律法规的规定对该项目公开招标,重新确定项目的建设、运营单位;请康保公司留意有关该项目的公开招标信息,并欢迎康保公司参与项目的招标。2011年6月5日,康保公司向镇政府复函,主要内容:镇政府对国家和广东省的法规不具有解释权,对法规的看法只能作为合同一方的理解,不能必然成为判定合同效力的依据。《重新招标通知》已构成侵权,若继续违法进行所谓的“招标”,系根本性违约,康保公司将采取一切必要措施维护自身权益,当前甲方的首要工作是依法履行合同,尽快完成项目的前置审批,为乙方的及时进场提供合法保障。2011年9月21日,东莞市环保专业基地合作开发项目采购结果公示,中标供应商为豪丰公司。2011年11月15日,康保公司以镇政府为被告向东莞市第三人民法院提起行政诉讼,请求判令:(1)确认镇政府环保专业基地合作开发项目招标行为违法;(2)宣告镇政府环保专业基地合作开发项目中标结果无效;(3)判令镇政府继续履行合同。东莞市第三人民法院作出行政裁定,驳回康保公司的起诉。康保公司不服,向东莞市中级人民法院提出上诉,东莞市中级人民法院作出行政裁定,驳回上诉,维持原裁定。康保公司不服东莞市中级人民法院作出的行政裁定书,向广东省高级人民法院(以下简称广东高院)提起申诉,广东高院于2013年7月3日驳回再审申请。广东高院认为,镇政府委托远大招标公司对东莞市环保专业基地合作开发项目进行招标,并由豪丰公司中标,故镇政府与豪丰公司之间的合作关系是因政府采购方式并通过招投标形成的，康保公司没有参与上述招标活动，并非镇政府此项政府采购的供应商，因此也就不享有政府采购当事人的权利，对于该项目的招标行为以及中标结果，康保公司没有提出异议的权利。因此一、二审裁定驳回康保公司的起诉并无不当。根据《招标投标法》《广东省实施〈中华人民共和国招标投标法〉办法》等相关法律、法规的规定，镇政府与康保公司原先签订的污水处理厂招商项目属于必须招标的项目，由于康保公司未参加招标，康保公司与镇政府的合同纠纷，可另循法律途径解决。康保公司与镇政府因《项目协议书》事宜协商未果，于2014年7月24日提起本案诉讼，请求镇政府承担违约金1亿元以及起诉之日起的利息损失。诉讼中，一审法院依康保公司的申请，到东莞市发展和改革局调查环保专业基地污水处理价格的形成机制以及洗水、印花企业污水处理价格等。东莞市发展和改革局向一审法院出具东法改函〔2015〕44号《关于工业污水处理价格问题的回复》，内容大致如下：按照《广东省定价目录》等的规定，工业污水处理价格未纳入政府定价管理。环保基地内工业污水处理厂受生产企业委托处理污水的服务价格，实行市场调节价，由服务双方根据处理成本、污水浓度、处理规模等情况协调确定；由于上述工业污水处理价格实行市场调节价，且处理成本受污水浓度、处理规模、中水回用等因素影响，处理价格差异较大，东莞市发展和改革局不掌握相关价格信息。康保公司确认上述复函的真实性，并认为从东莞市发展和改革局的答复来看，本案的污水处理价格由双方协商确定市场定价，因此《项目协议书》第27.1条约定了价格，应作为本案预期利润的计算依据，由市场定价机制反映了本案不属于市政公用事业。镇政府确认上述复函的真实性，但认为该文件与康保公司所诉讼请求没有法律上的关联性，因为《项目协议书》没有实际履行。一审法院依康保公司的申请到东莞市环境保护局调取了《东莞市环保专业基地环境影响报告书》(完整版)，双方对该报告书真实性予以确认，康保公司认为该报告书反映了污水处理厂投资额小于8000万元，镇政府认为该报告书明确了环保基地的项目组成和规模，与镇政府主张相符。镇政府庭审后向法院提交了《东莞市环保专业基地环境影响报告书的批复意见》，康保公司对该文件真实性确认，并认为该文件提到污水量是每天22,000吨，计算利润损失远高于康保公司主张的利润损失。诉讼过程中，双方存在如下争议：(1)《项目协议书》的效力。康保公司主张《项目协议书》是合法有效的，该协议没有违反《招标投标法》

规定，且符合《广东省实施〈中华人民共和国招标投标法〉办法》第7条、第8条、第9条的规定。镇政府主张，《项目协议书》是无效的，案涉招商项目涉及社会共同利益，属于市政项目，根据《招标投标法》第3条和《市政公用事业特许经营管理办法》第2条、第4条、第8条、《关于加强市政公用事业监管的意见》第1条、第2条以及广东省建设厅、东莞市等文件的规定，案涉项目属于必须招投标项目，《项目协议书》违反了法律、法规的强制性规定，为无效的协议。(2)《项目协议书》项下康保公司负责的范围。康保公司主张，《项目协议书》项下康保公司负责的范围仅为污水处理厂，不包括污水处理厂外面的管网以及配套设施等，投资总额在3000万元左右。镇政府则认为，《项目协议书》项下康保公司负责的范围不仅包括污水处理厂，还包括污水处理厂外面的管网以及配套设施等，投资总额达8亿元。(3)关于双方有无履行《项目协议书》。镇政府主张，双方均没有履行《项目协议书》，镇政府不履行《项目协议书》的原因在于康保公司没有履行协议书第1.2条、第8.4条、第8.6.2条、第10.3条、第11.2.1条等条款的约定，完成相关项目的前置审批手续，也没有设立项目公司。康保公司则主张，合同约定的五大批文是由镇政府完成的，康保公司只是有协助的义务，镇政府没有将环评批文交给康保公司，导致康保公司无法完成用地许可审批、地质勘察等工作，项目公司也无法设立。《东莞市环保专业基地环境影响报告书》第十三章环境经济损益分析第13.3.1条环保投资估算：废水设备以及管网建设8000万元、废气处理设备600万元、固体废物50万元、噪声处理设备150万元、水土保持926.63万元，合计9726.63万元。康保公司庭后向一审法院提交当事人陈述，在该陈述中，康保公司认为案涉项目没有实行招标的原因之一为：根据签约前由环保部一环境科学研究所完成的《环评报告书》载明，环保专业基地全部管网加污水处理厂总投资额为8000万元，扣除管网后的污水处理厂投资仅3700万元(按合同约定1.5万吨水量计算)。庭审中，康保公司明确其诉讼请求1亿元违约金为履行《项目协议书》可获得的预期收益，经一审法院释明，如法院认定《项目协议书》无效，康保公司是否变更诉讼请求。康保公司明确表示，如果法院认定《项目协议书》无效，康保公司也坚持不变更诉讼请求。

康保公司起诉镇政府(案由为合同纠纷)，请求判令：(1)镇政府向康保公司承担违约金1亿元整及其起诉之日起的利息损失(按照银行同期贷款利率及通货膨胀率，时间自立案起诉之日起，至实际支付日)；(2)镇政府承担本案受理费。

康保公司主要诉讼意见:(1)《项目协议书》合法有效。因案涉项目系BOT合同(特许经营权投资),且投资额未超过1亿元。根据《广东省实施〈中华人民共和国招标投标法〉办法》[①]第9条第4款第1项的规定,污水处理厂特许经营权的投资规模未超过1亿元时不属于公开招标范围。且当初在长达1年多的时间里,并没有第二家公司对该项目有投资意愿,镇政府在经过长时间的考察、沟通、谈判后,参照"大朗毛纺织环保专业基地"污水处理厂投融资模式与康保公司签约。镇政府所订立的BOT合同合法有效,其终止协议的理由源于《广东省实施〈中华人民共和国招标投标法〉办法》第8条的相关规定。但是该条仅系范围约定,镇政府完全不顾及在此基础上更关键的第9条的规模约定。另,在康保公司及时告知镇政府上述法规的情况下,镇政府依然无视法规和合同的约定,继续单方面终止合同,其行为已构成故意甚至恶意违约,故镇政府应对其行为承担法律责任,并按合同约定对康保公司进行赔偿。(2)赔偿金额计算依据。①根据合同约定,赔偿金额(预期收益)的计量依据如下:基准量:合同约定的首期规模量5000吨/天作为基准量。水量校正系数:0.83。合同约定即便在没有水的情况下也按合同基准水量的83%计量水量,回用水率:60%。排污费收取单价:洗水:2.5元,印花5元,回用水2.5元。其中,洗水占总量的90%,印花占10%,可得综合污水处理价:2.75元/吨。特许经营剩余期限:剩余年限30年,年工作日330天。预期收费计量:(污水水量×水量校正系数×综合水价+回用水水量×回用率×水价)×年工作日×剩余合同期限。代入数据得:(5000×0.83×2.75+5000×0.6×2.5)×(330×30)=18,700万元。②康保公司暂未提及的利益包括直接经济损失和环评批文满负荷水量。考虑当前地方财政难度,康保公司暂未将上述两项权益计入,否则将是目前索赔额的3~4倍。另,基于处分原则,康保公司决定先要求镇政府承担违约金1亿元整及其起诉之日起的利息损失(按照银行同期贷款利率及通货膨胀率,时间自立案起诉之日起,至实际支付日)。

镇政府主要诉讼意见:(1)本案污水排放及处理的项目属于关系社会公共利益、公共安全的基础设施项目,属于必须进行招标的范围,故环保专业基地项

---

① 此案当时引用为旧版,已被修订,最新为2018年版。

目应当依法进行公开招投标。(2)根据建设部发布实施的《市政公用事业特许经营管理办法》第2条、第4条、第8条,《关于加强市政公用事业监管的意见》第1条、第2条,住房和城乡建设部公布的《关于进一步鼓励和引导民间资本进入市政公用事业领域的实施意见》第2条,《广东省建设厅转发建设部关于加强市政公用事业监管意见的通知》第3条,《广东省建设厅关于认真贯彻执行建设部〈市政公用事业特许经营管理办法〉的通知》第1条,《东莞市市政公用事业特许经营管理办法》第2条、第12条等相关规定,污水处理行业作为市政公用事业实施特许经营的,依法应当通过公开招投标形式选择投资者或经营者。即环保专业基地项目依法应当经过公开招投标的方式择优选择投资者或经营者。(3)环保专业基地项目特许经营权依照法律规定应当进行招投标,《项目协议书》应属于无效合同。(4)环保专业基地项目作为东莞市重点工程项目,经东莞市人民政府统计,自2014年1月至10月,该投资总额已达1.6亿元,康保公司主张案涉项目投资额未超过1亿元无事实依据,应当依法不予采纳。(5)康保公司签署《项目协议书》后,并未实际进行开发及投入,也未投入任何资金及成本,不存在任何经济损失。(6)康保公司在签署协议后,未按照合同约定履行合同义务及责任,主观上亦存在明显过错,故镇政府不应承担任何违约责任。(7)镇政府不应承担任何赔偿或违约责任,且康保公司所计算的违约金没有法律及事实依据。

一审意见

一审法院认为,本案为合同纠纷,争议焦点:(1)《项目协议书》的效力;(2)康保公司诉求镇政府支付违约金以及利息损失是否合法有据。

关于争议焦点一。康保公司主张,《项目协议书》合法有效,双方应遵照执行,但镇政府却单方拒不履行合同,已经构成违约。镇政府则认为,《项目协议书》约定的项目为法律规定的必须进行招标的工程建设项目,《项目协议书》未经招标程序签订,为无效合同。对此一审法院认为,《招标投标法》第3条规定:"在中华人民共和国境内进行下列工程建设项目包括项目的勘察、设计、施工、监理以及与工程建设有关的重要设备、材料等的采购,必须进行招标:(一)大型基础设施、公用事业等关系社会公共利益、公众安全的项目;……前款所列项目的具体范围和规模标准,由国务院发展计划部门会同国务院有关部门制订,报国务院批准。”国家发展计划委员会颁布的《工程建设项目招标范围和规模标准规定》①第2条规定：“关系社会公共利益、公众安全的基础设施项目的范围包括：……（五）道路、桥梁、地铁和轻轨交通、污水排放及处理、垃圾处理、地下管道、公共停车场等城市设施项目；……”第3条规定：“关系社会公共利益、公众安全的公用事业项目的范围包括：（一）供水、供电、供气、供热等市政工程项目；……（六）其他公用事业项目。”第7条规定：“本规定第二条至第六条规定范围内的各类工程建设项目，包括项目的勘察、设计、施工、监理以及与工程建设有关的重要设备、材料等的采购，达到下列标准之一的，必须进行招标：（一）施工单项合同估算价在200万元人民币以上的；（二）重要设备、材料等货物的采购，单项合同估算价在100万元人民币以上的；（三）勘察、设计、监理等服务的采购，单项合同估算价在50万元人民币以上的；（四）单项合同估算价低于第（一）、（二）、（三）项规定的标准，但项目总投资额在3000万元人民币以上的。”污水处理项目属于关系社会公共利益、公众安全的基础设施和公用事业工程建设项目。本案中，尽管双方对《项目协议书》约定的康保公司负责的范围存在争议，但结合康保公司的主张可知，康保公司认可《项目协议书》约定其负责的范围污水处理厂总投资额在3000万元左右，而镇政府认为康保公司负责范围（包括污水处理厂在内）的投资额在1亿元以上，结合双方提交的证据可推定，单从污水处理厂的投资额来看，已达3000万元左右，案涉工程建设项目重要设备、材料等货物的采购，单项合同估算价在100万元人民币以上。《项目协议书》约定的污水处理项目属于《招标投标法》第3条和《工程建设项目招标范围和规模标准规定》②第2条、第3条、第7条规定的必须进行招标的关系社会公共利益、公众安全的基础设施和公用事业工程建设项目的项目，《项目协议书》未经招标程序签订，依照《合同法》第52条第5项的规定，案涉合同为无效合同。康保公司主张，案涉合同为特许经营合同，按照《广东省实施〈中华人民共和国招标投标法〉办法》第8条、第9条的规定，总投资1亿元人民币以上的向社会选择投资主体的政府特许经营建设项目才属于法律规定的必须招标的项目范围，而案涉污水处理项目总投资额在1亿元以下，因此《项目协议书》的签订无须进行招标程序。对

① 现已失效。

② 现已失效。

此，一审法院认为，如前所述，案涉污水处理项目属于关系社会公共利益、公众安全的基础设施和公用事业工程建设项目，案涉污水处理项目采用BOT特许经营方式建设营运并不能改变案涉污水处理项目本身系属于关系社会公共利益、公众安全的基础设施和公用事业工程建设项目的性质，仍须按照《招标投标法》以及《工程建设项目招标范围和规模标准规定》[①]的有关规定履行招标程序签订相关合同，况且，《招标投标法》以及《工程建设项目招标范围和规模标准规定》[②]并未对基础设施、公用事业特许经营项目作出例外的规定，因此康保公司有关《项目协议书》不属于法律规定必须经招投标程序签订的协议、《项目协议书》合法有效的主张于法无据，不予采纳。

关于争议焦点二。庭审中，康保公司明确其诉讼请求违约金1亿元为履行《项目协议书》可获得的预期收益。如前所述，《项目协议书》为无效协议，无效协议自始无效，康保公司诉求支付履行《项目协议书》可获得的预期收益包括违约金以及相应的利息损失缺乏事实与法律依据，康保公司经一审法院对协议书的效力释明后仍表示坚持不改变其诉讼请求，一审法院对康保公司的诉讼请求不予支持。综上所述，康保公司的诉讼请求于法无据，予以驳回。

一审结果

一审法院作出民事判决：驳回康保公司的全部诉讼请求。

康保公司不服一审判决，向广东省高级人民法院（以下简称广东高院）提出上诉。

二审意见

广东高院认为，本案为合同纠纷，从双方的诉辩意见来看，本案争议焦点为案涉项目是否必须进行招标，以及镇政府应否向康保公司承担违约责任。污水处理属于关系社会公共利益、公众安全的项目。根据《招标投标法》第3条第1款的规定，进行大型基础设施、公用事业等关系社会公共利益、公众安全的项目，包括项目的勘察、设计、施工、监理以及与工程建设有关的重要设备、材料等的采购，必须进行招标。《项目协议书》第8.1条约定，案涉项目的范围是污水处理厂工程的投资建设、营运和移交的特许经营权。根据协议书的内容，康保公司在

① 现已失效。
② 现已失效。

东莞市设立具有独立法人资格的项目公司，统筹东莞市环保专业基地的首期污水处理厂的一切事务，包括与具有资质的设计、施工等单位分别签订合同，与建设相关的货物采购及服务应按政府职能部门核准的招标方式，或由项目公司直接邀标采购，完成污水处理厂及其厂区内各处理单元构筑物、各处理单元之间的各种连接管道、辅助性建筑物、厂内道路、照明、绿化、给排水等配套设施以及经双方认可的其他服务设施，《项目协议书》对设计要求、审核、变更、施工要求、进度计划、工期责任、工程监督、验收、备案、档案移交等作出约定；镇政府授予康保公司特许经营权，准许其经营该污水处理厂30年；特许经营期满后，康保公司将运行良好的污水处理厂无偿移交给镇政府或其指定的机构。从上述约定的内容来看，《项目协议书》属于典型的建设—运营—移交（BOT）合同，是政府与社会资本进行合作，社会资本通过特许经营方式参与城市基础设施投资和运营的一种方式。康保公司负责投资建设污水处理厂，继而在《项目协议书》约定的特许经营期限内经营该污水处理厂，特许经营期满后将污水处理厂无偿移交政府部门。《项目协议书》对污水处理厂的设计、建设及相关货物采购均作出了约定，虽然协议书没有约定投资额，但康保公司在庭审中自认投资额为3000万元左右。根据《招标投标法》第3条"在中华人民共和国境内进行下列工程建设项目包括项目的勘察、设计、施工、监理以及与工程建设有关的重要设备、材料等的采购，必须进行招标：（一）大型基础设施、公用事业等关系社会公共利益、公众安全的项目；……前款所列项目的具体范围和规模标准，由国务院发展计划部门会同国务院有关部门制订，报国务院批准"和国家发展计划委员会颁布的《工程建设项目招标范围和规模标准规定》①第2条"关系社会公共利益、公众安全的基础设施项目的范围包括：……（五）道路、桥梁、地铁和轻轨交通、污水排放及处理、垃圾处理、地下管道、公共停车场等城市设施项目"、第3条"关系社会公共利益、公众安全的公用事业项目的范围包括：（一）供水、供电、供气、供热等市政工程项目；……（六）其他公用事业项目"、第7条"本规定第二条至第六条规定范围内的各类工程建设项目，包括项目的勘察、设计、施工、监理以及与工程建设有关的重要设备、材料等的采购，达到下列标准之一的，必须进行招标：（一）施工单项合同估算价在200万元人民币以上的；（二）重要设备、材料等货

---

① 现已失效。

物的采购,单项合同估算价在100万元人民币以上的;(三)勘察、设计、监理等服务的采购,单项合同估算价在50万元人民币以上的;(四)单项合同估算价低于第(一)、(二)、(三)项规定的标准,但项目总投资额在3000万元人民币以上的”的规定,案涉污水处理项目属于必须进行招标的关系社会公共利益、公众安全的基础设施和公用事业工程建设项目的项目。《项目协议书》未经招标程序签订,依照《合同法》第52条第5项的规定,该协议书为无效合同,一审判决关于《项目协议书》效力的认定正确,予以维持。项目是否必须进行招标,需根据法律或行政法规确定,《广东省实施〈中华人民共和国招标投标法〉办法》属于地方性法规,故康保公司据此认为案涉项目无须招标,缺乏法律依据,不予采信。《项目协议书》无效,康保公司依据《项目协议书》请求镇政府承担违约责任,缺乏事实与法律依据。一审法院在一审诉讼期间已向康保公司释明《项目协议书》的效力,康保公司坚持不改变其诉讼请求,一审法院对康保公司的上述诉请不予支持,处理正确。

二审结果

2018年4月13日,广东高院作出民事判决:驳回上诉,维持原判。

案例评析

1. 关于案涉污水处理厂项目是否必须进行招标问题

污水处理属于关系社会公共利益、公众安全的项目。案涉污水处理项目的范围是污水处理厂工程的投资建设、营运和移交的特许经营权。根据《项目协议书》的内容,康保公司在东莞市设立具有独立法人资格的项目公司,统筹东莞市环保专业基地的首期污水处理厂的一切事务,包括与具有资质的设计、施工等单位分别签订合同,与建设相关的货物采购及服务应按政府职能部门核准的招标方式,或由项目公司直接邀标采购,完成污水处理厂及其厂区内各处理单元构筑物、各处理单元之间的各种连接管道、辅助性建筑物、厂内道路、照明、绿化、给排水等配套设施以及经双方认可的其他服务设施,协议书对设计要求、审核、变更、施工要求、进度计划、工期责任、工程监督、验收、备案、档案移交等作出约定;镇政府授予康保公司特许经营权,准许其经营该污水处理厂30年;特许经营期满后,康保公司将运行良好的污水处理厂无偿移交给镇政府或其指定的机构。从上述约定的内容来看,协议书属于典型的建设—运营—移交(BOT)合同,是政府与社会资本进行合作,社会资本通过特许经营方式参与城市基础设施投资和运营的一种方式。

案涉污水处理项目属于关系社会公共利益、公众安全的基础设施和公用事业工程建设项目,采用 BOT 特许经营方式建设运营并不能改变系属于关系社会公共利益、公众安全的基础设施和公用事业工程建设项目的性质,仍须按照《招标投标法》以及《工程建设项目招标范围和规模标准规定》[①]有关规定履行招标程序签订相关合同,况且,《招标投标法》以及《工程建设项目招标范围和规模标准规定》[②]并未对基础设施、公用事业特许经营项目作出例外的规定。

案涉污水处理厂项目依法必须进行招投标,未经招投标程序签订的协议书,违反了法律、行政法规的强制性规定,依照《合同法》第 52 条第 5 项的规定,应认定无效。

2. 关于原告在法院对协议效力释明后不改变诉讼请求可能的风险问题

《最高人民法院关于民事诉讼证据的若干规定》第 35 条[③]明确规定,当事人主张的法律关系的性质与人民法院根据案件事实作出的认定不一致的,人民法院应当告知当事人可以变更诉讼请求。上述条款属于人民法院释明职能的程序性规范,当事人经人民法院释明后仍坚持原主张的,应如何处理,在司法实践中存在两种不同的观点。

第一种观点:驳回起诉。最高人民法院(2004)民一终字第 107 号公报案例指出:根据《最高人民法院关于民事诉讼证据的若干规定》的规定,当事人主张的法律关系的性质或民事行为的效力与人民法院根据案件事实作出的认定不一致,人民法院应当告知当事人可以变更诉讼请求;当事人坚持不变更诉讼请求的,人民法院不应作出实体判决,而应驳回起诉。人民法院径行对当事人未予主张的法律关系予以裁判,既是代替当事人行使起诉权利,又剥夺了对方当事人的抗辩权利,违反了人民法院审理民事案件的法定程序。最高人民法院(2014)民一终字第 84 号案例、(2016)最高法民终 52 号案例中也体现了前述观点。

第二种观点:驳回诉讼请求。最高人民法院(2013)民二终字第 136 号裁定书中认为:当事人的诉讼请求能否得到支持,属于实体审理的范畴。人民法院经

---

① 现已失效。

② 现已失效。

③ 此为旧版,最新 2019 年版第 53 条对其进行了修订。

实体审理，当事人的诉讼请求依法能够得到支持的，依法应当作出实体判决；依法不能得到支持的，应当判决驳回诉讼请求，驳回诉讼请求后，当事人有权利决定是否改变诉讼请求再行行使诉讼权利。《最高人民法院关于民事诉讼证据的若干规定》第 35 条[①]是关于举证时限的规定，并未规定可以驳回起诉。在当事人的诉讼请求未变更的情况下，人民法院应当按照当事人起诉时所主张的法律关系进行审理并作出实体判决。因此，经释明未变更诉讼请求的，人民法院应当判决驳回诉讼请求而非裁定驳回起诉。

本案采用了驳回诉讼请求的观点，从原告角度讲，虽然合同无效之后，仍可以缔约过失责任另行主张，但从节约诉讼时间、提高诉讼效率的角度，当事人对人民法院的释明应予以审慎对待并作出正确选择。当然，有的当事人在被释明后不作改变，是考虑根据裁判结果再行确定如何主张相关权利，或者就是要一个裁判结果，这属于例外情形。

---

① 此为旧版，最新为 2019 年版。

案例3　案涉调蓄池设备采购招标是否适用《政府采购法》

相关问题

1. 案涉投诉是否属于行政机关监督管辖的范围；
2. 案涉调蓄池设备采购招标是否适用《政府采购法》。

裁判要点摘选

案涉国有参股公司进行调蓄池设备采购的招标行为属于企业日常经营行为，不适用《政府采购法》的规定。

基本案情

原告：汉圣公司

被告：N市经济技术开发区管理委员会

被告：N市经济技术开发区财政局

被告：N市经济技术开发区建设局

被告：N市经济技术开发区发展改革局

第三人：达资公司

汉圣公司诉N市经济技术开发区管理委员会(以下简称管委会)、N市经济技术开发区财政局(以下简称财政局)、N市经济技术开发区建设局(以下简称建设局)、N市经济技术开发区发展改革局(以下简称发改局)、第三人达资公司行政违法纠纷一案，一审法院于2018年3月26日立案受理。

原告汉圣公司诉称，2017年9月29日受达资公司委托，川坤公司发布了

N市经济技术开发区产业新城(PPP)一期项目海绵城市改造明月路片区(明月河整治)调蓄池设备采购项目(以下简称调蓄池PPP项目)招标公告。原告依法参与该项目的竞标。2017年11月2日,川坤公司公示中标结果,中西公司为第一候选人。中标结果公示后,原告认为此次招标存在违法事由,向四被告投诉,要求重新招投标,然四被告均未在法定期限内给予原告书面处理决定。2017年12月5日下午,四被告及第三人宁投公司共同对原告的投诉进行了答复。原告对招投标进行投诉,四被告依法应在法定期限内给予书面处理决定。四被告给原告的答复,与法律规定不符,依法应当予以撤销。

汉圣公司诉讼请求:(1)确认四被告未在法定期限内对原告的投诉作出书面处理决定的行为违法;(2)撤销四被告于2017年12月5日作出的口头处理决定,判决四被告重新作出处理决定;(3)案件受理费由被告承担。

被告管委会、财政局、建设局、发改局共同辩称,请求裁定驳回原告起诉。理由:(1)第三人是国有参股企业。本次采购不适用《政府采购法》第2条,第三人达资公司采购资金是企业自筹,未使用政府资金。不受《招标投标法》的规范。(2)投诉不属于行政机关监督管辖的范围。四被告就原告的投诉,不属于《政府采购法》规范的行为,没有权利监督,是信访行为,应当以信访处理。(3)该次采购是第三人日常经营行为,公司有权对采购进行磋商,第三人的采购是自助经营,是合法的。(4)原告投诉后,被告、第三人积极进行了回复,是主动接受监督。如果原告认为第三人存在违法行为,可以针对其民事方面违约或缔约过失等进行诉讼。本案不属于行政诉讼受案范围。被告的回复是针对原告的信访行为,不会对原告权利造成影响。

第三人达资公司述称,第三人不是本案适格主体,第三人不是政府主体,不适用《政府采购法》,本次采购是企业自主行为,本次采购是政府采购后的第二次采购,资金是企业自己资金,不是政府资金,本案不属于行政诉讼受案范围。请求法院裁定驳回原告起诉。

一审查明

2017年9月29日,达资公司在中国采招网发出调蓄池PPP项目采购公告(以下简称《公告》)。《公告》载明了该项目的资金来源为企业自筹。项目概况、供应商参加本次设备采购活动应具备的条件、文件获取、联系方式、现场踏勘时间、文件递交。采购邀请比照《政府采购竞争性磋商采购方式管理暂行办法》第

6条,由评审专家书面推荐。原告汉圣公司参加了该招标。2017年10月16日,调蓄池PPP项目现场踏勘会议举办,原告汉圣公司参加了该会议。2017年10月25日,第三人达资公司使用随机抽取的方式选取了10名评审专家对调蓄池PPP项目磋商进行评审。通过评审,2017年10月26日,针对调蓄池PPP项目磋商制作了《谈判报告》,各公司的综合得分中,汉圣公司得分71.15分,中西公司得分86.438分。拟中标人名单中,第一候选人为中西公司,汉圣公司为第三人候选人。2017年12月6日,第三人达资公司作出《中标通知书》,宣布中标公司为中西公司。2017年10月15日,汉圣公司向达资公司发出《调蓄池设备采购招标文件质疑函》,对调蓄池设备采购招标中的综合评分的分数设置提出异议。2017年10月20日,达资公司对该质疑进行了回复。2017年10月30日,汉圣公司员工以电子邮件的方式向财政局投诉调蓄池招投标存在不公平和造假现象。2017年11月1日,财政局对该质疑以电子邮件的方式作出回复不属于财政部门的政府采购监督范围。2017年11月6日,汉圣公司以电子邮件的方式向代理公司川坤公司发出投诉函,川坤公司对汉圣公司回复:投诉函不属于投诉处理条件,不予受理。2017年11月10日,汉圣公司再次就调蓄池设备招标进行投诉。2017年12月5日,管委会组织财政局、建设局、发改局、达资公司、宁投公司共同对汉圣公司的投诉进行了会议答复。答复具体如下:本次调蓄池设备采购招标不适用《政府采购法》《招标投标法》《招标投标法实施条例》。本次采购只是参考《政府采购法》。达资公司本次的采购行为属于公司日常经营管理行为。另查明,2015年管委会N市经济技术开发区产业新城(PPP)一期项目在四川政府采购网进行公开招标。2016年确定中标社会资本方,分别为中建投资中心、政府出资人代表宁投公司、中冶建设。后以上三家公司共同出资成立达资公司,具体实施工程项目。其中,政府出资人代表宁投公司出资额为100万元,占注册资本总额的10%。故达资公司为国有参股公司。

一审意见

一审法院认为,《政府采购法》第2条规定,在中华人民共和国境内进行的政府采购适用本法。本法所称政府采购,是指各级国家机关、事业单位和团体组织,使用财政性资金采购依法制定的集中采购目录以内的或者采购限额标准以上的货物、工程和服务的行为。第三人达资公司为国有参股公司,其进行调蓄池设备采购的招标行为属于企业日常经营行为,不适用《政府采购法》的规定。根据《招标投标法》第65条的规定，投标人和其他利害关系人认为招标投标活动不符合本法有关规定的，有权向招标人提出异议或者依法向有关行政监督部门投诉。本案中，原告汉圣公司向被告投诉后，被告分别以口头形式、电子邮件的方式、面对面会议答复方式向原告进行了答复，且无法律规定对此类型的投诉需进行书面答复，被告已经完成了其监督管理职责。故对原告请求确认被告未对其投诉作出书面答复的行为违法，撤销该口头处理决定的诉讼请求，不予支持。

一审结果

2018年7月25日，一审法院作出行政判决：驳回原告汉圣公司的诉讼请求。（编者注：未发现该案有二审、再审程序）

案例评析

该案涉及PPP项目的二次招采。首先，PPP项目的社会资本方采购，应当适用《招标投标法》《政府采购法》的规定，可以采用公开招标、邀请招标、竞争性谈判、单一来源采购、竞争性磋商等五种法定形式。如果社会资本方采购时同时对建设工程施工总承包方采购，一般应当按照《招标投标法》公开招标的方式进行。其次，社会资本方招标完成后，通常由政府方指定政府出资代表出资与中标社会资本方成立项目公司，并且不能控股，本案的招标人达资公司即此种类型的项目公司。在建设施工期间的采购，通常由项目公司或施工总承包方作为招标人进行工程分包、设备、服务等的采购。采购的方式应当遵循《招标投标法》，如果达到《必须招标的工程项目规定》等规定的规模和标准，应当以公开招标方式进行。再次，本案是由PPP项目公司对产业新城（PPP）一期项目海绵城市改造明月路片区（明月河整治）调蓄池设备进行采购，属于建设工程实施过程中的设备采购项目，企业自筹资金。因为PPP项目的总投资中，除了政府方出资部分注册资本，其他建设资金均是由社会资本方自筹和通过融资取得，所以不属于使用财政资金、政府投资情形。《政府采购法》第2条规定，在中华人民共和国境内进行的政府采购适用本法。本法所称政府采购，是指各级国家机关、事业单位和团体组织，使用财政性资金采购依法制定的集中采购目录以内的或者采购限额标准以上的货物、工程和服务的行为。本项目不符合《政府采购法》规定的政府采购的条件要求，因此，投诉人适用《政府采购法》投诉及对四家政府机关起诉显然于法无据。最后，汉圣公司投诉的事项是对招标文件的质疑，根据《招标投标法实施条例》第22条“对招标文件有异议的，应当在投标截止时间10日前提出”的规定，汉圣公司在投标前没有提出异议，其在评标结果出来后再以此为理由投诉，超过了法规规定的时效，故其“质疑意见”也不能得到支持。

案例4　投标时隐瞒部分“重大诉讼”事实之认定

相关问题

1.“投标人应提供在过去3年中已经结束或正在履行的合同引起的诉讼或仲裁信息”要求是否具有必要性；

2.招标文件对其要求的“重大诉讼”应如何准确界定。

要点说明

招标文件中如涉及“重大诉讼”，文件本身应否对其予以界定或者说明界定依据的有关法律法规等规定。否则，对于招标文件中的“重大诉讼”应如何界定，这也是具有一定代表性的问题，此为本案例典型性价值所在。

基本案情

上诉人（一审原告）：江桥公司

被上诉人（一审被告）：雅安市Y区财政局

2016年9月，一招标代理公司接受雅安市Y区人民政府授权，对省道105线××段灾后重建升级改造工程（一期）PPP项目（第三次）（以下简称105线PPP项目）进行公开招标。2016年11月28日，江桥公司中标，该项目采购金额约为3亿元。2017年4月24日，因江桥公司涉嫌投标中弄虚作假，被雅安市Y区公路养护管理段致函雅安市Y区财政局（以下简称财政局）调查。2017年5月17日，财政局对江桥公司进行了立案调查。财政局调查认定江桥公司在投标过程中存在隐瞒部分诉讼事实，违反投标承诺。2017年5月27日，财政局向江桥公司送达了《行政处罚事项告知书》、《陈述申辩、举证告知书》以及《听证告知书》。2017年5月28日，江桥公司向财政局提交了《延期提交书面陈述申辩及相关证据申请书》和《听证申请书》。2017年7月27日，财政局举行了听证。2017年8月21日，财政局作出《行政处罚决定书》，依据《政府采购法》第77条第1项、《招标投标法》第54条之规定对江桥公司作出以下处罚：(1)取消江桥公司105线PPP项目中标资格，其中标、成交无效；(2)对江桥公司罚款300万元；(3)禁止江桥公司在3年内参加政府采购活动。2017年8月22日，财政局向江桥公司送达了处罚决定。

江桥公司不服财政局对其作出的行政处罚决定，认为该处罚决定事实不清、证据不足、程序违法、适用法律错误，向一审法院提起行政诉讼，请求依法予以撤销。一审法院于2017年10月11日立案受理。

一审意见

一审法院认为，本案争议的主要焦点：(1)财政局是否有作出具体行政行为的主体资格；(2)江桥公司在投标过程中的行为是否足以认定其中标无效并处罚；(3)财政局对江桥公司作出的处罚是否恰当。

《政府采购法》第4条规定：“政府采购工程进行招标投标的，适用招标投标法”；《政府采购法实施条例》第7条第1款规定：“政府采购工程以及与工程建设有关的货物、服务，采用招标方式采购的，适用《中华人民共和国招标投标法》及其实施条例；采用其他方式采购的，适用政府采购法及本条例。”本案中涉及的105线PPP项目属于采用招标投标方式采购的工程，因此，本案适用《招标投标法》及其实施条例的规定。

1. 财政局是否有作出具体行政行为的主体资格

按照《招标投标法实施条例》第4条第2款、财政部《政府和社会资本合作项目政府采购管理办法》第23条的规定，105线PPP项目属政府和社会资本合作项目，财政局作为政府财政部门，有依法查处该采购活动中违法违规行为的职权。

2. 江桥公司在投标过程中的行为是否足以认定其中标无效并处罚

本案中，财政局以隐瞒“重大诉讼、违反投标承诺”为由对江桥公司作出处罚。江桥公司认为所谓“重大诉讼”应当是涉及金额占公司最近一期经审计净资产绝对值10%以上的诉讼才属于“重大诉讼”，而本案中财政局所述的其他几起诉讼均未达到此标准。本案涉及的招标文件第七章表5“重大诉讼”须知“1. 投标人应提供在过去三年中已经结束或正在履行的合同引起的诉讼或仲裁信息;2. 投标人若虚假响应,将导致投标保证金将不予退还,已中标的取消中标资格”,结合江桥公司在投标文件中披露的争议金额为836,889.50元的劳务纠纷案件信息可知,江桥公司在进行投标的时候充分理解了招标文件中“重大诉讼”的含义,并进行了部分披露,但并未按照招标文件的要求将过去3年中涉及的诉讼案件信息和执行案件信息进行全面披露,违反了招标文件的相关要求。因此,对江桥公司认为未披露的诉讼信息及执行信息不属于“重大诉讼”的诉称理由,依法不予支持。江桥公司的行为足以认定其中标无效并予以处罚。

3. 财政局对江桥公司作出的处罚是否恰当

按照《招标投标法》第54条的规定,江桥公司在投标过程中隐瞒部分“重大诉讼”事实的行为已经违反投标文件的规定,该行为亦符合“以其他方式弄虚作假”的情形,但尚未构成犯罪,因此,财政局据此对江桥公司作出1、2项的处罚并无不当。本案中,江桥公司在投标过程中确实存在“以其他方式弄虚作假”的情形,但并不存在“情节严重”的情形,财政局在江桥公司并无“情节严重”的情形下对其作出“禁止江桥公司在三年内参加政府采购活动”的处罚明显不当。

综上所述,江桥公司在105线PPP项目投标过程中隐瞒诉讼事实、违反招标文件约定的行为属实,财政局据此对江桥公司作出处罚证据确凿、充分,程序合法,但部分处罚明显不当。

一审结果

2018年2月22日,一审法院作出行政判决:撤销财政局于2017年8月21日作出的《行政处罚决定书》中“(3)禁止江桥公司在三年内参加政府采购活动”的处罚。

江桥公司不服一审判决,向四川省雅安市中级人民法院(以下简称雅安中院)提出上诉。

二审意见

雅安中院认为,结合双方当事人的诉辩理由及一审中提供的证据、质证意见,本案的争议焦点:(1)行政处罚适用法律是否正确;(2)行政处罚程序是否合法。

1. 关于行政处罚适用法律是否正确的问题

财政局作出案涉《行政处罚决定书》依据的是《政府采购法》第 77 条第 1 项和《招标投标法》第 54 条规定。其中,《政府采购法》第 77 条第 1 项规定,供应商有下列情形之一的,处以采购金额 5‰以上 10‰以下的罚款,列入不良行为记录名单,在 1 ~3 年内禁止参加政府采购活动,有违法所得的,并处没收违法所得,情节严重的,由工商行政管理机关吊销营业执照;构成犯罪的,依法追究刑事责任:提供虚假材料谋取中标、成交的;……供应商有前款第 1 ~5 项情形之一的,中标、成交无效。《招标投标法》第 54 条规定,投标人以他人名义投标或者以其他方式弄虚作假,骗取中标的,中标无效,给招标人造成损失的,依法承担赔偿责任;构成犯罪的,依法追究刑事责任。依法必须进行招标的项目的投标人有前款所列行为尚未构成犯罪的,处中标项目金额 5‰以上 10‰以下的罚款,对单位直接负责的主管人员和其他直接责任人员处单位罚款数额 5% 以上 10% 以下的罚款;有违法所得的,并处没收违法所得;情节严重的,取消其 1 ~3 年内参加依法必须进行招标的项目的投标资格并予以公告,直至由工商行政管理机关吊销营业执照。可见,前述两条法律的规定有相似之处,但又不完全一致,属同类型的规定,从处罚的严厉程度来看,前者更重于后者。结合《政府采购法》与《招标投标法》的立法侧重点来看,后者主要规定的是民事责任,前者除规定民事责任外还规定了行政责任,后者在程序设计、管理要求、法律责任等方面严于前者。按照《政府采购法》第 4 条的规定,政府采购工程进行招标投标的,适用《招标投标法》。《政府采购法》第 26 条规定,政府采购采用以下方式:(1)公开招标;(2)邀请招标;(3)竞争性谈判;(4)单一来源采购;(5)询价;(6)国务院政府采购监督管理部门认定的其他采购方式。为此,《政府采购法》第 77 条第 1 项和《招标投标法》第 54 条规定的监督管理主体、调整对象、法律责任等方面存在明显区别,财政局在作出案涉行政处罚时同时适用《政府采购法》第 77 条第 1 项和《招标投标法》第 54 条属适用法律错误。

2. 关于行政处罚程序是否合法的问题

按照《财政机关行政处罚听证实施办法》第 9 条的规定,财政机关应当在收到当事人听证要求之日起 20 日内组织听证,并在听证的 7 日前将《财政行政处罚听证通知书》送达听证参加人。本案中,江桥公司于 2017 年 5 月 28 日向财政局提交了《延期提交书面陈述申辩及相关证据申请书》《听证申请书》,财政局于

2017年6月1日作出同意江桥公司延期15日(2017年6月3日至2017年6月17日)提交书面陈述申辩及相关证据的《通知书》,江桥公司于2017年6月1日作出陈述申辩,财政局于2017年7月17日作出《行政处罚听证通知书》、2017年7月27日举行听证。虽江桥公司申请了延期,但仅申请延期提交书面陈述申辩及相关证据,并未提交听证延期的申请且财政局只同意延长至2017年6月17日。财政局庭后提交的《关于延长行政处罚期限的请示》即延长期限为2017年7月16日至2017年8月29日,结合江桥公司于2017年5月28日便提交的《听证申请书》,第一次延长至2017年6月17日,而第二次延期针对处罚期限,起止时间为2017年7月16日至2017年8月29日,延期并不连续,也不是针对听证事项的延期,两次延期间隔近一个月,且第二次延期也并未有证据证明告知了江桥公司。另,按照《四川省行政处罚听证程序规定》第12条的规定,行政机关根据需要,可以指定1~2名本机关内部的非本案调查人员担任听证员,协助听证主持人组织听证。经查,本案听证程序中,听证员由2名非财政局机关内部的人员组成,听证组成人员不合法。综上,江桥公司于2017年5月28日提交了《听证申请书》,而财政局在2017年7月27日才举行听证,违反了前述应当在收到当事人听证要求之日起20日内组织听证的规定且听证组成人员不合法,行政处罚听证程序违法。

综上所述,财政局作出行政处罚时适用法律错误,程序违法,一审判决适用法律错误,二审依法应予以纠正。

二审结果

2018年8月23日,雅安中院作出行政判决:一、撤销一审判决;二、撤销财政局于2017年8月21日作出的《行政处罚决定书》。

案例评析

政府委托招标代理机构发布招标文件时,在案涉招标文件第七章表5“重大诉讼”须知“1. 投标人应提供在过去三年中已经结束或正在履行的合同引起的诉讼或仲裁信息;2. 投标人若虚假响应,将导致投标保证金将不予退还,已中标的取消中标资格”的内容,即已经以明示的方式告知投标人应当如实披露过去3年的诉讼或仲裁信息,同时告知了不如实披露的后果。但是,中标人江桥公司却隐瞒了其涉及诉讼或仲裁的情况,该问题是否属于招标文件所列的“重大诉讼"并非争议的关键,重点是其没有响应招标文件如实披露诉讼仲裁情况而中标应为无效。故此,招投标监督机构对投标人依法予以处罚,是合法有据的。当然,本案中二审认定财政局作出行政处罚时适用法律错误,程序违法,是基于案涉招投标项目属于建设工程项目,按照《政府采购法》的规定,应当适用《招标投标法》。根据《招标投标法》的相关规定,财政局不是建设工程招投标的主管机关和行政处罚的权力部门,且同时适用《政府采购法》《招标投标法》的规定,属于适用法律不准确。此外,处罚程序也存在问题。二审法院作出撤销财政局《行政处罚决定书》的判决,是从要求行政机关依法行政、精准执法的高标准要求进行处理,并无不当,但不能就此认为江桥公司中标有效,应由招投标监督部门重新作出行政处罚。

关于本案"重大诉讼"的理解,在《招标投标法》或《政府采购法》等法律、法规或条例规章中并无相应的规范化解读。事实上从住建部发布的设计、材料采购等国标标准招标文件,其均是要求披露一定期限内的涉及诉讼和仲裁情况,但此种披露并不影响企业的投标资格。例如,《标准设计招标文件》(2017 年版)即列明,企业出现"被最高人民法院在'信用中国'网站(www. creditchina. gov. cn)或各级信用信息共享平台中列入失信被执行人名单"以及"在近三年内投标人或其法定代表人、拟委任的项目负责人有行贿犯罪行为的(以检察机关职务犯罪预防部门出具的查询结果为准)"两种严重涉及诉讼的情形,应当被认定为不具有投标资格。如果企业仅是因追索债权发生诉讼或仲裁,或者作为被告已经履行了法定义务没有被列为失信被执行人等,就不应当被取消投标资格或中标资格。

案例5　发送中标通知书后合同是否即已成立

相关问题

1. 发送中标通知书后合同是否即已成立；
2. 本案法律关系的性质应如何认定；
3. 案涉合同的法律状态及效力；
4. 各方对于合同项目未能实施的责任应如何认定；
5. 双方损失范围如何界定；
6. 双方因未履行合同造成的损失如何承担；
7. 原告诉请的保证金及其利息是否得到支持。

典型意义

在工程项目招投标过程中，招标人的中标通知书通过公开或者定向送达方式送达至中标人，招标人与中标人之间是否即已成立合同关系，工程项目合同是否应单独另行书面签订，该方面问题业界仍有不同观点。

基本案情

上诉人（一审原告、反诉被告）：F县人民政府

上诉人（一审被告、反诉原告）：中五公司

上诉人（一审被告）：际投集团

2017年3月15日，F县人民政府（以下简称县政府）发布《招标文件》，将F县城北路网和临颍大道地下管廊工程采用PPP建设模式对外招标。《招标文

件》主要内容:第一章投标邀请书,1. 招标条件 1.1 项目名称:F 县路网及地下综合管廊 PPP 项目,1.4 项目授权主体:县政府,1.5 项目实施机构(招标人):住建局;2. 项目概况与招标范围,明确了建设地点、建设规模、投资规模、合作期限、合作范围、标段划分等。第二章投标人须知,1.5 费用承担:1. 招标代理服务费:以招标文件中总投资为基数,参照国家计委文件的 60% 计取;2. 咨询费:以招标文件中路网和管廊总投资为基数,均参照国家计委文件中可行性研究报告编制标准的 30% 计取;3. 建设工程交易服务费按有关规定收取;4. 工程量清单、控制价编制费:按皖价服〔2007〕86 号文件(以下简称 86 号文)的 60% 收取,收取方式:以上费用不单独列出,投标人自行考虑。中标人在领取中标通知书前支付以上 1 ~3 项费用,在工程量清单、控制价成果文件编制完成后支付以上第 4 项费用;3.4.1 投标保证金金额 200 万元;7.4 签订合同 7.4.1 招标人和中标人应当自中标通知书发出之日起 30 日内,严格按照招标文件和中标人的投标文件订立书面合同。中标人无正当理由拒签合同的,招标人取消其中标资格,其投标保证金不予退还,给招标人造成的损失超过投标保证金数额的,中标人还应当对超出的部分予以赔偿;7.4.2 发出中标通知书后,招标人无正当理由拒签合同的,招标人向中标人退还投标保证金,给中标人造成损失的,还应当赔偿损失。7.4.3 中标人应在合同签订后于约定的时间内为 PPP 项目设立专门项目公司,并由项目公司与招标人签署关于继承 PPP 项目合同的补充合同。附件 5 绩效考核及付费一、政府付费 1、机制安排(1)可用性付费金额的确定 7)年度折现率:综合考虑安徽省以及 F 县当地的经济状况与近两年地方债券的利率情况,以 4.9% 作为年度折现率等内容。

2017 年 4 月 14 日,中五公司、际投集团提交了《投标文件》。《投标文件》主要内容:投标函及附件,投标函 1. 我方已仔细研究了招标文件的全部内容,经考察项目现场和研究上述招标文件要求及其他材料后愿意以建安费下浮 11%、合理利润率 6.3%、年度运营成本下浮 20% 承接本 PPP 项目;2. 我方承诺在投标有效期内不修改、撤销投标文件;3. 在 2017 年 3 月 31 日提交投标保证金一份,金额为 200 万元;4. 如我方中标:(1)我方承诺在收到中标通知书后,在中标通知书规定的期限内与你方签订合同……(5)我方承诺无条件接受招标文件的全部内容,包括清单编制计价原则等内容。

为实施 F 县城北新区建设系列 PPP 项目开展咨询服务,住建局与百通项目管理咨询公司签订了《PPP项目咨询服务框架协议书》,前期咨询费用28万元由住建局全额支付。2017年4月17日,住建局与正诚项目管理公司签订《建设工程造价咨询合同》,咨询酬金标准:以中标价为准,按86号文的30%收费;咨询酬金支付时间:此费用由项目中标单位缴纳,开标后由委托人(住建局)协助受托人(正诚项目管理公司)催缴。2017年4月22日,住建局与拓信项目管理公司签订《建设工程造价咨询合同》,咨询酬金标准:按86号文的30%计取,费用由中标单位支付,业主负责相关协调工作。

2017年5月19日,经过中标公示,县政府向中五公司、际投集团发出《中标通知书》,确认了中五公司、际投集团为中标单位。2017年6月5日,中五公司向住建局发出《中五公司关于F县路网及地下综合管廊PPP项目前期需协调解决问题的函》,提出(1)明确政府方出资机构,并帮助协调该出资机构与际投集团及时对接,尽快落实合作协议、项目公司成立及项目公司章程等事宜。(2)签订PPP合同。明确政府方PPP合同签订对接人,各方尽快确认PPP合同版式与内容,争取6月中下旬之前签订PPP合同。(3)启动项目公司成立事宜等内容。2017年7月27日,县政府作出《关于F县路网及地下管廊PPP项目建设管理公司的批复》,原则同意利民公司作为县政府投资方,代表政府投资入股,并同意项目管理公司名称为"阜阳海嘉基建投资管理有限公司"。2017年9月26日,中五公司《关于F县路网及地下综合管廊PPP项目合同签订事宜的函》针对年度折现率提出以4.9%作为年度折现率,年度折现率根据央行5年期以上贷款基准利率浮动情况同步调整。2017年9月27日,住建局《关于F县路网及地下综合管廊PPP项目合同签订事宜的回函》不同意调整并要求中五公司严格按照招标文件执行。后双方磋商无果。2017年10月23日,县政府作出《取消中标资格通知书》以"中五公司、际投集团超出领取中标通知书后30日内未签书面合同"为由向中五公司、际投集团发出取消中标通知。2018年1月15日,住建局《复函》回复中五公司、际投集团原则性条款不予调整,尤其在年度折现率问题上,PPP合同未能签订的原因是中五公司、际投集团在获得中标资格后不能继续响应和遵守招标、投标文件承诺内容造成的。

2018年4月10日,华审正大会计师事务所作出《关于F县路网及地下综合管廊PPP项目预期损失审计报告》,预期损失认定计算:按照选定的延迟时间差,分别比较2017年3月、2017年10月阜阳市地方工程造价信息,在不考虑工程数量变动的情况下，由于工程施工主要材料的价格变动造成的预期投资损失13,183,634.72元。县政府支付了鉴定费29万元。中五公司在投标时向县政府缴纳了投标保证金200万元。经中五公司申请，皖申项目管理公司作出《F县城北新区路网及地下综合管廊PPP项目前期临建劳务、人员工资、办公家具、差旅费、招待费用、砼及零星材料、活动板房、CI布置、办公绿化及其他费用（不包括投标保证金）鉴定意见书》，鉴定金额：3,183,529.81元。中五公司支付鉴定费48,600元。

2018年8月14日，正诚项目管理公司作出《关于F县北城区路网控制价编制费的计算说明》，依据合同，清单控制价编制费以中标价为依据，按86号文的30%收取费用为1,051,027元。2018年8月14日，拓信项目管理公司作出《关于F县北城区路网控制价编制费的计算说明》，依据合同，清单控制价编制费以中标价为依据，按86号文的30%收取费用为1,051,027元。

县政府起诉中五公司、际投集团（案由为建设工程合同纠纷），请求：（1）判令中五公司、际投集团共同赔偿其各项损失15,707,054元，并从起诉之日起按银行同期贷款利率支付逾期利息；（2）本案诉讼费由中五公司、际投集团承担。

中五公司提出反诉，请求：（1）判令县政府立即返还其投标保证金200万元，并支付逾期返还利息损失155,166.66元（以同期银行贷款利率4.9%为标准，自2017年10月23日起暂计算至2019年5月22日止，以后顺延至款清日止）；（2）判令县政府赔偿其经济损失386万元（以司法审计鉴定为准）；（3）本案反诉费由县政府承担。

一审意见

一审法院认为，综合双方当事人诉辩意见，本案争议焦点：（1）双方就本案涉及的工程项目签订的投标文件和中标通知书等是否已形成合同关系；（2）双方损失范围如何界定，双方因未履行合同造成的损失如何承担；（3）中五公司诉请的保证金及其利息是否得到支持。

1. 双方就本案涉及的工程项目签订的投标文件和中标通知书等是否已形成合同关系。招标行为的法律性质是要约邀请，投标行为的性质是要约，中标通知书是承诺，根据《合同法》第25条“承诺生效时合同成立”和第26条第1款“承诺通知到达要约人时生效”的规定县政府发出《中标通知书》到达中五公司、际投集团时起承诺即生效，故县政府与中五公司、际投集团之间的建设工程合同成立。《最高人民法院关于审理建设工程施工合同纠纷案件适用法律问题的解释(二)》[①]第2条规定,当事人以发包人未取得建设工程规划许可证等规划审批手续为由,请求确认建设工程施工合同无效的,人民法院应予支持,但发包人在起诉前取得建设工程规划许可证等规划审批手续的除外。发包人能够办理审批手续而未办理,并以未办理审批手续为由请求确认建设工程施工合同无效的,人民法院不予支持。县政府未取得建设工程规划许可证等规划审批手续,其与中五公司、际投集团之间的《招标文件》《投标文件》《中标通知书》无效。

2. 双方损失范围如何界定,双方因未履行合同造成的损失如何承担。《合同法》第58条规定,合同无效或者被撤销后,因该合同取得的财产,应当予以返还;不能返还或者没有必要返还的,应当折价补偿。有过错的一方应当赔偿对方因此所受到的损失,双方都有过错的,应当各自承担相应的责任。县政府在没有取得建设工程规划许可证等规划审批手续的情况下作出《招标文件》《中标通知书》,存在过错,酌定其承担50%的责任,中五公司、际投集团在明知县政府未取得建设工程规划许可证等规划审批手续的情况下向其发出《投标文件》,也存在过错,承担50%的责任。确认县政府的损失:前期咨询费用28万元,应付正诚项目管理公司清单控制价编制费用1,051,027元,应付拓信项目管理公司清单控制价编制费用1,051,027元,合计2,382,054元;中五公司、际投集团的损失:前期临建劳务、人员工资、办公家具、差旅费、招待费用、砼及零星材料、活动板房、CI布置、办公绿化及其他费用3,183,529.81元及鉴定费48,600元,合计3,232,129.81元。因合同无效,县政府诉请的预期投资损失13,183,634.72元及鉴定费29万元,不予支持。中五公司、际投集团承担县政府的损失为1,191,027元(2,382,054元×50%),县政府承担中五公司、际投集团的损失为1,616,064.91元(3,232,129.81元×50%)。折抵后,县政府应赔偿中五公司、际投集团损失为425,037.91元(1,616,064.91元-1,191,027元)。

3. 中五公司诉请的保证金及其利息是否得到支持。《合同法》第58条规定,合同无效或者被撤销后,因该合同取得的财产,应当予以返还。县政府应当返还中五公司、际投集团投保保证金200万元。《招标投标法实施条例》第31条规定,招标人终止招标的,应当及时发布公告,或者以书面形式通知被邀请的或

---

① 现已失效。

者已经获取资格预审文件、招标文件的潜在投标人。已经发售资格预审文件、招标文件或者已经收取投标保证金的,招标人应当及时退还所收取的资格预审文件、招标文件的费用,以及所收取的投标保证金及银行同期存款利息。投保保证金的利息应按反诉原告诉请从2017年10月23日按照银行同期存款利率计息。

综上所述,县政府与中五公司、际投集团之间的建设工程合同已经成立但无效。关于本案是否属于民事诉讼的范围问题,PPP项目合同中政府与社会资本之间是平等、协商、等价有偿的民事关系,而不是行政协议所指的行政职权与职责的关系,故本案属于民事诉讼的范围。

一审结果

一审法院作出民事判决:一、中五公司、际投集团赔偿县政府损失1,191,027元;二、县政府赔偿中五公司、际投集团损失1,616,064.91元;三、判决第一项、第二项款项相抵后,县政府于判决生效之日起10日内赔偿中五公司、际投集团损失425,037.91元;四、县政府于判决生效之日起10日内返还中五公司、际投集团投标保证金200万元及利息(利息以200万元为基数,按照银行同期存款利率,从2017年10月23日至实际付清之日止);五、驳回县政府的其他诉讼请求;六、驳回中五公司的其他反诉请求。

县政府、中五公司均不服一审判决,分别向安徽省阜阳市中级人民法院(以下简称阜阳中院)提出上诉。

二审意见

阜阳中院认为本案争议焦点:(1)本案法律关系的性质应如何认定;(2)案涉合同的法律状态及效力;(3)各方责任应如何认定。

针对争议焦点1,本案项目系"PPP"工程,"PPP"工程涵盖了项目工程的设计、融资、建设、运营、维护等,但以建设工程为核心和基础,即系以建设工程合同为核心的一系列合同关系的集合。

针对争议焦点2,招标行为的法律性质是要约邀请,投标行为的性质是要约,中标通知书是承诺,县政府向中五公司、际投集团发送《中标通知书》后,本案的合同已经成立。对《合同法》第270条"建设工程合同应当采用书面形式"之规定,不应作机械理解和解释,招标文件及投标文件、中标通知书均是以书面形式作出,对双方的权利义务已进行了全面明确的约定。虽然,招标文件约定"招标人和中标人应当自中标通知书发出之日起30天内,严格按照招标文件和中标人的投标文件订立书面合同”,但此处的“书面合同”是对招标文件和投标文件中已确定的权利义务进行进一步的确认和固定。同时,招标文件及投标文件、中标通知书均是双方当事人的真实意思表示,不违反法律、行政法规的强制性规定,合同合法有效。

针对争议焦点3,中五公司、际投集团中标后,县政府未及时确定政府方出资人及项目对接人,且双方在之后的磋商过程中,从双方的函和回函以及会议纪要等内容来看,县政府对双方已在招标文件和投标文件确定的部分内容进行了实质性变更,中五公司、际投集团要求对年度折现率进行调整亦属于变更合同的实质性内容。最终双方未能达成一致意见,县政府向中五公司、际投集团发出《取消中标资格通知书》,属于解除双方的合同关系。对合同的解除,双方均存在过错,应各自承担自身的损失。对于中五公司、际投集团缴纳的履约保证金200万元,县政府应予退还,并应按照银行同期存款利率支付利息。

故对县政府、中五公司、际投集团上诉请求中的合理部分,予以支持。

二审结果

2020年12月10日,阜阳中院作出民事判决:一、维持一审判决第四、五、六项,即“县政府于判决生效之日起十日内返还中五公司、际投集团投标保证金200万元及利息(利息以200万元为基数,按照银行同期存款利率,从2017年10月23日至实际付清之日止)”“驳回县政府的其他诉讼请求”“驳回中五公司的其他反诉请求”;二、撤销一审判决第一、二、三项,即“中五公司、际投集团赔偿县政府损失1,191,027元”“县政府赔偿中五公司、际投集团损失1,616,064.91元”“判决第一项、第二项款项相抵后,县政府于判决生效之日起十日内赔偿中五公司、际投集团损失425,037.91元”。

案例评析

1.关于本案的法律关系定性问题

本案一审法院总结了三个焦点问题,且将争议定性为民事合同纠纷范畴。而二审法院认为,本案项目系PPP项目工程,PPP项目工程涵盖了项目工程的设计、融资、建设、运营、维护等,但以建设工程为核心和基础,以建设工程合同为核心的一系列合同关系的集合。据此,将本案争诉法律关系定性为以建筑工程合同为核心的民事合同纠纷,适用《合同法》相关规范作为审判依据。关于PPP合同争议如何认定案由，最初各地法院掌握不一，有的定为建设工程施工合同纠纷，有的定为合同纠纷，还有的定为投资合同纠纷等。为此，最高人民法院于2020年12月29日印发了《关于印发修改后的〈民事案件案由规定〉的通知》（法〔2020〕347号），该司法解释第5条第3项规定，“存在多个法律关系时个案案由的确定。同一诉讼中涉及两个以上的法律关系的，应当根据当事人诉争的法律关系的性质确定个案案由；均为诉争的法律关系的，则按诉争的两个以上法律关系并列确定相应的案由”。因PPP合同争议一般涉及多个法律关系，该司法解释解决了如何确定PPP合同争议案由问题。

2. 关于本案中标通知书送达后PPP项目合同是否成立及生效问题

本案一审法院提出本案争议的焦点之一：“双方就本案涉及的工程项目签订的投标文件和中标通知书等是否已形成合同关系。”法院认定：“县政府向中五公司、际投集团发送中标通知书后，本案双方的合同已经成立。”另外法院认定：“取得中标通知书是对招标文件和投标文件中已确定的权利义务进行进一步的确认和固定。同时，招标文件及投标文件、中标通知书均是双方当事人的真实意思表示，不违反法律、行政法规的强制性规定，合同合法有效。”依据《招标投标法》第45条第2款的规定，“中标通知书对招标人和中标人具有法律效力。中标通知书发出后，招标人改变中标结果的，或者中标人放弃中标项目的，应当依法承担法律责任”。招标文件中包含了项目合同主要内容，投标人对招标文件响应及认可的投标行为，即代表认可了招标书中合同的内容，通过公开竞争程序，由招标人选出中标人，在法定时间内，给其发出中标通知书，依据《合同法》的相关规定，招标行为是要约邀请，投标行为是要约，中标通知书是承诺，因此本案法院判决，投标人取得中标通知书，双方合同成立，符合合同生效条件，合同有效。

对于投标人取得中标通知书后合同是否就已成立问题，各方意见不一，目前仍无相关司法解释作出规定。鉴于招投标程序所涉合同一般标的额都比较大，有的还比较复杂，简单认定投标人取得中标通知书后合同即成立，对于相关纠纷解决一般比较困难，该认定也与《招标投标法》规定不符。《招标投标法》第46条第1款规定：“招标人和中标人应当自中标通知书发出之日起三十日内，按照招标文件和中标人的投标文件订立书面合同。招标人和中标人不得再行订立背离合同实质性内容的其他协议。”如果投标人取得中标通知书后合同即成立，就没有必要再另行签订书面合同,《招标投标法》规定中标后需要签订书面合同是具有必要性与合理性的,有利于中标后未签订合同争议问题的解决,中标人权利也有法律保障,具体可以通过追究招标人缔约过失责任维护自身权益。因此,编者倾向性意见认为合同并未成立。

案例6 案涉项目的中标行为是否有效

相关问题

1. 案涉项目的中标行为是否有效;
2. 原告相关生态景区资源和资产及415万元运营费请求应否支持;
3. 原告相关水、电、燃气费263万元请求应否支持。

裁判要点摘选

在对案涉项目的投标过程中,公园公司是以自己的名义进行的,其具备相应投标经营资质。一审期间公园公司给法院出具的答复意见明确承认,案涉项目的投标行为是公园公司依法规范运作的正常合法民事法律行为。公园公司与三农公司之间的合作协议并不违反法律规定,不能以此认定公园公司的中标行为无效。

基本案情

上诉人(一审原告):油管公司

上诉人(一审被告):公园公司

2016年4月8日,原告油管公司下属油田水务公司对外发布招标公告,对其所有的生态景区TOT运营项目公开招标,被告公园公司经与三农公司(法定代表人王某)协商,决定采用内部合作的方式对外以公园公司的名义进行投标。参与投标的,还有另外两家公司。

2016年4月14日,公园公司向油田水务公司递交了商务投标书,投标书载明公园公司委托王某作为公司的全权代理人,以公园公司的名义参加生态景区TOT运营项目招标活动,代理人在开标、评标、合同谈判过程签署的一切文件和处理的有关一切事务,公园公司均予以承认;投标书中还对公司的资质、竞标相关承诺,部门职责、人员配备、经营方案、项目规划、总体布局等进行了说明。后经开标、评标等程序,油管公司最终确认公园公司中标,并由油管公司、公园公司协商,由油管公司代理人郭某(油田水务公司生态景区管理处经理)与公园公司代理人王某于2016年5月25日签订了生态景区TOT运营管理合同一份,合同约定经过公开邀请竞争性谈判程序,公园公司取得了该项目的经营管理权,双方根据招投标文件和谈判达成一致意见,该项目TOT经营管理的第一个合同期为5年,自2016年1月1日至2021年5月31日,合同项下的资产和资源实行TOT运营,即"移交—运营—移交",甲方油管公司将资产移交给乙方公园公司,乙方按合同约定经营管理,合同结束后,乙方按合同约定将资产移交回甲方;双方约定第一个合同期的资产运营费标准为415万元,以后逐年递增9%,即第一年415万元、第二年452万元、第三年492万元、第四年536万元、第五年584万元,合同期内,每年支付年度运营费两次,于当年6月1日前支付50%,次年的1月15日前支付余下的50%。合同生效后10个工作日内,甲方停止水、电、燃气等付费,由乙方到相关单位办理开户及预付费;合同生效后3日内,双方各自派出交接人员,对资产进行交接,合同还对双方其他权利、义务进行了约定;合同由油田水务公司代理人郭某与被告公园公司代理人王某签名,但没有加盖原告、被告公章。

2016年6月1日,油管公司与公园公司对案涉项目进行交接,并由双方签订了现场交接明细表。在公园公司对案涉项目实际经营期间,自2016年6月4日至2017年4月1日用水42,014立方米(水费:42,014立方米×4.2元/立方米=176,458.8元);自2016年5月至2017年6月用天然气624,502立方米(燃气费:624,502立方米×3.15元/立方米=1,967,181.3元)。

公园公司接收景区资产后,对该景区进行了实际的经营管理。后油管公司认为双方代理人草签的运营管理合同与公园公司递交的商务投标书的内容进行多处修改,导致该合同未能通过油管公司的审批,最终油管公司没有在该合同上盖章。油管公司认为,公园公司在本次投标中向王某个人或者三农公司出借资质,双方弄虚作假,骗取中标。

油管公司起诉公园公司(案由为合同纠纷),请求:(1)确认被告中标无效;(2)被告返还原告D湖生态景区(以下简称生态景区)的资源和资产,并赔偿损失(以鉴定为准);(3)被告给付原告资产运营费415万元,给付拖欠的水、电费263万元;(4)诉讼费用由被告承担。

公园公司主要诉讼意见:公园公司未向三农公司出借资质,不存在弄虚作假的行为。案涉投标行为是正常的民事行为,公园公司与三农公司系合作关系,双方约定中标后,由双方合作实施项目,案涉投标方案、相关的投标文件真实有效;公园公司中标后,对景区进行了维修、改造,新增了巨额经营性资产,使景区焕然一新,对原告提出被告破坏景区资源,私建滥建的行为不予认可。

一审意见

一审法院认为,本案中原告对生态景区TOT运营管理项目进行公开招标,被告作为投标人向原告提交了投标书,参加了投标竞争,经过开标、评标、竞标等程序,最终确定被告为中标人;该招投标行为系双方当事人的真实意思表示,招投标的程序及内容不违反法律、行政法规的强制性规定,应属合法有效。被告中标后,双方代理人签订的生态景区TOT运营管理合同,虽然未经原告盖章确认,但双方已实际履行,原告将生态景区资源、设备移交给被告,被告对景区进行了实际经营管理,现原告主张被告公园公司向三农公司或者王某个人出借资质,双方恶意串通,骗取中标,对此原告应承担举证证明责任,但根据原告提交的现有证据尚不足以证明该待证事实的存在,对此原告应承担举证不能的责任;且根据被告出具的投标书及公证书的内容可证实,王某系被告公园公司在该招投标项目的委托代理人,在王某代表被告公园公司参加招投标的活动中以及签署各种文件的过程中,原告均未对其身份提出异议,故对王某作为被告公园公司委托代理人参加投标的行为,予以认定;关于被告公园公司与三农公司合作投标的问题,根据《招标投标法》第31条第1款之规定,"两个以上法人或者其他组织可以组成一个联合体,以一个投标人的身份共同投标",故两家公司合作投标行为,不违反法律规定,予以确认。综上,对原告要求确认被告中标无效,返还景区资源的诉请,依法不予支持。本案原、被告虽未签订正式合同,但鉴于原告已将景区资产交付被告,被告已接收并实际经营的客观事实,故对原告要求被告按合同约定支付第一年的营运管理费415万元的诉请,依法予以支持;根据合同约定,水、电、燃气费由被告向相关单位预交,现原告虽主张被告经营景区期间产生了水、电、燃气等费用260万元,但并未提交证据证实其为被告垫付了上述费用,故对原告的该项诉请,不予支持。

一审结果

2018 年 3 月 2 日,一审法院作出民事判决:一、被告公园公司于本判决生效后5 日内给付原告油管公司运营管理费 415 万元;二、驳回原告油管公司的其他诉讼请求。

油管公司、公园公司均不服一审判决,向黑龙江省大庆市中级人民法院(以下简称大庆中院)提出上诉。

二审意见

大庆中院认为:(1)关于公园公司对案涉项目的中标行为是否有效问题。在对案涉项目的投标过程中,公园公司是以自己的名义进行的,其具备相应投标经营资质。一审期间公园公司给法院出具的答复意见明确承认,案涉项目的投标行为是公园公司依法规范运作的正常合法民事法律行为。公园公司与三农公司之间的合作协议并不违反法律规定,不能以此认定公园公司的中标行为无效。对油管公司关于公园公司及三农公司骗取中标的主张,不予支持。(2)关于油管公司所主张的公园公司返还其生态景区资源和资产(赔偿损失)、给付资产运营费 415 万元,应否支持问题。二审庭审期间,油管公司陈述其请求的公园公司返还其生态景区资源和资产(赔偿损失)、给付资产运营费 415 万元,事实基础为公园公司的中标行为无效。经大庆中院示明公园公司中标行为有效后,油管公司仍坚持一审诉讼请求。因油管公司一审诉讼请求的性质为公园公司中标行为无效后的财产返还及赔偿损失问题,因公园公司的中标行为合法有效,油管公司所主张的公园公司返还其生态景区资源和资产(赔偿损失)、给付资产运营费 415 万元,事实基础不成立,对此不予支持。(3)关于油管公司所主张的公园公司应支付水、电、燃气费 263 万元,应否支持问题。因 2016 年 6 月 1 日开始,公园公司对案涉项目实际经营,对案涉项目的投入和经营收入均由公园公司控制,因此对于为经营而发生的水、电、天然气的费用,应由公园公司负担。因油管公司提交的证据无法体现系公园公司经营期间所产生的电费,因此对油管公司所主张的电费部分不予支持,油管公司可待该部分证据充分后,另行主张。对于水费 176,458.8 元及天然气费 1,967,181.3 元,予以支持。综上所述,油管公司关于公园公司给付水费、天然气费的上诉请求成立,予以支持。公园公司关于不同意支付 415 万元营运管理费的上诉请求成立,予以支持。由于二审期间油管公司提供新证据,导致一审判决认定事实部分有误,同时一审判决适用法律存在不当,予以纠正。

二审结果

2018 年 12 月 17 日,大庆中院作出民事判决:一、撤销一审判决;二、公园公司于本判决生效后 5 日内给付油管公司水费、天然气费,合计 2,143,640.1 元;三、驳回油管公司及公园公司的其他上诉请求。

案例评析

1. 关于中标行为是否有效问题

被告公园公司委托王某作为公司的投标代理人,参与招标人油田水务公司的招标项目投标,递交商务投标书。在投标书中如实载明投标人公园公司系委托王某作为公司的全权代理人,以公园公司的名义参加招标项目生态景区 TOT 运营项目招标活动,并且,代理人在开标、评标、合同谈判过程签署的一切文件和处理的有关一切事务,公园公司均予以承认。因此,投标人公园公司委托代理投标的行为符合法律对代理行为的规定,代理人王某代理公园公司的代理投标行为是合法有效的,代理的后果应当由被代理人公园公司承担。

投标人公园公司提交的投标书中对公司的资质、竞标相关承诺,部门职责、人员配备、经营方案、项目规划、总体布局等进行了说明,投标人资质也符合招标人要求。招标人经过符合法律规定的招投标程序,最终确认公园公司中标,并由招标人与中标人共同协商签订招标项目的运营管理合同,合同中约定经过公开邀请竞争性谈判程序,公园公司取得了该项目的经营管理权,项目 TOT 经营管理的第一个合同期为 5 年。招标程序及签订合同的程序是符合法律规定的,该合同应当被认定为合法有效。

中标人的代理人郭某(油田水务公司生态景区管理处经理)有中标公司委托参与投标的授权手续,并且,在招标评审中,招标方首先要审核投标人及其代理人的代理手续及权限,确定投标人的投标资格。经过主体资格审核后,确定投标人及其代理人的主体资格,实施招标评审程序。因此,不论中标主体的代理人是中标公司的内部员工,还是其内部另有合作的约定,都不影响中标主体及其所签订中标合同的法律效力。案涉招投标行为符合代理及《招标投标法》的相关规定,应被认定为合法有效。

2. 关于油管公司返还生态景区资源、资产并赔偿损失之诉讼请求应否支持问题

两审法院确认双方当事人争议的招标行为为合法有效的行为,双方签订的合同仍然是合法有效,认定是正确的。基于此,油管公司依据招标行为无效为基础的诉讼请求必然失去基础条件,其返还生态景区资源、资产并赔偿损失之诉讼请求,不能成立。

3. 关于油管公司相关水、电、燃气费 263 万元请求应否支持问题

公园公司对案涉项目已实际经营,其应负担经营而发生的水、电、天然气的费用。关于油管公司所主张的水、电、天然气的费用,因电费不能确定唯一性,即确为公园公司所产生,二审法院给了油管公司另案主张机会,对于能够确定的水费、燃气费予以支持,裁判客观、公正。

案例7　财政局是否有权在评标结束后直接作出废标处理决定

相关问题

1. 对投标人存在失信记录如何规定和认定；

2. 财政局是否具有在评标结束后直接作出废标处理决定的行政职权。

裁判要点摘选

在招标采购单位应予废标而未废标的情况下，作为监督招标采购单位的有权机关，财政部门直接作出废标处理决定，属于其对政府采购活动履行监督管理职责的必要内容。

基本案情

上诉人（一审原告）：连实公司

被上诉人（一审被告）：D市财政局

被上诉人（一审被告）：D市人民政府

一审第三人：D市城市建设管理局

一审第三人：达保公司

D市人民政府（以下简称市政府）采购项目“D市中心城区生活垃圾焚烧处理发电二期BOT项目”，招标人为D市城市建设管理局（以下简称城建局）。2016年6月21日，项目发布资格预审公告，7月26日进行资格预审，共有6家联合体投标人通过资格预审，其牵头人分别为连实公司和达保公司以及三业公司、环护公司、协智公司、大际公司。

《招标公告》第5条规定投标人资格条件:满足资格预审文件要求并通过资格预审的投标人。注:(1)依据财政部2016年8月1日印发的《关于在政府采购活动中查询及使用信用记录有关问题的通知》(财库〔2016〕125号)规定,对列入失信被执行人、重大税收违法案件当事人名单、政府采购严重违法失信行为记录名单及其他不符合《政府采购法》第22条规定条件的供应商,应当拒绝其参与政府采购活动。本项目投标人(或联合体各方)开标当日存在上述问题的,不得参与本项目投标;(2)经检察机关查询投标人(或联合体成员)3年内有行贿犯罪记录的不得参与本项目投标。第8条规定,案涉政府采购项目的开标时间为北京时间2016年9月22日9:30:00。

《招标公告》发布后,除大际公司之外的5家投标单位参与投标。经采用综合评分法评审,综合得分第一名为达保公司,第二名为连实公司。2016年9月28日,预中标结果在D市政府采购网发布公示,宣布达保公司为预中标人。预中标结果公示后,连实公司于2016年9月29日向招标人递交《政府采购质疑书》,质疑评委会对其投标文件的商务部分评分。招标人和采购代理机构受理质疑后,于10月8日组织原评委会针对质疑提出的相关问题进行复查,评委会复查后修正了对连实公司的评分,连实公司综合得分由第二名变为第一名。

2016年10月28日,达保公司对复查修正向招标人提出质疑,招标人于2016年11月7日进行了书面答复,因对答复有异议,达保公司于2016年11月28日向D市财政局(以下简称财政局)提出投诉。财政局受理投诉并经审查、调查后,于2016年12月27日作出《政府采购投诉处理决定书》(以下简称《10号处理决定》),驳回达保公司的投诉。《10号处理决定》除上述驳回达保公司投诉内容外,另载明:"因本项目各联合体投标人被发现存在有成员被法院强制执行及参加本项目前三年受到过较大数额罚款的行政处罚情况,不符合《招标文件》对投标人资格的相关要求及《政府采购法》第二十二条第一款第五项、《政府采购法实施条例》第十九条第一款关于供应商的资格要求。本项目对招标文件作实质响应的供应商不足三家,根据《政府采购法》第三十六条第一款第一项规定,本局决定本项目废标。"

连实公司对废标决定不服,于2017年2月22日向市政府申请行政复议。市政府受理后,向财政局进行了送达,财政局在法定期限内提交了作出行政行为的证据、依据及相关材料。因对行政行为依据理解和适用存在较大争议,市政府履行了听证程序。2017 年 4 月 21 日，市政府作出《行政复议决定书》（以下简称《5 号复议决定》），对双方提供的证据进行了认证，对复议所涉的事实和争议进行了认定和评述，以财政局的行政行为认定事实清楚，适用依据正确，程序合法为由，依据《行政复议法》第 28 条第 1 款第 1 项的规定，维持财政局作出的废标处理决定。

《招标文件》第一部分投标人须知及前附表第一章总则 3. 合格的投标人 3.1.1 项规定，投标人应具有前附表第 13 项所要求的内容。《招标文件》第一部分投标人须知及前附表第 13 项投标人资格要求（五）申请人（联合体各方）的资信要求规定，“过去五年内（2011 年—2015 年），未发生严重违约事项、财务状况良好、未发生任何不诚信的行为”。《招标文件》的第一部分投标人须知及前附表第一章总则 3. 合格的投标人 3.3.5 项规定，“除另有规定或说明，本招标文件中‘投标人’一词亦指联合体各方”。3.7 法律要求，投标人必须声明并保证 3.7.2 项规定，“在过去五年内，投标人没有任何直接由于过失或疏忽而在任何合同中严重违约，被逐出现场或被解除协议的情况”。投标人必须声明并保证 3.7.3 项规定：“投标人不是无力清偿债务者，没有处于受司法机关的审查、调查或者监管状态，没有破产、停业整顿或清算，其资产、业务没有处于被法院查封、冻结或采取其他强制措施的状态，其经营活动没有被中止，并且没有因上述事件而成为被任何第三方申请执行司法强制措施的对象。”

财政局在处理达保公司投诉过程中，对参与此次投标的 5 家联合体的资格进行了审核。经在最高人民法院网“全国法院被执行人信息查询平台”查询，发现除协智公司外的其他 4 家联合体投标人在本次投标前均有成员被法院强制执行的情形。连实公司联合体成员业安公司有 6 件执行案件，立案时间为 2013 年 1 月至 2016 年 10 月；达保公司联合体成员东力公司有 4 件执行案件，立案时间为 2016 年 4 月至 2016 年 10 月；三业公司联合体成员铁建公司有 5 件执行案件，立案时间为 2013 年 4 月至 2016 年 8 月；环护公司联合体成员工装公司有多件执行案件，立案时间为 2014 年 10 月至 2016 年 8 月。财政局据此认定 4 家联合体均不符合招标文件规定的“合格投标人”条件。

财政局经查询全国企业信用信息公示系统湖北省板块，发现该系统明确记载投标人协智公司的联合体成员建三公司在 2015 年及 2016 年分别受到两起各罚款 1 万元的行政处罚；另经向 D 市环境保护局调查，获悉该局曾于 2014 年

5 月8 日作出过一份《行政处罚决定书》,对建三公司处以责令改正及罚款 5 万元的行政处罚。财政局据此认定协智公司联合体不符合《政府采购法》规定的供应商条件。

在一审期间,连实公司提交了其联合体成员业安公司所案涉件《执行结案通知书》及《情况说明》,达保公司联合体成员东力公司所案涉件《执行凭证》,案外人三业公司联合体成员铁建公司所案涉件结案通知书,案外人环护公司联合体成员工装公司所案涉件《执行裁定书》、执行情况说明等证据,旨在证明财政局所主张的 4 家联合体成员存在的执行案件在案涉项目资格预审前或者开标前已经结案。

就《招标文件》规定的合格投标人应如何理解和界定的问题,二审法院于 2018 年 2 月 6 日、2 月 26 日依法询问作为政府采购人城建局的意见。城建局称,政府采购代理机构依法通过"信用中国"网站、"中国政府采购网"和"全国法院失信被执行人查询平台"对案涉 5 家联合体投标人进行了信用查询,未发现其存在失信记录,并自认《招标文件》第一部分投标人须知及前附表第一章总则 3. 合格的投标人 3.7.3 项的规定系对合格投标人的资格要求,但对该项规定应如何理解拒绝发表意见。2018 年 3 月 9 日,就《招标文件》规定的合格投标人应如何理解和界定的问题,二审法院依职权对政府采购代理机构进行询问,该机构称其与城建局的意见是一致的。

经财政局提交的源于最高人民法院网"全国法院被执行人信息查询平台"的信息显示,连实公司联合体成员业安公司立案时间为 2013 年 1 月至 2015 年 12 月的执行案件有 3 件;达保公司联合体成员东力公司立案时间为 2016 年 4 月至 2016 年 8 月的执行案件有 3 件;三业公司联合体成员铁建公司立案时间为 2013 年 4 月至 2016 年 8 月的执行案件有 5 件;环护公司联合体成员工装公司立案时间为 2011 年 7 月至 2016 年 8 月的执行案件亦有多件。而根据 D 市环境保护局于 2014 年 5 月 8 日作出的《D 市环境保护局行政处罚决定书》,被责令改正违法行为及罚款 5 万元的对象是某建设工程股份有限公司,而非建三公司。

连实公司起诉请求:(1)判令撤销财政局作出的《10 号处理决定》中有关该项目废标的行政处理决定;(2)判令撤销市政府作出的《5 号复议决定》;(3)判令财政局、市政府承担本案全部诉讼费用。一审法院以行政监督纠纷立案后,通知城建局作为第三人参加诉讼,达保公司申请作为第三人参加诉讼。

一审意见

一审法院认为,财政局作为市政府财政部门,具有对本辖区政府采购行使监督管理的法定行政职权。市政府作为财政局本级人民政府,依法具有对财政局的行政行为进行行政复议的法定职权。

一审结果

2017 年 11 月 6 日,一审法院作出行政判决:驳回连实公司的诉讼请求。

连实公司不服该判决,提出上诉。

二审意见

二审法院认为,根据《政府采购法》第 36 条第 1 款第 1 项之规定,在招标采购活动中,出现符合专业条件的供应商或者对招标文件作实质响应的供应商不足三家的,应予废标。据此,本案争议的焦点:(1)若案涉政府采购项目存在对招标文件作实质响应的供应商不足三家的法定废标情形,财政局是否具有在评标结束后直接作出废标处理决定的行政职权;(2)案涉废标处理决定认定事实是否清楚,证据是否充分;(3)案涉废标处理决定作出的程序是否合法。

一、关于废标职权问题

《政府采购法》第 2 条第 2 款规定:"本法所称政府采购,是指各级国家机关、事业单位和团体组织,使用财政性资金采购依法制定的集中采购目录以内的或者采购限额标准以上的货物、工程和服务的行为。"第 13 条第 1 款规定:"各级人民政府财政部门是负责政府采购监督管理的部门,依法履行对政府采购活动的监督管理职责。"第 59 条规定:"政府采购监督管理部门应当加强对政府采购活动及集中采购机构的监督检查。监督检查的主要内容是:(一)有关政府采购的法律、行政法规和规章的执行情况;(二)采购范围、采购方式和采购程序的执行情况;(三)政府采购人员的职业素质和专业技能。"《政府采购法实施条例》第 63 条规定:"各级人民政府财政部门和其他有关部门应当加强对参加政府采购活动的供应商、采购代理机构、评审专家的监督管理,对其不良行为予以记录,并纳入统一的信用信息平台。"根据前述规定,财政部门作为政府采购的监督管理部门,依法具有对参加政府采购活动的采购人、采购代理机构和供应商进行监督管理的职责,并有权依照相关法律规定纠正其所发现的违法行为,其监督管理的对象主要是使用财政性资金进行采购的政府采购人。在招标采购单位应予废标而未废标的情况下,作为监督招标采购单位的有权机关,财政部门直接作出废标处理决定,属于其对政府采购活动履行监督管理职责的必要内容。若按照连实公司的观点,财政部门在评标结束后无权针对法定废标情形直接废标,则会出现应予废标而未废标的情形,这显然违背《政府采购法》第1条规定的“规范政府采购行为”“维护国家利益和社会公共利益”的立法宗旨,也不符合《政府采购法》第3条规定的公正原则。据此,连实公司主张财政局作出废标处理决定,属于超越职权的主张,不予支持。

二、关于事实依据问题

《政府采购法》第22条规定:“供应商参加政府采购活动应当具备下列条件:(一)具有独立承担民事责任的能力;(二)具有良好的商业信誉和健全的财务会计制度;(三)具有履行合同所必需的设备和专业技术能力;(四)有依法缴纳税收和社会保障资金的良好记录;(五)参加政府采购活动前三年内,在经营活动中没有重大违法记录;(六)法律、行政法规规定的其他条件。采购人可以根据采购项目的特殊要求,规定供应商的特定条件,但不得以不合理的条件对供应商实行差别待遇或者歧视待遇。”《政府采购货物和服务招标投标管理办法》①第34条第2款规定:“以联合体形式参加投标的,联合体各方均应当符合政府采购法第二十二条第一款规定的条件。采购人根据采购项目的特殊要求规定投标人特定条件的,联合体各方中至少应当有一方符合采购人规定的特定条件。”第56条规定:“投标文件属下列情况之一的,应当在资格性、符合性检查时按照无效投标处理:……(三)不具备招标文件中规定资格要求的;(四)不符合法律、法规和招标文件中规定的其他实质性要求的。”根据上述规定,若投标人存在不符合法定或者招标文件规定的资格要求的,则其投标文件属于未对招标文件作实质响应。

1. 关于对协智公司联合体成员不符合政府采购法规定的供应商条件的事实认定

根据《政府采购法》第22条第1款第5项之规定,供应商参加政府采购活动前3年内,在经营活动中不得有重大违法记录。《政府采购法实施条例》第19条第1款规定:“政府采购法第二十二条第一款第五项所称重大违法记录,是指供应商因违法经营受到刑事处罚或者责令停产停业、吊销许可证或者执照、较大数

① 此为旧版,最新为2017年版。

额罚款等行政处罚。”《行政处罚法》[①]第 42 条规定：“行政机关作出责令停产停业、吊销许可证或者执照、较大数额罚款等行政处罚决定之前，应当告知当事人有要求举行听证的权利；当事人要求听证的，行政机关应当组织听证。……”《辽宁省行政处罚听证程序规定》第 3 条第 1 款规定：“行政机关或组织作出责令停产停业、吊销许可证或者执照，对公民罚款 1000 元以上、对个体经营业者罚款 2000 元以上、对法人和其他组织罚款 10,000 元以上的行政处罚决定前，被处罚当事人要求听证的，作出行政处罚的机关或组织应当组织听证。”据此可知，在辽宁省，法人被处以 1 万元以上的罚款，属于《政府采购法》第 22 条第 1 款第 5 项规定的重大违法记录。本案中，协智公司联合体成员建三公司在 2015 年及 2016 年分别受到两起各罚款 1 万元的行政处罚。财政局据此认定协智公司联合体不符合法定的政府采购供应商条件，事实清楚，证据充分。

2. 关于除协智公司外的其他 4 家联合体投标人有不符合招标文件规定的供应商条件的事实认定

财政局认定除协智公司外的其他 4 家联合体投标人不符合招标文件规定的供应商条件的理由是，其认为上述 4 家联合体投标人有成员是人民法院司法执行案件的被执行人。这涉及对招标文件规定的供应商条件，特别是《招标文件》3.7.3 项规定的理解问题。根据《招标文件》第一部分投标人须知及前附表第一章总则 3. 合格的投标人 3.1.1 项以及前附表第 13 项投标人资格要求（五）申请人（联合体各方）的资信要求的规定，各联合体自 2011 年至 2015 年 5 年间不得有任何不诚信的行为。《招标文件》第一部分投标人须知及前附表第一章总则 3. 合格的投标人 3.7 法律要求，投标人必须声明并保证 3.7.3 项规定，“投标人不是无力清偿债务者，没有处于受司法机关的审查、调查或者监管状态，没有破产、停业整顿或清算，其资产、业务没有处于被法院查封、冻结或采取其他强制措施的状态，其经营活动没有被中止，并且没有因上述事件而成为被任何第三方申请执行司法强制措施的对象”。上述条款是《招标文件》对其《招标公告》第 5 条强调的《政府采购法》第 22 条第 1 款第 2 项关于“具有良好的商业信誉”规定的细化内容，是参与投标的各联合体成员单位均必须遵守的资格要求。连实公司关于 3.7.3 项规定属于投标人“声明与保证”条款，若违反该条款，违约方仅承

---

① 此为旧版，最新为 2021 年版。

担相应的合同违约责任的主张,不能成立。从上述规定的内容来看,投标人不得处于受司法机关的审查、调查或者监管状态,并成为被任何第三方申请执行司法强制措施的对象。这即是说,投标人不得有被申请人民法院强制执行的案件。否则,即构成不合格的投标人。此外,尊重司法权威,按照生效的司法裁判文书自动履行义务,是诚信守法之人的应有态度。有被申请人民法院强制执行的案件,意味着不按照生效的司法裁判文书自动履行义务,属于典型的不诚信、不守法行为,不符合《招标文件》关于"2011 年至 2015 年 5 年间不得有任何不诚信的行为"的要求。据此,在有证据证明自 2011 年至 2016 年 9 月 22 日开标当日,上述 4 家联合体成员有被申请人民法院强制执行案件的情况下,财政局认定上述 4 家联合体投标人不符合招标文件规定的供应商条件,并无不妥。

对于联合体投标人是否符合招标文件规定的供应商资格要求的查询渠道,《招标公告》和《招标文件》并未作出明确限制。《财政部关于在政府采购活动中查询及使用信用记录有关问题的通知》(财库〔2016〕125 号)规定:"各级财政部门、采购人、采购代理机构应当通过'信用中国'网站(www. crdeitchina. gov. cn)、中国政府采购网等渠道查询相关主体信用记录……"该条款仅列举了相关渠道,亦未作出限定。"全国法院被执行人信息查询平台"作为全国性的官方权威网站,可以客观反映公民、法人或者其他组织被申请人民法院强制执行案件的情况,财政局通过其查询相关信息,符合依职权查明投标供应商商业信誉的管理目的,并无不当。连实公司关于仅能通过"信用中国"网站、"中国政府采购网"及采购文件规定的其他查询渠道进行查询的主张,缺乏事实依据,不予支持。

综上,财政局认定 5 家联合体投标人不符合法定或者《招标文件》规定的投标人的资格要求,并据此认为,在案涉政府采购项目中,对招标文件作实质响应的供应商不足三家,事实清楚,证据充分,并无不妥。

三、关于程序问题

《政府采购供应商投诉处理办法》①第 14 条规定:"财政部门处理投诉事项原则上采取书面审查的办法。财政部门认为有必要时,可以进行调查取证,也可以组织投诉人和被投诉人当面进行质证。"第 25 条规定:"财政部门在处理投诉过程中,发现被投诉人及其工作人员、评标委员会成员、供应商有违法行为,本机

① 现已失效。

关有权处理、处罚的,应当依法予以处理、处罚;本机关无权处理的,应当转送有权处理的机关依法处理。”据此,财政局有权在处理一审第三人达保公司的投诉事项时,一并调查处理其所发现的案涉政府采购活动存在的违法问题。连实公司关于财政局不应超出投诉事项在同一程序中作出废标处理决定的主张,缺乏法律依据,不予支持。由于相关法律、法规或者规章对评标结束后,财政部门在投诉程序中应履行何种程序才可以作出废标处理决定,没有明确、具体的规定,故财政局作出废标处理决定不存在违反法定程序的问题。此外,由于按照《招标文件》的规定,只要有证据证明在特定期间内有被申请人民法院强制执行的案件,案涉联合体投标人即构成不合格投标人。是否给予相关当事人以陈述、申辩权利,不影响财政局对本案相关事实的认定。

综上,财政局作出废标处理决定职权依据充分,事实清楚,适用法律正确,程序合法,并无不当。市政府受理连实公司的复议申请后,履行了通知、听证等程序,并在法定的60日审查期限内作出行政复议决定,符合相关法律规定,程序合法,亦无不妥。连实公司的上诉请求及理由,缺乏事实和法律依据,不予支持。

二审结果

2018年6月22日,二审法院作出行政判决:驳回上诉,维持原判决。

案例评析

1. 关于对投标人存在失信记录如何规定和认定问题

对于投标人失信记录,应根据招标文件确定,招标文件相关规定不违反法律法规且可清楚认定的,该方面认定问题即可界定。投标人失信记录的界定,一般包括失信的范围以及达到失信的数额、数量、时间等方面。如果招标文件规定不清,应依据法律法规认定。现实招标中,有的招标人将失信界定规定得过大、过多、时间过长,虽一般并不违反法律法规,但很可能导致类似本案情形,很少甚至没有投标人符合投标条件,结果很可能需要重新设定失信认定条件重新招标,或者改变采购方式。

2. 关于财政局是否具有在评标结束后直接作出废标处理决定的行政职权问题

根据《政府采购法》第13条、第59条的规定,财政部门作为政府采购的监督管理部门,有权对采购范围、采购方式和采购程序的执行情况等进行监督,本案招标采购单位应予废标而未废标的情形,无疑属于采购程序的范畴,财政局有权在评标结束后作出废标处理决定。当然,对于财政局相关处理决定,司法审查是全方位的,涉及性质职权范围、事实、程序以及时效等。

案例 8　被诉招标决定应否撤销

相关问题

1. 原告与被诉招标决定是否有法律上的利害关系；
2. 被告对案涉迁建项目招标是否应当听取正水公司的申辩意见；
3. 应否判决撤销被诉招标决定。

裁判要点摘选

市政府已经授予正水公司案涉项目的独占特许权，在正水公司的特许经营权未经法律程序被撤销的情况下，住建委决定启动案涉迁建项目并通过招标选定项目投资人，必将形成正水公司和新项目投资人在经营权上的冲突，该在先专营权显然对被诉招标决定的作出构成法律上的障碍。依据正当程序原则，住建委应当听取正水公司的申辩意见。

基本案情

上诉人（一审原告）：水投公司

被上诉人（一审被告）：W 市住房和城乡建设委员会

一审第三人：正水公司

一审第三人：W 市公用事业有限公司

2006 年 10 月 8 日，水投公司（中外合资企业）、W 市公用事业有限公司（以下简称公用事业公司）投资成立正水公司，正水公司的注册类型为有限责任公司（中外合资企业）。同日，W 市人民政府（以下简称市政府）授权市政园林局代表其与正水公司签订《中心片污水处理厂 TOT + BOT 特许经营权合同》（以下简称《特许经营权合同》），授予正水公司对中心片污水处理厂 TOT + BOT 特许权项目自该合同生效日开始至转让日再加 26 年的独占性的特许经营权。其后，正水公司依约对中心片污水处理厂进行投资建设、运营、维护。该污水处理厂处理城市污水的设计处理能力为每日 20 万平方米，出水水质执行的是国家二级排放标准。

2015 年 4 月 2 日，经市政府市长办公会议同意，W 市住房和城乡建设委员会(以下简称住建委)决定对中心片污水处理厂迁建工程(以下简称案涉迁建工程)进行招投标(以下简称被诉招投标决定)。同月 8 日，住建委通过发送《关于中心片污水处理厂迁建有关事项的函》(以下简称《迁建事项函》)的形式告知正水公司上述决定。

2015 年 5 月 5 日，一审法院于受理水投公司诉住建委、正水公司、公用事业公司其他行政行为纠纷一案。原告水投公司诉称，水投公司系中外合资企业。2006 年，市政府通过公开招投标的方式确定水投公司及第三人公用事业公司作为中心片污水处理厂 TOT + BOT 特许权项目的发起人(投资人)。2006 年 10 月 8 日，水投公司与公用事业公司成立第三人正水公司(中外合资企业)以实施该项目。同日，市政府授权市政园林局代表其作为一方与正水公司签订《中心片污水处理厂 TOT + BOT 特许经营权合同》(以下简称《特许经营权合同》)，正水公司获得自该合同生效日开始至转让日再加 26 年的包括污水处理(TOT)在内的独占性的特许经营权。同时，该合同第 3 条特许权 3.4 特许权的独占性还明确规定："按照本合同授予项目公司的特许权是独占的，市政府保证不将本合同项下的特许权任何部分授予其他任何一方。"此后，双方还签订了一系列补充合同(协议)。正水公司依合同对项目进行投融资、受让、运营、维护等相关活动。2015 年 4 月 8 日，被告住建委向正水公司发送《迁建事项函》，称根据市政府会议纪要精神，决定迁建中心片污水处理厂，且迁建工程必须通过公开招投标选定项目投资人，随着迁建项目的建成投运，原中心片污水处理厂须要停用拆除，带来正水公司 TOT 项目合同的提前终止。水投公司认为，(1)正水公司系中外合资企业，水投公司作为其合资方，有权提起本案诉讼。(2)案涉迁建工程虽涉及公共利益，但新建的污水处理厂主要是日处理城市污水能力及出水水质的提升，而正水公司完全有能力承接新污水处理厂的建设，并按新厂的要求进行运营，且新污水处理厂厂址与现污水处理厂厂址部分重叠，故案涉迁建工程并非完全属于新建项目，无须通过公开招投标以确定投资人。(3)被告无权作出被诉招投标决定。(4)被告在作出被诉招投标决定前未与水投公司进行任何协商,不符合正当程序原则。综上,本案并不属于基于公共利益的需要必须收回已经授予特权经营权的情节,被告作出被诉招投标决定,超越职权,且没有事实和法律依据,程序违法,依法应予以撤销。

被告住建委辩称,(1)被诉招投标决定是授予特许经营权的前置行为,该行为尚未解除《特许经营权合同》,对第三人正水公司的权益未产生实质影响,依法不属于人民法院行政诉讼的受案范围。(2)《特许经营权合同》的协议方是正水公司,该公司的两个股东均系在中国登记注册的中国法人,因此正水公司并非中外合资企业,原告水投公司作为其股东,无权提起本案诉讼。(3)被诉招投标决定合法。现中心片污水处理厂处理城市污水的设计处理能力为每日20万平方米,出水水质执行的是国家二级排放标准,其现有的污水处理能力已经不能满足城市发展的需要,也无法完成《关于全面实施"河长制"进一步加强水环境治理工作的意见》(浙委发〔2013〕36号)的要求,基于公共利益的需要,决定启动案涉迁建工程,拟建设污水处理能力提高至每日40万平方米,出水水质执行国家一级A标准,采用半地下全封闭式的污水处理厂,该新工厂占地更少,但更先进。为此,被告根据《行政许可法》第8条第2款、《市政公用事业特许经营管理办法》第8条第1项的规定,报市政府批准,决定撤回已经生效的行政许可,即解除《特许经营权合同》。根据《政府采购法》《市政公用事业特许经营管理办法》的有关规定,案涉迁建工程应当采取公开在投标的方式进行。在发布招投标公告前,包括被告在内的多个政府部门已经就启动案涉迁建工程有关事宜告知正水公司,并就拟提前解除《特许经营权合同》的赔偿事宜与其进行了多次协商。综上所述,请求驳回原告的起诉。

一审意见

一审法院认为:(1)根据《行政诉讼法》第12条第1款第12项的规定,人民法院受理公民、法人或者其他组织认为行政机关侵犯其他人身权、财产权等合法权益而提起的诉讼。本案中,第三人正水公司已依法取得中心片污水处理厂TOT+BOT特许权项目自该《特许经营权合同》生效日开始至转让日再加26年的独占性的特许经营权,现被告住建委决定启动案涉迁建工程,并通过公开招投标选定项目投资人,而投资人一旦选定,必然导致正水公司已取得的上述特许经营权的提前终止,影响其权益,被告亦已将该决定及相应后果函告正水公司,故被诉招投标决定依法属于人民法院的受案范围。(2)《最高人民法院关于执行〈中华人民共和国行政诉讼法〉若干问题的解释》[①]第15条规定,中外合资企业的合资各方,认为合资企业权益或者自己一方合法权益受行政行为侵害的,可以自己的名义提起诉讼。本案中,正水公司系中外合资企业,原告水投公司作为其合资方,有权提起本案诉讼。(3)《行政许可法》第8条第2款规定,准予行政许可所依据的客观情况发生重大变化的,为了公共利益的需要,行政机关可以依法变更或者撤回已经生效的行政许可。由此给公民、法人或者其他组织造成财产损失的,行政机关应当依法给予补偿。本案中,被告住建委为进一步加强我省水环境治理、全面改善水环境,同时提高城镇污水处理效率和负荷水平,以满足城市发展的需要,决定启动案涉迁建工程,拟建设污水处理能力从现有每日20万平方米提高至每日40万平方米,出水水质从现执行国家二级排放标准提高到执行国家一级A标准,采用半地下全封闭式的污水处理厂,属于准予行政许可所依据的客观情况发生重大变化,为了公共利益的需要,可以依法撤回已经生效的行政许可的情形。且案涉迁建工程属新建市政公用事业项目,根据《市政公用事业特许经营管理办法》第4条第3款、第5条、第8条第1项的规定,被告经报市政府批准,决定公开招投标,并告知原告,并无不当。由此给原告造成的财产损失,应当依法给予补偿,但原告主张被告在作出被诉招投标决定前必须与其协商,否则构成程序违法,缺乏法律依据,不予支持。

一审结果

2015年7月2日,一审法院作出行政判决:驳回原告水投公司的诉讼请求。

水投公司不服一审判决,向浙江省温州市中级人民法院(以下简称温州中院)提出上诉。

二审意见

温州中院认为:

1. 市政府于2006年授权市政园林局与正水公司签订特许经营权合同,授予正水公司对中心片污水处理厂TOT + BOT特许权项目自合同生效日起至转让日再加26年的独占特许权。在此情况下,被上诉人住建委决定启动案涉迁建工程,并通过招标重新确定特许经营权人,意味着住建委将已批准他人特许经营的

① 现已失效。

事项重新纳入法律程序，将对正水公司已取得的特许经营权造成实际影响。水投公司作为正水公司的合资方，与被诉招标决定有法律上的利害关系，具备原告诉讼主体资格。

2. 虽然《关于全面实施“河长制”进一步加强水环境治理工作的意见》对城市污水处理率、出水水质及达标时间等提出了明确要求，但被诉招标决定并未一并作出撤回原行政许可决定，原准予行政许可所依据的客观情况是否发生重大变化，属于政府有关部门在后续的撤回行政许可行为中需要审查决定的事项，与被诉招标决定的合法性无关。因此，正水公司已取得的特许经营权是否符合《行政许可法》第8条第2款规定的撤回条件，不属本案的审查内容。住建委主张本案属于上述法条规定的“准予行政许可所依据的客观情况发生重大变化”情形，不予支持。

3. 市政府已经授予正水公司案涉项目的独占特许权，在正水公司的特许经营权未经法律程序被撤销的情况下，住建委决定启动案涉迁建项目并通过招标选定项目投资人，必将形成正水公司和新项目投资人在经营权上的冲突，该在先专营权显然对被诉招标决定的作出构成法律上的障碍。依据正当程序原则，住建委应当听取正水公司的申辩意见。住建委提供的证据材料无法反映其在作出被诉招标决定前已经就启动案涉迁建工程有关事项及上述意见中有关城市污水处理率等技术要求告知并征求正水公司的意见，不符合法律规定。

综上，住建委在正水公司的特许经营权未被撤销的情况下，置其在先专营权于不顾，迳行作出被诉招标决定，违反法定程序，且损害了正水公司的信赖利益，依法应予以撤销。但根据《行政诉讼法》第74条第1款第1项的规定，行政行为依法应当撤销，但撤销会给国家利益、社会公共利益造成重大损害的，人民法院判决确认违法，但不撤销行政行为。案涉迁建工程项目已进行招标并进入施工阶段，能否顺利建成并按时投入运行，对于提高我市水环境治理能力，促进我市环保基础设施建设具有重大影响，事关公共利益，故不宜撤销被诉招标决定。原判驳回水投公司的诉讼请求，适用法律不当，予以纠正。

二审结果

2015年11月4日，温州中院作出行政判决：一、撤销一审判决；二、确认住建委2015年4月作出的招标决定行为违法。

案例评析

1. 对原告与被诉行政行为是否存在法律上利害关系的判断

行政诉讼案件审理中，首先须判断原告与被诉行政行为是否存在法律上的利害关系，原告与被诉行政主体的行政行为之间存在法律上利害关系是行政诉讼案件审理的首要内容。如果原告与被诉行政行为之间不存在法律上的利害关系，法院判决驳回原告的诉讼请求；如果原告与被诉行政行为存在法律上利害关系，行政诉讼案件针对原告的诉讼请求进行审理。

本案被诉行政行为系住建委的招投标行为。住建委通过招投标程序，启动案涉迁建工程，通过招标重新确定特许经营权人。住建委的招投标行为并没有直接针对原告，但是，该招标行为与原告是否存在法律上的利害关系，是案件审理首要基础性问题。

市政府授权市政园林局代表其作为一方与正水公司签订《特许经营权合同》，正水公司获得自该合同生效之日开始至转让日再加 26 年的包括污水处理（TOT）在内的独占性的特许经营权，约定“按照本合同授予项目公司的特许权是独占的，市政府保证不将本合同项下的特许权任何部分授予其他任何一方”。正水公司依合同对项目进行投融资、受让、运营、维护等相关活动。在正水公司与政府的特许经营权合同有效履行期间，住建委通过招投标程序重新确定特许经营权人，将已批准正水公司的特许经营的事项重新纳入法律程序，对正水公司已取得的特许经营权必然造成实际影响。原告水投公司是正水公司的合资方，与被诉招标决定是有法律上的利害关系的，因此，原告水投公司具备原告的诉讼主体资格。

2. 行政主体作出行政行为时应当听取利害关系人的申辩意见

原告水务公司的子公司正水公司的合法有效特许经营权在未经法律程序被撤销的情况下，被告住建委决定启动案涉迁建项目并通过招标选定项目投资人，被告的行政行为（招投标决定）及招投标结果（确定新项目投资人及其经营权），必将与正水公司的特许经营权发生权利及利益上的冲突，正水公司在特许经营权必然对被诉招标决定的作出构成法律上的障碍，原告对被诉招投标行为是存在法律上的利害关系的。依据程序正当原则，原告作为被告行政行为招投标决定的利害关系人，有权对被告的招投标决定的行政行为提出意见，而被告住建委也有听取正水公司申辩意见的义务。被告住建委如果没有证据证明其在作出被诉招标决定前已经就启动案涉迁建工程有关事项及招投标行为之前,告知并征求正水公司的意见,被告所作出的招投标决定的行政行为违反行政程序,不符合法律规定。

3. 对不符合法律规定的被诉行政行为应否判决撤销

经法院审理确认被诉行政行为违法,在裁判结果上还是须根据具体情况判决是否撤销该被诉行政。根据《行政诉讼法》第 74 条第 1 款第 1 项的规定,行政行为依法应当撤销,但撤销会给国家利益、社会公共利益造成重大损害的,人民法院判决确认违法,但不撤销行政行为。本案中被诉招标行为经法院查明确实存在违法,给利害关系人造成影响,但是,由于案涉工程属于环保基础设备,事关公共利益,如果撤销会造成当地社会公共利益产生重大损害,故此,法院判决确认被诉招投标行为违法,但不撤销该违法行政行为。

案例9 对财政部门、政府采购人同一项目投诉处理决定可否分别起诉

相关问题

1. 案涉市政府是否是适格被告；
2. 案涉招标作废标处理是否合法；
3. 就废标投诉处理决定起诉财政部门后能否再行起诉政府采购人。

裁判要点摘选

投标人不服管委会的废标公告，按照规定程序进行了质疑与投诉，就财政局作出的投诉处理决定也提起了行政诉讼，正在法院审理过程中。在此情形下，该投标人又针对管委会的废标公告提起诉讼，不符合《政府采购法》的规定，其起诉不属于人民法院的受案范围。

基本案情

原告：林政公司

被告：Q市人民政府

2016年9月27日，Q市某旅游度假区管理委员会（以下简称管委会）发布旅游度假区道路、河道及停车场工程PPP项目的招标文件。2016年12月30日，管委会作出关于对《关于水五公司项目经理有在建项目不具备投标资格的质疑函》及《关于水五公司有重大违法记录不具备投标资格的质疑函》的答复函，答复林政公司，林政公司的质疑成立，该委已经取消水五公司的中标资格。

2017年1月3日，管委会发布PPP项目废标公告，主要内容：停车场等工程PPP项目于2016年10月28日按规定程序进行了开标、评标、定标，于2016年10月31日发布预中标结果公示，在公示期内，有投标人对排名第一的候选社会资本：水五公司/电建公司/天泰公司（联合体）提出了质疑。经调查研究，现认定排名第一的候选社会资本不符合招标文件“申请人资格要求”，其投标为无效投标，取消其候选社会资本资格，本次招标按废标处理。林政公司不服，向管委会提交《关于废标及未组织采购结果确认谈判的质疑函》，请求管委会撤回“本次招标按废标处理”的公告内容，按招标文件规定组织采购结果谈判并确定预中标社会资本。

2017年1月11日，管委会作出关于对《关于废标及未组织采购结果确认谈判的质疑函》的答复函，答复林政公司，林政公司的质疑不能成立，如对本答复不满意的，可以依照《政府采购法》第55条的规定，向Q市财政局（以下简称财政局）投诉。林政公司不服该答复函，向财政局投诉。2017年3月16日，财政局针对林政公司的投诉作出投诉处理决定书，驳回林政公司的投诉。林政公司不服管委会2017年1月3日发布的废标公告，于2017年4月5日提起本案诉讼。

林政公司也不服财政局作出的投诉处理决定书，并已于2017年3月20日在另一法院提起行政诉讼，案件正在审理过程中。

管委会就案涉PPP项目重新进行了招投标，2017年5月4日公示了中标结果。管委会已分别与中标人签订了建设工程施工合同。

林政公司起诉Q市人民政府（以下简称市政府），一审法院立案受理了该废标公告违法纠纷案。林政公司诉讼请求：（1）撤销被告以管委会名义于2017年1月3日发布的废标公告；（2）责令被告暂缓重新招标程序；（3）责令被告在一定期限内按招标文件规定组织采购结果谈判并确定预中标社会资本。

林政公司主要诉讼意见：管委会发布案涉项目招标文件，后确定了中标候选社会资本，林政公司参与的联合体为第二中标候选社会资本。因林政公司提出质疑，管委会取消了水五公司的中标资格。2017年1月3日，管委会发布废标公告，本次招标按废标处理。林政公司认为，本项目不存在废标情形，管委会作出的废标决定不符合规定。因管委会由市政府设立，市政府为适格被告。

市政府主要诉讼意见：管委会作为招标人在招标过程中与投标人之间的争

议，属于民事争议。林政公司向财政局投诉后，针对投诉处理决定已经提起了行政诉讼。林政公司通过行政诉讼的途径，请求解决其与招标人之间的民事争议，于法无据。管委会系依法设立的机关法人，具有独立的民事主体资格和诉讼主体资格，林政公司将市政府列为本案被告，没有法律依据。案涉项目经重新招投标，2017 年 5 月 4 日已经公示中标结果，并与中标人签订了建设工程施工合同，林政公司的诉请已无实际意义，请求驳回起诉。

一审意见

一审法院认为，根据《行政诉讼法》第 49 条第 4 项之规定，属于人民法院受案范围和受诉人民法院管辖是公民、法人或者其他组织提起诉讼应当符合的法定条件之一。本案中，林政公司作为管委会招标过程中的投标人、供应商，其对政府采购过程中的相关事项存有异议，《政府采购法》已经规定了质疑与投诉的救济途径。《政府采购法》第 52 条规定，供应商认为采购文件、采购过程和中标、成交结果使自己的权益受到损害的，可以在知道或者应知其权益受到损害之日起 7 个工作日内，以书面形式向采购人提出质疑。第 53 条规定，采购人应当在收到供应商的书面质疑后 7 个工作日内作出答复，并以书面形式通知质疑供应商和其他有关供应商，但答复的内容不得涉及商业秘密。第 55 条规定，质疑供应商对采购人、采购代理机构的答复不满意或者采购人、采购代理机构未在规定的时间内作出答复的，可以在答复期满后 15 个工作日内向同级政府采购监督管理部门投诉。第 56 条规定，政府采购监督管理部门应当在收到投诉后 30 个工作日内，对投诉事项作出处理决定，并以书面形式通知投诉人和与投诉事项有关的当事人。第 58 条规定，投诉人对政府采购监督管理部门的投诉处理决定不服或者政府采购监督管理部门逾期未作处理的，可以依法申请行政复议或者向人民法院提起行政诉讼。从本案查明的事实看，林政公司不服管委会的废标公告，按照上述规定的程序进行了质疑与投诉，就财政局作出的投诉处理决定也提起了行政诉讼，正在法院审理过程中。在此情形下，林政公司又针对管委会的废标公告提起本案诉讼，不符合《政府采购法》的规定，其起诉不属于人民法院的受案范围。因此，林政公司的起诉不符合法定起诉条件，已经立案的，应当裁定驳回起诉。

一审结果

2017 年 9 月 20 日，一审法院作出行政裁定：驳回原告林政公司的起诉。

（编者注：未发现该案有二审、再审程序）

案例评析

1. 市政府认为，管委会系依法设立的机关法人，具有独立的民事主体资格和诉讼主体资格，林政公司将市政府列为本案被告，没有法律依据。编者认为，市政府意见在行政法律关系中是不成立的。依照《最高人民法院关于适用〈中华人民共和国行政诉讼法〉的解释》第 21 条规定，“当事人对由国务院、省级人民政府批准设立的开发区管理机构作出的行政行为不服提起诉讼的，以该开发区管理机构为被告；对由国务院、省级人民政府批准设立的开发区管理机构所属职能部门作出的行政行为不服提起诉讼的，以其职能部门为被告；对其他开发区管理机构所属职能部门作出的行政行为不服提起诉讼的，以开发区管理机构为被告；开发区管理机构没有行政主体资格的，以设立该机构的地方人民政府为被告”。可知，行政法对于管委会是否能够成为适格被告基于判断是否为国务院、省级人民政府批准设立的管委会（或其职能部门），以及是否经其所隶属人民政府依据法律、法规、规章进行了法定授权进而取得行政主体资格。

2.《政府采购法》第 22 条第 1 款第 5 项规定：供应商参加政府采购活动应当具备的条件中有“（五）参加政府采购活动前三年内，在经营活动中没有重大违法记录”。另《注册建造师管理规定》第 21 条第 2 款规定：“注册建造师不得同时在两个及两个以上的建设工程项目上担任施工单位项目负责人。”本案中，在查明水五公司项目经理在参与案涉项目投标时有在建项目以及水五公司有重大违法记录的事实情况下，投标不符合《政府采购法》对供应商资格条件的规定，管委会作废标处理具有合法性。

3.《政府采购法》第六章明确规定，供应商若认为采购文件、采购过程或采购结果使其权益受到损害的，可以向采购人或采购代理机构提出质疑；若对质疑答复不满意，可以向财政部门提起投诉；若对投诉处理决定不服，可以申请行政复议或提起行政诉讼；若对行政复议决定不服，也可以提起行政诉讼。财政部门投诉处理决定是一项具体行政行为，因此，投诉人对投诉处理决定不服，可以通过行政和司法救济途径依法寻求救济。林政公司已经就财政局作出的投诉处理决定提起了行政诉讼，再以管委会作出的废标公告提起诉讼，不符合《政府采购法》的关于质疑与投诉程序规定，一审法院裁定驳回原告起诉，并无不当。

案例10　招标人与中标人都催促对方签订但一直未签订的特许经营协议纠纷

相关问题

1. 案涉招标行为的效力及责任承担；
2. “投入前期费用12,113.55万元”应否属于本案审理问题；
3. 投标保证金及利息应否退还。

典型意义

当事人就某一行政协议行为提起诉讼，但诉讼请求同时涉及其他行政协议行为的，人民法院应当依法予以释明并区分处理，即对于与被诉行政协议行为相关联的诉讼请求直接进行处理，与之没有直接关联的诉讼请求，告知其另循法定救济路径。行政协议的订立、履行需要经过法定程序的如招投标程序，人民法院应当对是否经过或者符合法定程序进行审查，进而对行政协议的效力作出判断。对于依法应当订立行政协议的情形，协议相对人可以请求人民法院判令依法订立行政协议。行政协议未成立或者无效的，当事人提出追究对方违约责任的诉讼请求，人民法院依法不予支持。本案所涉的BOT项目，需经过法定的招投标程序，且先后出现两类行政协议行为，其对应的法律关系及法律后果并不相同。第一个行政协议系未经法定招标程序而通过招商订立协议的情形，依法属于无效行政协议。第二个行政协议虽通过招标形式，但违反了招投标的法定要求，招投标程序属于无效情形，招标、投标当事人之间依法不能订立行政协议。人民法院经审查后区分处理，未支持协议相对人要求订立行政协议的诉讼请求，并按照缔约过失情形确认协议当事人之间的责任，理顺了当事人之间的法律关系，有助于行政协议争议的妥善解决。

基本案情

再审申请人(一审原告、二审上诉人)：正阳公司

再审申请人(一审原告、二审上诉人)：灵和公司

被申请人(一审被告、二审上诉人)：安徽省涡阳县人民政府

被申请人(一审被告、二审被上诉人)：安徽省蒙城县人民政府

被申请人(一审被告、二审被上诉人)：安徽省利辛县人民政府

2011 年 9 月 1 日，安徽省涡阳县人民政府(以下简称涡阳县政府)与正阳公司签订了一份《城市生活垃圾焚烧发电处理特许经营协议》(以下简称《特许经营协议》)。根据群众反映，亳州市市经委、市监察局对涡阳县违反规定转让城市生活垃圾焚烧发电处理特许经营权问题进行了调查。2012 年 6 月 5 日，市监察局作出《关于涡阳县违反规定转让城市生活垃圾焚烧发电处理的特许经营权问题的监察建议》，以涡阳县政府在没有对城市生活垃圾焚烧发电处理特许经营权进行招拍挂的情况下，与正阳公司签订城市生活垃圾焚烧发电处理特许经营权协议，违反《市政公用事业特许经营管理办法》的规定为由，决定由涡阳县政府依法终止正阳公司的特许经营协议，取消其特许经营权，并重新面向社会公开招标。

2012 年 8 月 10 日，涡阳县政府作出《关于终止城市生活垃圾焚烧发电处理的特许经营权协议的函》，通知正阳公司到涡阳县协商办理终止该协议的相关事宜。随后，安徽省蒙城县人民政府(以下简称蒙城县政府)、安徽省利辛县人民政府(以下简称利辛县政府)分别委托涡阳县政府负责垃圾焚烧发电项目的招商工作，具体包括代表其与国信招标公司签署委托代理协议、发布招标公告、招标文件、法律协议、组织与投资人谈判等工作。2012 年 12 月，涡阳县政府委托国信招标公司就涡阳、蒙城、利辛三县生活垃圾焚烧发电厂 BOT 项目(以下简称生活垃圾焚烧发电厂 BOT 项目)进行公开招标。

2013 年 1 月 14 日，涡阳县政府作出《生活垃圾焚烧发电厂 BOT 项目推迟开标的函》。两原告作为联合体参与投标，并于 2013 年 9 月 4 日，缴纳 100 万元保证金。同年 9 月 5 日下午 15 时正式开标。同年 9 月 17 日，中国采购与招标

网上公示两原告中标。同年10月8日，国信招标公司向原告发出了《签约通知书》，通知两原告在接到通知书后与三被告办理签订合同等事宜。随后双方就《特许经营协议》各项条款进行了协商。临界签约时，三被告对特许经营权的实施范围提出了不同意见，认为本项目特许经营范围不包括利辛县和蒙城县。2014年10月15日，国信公司给市政府和原告回函，明确特许经营权范围包括三县。

2014年、2015年，原告多次向亳州市市委、市政府及三个县县委、县政府邮寄《关于尽快完成三县垃圾焚烧发电项目签约落地的函》，催促签约。2015年8月18日，涡阳县政府作出《关于尽快签订合同的函》，通知两原告接到此函7日内到涡阳县签订合同，逾期不签合同，视为该项目终止，取消原告的中标资格，并于8月31日通过EMS邮寄给原告。原告于9月6日收到该函，并于9月8日作出《对涡阳县政府〈关于尽快签订合同的函〉的复函》，复函中称"2015年9月7日在市政府召开项目协调会，参会人员一致同意药博会后再落实'垃圾焚烧发电特许经营项目'签约事宜"，同时派人前往，但涡阳县政府未安排人员与原告对接签约事宜。2015年至2017年，原告多次分别给市政府和三被告的有关主管领导发函请求尽快签订特许经营协议。2016年4月8日，在亳州市政府的主持下，召开了三县生活垃圾焚烧发电项目办会议，原告与三被告的负责人到会。

2016年10月22日，涡阳县政府作出《通知》，通知两原告在7日内，按照招投标文件和协议文本，到涡阳县签订合同。逾期仍未签订的，视为放弃中标资格。2016年10月26日，原告向涡阳县政府邮寄《关于生活垃圾焚烧发电项目合同签约的复函》，并派人前往。

2017年7月5日，涡阳县政府作出《关于项目终止的函》，函中载明"贵联合体至今仍未与我县政府签订合同，造成该项目长达近四年未能签订合同，致使招标项目的目的无法实现。贵联合体的行为违反了《招标投标法》的规定，该招标项目已经终止。现再次函告贵联合体，前述招标项目终止"。

通工咨询公司受原告委托，就自2011年6月至2013年5月的涡阳垃圾焚烧发电项目支出进行审计(涡阳县政府与正阳公司依据《特许经营协议》成立的项目)，并于2013年8月12日出具财务审计报告，该审计报告中载明合同金额为17,048万元，已支付2533万元，未支付137万元，合同违约金8437.5万元。在生活垃圾焚烧发电厂BOT项目招标前，正阳公司出具承诺函，承诺若中标愿承担招标代理等服务费73万元;若不参加投标,视为自动放弃对该项目的经营,前期投资经济损失自行承担等事宜。2013年8月20日,正阳环保电力公司出具补充承诺函,函中载明“亳州市人民政府、涡阳县人民政府:我公司承诺:在涡阳县垃圾焚烧发电项目中初步认定的前期投资费用12,113.55万元(项目实际支出费用3603.05万元,项目原设备供应商解约费用8487.5万元,招投标代理服务费用60万元,项目审计费用13万元),只作为本次项目招投标使用,不作为于涡阳县政府结算依据。特此承诺”。

2017年3月15日,利辛县政府发布《利辛县生活垃圾焚烧发电特许经营项目招标公告》。

2017年5月19日,蒙城县政府发布《蒙城县生活垃圾焚烧发电PPP项目资格预审公告》。

正阳公司、灵和公司起诉涡阳县政府、蒙城县政府、利辛县政府(案由为特许经营行政合同纠纷),请求:(1)判决确认被告涡阳县政府于2017年7月5日作出的《关于项目终止的函》违法;(2)判令三被告赔偿原告6676.29万元及前期费用损失12,113.55万元;(3)判令三被告返还原告已付保证金100万元,并承担利息损失(利息损失以保证金100万元为基数,按照银行同期贷款利率计算,自2013年9月4日开始,到实际返还之日止);(4)本案诉讼费用由被告承担。

一审结果

2018年12月20日,一审法院作出行政判决:一、涡阳县政府于判决生效之日起15日内返还正阳公司所缴纳的保证金100万元;二、驳回灵和公司、正阳公司的其他诉讼请求。

灵和公司、正阳公司不服一审判决,向安徽省高级人民法院(以下简称安徽高院)提出上诉。

二审意见

安徽高院认为,本案争议有三个焦点问题:(1)案涉招标行为的效力及责任承担问题;(2)“投入前期费用12,113.55万元”应否属于本案审理问题;(3)投标保证金及利息应否退还问题。

一、关于案涉招标行为的效力及责任承担问题

人民法院对行政行为实行全面审查,由于行政协议兼具行政管理和协商一致的双重属性,故人民法院不仅要审查行政协议的合约性,还要审查行政协议内

容的合法性。具体到本案,垃圾焚烧发电 BOT 项目系市政公用事业特许经营项目,采用单一来源采购形式进行招标并设定了较重的义务性条件,该招标形式是否符合法律规定,涉及招标行为的效力及责任承担的划分,是本案审查的重点。

1. 垃圾焚烧发电 BOT 项目应当采取公开招标

建设部令第 126 号《市政公用事业特许经营管理办法》第 2 条规定,"本办法所称市政公用事业特许经营,是指政府按照有关法律、法规规定,通过市场竞争机制选择市政公用事业投资者或者经营者,明确其在一定期限和范围内经营某项市政公用事业产品或者提供某项服务的制度。城市供水、供气、供热、公共交通、污水处理、垃圾处理等行业,依法实施特许经营的,适用本办法"。根据上述法律规定,垃圾焚烧发电 BOT 项目显然属于"城市供水、供气、供热、公共交通、污水处理、垃圾处理等行业,依法实施特许经营的"范畴。对于市政公用事业特许经营项目的招标方式问题,《市政公用事业特许经营管理办法》第 8 条亦明确规定,"主管部门应当依照下列程序选择投资者或者经营者:(一)提出市政公用事业特许经营项目,报直辖市、市、县人民政府批准后,向社会公开发布招标条件,受理投标……"故,垃圾焚烧发电 BOT 项目应依法采取公开招标的方式选择投资者或经营者。此也正是本案上诉人之一正阳公司没有经过公开招标,通过招商与涡阳县政府达成《特许经营协议》,被有关部门查处,而被迫终止的根本原因。

2. 垃圾焚烧发电 BOT 项目采取单一来源采购方式不符合法律规定

2003 年 1 月 1 日实施的《政府采购法》[①]第 31 条规定,"符合下列情形之一的货物或者服务,可以依照本法采用单一来源方式采购:(一)只能从唯一供应商处采购的;(二)发生了不可预见的紧急情况不能从其他供应商处采购的;(三)必须保证原有采购项目一致性或者服务配套的要求,需要继续从原供应商处添购,且添购资金总额不超过原合同采购金额百分之十的"。根据该条规定,采取单一来源采购方式必须符合上述三个条件其中之一。从案件查明的事实可确认,第一,参与垃圾焚烧发电 BOT 项目投标报名至少有 3 家公司,显然灵和公司、正阳公司组成联合体不是唯一供应商;第二,垃圾焚烧发电 BOT 项目,从前期的招商引资项目,到后来的公开招标及单一来源采购,前后长达数年之久,期

---

① 已被修订,现最新为 2014 年版。

间没有发生不可遇见的紧急情况，而必须采取单一来源采购；第三，垃圾焚烧发电 BOT 项目是新投资项目，亦不存在需要与原有采购项目一致性或者服务配套或者继续从原供应商处添购的情形；第四，垃圾焚烧发电 BOT 项目属于市政特许经营行业，不属于政府采购法规定的货物或者服务，不属于法律规定的能够采取"单一来源采购"的范畴。故，垃圾焚烧发电 BOT 项目不符合采取单一来源采购的实质要件。另，根据《政府采购法》第 37 条规定，"废标后，除采购任务取消情形外，应当重新组织招标；需要采取其他方式采购的，应当在采购活动开始前获得设区的市、自治州以上人民政府采购监督管理部门或者政府有关部门批准"。垃圾焚烧发电 BOT 项目废标后，转入单一来源采购，没有经过相关部门批准，程序上也不符合法律规定。

3. 案涉招标文件设置中标人承担"投入前期费用 12,113.55 万元"违反法律规定，排斥潜在其他投标人

《招标投标法》第 20 条规定，"招标文件不得要求或者标明特定的生产供应者以及含有倾向或者排斥潜在投标人的其他内容"。招标文件设定"中标人需支付经审计的项目前期费用"，按照正常理解"项目的前期费用"应指因垃圾焚烧发电 BOT 项目招标所产生的费用。由于该项费用没有明确，而其他潜在投标人要求澄清各项费用的用途、金额等明细时，招标人明确答复前期费用金额为 12,113.55 万元，而该 12,113.55 万元的前期费用，恰是正阳公司与涡阳县政府被迫终止《特许经营协议》，所产生的"费用"，并不是本案垃圾焚烧发电 BOT 项目招标所产生的费用。故，招标文件设置中标人承担"投入前期费用 12,113.55 万元"违反法律规定，由于招标文件设置的"前期费用"数额巨大，明显不具有合理性，导致其他潜在投标人弃标，仅有灵和公司、正阳公司组成的联合体一家参与竞标，违反了《招标投标法》第 20 条规定的"不得排斥潜在投标人"禁止性的规定。

《行政诉讼法》第 75 条规定，实施主体不具有行政主体资格或者没有依据等重大且明显违法情形属于无效行政行为。具体到本案，涡阳县政府进行垃圾焚烧发电 BOT 项目，没有按照《政府采购法》公开招标；废标后，亦没有按照《政府采购法》规定报请相关部门批准重新招标；设置明显不合理条件排斥潜在投标人；违反法律强制性规定采取单一来源采购等，属于《行政诉讼法》第 75 条规定的"重大且明显违法情形"，该招标行为无效。

《政府采购法》于2003年1月1日开始实施[①]，该采购法对政府“单一来源采购”有明确限定，垃圾焚烧发电BOT项目招标行为发生在2012之后，应当遵守《政府采购法》的规定。灵和公司、正阳公司上诉称，案涉招标行为发生在2012年11月至2013年1月，《政府采购非招标采购方式管理办法》2014年2月实施，根据法不溯及既往的原则，不能适用《政府采购非招标采购方式管理办法》关于“单一来源采购”的规定，该上诉理由不能成立，依法不予支持。

《合同法》第58条规定，“合同无效或者被撤销后，因该合同取得的财产，应当予以返还；不能返还或者没有必要返还的，应当折价补偿。有过错的一方应当赔偿对方因此所受的损失，双方都有过错的，应当各自承担相应的责任”。由于案涉招标属于严重违法的无效招标，本案不适用违约责任，故灵和公司、正阳公司要求招标人支付违约金6705万元的请求不能成立。若灵和公司、正阳公司因案涉招标无效造成损失，可按过错责任大小，循上述法律规定予以解决。

二、关于“投入前期费用12,113.55万元”应否属于本案审理问题

从灵和公司、正阳公司提供的审计报表，可证实“投入前期费用12,113.55万元”发生在2011年6月至2013年5月，灵和公司、正阳公司亦自认其要求本案一并审理的前期投入费用，是基于正阳公司与涡阳县政府于2011年9月1日签订的《特许经营协议》终止而产生的费用。在垃圾焚烧发电BOT项目招标时，正阳公司出具书面承诺“初步认定的前期投资费用12,113.55元只作为本次项目招投标使用，不作为与涡阳县政府结算依据”，故该笔费用与垃圾焚烧发电BOT项目招标（生活垃圾焚烧发电厂BOT项目招标）不具有实质关联性，正如涡阳县政府上诉所言，《特许经营协议》是已终止的特许经营协议当事人之间的合同关系，《生活垃圾焚烧发电厂BOT项目招标》是特许经营协议订立过程中的招标人与中标人关系。且涡阳县政府已经表明“在2011年9月BOT《特许经营协议》(《特许经营协议》)签订至2013年8月被终止期间，正阳公司有一定的费用支出，该部分费用经过合法程序被确认为无效合同的损失后，应当由协议双方当事人根据各自过错相应承担”。故，灵和公司、正阳公司要求涡阳、蒙城、利辛三县政府承担的“投入前期费用12,113.55万元”，不属于本案审查范围。正

① 已被修订，最新2014年版于2014年8月31日实施。

阳公司因招商与涡阳县政府签订的《特许经营协议》终止所产生的损失,可循法律规定的途径解决。

三、关于投标保证金及利息应否退还问题

根据《合同法》第58条的规定,合同无效或者被撤销后,因该合同取得的财产,应当予以返还。由于垃圾焚烧发电BOT项目欠缺生效条件,因而自始无效、当然无效,合同任何一方是否签订"生活垃圾焚烧发电厂BOT项目特许经营协议",均不能改变案涉招标行为无效的性质,因合同无效取得的财产,依法应予返还。故,涡阳县政府上诉称不予退还正阳公司交付的100万元保证金的上诉理由不能成立,依法不予支持。根据《招标投标法实施条例》第57条第2款的规定,"招标人最迟应当在书面合同签订后5日内向中标人和未中标的投标人退还投标保证金及银行同期存款利息"。虽然案涉招标行为无效,但灵和公司、正阳公司是按照涡阳县政府的招标要求,向其交纳了投标保证金,该笔保证金由涡阳县政府实际控制,按照规定投标保证金应当存入银行(可产生孳息),不得挪作他用。故,涡阳县政府应当按照上述条例的规定,支付灵和公司、正阳公司投标保证金的银行同期存款利息。灵和公司、正阳公司该项上诉理由成立,依法予以支持。

二审结果

2019年8月19日,安徽高院作出行政判决:一、撤销一审判决第一项,改判涡阳县政府在本判决生效之日起15日内返还正阳公司交纳的投标保证金100万元及相应的银行利息(利息从涡阳县政府收取保证金之日起计算至保证金退还之日止);二、维持一审判决第二项,即"驳回两原告的其他诉讼请求"。

再审申请

正阳公司、灵和公司向最高人民法院申请再审称,案涉特许经营协议自中标通知书到达再审申请人时成立并生效,涡阳县政府终止案涉项目应承担违约赔偿责任。前期费用损失12,113.55万元属于本案审理范围,与本案招标投标属同一法律关系,一、二审法院对该项诉请未予审理错误。本案招标行为符合法律规定,二审法院认定案涉招标行为无效,适用法律错误且超出再审申请人的诉讼请求。本案不应适用《政府采购法》。请求撤销一、二审判决,再审改判支持再审申请人的诉讼请求。

审查意见

最高人民法院经审查认为,《招标投标法》第 46 条第 1 款规定:“招标人和中标人应当自中标通知书发出之日起三十日内,按照招标文件和中标人的投标文件订立书面合同。招标人和中标人不得再行订立背离合同实质性内容的其他协议。”《合同法》第 32 条规定:“当事人采用合同书形式订立合同的,自双方当事人签字或者盖章时合同成立。”本案中,根据一、二审法院查明的事实,正阳公司、灵和公司中标后,因故最终未能与涡阳县政府订立书面合同,正阳公司、灵和公司认为特许经营权协议已成立并生效,涡阳县政府应当承担违约赔偿责任的再审申请理由,缺乏事实和法律依据。关于前期费用是否属于本案审理范围问题。正阳公司、灵和公司主张的“前期费用 12,113.55 万元”是由于正阳公司与涡阳县政府于 2011 年 9 月 1 日签订的《特许经营协议》终止履行而产生的费用。一、二审法院认为上述费用与本案不具有实质关联性,正阳公司可另行主张,并无不当。关于招标行为效力审查问题。《行政诉讼法》第 87 条规定:“人民法院审理上诉案件,应当对原审人民法院的判决、裁定和被诉行政行为进行全面审查。”正阳公司、灵和公司的诉请之一是要求法院确认涡阳县政府 2017 年 7 月 5 日作出的关于项目终止的函违法。二审法院将招标行为的效力作为审查涡阳县政府终止招标项目的函是否违法的基础,进而基于本案存在案涉项目采取单一来源采购方式不符合法律规定、设置明显不合理条件排斥潜在投标人违反招标投标法禁止性规定等多种情形,属于《行政诉讼法》第 75 条规定的“重大且明显违法情形”,遂认定招标行为无效,并非仅依据《招标投标法》《政府采购法》而认定招标行为无效。上述审查认定具有法律依据。

综上,正阳公司、灵和公司的再审申请不符合《行政诉讼法》第 91 条规定的情形。

审查结果

2020 年 11 月 12 日,最高人民法院作出行政裁定:驳回正阳公司、灵和公司的再审申请。

案例评析

1. 垃圾焚烧发电 BOT 项目属于市政特许经营行业,不属于《政府采购法》规定的货物或者服务,不属于法律规定的能够采取“单一来源采购”的范畴。垃圾焚烧发电 BOT 项目没有按照《政府采购法》公开招标；废标后，亦没有按照《政府采购法》规定报请相关部门批准重新招标；且设置明显不合理条件排斥潜在投标人；违反法律强制性规定采取单一来源采购等，属于《行政诉讼法》第 75 条规定的“重大且明显违法情形”，该招标行为无效。

由于案涉招标属于严重违法的无效招标，本案不适用违约责任，故灵和公司、正阳公司要求招标人支付违约金 6705 万元的请求不能成立。若灵和公司、正阳公司因案涉招标无效造成损失，可按过错责任大小予以认定。

2. 投入前期费用 12,113.55 万元，是基于正阳公司与涡阳县政府于 2011 年 9 月 1 日签订的《特许经营协议》终止而产生的费用。在垃圾焚烧发电 BOT 项目招标时，正阳公司已出具书面承诺，确认该笔费用不作为与涡阳县政府结算依据，故该笔费用与垃圾焚烧发电 BOT 项目招标(生活垃圾焚烧发电厂 BOT 项目招标)不具有实质关联性，正阳公司的该部分费用经过合法程序被确认为无效合同的损失后，应当由协议双方当事人根据各自过错相应承担。故，灵和公司、正阳公司要求涡阳、蒙城、利辛三县政府承担的“投入前期费用 12,113.55 万元”，不属于本案审查范围。

3. 由于垃圾焚烧发电 BOT 项目欠缺生效条件，因而自始无效、当然无效，合同任何一方是否签订“生活垃圾焚烧发电厂 BOT 项目特许经营协议”，均不能改变案涉招标行为无效的性质，因合同无效取得的财产，涡阳县政府应根据《合同法》《招标投标法实施条例》相关规定返还并应支付灵和公司、正阳公司投标保证金，并支付银行同期存款利息。

案例11　就项目签订会议纪要未签订协议是否成立特许经营关系

相关问题

1. 如何认定案涉会议纪要的性质；

2. 本案是否存在行政赔偿的前提条件；

3. 投资人招投标前进行的项目可行性研究报告、市场调查等前期准备工作是否属于市场主体的风险投入；

4. 行政机关为作出行政行为而实施的准备、论证、研究、层报、咨询等过程性行为是否属于可诉行政行为。

典型意义

对于政府方拟实施项目，投资人在该项目招投标前应否协助或者代为进行项目可行性研究、市场调查等前期准备工作，应否考虑约定有关该方面投入费用。案涉政府会议纪要的性质如何认定，能否根据会议纪要认定已存在特许经营关系，行政机关为作出行政行为而实施的准备、论证、研究、层报、咨询等过程性行为是否属于可诉行政行为，上述问题具有一定代表性，本案具有一定典型性。

基本案情

再审申请人（一审原告、二审上诉人）：益龙公司

被申请人（一审被告、二审被上诉人）：湖南省益阳市人民政府

2003年11月16日，益阳市城市生活垃圾焚烧发电特许经营项目由湖南省

沅江市人民政府(以下简称沅江市政府)提议,拟在沅江市××、三眼塘建设30万吨垃圾发电处理厂,久投公司有意向投资建设。

2003年12月30日,沅江市发展计划物价局向益阳市发展计划委员会(以下简称益阳市发计委)请示。2004年2月6日,益阳市发计委作出《关于批复〈湖南沅江垃圾焚烧发电厂项目建议书〉的请示》,向湖南省发展和改革委员会(以下简称湖南省发改委)请示批复。2004年4月26日,湖南省发改委作出《关于益阳生活垃圾焚烧发电厂项目建议书的批复》,同意益阳市发计委批复立项。

2006年2月6日,湘晖公司经沅江市工商行政管理局注册登记成立,后变更为益龙公司。2006年2月10日,益龙公司先后与沅江市、赫山区、资阳区相关部门联系,进行招商引资活动。2008年5月31日,湖南省益阳市人民政府(以下简称益阳市政府)时任副秘书长与益龙公司邀请的合作伙伴航发集团和德圣公司,就益阳市城市生活垃圾焚烧发电特许经营项目进行会谈,形成《关于投资垃圾焚烧发电项目的会议纪要》(以下简称会议纪要),主要内容:(1)益阳市政府副秘书长受益阳市政府委托,代表益阳市政府热烈欢迎投资方来益阳投资,表示衷心的感谢!(2)双方就2008年4月7日投资方第二次来益阳与益阳市政府、市政府对外联络科、益阳市环保局、益阳市环卫处等,就垃圾焚烧发电项目相关问题认真进行商谈,并达成合作共识,愿紧密配合,继续做好垃圾焚烧发电的后续工作。(3)投资方非常满意益阳市政府对该项目的支持,双方讨论很坦诚,达到此行目的,对项目投资意向明确,回去以后,将组织专家和技术人员来益阳对该项目进行最终勘查、评估和市场调查等前期工作。同时表达对益阳污水处理等环保项目的投资意向。(4)益阳市政府要求项目方对一些细节事项抓紧完成,配合投资方做好各项前期工作,争取尽快签订合作投资协议,启动项目建设。益阳市政府办明确,由秘书五科对该项目跟踪服务,协调处理相关事项。

2012年3月1日,《益阳日报》刊登益阳市市委书记与中佳公司签订《垃圾处理项目战略合作协议》,但该协议未履行。益阳市政府决定,以BOT模式采取招投标方式,确定益阳市城市生活垃圾焚烧发电厂工程项目的特许经营主体。2013年10月,授权益阳市住房和城乡建设局(以下简称益阳市住建局)牵头负责本项目建设。益阳市住建局根据《招标投标法》的有关规定,委托一项目管理公司为招标代理机构进行公开招投标,并发布《益阳市城市生活垃圾焚烧发电特许经营项目招标公告》,告知项目概况、招标内容、投标人资格条件、报名时间和地点、报名材料、投标保证金、招标文件的发售、发布公告的媒体、联系方式。2014 年 1 月 14 日,根据评标结果,相关单位确定大际公司为中标人。

益龙公司因其引资的合作伙伴未能中标,向有关部门上访,并于 2013 年 12 月 10 日向益阳市政府出具《关于请求市人民政府酌情处理解决困难的报告》。2014 年 2 月 28 日,益阳市信访局与益龙公司法定代表人李某签订《停访息诉协议书》。2014 年 3 月 11 日,益阳市赫山区人民法院作出刑事判决,判决李某犯合同诈骗、虚报注册资本罪,两罪并罚,判处有期徒刑 4 年。李某被关押在湖南省德山监狱,2017 年 3 月 24 日被释放。

2017 年 6 月 2 日,益龙公司提起行政诉讼,以益阳市政府不履行政府特许经营协议行为造成损失为由,请求行政赔偿。益龙公司在该案一审中提交两份行政起诉状,将赔偿理由由不履行特许经营行政允诺,变更为不履行特许经营协议,诉讼请求均为要求益阳市政府赔偿其在该项目上前期投入的经济损失 2,553,471.81 元。

一审意见

一审法院认为,益龙公司的法定代表人李某因被限制人身自由不能提起诉讼,被限制人身自由的 2014 年 3 月 11 日至 2017 年 3 月 24 日不计算在起诉期间内,益龙公司的起诉并未超过起诉期限。益阳市政府以 BOT 特许经营的模式通过招投标确定特许经营对象符合法律规定,益龙公司与益阳市政府的会议纪要并非双方协商订立的具有行政法上权利义务内容的协议,双方并未签订《政府特许经营协议》。益龙公司获得益阳市生活垃圾焚烧发电厂项目采用 BOT 特许经营的模式进行建设的信息后,积极招商引资,这是益龙公司的商业决策,由此产生的费用是市场竞争结果。

一审结果

2017 年 10 月 31 日,一审法院作出行政判决:驳回益龙公司的诉讼请求。

益龙公司不服一审判决,向湖南省高级人民法院(以下简称湖南高院)提出上诉。

二审意见

湖南高院认为,由一审诉讼请求可知,本案是行政赔偿诉讼。本案中,虽然益阳市政府与益龙公司就案涉垃圾焚烧发电项目有过接触并形成会议纪要,但并没有签订行政协议,双方既不存在特许经营协议关系,也不存在行政允诺关系。行政赔偿案件依法不应交纳案件受理费,一审判决由益龙公司承担案件受理费不当,应予以纠正。

二审结果

2018 年 4 月 27 日,湖南高院作出行政判决:驳回上诉,维持原判。

再审申请

益龙公司向最高人民法院申请再审称:益阳市政府和益龙公司形成的会议纪要,是益阳市政府对益龙公司的行政允诺,益龙公司基于对益阳市政府的信赖,为益阳市城市生活垃圾焚烧发电特许经营项目进行大量的前期工作,包括可行性研究报告、项目选址、环评、勘查设计等,耗费大量人力、物力和财力,因此造成的损失,依法属于行政赔偿的范畴。请求撤销一、二审判决,再审本案,依法改判赔偿益龙公司经济损失 2,553,471.81 元。

审查意见

最高人民法院经审查认为,《国家赔偿法》第 2 条第 1 款规定,国家机关和国家机关工作人员行使职权,有本法规定的侵犯公民、法人和其他组织合法权益的情形,造成损害的,受害人有依照本法取得国家赔偿的权利。第 4 条规定,行政机关及其工作人员在行使行政职权时有造成财产损害的违法行政行为的,受害人有取得赔偿的权利。存在违法侵权的行政行为,是当事人获得行政赔偿的前提条件。本案中,没有证据证明益阳市政府在签订特许经营协议前,对益龙公司作出具体明确的承诺,并有违背承诺造成益龙公司财产损失的行为,不存在行政赔偿的前提条件。益龙公司作为企业法人主体,拟参与政府特许经营项目的投资经营活动,招投标前进行的项目可行性研究报告、市场调查等前期准备工作,属于市场主体的风险投入,请求行政赔偿,于法无据。一、二审判决驳回其行政赔偿诉讼请求,判决结果并无不当。益龙公司主张,基于对政府信赖为益阳市垃圾焚烧项目进行可行性研究报告、项目选址、环评、勘查设计等造成的损失,属于行政赔偿的范畴。但是,根据《行政许可法》第 53 条的规定,对于直接关系公共利益的特定行业的市场准入行政许可,行政机关应当通过招标、拍卖等公平竞争的方式作出决定。垃圾焚烧行业属于直接关系公共利益的政府特许经营行业,市场准入依法需要通过招标、拍卖等竞争方式决定。益龙公司进行的前期工作,是为获得竞争优势进行的前期投入,属于市场主体的风险投资,并非基于政府信赖而产生的信赖利益损失。以此为由申请再审,缺乏事实法律依据。应当指出的是,《最高人民法院关于适用〈中华人民共和国行政诉讼法〉若干问题的解释》[①]第1条第2款第6项规定,行政机关为作出行政行为而实施的准备、论证、研究、层报、咨询等过程性行为,对当事人的权利义务不产生实际影响,不属于行政诉讼的受案范围。本案中,益龙公司获悉益阳市城市生活垃圾焚烧发电特许经营项目后,主动与益阳市政府相关部门联系招商引资活动。益阳市政府与益龙公司进行会晤、商谈,并召开会议,形成政府会议纪要,仅是对双方开展政府特许经营项目合作的意向性表达,并不存在益阳市政府对益龙公司作出任何具体承诺的事实根据,对益龙公司的权利义务不产生实际影响,属于不可诉的行政行为。在被诉行为实际不可诉的情形下,应当依法裁定驳回起诉。一、二审未对被诉行为的可诉性进行审查,直接判决作出驳回益龙公司的行政赔偿诉讼请求不妥,予以指正。鉴于一、二审判决驳回益龙公司行政赔偿请求的处理结果并无不当,再审本案无实际意义,本案不予再审。综上,益龙公司的再审申请不符合《行政诉讼法》第91条第3项、第4项规定的情形。

审查结果

2018年12月29日,最高人民法院作出行政裁定:驳回益龙公司的再审申请。

案例评析

益龙公司与益阳市政府的会议纪要仅是对双方开展政府特许经营项目合作的意向性表达,并不存在益阳市政府对益龙公司作出任何的具体承诺,对益龙公司的权利义务不产生实际影响,并非双方创设订立的具有行政法意义上权利义务内容的协议。

根据《国家赔偿法》的相关规定,存在违法侵权的行政行为是当事人获得行政赔偿的前提条件。本案中,没有证据证明益阳市政府在签订特许经营协议前,对益龙公司作出具体明确的承诺,并有违背承诺造成益龙公司财产损失的行为,不存在行政赔偿的前提条件。

招标投标活动本质属于合同的依法缔约过程,益龙公司作为企业法人主体,拟参与政府特许经营项目的投资经营活动,其在招投标前进行的项目可行性研

① 现已失效。

究报告、市场调查等前期准备工作，属于益龙公司为获得竞争优势进行的前期投入，益阳市政府在招标前并未对益龙公司作出有效的中标承诺，也未明确委托益龙公司承担上述工作，益龙公司并非基于政府信赖而产生的信赖利益损失，故益龙公司的上述投入应属于市场主体的风险投入。

益阳市政府与益龙公司进行会晤、商谈，并召开会议，形成政府会议纪要，仅是对双方开展政府特许经营项目合作的意向性表达，并不存在益阳市政府对益龙公司作出任何具体承诺的事实，对益龙公司的权利义务不产生实际影响，属于不可诉的行政行为。

案例 12　联合体中标后未签订合同被判承担缔约过失责任

相关问题

1. 案涉联合体相关无法在 30 日内完成合同签订理由有无依据;
2. 如何认定缔约过失责任下具体赔偿项目及费用。

裁判要点摘选

三被告收到中标通知书后,未与原告工管委签订书面合同,导致双方之间合同不成立,依法应承担缔约过失责任,即应对工管委因信赖合同能够依法成立却由于合同最终不成立而受到的利益损失进行赔偿。

基本案情

上诉人(一审被告):水投公司

被上诉人(一审原告):M 县工业园区管理委员会

一审被告:建五公司

一审被告:设研院

三被告在 M 县工业聚集区一片区供排水设施建设项目(以下简称供排水设施建设项目)招投标中组成联合体投标。其中,水投公司担任该联合体的牵头单位。2017 年 12 月 1 日,M 县工业园区管理委员会(以下简称工管委)组建采购结果确认谈判小组,确认三被告组成的联合体为项目成交社会资本,至 2018 年 1 月 10 日完成谈判工作,原、被告双方就拟签订合同的相关条款达成了一致修订意见。采购结果公示后,工管委于 2018 年 1 月 22 日向三被告联合体发出了《成交通知书》,通知三被告联合体于30日内签订合同。此后,工管委多次与水投公司进行谈判,均未能签订合同。2019年4月1日,水投公司向工管委发出《放弃中标申请函》,表示不再参与供排水设施建设项目。为进行招投标前期工作,工管委开支了采购代理费4.5万元、项目咨询费38万元、勘察施工图文件审查费4万元、建设项目施工图设计文件审查费20万元、工程造价咨询服务费5万元。自2018年1月22日三被告收到中标通知书起至2019年4月1日三被告退出中标止,工管委共支付国开发展基金贷款利息49.2575万元。三被告放弃中标后,因项目规模调整,工管委开支了审图费3.5万元、变更勘察设计费24万元。

2020年6月15日,工管委起诉水投公司、建五公司、设研院(案由为缔约过失责任纠纷),请求:(1)判令三被告共同赔偿经济损失1,496,236.66元;(2)本案诉讼费由三被告共同承担。

工管委主要诉讼意见:三被告未按《成交通知书》与工管委签订合同,三被告表示退出项目时已超过投标文件有效期,应当赔偿由此给工管委造成的损失。

水投公司、建五公司、设研院主要诉讼意见:工管委采用PPP模式实施案涉项目的招标不当。招标文件仅仅是对PPP社会资本方资格的审查,缺少实质性内容和主要条款,中标后双方必须进行合同条款的磋商,无法在30日内完成合同签订。招标规模严重虚高,不具有可执行性,工管委又不接受三被告提出的合理化设计方案,才导致了2019年2月双方同意解除合同。因此,缔约过失的责任在于工管委,损失应由工管委承担。本案争议的招标之前发生过一次失败的招标,招标代理费是不是因本次招标而产生的费用无法确定,且招标代理不是必须采用的方式,招标代理费4.5万元不应当由三被告承担。咨询费发生在2016年,当时三被告尚未参与该项目,不应当由三被告承担。根据《国务院关于固定资产投资项目试行资本金制度的通知》,项目资本金是非债务资金,不应当计算利息。勘察文件审图费和施工图审图费、勘察费均发生在三被告参与投标之前,不是项目必然发生的费用,且可以在后续项目中使用,不应当由三被告承担。造价咨询费发生在三被告参与投标之前,且系工管委申报建设规模虚高导致造价咨询结果失实,应由工管委自行承担。新增审图费系工管委纠正PPP模式错误增加的支出,应由工管委自行承担。

一审意见

一审法院认为,《招标投标法》第19条规定:"招标人应当根据招标项目的特点和需要编制招标文件。招标文件应当包括招标项目的技术要求、对投标人资格审查的标准、投标报价要求和评标标准等所有实质性要求和条件以及拟签订合同的主要条款。国家对招标项目的技术、标准有规定的,招标人应当按照其规定在招标文件中提出相应要求。招标项目需要划分标段、确定工期的,招标人应当合理划分标段、确定工期,并在招标文件中载明。"第 46 条规定:"招标人和中标人应当自中标通知书发出之日起三十日内,按照招标文件和中标人的投标文件订立书面合同。招标人和中标人不得再行订立背离合同实质性内容的其他协议。招标文件要求中标人提交履约保证金的,中标人应当提交。"第 60 条规定:"中标人不履行与招标人订立的合同的,履约保证金不予退还,给招标人造成的损失超过履约保证金数额的,还应当对超过部分予以赔偿;没有提交履约保证金的,应当对招标人的损失承担赔偿责任。中标人不按照与招标人订立的合同履行义务,情节严重的,取消其二年至五年内参加依法必须进行招标的项目的投标资格并予以公告,直至由工商行政管理机关吊销营业执照。"《合同法》第 42 条规定:"当事人在订立合同过程中有下列情形之一,给对方造成损失的,应当承担损害赔偿责任:(一)假借订立合同,恶意进行磋商;(二)故意隐瞒与订立合同有关的重要事实或者提供虚假情况;(三)有其他违背诚实信用原则的行为。"本案中,三被告收到中标通知书后,未与原告工管委签订书面合同,导致双方之间合同不成立,依法应承担缔约过失责任,即应对工管委因信赖合同能够依法成立却由于合同最终不成立而受到的利益损失进行赔偿。采购代理费 4.5 万元,招标文件规定由成交人承担,故三被告应予赔偿。项目咨询费 38 万元、勘察施工图文件审查费 4 万元、建设项目施工图设计文件审查费 20 万元、工程造价咨询服务费 5 万元均属工管委为进行案涉招投标前期工作所支付的费用,应由三被告赔偿。因三被告放弃中标,自收到中标通知书之日(2018 年 1 月 22 日)起至三被告放弃中标之日(2019 年 4 月 1 日)止所产生国开发展基金贷款利息应当由三被告予以赔偿。工管委要求利息算至 2019 年 4 月 8 日无事实和法律依据,不予支持。按年利率 1.2% 计算,2018 年 1 月 22 日至 2018 年 3 月 9 日的计算基数为 3900 万元,计息天数 56 天,利息为 71,802.74 元;2018 年 3 月 20 日至 2018 年 9 月 20 日的计算基数为 3575 万元,计息天数 185 天,利息为 217,438.36 元;2018 年 9 月 21 日至 2019 年 3 月 5 日的计算基数为 3250 万元,计息天数 166 天,利息为 177,369.86 元;2019 年 3 月 6 日至 2019 年 4 月 1 日的计算基数为2925万元,计息天数27天,利息为25,964.38元。上述利息共计49.2575万元。因施工图设计变更而支出的审图费3.5万元、变更勘察设计费24万元均系工管委在后续招标过程中调整项目规模所致,不予支持。招标文件对案涉项目的实施模式和规模均作了明确规定,三被告决定投标,即视为接受招标文件规定的实施模式和规模,故三被告提出采用PPP模式来实施案涉项目不当,以及招标规模严重虚高的辩解,依法均不能成立。招标文件已经规定了合同主要条款,三被告如果认为招标文件有遗漏,应按招标文件第二章第7.1条的规定在招投标截止日期5天前以书面形式向工管委提出澄清要求。因三被告未在该规定期限内提出澄清要求,故其提出招标文件缺少实质性内容和主要条款的意见不予采纳。

一审结果

2021年2月25日,一审法院作出民事判决:一、由被告水投公司、建五公司、设研院于本判决生效后30日内共同赔偿给原告工管委采购代理服务费、项目咨询费、施工图勘察文件审查费、建设项目施工图设计文件审查费、工程造价咨询费71.5万元;二、由被告水投公司、建五公司、设研院于本判决生效后30日内共同赔偿给原告工管委自中标日(2018年1月22日)起至放弃中标之日(2019年4月1日)止的国开发展基金贷款利息49.2575万元;三、驳回原告工管委的其他诉讼请求。

水投公司不服一审判决,向云南省楚雄彝族自治州中级人民法院(以下简称楚雄中院)提出上诉。

二审结果

2020年9月18日,楚雄中院作出民事裁定:驳回上诉,维持原裁定。

案例评析

由于PPP项目在招标采购社会资本方时,往往是在项目立项可研批复及概算阶段,存在项目范围不清,经营性、非经营性项目打捆包装,子项目内容不详,实施方案的投资估算与实际建设费用偏差较大等种种问题,出现了以下种种情形:社会资本方在中标后发现落地实施难度较大,从而放弃签订合同;签订合同后放弃投资,导致政府方解除合同;或者客观上难以实现融资,项目无法落地推进解除合同等。类似案涉项目中标社会资本方放弃签订合同的案例,并不鲜见。

根据《招标投标法实施条例》第73条的规定，依法必须进行招标的项目的招标人，无正当理由不与中标人订立合同的，由有关行政监督部门责令改正，可以处中标项目金额10‰以下的罚款；给他人造成损失的，依法承担赔偿责任；对单位直接负责的主管人员和其他直接责任人员依法给予处分。本案中，水投公司、建五公司、设研院三被告在招标人工管委发出中标通知书后，不与原告工管委签订书面合同，导致双方之间合同不成立，依法应承担缔约过失责任，即应对工管委因信赖合同能够依法成立却由于合同最终不成立而受到的利益损失进行赔偿。因此，法院判决三被告赔偿工管委采购代理服务费、项目咨询费、施工图勘察文件审查费、建设项目施工图设计文件审查费、工程造价咨询费、银行利息等，当属正常。

案例13　对2000万元投标保证金应否退还的法律适用

相关问题

1. 对2000万元投标保证金应否退还的法律适用;
2. 2000万元投标保证金是否应予退还。

裁判要点摘选

项目的投资估算为227,179.76万元计算,投标人提交2000万元保证金并未超过采购项目预算金额的2%。由于《政府采购法实施条例》《招标投标法实施条例》均属于行政法规,效力层级上高于部门规章《工程建设项目施工招标投标办法》,本身不存在法律适用上的冲突,且该两实施条例制定在后,亦属于新的法规,应当优先适用。

再审申请人(一审原告、二审被上诉人):陆通公司

被申请人(一审被告、二审上诉人):蒙城县住房和城乡建设局

一审被告:安徽合肥公共资源交易中心

陆通公司因与蒙城县住房和城乡建设局(以下简称住建局)及安徽合肥公共资源交易中心(以下简称交易中心)合同纠纷一案,不服安徽省合肥市中级人民法院一审民事判决,向安徽省高级人民法院(以下简称安徽高院)申请再审。

再审申请

陆通公司申请再审称:案涉项目为采用PPP融资模式招标的工程建设施工项目,应适用我国《政府采购法》《招标投标法》《工程建设项目施工招标投标办

法》等一整套完善的法律法规体系，二审判决仅依据《政府采购法》，而排除其他法律法规适用并作出裁判，属于适用法律确有错误。(1)案涉项目投标保证金金额设置超过法定限额，生效民事判决适用法律不当。(2)生效民事判决依据招标文件和《合同法》第19条，《招标投标法实施条例》第35条第2款，《政府采购货物和服务招标投标管理办法》(财政部令第87号)第23条等规定，裁定不退还陆通公司缴纳的保证金2000万元，属于适用法律错误。故陆通公司依据《民事诉讼法》第200条第6项之规定，申请再审本案。

再审答辩

住建局提交书面意见称，(1)陆通公司罔顾客观事实申请再审有违诚实信用原则。①陆通公司故意将PPP项目混同于工程建设项目施工。PPP项目是基础设施和公共服务类项目(公益项目)，由县级以上人民政府授权，政府或者其职能部门或事业单位作为实施机构，通过竞争性方式选择社会资本，并与社会资本形成合作期限大于10年的，风险共担、利益共享、合理回报的关系。PPP是一种新型的项目融资模式，其实质是政府通过给予私营公司长期的特许经营权和收益权来换取基础设施建设及有效运营。而工程建设项目施工是根据建设工程设计文件的要求，对建设工程进行新建、扩建、改建的活动。由此可见PPP项目与工程建设项目施工具有根本的区别。②陆通公司对其业绩造假被发现而被迫放弃中标的事实矢口否认。陆通公司故意回避其业绩造假的重要事实，而业绩造假恰恰是陆通公司被迫放弃第一中标候选人的真实原因，也是陆通公司存在重大过错的重要证据。③陆通公司对一审判决没有上诉，再审申请居然又请求退还保证金2000万元及利息，有违民事诉讼"禁止反言"的原则。(2)陆通公司援引《工程建设项目施工招标投标办法》第37条第2款规定，主张投标保证金"不得超过八十万元"，完全是移花接木。(3)一审判决适用法律并无错误，陆通公司再审主张无理悖法。①住建局不予退还投标保证金具有事实依据。陆通公司对招标文件中关于投标截止期、投标有效期、投标保证金不予退还的内容明知且完全响应。陆通公司2017年7月18日递交投标文件，开标后获得第一中标候选人资格，2017年7月20日在安徽合肥公共交易电子服务系统公示。其间该公司遭投诉被查实多项业绩造假，2017年7月31日其向招标集团递交《关于蒙城县市政设施和标准化厂房及周转房建设PPP项目情况的报告》自愿放弃第一中标候选人资格。此行为是典型的在规定的投标有效期内撤销或修改其投标文件,符合招标文件3.4.3条款规定的不予退还投标保证金情形。②住建局不予退还投标保证金具有法律依据。招标文件第5页1.1.4条款关于法律体系的约定为“本项目适用《政府采购法》体系之公开招标”,《政府采购货物和服务招标投标管理办法》第23条规定,投标有效期从提交投标文件的截止之日起算。投标文件中承诺的投标有效期应当不少于招标文件中载明的投标有效期。投标有效期内投标人撤销投标文件的,采购人或者采购代理机构可以不退还投标保证金。《招标投标法实施条例》第35条规定,投标截止后投标人撤销投标文件的,招标人可以不退还投标保证金。故原二审法院依照《合同法》第19条,《招标投标法实施条例》第26条第1款、第35条第2款,《政府采购法实施条例》第33条第1款,《政府采购货物和服务招标投标管理办法》第23条,《民事诉讼法》第170条第1款第2项之规定判决驳回陆通公司的全部诉讼请求并无错误,陆通公司再审主张无事实与法律依据,依法当不予支持,请求依法驳回陆通公司的再审申请。

交易中心提交书面意见称,(1)交易中心与陆通公司之间不存在合同关系。交易中心是由安徽省及合肥市共同组建的公共资源交易平台,为市场主体、社会公众、行政监督管理部门等提供公共资源交易综合服务,包括:按照国家统一的技术标准和数据规范,建立公共资源交易电子服务系统,开放对接各类主体依法建设的公共资源电子交易系统和政府有关部门的电子监管系统等。案涉项目即属于由安徽省招标集团股份有限公司作为招标代理机构代理的采购人为蒙城县住房和城乡建设委员会(住建局)的进场交易项目,项目交易的行政监管机关系蒙城县公共资源交易监督管理局。在案涉项目中,交易中心只是为住建局及其代理机构安徽省招标集团股份有限公司提供进场交易服务,案涉投标保证金也系支付给采购人住建局的保证金,按照规定打入交易平台账户不改变其性质,不是交易中心的收入。(2)交易中心将案涉投标保证金移交给住建局无任何不当。①如前所述,该投标保证金就是给住建局的保证金,不是给交易中心的,对保证金的处理决定权在采购人住建局处;②案涉交易项目投标截止日为2017年7月18日,投标有效期为“自投标文件递交截止之日起90天”。陆通公司参与案涉项目投标,后又于7月31日弃标,按照投标文件投标人须知3.4.3规定:投标人在规定的投标有效期内撤销或修改其投标文件的,采购人不予退还其投标保证金。③针对案涉投标保证金,采购人住建局于2018年7月17日向交易中心发出说明函,说明该保证金属于不予退还情形、采购人不予退还,并要求将该保证金转至蒙城县非税收入征收管理局账户,项目监管机关蒙城县公共资源交易监督管理局签章确认属实。之后,陆通公司向合肥市包河区人民法院提起诉讼,2018年11月29日,包河区人民法院作出(2018)皖0111民初8537号民事裁定书,裁定准予陆通公司撤回起诉。2019年3月11日,案涉项目采购人住建局及其项目监管机关蒙城县公共资源交易监督管理局共同向交易中心发出说明函,说明陆通公司已撤诉,陆通公司的投标保证金采购人不予退还,再次要求交易中心将该采购人已决定不予退还的投标保证金转至蒙城县非税收入征收管理局账户。故此,交易中心按照采购人及监管机关要求,已于2019年6月及7月将采购人决定不予退还的投标保证金2000万元及其利息115,499.95元转至其指定的蒙城县非税收入管理局账户,没有任何截留。(3)交易中心不是本案适格被告。案涉纠纷的本质,是投标人弃标以致采购人决定不予退还其投标保证金,且采购人的决定得到了案涉项目行政监管机关的认可。交易中心在采购人决定不予退还投标保证金的决定中,没有任何参与,没有理由不按照采购人及行政监管机关意见,拒绝将投标人给采购人的保证金转至采购人指定国有非税收入账户。在此过程中,交易中心没有任何利益,包括该保证金的利息均已全部转至采购人指定账户。综上所述,交易中心与陆通公司之间没有合同关系,不是本案适格被告,与陆通公司之间也不存在准合同之债,一审法院判决交易中心不承担责任具有充分的事实和法律基础,请求法院依法予以维持。

审查意见

安徽高院经审查认为,关于原二审法院判决不予退还陆通公司2000万元投标保证金适用法律是否正确。陆通公司申请再审称案涉项目投标保证金金额设置超过法定限额,二审判决仅依据《政府采购法》,而排除其他法律法规适用并作出裁判,系适用法律错误。根据已经查明的案件事实,案涉项目名称为蒙城县市政设施和标准化厂房及周转房建设PPP项目,在2017年6月发布的招标文件第二章投标人须知的投标人须知前附表,其中3.4.1条款关于投标保证金载明:投标保证金的金额为2000万元。陆通公司参与投标,于2017年7月18日向交易中心的账户内汇入投标保证金2000万元,并于投标截止时间前提交了投标文件。陆通公司在参与投标的过程中并未对保证金金额设置提出异议,并以发出投标人声明、承诺函以及其积极交纳保证金的行为,表明了对投标文件中全部条款内容的认可,现其主张案涉项目投标保证金金额设置超过法定限额依据的是《工程建设项目施工招标投标办法》第37条第2款,有关投标保证金一般不得超过投标总价的2%,但最高不得超过80万元之规定。经核实,该办法系由国家计委、建设部、铁道部、交通部、信息产业部、水利部、中国民用航空总局七部委联合发布,于2003年5月1日起施行,效力层级属于部门规章。而本案招标文件中1.1.4条款关于法律体系的约定为"本项目适用《政府采购法》体系之公开招标"。2015年3月1日起施行的《政府采购法实施条例》第7条第1款规定,政府采购工程以及与工程建设有关的货物、服务,采用招标方式采购的,适用《招标投标法》及其实施条例;采用其他方式采购的,适用政府采购法及本条例。其中第33条第1款规定,招标文件要求投标人提交投标保证金的,投标保证金不得超过采购项目预算金额的2%。该条例中并未有对于投标保证金最高额的限制,此与2012年2月1日起施行的《招标投标法实施条例》[①]第26条中关于招标人在招标文件中要求投标人提交投标保证金的,投标保证金不得超过招标项目估算价的2%的规定相一致。而本案中,依据该项目的投资估算为227,179.76万元计算,投标人提交2000万元保证金并未超过采购项目预算金额的2%。由于《政府采购法实施条例》《招标投标法实施条例》均属于行政法规,效力层级上高于部门规章《工程建设项目施工招标投标办法》,本身不存在法律适用上的冲突,且该两实施条例制定在后,亦属于新的法规,应当优先适用。故原二审法院在上述两实施条例已有明确规定的情况下,排除参照《工程建设项目施工招标投标办法》相关规定,继而认定本案中关于2000万元投标保证金的约定不违反法律和行政法规的强制性规定,有合同和法律依据,并无不当。

关于该2000万元投标保证金是否应予退还。依据招标文件3.3.1条款约定"投标有效期,自投标文件递交截止之日起90天"。《招标投标法实施条例》第25条规定,招标人应当在招标文件中载明投标有效期。投标有效期从提交投标文件的截止之日起算。经查,陆通公司是在招标文件规定的投标截止时间2017年7月18日向招标人提交了投标文件并交纳投标保证金2000万元,7月20日,招标代理机构公示陆通公司为第一中标候选人,7月31日陆通公司向招标代理机构提交报告并表明自愿放弃第一中标候选人资格。依据招标文件7.1

---

① 已被修订,最新为2019年3月2日实施。

条款约定“推荐的中标候选人数不超过3名。……采购结果确认谈判组应当按照评审报告推荐的候选资本排名,依次与候选社会资本及与其合作的金融机构就项目合同中可变的细节问题进行项目合同签署前的确认谈判……”可见,在确定中标人过程中的谈判应为有先后顺序的就合同签订中细节问题所进行的磋商,陆通公司在投标有效期内因自身原因提前终止投标行为,已直接导致其向住建局发出的要约发生了撤销的法律后果。招标文件3.4.3条款约定“有下列情形之一的,投标保证金采购人不予退还:(1)投标人在规定的投标有效期内撤销或修改其投标文件……”《招标投标法实施条例》第35条第2款亦规定,投标截止后投标人撤销投标文件的,招标人可以不退还投标保证金。由于交纳投标保证金是招投标双方真实的意思表示,亦是投标人向招标人所自愿作出的履约担保,现陆通公司在对招标文件中有关投标有效期内投标人不得撤销或修改投标文件、投标保证金不予退还等条款内容明知和完全响应的情况下,于投标日期截止后仅以其自身原因主动放弃第一中标候选人资格,自行中断投标行为,有违诚实信用原则,应当承担相应的担保责任。陆通公司认为由于其与住建局之间未成立合同关系,不属于撤销投标文件,不适用招标文件中的相关规定约束的主张于法无据。故原二审法院判决不予退还陆通公司2000万元投标保证金,有合同和法律依据,并无不当。另外,陆通公司所称的若其为撤销投标文件,则案涉项目只有2家有效投标人的主张,由于未提供相关证据支持,不足以达到反推其行为性质的证明目的。故陆通公司的再审申请理由,不能成立。

由于陆通公司的再审申请中并未针对交易中心提出主张,故对此不作审查。

审查结果

2020年12月23日,安徽高院作出民事裁定:驳回陆通公司的再审申请。

案例评析

在项目招投标活动中,招标人通常要求投标人按一定数额或比例缴纳投标保证金,作为约束投标人履行投标义务的一种担保。在招投标活动结束且未发生法律规定或招标文件规定的应没收投标保证金的情形后,投标保证金一般应及时退还给投标人。在招投标实务中,不乏招标人、投标人或者招标代理机构因投标保证金的退还发生争议甚至诉讼的情形。本案就是一起因PPP项目的投标保证金返还争议的典型案例。现就以下两个相关问题进行简要评析。

1. 关于对案涉 2000 万元投标保证金应否退还的法律适用问题

招投标作为公平、公正选拔符合项目要求的供应商的一种有效手段，广泛应用于工程建设项目和政府采购等领域，特别是政府和国有投资工程项目、大型基础设施、公用事业等关系社会公共利益、公众安全的项目以及政府采购限额标准以上的货物、工程和服务项目，法律、行政法规以及部门规章等对招标或采购的范围、方式、规模标准等事项作出了相应规定。项目的招投标行为根据招标项目的性质、资金来源等项目类别、特征和属性，按照《立法法》规定的"上位法优于下位法""特别法优于普通法""新法优于旧法"等法律适用原则，受相应的法律规范调整。比如，在政府采购领域，政府部门采购货物、工程和服务招标投标活动应当按照《政府采购法》《政府采购法实施条例》及其他政府采购政策的规定进行，招投标过程中的投标保证金的交纳和退还亦应受《政府采购法》及其实施条例的规定调整。

案涉项目为蒙城县市政设施和标准化厂房及周转房建设 PPP 项目，该 PPP 项目的内容不仅包括项目的融资、建设，还包括项目的运营，招标文件亦规定"本项目适用《政府采购法》体系之公开招标"，因此，该项目的特征和性质明显不同于通常意义上的工程建设项目，应适用《政府采购法》及其实施条例这一特别法的调整。

根据《政府采购法实施条例》第 7 条第 1 款"政府采购工程以及与工程建设有关的货物、服务，采用招标方式采购的，适用《中华人民共和国招标投标法》及其实施条例；采用其他方式采购的，适用政府采购法及本条例"之规定，案涉投标保证金 2000 万元退还的问题应适用《招标投标法实施条例》第 26 条"招标人在招标文件中要求投标人提交投标保证金的，投标保证金不得超过招标项目估算价的 2%"的规定。

至于陆通公司主张适用《工程建设项目施工招标投标办法》第 37 条第 2 款关于"投标保证金一般不得超过投标总价的百分之二，但最高不得超过八十万元"之规定，不符合案涉 PPP 项目的政府采购招标项目性质，且无论是从其法律位阶较低还是从新旧法适用角度考察，均应当排除适用。再审法院对该问题的审查、认定结论正确。

2. 关于案涉 2000 万元投标保证金应否退还问题

就投标保证金的性质和作用而言，投标保证金具有约束投标人正当履行招标文件规定的投标义务的担保性质，旨在保证投标人在投标后不得任意撤回投标、中标后与招标人订立合同等一定程度上的类似于立约定金的作用。根据《招标投标法》及其实施条例的相关规定，如果投标人违反招标文件规定的情形，则产生被招标人或招标代理机构没收投标保证金为代价的法律行为后果。

就本案投标行为及后果而言，陆通公司按招标文件的规定提交了投标文件并缴纳了投标保证金 2000 万元，在参与投标的过程中并未对保证金的金额设置提出异议，在中标前又自愿放弃中标候选人资格并退出投标。由此，陆通公司在本案中的投标行为应为其真实意思表示，其对违反招标文件有关被没收投标保证金的情形及其后果也是明知的。

就案涉 2000 万元投标保证金的合法性而言，未超过《政府采购法实施条例》第 7 条及《招标投标法实施条例》第 26 条规定，即未超过该项目招标估算价 227，179.76 万元的 2%，符合相关法律规定，不存在超出法定范围外投标保证金的退还问题。

综上所述，案涉 2000 万元投标保证金符合法律规定，陆通公司在投标有效期内单方退出投标的民事法律行为，有违诚实信用原则，应当承担丧失投标保证金为代价的相应的法律责任。

案例 14　PPP 项目招标代理服务费支付主体的认定

相关问题

1. 诉争招标代理服务费支付主体的认定；
2. 诉争的招标代理费收取依据的认定；
3. 计算收取招标代理服务费的标的总额的认定；
4. 招标代理服务费利息请求有无依据。

要点说明

2003 年 9 月 15 日，国家发展改革委办公厅发布了《关于招标代理服务收费有关问题的通知》（发改办价格〔2003〕857 号）。《关于招标代理服务收费有关问题的通知》中明确“招标代理服务费用应由招标人支付，招标人、招标代理机构与投标人另有约定的，从其约定”。2016 年 1 月 1 日，中华人民共和国国家发展和改革委员会令（第 31 号）废止了上述文件。目前，关于招标代理服务费的承担，是根据招投标双方（包括招标代理机构）的约定确定的。

基本案情

原告：福昌公司

被告：衡南县 S 镇人民政府

第三人：源科公司

第三人：市政公司

2015 年 9 月 25 日，原告福昌公司与被告衡南县 S 镇人民政府（以下简称镇政府)签订了《政府采购项目委托代理协议书》,约定:由原告代理被告的污水处理厂 PPP 项目政府采购,中标人的确定由评审委员会直接确定,招标代理费由中标人承担,并按国家发展计划委员会印发的计价格〔2002〕1980 号文件收取等,并在《政府采购竞争性磋商文件》(以下简称《磋商文件》)中发布。《磋商文件》第二章磋商须知第 7 项规定,“采购项目招标代理服务费由中标方在领取《中标通知书》的同时向招标代理机构缴纳,具体标准执行国家计委关于印发《招标代理服务收费管理暂行办法》的通知(计价格〔2002〕1980 号)”。

原告接受被告的委托后,履行招标代理义务,在当地政府采购网发布了《污水处理厂 PPP 项目政府采购竞争性磋商邀请公告》的招标公告。2015 年 10 月 15 日,源科公司向原告购买了《磋商文件》。2015 年 10 月 25 日,两第三人向原告、被告发出了《磋商函》,明确完全满足《磋商文件》中全部实质性要求,保证遵守《磋商文件》中的有关规定,愿意提供 25 万元作为磋商保证金,并于 2015 年 10 月 27 日将保证金汇至《磋商文件》指定的原告账户。

2015 年 10 月 30 日,源科公司作为其与市政公司组成的政府采购项目竞争性磋商联合体的牵头人,同案外其他两家供应商作为投标人递交了投标文件,通过随机选取评标专家,在衡南县公共资源交易中心开标评标,经过严格评审,评审委员会确定牵头人源科公司为第一中标候选人。同日,原告在当地政府采购网上发布了《污水处理厂 PPP 项目政府采购项目(PPP-BOT 模式)竞争性磋商成交结果公告》,公布成交供应商为源科公司。

2015 年 11 月 10 日,原告向源科公司发出加盖招标代理机构福昌公司公章及“衡南县政府采购管理办公室”公章的《政府采购中标通知书》,源科公司在收到《政府采购中标通知书》后,没有按期与被告签订合同,也没有按照《磋商文件》的约定向原告缴纳代理服务费。原告根据《磋商文件》及中标金额,招标代理服务费按《招标代理服务收费管理暂行办法》计价,以招标代理服务的总标的额 5250 元为基数,计算出招标代理服务费为 17.2 万元。

福昌公司认为,因第三人作为联合体在中标后无故不与采购人签订书面合同,又拒不支付招标代理服务费,其行为已严重损害其合法权益。

2016 年 11 月 1 日,福昌公司起诉镇政府、第三人源科公司、第三人市政公司(案由为委托合同纠纷),请求判令:(1)被告或第三人立即支付招标代理服务费 17.2 万元及其利息 13,416 元(利息按月息 0.6% 暂算至 2016 年 12 月底),后段利息继续支付至付清时止;(2)本案诉讼费由被告或第三人承担。

福昌公司主要诉讼意见:第三人作为联合体在中标后无故不与采购人签订书面合同,又拒不支付招标代理服务费,其行为已严重损害原、被告的合法权益,被告对此置若罔闻,应由被告承担责任或第三人承担责任。

一审意见

一审法院认为,本案的争议焦点:(1)承担本案诉争的招标代理服务费的责任主体是被告镇政府还是第三人源科公司、市政公司;(2)支付招标代理服务费及利息的法律及事实依据。

1. 关于本案诉争的招标代理服务费的责任承担主体确定的问题

关于本案诉争的招标代理服务费的责任主体确定的问题。原告福昌公司与被告镇政府签订《政府采购项目委托代理协议书》,该协议中约定招标代理费由中标人承担,代理费的收取标准按国家计委关于印发《招标代理服务收费管理暂行办法》的通知(计价格〔2002〕1980 号)。源科公司作为其与市政公司组成的联合体的牵头人参与被告镇政府采购的污水处理厂 PPP 项目的竞争性磋商并被确定为采购项目的中标人,在其与被告镇政府的磋商过程中,在其作出的响应文件中有向镇政府出具的磋商函中明确承诺遵守磋商文件中的有关规定,而《磋商文件》第二章磋商须知第 7 项规定,"采购项目招标代理服务费由中标方在领取《中标通知书》的同时向招标代理机构缴纳,具体标准执行国家计委关于印发《招标代理服务收费管理暂行办法》的通知(计价格〔2002〕1980 号)",即联合体的牵头人源科公司承诺接受采购项目招标代理服务费由其缴纳,也就是源科公司、市政公司均同意缴纳采购项目招标代理服务费。原告福昌公司与被告镇政府发出的竞争性磋商文件是合同的要约,而源科公司、市政公司的响应文件是对合同要约的承诺。故基于原告与被告之间所签订的委托代理协议书,以及被告与第三人之间发出的磋商性文件和响应文件,就采购项目招标代理服务费的支付问题,已由原告、被告、第三人三方达成了由第三人支付的合意,且不违反法律、行政法规的强制性规定,三方约定合法有效。现第三人未支付,原告可以向第三人主张权利,要求第三人按约定予以支付。故该招标代理费应由第三人负责向原告缴纳,本案诉争的招标代理服务费的责任主体为第三人。原告已按政府采购项目委托代理协议书的约定履行了其义务,根据《合同法》第 60 条、第 107 条的规定,第三人已与债权人达成愿意支付的合意,之后未履行支付义务,违反了诚实信用原则，第三人应向原告支付招标代理服务费，故对原告要求第三人支付招标代理服务费的诉讼请求，依法予以支持。原告要求被告镇政府支付招标代理服务费的诉讼请求不予支持，依法驳回。

2. 关于支付招标代理服务费及利息的法律及事实依据的认定

本案诉争的招标代理费的收取依据为国家发展计划委员会计价格〔2002〕1980号《招标代理服务收费管理暂行办法》，该《招标代理服务收费管理暂行办法》在2016年1月1日被废止，但本案所涉招标代理行为发生于2015年，在《招标代理服务收费管理暂行办法》的有效期内，故依据该收费办法计收招标代理服务费合法。计算收取招标代理服务费的标的总额，原告主张按5250万元计算，但从衡南县政府采购竞争性磋商文件第三章采购需求所反映的污水处理厂PPP项目政府采购总投资为5212万元，而原告主张按5250万元计算招标代理服务费没有依据，故应按5212万元的总标的额计算招标代理服务费。由此计算出招标代理费为17.162万元{[①100万元×1.5% =1.5万元+②(500-100)万元×0.8% =3.2万元+③(1000-500)万元×0.45% =2.25万元+④(5000-1000)万元×0.25% =10万元+⑤(5250-5000)万元×0.1% =0.212万元]=17.162万元}。

原告要求支付招标代理服务费的利息，因没有约定，也无法律规定，故原告要求支付利息的诉讼请求缺乏事实及法律依据，应依法予以驳回。

一审结果

2016年12月8日，一审法院作出民事判决：一、第三人源科公司、市政公司在判决生效后10日内支付原告福昌公司招标代理服务费171,620元；二、驳回原告福昌公司的其他诉讼请求。

（编者注：未发现该案有二审、再审程序）

案例评析

本案原告福昌公司与被告镇政府签订《政府采购项目委托代理协议书》，该协议中约定招标代理费由中标人承担，是《民法典》以及《合同法》约定的由第三人承担或者履行有关义务情形。《民法典》第523条规定，“当事人约定由第三人向债权人履行债务，第三人不履行债务或者履行债务不符合约定的，债务人应当向债权人承担违约责任”。该规定和《合同法》第65条相同。另外，在其他部门规章中也有类似规定，如2003年9月15日国家发展和改革委办公厅发布了《关于招标代理服务收费有关问题的通知》（发改办价格〔2003〕857号）。《关于招标代理服务收费有关问题的通知》中明确规定，“招标代理服务费用应由招标人支付，招标人、招标代理机构与投标人另有约定的，从其约定”。2016年1月1日，中华人民共和国国家发展和改革委员会令（第31号）废止了上述文件。目前，关于招标代理服务费的承担，是根据招投标双方（包括招标代理机构）的约定确定的。

从合同法要约与承诺的基本法理来讲，招标人和招标代理机构在招标文件中共同明确了招标代理服务费应当由中标人承担，源科公司与联合体成员共同参与投标，实际上是对要约邀请进行了响应，在招标人及招标代理机构向其发出《中标通知书》后构成了对招标要约的承诺，应当视为三方关于招标代理服务费已经成立了合同，不管源科公司最终是否与镇政府签订了招标项目的书面合同，源科公司及联合体成员市政公司都应当对福昌公司承担给付招标代理服务费的连带责任。

本案中，当第三人源科公司、市政公司不履行支付招标代理服务费的义务时，原告将招标人镇政府列为被告，将作为中标单位的联合体牵头方源科公司和市政公司列为第三人，要求承担连带责任，符合前述法律规定。同时，因为福昌公司、镇政府及源科公司基于招标过程中要约和承诺的达成，确定了招标服务费由中标人承担的合同关系，法院直接判决第三人源科公司、市政公司在判决生效后10日内支付原告福昌公司招标代理服务费，而认定被告镇政府无须承担给付责任，是合法有据的。

当然，由于招标人、招标代理人、中标人虽形成了法律意义上的合同关系，但并没有签订书面合同约定具体条款。法院根据招标文件明确的取费文件依据及取费方式，最终确定了招标代理服务费的数额，但没有支持福昌公司的利息请求，也是基于各方没有相关违约责任和迟延履行利息计算方式方面的证据情况。

案例15　此项目公司非彼项目公司案

相关问题

1. 政府方应与哪个项目公司签订PPP合同；

2. 政府审核同意行为是否具有可诉性。

裁判要点摘选

依据《最高人民法院关于适用〈中华人民共和国行政诉讼法〉的解释》第1条第5项的规定，行政机关作出的不产生外部法律效力的行为，不属于人民法院行政诉讼的受案范围。

上诉人（一审原告）：澄高集团

被上诉人（一审被告）：S县人民政府

澄高集团诉被告S县人民政府（以下简称县政府）行政协议一案，一审法院于2019年1月立案受理。

原告澄高集团诉称：2017年11月，原告和建六公司组成联合体，参与S县县域农村生活垃圾治理工程项目（PPP项目）投标，并被列为第一中标候选单位，后被S县城市管理行政执法局（以下简称城管局）确定为S县县域农村生活垃圾治理工程项目（以下简称垃圾治理项目）中标人。2018年1月20日，城管局向原告签发了《中标通知书》。根据该通知书，原告和建六公司于当月27日与城管局草签了《垃圾治理工程项目（PPP项目）合同》（以下简称《草签合同》）。根据该《草签合同》和《招标文件》规定，《草签合同》为特许经营协议。根据垃圾治理项目《招标文件》（第一卷：投标人须知）第9.1款规定，《草签合同》签订之日后30天内，由中标社会资本与资投集团共同出资组建项目公司，承接承建垃圾治理项目。合同草签后,项目公司并未依约依法设立,原告就项目公司设立事宜多次联络催促建六公司未果。2018年3月10日,原告向县政府作出《垃圾治理工程项目(PPP项目)有关事项商榷函》,明确指出:自《草签合同》之后,原告未能实质参与到项目方案优化、筹建及接管工作中,按合同约定之项目公司至今仍未设立。同时声明:在原告未参与情况下,若县政府单独接受由建六公司提出的本项目所谓优化方案,并由其筹建实施,所产生的偏离招投标的情况,达不到质量要求,原告概不负责,并保留相关追责之权利。对《垃圾治理工程项目(PPP项目)有关事项商榷函》,县政府未予回复。2018年3月14日,原告向城管局和资投集团出具了《关于尽快设立垃圾治理工程项目(PPP项目)项目公司的函》,亦未果。2018年5月初,原告才被建六公司工作人员告知,城管局已与淮投公司正式签署《垃圾治理工程项目(PPP项目)合同》(以下简称《正式合同》)。原告此时才确知合法权益受到侵害,对此违法行为,原告于2018年5月17日同时向县政府和城管局作出《关于生活垃圾治理项目违法签订项目合同的投诉函》,指出,淮投公司并非由原告、建六公司与资投集团根据项目招投标文件设立的项目公司,相关的合同签署行为违法,仍未被回复。原告在向城管局递交《投诉函》时,才被允许复制《正式合同》。垃圾治理项目已被该公司违法承接实施。S县垃圾治理PPP项目招标文件第一款第二章第9.3.4款规定:"PPP合同必须报请县政府审核同意,在获得同意前,PPP合同不得生效。"县政府审核同意PPP合同的行为,对行政机关以外第三人设定了相应的权利义务,属于行政确认行为。原告认为:淮投公司并非由原告、建六公司与资投集团依据本项目招标文件设立的项目公司,县政府在明知项目公司合资合同与项目公司章程未签订及项目公司未依法设立的情况下,仍审核同意城管局与淮投公司签订《正式合同》,致城管局与错误的主体签订项目合同,违反《招标投标法》及其实施条例等法律法规规定,导致中标项目被非法转让和实施,严重侵害原告合法权益,其行为应被确认违法。

澄高集团请求判决:(1)确认被告县政府审核同意城管局与淮投公司签署《正式合同》的行政行为违法;(2)被告承担本案诉讼费用。

被告县政府辩称:(1)行政确认是指行政机关依照法定权限和程序对有关法律事实进行甄别,通过确定、证明等方式决定管理相对人某种法律地位的行政行为,被告没有法定权限对城管局与项目公司签订《正式合同》进行行政确认。

而本案《正式合同》是经县政府2017年10月10日县政府常务会议审议通过垃圾治理项目实施方案，授权城管局为项目实施机构，具体负责本项目合同签订和合同履约管理工作。次月24日，发布了垃圾治理项目的采购公告；原告和建六公司组成的联合体于2017年12月15日通过评审为第一中标候选人。项目实施机构根据规定的程序和方法，对采购结果进行确认谈判，签署结果确认备忘录及修改明细，并经县政府审核，2018年1月27日，项目实施机构与澄高集团、建六公司签署了《草签合同》。后资投集团提交《确认函》确认淮投公司作为项目公司，并根据《公司法》及其实施方案，要求依法依规以存量动产入股淮投公司。经县政府多次专题会议和交办会议，2018年3月15日，城管局与项目公司淮投公司签署《正式合同》，该合同与2018年1月27日所签合同的内容完全一致，只是中标后草签合同的继承，不涉及政府行政确认法定权限，也在政府授权城管局职责范围内，无须对城管局与项目公司淮投公司签署《正式合同》进行确认。故原告诉请确认违法，没有事实和法律依据。(2)行政确认是指行政机关与管理相对人之间的行政行为，而不是与第三人。政府采购的招标文件不能设定法定行政职权。同时，行政审核是行政机关对行政内部相对人行为合法性、真实性进行审查，故行政审核与行政确认是不同的行政行为，故原告以招标文件约定《正式合同》须报经县政府审核同意，从而认定县政府享有《正式合同》行政确认的行政职权，没有法律依据。综上，请求依法驳回原告诉请。

一审意见

一审法院认为，依据《最高人民法院关于适用〈中华人民共和国行政诉讼法〉的解释》第1条第5项的规定，行政机关作出的不产生外部法律效力的行为，不属于人民法院行政诉讼的受案范围。本案中，原告的诉讼请求"判决确认被告县政府审核同意城管局与淮投公司签署《正式合同》的行政行为违法"，经查，本案所涉的县政府审核同意行为是基于内部层级监督关系，对下级行政机关作出的，不产生外部法律效力的内部行政行为，不属于行政诉讼受案范围，依法应当裁定驳回起诉。

一审结果

2019年5月13日，一审法院作出行政裁定：驳回澄高集团的起诉。

澄高集团不服一审裁定，向安徽省高级人民法院(以下简称安徽高院)提出上诉。

二审结果

在安徽高院审理过程中，澄高集团以双方争议已经得到妥善解决为由，于2019年8月28日书面申请撤回上诉。安徽高院认为，澄高集团申请撤回上诉，系其真实意思表示，符合法律规定，亦未损害国家利益、社会公共利益和他人的合法权益，应予准许。

2019年8月29日，安徽高院作出行政裁定：准许上诉人澄高集团撤回上诉。

案例评析

案涉县域农村生活垃圾治理工程项目（PPP项目）通过招投标程序选择社会资本方，原告与建六公司组成联合体投标。2018年1月20日，城管局（县政府授权的实施机构）向原告签发了《中标通知书》，后于当月27日与原告和建六公司草签了《垃圾治理工程项目（PPP项目）合同》。该草签合同签订后，原告虽多次与政府方协调，但未能按照项目《招标文件》的规定，与资投集团共同出资组建项目公司。此后，城管局根据县政府的要求，另行与并非由原告、建六公司与资投集团成立的项目公司即淮投公司签署了正式的《垃圾治理工程项目（PPP项目）合同》。基于上述情况，对以下两个相关问题进行简要评析。

1. 关于政府方应与哪个项目公司签订PPP合同问题

案涉生活垃圾治理工程PPP项目属于政府特许经营项目，根据《政府采购法》及《招标投标法》的规定，应当通过公开招投标方式进行社会资本方的招选。《政府采购法》第46条第1款规定："采购人与中标、成交供应商应当在中标、成交通知书发出之日起三十日内，按照采购文件确定的事项签订政府采购合同。"根据《政府和社会资本合作项目政府采购管理办法》第19条的规定，项目实施机构应当在中标、成交通知书发出后30日内，与中标成交的社会资本签订经本级人民政府审核同意的PPP项目合同。需要为PPP项目设立专门项目公司的，待项目公司成立后，由项目公司与项目实施机构重新签署PPP项目合同，或者签署关于继承PPP项目合同的补充合同。本案中，原告与建六公司组成的联合体作为中标成交的社会资本方，符合上述法律规定。政府方应当依据上述法律规定，在法定期限内与原告、建六公司或其成立的项目公司（本案中未能设立）签订PPP项目合同。

而淮投公司并非由原告、建六公司与资投集团成立的项目公司，设立淮投公司的其他社会资本方显然不是按照《政府采购法》及《招标投标法》规定通过招投标程序确定的社会资本方,县政府授权城管局与淮投公司签订项目合同,明显不符合法律规定。

2. 关于政府审核同意行为是否具有可诉性问题

就法律规定而言,《行政诉讼法》第 12 条第 1 款第 11 项规定,"行政机关不依法履行、未按照约定履行或者违法变更、解除政府特许经营协议"属于行政诉讼受案范围。《最高人民法院关于适用〈中华人民共和国行政诉讼法〉若干问题的解释》[①]第 11 条亦有类似规定。2020 年 1 月 1 日开始施行的《最高人民法院关于审理行政协议案件若干问题的规定》第 2 条规定,公民、法人或者其他组织就下列行政协议提起行政诉讼的,人民法院应当依法受理:政府特许经营协议;……符合本规定第 1 条规定的政府与社会资本合作协议。依据上述法律和司法解释的规定,社会资本方因案涉生活垃圾治理工程特许经营项目合同的签订和履行,属于行政诉讼的受案范围。

就政府审核同意行为性质而言,政府方对 PPP 项目合同的审核、同意,并非如被告所辩称的仅系内部行政行为,而是已经外化并涉及行政相对方即中标社会资本方及其依法设立的项目公司的合法权益的具体行政行为。

基于上述法律规定及案涉 PPP 项目招标采购和中标事实,应当依法保障社会资本方就政府审核同意行为是否具有合法性、合理性提起行政诉讼的权利。

---

① 现已失效。

案例16　案涉BOT合同的性质

相关问题

1. 案涉BOT合同的性质为何；
2. 案涉争议管辖权如何确定。

要点说明

该案发生在《行政诉讼法》修订实施之前，最高人民法院认为属于民商事合同性质，最终裁定政府主张合同性质为行政合同的观点不成立，应当由法院按照民事案件受理，符合当时的法律规定。而在《最高人民法院关于审理行政协议案件若干问题的规定》于2020年1月1日起颁布施行后，政府特许经营合同纠纷或是具有特许经营性质的政府和社会资本合作合同纠纷，一般认为应当作为行政诉讼案件处理。

典型意义

根据自2020年1月1日起施行的《最高人民法院关于审理行政协议案件若干问题的规定》第2条的规定，公民、法人或者其他组织就政府特许经营协议提起行政诉讼的，人民法院应当依法受理。本案发生在上述司法解释出台前，曾一度引起多方关注的有关PPP/政府特许经营案件管辖权争议的案件，具有代表性及典型性。

上诉人（一审被告）：辉县市人民政府

被上诉人（一审原告）：新陵公司

2014年12月27日，新陵公司起诉辉县市人民政府（以下简称市政府）。河南省高级人民法院(以下简称河南高院)对该合同纠纷案立案受理后,市政府提出管辖权异议。

新陵公司诉称,2003 年市政府准备建设辉县市上八里至山西省省界关爷坪(以下简称新陵公路)15 公里道路(其中隧道 1.486 公里)项目。2004 年 9 月 15 日,以辉县市新陵公路建设指挥部为甲方,以万通公司(新陵公司的主要投资人)为乙方,签订《关于投建经营辉县市上八里至山西省省界公路项目的协议书》。协议约定:由乙方出资设立的新陵公司承担项目投融资、建设及经营管理,项目法人代表由万通公司推举为李某,经营年限按省人民政府批准为准,经营期满后交于辉县市市交通行政部门。甲方责任为协助乙方办理项目投资、建设、经营等相关手续等。另约定:"违约方赔偿另一方的经济损失。"2004 年 2 月 24 日,新陵公司开工建设该项目。2007 年 2 月 2 日,河南省新乡市人民政府向河南省人民政府上报请示,同意新陵公司设立项目收费站,同时该文认可新陵公司"实际建设路基宽 12 米,路面宽 9 米,已完成投资 12,600 万元,目前已具备通车条件"。2007 年 6 月 13 日,河南省发改委为新陵公司批准、颁发《收费许可证》并确定新陵公司的收费项目、标准、范围。新陵公司获得收费许可后,出资建设完成新陵公路鸭口收费站办公楼及附属设施。后由于市政府没有履行"路段两端的接线等相关问题的协调工作",致使新陵公司所修路桥为断头路,无法通行,致使新陵公司的合同目的不能实现。

新陵公司请求判令:(1)市政府回购新陵公司投融资建设的新陵公路 15 公里道路(其中隧道 1.486 公里)项目,并支付新陵公司对项目建设的投融资资金 138,894,985.4 元。(2)判令市政府支付新陵公司上述投融资资金相关利息 250,368,881.07 元(自 2006 年 1 月 1 日至 2015 年 1 月 1 日按年息 7.1% 计算,利息计 88,753,895.67 元;罚息 8000 万元自 2007 年 9 月 20 日至 2015 年 1 月 20 日按 7.1% 年利率上浮 50%,计 2272 万元。两项合计共计 111,473,895.67 元。以后利息及罚息计算至付清之日止)。(3)本案的诉讼费用由市政府承担。

管辖异议

市政府在提交答辩状期间对管辖权提出异议称,本案应由河南省新乡市中级人民法院(以下简称河南新乡中院)管辖。其理由如下:本案双方的公路建设协议书,系采取 BOT 模式的政府特许经营协议,新陵公司的回购和补偿请求均是以该合同为基础,该合同是行政合同而非民事合同。新《行政诉讼法》(2014

年 11 月 1 日修正案)[①]将“认为行政机关不依法履行、未按照约定履行或者违反变更、解除政府特许经营协议、土地房屋征收补偿协议等协议的”作为人民法院受理行政诉讼案件的范围,因此新陵公司应当依据新《行政诉讼法》的规定,提起行政诉讼。本案被告为市政府,且基层人民法院不适宜审理,属于河南新乡中院辖区内重大、复杂的行政诉讼案件,应当由河南新乡中院管辖。综上,请求将本案移交河南新乡中院管辖。

管辖答辩

新陵公司答辩称:(1)根据《民事诉讼法》的规定,当事人可以就地域管辖、级别管辖、专属管辖等提出管辖权异议。市政府将民事诉讼和行政诉讼相混淆,其申请不能认为是管辖权异议申请。且其依据的新《行政诉讼法》司法解释的生效时间为 2015 年 5 月 1 日,故其请求将本案移送河南新乡中院审理明显错误。(2)新陵公司对市政府提出新陵公路回购补偿诉讼,是因为市政府未履行合同义务,导致协议无法履行。市政府提出的异议没有法律依据,应依法被驳回。

一审意见

河南高院经审理认为,2004 年 9 月 15 日,辉县市新陵公路建设指挥部与万通公司(后项目主体变更为新陵公司)签订的《关于投资经营辉县市上八里至山西省省界公路项目的协议书》中对案涉道路建设的融资、收益及双方责任、违约责任等事项的约定系作为平等民事主体的当事人之间权利义务关系的约定,新陵公司因履行该合同产生纠纷向法院提起诉讼,法院作为民事案件受理并不违反法律规定。市政府以该合同为行政合同、该案属于行政诉讼为由提出管辖权异议没有法律依据,对其请求应予以驳回。

一审结果

2015 年 5 月 20 日,河南高院作出民事裁定:驳回市政府对该案管辖权提出的异议。

市政府不服上述民事裁定,于 2015 年 5 月 30 日向最高人民法院提出上诉。

二审意见

最高人民法院经审理认为,本案是典型的 BOT 模式的政府特许经营协议。

---

① 现最新为 2017 年 7 月 1 日实施。

案涉合同的直接目的是建设辉县市上八里至山西省省界关爷坪的新陵公路，而开发项目的主要目的为开发和经营新陵公路，设立新陵公路收费站，具有营利性质，并非提供向社会公众无偿开放的公共服务。虽然合同的一方当事人为市政府，但合同相对人新陵公司在订立合同及决定合同内容等方面仍享有充分的意思自治，并不受单方行政行为强制，合同内容包括了具体的权利义务及违约责任，均体现了双方当事人的平等、等价协商一致的合意。本案合同并未仅就行政审批或行政许可事项本身进行约定，合同涉及的相关行政审批和行政许可等其他内容，为合同履行行为之一，属于合同的组成部分，不能决定案涉合同的性质。从本案合同的目的、职责、主体、行为、内容等方面看，合同具有明显的民商事法律关系性质，应当定性为民商事合同，不属于新《行政诉讼法》第 12 条第 11 项、《最高人民法院关于适用〈中华人民共和国民事诉讼法〉的解释》[①]第 11 条第 2 款规定的情形。市政府主张本案合同为行政合同及不能作为民事案件受理，没有法律依据。

二审结果

2015 年 10 月 28 日，最高人民法院作出民事裁定：驳回上诉，维持原裁定。

案例评析

在 2014 年以前，政府进行公共基础设施建设的模式经历了从主推 BOT 模式到 BT 模式的过程。由于 BT 模式以政府或政府投融资平台公司为主体，事实上加大了地方政府债务规模，故从 2014 年开始，国家大力推广政府和社会资本合作的 PPP 模式。其中，BOT 建设模式仍然被作为 PPP 模式当中的主要建设模式广泛运用到高速公路、城乡供水、污水、垃圾处理等项目类型。对比之前的政府特许经营 BOT 模式由政府授权社会资本独立进行投资、建设、运营移交，由社会资本独资设立项目公司负责运营的方式，PPP 模式推广后的 BOT 模式，则强调政府和社会资本的合作，政府方通常投资参股项目公司，共同参与项目的投资、建设、运营、移交。基于此，之前的政府特许经营合同一直被作为民事合同性质，由人民法院或仲裁机构按照民事纠纷处理。而 PPP 模式推广之后的 BOT 模式合同性质引起了广泛争议，尤其是 2015 年《行政诉讼法》修改明确行政协议

① 已被修正。

案件属于行政诉讼的受案范围后,政府特许经营协议属于行政协议,应排除仲裁机构管辖及由人民法院按行政诉讼受理合同纠纷观点,成为主流观点。该案发生在《行政诉讼法》修订实施之前,最高人民法院认为属于民商事合同性质,最终裁定政府主张合同性质为行政合同的观点不成立,应当由法院按照民事案件受理,符合当时法律规定。而在《最高人民法院关于审理行政协议案件若干问题的规定》于2020年1月1日起颁布施行后,明确"政府特许经营协议""符合本规定第一条规定的政府与社会资本合作协议"均为行政协议,另明确规定"行政协议约定仲裁条款的,人民法院应当确认该条款无效,但法律、行政法规或者我国缔结、参加的国际条约另有规定的除外"。"人民法院审理行政协议案件,应当适用行政诉讼法的规定;行政诉讼法没有规定的,参照适用民事诉讼法的规定。"因此,在上述司法解释颁布实施后,政府特许经营合同纠纷或是具有特许经营性质的政府和社会资本合作合同纠纷,一般认为应当作为行政诉讼案件处理。

案例 17　案涉热力建设及供热服务合同是 BOT 合同还是 BOO 合同

相关问题

1. 原告物业公司在合同履行期间是否完成了全部投建义务；
2. 被告县政府未能提供合同约定的供热面积的行为是否属于违约；
3. 本案所涉合同是否应当予以解除。

裁判要点摘选

因双方合同明确约定，案涉工程建设所用土地由县政府无偿提供，故吾泰公司并无缴纳土地使用费的合同义务。同时，本案所涉工程已实际运行使用，并且实际收取了相关的供暖费用，表明县政府对案涉工程实际投入使用及允许其进行收费的事实是认可的，因此即便吾泰公司未办理相关证照，亦不属于违约行为。

上诉人（一审原告）：吾泰公司

上诉人（一审被告）：Y 县人民政府

吾泰公司诉 Y 县人民政府（以下简称县政府）合同纠纷一案，一审法院立案受理。

吾泰公司诉讼请求：（1）依法判令县政府承担（自 2015 年 11 月至 2018 年 10 月 20 日）不能达到合同承诺保证供热面积的违约责任，终止履行本合同，由县政府收回供热资产并向吾泰公司支付建设垫付资产金 10,111,543.85 元，同时支付吾泰公司建设垫付资金 10,111,543.85 元的利息（自 2015 年 11 月 1 日至付清款止),现应支付2015年11月1日至2019年9月9日利息1,851,816.91元,年利率为4.75%;(2)判令县政府赔偿吾泰公司供热运营2015年、2016年、2017年3年损失资金721万元。

一审查明

2014年10月,吾泰公司在Y县一工业园区登记成立,由该县工业加工区服务中心(以下简称服务中心)提供750平方米的办公场所,供该公司无偿使用。2014年9月9日,服务中心向县发改委出具请示报告,报告载明:为进一步加快县工业园区基础设施建设步伐,改善和缓解物流区企业冬季取暖,需建设工业园区(物流区)供暖建设项目。建设单位服务中心。项目总投资为1279万元,资金来源主要为企业自筹。道路建设方案为县工业园区(物流区)供暖建设项目新建供热管网2600米,20吨热水锅炉一座及其辅助设施建设。2014年11月4日,县政府(甲方)与吾泰公司(乙方)签订《新能源产业园热力建设及供热服务合同》(以下简称《服务合同》),合同约定:"……五、项目建设:县政府提供热源站及供热管网的设计方案及图纸,由吾泰公司负责按照设计方案及图纸出资建设,并保证施工质量和标准符合图纸所注标准。热源站和供热管网须同步设计,同步施工,以保证相互配套,所建设设施的所有权归吾泰公司所有。吾泰公司项目建设完工后,必须经县政府验收通过,才可投入使用。热源站和热力管道日常运营、维护、维修及由此产生的所有费用由吾泰公司负责。六、项目的运营管理:吾泰公司须按国家规定的供热标准提供供热服务,并及时解决供热期间用户反映的问题和相关诉求。吾泰公司按照与政府协商价格收缴用户供热费用,如出现拒交现象,由县政府委派工业园区管委会协助收取,吾泰公司也可停止向费用拖欠用户供暖,或申请人民法院强制执行。七、县政府保证第一年供热面积不少于13万平方米,第二年不少于17万平方米,以后每年供热面积不少于17万平方米。八、其他约定:履行协议期间,因外部其他因素影响导致合同无法履行时,经双方协商,可进行变更或解除合同。"2015年4月16日,吾泰公司投资建设项目,工业园区(新能源产业园)热力建设及供热服务建设项目,经县发改委备案。2015年11月和2017年10月,县工业加工区管委会向吾泰公司下发通知,要求吾泰公司向园区用户进行供暖服务。县工业加工区管委会向园区各企业下发供热收费标准暂定为每平方米19.8元,每平方米收取30元基础设施配套费。2015年年度供热面积为5269平方米,2016年年度供热面积为11,367平方米。2016 年 10 月 12 日及同年 11 月 8 日，吾泰公司向县政府提出由于资金困难，要求补偿供热面积的差额部分费用等问题。2017 年 10 月 19 日，吾泰公司委托律师向县政府发函，希望与政府协商解决投资亏损、采暖费难以收取和继续运营等问题。后因双方就该问题协商无果，吾泰公司遂提起相关诉讼。

本案原一审审理期间，吾泰公司提出资产评估申请，申请对锅炉房、锅炉、供热管网、配电设施及配套建筑设施的企业投资资产进行评估。2018 年 7 月 26 日，吾泰公司及县政府共同向一审法院提出申请，申请书载明："经双方协商，拟共同委托达峰公司，该公司具有工程、设备造价司法鉴定资格，对工程及设备投资造价进行鉴定，双方对达峰公司出具的鉴定结论均予以认可。县政府同意吾泰公司向法院撤回司法鉴定申请。"2018 年 8 月 21 日，达峰公司出具《工业园区集中供热建设项目结算书》（以下简称《结算书》），委托单位为县政府及吾泰公司，审定价格为 10,111,543.85 元，其中：(1)锅炉房及办公库房：3,138,642.12 元；(2)室外供热管网：4,220,322.38 元；(3)主要设备：2,021,470.03 元；(4)其他图纸外工程：731,109.32 元。此次审理过程中，县政府明确同意回购吾泰公司的供热资产。据此，一审法院根据《结算书》的内容进行判决。

另查，2018 年 10 月 28 日，吾泰公司将案涉供暖设施移交县工业园区管委会管理。

本次审理过程中，县政府于 2020 年 10 月 27 日提交书面评估申请书，申请对案涉锅炉房、锅炉、供热管网、配电设施及配套建筑设施的价值进行评估。一审法院于 2020 年 11 月 4 日委托盛华评估公司对案涉供暖设施的价值进行评估，本次评估确定两个评估基准日，分别为 2017 年 11 月 16 日、2020 年 11 月 4 日。2020 年 11 月 4 日、11 月 5 日，一审法院组织双方当事人及第三方评估机构进行现场实地勘察，双方当事人对案涉供暖设施中 24 项无争议部分进行确认。2020 年 11 月 20 日，盛华评估公司出具两份评估报告，一份评估基准日：2020 年 11 月 4 日，委托资产评估值为 8,246,100 元；另一份评估基准日：2017 年 11 月 16 日，委托资产评估值为 8,701,300 元。吾泰公司对两份评估报告无异议。2020 年 12 月 1 日，县政府针对《资产评估报告》提出五点异议，(1)报告书中"重置全价"的组成，其中"前期及其他费用"应减除。该项目至今未办理环评手续，也没有验收。施工设计由县政府委托并承担了费用，项目也没有进行招投标。所以应将建设单位管理费、环境影响咨询费、前期工程咨询费、勘察设计费、工程监理费、招标代理服务费扣除。(2)吾泰公司没有做锅炉特检,应将相关费用扣除。(3)原一审审理中委托鉴定的《结算书》不应当作为此次评估的依据。(4)柴油发电机不存在,不应当列入资产范围。(5)锅炉房外接电源高压配电不属于吾泰公司资产。2020年12月7日,一审组织双方当事人对两份《资产评估报告》进行质证。盛华评估公司派出评估人员出庭接受质询,并就县政府提出的五点异议进行书面函复。主要内容:(1)本次对委估资产采用成本法评估。成本法的基本思路是从再取得资产角度反映资产价值,包含了取得资产所耗费的合理、必要的费用资金成本。这些合理、必要的费用和资金成本体现的是社会和行业平均水平,而不是委估资产的个别成本耗费。本次委估资产正常使用,未发现影响其持续使用的内在缺陷。异议中列示的前期费用不论是否实际支付,由谁支付,或实际支付价格高于、低于社会和行业平均水平,评估都应按社会和行业平均水平计取其购建成本中通常情况下应包含的合理、必要的前期费用。(2)根据相关法律规定,建设单位未依法提交建设项目环境影响评价文件或者环境影响评价文件未经批准,擅自开工建设的,由负有环境保护监督管理职责的部门责令停止建设,处以罚款,并可以责令恢复原状;对未经定期检验或者检验不合格的特种设备,不得继续使用。而本次委估的资产已正常经营五个采暖期,未见停用、停产、停业整顿迹象,评估人员现场向相关人员包括了解,未发现原建设方或现资产使用人收到相关监督管理部门的处罚通知,且现资产使用人新硕公司向一审法院提供了其中的安全阀的有效年检报告,故本次评估综合评价,合理假设评估对象所涉及资产的购置、取得、使用过程均符合国家有关法律法规规定。(3)本次评估中,评估人员依法对资产评估活动中使用的资料通过观察、询问、书面审查、实地调查、查询、复核等进行核查验证,并由吾泰公司与县政府代表现场共同确认,在对收集的评估资料进行分析、归纳和整理后,最终作为形成评定估算和编制资产评估报告的依据,评估中仅对未见实物而由吾泰公司与县政府代表协商确认纳入评估范围的柴油发电机的规格型号参考了结算书中列示的内容,并不影响评估结论的客观公允性。(4)本次评估的资产原由吾泰公司经营,后移交给县政府,目前由新硕公司使用,几易其手,各方转手时均未办理书面的资产移交手续,由于柴油发电机为动产,考虑其为供热保障的动力应急设备,应合理存在,经吾泰公司与县政府代表协商确认按正常资产评估。盛华评估公司已在报告中说明,资产评估师执行资产评估业务的目的是对评估对象的价值进行估算并出具资产评估报告,对评估对象法律权属的确认或发表意见已超出资产评估师的执业范围:本次评估资产的范围,由一审法院确定,我们对其进行评估,并不代表对其权属状况发表任何意见。(5)本次评估的范围是根据一审法院司法技术鉴定委托书确定的,盛华评估公司已在报告中说明,资产评估师执行资产评估业务的目的是对评估对象的价值进行估算并出具评估报告,对评估对象法律权属的确认或发表意见已超出资产评估师的执业范围。本次评估资产的范围,由一审法院确定,我们对其进行评估,并不代表对其权属状况发表任何意见。

一审意见

一审法院认为,综合吾泰公司的诉讼请求和县政府的答辩意见,确定本案争议焦点:(1)关于吾泰公司请求县政府回购案涉供暖设施能否支持的问题;(2)关于吾泰公司要求县政府支付建设资金10,111,543.85元及利息能否得到支持的问题;(3)关于吾泰公司主张2015年、2016年、2017年3年供热运营损失721万元是否应予支持的问题。

1.关于吾泰公司请求县政府回购案涉供暖设施能否支持的问题。县政府与吾泰公司签订的《服务合同》系典型的BOT模式的政府特许经营协议。BOT合同的基本模式是,由投资方与政府签订合同,其中投资合同乙方投资建设、运营项目,由相关政府部门授予特许经营权,以特许经营项目方式收回项目投资并获得收益。本案中,双方签订的合同是平等主体之间订立的商事合同,系双方真实的意思表示,内容不违反法律、行政法规的强制性规定,合法有效,对双方当事人均具有约束力。按照《服务合同》约定,吾泰公司的主要义务是按期保质完成供热设施建设,并提供优质供热服务。县政府的主要合同义务系负责办理Y县新能源产业园热源站立项工作,协助吾泰公司办理供热资质、营业执照、收费许可证、环保、建设等部门相关手续,保障吾泰公司道路、通信、水源以及电力配套设施正常使用,并保证第一年供热面积不少于13万平方米,第二年不少于17万平方米,以后每年供热面积不少于17万平方米。吾泰公司将案涉供暖设施建设完成后,在具备供暖条件后开始向园区供暖。但项目运营后,实际供热面积远低于合同约定的面积。从案涉项目运营的实际效果看,自2015年供暖期开始后至吾泰公司起诉止两个供暖期的供热面积均未达到合同约定的供热面积,导致吾泰公司按合同预期通过收取暖气费获得投资回报的合同目的无法实现。对此,造成合同目的不能实现的主要责任在县政府,县政府构成违约。根据《合同法》第94条规定,"有下列情形之一的,当事人可以解除合同:(一)因不可抗力致使不能实现合同目的;(二)在履行期限届满之前,当事人一方明确表示或者以自己的行为表明不履行主要债务;(三)当事人一方迟延履行主要债务,经催告后在合理期限内仍未履行;(四)当事人一方迟延履行债务或者有其他违约行为致使不能实现合同目的;(五)法律规定的其他情形"。因此,在一方当事人迟延履行债务或其他违约行为致使合同目的不能实现的情况下,守约方有权要求解除合同。第97条规定:"合同解除后,尚未履行的,终止履行;已经履行的,根据履行情况和合同性质,当事人可以要求恢复原状、采取其他补救措施、并有权要求赔偿损失。"综上,吾泰公司有权要求解除与县政府签订的《服务合同》。而吾泰公司要求县政府回购案涉供暖设施是其主张赔偿损失的一种方式。从吾泰公司提交的多份证据亦显示,其曾积极同县政府协商,请求政府回购及进行相应补偿,故吾泰公司请求终止案涉合同,并由县政府回购案涉供暖设施具有事实及法律依据。

2. 关于吾泰公司要求县政府支付建设资金10,111,543.85元及利息能否得到支持的问题。

首先,县政府回购案涉供暖设施后,吾泰公司的损失应如何进行补偿的问题。庭审中双方均同意就现有供热设施的价值进行资产评估,但双方就评估基准日产生争议,评估机构应双方要求的评估基准日出具两份评估报告,其中县政府要求的评估基准日2020年11月4日,委托资产评估值为8,246,100元。吾泰公司要求的评估基准日2017年11月16日(本案原一审起诉之日),委托资产评估值为8,701,300元。一审法院认为,吾泰公司自2017年就本案起诉至法院,即已明确了要求终止履行合同,并提出要求县政府回购的意思表示,如按照目前的评估值进行补偿,对吾泰公司而言有失公平,且缺乏法律依据。因此,一审法院对评估基准日2017年11月16日的委托资产评估值8,701,300元予以确认。

其次,关于县政府就评估报告提出的五点异议,一审法院组织双方当事人就评估报告进行质证,且盛华评估公司评估人员出庭接受质询。以下,一审法院根据评估报告,并结合双方当事人提交的证据逐一进行分析认定:(1)县政府认为报告书中"重置全价"的组成,其中"前期及其他费用"应当减除。设计单位系其委托并支付费用,此外,应将建设单位管理费、环境影响咨询费、前期工程咨询费、勘察设计费、工程监理费、招标代理服务费减除。一审法院认为,案涉供热设施评估时正常使用,其中必然包含合理、必要的前期费用,但是从双方合同约定,案涉项目的立项系县政府的合同义务,其有义务协助吾泰公司办理相关手续。关于前期费用的分担双方在合同中无明确约定,且县政府除提供一份《建设工程设计合同》外,未提供其他证据证明前期费用系其交纳。关于设计费用,因吾泰公司认可系县政府交纳,故对县政府主张其交纳的设计费10万元予以认定,对于其他前期费用不予认定。(2)县政府认为案涉项目至今没有办理完成项目环评手续和锅炉特检手续,配套手续应作为锅炉合法合规使用的前置条件,但吾泰公司至今未落实,资产评估报告应将此内容进行综合评价并予以削减。一审法院认为,依据合同约定,由县政府负责案涉项目的立项,依据法律规定未经定期检验或检验不合格的特种设备是不能使用的,但截至目前案涉供暖设施正常使用,县政府也未提供该供暖设施存在停产、停用的相关证据,故一审法院对县政府的该项异议不予认定。(3)县政府认为报告书中提及的"哈密市中级人民法院提供的结算书"未经双方认可,不能作为资产评估的依据。一审法院认为,该结算书经原一审中双方当事人共同委托第三方机构作出,在原一审中县政府对该结论认可。此外,本案重审期间,一审法院组织双方当事人及第三方评估机构进行现场实地勘察,双方当事人对案涉供暖设施中24项无争议部分进行确认,评估机构据此作出的评估报告具有事实依据。故对县政府的该项异议不予认定。(4)县政府认为报告书评估内容中所提的"未见实物的柴油发电机",此项在现场确实是不存在的,不能将此项列入资产范围。一审法院认为,案涉供暖设施经几方移交管理,均未办理移交手续,结合案涉供暖设施系特种装置,考虑柴油发电机为供热保障的动力应急设备等因素,该柴油发电机应属供热设施的必备装置,故一审法院对县政府的该项异议不予认定。(5)县政府认为锅炉房外接电源高压配电不属于吾泰公司投资,该部分由园区管委会出资建设,应予扣减。一审法院认为,双方虽在合同中约定"甲方保障乙方道路、通信、水源以及电力配套设施正常使用",但并未约定外接电源的建设费用如何分担,且县政府提交的《电力建设工程施工合同》与本案亦缺乏关联性,不足以证实案涉外接电源系县政府施工,故对县政府的该项异议不予认定。综上,一审法院确认县政府支付吾泰公司案涉供暖设施总价8,701,300元-100,000元=8,601,300元。

最后，关于吾泰公司利息损失的认定问题。如前所述，因县政府违约导致本案合同目的无法实现。《合同法》第107条规定："当事人一方不履行合同义务或者履行合同义务不符合约定的，应当承担继续履行、采取补救措施或者赔偿损失等违约责任。"因双方在合同中未对违约的后果进行约定，一审法院综合考虑合同的履行、预期收益和双方利益均衡等因素，确定县政府应承担从吾泰公司向一审法院起诉之日（2017年11月16日）起的利息损失。

关于吾泰公司主张2015年、2016年、2017年3年供热运营损失721万元是否应予支持的问题。吾泰公司对于该诉讼请求提供的证据均系其自行制作完成，县政府对此不认可。从本案查明的事实看，2018年10月28日，案涉供暖设施移交县政府前，由吾泰公司实际运营，虽然因供暖面积远低于合同约定，给其造成了一定的损失，但从本案合同的性质分析，吾泰公司系由县政府招商引资的企业，在签订案涉特许经营合同时亦应当预知相应的投资风险，故对吾泰公司主张2015年、2016年、2017年3年供热运营损失721万元的诉讼请求不予支持。

一审结果

一审法院作出民事判决：一、吾泰公司与县政府签订的《服务合同》终止履行，由县政府回购吾泰公司供热资产；二、县政府于本判决生效后30日内支付吾泰公司资产总价8,601,300元及利息；三、驳回吾泰公司的其他诉讼请求。

县政府不服一审判决，向新疆维吾尔自治区高级人民法院（以下简称新疆高院）提出上诉。

二审查明

新疆高院确认一审查明事实，另查明：本案一审2020年12月7日庭审笔录记载，针对案涉工程投资建设问题，吾泰公司述称："我方完全是按照园区管委会和县政府的要求去建设的，并非是所说的6公里，而我们是建了一半。当时单向管线是16（1.6）公里，双向是3千米……（供暖后）发现合同供暖面积和实际面积差距甚大，就没有再建……园区管委会和政府设计图纸（是）3公里，我们就按照他的要求来建的"。

二审意见

新疆高院认为，本案争议焦点：（1）吾泰公司关于本案所涉合同终止履行的诉讼请求是否应当予以支持；（2）如果本案所涉合同应当予以解除，一审判令由县政府回购案涉工程项目资产并向吾泰公司支付案涉工程项目资产总价款及利息是否具有事实和法律依据;(3)吾泰公司要求县政府赔偿其损失的上诉请求能否成立。

针对第一个争议焦点:吾泰公司主张因县政府未能提供合同约定的供暖面积,导致其订立案涉合同、投建供暖项目并收取供暖费用的根本目的无法实现,故请求终止案涉合同的履行。对此,县政府辩称,吾泰公司未完成合同约定的项目建设,其投资金额及新建供热管网长度均与合同约定不符,作为先违约方,不享有解除案涉合同的权利。且双方约定案涉工程需经过县政府验收后正式投入使用,此时才是合同约定提供供暖面积的起始时间。因该工程从未经过县政府验收,提供供暖面积的条件尚未达成,县政府并不存在违约行为,故不同意终止案涉合同的履行。根据双方诉辩意见,该争议焦点包含了以下几个问题,第一,吾泰公司在合同履行期间是否完成了全部投建义务,其在履行投资建设的合同义务中是否存在违约;第二,县政府未能提供合同约定的供热面积的行为是否属于违约;第三,本案所涉合同是否应当予以解除。对以上问题,新疆高院分述如下:

1. 吾泰公司与县政府所签订的《服务合同》系双方当事人的真实意思表示,该合同合法有效。合同中明确约定案涉供暖项目建成后,其所建设设施的所有权归吾泰公司所有并有吾泰公司负责运营。但并无有关县政府对项目进行"回购"的相关事宜的约定。因此,该合同不符合 BOT 合同(建设—运营—移交)的合同特征,本案所涉合同应为 BOO 合同(建设—拥有—运营)。一审对案涉合同性质认定有误,依法予以纠正。

对于吾泰公司是否已完成案涉工程投建的问题。根据已查明事实,案涉合同对工程投建约定:2.2 条"甲方(县政府)负责对供热项目进行总体设计及规划,乙方(吾泰公司)须按照甲方的设计和规划完成热源点及配套设施建设",5.1 条约定"甲方负责提供热源站及供热管网的设计方案及图纸,由乙方负责按照设计方案及图纸出资建设……"依据上述约定,对案涉工程进行设计及提供相应施工图纸系县政府的合同义务,吾泰公司作为投资方和建设方,应当按照县政府提供的方案及图纸对案涉工程进行投资及建设。合同中虽然对新建供热管网的长度并无明确约定,但根据原一审证据,Y 县发改委在对案涉工程立项报告中记载,工程需新建供热管网为 2600 米,该数字在 Y 县发改委对案涉工程的备案证明中变更为新建供热管网 6 公里。二审审理中,吾泰公司为证明其履行了投资建设义务,提交了工程管网部分设计施工图纸,图纸显示工程供暖管网采用的预制保温管全长为6070米。因该证据系吾泰公司提交,表明其认可案涉供暖工程中新建供暖管网长度应为县政府主张的6000米,对此予以确认。在确定案涉工程投建管网长度的基础上,县政府以原一审期间达峰公司出具《结算书》中记载的“供热外管道长3114米”为依据,主张吾泰公司未完成投建义务。对此,吾泰公司在本次二审庭审中辩称,上述鉴定报告中所称“供热外管道长3114米”是指供热单向管道长度,而实际上投建的供热管道为双向,总长度为6000余米,并在二审中以部分图纸予以佐证。新疆高院认为,吾泰公司的辩称理由不能成立,理由如下:第一,根据二审查明事实,吾泰公司曾在一审中自认案涉工程实际建设供热管网仅为3000余米,单向管线是1600米,双向管线是3000米,二审中其主张管网建设已达成双方确认的6000米,其前后陈述存在矛盾。第二,吾泰公司二审提交的部分工程图纸仅能证明案涉工程新建管网的设计工程量为6000余米,吾泰公司作为实际承建方,应当提交供热管网实际施工的相关证据,以证明新建长度符合双方约定。在吾泰公司未能对上述事实进行举证的情况下,仅凭图纸内容无法证明吾泰公司的实际施工长度。第三,达峰公司出具的《结算书》系经双方当事人同意对案涉工程所做工程量核算,该报告记载“供热外管道长3114米”与吾泰公司在本案中的一审陈述一致且可以相互印证。吾泰公司虽主张该鉴定报告所记载管网长度仅为单向长度,但并未提供证据予以证明。另,所谓“供热管道”是指输送蒸汽或热水的管道,按其敷设位置不同可分为室内和室外供热管道两种。供热管道室外部分,即已包含进水及回水的全部室外管道部分,并非指单向管道。综合上述分析,县政府主张吾泰公司未完成案涉工程全部长度为6000余米的供热管道建设的事实确实存在。

对于吾泰公司未完成管网建设是否属于违约的问题。本案所涉合同对供热系统的建设期间并未进行明确约定,但根据Y县发改委对案涉工程的备案证明记载,案涉工程的建设期限为2015年5月至2017年5月(2年)。根据已查明事实,截至本案审理之时,案涉供暖建设项目未达到合同约定的投资数额,其管道建设亦未全部完成,且附属设施尚未建设。对此,吾泰公司辩称,因县政府所提供的供热面积远小于双方合同约定,为保证其损失不再扩大,故未对剩余管网进行施工。吾泰公司上述主张实质是以不安抗辩权进行抗辩。对此问题,新疆高院认为,《合同法》第68条规定:“应当先履行债务的当事人,有确切证据证明对方有下列情形之一的，可以中止履行：(一)经营状况严重恶化；(二)转移财产、抽逃资金，以逃避债务；(三)丧失商业信誉；(四)有丧失或者可能丧失履行债务能力的其他情形。当事人没有确切证据中止履行的，应当承担违约责任。”作为一种自主救济权，不安抗辩权的适用有严格的条件限制，一般来说需要满足以下条件：(1)双方当事人因同一有效双务合同而互负债务；(2)行使期间为合同生效后至履行义务履行完毕之前；(3)现履行一方须有确切证据证明后履行方有法律所规定的不能对待给付的情形。具体到本案，吾泰公司作为提出不安抗辩权的一方，其负有对县政府存在法律所规定的不能对待给付的情形进行举证的责任。案件审理中，吾泰公司以2015年和2016年2年所提供的供热面积作为证明其主张的依据。新疆高院认为，第一，虽然县政府实际提供的供热面积与合同约定相差巨大，但究其根本原因，是双方当事人对案涉合同的风险预估不足所导致的，而非县政府丧失了履行合同能力。本案系BOO合同，合同本身即存在投资金额大、履行期限长的特征，而无论是吾泰公司还是县政府在合同签订之初均没有认真地对投资供热项目存在的商业风险及可行性进行评估，使得双方对合同的履行过于乐观，忽视了无论是园区建设完成还是供暖用户的增长都是一个循序渐进的过程，而非一蹴而就。第二，从本案履行情况来看，县政府虽然未能提供合同约定的供暖面积，但自2015年至2016年，其所提供的供热面积呈明显的上升趋势，县政府以其行为表明其仍然具备继续履行合同的能力，直至本案审理期间，该园区仍在正常建设运营。吾泰公司所主张的不安抗辩权因不满足法律规定的条件而不能成立。但鉴于案涉工程已经在工业园区管委会通知集中供暖实际投入使用，县政府未提交证据主张此后县政府曾对吾泰公司提出过继续按照6000米供暖管网进行建设的要求，加上“2015年年度供热面积为5269平方米，2016年年度供热面积为11,367平方米”的事实以及行政机关在BOO合同中的主导地位等因素，对以下事实可以达到高度盖然性的标准，即县政府与吾泰公司通过实际履约行为，一致同意目前的供暖管网建设，暂停加建。因此，吾泰公司相关行为不构成违约。

关于县政府主张吾泰公司未缴纳土地使用费、未办理相关证照及产权证明等行为属于违约的抗辩理由，新疆高院认为，因双方合同明确约定，案涉工程建设所用土地由县政府无偿提供，故吾泰公司并无缴纳土地使用费的合同义务。同时，本案所涉工程已实际运行使用，并且实际收取了相关的供暖费用，表明县政府对案涉工程实际投入使用及允许其进行收费的事实是认可的，因此即便吾泰公司未办理相关证照，亦不属于违约行为。故县政府的该项上诉理由不能成立，不予支持。

2. 对于县政府未能提供合同约定的供热面积是否属于违约行为的问题。案涉合同5.2条约定“乙方项目建设完工后，必须经甲方验收通过，才可投入使用”，同时，7.3条约定“甲方保证第一年供热面积不少于13万平方米……”双方之所以如此进行约定，是因为从合同性质上来说，本案所涉合同系BOO合同，行政机关在合同中处于主导地位，其理应对合同的履行进行监督，对工程项目进行验收是其履行监督职责的行为；从合同目的来说，在通常情况下，工程只有在建成完工后才具备相应功能，故以项目建设完工并验收通过后作为提供供热面积的起始时间亦符合常理。据此约定，县政府履行提供合同约定供热面积合同义务的前提条件是吾泰公司完成项目建设并经县政府验收。但是，从本案合同履行过程来看，吾泰公司虽然并未完成全部项目建设，但已完工的工程部分已经具备了供暖条件，且按照园区管委会的要求开始对园区提供供暖服务。换句话说，双方之间的BOO合同已经从投资建设阶段转为运营阶段。此时，县政府即负有向吾泰公司提供所约定的供热面积的义务。但本案的特殊之处在于，吾泰公司未能完成全部供热管网的建设，即双方合同原约定的供热管网长度在实际履行过程中发生了变化，在此情形下，合同中约定的由县政府承诺提供的供热面积理应作相应的变更，但双方当事人未能就该问题形成新的约定，故依照公平原则，县政府应按照已完成供热管道占总管道长度的比例，提供相应的供热面积，即县政府在新建供热管道3000米的情况下，应提供的供热面积为6.5万平方米左右较为合适。而根据已查明事实，吾泰公司2015年年度供热面积仅为5269平方米，2016年年度供热面积仅为11,367平方米，该数据与其应当履行的合同义务相差巨大，故县政府的该行为属于违约行为，其辩称并未违约的上诉理由缺乏事实依据，不予支持。

3. 对于案涉合同是否应当终止履行的问题。根据前述分析，吾泰公司在案涉合同履行过程中并未存在违约行为，其所为守约方，有权要求解除案涉合同。县政府主张吾泰公司不享有合同解除权的上诉理由缺乏事实和法律依据，不予支持。《合同法》第94条规定：“有下列情形之一的，当事人可以解除合同：(一)因不可抗力致使不能实现合同目的；(二)在履行期限届满之前，当事人一方明确表示或者以自己的行为表明不履行主要债务;(三)当事人一方迟延履行主要债务,经催告后在合理期限内仍未履行;(四)当事人一方迟延履行债务或者有其他违约行为致使不能实现合同目的;(五)法律规定的其他情形。”本案中,县政府未能向吾泰公司提供合同约定的供热面积,导致吾泰公司签订案涉合同并收取费用的合同目的无法实现。从案件事实角度分析,虽然吾泰公司与县政府所签合同系双方真实意思表示,但在履行过程中,吾泰公司投入了大量资金对工程进行建设,但因各种因素的综合影响导致其无法获得所希望的投资回报,吾泰公司实际上已经失去了继续履行合同的意愿。在此情形下解除案涉合同,有利于化解合同僵局,平衡双方当事人的利益,有利于维护公平和诚信原则,符合《合同法》的效率价值,从而维护合同的实质正义。据此一审法院判令解除双方之间所签合同正确,依法予以维持。

针对第二个争议焦点:《合同法》第 97 条规定:“合同解除后,尚未履行的,终止履行;已经履行的,根据履行情况和合同性质,当事人可以要求恢复原状、采取其他补救措施,并有权要求赔偿损失。”如前所述,案涉合同作为 BOO 合同,其与普通民事合同的区别在于,在 BOO 合同中,行政机关的意愿起着决定性作用,行政机关主导从立项、招标、谈判等各阶段,还兼具监督检查合同履行情况等权利。同时,作为合同主体一方,行政机关应当严格遵循合同约定的各项义务。本案审理过程中,曾就案涉合同在立项前,县政府是否就其可行性进行了调研及论证的问题进行询问,并要求其提供相关证据,但县政府并未对此问题进行回应。由此可知,县政府对案涉供热项目的可行性缺乏相应的了解,导致双方当事人在签订合同时对合同履行存在的风险预计不足,亦缺乏相应的关于处理方式的约定。鉴于 BOO 合同同时具备投资、建设、运营等合同内容,故可以按照相应的法律规定进行处理。

虽然在 BOO 项目中不涉及回购的问题,但是实际上并没有排除合同提前终止并产生回购的可能。原因在于,BOO 项目的约定大多具有公益性,在所涉项目提前终止的情形下,由政府回购项目可以避免出现因清算而使在建或在用项目归社会资本后,而将其公益性或准公益性改变为纯商业性,从而可能导致损害公共利益的情况发生。本案中,吾泰公司作为县政府通过招商引进的社会资本,其在享受政府优惠政策的条件下所建供热系统承担了向园区进行供暖的社会公共职能,该工程具备一定的公益性质。现本案所涉合同解除,吾泰公司亦将其全部资产进行移交,该行为表明其放弃了案涉工程资产的全部权利,此时应当由作为合同相对方的县政府介入对案涉资产进行管理和处置,方能最大限度地保证该项目已完成部分的正常运行,并提供最大化的社会利益,故一审判令由县政府回购案涉资产并无不妥,依法予以维持。

本案中,吾泰公司为履行案涉合同,出资建设供热项目,其所投资的人力、物力均已物化为已完工工程,并已实际运营多年,吾泰公司有权要求在终止合同履行的同时,由县政府向其进行相应补偿。本案一审中,双方当事人均同意对案涉资产价值进行鉴定,双方依法选定了鉴定机构并依照法定程序作出鉴定报告,鉴定人员亦出庭接受了双方当事人及法庭的询问,故本案所做鉴定报告应当作为本案定案依据。县政府虽然对该鉴定结论提出部分异议,一审对此已进行了详细论述,对此不再赘述。需要说明的是,二审中,吾泰公司为证明该鉴定报告结论正确,提交了其与案外第三人签订的建设工程合同用以证明确实对案涉工程的电气部分进行了施工,该证据结合一审期间提交的其他证据足以证明吾泰公司对外接电源高压配电进行施工的事实。县政府虽对合同不予认可,但并无证明予以反驳,且该合同反映的仅为建设工程施工价款,而非资产价值,故县政府仅以合同价款与鉴定结论不符为由主张对鉴定报告不予采信的抗辩理由不能成立,不予支持。因县政府亦未提供新证据推翻鉴定报告结论,故一审法院以该鉴定报告为基础结合本案案件事实及其他证据对案涉工程资产作出认定的行为并无不妥,依法予以维持。对于利息问题,根据一审查明事实,吾泰公司在双方发生纠纷后即将案涉工程全部移交园区管委会进行管理,园区管委会亦使用该工程设备、管网等连续几年继续对园区进行供暖。县政府虽然以园区管委会系独立法人为由称该事实与县政府无关。但县政府作为案涉合同的相对方,亦无法否认在吾泰公司退出合同后,其仍然获益的事实。故一审判令县政府应当就未支付的案涉资产款项向吾泰公司支付相应利息正确,予以维持。

针对第三个争议焦点:根据《合同法》第 97 条的规定,合同解除后,当事人有权请求赔偿损失。从吾泰公司二审上诉状内容来看,其要求县政府赔偿的损失性质为 2015 年至 2017 年 3 年运营该供热项目的成本损失。根据案涉合同约定,吾泰公司应对供热项目进行实际运营,在此过程中必然会产生相应的成本支出。对该成本支出,如人工工资、原料消耗等,吾泰公司应当且有能力予以举证证明。但在本案二审中,吾泰公司提交的无论是锅炉用煤量情况表还是相关政府文件,均非其成本支出的直接证据,在新疆高院向其释明举证规则的情况下,吾泰公司仍未提供相关证据,故吾泰公司未能完成法定举证责任,应承担相应不利后果。此外,吾泰公司作为商事主体,对其商事行为未尽到合理审慎的注意义务,本身亦存在过错。综合上述因素考虑,一审对吾泰公司所提成本损失的诉讼请求未予支持并无不当,依法予以维持。

综上,一审虽然对本案部分事实认定及法律适用存在错误,但其判决结果并无不当,依法予以维持。

二审结果

2021 年 6 月 1 日,新疆高院作出民事判决:驳回上诉,维持原判。

案例评析

本案系一起因履行政府《特许经营协议》而引发的诉讼案件。根据案件事实,对以下问题进行简要评析。

1. 关于原告物业公司在合同履行期间是否完成了全部投建义务问题

依据案涉合同约定,对案涉工程进行设计及提供相应施工图纸系县政府的合同义务,吾泰公司作为投资方和建设方,应当按照县政府提供的方案及图纸对案涉工程进行投资及建设。双方争议点:第一,案涉工程投建管网长度为何;第二,吾泰公司是否按照约定完成了供热管道建设。

关于争议点一,合同中虽然对新建供热管网的长度并无明确约定,但原一审证据显示,Y 县发改委在对案涉工程立项报告中记载,工程需新建供热管网为 2600 米,该数字在 Y 县发改委对案涉工程的备案证明中变更为新建供热管网 6 公里。二审审理中,吾泰公司为证明其履行了投资建设义务,提交了工程管网部分设计施工图纸,图纸显示工程供暖管网采用的预制保温管全长为 6070 米。因该证据系吾泰公司提交,表明其认可案涉供暖工程中新建供暖管网长度应为县政府主张的 6000 米。

关于争议点二,在确定案涉工程投建管网长度的基础上,县政府以原一审期间达峰公司出具《结算书》中记载的“供热外管道长 3114 米”为依据,主张吾泰公司未完成投建义务。对此,吾泰公司作为实际承建方,由于其未提供供热管网实际施工的新建长度符合双方约定的相关证据,依据举证责任原则,可以认定吾泰公司未完成案涉工程全部长度为 6000 余米的供热管道建设。

至于吾泰公司未完成管网建设是否属于违约的问题。BOO 合同未明确约定供热系统的建设期间,但根据 Y 县发改委对案涉工程的备案证明记载,案涉工程的建设期限为 2015 年 5 月至 2017 年 5 月(2 年)。根据法院查明事实,截至本案审理之时,案涉供暖建设项目未达到合同约定的投资数额,其管道建设亦未全部完成,且附属设施尚未建设。但由于案涉工程已经在工业园区管委会通知集中供暖实际投入使用,县政府未提交证据主张此后县政府曾对吾泰公司提出过继续按照6000 米供暖管网进行建设的要求,加上 2015 年年度、2016 年年度未能提供合同约定的供热面积的事实以及行政机关在 BOO 合同中的主导地位等因素,法院认为,县政府与吾泰公司已经通过实际履约行为,一致同意目前的供暖管网建设,暂停加建,因而吾泰公司相关行为不构成违约。

2. 被告县政府未能提供合同约定的供热面积的行为是否属于违约

依据案涉合同约定,吾泰公司在建设完工后,必须经甲方验收通过,才可投入使用,同时约定县政府保证第一年供热面积不少于 13 万平方米。双方作此约定的原因在于:

第一,在合同性质上,本案合同系 BOO 合同,行政机关在合同中处于主导地位,其理应对合同的履行进行监督,对工程项目进行验收是其履行监督职责的行为。

第二,从合同目的来说,在通常情况下,工程只有在建成完工后才具备相应功能,故以项目建设完工并验收通过后作为提供供热面积的起始时间亦符合常理。据此约定,县政府履行提供合同约定供热面积合同义务的前提条件是,吾泰公司完成项目建设并经县政府验收。但是,从本案合同的实际履行情况,如前文分析,吾泰公司虽未完成全部项目建设,但已完工的工程部分已经达成了供暖条件,且已经开始提供供暖服务。使双方已经从投资建设阶段转为运营阶段。此时,县政府应当按照合同约定提供相应的供热面积。但由于双方合同原约定的供热管网长度在实际履行过程中发生了变化,则县政府承诺提供的供热面积应做相应的变更。但在双方未达成约定的情况下,依照公平原则,县政府应按照已完成供热管道占总管道长度的比例,提供相应的供热面积,即县政府在新建供热管道 3000 米的情况下,应提供的供热面积为 6.5 万平方米左右较为合适。而根据已查明事实,吾泰公司 2015 年年度供热面积仅为 5269 平方米,2016 年年度供热面积仅为 11,367 平方米,该数据与其应当履行的合同义务相差巨大,故县政府的该行为属于违约行为。

3. 关于本案所涉合同是否应当予以解除问题

《合同法》第 94 条规定:“有下列情形之一的,当事人可以解除合同:(一)因不可抗力致使不能实现合同目的;(二)在履行期限届满之前,当事人一方明确表示或者以自己的行为表明不履行主要债务;(三)当事人一方迟延履行主要债务,经催告后在合理期限内仍未履行;(四)当事人一方迟延履行债务或者有其他违约行为致使不能实现合同目的;(五)法律规定的其他情形。”第 97 条规定:“合同解除后,尚未履行的,终止履行;已经履行的,根据履行情况和合同性质,当事人可以要求恢复原状、采取其他补救措施、并有权要求赔偿损失。”本案中,自 2015 年供暖期开始后至吾泰公司起诉止的两个供暖期内,县政府均未能向吾泰公司提供合同约定的供热面积,导致吾泰公司按合同预期通过收取暖气费获得投资回报的合同目的无法实现。因此,在一方当事人迟延履行债务或其他违约行为致使合同目的不能实现的情况下,吾泰公司为守约方,因县政府存在违约行为,吾泰公司有权依据上述法律规定解除案涉合同。

从案件事实角度分析,虽然吾泰公司与县政府所签合同系双方真实意思表示,但在履行过程中,吾泰公司投入了大量资金对工程进行建设,但因各种因素的综合影响导致其无法获得所希望的投资回报,吾泰公司实际上已经失去了继续履行合同的意愿。在此情形下解除案涉合同,有利于化解合同僵局,平衡双方当事人的利益,有利于维护公平和诚信原则,符合合同法的效率价值,从而维护合同的实质正义。法院判令解除双方之间所签合同存在事实与法律依据。

BOT 合同的基本模式是,由投资方与政府签订合同,其中投资合同乙方投资建设、运营项目,由相关政府部门授予特许经营权,以特许经营项目方式收回项目投资并获得收益。本案中,合同明确约定案涉供暖项目建成后,其所建设设施的所有权归吾泰公司所有并由吾泰公司负责运营。并无有关县政府对项目进行“回购”的相关事宜的约定。因此,该合同不符合 BOT 合同(建设—运营—移交)的合同特征,本案所涉合同应为 BOO 合同(建设—拥有—运营)。

虽然在 BOO 项目中不涉及回购的问题,但是实际上并没有排除合同提前终止并产生回购的可能。原因在于,BOO 项目的约定大多具有公益性,在所涉项目提前终止的情形下,由政府回购项目可以避免出现因清算而使在建或在用项目归社会资本后,而将其公益性或准公益性改变为纯商业性,从而可能导致损害公共利益的情况发生。

案例 18　确认 PPP 合同效力之诉属于民事案件还是行政案件

相关问题

1. 案涉 PPP 合同性质的认定;
2. 确认 PPP 合同效力之诉属于民事案件还是行政案件。

裁判要点摘选

《PPP 合同》系市政管理处经 L 市人民政府授权与上诉人通过招投标程序签订,该合同是 L 市人民政府为实现公共管理目标,授权实施机构与社会资本方订立,其名称和内容均符合《最高人民法院关于审理行政协议案件若干问题的规定》第 2 条第 5 项的规定,应属行政协议。

上诉人(一审原告):深鸿公司

被上诉人(一审被告):L 市市政管理处

被上诉人(一审被告):L 市政府采购中心

深鸿公司诉 L 市市政管理处(以下简称市政管理处)、L 市政府采购中心确认合同效力纠纷一案,一审法院立案受理。深鸿公司诉讼请求:(1)判决确认 L 市城市道路照明节能改造 PPP 项目招标、投标以及中标均无效。(2)判决确认《PPP 合同》无效。(3)判决被告一和被告二共同向原告返还 PPP 项目投标书及投标文件原件。(4)判决被告承担本案诉讼费、差旅费(含交通费和住宿费),并判决该些费用由被告迳行支付至原告账户。

一审意见

一审法院认为,本案是因政府采购招标投标而引起的纠纷,不管是适用《招标投标法》及其实施条例等相关法规,还是适用《政府采购法》及其实施条例等相关法规,这两部法律及其实施条例等相关法规都属于行政法规,即本次招标投标活动是在行政法规的规范下进行,其招标投标行为是否有效不宜通过民事诉讼进行确认。本案系政府和社会资本合作项目政府采购即PPP项目采购发生的争议,财政部《关于印发〈政府和社会资本合作项目政府采购管理办法〉的通知》第22条规定:"参加PPP项目采购活动的社会资本对采购活动的询问、质疑和投诉,依照有关政府采购法律制度规定执行。项目实施机构和中标、成交社会资本在PPP项目合同履行中发生争议且无法协商一致的,可以依法申请仲裁或者提起民事诉讼。"第23条规定:"各级人民政府财政部门应当加强对PPP项目采购活动的监督检查,依法处理采购活动中的违法违规行为。"本案中的中标PPP项目并未实际履行,不属于该协议中第22条第2款规定"合同履行中发生争议"的情形。同时根据《招标投标法》第65条的规定,"投标人和其他利害关系人认为招标投标活动不符合本法有关规定的,有权向招标人提出异议或者依法向有关行政监督部门投诉"。《招标投标法实施条例》第60条第1款规定:"投标人或者其他利害关系人认为招标投标活动不符合法律、行政法规规定的,可以自知道或者应当知道之日起10日内向有关行政监督部门投诉。投诉应当有明确的请求和必要的证明材料。"上述法律、法规赋予了投标人在招投标过程中相应的救济途径,即可以向有关的行政监督部门投诉。因此,招投标活动中的中标者对招投标结果提出异议,应由有关行政监督部门进行认定和处理,故本案原告深鸿公司之诉不属于人民法院民事诉讼受理范围。

一审结果

2020年12月25日,一审法院作出民事裁定:驳回原告深鸿公司的起诉。

深鸿公司不服一审裁定,向辽宁省朝阳市中级人民法院(以下简称朝阳中院)提出上诉。

上诉意见

深鸿公司上诉认为:一审法院对确认合同无效的原因未予审查。《PPP合同》不仅违反了《招标投标法》第31条的规定,而且违反了《合同法》第52条第5项的强制性规定。《最高人民法院关于审理建设工程施工合同纠纷案件适用法律问题的解释(一)》第1条,《建筑法》第26条第2款,《建设工程质量管理条例》第25条的规定,《PPP合同》应为无效合同。

二审意见

朝阳中院认为,《最高人民法院关于审理行政协议案件若干问题的规定》第1条规定:“行政机关为了实现行政管理或者公共服务目标,与公民、法人或者其他组织协商订立的具有行政法上的权利义务内容的协议,属于行政诉讼法第十二条第一款第十一项规定的行政协议。”第2条规定:“公民、法人或者其他组织就下列行政协议提起行政诉讼的,人民法院应当依法受理:……(五)符合本规定第一条规定的政府与社会资本合作协议。”本案的《PPP合同》系市政管理处经L市人民政府授权与上诉人通过招投标程序签订,该合同是L市人民政府为实现公共管理目标而订立,其名称和内容均符合上述司法解释第2条第5项的规定,故该合同应属行政协议。上诉人对其效力提起的诉讼应属于人民法院行政诉讼的受理范围。一审法院以本案不属于人民法院民事诉讼受理范围为由裁定驳回上诉人的起诉,并无不当。

二审结果

2021年3月15日,朝阳中院作出民事裁定:驳回上诉,维持原裁定。

案例评析

PPP合同是行政合同,确认PPP合同效力之诉属于行政案件。

在政府和社会资本合作的PPP项目中,政府采购的招标投标活动是依据行政法等法律法规进行的行政行为,应当遵循《招标投标法》、《政府采购法》及该两法律的实施条例、其他行政性规章实施,招标投标行为及所签订合同/协议不是民事行为,针对PPP项目招标投标活动及其效力而产生的争议,当属行政诉讼案件,应当依据《行政诉讼法》等法律法规及相关司法解释规定,判断其法律效力。

案例 19　属于民事案件还是行政案件受理范围

相关问题

1. 中标后未签订 PPP 项目合同保证金应否退还；

2. 本案属于民事案件还是行政案件。

裁判要点摘选

根据《最高人民法院关于审理行政协议案件若干问题的规定》第 28 条之规定，2015 年 5 月 1 日后订立的行政协议发生纠纷的，适用《行政诉讼法》及本规定；第 29 条之规定，本规定自 2020 年 1 月 1 日起施行，最高人民法院以前发布的司法解释与本规定不一致的，适用本规定。本案系 2017 年 6 月由广元市公共资源交易服务中心发布案涉项目的公开招标文件，原告于 2017 年 11 月 7 日向广元市公共资源交易服务中心缴纳投标保证金，原告与建信公司于 11 月 8 日组成联合体，中标案涉项目的工程建设。故此，原、被告对案涉项目建立关系的时间节点均在 2015 年 5 月 1 日之后，应当适用上述司法解释第 28 条、第 29 条的规定，而属于行政诉讼范畴。

基本案情

原告：建一公司

被告：广元市住房和城乡建设局

2017 年，广元市人民政府授权该市住房和城乡建设局（以下简称住建局）为“北二环东延线建设 PPP 项目（一期）”（以下简称案涉项目）的采购人，负责该项目社会资本方采购工作。广元市公共资源交易服务中心受被告委托，采用公开招标方式确定该项目的社会资本方。

2017年11月3日，被告向原告出具《关于再次催缴北二环东延线建设PPP项目（一期）有关保证金的函》，要求原告在11月3日18时前缴纳投标保证金至市公共资源交易中心账户，以便开展工作，若后续合同磋商不能达成一致意见或最终未签订PPP合同，将于取消原告中标结果的5日内退还全部投标保证金。11月7日，原告向广元市公共资源交易服务中心缴纳投标保证金1600万元。11月8日，原告与建信公司组成联合体，中标"北二环东延线建设PPP项目（一期）"的工程建设，建设内容为道路、桥涵、排水、照明、交通及相关配套工程；该项目合作期13年（建设期3年、运营期10年）；项目投资8亿元；项目资本金投资年收益率为4.00%，年度折现率为4.50%，项目融资投资年收益率为5.39%；等等。

2017年11月10日，财政部办公厅下发《关于规范政府和社会资本合作（PPP）综合信息平台项目库管理的通知》（财办金〔2017〕92号），要求：(1)各级财政部门及时纠正PPP泛化滥用现象，进一步推进PPP规范发展；(2)严格新项目入库标准；(3)集中清理已入库项目等。11月17日，国务院国有资产监督管理委员会下发《关于加强中央企业PPP业务风险管控的通知》（国资发财管〔2017〕192号），要求严格PPP的准入条件，提高项目的质量；严格规模控制，防止推高债务风险等。2018年3月28日，财政部下发《关于规范金融企业对地方政府和国有企业投融资行为有关问题的通知》（财金〔2018〕23号），要求国有金融企业严格落实《预算法》和《国务院关于加强地方政府性债务管理的意见》等，不得提供债务性资金作为地方建设项目、政府投资基金或政府和社会资本合作（PPP）项目资本金等。

2018年8月3日，原告向广元市财政局发出《关于广元市北二环东延线建设PPP项目（一期）退还投标保证金的函》，主要内容：(1)在对案涉项目合同进行磋商期间，财政部于2017年11月10日发布《关于规范政府和社会资本合作（PPP）综合信息平台项目库管理的通知》，因当时本项目是否被清库尚不明确，直接影响原、被告双方对本项目未来形势与下一步推进思路的研判，导致本项目PPP合同磋商迟滞；(2)2017年11月21日，国务院下发《关于加强中央企业PPP业务风险管控的通知》，2018年3月28日，财政部下发《关于规范金融企业对地方政府和国有企业投融资行为有关问题的通知》,根据前述文件的相关规定,中标社会资本方作为国有企业亦受该文件影响,无法履行资本金出资义务。鉴于以上种种原因,造成本项目PPP合同至今无法签订。国家政策变化导致项目造成目前的局面并不是社会资本方的责任,大数额的投标保证金占用已达9个月之久,极大地影响原告资金周转及保证金回收工作,请广元市财政局按照《关于再次催缴北二环东延线建设PPP项目(一期)有关保证金的函》的承诺,尽快全额退还1600万元投标保证金。

2018年8月20日,广元市财政局向市人民政府以《关于七届市人民政府第42次常务会议议定事项办理情况的报告》为题请示报告,主要内容:(1)建一公司与住建局未能成功签订合同主要是受国家政策调控等因素制约,不属于"无正当理由拒不签合同"的范畴。因此,同意住建局提出的"对中标人不予追究法律责任和处罚""退还中标保证金"的建议,对社会资本方不予处罚。(2)建议由项目实施机构(住建局)与社会资本方(建一公司、建信公司)就取消其中标资格后的相关事项进行协商处理,避免遗留问题对后续工作产生影响。同日,广元市财政局向被告住建局出具《关于退还广元市北二环东延线建设PPP项目(一期)投标保证金的函》,主要内容:按照七届市人民政府第42次常务会议议定事项通知精神,就北二环东延线建设PPP项目(一期)取消原中标社会资本方中标资格后,有关PPP项目政府采购监管后续事宜依法提出了处理意见并报告市人民政府。在报告中,财政局同意退还保证金的建议,对社会资本方不予处罚;并建议住建局与社会资本方(建一公司、中信信托)就取消其中标资格后的相关事宜进行协商处理,避免遗留问题对后续工作产生影响。请住建局根据市政府批示就投标保证金事宜与建一公司及时协商,依法处理。

2018年11月28日,被告住建局向市人民政府以《关于北二环东延线建设PPP项目(一期)有关事项的请示》为题请示报告,主要内容:鉴于国家政策发生重大调整产生不可抗因素,中标人建一公司已无法继续签订合同和融资建设。按七届市人民政府第42次常务会议议定的取消本项目中标人中标资格,一副市长牵头组织市法制办、市发展改革委、市财政局、市公共资源交易中心和住建局进行了专题研究。广元市财政局已根据会商结果作出了不予处罚的意见并书面报告市政府。同时为妥善解决中标人前期进场产生的有关遗留问题,市城投公司对本项目使用机械和用工等情况进行实地调查,并登报进行公告,督促建一公司解决了其涉及本项目的全部债务等遗留问题。按《政府采购法》的有关规定，对中标人处罚的证据不充分，建议退还中标人投标保证金，不予处罚。

2018年12月19日，被告住建局再次向市人民政府以《关于北二环东延线建设PPP项目（一期）有关事项的请示》为题请示报告，主要内容：案涉项目在合同签订期间，财政部、国务院国资委先后发布了《关于规范政府和社会资本合作（PPP）综合信息平台项目库管理的通知》《关于加强中央企业PPP业务风险管控的通知》等文件规范PPP项目，鉴于国家政策发生重大调整产生不可抗因素，中标人建一公司已无法继续签订合同和融资建设；广元市财政局已于2018年8月20日以《关于七届市人民政府第42次常务会议议定事项办理情况的报告》书面报告与市人民政府。目前，市城投公司已督促建一公司妥善解决了其涉及本项目的全部债务等遗留问题。鉴于对中标人处罚的证据不足，建议退还中标人建一公司投标保证金，不予处罚。

2018年12月24日，原告向被告发出《关于广元市北二环东延线建设PPP项目（一期）退还投标保证金的函》，并抄送市人民政府，主要内容：(1)2018年3月30日财政部下发《关于规范金融企业对地方政府和国有企业投融资行为有关问题的通知》，明确强调PPP项目不得以债务性资金充当项目资本金，至此，建信公司的资金已明确无法作为资本金。而被告一直未能协助解决上述问题，致使无法鉴定PPP合同，我局人员和机械于2018年4月20日相继撤离现场。(2)请被告按照《关于再次催缴北二环东延线建设PPP项目（一期）有关保证金的函》的承诺，尽快全额退还1600万元投标保证金。

2018年12月26日，市人民政府法制办公室向市人民政府回复《〈关于北二环东延线建设PPP项目（一期）有关事项的请示〉的审查意见》，认为：(1)根据《最高人民法院关于适用〈中华人民共和国合同法〉若干问题的解释（二）》①第26条的规定，建一公司可以不承担违约责任；(2)双方未能成功签订合同主要是受国家政策调控等因素制约，不属于“无正当理由拒不签合同”范畴。依据《政府采购法》的有关规定，认为对供应商（建一公司）进行处罚的证据不充分，决定对中标人不予追究法律责任和处罚、退还中标保证金，对社会资本方不予处罚。(3)拟同意退还中标人（建一公司）投保保证金，不予处罚的意见。

---

① 现已失效。

2018 年 12 月 29 日，原告委托律师向被告出具《关于退还广元市北二环东延线建设 PPP 项目(一期)投标保证金的律师函》，通知被告在收到该律师函后 10 日内向原告退还投标保证金及同期银行存款利息。2019 年 1 月 9 日，被告复函，称投标保证金退还事宜正在办理中。

2019 年 9 月 9 日，广元市人民政府采购中心向原告出具《关于速来办理投标保证金退付函》，告知原告携带退款申请、采购合同等资料，于 2019 年 9 月 25 日前办理退付案涉项目投标保证金 1600 万元的相关事宜。但双方未办理成功。

2020 年 4 月 29 日，建一公司起诉住建局(案由为合同纠纷)，请求：(1)判令被告立即向原告返还北二环东延线建设 PPP 项目(一期)投标保证金 1600 万元；(2)判令被告以投标保证金 1600 万元为基数，支付自 2017 年 11 月 17 日起至实际履行完毕之日止的利息，2019 年 8 月 19 日之前按同期中国人民银行公布的贷款基准利率计付，2019 年 8 月 20 日之后按同期全国银行间同业拆借中心公布的贷款市场报价利率计付；(3)本案诉讼费由被告承担。

建一公司主要诉讼意见：因 2017 年 11 月 10 日财政部下发的《关于规范政府和社会资本合作(PPP)综合信息平台项目库管理的通知》第 3 条第 3 项、2017 年 11 月 17 日国务院国有资产监督管理委员会下发的《关于加强中央企业 PPP 业务风险管控的通知》第 4 条、2018 年 3 月 28 日财政部下发的《关于规范金融企业对地方政府和国有企业投融资行为有关问题的通知》第 1 条和第 2 条，建信公司无法以现有资产管理产品的资金参与 PPP 项目资本金出资及项目融资。原告作为牵头人的联合体已实际无法与被告签署 PPP 合同。案涉 PPP 合同未能签订系因政府政策调整，不属于法定或约定不退投标保证金的情形，被告应依法返还该投标保证金。根据《北二环东延线建设 PPP 项目(一期)公开招标文件》第二章 3.6.3 款之约定，采购代理机构在中标通知书发出之日起 5 个工作日内，向未中标投标人无息退还投标保证金。因此，被告应于 2017 年 11 月 17 日无息退还原告投标保证金。虽然广元市财政局、广元市人民政府法制办以及被告多次出台意见同意退还原告投标保证金，但时至今日被告仍未退还原告。因被告长期拒不退还投标保证金，致使原告遭受了极大的经济损失，产生大量的资金占用费。被告应当全额退还原告投标保证金 1600 万元及自 2017 年 11 月 17 日起的逾期利息。

一审意见

一审法院认为,本案的争议焦点首先为案涉纷争是否属于民事案件受理范围。

根据《最高人民法院关于审理行政协议案件若干问题的规定》第1条之规定,行政机关为了实现行政管理或公共服务目标,与公民、法人或其他组织协商订立的具有行政法上权利义务内容的协议;第2条之规定,公民、法人或者其他组织就下列行政协议提起的行政诉讼的,人民法院应当依法受理:……符合本规定第一条规定的政府与社会资本合作协议;第5条之规定,下列与行政协议有利害关系的公民、法人或者其他组织提起行政诉讼的,人民法院应当依法受理:参与招标、拍卖、挂牌等竞争性活动,认为行政机关应当依法与其订立行政协议但行政机关拒绝订立,或者认为行政机关与他人订立行政协议损害其合法权益的公民、法人或者其他组织。本案中,广元市人民政府授权被告住建局为"北二环东延线建设PPP项目(一期)"的采购人,负责该项目社会资本方采购工作。被告委托广元市公共资源交易服务中心,采用公开招标方式确定该项目的社会资本方。原告与建信公司组成联合体,中标该案涉项目的道路、桥涵、排水、照明、交通及相关配套工程。由此可知,该案涉项目系PPP项目,即政府和社会资本合作,是公共基础设施中的一种项目运作模式。被告在PPP模式中兼具合作者和监管者双重法律地位,所主导的监督检查,是法律上所规定的相关监管义务,其实质是行政行为。原、被告双方虽未对案涉项目签订协议,但双方已为签订协议而实际履行了前期相关义务。故,本案应当属于行政诉讼范畴。另外,根据《最高人民法院关于审理行政协议案件若干问题的规定》第28条之规定,2015年5月1日后订立的行政协议发生纠纷的,适用《行政诉讼法》及本规定;第29条之规定,本规定自2020年1月1日起施行,最高人民法院以前发布的司法解释与本规定不一致的,适用本规定。本案系2017年6月由广元市公共资源交易服务中心发布案涉项目的公开招标文件,原告于2017年11月7日向广元市公共资源交易服务中心交纳投标保证金,原告与建信公司于11月8日组成联合体,中标案涉项目的工程建设。故此,原、被告对案涉项目建立关系的时间节点均在2015年5月1日之后,应当适用上述司法解释第28条、第29条的规定,而属于行政诉讼范畴。

一审结果

2020年12月31日,一审法院作出民事裁定:驳回原告建一公司的起诉。

(编者注:未发现该案有二审、再审程序)

案例评析

本案涉及两个焦点问题,一个是投标保证金是否应当退还的实体问题,另一个是案涉PPP项目合同纠纷是属于民事诉讼还是行政诉讼的程序问题。从实体问题来看,投标保证金是在招标投标活动中,投标人按照招标文件发出的通知,随投标文件一同递交给招标人的一定金额的投标责任担保,其形式可以是现金或银行保函等,有些招标项目中将是否在指定的期限内缴纳投标保证金作为取得投标资格的前提条件。投标保证金的作用一是担保投标人在招标人定标前不得撤销其投标,二是担保投标人中标后即保证在法定或指定的期限内与招标人签订书面合同。《招标投标法实施条例》第74条规定,中标人无正当理由不与招标人订立合同,在签订合同时向招标人提出附加条件,或者不按照招标文件要求提交履约保证金的,取消其中标资格,投标保证金不予退还。本案原告建一公司在参与广元市住建局案涉PPP项目招标并作为联合体牵头人中标后,因为财政部、人民银行、国务院国资委等一系列关于PPP项目清理整顿文件的出台,导致没有办法继续进行投资、融资建设中标项目,故要求放弃中标资格,不续签书面合同。广元市人民政府、住建局、财政局等政府机关作出了行政决定,取消建一公司中标资格,同时认定建一公司不属于《招标投标法实施条例》规定的无正当理由不订立合同的情形,不予进行行政处罚,广元市人民政府采购中心向原告出具了《关于速来办理投标保证金退付函》,表明建一公司要求退还投标保证金的请求已经得到了政府方的认可,因此其实体请求是合法有据的。

从诉讼程序问题来看,原告建一公司2020年4月29日对住建局提起民事诉讼时,适逢《最高人民法院关于审理行政协议案件若干问题的规定》颁布实施,该司法解释的一个适用原则是"实体从旧、程序从新",故此,一审法院认为建一公司已经过招投标程序被确定为中标人,则双方关于招标项目的合同已经成立。同时,该PPP项目合同属于行政协议,因此应当按司法解释的规定按行政诉讼程序进行处理,并判决驳回建一公司的诉讼请求。根据《最高人民法院关于审理行政协议案件若干问题的规定》第8条的规定，公民、法人或者其他组织向人民法院提起民事诉讼，生效法律文书以案涉协议属于行政协议为由裁定不予立案或者驳回起诉，当事人又提起行政诉讼的，人民法院应当依法受理。故建一公司可以另行对住建局向法院提起行政诉讼要求返还投标保证金。

案例20　是应驳回诉讼请求还是全案驳回起诉

相关问题

1. 本案是否属于人民法院民事诉讼的受案范围；
2. 本案是应驳回诉讼请求还是全案驳回起诉。

裁判要点摘选

广生公司虽作为项目公司而设立，但在水务局未与其重签或者换签PPP项目合同的情况下，广生公司未承继整个联合体成员基于《PPP项目合同》的权利和义务，即联合体成员基于招投标行为对于招标人承担的责任、享有的权利没有因为项目公司的设立而发生转移。

基本案情

上诉人（一审原告）：建勘公司

被上诉人（一审被告）：广生公司

被上诉人（一审被告）：荣县水务局

2017年1月21日，荣县人民政府授权水务局为荣县旭水河流域生态修复工程项目建设业主，同时授权水务局作为荣县旭水河流域生态修复工程PPP项目的授予方，与投资人签署PPP投资协议。2017年8月，案外人万铭公司受水务局委托，对荣县旭水河流域生态修复工程PPP项目进行公开招标。《招标文件》载明采购人：水务局；招标项目：荣县旭水河流域生态修复工程PPP项目；合作模式：按照政府和社会资本合作（PPP）模式实施，由政府出资代表与社会资本合资组建项目公司负责荣县旭水河流域生态修复工程PPP项目投资、设计、建设、运营维护、移交等工作,项目公司中政府出资代表占股为1%,社会资本占股为99%。项目建设采用设计、施工总承包(EPC)模式,政府和授权机构依法对项目进行全程监管。关于合同签订及履行、项目验收,该《招标文件》第25.7条载明:需要为PPP项目设立专门项目公司的,待项目公司成立后,由项目公司与采购人重新签署《荣县旭水河流域生态修复工程PPP项目合同》,或者签署关于继承《荣县旭水河流域生态修复工程PPP项目合同》的补充合同。

之后,川建勘察设计院与广核集团、葛二公司、航建集团组成联合体进行投标,广核集团为牵头人。联合体于2017年6月22日向万铭公司提交《联合体协议书》,并以上述联合体名义提交《资格预审申请文件》。2017年11月15日,联合体中标。

2018年2月9日,水务局(甲方)与广核集团(乙方)签订《荣县旭水河流域生态修复工程PPP项目合同》(以下简称《PPP项目合同》),该合同第一章1.1.2签约背景:荣县人民政府授权水务局作为本项目实施机构,并授权水投公司作为本项目的政府出资代表;甲方通过公开招标的方式依法确定广核集团作为本项目中标社会资本方。……其中乙方或(和)由乙方组建的平台公司的出资占项目公司注册资本的99%,政府出资代表——水投公司出资占项目公司注册资本的1%。合同第七章7.2关于项目勘察,约定项目公司按照适用法律的规定,依法选择有资质的勘察单位负责实施相应的勘察工作,相关勘察费按照《工程勘察设计收费标准》(2002年修订)计算后下浮20%,具体在勘察合同中明确;7.11关于项目审核,约定各子项目的勘察、设计、施工等方案需通过水务局审核确定后实施。

2018年2月13日,广生公司成立,股东为太境公司、广核集团、水投公司,持股比例分别为95%、4%、1%。

建勘公司分别于2018年3月27日、2018年3月28日向广核集团的钟某通过QQ邮箱(×××@qq.com)发送《荣县检测合同3.26》、《荣县旭水河流域生态修复工程PPP项目勘察工程3.26》与《荣县旭水河流域生态修复工程PPP项目地形测量3.27》。

2018年5月16日,广生公司向建勘公司发出《荣县旭水河流域生态修复工程补测委托函》,该函载明了项目名称为荣县旭水河流域生态修复工程,委托内容为:(1)荣县供水厂二期地形测绘;(2)新增清淤河段地形测绘、勘察;(3)大佛寺片区地形复测;(4)滨河东路地勘;(5)滨河西路地形测绘、地勘。

2019年1月28日,广生公司向建勘公司发出《关于荣县旭水河流域生态修复工程PPP项目勘察工作的联系函》,要求建勘公司提交工作成果,就项目勘察工作推进明确如下:(1)为避免时间较长,政府需求发生调整,特邀请建勘公司暂停项目相关勘察工作,待项目转执行阶段完成后再协商开展相关工作;(2)建勘公司于2019年2月28日前提供已经完成的工作成果,包含电子版(刻光盘)及纸质文件(盖公章),以便存档;(3)根据第2条时间要求提供工作成果的,经第三方审核后,作为报实施单位结算支持文件,超过第2条时间要求提供的成果文件不再作为结算和支付依据。

广生公司于2019年2月25日签收建勘公司提交的《荣县旭水河流域生态修复工程监测项目底泥检测报告》《荣县旭水河流域生态修复工程检测项目地表水检测报告》《荣县旭水河流域生态修复工程河道整治工程地质勘察报告》《荣县旭水河流域生态修复工程三河碥堰闸工程地质勘察报告》《荣县旭水河流域生态修复工程堤防工程(旭水河段)工程地质勘察报告》《荣县旭水河流域生态修复工程堤防工程(东川水和梧桐水段)工程地质勘察报告》《荣县旭水河流域生态修复工程滨河东路工程(旭水大桥至氮肥厂路段)岩土工程勘察报告》;于2019年2月26日签收《荣县旭水河流域生态修复工程PPP项目地形测量报告》。此后,各方均未对建勘公司的勘察工作造价进行结算。

2019年10月28日,建勘公司委托律师向广生公司发送《律师函》,要求广生公司支付建勘公司相关勘察、检测费用共计16,543,300元,其中勘察费14,726,300元、检测费237,300元。

2019年11月5日,广生公司出具《关于〈律师函〉的回函》,对上述建勘公司发送的《律师函》中载明的相关事宜进行了回复,此外,该函载明"在我司尚未与水务局签署PPP项目合同或者补充合同的情况下,贵所委托人的工作成果对我司并无意义……政府方认定:勘察、设计中标单位于2018年2月进场,勘察、设计工作是按政府相关部门的要求进行,部分成果已在项目上使用,为避免资源浪费,会充分利用已有的勘察、设计成果。贵所委托人应重点关注与政府方就勘察成果计价与审定问题,贵所委托人完成的工作的实物工作量、单项工程概算投资额均未得到项目实施机构水务局的认可和审定,贵所委托人应与我司共同做好证据收集等工作,以免造成损失”。

建勘公司起诉广生公司、水务局(案由为建设工程勘察合同纠纷),请求:(1)判令广生公司、水务局对欠付建勘公司支付勘察费12,260,326元、测量费1,842,861元、地表水及底泥检、地表水及底泥检测费210,960元;(2)进行结算确认广生公司立即支付欠付建勘公司的工程款14,314,147元;(3)判令广生公司支付从逾期付款之日起至全部款项付清之日止的违约金(其中,勘察费及测量费以14,314,147元为基数按照月息2%,从2019年3月13日起暂计算至2019年12月12日,金额暂为2,802,196元,检测费以210,960元为基数,按照月息1%,从2019年3月19日起暂计算至2019年12月18日,金额暂为18,986元);(4)判令水务局对上述第二项、第三项债务承担连带清偿责任;(5)由广生公司、水务局承担本案的受理费、保全费等全部诉讼费用。

截至一审庭审前,广生公司尚未与水务局签署《PPP项目合同》或者关于继承《PPP项目合同》的补充合同。

一审意见

一审法院认为,根据《最高人民法院关于审理行政协议案件若干问题的规定》第1条关于“行政机关为了实现行政管理或者公共服务目标,与公民、法人或者其他组织协商订立的具有行政法上权利义务内容的协议,属于行政诉讼法第十二条第一款第十一项规定的行政协议”之规定,在行政协议中,包含四个要素,一是主体要素,即一方当事人为行政机关;二是目的要素,即实现行政管理或者公共服务目的;三是内容要素,协议内容具有行政法上的权利义务内容;四是意思要素,即协议双方当事人必须协商一致。本案中,水务局系接受荣县人民政府的委托,就“荣县旭水河流域生态修复工程项目”实施政府采购,并与中标联合体广核集团签订《荣县旭水河流域生态修复工程PPP项目合同》。《荣县旭水河流域生态修复工程PPP项目合同》所含工程包括了河道整治、生态修复、水厂、污水处理厂等与政府行政管理或者公共服务目标密切相关的工程项目,其中水厂、污水处理等属于政府特许经营范围,合同具有行政法上权利义务内容。综上,案涉“荣县旭水河流域生态修复工程”系荣县人民政府为了实现公共服务目的,通过政府采购,通过与社会资本合作的方式协商订立的具有行政法上权利义务内容的协议。本案原告建勘公司作为中标联合体成员之一,以其实施了“荣县旭水河流域生态修复工程”勘察、测量、检测工作为由,向广生公司、水务局主张支付工程款，其依据的基础法律关系具有行政协议的性质，依据《最高人民法院关于审理行政协议案件若干问题的规定》第2条“公民、法人或者其他组织就下列行政协议提起行政诉讼的，人民法院应当依法受理：……（五）符合本规定第一条规定的政府与社会资本合作协议；……”之规定，本案不属于人民法院民事诉讼的受案范围，应当驳回建勘公司的起诉。

一审结果

一审法院作出民事裁定：驳回建勘公司的起诉。

建勘公司不服一审裁定，向四川省成都市中级人民法院（以下简称成都中院）提出上诉。

上诉意见

建勘公司上诉请求：撤销四川自由贸易试验区人民法院（2019）川0193民初12671号民事裁定书，重新审理。事实和理由：一审法院以《最高人民法院关于审理行政协议案件若干问题的规定》第1条“行政机关为了实现行政管理或者公共服务目标，与公民、法人或者其他组织协商订立的具有行政法上权利义务内容的协议，属于行政诉讼法第十二条第一款第十一项规定的行政协议”的相关规定，裁定驳回起诉属认定事实及适用法律错误。建勘公司与广生公司、水务局之间形成的是民事法律关系，并非行政法律关系，应属于民事案件的受案范围。2017年建勘公司参与的中标联合体与水务局签订《PPP项目合同》，该合同内容虽涉及河道整治生态修复、水厂、污水处理厂等工程内容，但该内容是否属于政府特许经营，与本案建勘公司主张勘察费用无关。建勘公司要求广生公司支付勘察、测量、检测费用是基于与广生公司之间形成的工程勘察民事合同法律关系，广生公司是水务局为了实施《PPP项目合同》而设立的项目实施法人主体，非行政主体。工程勘察合同法律关系的建立不涉及任何行政审批、管理等特许经营事项，因勘察合同产生的争议应属平等的民事主体之间的争议，符合《民事诉讼法》关于受理案件的规定，应按民事诉讼处理。建勘公司主张水务局承担连带责任，系基于水务局为《PPP项目合同》的发包人，在建勘公司履行勘察合同期间，对建勘公司在项目所在地开展勘察工作予以认可及配合，也是建勘公司提供勘察测量成果的最终受益人。如一审法院认为水务局是行政主体，建勘公司主张水务局承担连带责任依据不足，应驳回建勘公司对水务局的诉讼请求，而不是全案驳回起诉。

二审意见

成都中院认为，本案的争议焦点在于本案能否适用民事诉讼程序进行审理。《最高人民法院关于审理行政协议案件若干问题的规定》第1条规定："行政机关为了实现行政管理或者公共服务目标，与公民、法人或者其他组织协商订立的具有行政法上权利义务内容的协议，属于行政诉讼法第十二条第一款第十一项规定的行政协议。"第2条规定："公民、法人或者其他组织就下列行政协议提起行政诉讼的，人民法院应当依法受理：……（五）符合本法第一条规定的政府与社会资本合作协议；……"建勘公司作为联合体成员之一参与荣县旭水河流域生态修复工程PPP项目投标，并在中标后由联合体牵头人广核集团代表联合体与荣县人民政府授权的水务局签订《PPP项目合同》，该项目属于政府与社会资本合作协议，且合同标的为河道清淤、水质提升、污水处理、生态修复，还包括社会资本建设水厂、污水处理厂并取得供水特许经营权、污水处理特许经营权的内容，水务局签订和履行该合同是其行使公共管理和公共服务职责的方式之一，该行为具有公权力属性，故一审法院认定《PPP项目合同》为行政协议正确。在《PPP项目合同》中，约定了应由中标社会资本方与政府出资代表共同设立项目公司作为实施投资、设计、建设、运营维护和移交案涉项目的企业法人，由项目公司与水务局另行签订正式合同或者补充合同，以继承社会资本方即联合体在《PPP项目合同》中的全部权利、义务。广生公司虽作为项目公司而设立，但在水务局未与其重签或者换签PPP项目合同的情况下，广生公司未承继整个联合体成员基于《PPP项目合同》的权利和义务，即联合体成员基于招投标行为对于招标人承担的责任、享有的权利没有因为项目公司的设立而发生转移。另外，广生公司也明确拒绝与建勘公司签订相关合同，因此，建勘公司所实施的勘察、测量、检测工作仍然是基于联合体与水务局所签订的《PPP项目合同》，建勘公司在本案中亦请求水务局承担相应责任，基于《PPP项目合同》的行政协议性质，本案不应适用民事诉讼程序进行审理，一审驳回建勘公司的起诉并无不当。

二审结果

2021年3月15日，成都中院作出民事裁定：驳回上诉，维持原裁定。

案例评析

该案是一起典型的由于PPP项目运作不规范，合同体系内的各类合同签订不完整、不清晰，导致对案件属于民事合同纠纷还是行政协议纠纷产生了认识上的重大分歧。按照《财政部关于规范政府和社会资本合作合同管理工作的通知》(财金〔2014〕156 号)的附件《PPP 项目合同指南》的规定，PPP 项目的合同通常包括 PPP 项目合同、股东协议、履约合同(包括工程承包合同、运营服务合同、原料供应合同、产品或服务购买合同等)、融资合同和保险合同等。其中，PPP 项目合同是整个 PPP 项目合同体系的基础和核心。在 PPP 项目合同体系中，各个合同之间并非完全独立、互不影响，而是紧密衔接、相互贯通的，合同之间存在一定的"传导关系"。

本案中，建勘公司既作为社会资本方联合体成员与水务局签订了案涉项目 PPP 项目合同，又作为勘察设计施工单位具体实施了案涉项目的前期勘察工作，但是其与水务局、联合体牵头人广核公司、项目公司、广生公司均未签订建设工程勘察合同。按照前述 PPP 项目合同指南的说明，以及案涉《PPP 项目合同》的约定，项目公司按照适用法律的规定，依法选择有资质的勘察单位负责实施相应的勘察工作。水务局本应在项目公司广生公司成立后与其重新签订《PPP 项目合同》或承继协议，但是双方没有签订；广生公司本应与建勘公司签订建设工程勘察合同，双方也没有签订，就导致建勘公司要求主张勘察工程费用的时候，没有合同相对人。

两审法院基于本案没有建设工程勘察合同，仅有水务局与社会资本方联合体签订有《PPP 项目合同》，同时建勘公司又是 PPP 项目合同联合体成员的情况，将案件纠纷概括性的视为政府与社会资本合作合同纠纷，并无不当。因本案发生在《最高人民法院关于审理行政协议案件若干问题的规定》实施之后，两审法院认定属于行政诉讼，裁定驳回起诉，建勘公司可以按照该规定另行提起行政诉讼主张勘察费用。

本案突破了按照合同相对性由建勘公司向合同相对方水务局或广生公司主张的一般认知，而是根据案件没有签订建设工程勘察合同的实际情况，从保护原告方合法权益的角度，认定其按照行政协议提起行政诉讼，对指导 PPP 项目合同体系内所涉及纠纷案件的处理具有现实的指导意义。同时，也提示政府方和社会资本方及参与项目建设的各方要及时签订 PPP 项目承继合同、总包合同、分包合同、采购合同等，明确合同主体和权利义务关系，避免出现权利主张的障碍。

案例 21 案涉《PPP 项目合同书》是否为行政协议

相关问题

1. 案涉《PPP 项目合同书》是否为行政协议;
2. 案涉县政府是不是本案适格的被告;
3. 案涉《终止履行合同通知书》的效力。

裁判要点摘选

行政协议应当满足以下四个要素:一是主体要素,即行政协议的缔约一方应当是行使公权力的行政机关,或者法律、法规、规章授权的组织以及其他依法接受行政机关委托行使公共管理职能的组织,另一方则是作为行政相对人的公民、法人或者其他组织;二是目的要素,即必须是实现行政管理或者公共服务目标;三是内容要素,即协议内容必须具有行政法上的权利义务内容;四是意思要素,即协议双方当事人必须协商一致。

基本案情

上诉人(一审原告):南中公司

上诉人(一审原告):茂建公司

上诉人(一审被告):S 县人民政府

上诉人(一审第三人):水态公司

上诉人(一审第三人):溪开公司

S 县人民政府(以下简称县政府)拟对该县一河两岸进行综合整治开发。项目内容包括道路工程、两河岸绿化景观工程、污水处理厂及配套管网工程、新城区规划区域内约1.2万亩土地整理、规划区域内城市支路建设等，决定采用PPP模式进行合作建设。

2015年10月，第三人水态公司通过与县政府签订《政府投资建设项目委托代建协议》，获得实施“一河两岸土地整治项目”的政府授权。2016年6月30日，水态公司通过代理机构正式发布中标公告，两原告组成的联合体为中标人。

2016年7月5日，水态公司作为甲方与作为乙方的两原告联合体签订《综合整治开发PPP项目合同书》(以下简称《PPP项目合同书》)，约定甲方与乙方合作采用PPP(Public-private Partnership)形式建设一河两岸综合整治开发PPP项目，由乙方单独出资成立项目公司，甲方授权项目公司在合作期内对本项目投资建设拥有特许经营权。乙方在建设期按要求提交履约保函，履约保证金为人民币3亿元，以银行履约保函的方式提交，由中标人自合同签订后1个月内提供。合同列举了甲、乙方违约事件，其中乙方违约事件包括：(1)项目公司破产或资不抵债的；(2)因项目公司原因未在约定时间内实现约定的建设进度或项目完工、或开始运营，且逾期超过半年的；(3)项目公司未按照规定的要求和标准提供产品或服务，情节严重或造成严重后果的；(4)项目公司违反合同约定的股权变更限制的；(5)其他违反本合同中应由项目公司承担义务的事项。发生违约事件后，若未能在6个月内对违约进行补救，一方可主张终止合同履行。同时还特别约定了甲方有选择终止合同权，即甲方在项目期限内根据本合同约定可选择终止的范围，在任意时间主张终止PPP合同等。合同甲方(政府方)为水态公司，乙方(社会资本方)为1、南中公司及2、茂建公司。在合同盖章处，除上述三个公司盖章外，县政府也加盖了政府公章。

合同签订后，两原告依约成立了溪开公司作为项目公司。2017年1月26日，县政府作出《关于确认溪开公司作为两河三岸综合整治开发PPP项目建设主体的批复》。原告南中公司向水态公司出具了落款时间为“2016年8月3日”，盖章单位为“中国××银行股份有限公司广州分行”的《履约银行保函》，保函内容为盖章单位为项目中标单位提供人民币3亿元的无条件、不可撤销保证金担保。其后，水态公司发现上述保函涉嫌造假而展开调查，2017年11月29日，中国××银行股份有限公司广州分行答复水态公司称，该行未开具附件以水态公司为受益人的银行履约保函，上述《履约银行保函》所涉的保函申请人南中公司和茂建公司均不是该行授信客户。水态公司为此先后于2018年2月9日、2月23日两次向两原告发出《关于协商一河两岸综合整治开发PPP项目相关事宜的紧急通知》,要求其对提供虚假材料的行为进行整改。其后,水态公司又以两原告投标时提供的公司资质不达标、提供虚假投标文件以及已被法院列为失信被执行人等为由,认为两原告已违反《招标投标法》《政府采购法》等有关规定,并于2018年5月8日向两原告发出《终止履行合同通知书》,要求终止《PPP项目合同书》的履行。

2018年8月23日,水态公司向本案一审法院提起民事诉讼,请求确认两原告中标和双方签订的《PPP项目合同书》无效。两原告遂提起本案行政诉讼,请求确认水态公司发出的《终止履行合同通知书》无效。

一审结果

2018年12月21日,一审法院作出行政判决:驳回南中公司、茂建公司的诉讼请求。

(编者注:案件受理费等略,下同)

各方当事人均不服一审判决,向广东省高级人民法院(以下简称广东高院)提出上诉。

二审意见

广东高院认为,本案属请求确认终止履行行政协议行为无效之诉。二审争议焦点:(1)水态公司与南中公司、茂建公司签订的《PPP项目合同书》是否是行政协议;(2)水态公司作出《终止履行合同通知书》的行为是否合法。

1.《PPP项目合同书》是否是行政协议的问题

《最高人民法院关于审理行政协议案件若干问题的规定》第1条规定:"行政机关为了实现行政管理或者公共服务目标,与公民、法人或者其他组织协商订立的具有行政法上权利义务内容的协议,属于行政诉讼法第十二条第一款第十一项规定的行政协议。"由此可知,行政协议应当满足以下四个要素:一是主体要素,即行政协议的缔约一方应当是行使公权力的行政机关,或者法律、法规、规章授权的组织以及其他依法接受行政机关委托行使公共管理职能的组织,另一方则是作为行政相对人的公民、法人或者其他组织;二是目的要素,即必须是实现行政管理或者公共服务目标;三是内容要素,即协议内容必须具有行政法上的权利义务内容;四是意思要素,即协议双方当事人必须协商一致。

具体到本案,从《PPP 项目合同书》签订的主体来看,县政府为实现对该县一河两岸综合整治开发,通过与水态公司签订《政府投资建设项目委托代建协议》的方式,授权水态公司实施 S 县一河两岸土地整治项目。水态公司与南中公司、茂建公司签订《PPP 项目合同书》,及在实施该项目中的权力或权利均源于县政府的委托,县政府与水态公司之间构成行政委托关系。根据《行政诉讼法》第 26 条第 5 款"行政机关委托的组织所作的行政行为,委托的行政机关是被告"的规定,水态公司与南中公司、茂建公司订立、履行、变更、终止《PPP 项目合同书》的行为,相应的法律责任应由县政府承担,故《PPP 项目合同书》符合行政协议的主体要素。从《PPP 项目合同书》的内容来看,案涉项目的主要建设内容包括S 县新城区(规划面积约为 1.2 万亩)区域内的基础设施建设及运营维护,包括滨河大道(北),国道 207 线、325 线及疏港公路 S 连接线两条道路,以及规划区域内的土地整治、城市支路、两个河流两岸绿化景观工程(含水体整治、绿道建设)、污水处理厂(5 万吨/天)厂区及管网建设和运营维护。《PPP 项目合同书》主要涉及道路工程、绿化景观工程、污水处理工程、土地整理等市政建设,建设项目主要是公共设施,性质上基本上为公益性,部分项目属于特许经营范围,需要获得政府审批或需要政府办理相关审批手续才可进行,因此,《PPP 项目合同书》明显具有行政法上的权利义务内容,且协议签订的目的是实现社会公共利益需要,具有公益性。综上,《PPP 项目合同书》系县政府授权水态公司代表政府方与社会资本方即南中公司、茂建公司联合体签订,属于行政机关利用社会资本进行相关基础设施等投资合作协议,其目的是实现提供公共服务,符合行政协议的四个要素,属行政协议。根据《最高人民法院关于审理行政协议案件若干问题的规定》第 2 条"公民、法人或者其他组织就下列行政协议提起行政诉讼的,人民法院应当依法受理:……(五)符合本规定第一条规定的政府与社会资本合作协议;……"的规定,以及第 4 条"因行政协议的订立、履行、变更、终止等发生纠纷,公民、法人或者其他组织作为原告,以行政机关为被告提起行政诉讼的,人民法院应当依法受理。因行政机关委托的组织订立的行政协议发生纠纷的,委托的行政机关是被告"的规定,本案系因《PPP 项目合同书》的终止而发生的纠纷,属于人民法院行政诉讼受案范围。县政府、水态公司上诉提出《PPP 项目合同书》属民事合同的主张,缺乏事实根据和法律依据,不予支持。

2. 水态公司发出《终止履行合同通知书》的行为是否合法的问题

行政协议兼具行政性和合同性，在行政协议的订立、履行过程中，不仅行政机关应当恪守法定权限，不违反法律、法规的强制性规定，履行协议约定的各项义务，行政协议的相对方亦应严格遵守相关法律、法规的强制性规定和协议的约定，否则行政机关有权依照《合同法》的相关规定以及合同的约定，行使解除合同的权利。《最高人民法院关于审理行政协议案件若干问题的规定》第27条规定："人民法院审理行政协议案件，应当适用行政诉讼法的规定；行政诉讼法没有规定的，参照适用民事诉讼法的规定。人民法院审理行政协议案件，可以参照适用民事法律规范关于民事合同的相关规定。"《合同法》第60条第1款规定："当事人应当按照约定全面履行自己的义务。"第94条规定："有下列情形之一的，当事人可以解除合同：……(四)当事人一方迟延履行债务或者有其他违约行为致使不能实现合同目的；……"第96条第1款规定："当事人一方依照本法第九十三条第二款、第九十四条的规定主张解除合同的，应当通知对方。合同自通知到达对方时解除。对方有异议的，可以请求人民法院或者仲裁机构确认解除合同的效力。"

具体到本案，《PPP项目合同书》约定，案涉项目的履约保证金为3亿元，南中公司、茂建公司应在签订协议后1个月内以银行履约保函的方式提交。南中公司、茂建公司在《PPP项目合同书》中声明："在任何中国法院、行政机关或仲裁机构不存在针对或影响乙方的、可能对其履行和完成其在本合同项下义务的能力产生不利影响的未决诉讼、起诉或程序。""乙方保证其向甲方提供的信息是真实、准确和完整的，乙方保证在声明中所述的内容和承诺均真实有效，并对乙方声明中失实和未能实现其承诺的部分内容承担赔偿责任。""乙方已经为本合同的履行准备了足够的资金、人员、技术和设备等，从而确保本合同项下义务的履行。"水态公司提交的证据证实，南中公司、茂建公司提交的《履约银行保函》已被担保银行出具证明证实为虚假材料，南中公司在签订《PPP项目合同书》时存在巨额债务、已被人民法院列为失信被执行人。此外，南中公司、茂建公司在案涉项目投标过程中提交不符合要求的投标材料。案涉项目建设运营总投资约33.7亿元，政府方有理由对南中公司、茂建公司的履约能力产生合理怀疑。水态公司于2018年2月9日向南中公司、茂建公司发出协商通知，要求南中公司、茂建公司协商项目涉嫌违法违约的相关事宜，在南中公司、茂建公司未予协商的情况下，水态公司于2018年2月23日再次向南中公司、茂建公司发出协商通知，限于2018年3月24日前对项目涉嫌违法违约事宜进行整改完成，否则将作解除项目合同处理。但南中公司、茂建公司仍未进行协商，亦未对项目涉嫌的违法违约事实进行整改。在此情况下，《PPP项目合同书》通过引进社会资本进行公共设施建设和管理的目的已难以实现，水态公司向南中公司、茂建公司发出《终止履行合同通知书》，解除《PPP项目合同书》，并未违反法律规定，保障了南中公司、茂建公司的参与权以及陈述、申辩的权利，并未违反行政行为应遵循的法治和公正原则。水态公司在《终止履行合同通知书》中亦告知应就案涉项目已完成的工程量进行现场确认并提供完整的工程结算资料，说明县政府有意对后续回购事宜进行处理。因此，南中公司、茂建公司、溪开公司上诉提出《终止履行合同通知书》无效的主张，据理不足，不予支持。

二审结果

2021年3月8日，广东高院作出行政判决：驳回上诉，维持原判。

案例评析

1. 本案中，南中公司、茂建公司认为，水态公司应向溪开公司而不是向他们发出《终止履行合同通知书》，因为合同权利义务已经概括性转移给了溪开公司。南中公司、茂建公司上述意见是不成立的，一方面，水态公司提出终止履行合同的原因，是南中公司、茂建公司提交的《履约银行保函》已被担保银行出具证明证实为虚假材料；另一方面，南中公司、茂建公司对项目及项目公司履行、投资、设计、建设、运营、维护及移交等义务承担连带责任。

2. 本案中，县政府认为，《PPP项目合同书》性质为民事合同，而非行政协议。县政府上述抗辩意见并不成立，一般的PPP项目合同，政府授权其职能部门或者事业单位作为实施机构，代表政府与社会资本方签订合同，该情形下授权代表身份清晰，所实施行为代表政府方。而本案县政府与水态公司签订了一份《政府投资建设项目委托代建协议》，此后水态公司再行与南中公司、茂建公司合作，实施一河两岸土地整治项目。委托代建与简单行政授权是不一样的，这就需要分析委托代建协议的性质，是否具有行政授权内容。案例裁判中并未说明委托代建协议具体内容，该类协议可以是纯粹的民事内容，也可以是既有民事内容部分也有行政内容部分。结合《PPP项目合同书》中合同甲方（政府方）为水态公司、县政府在该合同加盖公章等本案事实,可知《政府投资建设项目委托代建协议》内容应为后者,水态公司与南中公司、茂建公司签订的《PPP 项目合同书》等相关案涉项目行为,是县政府委托实施的行为,相关行为代表县政府。水态公司授权项目公司的特许经营权,也源于县政府的委托授权,且代表县政府。根据《最高人民法院关于审理行政协议案件若干问题的规定》的相关规定及目前司法实践,对于 PPP 合同/协议的整体性质,应认定为行政协议,但其中包含民事部分内容。对于 PPP 合同/协议中民事部分的争议,仲裁、诉讼案件中,有按民事案件受理、审理、裁判的部分案例。对该部分案例中,认定争议属于民事性质的观点,编者持一致意见。

3.《PPP 项目合同书》约定乙方南中公司、茂建公司以银行履约保函方式提交履约保函,履约保证金为人民币 3 亿元。南中公司、茂建公司所提供保函被证明虚假,已构成其他违反本合同中应由项目公司承担义务的事项之严重违约。接到协商通知后,未协商,无整改。《PPP 项目合同书》已达到法定解除合同,水态公司有权发出《终止履行合同通知书》,该通知书具有合法性。

案例 22　如何判断 PPP 项目合同/协议是否属于行政争议

相关问题

1. 案涉 PPP 项目合同是否属于行政协议；
2. 如何判断 PPP 项目合同/协议是否属于行政争议。

裁判要点摘选

判断 PPP 合同构成民事合同还是行政协议，关键在于合同各方自由意志表达之程度以及合同中约定的权利义务内容。

申请人：重庆市峻坤实业有限公司

被申请人：忠县人民政府

被申请人：世达投资（香港）控股有限公司［CEDAR INVESTMENT AND HOLDINGS（HONG KONG）LIMITED，原名：红杉资本（香港）基金管理有限公司］

2020 年 10 月 10 日，北京市第四中级人民法院（以下简称北京四中院）立案受理了申请人重庆市峻坤实业有限公司（以下简称峻坤实业）与被申请人忠县人民政府、被申请人世达投资（香港）控股有限公司（以下简称世达投资）申请确认仲裁协议效力一案。

申请事项

峻坤实业申请称，请求法院确认峻坤实业与忠县人民政府、世达投资于 2017 年 5 月 26 日签订的《重庆市忠县三峡港湾国际旅游度假区项目投资合作合同》(以下简称《投资合作合同》)为行政协议,其中关于在中国国际经济贸易仲裁委员会(以下简称贸仲)仲裁解决争议的条款无效且对各方无约束力。事实与理由:《投资合作合同》第20条约定,因解释或者履行合同过程中产生的争议提交贸仲仲裁解决。忠县人民政府已依据上述仲裁条款,向贸仲申请仲裁(仲裁案号为:P20200696号)。根据《最高人民法院关于审理行政协议案件若干问题的规定》第1条的规定,行政机关为了实现行政管理或者公共服务目标,与公民、法人或者其他组织协商订立的具有行政法上权利义务内容的协议,属于《行政诉讼法》第12条第1款第11项规定的行政协议。根据上述规定,《投资合作合同》显属行政协议。首先,《投资合作合同》约定忠县人民政府的义务包括:(1)完成项目立项、规划、设计等政府审批手续;(2)负责项目实施范围内的征地拆迁和补偿工作;(3)优先于老城区安排该项目的建设指标,保证项目正常开展;(4)根据项目开发进度、位置及时配置合法用地等义务,这些内容均属于法律授予行政机关的行政管理职权。其次,《投资合作合同》所涉的开发项目属于大型的生态环境保护、旅游度假项目等,主要所指都是"政府特许经营项目",具有公共服务的属性。综上,《投资合作合同》是为实现行政管理或者公共服务目标而订立的具有行政法权利义务内容的政府与社会资本合作协议,属于典型的关于"特许经营权"的行政协议,由该协议引发的争议必然属于行政诉讼的范畴。依照《最高人民法院关于审理行政协议案件若干问题的规定》第26条规定:"行政协议约定仲裁条款的,人民法院应当确认该条款无效……"本案《投资合作合同》属于行政协议,行政协议约定仲裁条款的,应属无效条款。

答辩意见

忠县人民政府答辩称,(1)《投资合作合同》为民事合同,一方主体为行政机关的协议不必然是行政协议,政府在市场交易情形下,与自然人、法人具有平等交易主体资格。(2)《投资合作合同》目的是实现经济价值,而非实现行政管理,其本质是以财产权益为核心内容构建的等价有偿法律关系。(3)《投资合作合同》的内容非双方在行政法上的权利义务,双方之间并不存在行政管理关系,双方的合同是基于等价有偿置于市场交易框架下的行为,属民事合同。(4)《投资合作合同》的内容为返还已支付的现金,具有明显的民事纠纷的特点。

世达投资答辩称,(1)《投资合作合同》属于民事合同。(2)《投资合作合同》中忠县人民政府的相关义务不构成行政协议内容。

审查查明

2016年4月26日，忠县人民政府（甲方）与峻坤实业（乙方）签订《重庆市忠县三峡港湾旅游度假区烽烟三国景区PPP项目合同》，其中第49.2条约定，“如果争议未能根据第49.1款解决，双方均有权将争议提交重庆仲裁委员会仲裁解决”。

2017年5月26日，忠县人民政府（甲方）与峻坤实业（乙方）、世达投资签订了《投资合作合同》，约定为推动重庆市忠县文化旅游领域建设，实施本项目，以及明确三峡港湾国际旅游度假区项目投资开发各方的权利义务，各方本着平等、自愿和互利的原则，根据《合同法》、重庆市和忠县相关招商引资政策，订立本合同；三方还对三峡港湾国际旅游度假区项目的开发建设、运营管理、双方的一般权利义务、违约处理等问题进行了约定。其中，第20.2条就“争议的解决”约定，“如果争议未能根据第20.1款解决，三方均有权将争议提交贸仲仲裁解决”。

贸仲根据《投资合作合同》中的仲裁条款已受理该案，并于2020年4月21日向各方当事人发出仲裁通知等文件，但尚未首次开庭。

2020年5月4日，红杉资本（香港）基金管理有限公司通过特别决议将公司名称变更为世达投资（香港）控股有限公司。

审查意见

北京四中院认为，根据《仲裁法》第20条第1款的规定，当事人对仲裁协议的效力有异议的，可以请求人民法院作出裁定。本案中，峻坤实业申请确认《投资合作合同》的仲裁条款无效的请求，涉及本案争议是否具有可仲裁性的问题。《仲裁法》第2条规定，平等主体的公民、法人和其他组织之间发生的合同纠纷和其他财产权益纠纷，可以仲裁。第3条规定，下列纠纷不能仲裁：依法应当由行政机关处理的行政争议。第17条规定，有下列情形之一的，仲裁协议无效：约定的仲裁事项超出法律规定的仲裁范围的。

《投资合作合同》的一方当事人为忠县人民政府。根据《行政诉讼法》第12条的规定，人民法院受理公民、法人或者其他组织提起的下列诉讼：认为行政机关不依法履行、未按照约定履行或者违法变更、解除政府特许经营协议、土地房屋征收补偿协议等协议的。《最高人民法院关于适用〈中华人民共和国行政诉讼法〉若干问题的解释》[1]第11条第1款规定，行政机关为实现公共利益或者行政管理目标，在法定职责范围内，与公民、法人或者其他组织协商订立的具有行政法上权利义务内容的协议，属于《行政诉讼法》第12条第1款第11项规定的行政协议。第11条第2款规定，公民、法人或者其他组织就下列行政协议提起行政诉讼的，人民法院应当依法受理：政府特许经营协议。基于上述规定，峻坤实业主张案涉合同系行政协议，本案争议属于行政案件受理范围，《投资合作合同》的仲裁条款具有《仲裁法》第17条第1项规定的“约定的仲裁事项超出法律规定的仲裁范围的”情形，应当确认无效。

对此，北京四中院认为，《投资合作合同》是否属于行政协议，案涉争议是否属于行政争议，应当根据协议的具体内容和当事人的争议事项及仲裁请求进行判断。从《投资合作合同》的内容来看，合同相对人峻坤实业在订立合同及决定合同内容等方面享有充分的意思自治。协议的签订遵循了平等自愿、等价有偿的原则。有关双方的权利义务和违约赔偿等协议约定体现了当事人协商一致的合意，为当事人设定的是民事权利义务，而非行政法上的权利义务。因此，《投资合作合同》的性质应属平等主体之间的民商事协议，而非行政协议。从忠县人民政府向贸仲提出的仲裁请求和双方争议事项来看，并未针对行政机关的具体行政行为。就本案纠纷而言，双方当事人处于平等的法律地位，可以提起仲裁解决。因此，本案争议具有可仲裁性，不属于依法应当由行政机关处理的行政争议。

关于《投资合作合同》的仲裁条款效力问题。经审查，北京四中院认为，该仲裁条款包括请求仲裁的意思表示、仲裁事项和选定的仲裁委员会，符合《仲裁法》第16条规定的仲裁协议有效的要件，且仲裁事项并未超出法律规定的仲裁范围。因此，《投资合作合同》中的仲裁条款依法应当认定有效。

综上，峻坤实业申请确认《投资合作合同》中的仲裁条款无效的理由不能成立，北京四中院对其请求不予支持。

审查结果

2020年11月18日，北京四中院依照《仲裁法》第16条、第17条、第20条的规定，作出(2020)京04民特677号民事裁定：驳回峻坤实业的申请。案件受理费400元，由峻坤实业承担(已交纳)。

---

① 现已失效。

案例评析

本案中，峻坤实业认为《投资合作合同》为行政协议，理由：第一，《投资合作合同》中忠县人民政府的义务系法律授予行政机构的行政管理职权；第二，所涉开发项目为大型的生态环境保护、旅游度假项目，性质上为“政府特许经营项目”，具有公共服务属性。因《投资合作合同》为行政协议，故根据《最高人民法院关于审理行政协议案件若干问题的规定》第26条的规定，《投资合作合同》中关于约定仲裁的条款无效。忠县人民政府认为，《投资合作合同》为平等主体间的民事合同，其目的在于实现经济价值，且在《投资合作合同》项下双方的权利义务关系并非行政管理关系，因此《投资合作合同》非为行政协议，约定仲裁条款有效。

本案的争议焦点为《投资合作合同》是否为行政协议，从而导致合同中有关约定管辖的条款无效。编者认为，PPP合同系归入行政协议抑或民事合同的范畴，关键在于合同各方自由意志表达之程度以及合同中约定的权利义务内容。本案中，峻坤实业与忠县人民政府基于平等自愿、等价有偿的原则签订《投资合作合同》，对于双方权利义务的约定以及违约条款等内容均体现了双方合意，换言之，峻坤实业与忠县人民政府在合同缔结过程中有充分的意思自治。同时根据忠县人民政府向贸仲提出的仲裁请求以及双方争议事项，无关行政管理关系，并非针对具体行政行为。《投资合作合同》在性质上属于平等主体之间的民事合同，不能根据《最高人民法院关于审理行政协议案件若干问题的规定》第26条的规定否定《投资合作合同》中约定仲裁条款的效力。

案例23　法院应主动审查案涉协议是民事协议还是行政协议

相关问题

1. 案涉《自来水投资合同书》《自来水BOT协议》及相关补充协议是否合法有效；

2. 对于案涉协议的性质是民事协议还是行政协议；

3. 案涉自来水水量的确定与环境保护、长江流域综合治理等政策原因是否有关。

裁判要点摘选

对于案涉协议的性质究竟是民事协议还是行政协议的问题，属于法院应当主动审查的范围。

基本案情

上诉人（一审原告、反诉被告）：制水公司

上诉人（一审被告、反诉原告）：X市人民政府

2010年3月3日，X市人民政府（以下简称市政府）以公开招商方式，与北水集团签订了《化工农药产业基地自来水BOT项目投资合同书》（以下简称《自来水投资合同书》），约定由北水集团在产业基地内投资兴建自来水厂，并在X市设立项目公司承担北水集团于《自来水投资合同书》中的全部权利和义务，以BOT模式运营。同年5月18日，北投公司（乙方）依投资协议约定与市政府授权的园区管委会（甲方）签订《化工农药产业基地自来水BOT项目特许经营

合同》(以下简称《自来水 BOT 协议》),主要约定了如下内容:(1)由甲方授予乙方在产业基地内的自来水厂特许经营权,包含污水处理项目的投资、建设、运营和维护,从事供水服务并收取供水费的权利,特许经营期为开始商业运营日起25年,特许经营期满,乙方须无条件将本项目资产及经营权移交给甲方;(2)项目总投资约10,000万元,最终达到供水能力规模为11万立方米/天,分三期实施,第一期建设规模为5万立方米/天、投资4800万元;(3)自来水费的初始单价为0.955元/立方米;双方约定了保证水量,即在某一运营年所适用的计算基本供水费用的设定水量数值,如果甲方用水量不足,导致自来水厂需水量低于保证水量时,甲方仍应按本协议约定的保证水量计算并支付供水费用;2011年保证水量为1.3万立方米/天,2012年保证水量为1.6万立方米/天,2013年保证水量为2万立方米/天,2014年保证水量为3万立方米/天,2015年保证水量为4万立方米/天,2016年保证水量为5万立方米/天;当自来水厂一个收费周期内平均每天的实际供水量小于保证水量时,则供水费=届时适用的供水费单价×届时适用的保证水量×该收费周期天数;当自来水厂一个收费周期内平均每天的实际供水量大于或等于保证水量时,则供水费=届时适用的供水费单价×该收费周期天数;(4)双方同意每一个月作为收费周期,每一个月双方应结算一次供水费,甲方应在商业运营期内的每一个月10日向乙方支付上个月的供水费;乙方应按照每月的《月度水量水质报告》,于每月的首两个工作日内向甲方书面提交《供水服务费申请书》,甲方应在每月度收到《供水服务费申请书》之日起的10个工作日内,将上月的供水费支付给乙方;本合同项下任何逾期未付款项,应从到期应付之日起至收款方收到款项之日止按违约利率计息;(5)一方违约,如是部分违约,守约方可要求违约方采取补救措施并继续履行合同;如是根本性违约,守约方既可以要求违约方继续履行并承担相应费用,也可以直接通知解除合同;(6)甲方延迟支付供水费达200万元,且在收到乙方通知后30个工作日内未予纠正,构成甲方违约事件,乙方有权提前终止本合同;在终止意向通知发出之后,双方应在协商期内为避免本合同终止采取措施,如双方就将要采取的措施达成一致意见,并且在协商期内纠正了违约事件,终止意向通知立即自动失效;(7)自任何一方发出终止通知起,至双方商定的提前终止日止,双方应继续履行本合同项下的权利和义务;(8)如因甲方违约导致乙方提前终止合同,甲方应支付的补偿金额=本协议终止日时自来水厂的固定资产净值+当期库存价值+乙方因协议终止需向第三方支付的直接赔偿款项＋乙方剩余经营期间内净逾期利润总和＋违约金；(9)本合同签订后乙方注册成立全资项目公司，并由其执行本合同。2012 年 7 月 9 日，北投公司与园区管委会签订《〈化工农药产业基地自来水 BOT 项目特许经营合同〉补充协议》(以下简称《7.9 补充协议》)，将自来水费初始单价调整为 1.5 元/吨。

2010 年 8 月 10 日，北投公司全资拥有的制水公司成立。

2011 年 11 月 21 日，制水公司与国鼎公司签订《工程建设项目招标代理协议书》，委托国鼎公司承担供水工程一期工程的邀请招标代理工作。2012 年 11 月 7 日，制水公司发出《中标通知书》，通知四建公司成功中标供水工程项目(一期)，中标总价格 77,440,407.03 元，工期 300 天。X 市建设工程招投标管理办公室在《中标通知书》上加盖了公章，并注明"同意备案"。《中标通知书》发出后，制水公司与四建公司签订了《建设工程施工合同》，工程主要内容为新建供水厂一座，包含合同附件一、施工图纸、工程量清单所列的所有施工、建设及安装项目及与本工程有关的全部内容。

2014 年 11 月 11 日，园区管委会下发通知，确定制水公司于 2014 年 10 月 1 日正式进入商业运行期。制水公司提交了自 2014 年 1 月至 2017 年 2 月止每月的自来水费计算表，园区管委会在上述计算表上盖章并签字予以确认，此期间共计应支付自来水费 20,579,028.75 元。2016 年 9 月 26 日，制水公司向园区管委会提交《关于请求园区管委会制定还款计划的报告》，报告中陈述截至 2016 年 8 月 31 日，园区管委会拖欠供水费 11,929,028.75 元，严重影响北水集团的正常经营，北水集团已中止继续投资，故请求园区管委会对前期欠费制定详细的还款计划。2016 年 10 月 17 日，制水公司分别向园区管委会、市政府提交《请求终止 BOT 特许经营合同的协商函》，陈述自来水厂自正式进入商业运营以来，园区入驻企业规模未达到预期，导致园区财力困难，园区管委会未按 BOT 协议足额支付自来水供水费，市政府未按合同将差额水费兜底纳入市财政预算，导致制水公司运营极度困难；按照 BOT 协议，至 2016 年 9 月 30 日，园区管委会拖欠供水费 1164.9 万元，基于园区未来几年财政收入维持不变，却需要继续履行合同按照保底水量支付费用，园区管委会及市政府财政支付压力将大幅增加，故制水公司请求与园区管委会、市政府协商 BOT 特许经营合同终止事宜；建议双方协商期间，设定一个 3～6 个月的过渡期，过渡期间由制水公司代为运营，发生的费用据实支付。2017 年 3 月 30 日,北投公司分别向园区管委会、市政府送达了《关于终止 BOT 特许经营合同的函》,陈述在《请求终止 BOT 特许经营合同的协商函》发出后,双方多次协商未果,且在协商期内园区管委会、市政府仍未履行合同约定义务,欠款金额进一步增加,严重影响正常生产经营;目前,协商期满,在无法就存在问题达成一致意见的情况下,根据《自来水 BOT 协议》第 19.4.1条的约定,北投公司正式提出终止《自来水 BOT 协议》,同时保留按照合同约定主张债权及违约责任的权利。2017 年 11 月 8 日,园区管委会向制水公司下发《关于对回购事宜报告的回复》,表示原则同意 2016 年 12 月 31 日开始终止《自来水 BOT 协议》,自 2017 年 1 月开始,自来水厂以委托运营的模式按实际供水量产生的费用计费;园区将在市政府的统筹安排下积极参与回购领导小组的各项工作,提出回购工作时间路线图。制水公司提出的《自来水厂 BOT 项目提前终止实施方案》中,回购事项包括以下 9 项:(1)固定资产净值 9114.49 万元(决算审计确定投资总额 10,150.28 万元 - 已折旧摊销资产 1035.79 万元);(2)按合同应收供水费 1440.9 万元(计算到政府确定的回购终止时间 2016 年 12 月 31 日);(3)委托运营费用 1330.12 万元(生产成本 1209.2 万元 + 管理费用 1209.2 万元 ×10%,自 2017 年 1 月 1 日起计算至 2018 年 6 月 30 日止);(4)应收水费未付违约金 176.72 万元;(5)超投资额资金占用费 311.4 万元;(6)代付税费 57.98 万元;(7)提前终止补偿款 5314.69 万元;(8)员工安置补偿款 28.49 万元;(9)当期库存价值暂不计算,届时以双方共同核定的库存为准。2018 年 7 月 31 日,园区管委会向制水公司作出《关于〈自来水厂 BOT 项目提前终止实施方案〉的协商意见》,协商意见中提到双方于 2018 年 7 月 26 日就提前终止自来水厂 BOT 项目进行了友好协商,现提出己方的处理意见:(1)固定资产净值应以 X 市审计局的审计结果为准,其中机械设备的折旧年限只能参照行业标准;(2)BOT 协议签订后,客观环境、环保政策发生重大变化,合同基础动摇,继续按合同约定的条件履行显失公平,故不能按合同约定兑现应收水费;(3)关于委托运营费用,双方就终止 BOT 协议时间达成一致,此后委托运营更多是出于公共利益的需要,该笔费用应只计算直接成本,且 2017 年以来我方已按成本付费 300 余万元,故不应再承担委托运营费用等其他费用;(4)关于应收水费未付违约利息,因不可归责于双方的原因发生了情势变更,继续按合同条款履行必然导致显失公平,故希望制水公司放弃该项请求;(5)超总投资额资金占用费并不在合同约定的补偿范围内；(6)税费不在合同约定的补偿范围内，且根据合同约定，乙方即制水公司应按照法律缴纳所有税金、关税及行政性收费；(7)关于提前终止补偿款，本项目因政策变化已举步维艰，支付合同应收水费都存在极大困难，如支付可得利益损失必然造成更大的不公平，故希望制水公司放弃该项请求；(8)员工安置补偿款不属于向第三方赔偿的情形，不在合同约定的补偿范围内，该项费用是否发生尚不能确定，不应补偿；(9)当期库存价值经双方核定后协商处理；(10)截至2018年6月，自来水厂固定净值为8168.71万元由己方承担，其他项目己方不予承担。

长城评估公司出具的《资产评估报告》认定至2017年3月30日，制水公司的所有固定资产净值评估价值为88,150,875.49元。市政府、制水公司为此次评估各支付评估费19万元。至今，自来水厂只建设了一期。双方对自来水厂一直未办理交接手续，仍由制水公司在经营。

至2017年3月31日，市政府仅支付自来水费540万元；2017年5月至2020年1月，市政府又陆续支付了自来水费870万元。市政府总计已支付自来水费1410万元。

2019年1月8日，制水公司起诉市政府（案由为特许经营合同纠纷），请求：(1)确认原告与被告间《自来水BOT协议》已于2017年3月30日解除；(2)被告立即与原告办理自来水项目的交接手续，由被告接管自来水厂；(3)被告向原告支付自来水费43,467,619.38元（暂计至2018年12月31日，实际应计算至项目移交之日止，其中从2018年12月31日起每日的水费为1.5元/吨×40,000吨）；(4)被告以其逾期支付的自来水费为基数，按同期银行贷款年利率，向原告支付自逾期支付之日起至实际清偿之日止的逾期利息（暂计至2018年12月31日为206,596.38元，实际应支付至全部水费清偿之日止）；(5)被告向原告支付提前终止合同补偿金231,742,300元（其中固定资产净值91,144,900元、剩余经营期限内可得利益140,062,500元、原告为实现权利产生的律师费25万元、员工安置补偿款284,900元）。

市政府提出反诉，请求：(1)确认《自来水投资合同书》《自来水BOT协议》《7.9补充协议》无效；(2)判令制水公司返还污水处理服务费701,475.15元；(3)本案的案件受理费、鉴定费等费用由制水公司承担。

制水公司主要诉讼意见：自来水项目投入运营以来，被告严重违反合同约定的供水费用支付义务，导致原告运营发生重大困难无法继续维持生产。原告为履行双方间BOT合同及补充协议，投入了巨额资金以及大量人力物力，但由于被告的严重违约行为，导致长达25年的经营项目仅仅运营了5年时间即被迫提前解除，不仅使原告的巨额投资无法依约获得相应回报，反而遭受了巨大经济损失。

市政府主要诉讼意见：案涉各BOT合同均属大型公用基础设施工程施工合同，依照《招标投标法》第3条的规定，必须进行公开招标。但上述各合同签订时，均未通过公开招标的方式选定投资施工方，违反了法律的强制性规定，属无效合同。制水公司及其受继的北水集团等作为从业多年的专业水务建设企业，明知上述法律的规定，不履行招投标手续，对合同的无效负有缔约过失责任，且其在合同履行中还有工程未竣工验收等过错。另截至2019年2月25日，市政府已经向制水公司支付自来水服务费810万元，超过实际发生的供水费用，制水公司应予以退还。

一审意见

一审法院认为，本案的争议焦点：(1)《自来水投资合同书》《自来水BOT协议》及相关补充协议是否合法有效；(2)如合同有效，能否确认合同已解除及解除的时间；(3)案涉合同如确认解除，违约责任如何认定。

关于焦点一，案涉合同系BOT合同，虽为政府与企业所签订，亦属于民事合同，应适用合同法等相关法律法规进行调整。市政府经公开招商，与制水公司在平等自愿的基础上签订《自来水投资合同书》《自来水BOT协议》及相关补充协议，系双方真实意思表示，且不存在《合同法》第52条规定的情形，合法有效。市政府反诉认为，案涉各BOT合同均属大型公用基础设施工程施工合同，依照《招标投标法》第3条的规定，必须进行公开招标，但上述合同签订时，均未通过公开招标的方式选定投资施工方，违反了法律的强制性规定，属无效合同。一审法院认为，《招标投标法》第3条第1款对必须进行招投标的项目范围作出了明确规定，但都是指工程建设项目及与工程建设有关设备的采购。《自来水投资合同书》系选择投资人的合同，《自来水BOT协议》系关于投资规模、项目运营及维护、自来水费的收取等事项的合同，并不是直接进行工程建设或者设备采购的合同。截至案涉合同签订之日，法律和行政法规并未明确规定选择BOT合同投资人必须进行招投标。况且，在确定北水集团为BOT项目的投资人后，制水公司与市政府就自来水厂建设工程履行了招投标程序,并与工程施工方签订了《建设工程施工合同》。综上,上述案涉合同合法有效,市政府认为案涉合同违反法律强制性规定应属无效的反诉请求不能成立,应予驳回。

市政府另认为案涉合同关于保底水量(保证水量)的约定显失公平,损害了社会公共利益,以政府财政资金兜底保证投资人的收益回报,该约定应属无效。一审法院认为,我国的法律、法规并未对此类约定保底水量的情形作出禁止性规定,法无禁止即可行。财政部在《关于推广运用政府和社会资本合作模式有关问题的通知》中提出,按照"风险由最适宜的一方来承担"的原则,合理分配项目风险,项目设计、建设、财务、运营维护等商业风险原则上由社会资本承担,政策、法律和最低需求等风险由政府承担。案涉 BOT 合同约定自来水厂的日平均水量低于保证水量时,水费按保证水量计算,即属于政府对最低需求量风险的承担,系双方对于投资风险的合理分担,合法有效。自来水厂要保持正常的运转,保证其每天运营成本的基本平衡,必然需要相应的用水需求量;而用水需求量取决于工业园区入驻企业的数量和规模,当用水需求量低于自来水厂的设计能力时,必然造成自来水厂的亏损,故约定保底水量正是为了保证投资方的投资得到合理的回报,较好地平衡了双方的利益。综上,市政府关于保底水量条款约定无效的抗辩理由不能成立,不予支持。

关于焦点二,《合同法》第 94 条规定:"有下列情形之一的,当事人可以解除合同:(一)因不可抗力致使不能实现合同目的;(二)在履行期限届满之前,当事人一方明确表示或者以自己的行为表明不履行主要债务;(三)当事人一方迟延履行主要债务,经催告后在合理期限内仍未履行;(四)当事人一方迟延履行债务或者有其他违约行为致使不能实现合同目的;(五)法律规定的其他情形。"自 2014 年 1 月至 2017 年 2 月止,市政府共计应支付自来水费 20,579,028.75 元,但其仅支付 540 万元,尚欠大部分自来水费,而支付自来水费系案涉 BOT 合同约定的市政府应履行的主要义务,现市政府未能履行该主要义务,经制水公司书面报告请求还款仍未能按时、全面地履行,属于法律规定的当事人可以解除合同的情形,故制水公司已依法享有案涉 BOT 协议的解除权。同时,《合同法》第 93 条第 2 款规定:"当事人可以约定一方解除合同的条件。解除合同的条件成就时,解除权人可以解除合同。"案涉 BOT 合同约定了"甲方延迟支付乙方供水费达 200 万元,乙方有权终止本合同",按合同约定,自来水费应按月支付,但至

2017 年 3 月，市政府已拖欠自来水费达 1500 余万元，表明双方约定的合同解除条件已经成就，故制水公司亦享有约定的合同解除权。

《合同法》第 96 条第 1 款规定："当事人依照本法第九十三条第二款、第九十四条的规定主张解除合同的，应当通知对方。合同自通知到达对方时解除。对方有异议的，可以请求人民法院或者仲裁机构确认解除合同的效力。"解除权为形成权，依解除权人单方意思表示即可发生合同解除的法律效力。在解除权人以通知方式行使解除权时，合同自通知到达对方时解除。2017 年3 月30 日，北投公司分别向园区管委会、市政府送达了《关于终止 BOT 特许经营合同的函》，正式提出终止《自来水 BOT 协议》，同时保留按照合同约定主张债权及违约责任的权利，该终止协议的通知已到达市政府，故案涉 BOT 协议自 2017 年3 月30 日解除。鉴于特许经营合同已确认解除，故制水公司请求市政府办理自来水厂交接手续的诉求可予支持。

关于焦点三，本案系因市政府未能按时足额支付自来水费导致制水公司提前终止案涉合同，BOT 协议中约定了"甲方违约导致乙方提前终止合同，甲方应支付的补偿金额 = 本协议终止日时自来水厂的固定资产净值 + 当期库存价值 + 乙方因协议终止需向第三方支付的直接赔偿款项 + 乙方剩余经营期间内净预期利润总和 + 违约金"，故根据以上约定并结合制水公司的诉求，对市政府应支付的补偿款项分别予以认定。（1）制水公司主张的自来水费和利息。《合同法》第 98 条规定："合同的权利义务终止，不影响合同中结算和清理条款的效力。"至 2017 年 2 月底，市政府应支付自来水费为 20,579,028.75 元；抵扣其已支付的 540 万元，尚欠 15,179,028.75 元。自 2017 年 3 月至今，制水公司仍在继续提供自来水供水服务，案涉 BOT 协议虽于 2017 年 3 月 30 日确认解除，但协议同时约定了"自任何一方发出终止通知起，至双方商定的提前终止日止，双方应继续履行本合同项下的权利和义务"，故市政府应继续按照协议的约定支付自来水费。鉴于 2017 年 3 月后双方未再核对确认应缴纳的自来水费，按照双方约定的自来水费计算方式，并参照 2016 年 10 月以后的保证水量（20,000 吨/天），至 2019 年 12 月 29 日（一审法庭辩论终结前），此期间市政府应支付自来水费 3102 万元。市政府共计应支付自来水费 51,599,028.75 元（20,579,028.75 元 + 31,020,000 元），其中至 2017 年 2 月 28 日拖欠自来水费 15,179,028.75 元，至 2019 年 12 月 29 日拖欠自来水费 37,499,028.75 元（51,599,028.75 元 -

14,100,000元)。2019年12月30日后的自来水费按照前述计算方式(20,000吨/天×1.5元/吨×运营天数)计算至自来水厂移交之日。因案涉BOT协议对于逾期未付款项仅约定了按违约利率计息,但对于违约利率的计算方式未作约定,故在2019年8月20日前可参照中国人民银行贷款基准利率计算拖欠的污水处理费利息,在2019年8月20日后可参照全国银行间同业拆借中心公布的贷款市场报价利率(LPR)计算逾期利息。(2)制水公司主张的固定资产净值。依据长城评估公司出具的《资产评估报告》,至2017年3月30日,自来水厂的固定资产净值评估价值为88,150,875.49元,此部分费用属于制水公司投入的固定资产净值,根据协议约定,在因市政府违约导致合同提前终止后应由市政府予以返还。市政府认为固定资产净值应计算到自来水厂移交之日,因协议终止后制水公司系为了市政府的利益继续运营自来水厂,且自来水厂在协议解除后未进行移交非制水公司的过错导致,故对市政府的上述主张不予支持。(3)制水公司主张的剩余经营期限内可得利益。《合同法》第113条第1款规定:"当事人一方不履行合同义务或者履行合同义务不符合约定,给对方造成损失的,损失赔偿额应当相当于因违约所造成的损失,包括合同履行后可以获得的利益,但不得超过违反合同一方订立合同时预见到或者应当预见到的因违反合同可能造成的损失。"案涉BOT协议也约定了在因市政府违约导致合同提前解除的情况下,市政府应补偿制水公司剩余经营期间内净预期利润总和。协议约定的特许经营期间为25年,在确认解除时尚剩余近20年经营期间。鉴于制水公司未举证证明协议履行后可以获得的利益或剩余经营期间内净预期利润总和,也未举证证明其在经营期间的获利情况,故对剩余经营期限内的可得利益综合考虑以下因素酌情予以认定:案涉自来水厂系政府财政补贴项目,其经营宗旨应为保本经营、略有盈利;自来水厂至今仅建设了第一期工程;因园区企业入驻率过低导致自来水需求量一直达不到保证水量,同时导致市政府向企业收取的费用不足以支付自来水费,自来水厂实质上长期在亏本经营;市政府一直在积极筹措资金支付自来水费。综合以上因素,酌情确定市政府支付制水公司可得利益1000万元。

对于制水公司主张的当期库存价值,因未进行司法评估,且自来水厂至今仍由制水公司在经营,故对该项诉求不予支持,制水公司可在移交后另行主张;对于制水公司主张的律师费和员工安置补偿款,因无合同依据及法律依据,不予支持。

因已认定案涉BOT合同合法有效,且根据合同约定,市政府至2019年12月29日尚欠自来水费37,499,028.75元,故市政府的反诉请求均不能成立,依法应予驳回。

一审结果

2020年5月6日,一审法院作出民事判决:一、确认制水公司与市政府签订的《自来水BOT协议》已于2017年3月30日解除;二、市政府在本判决生效后10日内与制水公司办理自来水厂的交接手续;三、市政府支付制水公司至2019年12月29日的自来水费37,499,028.75元及逾期利息(计算至付清之日止,计算利息的自来水费基数自2017年3月1日至2019年1月7日为15,179,028.75元,自2019年1月8日后为26,819,028.75元;计算利息的利率于2019年8月20日前按照中国人民银行贷款基准利率,2019年8月21日后按照LPR);2019年12月30日后的自来水费按照(20,000吨/天×1.5元/吨×运营天数)的计算方式计算至自来水厂移交之日;四、市政府支付制水公司固定资产净值88,150,875.49元;五、市政府支付制水公司可得利益1000万元;六、驳回制水公司的其他诉讼请求;七、驳回市政府的反诉请求。

制水公司、市政府均不服一审判决,向湖南省高级人民法院(以下简称湖南高院)提出上诉。

二审意见

湖南高院认为,本案系政府特许经营合同纠纷。对于案涉协议的性质究竟是民事协议还是行政协议的问题,属于法院应当主动审查的范围,一审法院未对照相关法律规定,直接认定为民事协议存在问题。一审法院对案涉自来水水量的确定与环境保护、长江流域综合治理等政策原因是否有关没有审查清楚。

二审结果

2020年10月16日,湖南高院作出民事裁定:一、撤销一审判决;二、本案发回一审法院重审。

(编者注:未查询到重审相关裁判文书)

案例评析

1. 案涉《自来水投资合同书》《自来水BOT协议》及相关补充协议系双方真

实意思表示，判断其是否属于《招标投标法》《必须招标的工程项目规定》《必须招标的基础设施和公用事业项目范围规定》等法律、法规、规章规定的必须招标而未招标的情形前，应当明确案涉活动是否属于直接进行工程建设（勘察、设计、施工、监理）或者设备采购活动。《自来水 BOT 协议》系关于投资规模、项目运营及维护、自来水费的收取等事项的合同，是选定 PPP 项目合作对象及收取费用相关规定，不适用于《招标投标法》第 3 条第 1 款的情形。

2. 案涉协议的性质属于行政协议。根据《最高人民法院关于审理行政协议案件若干问题的规定》第 1 条可知，行政协议应当满足四个要素：（1）主体要素，一方为国家机关，另外一方为行政相对人的公民、法人或者其他组织；（2）目的要素，必须是实现行政管理或者公共服务目标；（3）内容要素，协议内容必须具有行政法上的权利义务内容；（4）意思要素，协议双方当事人必须协商一致。具体到本案，制水公司、市政府符合主体要素，市政府通过 PPP 模式，通过授予制水公司行政法意义上的一定期限特许经营权实现该地区稳产供水的公共服务目标，经双方协商一致签订了《自来水投资合同书》与《自来水 BOT 协议》，案涉协议具备了行政协议的全部构成要件，属于典型的行政协议。

3. 根据《民事诉讼法》第 170 条①“第二审人民法院对上诉案件，经过审理，按照下列情形，分别处理：……（三）原判决认定基本事实不清的，裁定撤销原判决，发回原审人民法院重审，或者查清事实后改判”的规定，本案中环境保护、长江流域综合治理等政策原因对案涉协议关于保底水量（保证水量）的确定及约定是否显失公平及损害社会公共利益，具有重要影响。一审法院在没有查清该基本事实的情况下迳行判决不合法，二审法院裁定撤销原判并发回重审的做法符合程序规定。

---

① 现为第 177 条。

案例24　城市规划区域范围的确定是否属人民法院民事案件裁判范畴

相关问题

1. 原告主张的特许经营的区域范围能否认定；

2. 城市规划区域范围的确定是否属人民法院民事案件裁判范畴。

裁判要点摘选

在行政机关未明确《特许经营协议》所涉城市规划区域范围的情况下，直接认定投资人依该协议所享有特许经营权的区域范围，超出人民法院民事裁判的范畴。

再审申请人(一审原告、二审上诉人)：新奥公司

被申请人(一审被告、二审被上诉人)：昆仑公司

2014年4月21日，新奥公司因侵权纠纷起诉昆仑公司，一审法院立案受理。新奥公司诉称：2007年12月27日，新奥公司与经商丘市人民政府(以下简称市政府)授权的商丘市城市管理局(以下简称城管局)签订了《城市管道燃气特许经营协议》(以下简称《特许经营协议》)，约定由新奥公司独家经营商丘市城市规划区域内的管道燃气业务，该协议第3.3条约定：本协议之特许经营权行使地域范围为商丘市城市规划区域内。自2012年11月起，昆仑公司在商丘市睢阳产业集聚区内持续铺设燃气管道，该行为侵犯了新奥公司的特许经营权，给新奥公司造成损失565万元，并对新奥公司的可持续发展造成损害。

新奥公司请求判令：(1)昆仑公司立即停止在商丘市城市规划区域内铺设

管道、销售管道燃气等一切侵犯新奥公司管道燃气特许经营权地位的行为；(2)昆仑公司自行拆除或依法强制拆除在商丘市城市规划区域内铺设的燃气管道、工业、商业、民用等相关管道燃气设施；(3)昆仑公司赔偿因侵犯新奥公司特许经营权给新奥公司造成的损失565万元；(4)诉讼费用由昆仑公司承担。

昆仑公司辩称：(1)案涉《特许经营协议》未通过招投标、评审和公示，违反了法律的强制性规定应为无效。(2)《商丘城市总体规划(1993—2010)》确定的城市规划建设用地范围为56平方公里。昆仑公司施工的范围均在该56平方公里以外，不存在对新奥公司的侵权。(3)新奥公司计算损失的依据不成立，昆仑公司是否取得燃气特许经营证与新奥公司损失之间无法律上的因果关系。(4)《特许经营协议》附件三为特许经营区域范围图示，新奥公司不提交该份证据，依法应对其产生不利的法律后果。

一审意见

一审法院认为：《特许经营协议》第3.3条约定，特许经营权行使地域范围为商丘市城市规划区域内。本协议附件三为特许经营区域范围图示，该附件可以直观表示新奥公司特许经营的区域范围，故本案不属于合同解释的问题。鉴于新奥公司未提交该附件，根据双方当事人提交的现有证据，不能确定新奥公司特许经营的区域范围，故无法证明昆仑公司对其构成侵权。市政府作为特许经营的批准机关，有权对其区域范围进行明确；一审法院对新奥公司的特许经营区域范围问题不予审理。

一审结果

2014年7月5日，一审法院作出民事裁定：驳回新奥公司对昆仑公司的起诉。

新奥公司不服上述民事裁定，向河南省高级人民法院(以下简称河南高院)提出上诉。

二审查明

河南高院查明：(1)2007年12月27日，新奥公司与经市政府授权的城管局签订《特许经营协议》，该协议第3.2条“特许经营权期限”约定：本协议之特许经营权有效期限为30年，自2004年8月28日起至2034年8月28日止；第3.3条“特许经营权地域范围”约定：本协议之特许经营权行使地域范围为“商丘市城市规划区内”。该协议第十五章显示共有附件十，其中附件三为“特许经营区域范围图示”。一审开庭审理时，新奥公司认可协议附件一、附件二存在，但称附件三至附件十不存在。一审法院依据昆仑公司的申请，于2014年6月10日向证人张某（原任城管局供水燃气热力管理科科长，现任城管局党组成员）、轩某（原任城管局副局长，现任城管局副局长）进行调查，该两位证人证实：他们参与了上述协议的签订过程，在签订上述协议时协议所有附件都存在。2014年6月17日，一审法院依据新奥公司的申请，通知证人庞某（系新奥公司与城管局签订协议的授权代表）及张某、轩某到庭进行质证，上述证人均证实协议签订时存在附件二，且新奥公司对此事实当庭予以认可。但一、二审中新奥公司未提供该协议附件三。(2)2012年10月12日，弘泰燃气公司与睢阳区政府签订《投资建设天然气加气母站项目合同书》，该合同约定，项目投资基本情况：在睢阳区境内投资建设城市基础设施（含燃气管道）；经营品种：管道天然气（LNG、CNG）；项目地址：商丘市归德南路西侧，迎宾大道以南、富商东路以北；睢阳区政府按照“全程代办”的要求，负责提供项目核准立项、环保评价、工商登记、建设规划、文物勘察、土地使用证办理等各项相关协调服务，费用由弘泰燃气公司承担；弘泰燃气公司负责3亿元投资款足额到位等。后弘泰燃气公司被昆仑公司吸收合并，合并后的公司名称仍为昆仑公司。(3)2012年2月10日，城管局向市政府提交的《关于维护城市管道燃气特许经营权问题的调查报告》中提出：“根据市规划局提供的《商丘市城市总体规划（2005—2020）》应涵盖睢阳产业集聚区；睢阳区政府在产业集聚区建设管道燃气违反了市政府与新奥公司签订的《特许经营协议》。”2013年12月26日，城管局向市政府提交的《关于处理市区城市管道燃气纠纷问题的请示》中提出：“1. 由市政府指定市规划局界定市政府2007年12月27日授权城管局与新奥公司签订的《特许经营协议》第3.3条‘特许经营地域范围’：本协议之特许经营行使地域范围为‘商丘市城市规划区内’中规定的城市规划区域范围；2. 由市政府授权商丘新区管委会对商丘市城乡规划局（以下简称规划局）界定的《特许经营协议》中规定城市规划区范围以外、新区规划以内的区域，由新区管委会对管道天然气经营权实行公开招投标，确定管道燃气特许经营企业。”(4)2013年6月28日，规划局向市政府提交的《关于商丘燃气管理若干问题的情况说明》中提出：“关于特许经营范围问题，《商丘城市总体规划（1993—2010）》于1994年编制完成，1995年经河南省人民政府批准实施。界定城市规划区范围包括商丘市区、商丘县城以及袁庄、周庄、王坟、城北等一镇三区十一个乡的行政区域，总面积约496.51平方公里；界定城市建设用地范围为2010年规划城市建设总用地为56平方公里。范围大致为北至黄河路（现在规划田园路北侧）、西至君台路、南至古城外环和北海路、东至睢阳大道。具体范围参照《商丘城市总体规划（1993—2010）》。市城市管理局提供的《特许经营协议》第3.3条特许经营权地域范围：本协议之特许权行使地域范围为商丘市城市规划区域内。根据该协议的签署日期和特许经营权的起始时间应适用于河南省人民政府1995年批复的《商丘城市总体规划（1993—2010）》所确定的城市用地范围……具体范围参照《商丘城市总体规划（1993—2010）》，面积为56平方公里。"（5）2014年3月24日，市政府法制办公室《关于新奥燃气与昆仑能源就管道燃气特许经营范围争议的处理意见和建议》中提出：关于双方特许经营范围的界定问题，赞同规划局的意见，即新奥公司特许经营权范围为56平方公里；同时提出该协议所指"商丘市城市规划区域内"实际应指《城市规划法》所指城市规划区中的城市市区。

二审意见

河南高院认为：案涉特许经营协议中第3.3条约定特许经营权地域范围为"商丘市城市规划区内"，该约定对于新奥公司特许经营区域范围的面积及四至界定并不明确，而作为该协议内容的重要组成部分附件三"特许经营区域范围图示"，新奥公司未能提供。由于双方当事人对于该协议授予新奥公司特许经营的区域范围产生争议，且城管局、规划局及市政府法制办公室对协议约定新奥公司特许经营的区域范围也存在不同意见；依据当事人提交的现有证据不能明确界定新奥公司特许经营的区域范围。而关于特许经营区域范围的界定或确认问题，属于政府的行政职权范围，不属于民事案件审理的范围。

二审结果

2014年9月19日，河南高院作出民事裁定：驳回上诉，维持原裁定。

再审申请

新奥公司不服河南高院二审民事裁定向最高人民法院申请再审，请求撤销一、二审裁定，指令一审法院审理本案。主要理由：（1）根据《城市规划法》[①]《河南省人民政府关于商丘城市总体规划（1993—2010）的批复》（豫政文〔1995〕190

---

① 现已失效。

号),(1994～2010年)规划文本所明确的商丘城市规划区域范围:包括王坟在内的496.51平方公里土地总面积。规划局、市政府法制办将该市56平方公里城市规划建设用地范围等同于城市规划区域范围的意见不能成立。(2)商丘市睢阳区属商丘市城市规划区域,昆仑公司在睢阳区建设燃气管道的相关行为,已侵犯新奥公司的特许经营权。(3)案涉协议约定的特许经营权区域范围,应根据法律对"城市规划区域"的明确规定确定,无须该协议图示附件进一步证明。与法律规定、省政府批复不一致的图示、意见均不能成为认定商丘市城市规划区域的依据。一、二审法院以新奥公司未能提供上述图示附件及相关政府部门关于商丘市城市规划区域意见不一致为由,驳回新奥公司起诉错误。

审查意见

最高人民法院认为:本案争议焦点为城市规划区域范围的确定是否属人民法院民事案件裁判范畴。新奥公司依据《特许经营协议》关于其特许经营权区域范围为"商丘市城市规划区域内"的约定,主张昆仑公司在商丘市睢阳区进行的相关燃气管道建设等行为对新奥公司构成侵权。昆仑公司则认为商丘市睢阳区不属上述协议约定的商丘市城市规划区域范围。故双方就昆仑公司相关行为是否构成侵权的争议,源于对商丘市城市规划区域的不同认识。该争议的解决,不能回避商丘市城市区域范围的认定问题。而城市规划区域应由行政机关依法确定。但本案中,商丘市相关部门对该市城市规划区域范围的意见并不一致。市政府或其他有权机关亦未就商丘市城市规划区域的范围作出明确的认定。根据《最高人民法院关于适用〈中华人民共和国行政诉讼法〉若干问题的解释》[①]第11条的规定,政府特许经营协议属行政机关为实现公共利益或者行政管理目标,在法定职责范围内,与公民、法人或者其他组织协商订立的具有行政法上权利义务内容的协议。如前所述,在行政机关未明确《特许经营协议》所涉商丘市城市规划区域范围的情况下,直接认定新奥公司依该协议所享有特许经营权的区域范围,超出人民法院民事裁判的范畴。但是一、二审裁定以新奥公司未能提供该图示故不能证明其特许经营区域范围为由驳回其起诉不当。上述裁定关于界定城市规划区域范围属政府行政职权的意见正确,在该范围未经行政机关依法确定前,驳回新奥公司基于此提起的侵权诉讼,并无不当。综上,新奥公司的

---

① 现已失效。

申请再审不符合法律规定的条件。

审查结果

2015年10月16日,最高人民法院作出民事裁定:驳回新奥公司的再审申请。

案例评析

1. 关于原告主张的特许经营的区域范围认定问题

本案争议核心焦点问题为同类特许经营项目是否在确定的范围内由政府方重复实施特许经营权许可。一审法院以《特许经营协议》附件三为特许经营区域范围图示,而新奥公司未举证,因此无法确定新奥公司特许经营的区域范围,驳回原告起诉。二审查明,一审由被告申请相关部门证人到庭证实存在附件三,原告也认可,但两审均未提供该证据。之后当地城管局、规划局及市政府法制办公室提交的相关材料存在不一致情况。二审法院认为,特许经营协议对区域范围的面积及四至界定并不明确,原告未能提供附件三证据。裁定驳回上诉,维持原裁定。再审同样驳回新奥公司的诉讼请求。编者认为,法院的认定及处理意见是正确的。

特许经营具有权利化、排他性特征,其实质是政府将某种公共基础设施的独占权或垄断经营权,在一定时间及范围内转让给私营企业或其他企业。有关特许经营范围许可问题,在一些项目中出现,尤其是公路交通、仓储物流等项目中,因地域范围的界定,划定了竞争范围从而影响建设经营者的收益。因此,签订特许经营合同,需要关注该方面条款的约定内容,准确地定确区域的四至范围,还应将如果发生规划变更事项,该范围的划定及补偿等事宜一并在合同中约定清楚,以保障合同方的权益,避免发生纠纷。

2. 关于城市规划区域范围的确定是否属人民法院民事案件裁判范畴问题

本案一审以特许经营权范围应由市政府确定,法院不予审理,驳回了原告诉请。二审法院以本案当事人未提交确定诉争的区域范围,该问题属于政府的行政职权范围,不属于民事案件审理的范围,驳回了上诉人的诉请。再审法院认为城市规划区域应由行政机关依法确定。本案市政府或其他有权机关未确定诉争涉及的区域范围。根据《最高人民法院关于适用〈中华人民共和国行政诉讼法〉若干问题的解释》第11条的规定,该区域范围确定属政府行政职权,未经行政机关依法确定前,其申请再审不符合法律规定的条件。

《城乡规划法》第3条第2款规定:"县级以上地方人民政府根据本地农村经济社会发展水平,按照因地制宜、切实可行的原则,确定应当制定乡规划、村庄规划的区域。在确定区域内的乡、村庄,应当依照本法制定规划,规划区内的乡、村庄建设应当符合规划要求。"有关城市行政区域划定事宜属于行政部门。《人民法院组织法》[①]第1条规定:"中华人民共和国人民法院是国家的审判机关。"第3条第1款规定:"人民法院的任务是审判刑事案件和民事案件,并且通过审判活动,惩办一切犯罪分子,解决民事纠纷,以保卫无产阶级专政制度,维护社会主义法制和社会秩序,保护社会主义的全民所有的财产、劳动群众集体所有的财产,保护公民私人所有的合法财产,保护公民的人身权利、民主权利和其他权利,保障国家的社会主义革命和社会主义建设事业的顺利进行。"法院依法行使审批职责,本案特许经营的区域范围认定,依据城市规划区域范围的确定,不属人民法院民事案件裁判范畴,应由行政部门及相关部门行使。

① 此为旧版,最新为2018年版。

案例25　行政协议的合约性与合法性审查

相关问题

1. 案涉《特许经营协议》是否合法有效；

2. 原告所主张的损失及违约金是否予以支持。

裁判要点摘选

人民法院对行政行为实行全面审查，由于行政协议兼具行政管理和协商一致的双重属性，故人民法院不仅要审查行政协议的合约性，还要审查行政协议内容的合法性。

基本案情

原告：正阳公司

被告：安徽省涡阳县人民政府

被告：安徽省蒙城县人民政府

被告：安徽省利辛县人民政府

2011年9月1日，原告正阳公司分别与被告安徽省涡阳县人民政府（以下简称涡阳县政府）、安徽省蒙城县人民政府（以下简称蒙城县政府）、安徽省利辛县人民政府（以下简称利辛县政府）签订《城市生活垃圾焚烧发电处理特许经营协议》（以下简称《特许经营协议》），约定原告项目公司以BOT形式在涡阳县××座建设日处理规模为800吨的垃圾无害化焚烧处理厂，并开展亳州市区及所辖涡阳、蒙城、利辛三县的城市生活垃圾及中药药渣无害化处理特许经营业务（以下简称 BOO 项目),特许期为项目正式投产之日起共 30 年。

根据群众反映,亳州市经委、监察局对涡阳县违反规定转让城市生活垃圾焚烧发电处理特许经营权问题进行了调查。亳州市监察局于 2012 年 6 月 5 日作出《关于涡阳县违反规定转让城市生活垃圾焚烧发电处理的特许经营权问题的监察建议》,以涡阳县政府在没有对城市生活垃圾焚烧发电处理特许经营权进行招拍挂的情况下,与正阳公司签订城市生活垃圾焚烧发电处理特许经营权协议,违反《市政公用事业特许经营管理办法》的规定为由,决定由涡阳县政府依法终止正阳公司的特许经营协议,取消其特许经营权,并重新面向社会公开招标。

2012 年 8 月 10 日,蒙城县政府、利辛县政府委托涡阳县政府作出《关于终止城市生活垃圾焚烧发电处理的特许经营权协议的函》,通知正阳公司到涡阳县政府协商办理终止该协议的相关事宜。

2012 年 12 月,涡阳县政府委托国信招标公司就涡阳、蒙城、利辛三县生活垃圾焚烧发电厂 BOT 项目进行公开招标。

通工咨询公司受原告委托,就自 2011 年 6 月至 2013 年 5 月的涡阳垃圾焚烧发电项目支出进行审计(涡阳县政府与正阳公司依据《特许经营协议》成立的项目),并于 2013 年 8 月 12 日出具财务审计报告,该审计报告中载明合同金额为 17,048 万元,已支付 2533 万元,未支付 137 万元,合同违约金 8437.5 万元。

在安徽省亳州市涡阳县××蒙城县生活垃圾焚烧发电厂 BOT 项目招标前,原告正阳公司出具承诺函,承诺若中标愿承担招标代理等服务费 73 万元;若不参加投标,视为自动放弃对该项目的经营,前期投资经济损失自行承担等事宜。2013 年 8 月 20 日,正阳环保电力公司出具补充承诺函,函中载明“亳州市人民政府、涡阳县人民政府:我公司承诺:在涡阳县垃圾焚烧发电项目中初步认定的前期投资费用 12,113.55 万元(项目实际支出费用 3603.05 万元,项目原设备供应商解约费用 8487.5 万元,招投标代理服务费用 60 万元,项目审计费用 13 万元),只作为本次项目招投标使用,不作为于涡阳县政府结算依据。特此承诺”。此后,原告正阳公司认为,因三被告不履行已签订的《特许经营协议》,致使案涉 BOT 项目无法继续开展,并使其遭受了巨额损失,遂提起本案行政诉讼。

正阳公司诉讼请求:(1)确认三被告不继续履行《特许经营协议》的行为违法;(2)三被告共同赔偿原告前期费用损失 12,113.55 万元;(3)被告一向原告支付违约金181,003,500元、被告二向原告支付违约金149,796,000元、被告三向原告支付违约金139,809,600元;(4)三被告承担本案诉讼费用。

正阳公司主要诉讼意见:三被告应该按照《特许经营协议》条款支付违约金,诉讼请求上的违约金就是按照终止条款上的违约金方式计算;三被告终止履行《特许经营协议》,原告为履行协议做了很多工作,产生了巨额投入,政府对前期数额也进行了审计评估,三被告的违约行为给原告造成损失,被告支付违约金同时也要进行赔偿;要求三被告向原告支付违约金的依据不是《国家赔偿法》,是按照《行政诉讼法》第12条及第78条的规定,政府违约解除行政协议情况下,应当向行政相对人赔偿损失,依据是《合同法》中违约责任和缔约过失的相关法律责任,本案是依据行政协议的违约赔偿。

涡阳县政府主要诉讼意见:(1)《特许经营协议》的签订未经公开招投标,违反了《市政公用事业特许经营管理办法》第8条规定,被亳州市监察局发出监察建议,责令纠正。据此,被告作出《关于终止城市生活垃圾焚烧发电处理特许经营权协议的函》,终止与被答辩人的协议。该协议因违法,自始无效,无效合同不存在违约金。(2)原告诉请"前期费用损失12,113.55万元"明显虚假,具有欺诈成分,依法不能成立。(3)案涉特许经营协议签订于2011年9月,2012年8月10日被告通知终止协议,迄今已长达8年之久,也明显超出起诉期限,依法应当驳回。

蒙城县政府主要诉讼意见:(1)原告并没有合法中标案涉垃圾焚烧发电BOT项目。案涉垃圾焚烧发电BOT项目采取单一来源采购方式不符合法律规定,原告中标案涉垃圾焚烧发电BOT项目不合法。(2)案涉特许经营协议未成立,原告无正当理由长达4年未签订特许经营协议,视为放弃中标资格。

利辛县政府主要诉讼意见:(1)《特许经营协议》因违反法律的强制性规定而无效,无效的合同自始不具有法律效力,被告不继续履行《特许经营协议》的行为合法,且由于没有履行,更没有前期费用的存在。(2)所谓的前期费用损失,系原告单方委托他人制作,且只作为本次项目招投标使用,不作为与涡阳县政府的结算依据。原告以自己参加2012年12月17日涡阳县政府招标活动的行为表明其已放弃前期费用。(3)原告的诉讼请求已超过法定起诉期限。(4)《特许经营协议》无效,不存在承担违约金的法律后果。

一审意见

一审法院认为,人民法院对行政行为实行全面审查,由于行政协议兼具行政管理和协商一致的双重属性,故人民法院不仅要审查行政协议的合约性,还要审查行政协议内容的合法性。本案的争议焦点:《特许经营协议》是否符合法律规定,其协议的效力如何认定;原告所主张的损失及违约金是否予以支持。

2004 年施行的建设部令第 126 号《市政公用事业特许经营管理办法》第 2 条规定:“本办法所称市政公用事业特许经营,是指政府按照有关法律、法规规定,通过市场竞争机制选择市政公用事业投资者或者经营者,明确其在一定期限和范围内经营某项市政公用事业产品或者提供某项服务的制度。城市供水、供气、供热、公共交通、污水处理、垃圾处理等行业,依法实施特许经营的,适用本办法。”根据上述法律规定,案涉垃圾焚烧发电 BOO 项目,显然属于“城市供水、供气、供热、公共交通、污水处理、垃圾处理等行业,依法实施特许经营的”范畴。对于市政公用事业特许经营项目的招标方式问题,《市政公用事业特许经营管理办法》第 8 条亦明确规定,“主管部门应当依照下列程序选择投资者或者经营者:(一)提出市政公用事业特许经营项目,报直辖市、市、县人民政府批准后,向社会公开发布招标条件,受理投标……”故案涉垃圾焚烧发电 BOT 项目应依法采取公开招标的方式选择投资者或经营者。

《行政诉讼法》第 75 条规定,实施主体不具有行政主体资格或者没有依据等重大且明显违法情形属于无效行政行为。本案中,原告正阳公司没有按照《市政公用事业特许经营管理办法》第 8 条规定公开招标,而是通过招商分别与被告涡阳县政府、蒙城县政府、利辛县政府签订《特许经营协议》,属于《行政诉讼法》第 75 条规定“重大且明显违法”的情形,其协议无效。故本案不适用违约责任,原告正阳公司要求三被告支付违约金的请求不能成立。

《最高人民法院关于审理行政赔偿案件若干问题的规定》第 21 条第 3 项①规定:赔偿请求人单独提起行政赔偿诉讼,应当有具体的赔偿请求和受损害的事实依据。正阳公司对其所受到损失的基本事实,应负有举证责任。本案中,正阳公司提供其单方委托出具的审计报告,证明投入前期费用 12,113.55 万元系其损失。该审计报告载明调查过程中使用的有关财务报表、账簿凭证和相关文件

① 现为第 13 条第 2 款第 3 项。

材料由正阳公司及正阳环保电力公司管理层提供并负责，该审计报告仅是对上述两家公司财务支出情况进行尽职调查并出具财务尽职调查报告，并不能证明是对其损失的审计或评估。正阳公司所主张的损失即前期费用12,113.55万元数额巨大，明显不具有合理性，且大部分金额并未实际发生。其所陈述的供应商解约费用8487.5万元，依据其与设备供应商签订的合同，其违约的原因并不是被告与其解除协议造成的，对其所要求的解约费用8487.5万元的合法性没有法律依据，正阳公司无法提供所支付金额的发票，不能证明解约费用实际支付完毕。正阳公司在庭审中明确表明其所购置的车辆仍在其公司继续使用，不应属于损失范围，对其提交的审计报告，不能达到证明其损失存在的证明目的，且正阳公司出具书面承诺，明确表示前期投资费用仅作为项目招投标使用，其所主张的损失赔偿事实依据不充分、不合理，对其要求三被告承担前期费用损失12,113.55万元的诉求，不予支持。

一审结果

2020年12月9日，一审法院作出行政赔偿判决：驳回原告正阳公司的诉讼请求。

（编者注：未发现该案有二审、再审程序）

案例评析

1. 关于案涉《特许经营协议》是否合法有效问题

政府与企业之间所签订的《特许经营协议》的法律性质属于行政合同，也称为行政协议。根据《行政诉讼法》的规定，行政机关为实现公共利益或者行政管理目标，在法定职责范围内，与公民、法人或者其他组织协商订立的具有行政法上权利义务内容的协议，属于行政协议。因政府特许经营协议、土地、房屋等征收征用补偿协议，以及其他行政协议产生的纠纷争议，包括行政赔偿，属于法院应当受理的行政诉讼案件，适用行政诉讼程序进行审理。

《特许经营协议》的法律效力认定：政府与企业签订行政合同/协议也是一种行政行为，兼具行政管理和协商一致的双重属性。《行政诉讼法》第70条规定，行政行为有下列情形之一的，人民法院判决撤销或者部分撤销，并可以判决被告重新作出行政行为：(1)主要证据不足的；(2)适用法律、法规错误的；(3)违反法定程序的；(4)超越职权的；(5)滥用职权的；(6)明显不当的。法院从行政协议的内容合法性以及合约性两个方面对其进行效力审查,判断协议是否合法有效。在两个标准审查中,合法性审查是基础和前提。

对《特许经营协议》的合法性评价:政府向企业授予特许经营权事项,首先要遵守相关的强制性法规。违反强制性法律规定的特许经营权协议是无效的。案涉项目系 BOT 项目,按照《政府采购法》以及《招标投标法》的规定,必须经过公开、公正、公平的招投标程序,确定中标企业后,政府与中标企业签订特许经营权协议,中标企业获得特许经营权,依据 BOT 项目实施方案,签订工程施工合同等相关协议实施 BOT 项目。本案原告正阳公司与政府之间签订的特许经营权协议没有经过法定的招投标程序,被监督部门审核确定为因违法而无效。

2. 关于原告所主张的损失及违约金是否予以支持问题

无效的特许经营协议自始没有法律效力,无效协议项下的权利义务内容约定均是无效的,一方主体依据无效协议主张对方存在违约行为应当承担违约责任,因为违约责任的基础是协议应当合法有效受到法律保护,所以,无效协议项下主张违约责任的诉讼请求是不能成立的;行政主体通过该行为从行政相对方获得的一切均应返还相对方;所施于相对方的义务应予取消;给相对方造成的实际损失应予以赔偿。

特许许可经营协议无效,一方主体有主张经济损失赔偿的权利,但是,有义务就其经济损失承担举证责任,由法院查明事实裁判损失的真实性和合理性,以及造成损失的原因与过错,进而裁判应否承担损失赔偿以及赔偿金额。本案中,针对原告提交的损失证据,经过庭审的举证、质证,法院最终认定损失金额并非真实的损失,故此驳回原告的诉讼请求。

本案一审查明认定原告损失的程序上是有一定瑕疵的。原告诉称在《特许经营协议》被确认无效之前,已经有实际履行协议及投资 BOT 项目的情形,系原告的损失主张,原告提交的损失评估鉴定意见虽然是单方意见不被认可,但是原告是有权利就其经济损失申请法院委托第三方进行评估鉴定的,对原告的此项权利,法院也有释明的义务。但是,在一审中原告没有提出申请鉴定的权利,法院也未对此予以释明,在程序上有瑕疵。如法院委托第三方对原告的经济损失进行评估鉴定,将更有利于查明案件事实,裁判结果将更为公平公正。

案例26　对行政协议效力审查的范围及法律适用

相关问题

1. 案涉合同是否属于行政合同；
2. 两被告主体是否适格及应由谁承担责任；
3. 案涉合同是否有效；
4. 原告相关交付码头并办理码头许可证请求有无依据；
5. 原告相关解决恶性竞争问题请求有无依据；
6. 原告相关土地出让金返还请求有无依据；
7. 原告相关办理土地分割手续请求有无依据；
8. 原告相关综合楼损失赔偿请求有无依据。

裁判要点摘选

人民法院应当优先适用《行政诉讼法》及相关司法解释的规定，对行政机关是否具有法定职权、约定的内容是否违反法律法规的强制性规定等进行审查，同时可以参照适用民事法律规范关于民事合同的相关规定，从合约角度审查行政协议是否存在无效的法定情形。行政协议的部分条款违反法律法规的强制性规定，不影响其他部分条款效力或者行政协议整体效力的，人民法院可以仅认定部分条款无效。

典型意义

行政协议的效力审查是审理行政协议案件的基础，人民法院首先要对行政协议的效力作出判断,具体包含合法性和合约性两个方面。人民法院应当优先适用《行政诉讼法》及相关司法解释的规定,对行政机关是否具有法定职权、约定的内容是否违反法律法规的强制性规定等进行审查,同时可以参照适用民事法律规范关于民事合同的相关规定,从合约角度审查行政协议是否存在无效的法定情形。行政协议的部分条款违反法律法规的强制性规定,不影响其他部分条款效力或者行政协议整体效力的,人民法院可以仅认定部分条款无效。本案中,《项目合同书》《补充协议》中相关条款的约定和承诺超越行政机关的职权,违反了法律法规的强制性规定,相关条款应属无效,人民法院对有效条款和无效条款的法律后果分别处理,未全盘否定案涉投资协议的效力,可以充分保护协议相对人的信赖利益,对进一步规范行政机关招商引资行为及优化法治化营商环境,具有重要的现实意义。

基本案情

再审申请人(一审原告、二审上诉人):淮红公司

被申请人(一审被告、二审被上诉人):L县某经济开发区管理委员会

被申请人(一审被告、二审被上诉人):L县人民政府

2006年4月15日,江苏省人民政府(以下简称省政府)批准设立一经济开发区。2007年8月21日,L县人民政府(以下简称县政府)下发《关于进一步鼓励客商来涟投资的有关规定》(以下简称168号文),文件规定了开发区在招商引资方面的职责和对投资企业相关优惠政策,服务承诺方面由县政府签订兑现有关优惠政策承诺书。

2009年7月7日,高流公司通过招商引资进入经济开发区投资,为明确其与开发区的权利义务,L县某经济开发区管理委员会(以下简称管委会)与高流公司签订《项目合同书》一份,该合同约定:"一、主体:管委会(甲方),高流公司(乙方)。二、内容:1. 乙方在L县注册成立淮红公司,从事物流货物运输等综合配套产业的经营。双方商定项目用地约需100亩(实际用地面积以国土部门勘察为准。以下固定资产投资额、注册资本按实际用地面积相应调整)。该项目投资强度不低于120万元每亩,固定资产投资总额不低于1.2亿元,注册资本1000万元,首期注册资本不低于400万元。经营期限不低于20年(乙方投资设立的企业经工商部门登记取得法人资格后,本合同涉及乙方权利义务,由乙方设

立的企业承担)。2. ……土地价格为每亩6.4万元,用地性质为物流仓储用地,土地使用年限为50年(具体以乙方与国土部门签订的《国有土地使用权出让合同》约定为准)。3. 乙方在本合同签订之日起一个月内,将土地款一次性汇入甲方指定的开户银行,同时注册资金到位并领取营业执照。三、双方权利和义务:(一)甲方1. 甲方按期交付土地,负责按要求达到所提供土地的路通、水通、电通、排水通,并负责场地平整……2. 甲方给予乙方提供以下方面的优惠政策:……(4)开发区五年内不重复引进、建设同类型物流(园)中心……3. 甲方和引资单位协助乙方办理环保、工商登记、税务登记、规划、国土、建设等相关手续……6. 根据乙方需要,负责产权分户分割手续办理。(二)乙方1. 乙方须按约定的要求交纳土地款、注册资金到位。若违约,经甲方催告,仍不履行的,甲方有权处置该宗土地并解除合同。……"

2009年7月20日,管委会(甲方)与高流公司(乙方)签订《补充协议》,约定:"一、按照168号文规定,由县政府与淮红公司签订兑现有关优惠政策的承诺书:……(4)根据乙方需要,负责产权分户分割等各种手续办理。二、土地征用。乙方所有土地面积中,实际建设(房屋)占地按协议出让方和招拍挂程序领取土地使用权证,其余用地(停车场、码头等用地)作为代征土地,乙方支付农民补偿或向开发区租赁,不发土地使用权证,其使用年限与土地使用权证年限同步。三、乙方企业自用码头,甲方应给予办理码头使用许可证。现B码头搬迁后,由甲方负责帮助将该码头过户给乙方,作为乙方企业自备码头使用,必须符合甲方规划要求。四、该项目投资规模应属重大项目,县政府应作为'一事一议'项目,拿出土地净出让金补贴乙方基础设施建设。"

2009年8月20日,县政府签发《承诺书》,就《项目合同书》《补充协议》中的优惠政策承诺落实,其中包括按淮红公司要求办理产权分户分割手续。

2012年3月25日,淮红公司向管委会申请返还土地出让金作为补贴基础设施和配套工程建设,管委会审核:"经查淮红公司征用地63.189亩(已征用),实际已使用82.81亩,已交纳土地出让金404万元,扣除规费125.11万元,补偿195.19万元,五项基金46.55万元,林木补偿6.57万元,尚余30.58万元。"2012年8月8日,管委会退还淮红公司土地出让金20万元,2013年3月4日,管委会退还淮红公司剩余的土地出让金10.58万元。

2009年8月11日,L县发展和改革委员会根据淮红公司的申请发放了《企业投资项目备案通知书》,准予对项目进行备案。2009 年 9 月 14 日,淮红公司成立,注册资本为 1508 万元。

2010 年 3 月 30 日,淮红公司与 L 县供电公司一供电所签订架设线路合同,工程款为 46,460 元。

2010 年 10 月 26 日,L 县国土资源局与淮红公司签订了《国有建设用地使用权出让合同》,约定将坐落于经济开发区的 42,126 平方米宗地出让给淮红公司,宗地用途为仓储、物流用地,出让价款为 4,044,096 元。2010 年 12 月 30 日,L 县规划局颁发了《建设用地规划许可证》。2011 年,县政府为淮红公司颁发了《国有土地使用权证》,载明地类为仓储物流用地,使用类型为出让,使用权面积为 42,126 平方米。

2011 年,B 码头进行搬迁,淮红公司于 2011 年 5 月 25 日向经济开发区一居委会支付了码头搬迁费 7 万元,后码头被建成绿化带。

2012 年 8 月,淮红公司与管委会签订合同,管委会将一道路改造工程发包给淮红公司,约定按"以奖代补"办法于 2013 年年底付清 30 万元,后管委会于 2013 年 9 月 18 日给付淮红公司 10 万元,其余未予给付。

2013 年 4 月 13 日以及 2014 年 3 月 26 日,淮红公司曾向县政府及管委会申请土地变更,请求将仓储物流用地转让分割建筑占地面积 12,021 平方米和综合大楼建筑占地面积 1200 平方米,按综合用地性质进行变更,以便分户分割,后因土地变更需缴纳的费用过高,未进行变更登记。2013 年 6 月 20 日,县政府根据淮红公司申请将原发的国有土地使用权证分割为四份,面积分别为 14,190 平方米、11,620 平方米、9686 平方米、6630 平方米,地类(用途)为仓储用地。淮红公司实际使用土地面积为 82.81 亩,其中停车场部分为实际使用但未办理发放土地使用权证。

2013 年 10 月 8 日,淮红公司经营区域被江苏省经济和信息化委员会公布为第八批省重点物流基地。在其经营期间,开发区还出现了以"新港物流园"为名义的企业,但双方均认可该所谓"新港物流园"并未进行工商登记,且管委会否认是物流性质,认为只是一个配套停车场。

淮红公司建成的部分物流房屋陆续被其出售或出租,并以淮红公司名义取得了 200 份房屋所有权证,但未取得相应土地使用权证。

淮红公司提起本案行政诉讼,请求:(1)管委会继续履行合同:①将 B 码头交付其使用并办理码头使用许可证，②解决新港物流园恶性竞争问题，③支付“四通一平”等费用346,460元，④退还土地出让金3,381,800元；(2)县政府为其办理房地产权属分户分割手续；(3)管委会、县政府赔偿综合楼停建损失1,622,746元。

一审意见

一审法院认为：

一、淮红公司与管委会签订的合同是否属于行政合同，应否属于行政诉讼受案范围

根据《行政诉讼法》第12条第1款第11项、《最高人民法院关于适用〈中华人民共和国行政诉讼法〉若干问题的解释》[①]第11条的规定，管委会为实现其行政管理目标，在其法定职责范围内，规范招商引资活动，与高流公司签订《项目合同书》和《补充协议》，并且明确约定了具有行政法意义上的权利和义务，投资方的权利义务由高流公司成立的淮红公司享有和承担，该协议依法应属于行政协议。因此，淮红公司作为协议权利义务的享有和承担者，认为管委会作为行政机关未依法履行、未依约履行协议的，向人民法院起诉，依法属于行政诉讼受案范围。

二、被告主体是否适格，应由谁承担责任

关于管委会主体资格问题。《行政诉讼法》第2条规定：“公民、法人或者其他组织认为行政机关和行政机关工作人员的行政行为侵犯其合法权益，有权依照本法向人民法院提起诉讼。前款所称行政行为，包括法律、法规、规章授权的组织作出的行政行为。”《江苏省经济技术开发区管理条例》[②]第2条规定：“本条例适用于本省境内经国务院批准设立的经济技术开发区(以下简称开发区)。”第30条规定：“省人民政府批准设立的开发区，除国家规定的经国务院批准设立的经济技术开发区专门享受的优惠待遇外，均可参照本条例执行。”管委会作为省政府批准设立的经济技术开发区，且本案淮红公司所主张的内容并不涉及国家级开发区专享的优惠待遇，其可以作为独立的主体参与诉讼，并依法承担相应的责任。

---

① 现已失效。

② 现已失效。

县政府承诺的性质及其主体资格问题。县政府作为一级行政机关，为了促进当地投资建设，对投资企业在优惠政策方面作出相应的承诺，在其承诺范围内依法应当承担相应的责任；且该承诺是基于淮红公司与管委会的行政协议关系，二者之间具有一定法律上的联系，同为行政法律关系，淮红公司将其作为本案的共同被告进行诉讼，符合诉讼经济的基本原则，具备被告主体资格。

三、合同是否有效，如合同有效，双方何者存在违约，淮红公司具体诉讼请求有无事实根据和法律依据

《最高人民法院关于适用〈中华人民共和国行政诉讼法〉若干问题的解释》[1]第14条规定："人民法院审查行政机关是否依法履行、按照约定履行协议或者单方变更、解除协议是否合法，在适用行政法律规范的同时，可以适用不违反行政法和行政诉讼法强制性规定的民事法律规范。"第15条规定："原告主张被告不依法履行、未按照约定履行协议或者单方变更、解除协议违法，理由成立的，人民法院可以根据原告的诉讼请求判决确认协议有效、判决被告继续履行协议，并明确继续履行的具体内容；被告无法继续履行或者继续履行已无实际意义的，判决被告采取相应的补救措施；给原告造成损失的，判决被告予以赔偿。原告请求解除协议或者确认协议无效，理由成立的，判决解除协议或者确认协议无效，并根据合同法等相关法律规定作出处理。"《合同法》第44条规定："依法成立的合同，自成立时生效。"第52条规定："有下列情形之一的，合同无效：……（五）违反法律、行政法规的强制性规定。"第56条规定："无效的合同或者被撤销的合同自始没有法律约束力。合同部分无效，不影响其他部分效力的，其他部分仍然有效。"第58条规定："合同无效或者被撤销后，因该合同取得的财产，应当予以返还；不能返还或者没有必要返还的，应当折价补偿。有过错的一方应当赔偿对方因此所受到的损失，双方都有过错的，应当各自承担相应的责任。"淮红公司与管委会签订了《项目合同书》以及《补充协议》，双方就投资事项进行了约定，其合同从总体上来讲并不违法，但是其中部分条款，由于违反了法律、法规的强制性规定，依法构成无效条款。因此，双方所签合同，属于部分有效、部分无效。同时，由于本案系行政协议纠纷，在适用行政法律、法规的同时，还可以适用不违反行政法和《行政诉讼法》强制性规定的民事法律规范。在审查中，对于具

① 现已失效。

体诉讼请求，不告不理的基本原则依然应当予以遵守，故应围绕淮红公司的诉讼请求进行审查。

1. 关于淮红公司主张的交付码头并办理码头许可证的问题

《港口法》第22条规定："从事港口经营，应当向港口行政管理部门书面申请取得港口经营许可，并依法办理工商登记。港口行政管理部门实施港口经营许可，应当遵循公开、公正、公平的原则。港口经营包括码头和其他港口设施的经营，港口旅客运输服务经营，在港区内从事货物的装卸、驳运、仓储的经营和港口拖轮经营等。"本案中，淮红公司与管委会在《补充协议》中约定："乙方（淮红公司）企业自用码头，甲方（管委会）应给予办理码头使用许可证，现B码头搬迁后，由甲方负责帮助将该码头过户给乙方，作为乙方企业自备码头使用，必须符合甲方规划要求。"本案中，淮红公司系从他人手中取得码头使用权，并非从管委会手中取得，故并不存在管委会向其交付问题；管委会并不具有办理码头使用许可证的法定职能，双方在该约定中所谓"甲方应给予办理码头使用许可证"应属无效条款；该约定中，管委会仅是"帮助"义务，但双方在该条款中并未约定明确的"帮助"内容，而淮红公司也未提供证据证明其符合码头过户的条件，且其已向职能部门提出申请，仅因管委会未能履行该"帮助"义务而导致未能使用该码头。因此，淮红公司这一主张，缺乏事实根据和法律依据，不予支持。

2. 关于5年内不得复重引进、建设同类型物流（园）中心问题

《反垄断法》①第8条规定："行政机关和法律、法规授权的具有管理公共事务职能的组织不得滥用行政权力，排除、限制竞争。"本案中，双方在合同中的约定违反了上述强制性规定，依法应属无效条款。如果因为该条款无效而导致淮红公司损失，根据《合同法》的规定，按照各自的过错，淮红公司可依法主张自己的权利。本案中，双方签订合同以后，淮红公司取得了相关土地，并领取了相关证照，进行了一定规模的投资，经营过程中，客观上出现了"新港物流园"这样所谓的同类企业，但管委会并不认可，淮红公司也未提供证据证明该"新港物流园"经营的是与其经营范围相重叠的物流业务，且该企业系经过管委会许可进入该市场；同时，淮红公司在本案中仅主张要求管委会解决恶性竞争问题，并未提供证据证明其所受损失需要赔偿，故对其这一主张，无法支持。淮红公司在有

① 此为旧版，已被修订。

证据之后，可另行主张。

3. 关于“四通一平”问题

根据双方约定，管委会负责所提供土地的路通、水通、电通、排水通以及场地平整，即所谓的“四通一平”，其中水通系厂区前道路供水主管道，电通系厂区外道路高压供电线路，该约定并不违反法律法规的强制性规定，依法应为有效条款，双方均应严格遵守。管委会作为合同一方当事人在提供土地过程中，应当向投资方履行配套义务，但管委会并未就此提供证据，应当承担不利的法律后果。淮红公司主张管委会未履行该义务，提供了架设线路合同以及其与管委会2012年8月23日签订的道路改造合同，能够证明其为实现“四通一平”中的电通和路通而付出的款项。因此，在淮红公司已代管委会履行了相关义务的情况下，就此所花费的费用，依法应由管委会承担。淮红公司在本案中主张346,460元(含路通30万元、电通46,460元)，但经审理查明，管委会已就道路部分向淮红公司支付了10万元，故淮红公司的损失应为246,460元，由管委会承担赔偿责任。

4. 关于土地出让金返还问题

《土地管理法》第55条第1款规定：“以出让等有偿使用方式取得国有土地使用权的建设单位，按照国务院规定的标准和办法，缴纳土地使用权出让金等土地有偿使用费和其他费用后，方可使用土地。”《国务院办公厅关于规范国有土地使用权出让收支管理的通知》规定：“任何地区、部门和单位都不得以‘招商引资’、‘旧城改造’、‘国有企业改制’等各种名义减免土地出让收入，实行‘零地价’，甚至‘负地价’，或者以土地换项目、先征后返、补贴等形式变相减免土地出让收入。”故双方关于返还土地出让金的约定违反了法律法规的强制性规定，该项约定应属无效。淮红公司就此主张返还，缺乏法律依据，不予支持。

5. 关于办理土地分割手续问题

《土地管理法》第4条规定：“国家实行土地用途管制制度。……使用土地的单位和个人必须严格按照土地利用总体规划确定的用途使用土地。”第5条规定：“国务院自然资源主管部门统一负责全国土地的管理和监督工作。县级以上地方人民政府土地行政主管部门的设置及其职责，由省、自治区、直辖市人民政府根据国务院有关规定确定。”第12条规定：“依法改变土地权属和用途的，应当办理土地变更登记手续。”本案中，淮红公司与管委会在《补充协议》中约定，管委会根据淮红公司需要负责产权分户分割等各种手续办理，县政府在《承诺书》中就此也作了承诺。管委会和县政府均不具备这样的法定职能,其所签协议约定以及承诺均超出了其职能范围;双方该约定和承诺亦与法律强制性规定不符,所作约定和承诺均属无效;合同履行中,淮红公司就土地用途变更问题多次申请,由此可见,房地产分户分割应按照法律规定,符合条件方可予以办理,而并非“乙方要求”,淮红公司对此应当明知。审理中,根据当事人陈述,淮红公司物流园中所建房屋房产证已取得200份,淮红公司应当按照法律规定依法向有权机关申请土地用途变更,在土地用途未予变更情况下,直接按照合同的无效约定要求将宗地也分割成200份,缺乏法律根据,不予支持。

6. 关于综合楼损失赔偿问题

淮红公司主张炎黄大道扩建导致其综合楼未能建设,由此产生损失,要求管委会和县政府赔偿。管委会和县政府抗辩认为,规划中并没有综合楼这一项目,只有办公用房,且炎黄大道虽有扩建,但并未占用淮红公司土地,即使淮红公司综合楼没有建成,亦不属于管委会和县政府的原因。作为一个物流企业,一定的办公生活用房是客观需要,而且从管委会提供的可行性研究报告中也可以反映出存在办公生活楼的规划,且淮红公司在审理中也明确表示,其所主张的综合楼即是抗辩意见中的办公用房,应予确认。淮红公司主张炎黄大道扩建导致其综合楼未能建成产生损失,但从管委会提供的规划图来看,炎黄大道虽有扩建,但并未占用淮红公司使用的土地,淮红公司就此主张缺乏事实根据。庭审中,淮红公司主张根据《补充协议》的约定,淮红公司除了可以使用自己的土地,还可以使用部分其他土地用作停车场,即使炎黄大道扩建未占用淮红公司的土地,也导致综合楼的功能无法实现。一审法院认为,淮红公司对此并未提供证据证明炎黄大道扩建占用的土地就是管委会承诺给予淮红公司使用的停车场土地,在其实际使用的土地中,已经存在一部分土地是未予发证的面积(土地使用证面积63.189亩,实际使用82.81亩),即使存在占用淮红公司可以实际用作停车场的土地的事实,也并非淮红公司综合楼未能建成的原因,仅是可能使其使用效能降低,但因淮红公司综合楼并未实际建成,所以也无法衡量效能降低幅度。因此,淮红公司主张这一损失,缺乏事实根据和法律依据。

至于管委会和县政府抗辩淮红公司投资不到位、变相进行房地产开发,属于低端房地产市场,构成根本违约的问题。一审法院认为,根据淮红公司与管委会的合同约定,淮红公司项目用地约100亩,项目固定投资总额不低于1.2亿元,但实际淮红公司用地未达到100亩,其中土地使用证面积63.189亩,实际使用82.81亩,故不应以淮红公司投资总额未达到1.2亿元,认定其构成根本违约;淮红公司客观上进行了投资,但囿于市场变化,即使投资强度和进度不完全符合可行性研究报告估算的情况,也属于企业自主权的基本范畴,且管委会也未提供证据证明淮红公司投资不到位的具体事实;即使淮红公司存在投资不到位的情况,管委会应当依合同约定进行催告,但管委会未能提供其进行催告的证据。因此,该项抗辩主张不能成立。

综上,淮红公司的部分诉讼请求成立,依法予以支持;部分诉讼请求无事实根据和法律依据,依法应当予以驳回。

一审结果

一审法院作出行政判决:一、管委会赔偿淮红公司为实现路通、电通支出的费用246,460元;二、驳回淮红公司的其他诉讼请求。

淮红公司不服一审判决,向江苏省高级人民法院(以下简称江苏高院)提出上诉。2018年5月28日,江苏高院作出行政判决:驳回上诉,维持原判。

淮红公司向最高人民法院申请再审。2019年12月30日,最高人民法院作出行政裁定:驳回淮红公司的再审申请。

案例评析

1.关于《项目合同书》是否属于行政合同问题

我国行政机构序列中并没有开发区管委会,改革开放后,开发建设、招商引资热潮下,全国各地雨后春笋般出现了大量的开发区及相应管委会,并逐步发展为行使管理经济、社会、文化事务,架构与县(市、区)政府相当。根据政府派出机构设置情况,开发区管委会属于政府设立的派出机构。本案中,《项目合同书》相关用地、优惠政策、限制竞争等内容,均依赖于政府行政职权才能得以实现。县政府还签发了《承诺书》,就《项目合同书》《补充协议》中的优惠政策承诺落实,其中包括按淮红公司要求办理产权分户分割手续。因此,《项目合同书》行政属性明显,应为行政合同。

2.关于两被告主体是否适格及应由谁承担责任问题

管委会是省政府批准设立的经济技术开发区,具有行政主体资格,应作为本案被告。县政府设立的管委会,并且县政府对于管委会所签订的《项目合同书》

《补充协议》中有关行政管理内容具有密切关联性，淮红公司将县政府列为被告，应予支持。

自2018年2月8日起施行的《最高人民法院关于适用〈中华人民共和国行政诉讼法〉的解释》第21条规定，当事人对由国务院、省级人民政府批准设立的开发区管理机构作出的行政行为不服提起诉讼的，以该开发区管理机构为被告；对由国务院、省级人民政府批准设立的开发区管理机构所属职能部门作出的行政行为不服提起诉讼的，以其职能部门为被告；对其他开发区管理机构所属职能部门作出的行政行为不服提起诉讼的，以开发区管理机构为被告；开发区管理机构没有行政主体资格的，以设立该机构的地方人民政府为被告。2018年8月10日，最高人民法院关于"管委会"行政诉讼主体资格的答复（对第十三届全国人大第一次会议第4913号建议的答复）中认为，开发区管委会并非宪法和各级人民政府组织法规定的行政机关，全国层面又没有制定一部统一的开发区管理法律规范，导致开发区管理机构的行政主体资格争议很大；各地法院对开发区管理机构能否作为行政诉讼的被告参与行政诉讼，裁判尺度也不统一。《最高人民法院关于适用〈中华人民共和国行政诉讼法〉的解释》第21条的规定有效回应了当前我国各类开发区管理机构参与行政诉讼的"资质"问题，从行政管理实践出发，消除了较高层次的开发区管理机构参加行政诉讼的主体障碍。

案例 27 PPP 项目中相关工程款等施工争议是否属于人民法院受理民事诉讼的范围

相关问题

1. PPP 项目中相关工程款等施工争议案由的认定；
2. 本案是否属于人民法院受理民事诉讼的范围。

裁判要点摘选

虽然合同双方对项目工程款等款项进行了确认，但相关工程款等款项依据为《PPP 项目合同》进行审理，案件争议属于行政诉讼范围，不属于人民法院受理民事诉讼的范围。

基本案情

上诉人(一审原告)：洋建公司

被上诉人(一审被告)：K 市项目促进中心

被上诉人(一审被告)：K 市人民政府

一审第三人：商筑公司

2019 年 9 月 25 日，一审法院立案受理洋建公司诉 K 市项目促进中心(以下简称促进中心)、K 市人民政府(以下简称市政府)、商筑公司建设工程施工合同纠纷一案。

洋建公司诉称：2017 年 12 月 15 日，促进中心代表市政府与原告签署《联网公路、基础设施、垃圾填埋场建设工程 PPP 项目合同》(以下简称《PPP 项目合同》),总投资额为1,402,000,000元。合同签订后,洋建公司针对中标项目开展了投资建设。2018年11月13日,促进中心决定终止《PPP项目合同》。2018年11月20日,市财政局牵头召集促进中心、洋建公司以及相关单位,就退场结算问题召开碰头会,会议决定以11月20日作为合同终止日期,立即停止施工,项目进入清算程序,委托衡立公司对已完工项目进行退场结算审核评估。2019年4月1日,衡立公司出具退场结算审核报告,报告中确定的退场结算金额为427,365,522元。对于上述审核结果,原、被告均予以认可,并在《建设工程已完工程结算审核定案表》中签章确认。洋建公司认为,原、被告之间的合同关系已解除,且被告委托第三方机构对工程价款金额进行了结算评估以及签章确认。因此,促进中心应当按照结算定案表为依据,一次性向原告支付工程余款365,140,137元(扣除合作期内已支付的工程款162,225,385元)。被告单方解约,按照《PPP项目合同》第九章的约定,其解约理由并非属于不可抗力,应当承担违约责任,支付逾期付款违约金、逾期可得利润以及洋建公司合作伙伴的索赔等。

洋建公司诉讼请求:(1)判令被告共同偿还原告工程款本金265,140,136元;(2)判令被告共同承担逾期付款违约金暂计8,072,245.93元(违约金以同期银行贷款利率上浮两个百分点,自工程款金额确定之日暂算至起诉之日,其后金额算至实际支付之日);(3)判令被告共同赔偿原告的物资、被动索赔等损失共计1164万元;(4)判令被告共同赔偿预期可得收益共计68,224,413.46元;(5)诉讼费用(含律师费)由二被告承担。

一审意见

一审法院经审查认为,本案纠纷系双方签订《PPP项目合同》后,未能全面履行,双方协议终止该合同后就赔偿问题产生的纠纷。原告依照《PPP项目合同》提出的诉讼请求是否应当得到支持首先需要对该合同的效力进行审查。《PPP项目合同》是政府与社会资本合作协议,系市政府为了实现行政管理或公共服务与洋建公司协商订立的具有行政法上权利义务内容的协议,属于《行政诉讼法》第12条第1款第11项规定的行政协议。对行政协议效力的审查属于行政诉讼的范畴。故原告的起诉属于行政诉讼受案范围,不属于人民法院受理民事诉讼的范围。

一审结果

2020 年 3 月 26 日，一审法院作出民事裁定：驳回洋建公司的起诉。

洋建公司不服一审裁定，向四川省高级人民法院（以下简称四川高院）提出上诉。

二审意见

四川高院认为，本案的案由是建设工程施工合同纠纷，产生纠纷的主要依据是促进中心代表市政府与洋建公司签署的《PPP 项目合同》，一审认定该合同是政府与社会资本合作协议，系市政府为了实现行政管理或公共服务与洋建公司协商订立的具有行政法上权利义务内容的协议，属于《行政诉讼法》第 12 条第 1 款第 11 项规定的行政协议，予以确认。虽然该合同由第三方进行了结算且结算结果得到双方的确认，但案件审理所涉及的项目工程施工情况、违约责任等都需要针对《PPP 项目合同》进行审理。洋建公司认为本案完全属于民事争议，不应当适用《行政诉讼法》进行审理，与本案事实不符，不予认可。

二审结果

2020 年 8 月 4 日，四川高院作出民事裁定：驳回上诉，维持原裁定。

案例评析

1. 关于本案案由的认定问题

本案中，洋建公司以建设工程施工合同纠纷案由提起民事诉讼是缺乏依据的，建设工程施工合同纠纷应建立在争议各方具有书面或者事实建设工程施工合同的基础上，而洋建公司相关款项主张实际是以《PPP 项目合同》为基础的，并非施工合同。

2. 关于本案是否属于人民法院受理民事诉讼的范围问题

关于因 PPP 项目合同/协议引起的争议，是否属于民事诉讼范围问题。司法实践中，如相关争议并不涉及行政事项范围，有的法院、仲裁机构认为可以按民事案件受理，如果涉及了行政事项范围，应按行政诉讼案件受理，编者赞同此观点。

案例28　对 PPP 协议中仲裁解决争议条款效力应如何认定

相关问题

1. PPP 协议性质应如何认定；

2. PPP 协议中仲裁解决争议条款效力如何认定；

3.《最高人民法院关于审理行政协议案件若干问题的规定》(法释〔2019〕17号)对 PPP 协议性质认定的影响。

典型意义

PPP 协议性质如何认定,《最高人民法院关于审理行政协议案件若干问题的规定》生效实施后,是不是有关 PPP 协议的争议都不能通过仲裁解决了,对于上述问题本案的处理具有参考价值,这也是将本案列为典型案例原因所在。

基本案情

申请人:颂建集团

被申请人:诸暨市人民政府大唐街道办事处

2017 年 11 月 7 日,诸暨市人民政府审批通过《诸暨袜艺小镇综合配套 PPP 采购项目实施方案》,同意该项目实施方案并授权诸暨市大唐镇人民政府作为项目实施机构,具体负责本项目的准备、采购、签约、监管等其他相关工作。

2018 年 1 月 3 日,诸暨市大唐镇人民政府发布《诸暨袜艺小镇综合配套 PPP 采购项目的招标公告》。同年 1 月 23 日,颂建集团与中新房东方有限公司(以下简称中新房公司)作为联合体投标并中标。

2018年2月7日，诸暨市大唐镇人民政府作为甲方，中新房公司、颂建集团作为乙方签订《诸暨袜艺小镇综合配套PPP采购项目投资协议》（以下简称《PPP项目投资协议》）。该协议第5条“争议的解决”约定：本协议在履行过程中发生的争议，各方本着友好、互利的原则协商解决；协商或调解不成的，任一方有权向绍兴仲裁委员会诸暨分会提交仲裁。在仲裁裁决作出之前，双方均应遵守绍兴仲裁委员会诸暨分会的决定。

2019年6月21日，诸暨市人民政府发布《关于部分行政区划调整的通知》，撤销原大唐镇建制，组建大唐街道。

2019年12月20日，诸暨市人民政府大唐街道办事处（以下简称大唐街道办事处）向绍兴仲裁委员会诸暨分会申请仲裁，请求仲裁庭裁决：(1)中新房公司、颂建集团承担未按约履行出资义务违约金6900万元；(2)中新房公司、颂建集团承担未与实施机构正式签订PPP项目协议的违约金4200万元；(3)确认中新房公司、颂建集团缴纳的1000万元投标保证金不予返还；(4)确认对中新房公司、颂建集团缴纳的2000万元履约保证金不予退还；(5)中新房公司、颂建集团赔偿经济损失1000万元；(6)中新房公司、颂建集团承担诸暨市大唐街道办事处律师代理费100万元；(7)中新房公司、颂建集团承担本案全部仲裁费用。

2019年12月27日，绍兴仲裁委员会诸暨分会受理了大唐街道办事处的仲裁申请。绍兴仲裁委员会诸暨分会受理该案后尚未开庭。

2020年3月5日，浙江省绍兴市中级人民法院（以下简称绍兴中院）受理了申请人颂建集团与被申请人大唐街道办事处确认仲裁协议效力纠纷一案。颂建集团请求：(1)确认申请人与被申请人于2018年2月7日签订的《诸暨袜艺小镇综合配套PPP采购项目投资协议》中约定的仲裁协议（条款）无效；(2)申请费由被申请人承担。

审查意见

绍兴中院经审查认为，本案系申请确认仲裁协议效力纠纷。

根据《仲裁法》第20条“当事人对仲裁协议的效力有异议的，可以请求仲裁委员会作出决定或者请求人民法院作出裁定。一方请求仲裁委员会作出决定，另一方请求人民法院作出裁定的，由人民法院裁定。当事人对仲裁协议的效力有异议，应当在仲裁庭首次开庭前提出”的规定，颂建集团在收到绍兴仲裁委员会诸暨分会的《答辩通知书》后，申请确认仲裁协议的效力，符合上述法律规定。

《仲裁法》第 2 条规定，平等主体的公民、法人和其他组织之间发生的合同纠纷和其他财产权益纠纷，可以仲裁。第 3 条规定，下列纠纷不能仲裁：依法应当由行政机关处理的行政争议。根据上述法律规定，本案纠纷是否具有可仲裁性取决于《PPP 项目投资协议》的法律性质。

关于《PPP 项目投资协议》的性质问题，首先，案涉项目虽然与行政机关实现行政管理目标，履行公共管理职责有一定的关联，但该项目并非诸暨市大唐街道办事处完全无偿的、单一的向社会公众提供的公共服务。其次，从合同订立及合同内容确定情况来看，虽然合同的一方当事人是诸暨市大唐街道办事处，但案涉协议内容不能充分表明行政机关在订立合同、监督和指挥合同的履行、变更或者解除合同等方面均享有单方的优越和主导地位。合同相对人颂建集团、中新房公司在订立合同及决定合同内容等方面仍享有充分的意思自治，并不受单方行政行为强制。最后，从合同内容来看，本案合同并未就行政审批、行政许可等行政法上权利义务内容进行约定，合同系为了约定设立项目公司后签署 PPP 项目协议，实施项目的设计、投融资、建设、运营管理及维护等事宜而签订。合同约定的具体的权利义务及违约责任，均体现了双方当事人的平等、等价协商一致的合意。本案协议具有明显的民商事法律关系性质，应当定性为民商事合同，不属于行政机关为实现公共利益或者行政管理目标，在法定职责范围内，与公民、法人或者其他组织协商订立的具有行政法上权利义务内容的行政协议。另外，从诸暨市大唐街道办事处的仲裁请求来看，其涉及的是《PPP 项目投资协议》的履行问题，纠纷并不涉及具体的行政行为。因此，本案争议具有可仲裁性，不属于依法应当由行政机关处理的行政争议。本案中，双方当事人在《PPP 项目投资协议》中约定，本协议在履行过程中发生的争议，各方本着友好、互利的原则协商解决；协商或调解不成的，任一方有权向绍兴仲裁委员会诸暨分会提交仲裁。该仲裁条款包含了请求仲裁的意思表示、仲裁事项、选定的仲裁委员会，且仲裁事项及仲裁委员会约定明确，符合《仲裁法》第 16 条规定的仲裁协议有效的要件。本案仲裁条款并不存在《仲裁法》第 17 条、第 18 条规定的仲裁协议无效的情形。申请人关于《PPP 项目投资协议》系行政协议的理由不能成立，不予采纳，其要求确认仲裁协议无效的请求，不予支持。

审查结果

2020 年 4 月 14 日，绍兴中院作出民事裁定：驳回颂建集团要求确认颂建集团、中新房公司与大唐街道办事处于2018年2月7日签订的《PPP项目投资协议》中约定的仲裁协议(条款)无效的请求。

案例评析

1. 关于PPP项目采购协议及其他协议的性质认定问题

判断PPP项目中所签订的协议是行政协议还是民事协议,不能简单地依据协议中主体中有行政机关,主要是看协议签订的方式以及双方权利义务内容的约定,如果协议具有明显的民商事法律关系性质,应当定性为民商事合同,不属于行政机关为实现公共利益或者行政管理目标,在法定职责范围内,与公民、法人或者其他组织协商订立的具有行政法上权利义务内容的行政协议。具体来说,主要有以下考量因素:

第一,即使项目与行政机关实现行政管理目标、履行公共管理职责有一定的关联,但该项目并非完全无偿的、单一的向社会公众提供的公共服务。

第二,从合同订立及合同内容确定情况来看,虽然合同的一方当事人是行政机关,但案涉协议内容不能充分表明行政机关在订立合同、监督和指挥合同的履行、变更或者解除合同等方面均享有单方的优越和主导地位。企业作为合同相对人在订立协议/合同及决定协议内容等方面仍享有充分的意思自治,并不受单方行政行为强制。

第三,从协议/合同的内容来看,未就行政审批、行政许可等行政法上权利义务内容进行约定,而是约定设立项目公司后签署PPP项目协议,实施项目的设计、投融资、建设、运营管理及维护等事宜而签订。协议/合同约定的具体的权利义务及违约责任,均体现了双方当事人的平等、等价协商一致的合意。

结论:PPP项目中,涉及行政主体与社会资本等主体之间签订的各类合同/协议,并非所有的协议均是行政协议,在PPP项目中可能会既有行政协议,也有民事协议,具体是哪一种性质的协议,需要根据签订的方式、协议的权利义务内容、责任救济以及权利行使的方式来全面分析判断。

2. 关于PPP协议中仲裁解决争议条款的效力认定问题

根据《仲裁法》第2条的规定,平等主体的公民、法人和其他组织之间发生的合同纠纷和其他财产权益纠纷,可以仲裁。根据第3条的规定,依法应当由行政机关处理的行政争议,不能仲裁。PPP项目的协议中,如果约定有仲裁条款,

PPP 项目协议是否具有可仲裁性,取决于 PPP 项目协议的法律性质。如果协议的法律性质是行政协议,则 PPP 协议中约定仲裁解决争议的方式不能适用,只能通过行政诉讼程序解决争议。如果有仲裁条款约定的 PPP 协议的法律性质是民事协议,或者典型的既有民事又有行政内容,此争议案件的案由属于确认仲裁协议效力纠纷。法院或者仲裁机构一般从程序上就以下事项审查判断:PPP 协议中的仲裁解决争议条款的法律效力;仲裁条款中有仲裁的意思表示、明确约定仲裁事项、选定的仲裁委员会,符合《仲裁法》第 16 条规定的仲裁协议有效的要件,以及仲裁条款是否存在《仲裁法》第 17 条、第 18 条规定的仲裁协议无效的情形。

案例 29　行政机关能否作为原告提起行政诉讼请求确认仲裁条款效力

相关问题

1. 行政机关能不能作为原告起诉行政协议的另一方当事人；
2. 本案驳回起诉的法律依据的具体适用。

裁判要点摘选

因行政协议的订立、履行、变更、终止等产生纠纷，唯有公民、法人或者其他组织可作为原告，以行政机关为被告提起行政协议诉讼，而行政机关不能作为原告起诉行政协议的另一方当事人，也即行政协议诉讼被告恒定。

上诉人（一审原告）：F 市住房和城乡建设局

被上诉人（一审被告）：桑水公司

F 市住房和城乡建设局（以下简称住建局）诉桑水公司行政协议纠纷一案，一审法院立案受理。

一审意见

一审法院认为，《行政诉讼法》第 2 条第 1 款规定，公民、法人或者其他组织认为行政机关和行政机关工作人员的行政行为侵犯其合法权益，有权依照本法向人民法院提起诉讼。可见，人民法院受理行政诉讼案件的范围，应当是公民、法人或者其他组织认为行政机关或者行政机关工作人员的行政行为侵犯了其合法权益，提起的诉讼。本案是行政机关认为其与法人签订的行政协议中包含无效的仲裁条款，不符合上述法律规定。原告称，"F 市乡镇生活污水处理设施捆绑打包项目"《特许经营协议》属于行政协议,根据《最高人民法院关于审理行政协议案件若干问题的规定》第 4 条第 1 款的规定,因行政协议的订立、履行、变更、终止等发生纠纷,公民、法人或者其他组织作为原告,以行政机关为被告提起行政诉讼的,人民法院应当依法受理。本案原告为住建局,被告是法人,亦不符合《最高人民法院关于审理行政协议案件若干问题的规定》中有关行政协议的起诉规定。

一审结果

一审法院作出行政裁定:驳回原告住建局的起诉。

住建局不服一审裁定,向福建省宁德市中级人民法院(以下简称宁德中院)提出上诉。

上诉意见

住建局上诉请求:撤销一审裁定,并指令一审法院继续审理本案。主要理由:(1)上诉人向法院提起确认行政协议仲裁条款无效于法有据。《仲裁法》第 20 条第 1 款规定:"当事人对仲裁协议的效力有异议的,可以请求仲裁委员会作出决定或者请求人民法院作出裁定。一方请求仲裁委员会作出决定,另一方请求人民法院作出裁定的,由人民法院裁定。"上诉人与被上诉人签订的《特许经营协议》属于《最高人民法院关于审理行政协议案件若干问题的规定》第 1 条规定的行政协议,对于行政协议中仲裁条款无效的认定依法由法院确认且被上诉人已向仲裁委员会提起仲裁,故上诉人提请法院作出裁定,于法有据。(2)一审法院对本案适用《最高人民法院关于审理行政协议案件若干问题的规定》第 4 条,但该条款适用的是因"行政协议的订立、履行、变更、终止等"四种情形发生的纠纷,公民、法人或者其他组织作为原告,而本案诉请的确认行政协议仲裁条款无效,并非上述规定的四种情形,故不适用该规定。一审法院对依法应由其审理的案件裁定驳回起诉,违反了《仲裁法》的相关规定,同时也将行政协议争议推给仲裁机构,明显与《行政诉讼法》规定的受案范围相悖。请求二审法院依法支持上诉人的上诉请求。

二审答辩

被上诉人桑水公司辩称,(1)行政诉讼中的原、被告恒定原则,决定了行政机关或行政机关委托的组织不得在行政诉讼中,以原告的身份提出确认约定仲裁条款无效之诉。(2)被上诉人与上诉人签订的《特许经营协议》应当定性为民商事合同,具有可仲裁性。(3)案涉《特许经营协议》系典型的BOT协议,符合国家推广PPP模式,其合同内容完全是平等民事主体之间的权利义务,是典型的民商事合同。

二审意见

宁德中院认为,《最高人民法院关于审理行政协议案件若干问题的规定》第4条第1款规定:"因行政协议的订立、履行、变更、终止等发生纠纷,公民、法人或者其他组织作为原告,以行政机关为被告提起行政诉讼的,人民法院应当依法受理。"根据上述规定,因行政协议的订立、履行、变更、终止等产生纠纷,唯有公民、法人或者其他组织可作为原告,以行政机关为被告提起行政协议诉讼,而行政机关不能作为原告起诉行政协议的另一方当事人,也即行政协议诉讼被告恒定。本案中,住建局作为行政机关以桑水公司为被告,请求法院确认双方签订的"F市乡镇生活污水处理设施捆绑打包项目"《特许经营协议》约定的仲裁条款无效,明显违反上述司法解释规定。

综上,上诉人住建局提起本案诉讼不符合法定的起诉条件,依法应当不予登记立案,已经登记立案的,应当裁定驳回起诉。一审法院裁定驳回住建局的起诉,结论正确。但一审法院适用《行政诉讼法》第69条第1款第10项予以驳回错误,应当适用《最高人民法院关于适用〈中华人民共和国行政诉讼法〉的解释》第69条第1款第10项的规定,予以指正。上诉人所提上诉理由缺乏法律依据,应予驳回;被上诉人答辩请求有理,予以支持。

二审结果

2020年11月11日,宁德中院作出行政裁定:驳回上诉,维持原裁定。

案例评析

案涉当事人双方签订的《特许经营协议》属于行政协议,行政协议诉讼属于行政诉讼的一种,应当遵循行政诉讼的基本原则,本案F市住房和城乡建设局作为项目的特许经营权授予主体,在本案行政协议诉讼中不能作为原告提起诉讼,也不能提起反诉。

行政协议司法实务中,行政机关救济自身权益的路径,通常为通过行使抗辩权拒绝履行协议约定的义务,或者通过申请非诉强制执行途径促使协议相对人履行协议约定的义务。同时,行政协议具有合意性或者合同性特征,合同当事人所享有的合法权利且权利的行使不违反行政性要求的,同样可以适用于行政协议当事人,如主张抵消的权利。需要注意的是在特定情形下行政机关也具备原告资格,需根据行政机关在特定事务中是行政身份还是民事身份确定,如果行政机关作为普通主体并未行使行政职权,而是接受其他行政机关管理,对于管理行政机关行为不服的,也具有原告资格。

案例 30　目标工程未被纳入 PPP 综合信息平台项目库引发的争议

相关问题

1. PPP 项目咨询服务协议的甲方包括一方还是两方的认定；
2. PPP 项目咨询服务协议约定的付款条件是否成就；
3. 咨询服务方相关服务费请求应否支持；
4. 咨询服务方已收取的服务费应否返还。

裁判要点摘选

对合同具体条款内容的确定应以合同目的及合同全文为基础，在居间人未促成合同成立的，不得要求支付报酬，但可以要求委托人支付从事居间活动支出的必要费用。

基本案情

上诉人（一审原告、反诉被告）：地联公司

被上诉人（一审被告、反诉原告）：汉景公司

被上诉人（一审被告）：铁环公司

2018 年 3 月，汉景公司（甲方）与地联公司（乙方）签订《PPP 项目咨询服务协议》（以下简称《咨询服务协议》），约定双方就伊川县体育公园、滨河新区潜溪河、邑涧河生态湿地公园先锋区建设工程（以下简称目标工程）进行咨询服务合作，约定乙方向甲方报告订立合同的机会或提供合同的媒介服务，指导甲方拟定有效商务策略，提高甲方中标涉讼工程的概率等，促使甲方与政府签订 PPP 项

目合同,与项目公司签订工程合同等。协议第2.2条约定:乙方需向甲方提供的资料及完成的事项为“(1)PPP实施方案、物有所值报告及财政承受能力论证报告;(2)政府同意本项目以PPP方式实施及PPP实施方案通过的会议纪要或决议文件;(3)政府将本项目纳入财政部PPP综合信息平台项目库(采购阶段或执行阶段);(4)政府将PPP项目款项支出纳入同级政府一般公共预算和中期财政规划,并提供经同级人民代表大会审批通过的文件……”协议第3条约定:如乙方没有提供有效服务或未完成协议第2.2条约定事项,视为咨询服务事项未完成。协议第3.3条约定:如工程毛利润未达到甲方要求、PPP项目未纳入财政部综合信息平台,甲方有权不参与目标工程的投标且不向乙方支付任何费用,乙方不得以此提出任何索赔。协议第5条关于“咨询服务费及款项支付”中约定:“咨询服务费总额为760万元,其中500万元为签约咨询服务费,目标项目合同签订、纳入PPP综合信息平台且甲方收到项目公司工程款后即视为咨询服务成功;剩余部分作为其他公关咨询服务费,视项目商务条件公关达成效果确定,具体条件为:1.促使业主同意按甲方要求修改PPP实施方案,包括但不限于调整体育公园中四个场馆的造价及运营维护费用,该条件达成后计算100万元咨询服务费至总咨询服务费中;2.协助甲方在项目公司成立3个月内取得所有项目融资需求的政府方相关资料,该条件达成后计算100万元公关咨询服务费至总咨询服务费中;3.其他甲方指定事宜,包括工程监理单位由项目公司自行招标确定等,该条件达成后计算60万元公关咨询服务费至总咨询服务中。咨询服务费的支付方式为:在甲方取得目标项目中标通知书后,甲方向乙方支付80万元作为前期费用,该前期费用将在后续3次支付中抵扣,支付至咨询服务费总额的50%前全部扣除完毕;目标项目纳入财政部PPP综合信息平台后,甲方以已收的建安工程费为基数,按实际咨询服务费站咨询服务计算基数的比例同等支付给乙方,甲方累计支付咨询服务费至70%时暂停支付,在目标工程竣工结算且项目投资额经政府审计结束且甲方收到结算款后,甲方支付至90%,余款在政府向项目公司支付第一笔可用性服务费或可行性缺口补助之后支付”。

协议签订后,地联公司就目标工程的投标协助汉景公司进行与伊川县人民政府的沟通以及修改项目实施方案等工作。

2018年5月21日,伊川县滨河新区管理委员会及目标工程的采购代理机构共同作出中标通知书,确定铁环公司中标目标工程。此后,铁环公司与伊川县人民政府签订《政府和社会资本合作(PPP)筹划伊川县滨河新区生态科技城建设项目合作框架协议》。

2018年9月11日,铁环公司向地联公司支付咨询服务费30万元,汉景公司、铁环公司主张该笔费用系代付关系,但其提交审计报告中未体现该笔款项的付款情况。《咨询服务协议》中第1条定义部分约定,对于协议甲方的约定为“甲方的股东、甲方全资公司、甲方控股公司、甲方参股公司或甲方指定的具有满足本项目施工资质的第三方”。

2019年1月17日,地联公司所委托律师向被告汉景公司发出律师函,要求其支付咨询服务费150万元。

地联公司起诉汉景公司、铁环公司(案由为合同纠纷),请求:(1)判令汉景公司向地联公司支付150万元咨询费用及利息7.53万元(利息按年利率6%暂计至2019年2月26日,之后利息按年利率6%算至实际支付之日);(2)判令铁环公司对汉景公司的上述债务承担连带责任;(3)本案诉讼费用、保全费用由汉景公司、铁环公司承担。

汉景公司提出反诉请求:(1)地联公司返还汉景公司支付的前期居间活动费用30万元及利息21,000元(利息按年利率6%,自2018年9月7日起计算,暂计至2019年7月15日,之后的利息按6%继续计算至债务全部清偿之日止);(2)本案诉讼费用由地联公司承担;(3)解除《咨询服务协议》。

诉讼中,汉景公司提交登录财政部政府和社会资本合作中心网站查询目标工程的视频资料,主张目标工程未能纳入财政部政府和社会资本合作综合信息平台项目库(以下简称PPP综合信息平台项目库)。汉景公司提交伊川县政府会议纪要以及汉溪公司2019年3月29日对铁环公司作出的《关于尽快支付工程款及下一步工作安排的函》,后者载明因目标工程未能纳入PPP综合信息平台项目库,导致目标工程无法完成融资,伊川县滨河新区管理委员会拟与该公司解除PPP项目合同并准备另行招标,函中告知铁环公司做好现场成品保护工作,该公司将对已实施工程进行甩项验收。汉景公司提交的洛阳市政府采购网查询页面打印件显示,2019年6月10日该网站公示生态湿地公园一期涉及中标结果,中标单位为案外人,汉景公司主张该公示的招标工程为目标工程的子项目,因目标工程未纳入PPP综合信息平台项目库,汉景公司没有实际承接目标工程,依照本案《咨询服务协议》汉景公司无须支付咨询服务费。地联公司对于前述证据的真实性不予确认。

汉景公司主张解除本案《咨询服务协议》,地联公司当庭同意解除。

汉景公司是铁环公司的全资子公司。地联公司主张本案合同履行中汉景公司、铁环公司主体混同,均系合同当事人,应共同承担本案债务。汉景公司、铁环公司提交各自工商登记资料及财务审计报告,主张系独立核算的法人,汉景公司为本案合同当事人。

一审意见

一审法院认为,本案《咨询服务协议》中双方约定地联公司为促成汉景公司与特定主体就目标工程签订合同提供服务,属居间合同,系双方真实意思表示,内容未违反法律法规的强制性规定,合同依法成立。

本案争议焦点之一为铁环公司是否为本案合同当事人。铁环公司虽未在咨询合作协议书盖章,但其作为汉景公司的股东属协议载明"甲方",虽然未有证据证明其授权汉景公司代其签署《咨询服务协议》,但其在协议履行中对目标工程进行投标及签约,其亦支付了部分服务费,实际享受了协议甲方的权利并履行了甲方的部分义务,根据民事诉讼证据的盖然性原则可以确定,以上行为属于对汉景公司将其列为合同当事人的行为的追认,地联公司主张其为合同当事人,符合事实,依法予以确认。

本案争议焦点之二是《咨询服务协议》约定的付款条件是否成就。地联公司主张协议约定系按节点付款,铁环公司收到中标通知书即符合协议第 5 条约定的支付 80 万元前期费用的条件。汉景公司则主张目标工程未被纳入 PPP 综合信息平台项目库,属咨询服务事项没有完成,汉景公司无须支付咨询服务费,并反诉请求地联公司退还已支付 30 万元。

以上观点的分歧在于双方对合同条款作出不同解读,对合同具体条款内容的确定应以合同目的及合同全文为基础。根据《咨询服务协议》全文,尤其是第 2 条、第 3 条及第 5 条各条成文目的及相互关系可以确定,协议第 2 条对地联公司应完成的事项进行了约定,第 3 条对地联公司未完成第 2 条约定事项情况下双方权利义务进行了约定,第 5 条则对地联公司完成约定事项下,汉景公司应支付之服务费以及如何支付进行了约定,根据协议第 2 条及第 3 条的约定,地联公司如未促成目标工程被纳入 PPP 综合信息平台项目库,汉景公司无须支付咨询服务费。现目标项目未纳入 PPP 综合信息平台项目库,地联公司主张汉景公司支付咨询服务费没有合同依据,一审法院依法不予支持。同理,协议第5条系约定地联公司完成协议第2条约定服务事项后,以及该条约定的特别事项后,汉景公司所应支付的服务费金额及具体支付方式,第2条、第3条、第5条相互结合可以确定,完成协议第2条约定之事项地联公司方取得咨询服务费请求权,汉景公司取得中标通知书系在其取得服务费请求权的基础上的具体付费节点,本案中地联公司未完成约定事项,未取得主张汉景公司支付服务费的请求权,即便汉景公司取得中标通知书其亦无权依此主张汉景公司支付服务费。

本案争议焦点之三在于地联公司有无权利请求汉景公司支付费用以及汉景公司有无权利主张地联公司返还已付款项。居间人未促成合同成立的,不得要求支付报酬,但可以要求委托人支付从事居间活动支出的必要费用。本案地联公司虽未完成协议约定的服务事项,但其提交的证据可以证明其为履行《咨询服务协议》而进行了多项工作,客观上支出了必要费用,现其未举证证明实际支付的费用金额,一审法院根据其举证其进行的具体工作以及履行合同期间,酌定该费用为30万元,对于地联公司过高部分的主张不予支持。汉景公司主张地联公司返还该款项没有事实与法律依据,依法不予支持。

一审结果

一审法院作出民事判决:一、驳回地联公司的诉讼请求;二、驳回汉景公司的反诉请求。

地联公司不服一审判决,向广东省深圳市中级人民法院(以下简称深圳中院)提出上诉。

二审意见

深圳中院认为,本案为居间合同纠纷。根据查明事实,案涉服务协议签订后,汉景公司取得案涉项目中标通知书,地联公司促成业主同意修改PPP实施方案,但案涉PPP项目未纳入财政部PPP综合信息平台项目库。本案二审的争议焦点:案涉PPP项目未纳入财政部PPP综合信息平台项目库情况下,地联公司是否有权取得相应服务费。

地联公司上诉称依据《咨询服务协议》第5条的约定,其有权取得180万元咨询服务费。对此,深圳中院认为,《咨询服务协议》第2条、第3条明确约定,案涉PPP项目未纳入财政部PPP综合信息平台项目库,视为咨询服务事项未完成,汉景公司有权不向地联公司支付任何费用。至于协议第5条约定:“促成业主同意按汉景公司要求修改 PPP 实施方案,该条件达成后计算 100 万元公关咨询服务费于总咨询服务费中……汉景公司取得本项目中标通知书后,汉景公司向地联公司支付 80 万元作为前期费用……”该条款系双方对服务费金额、具体支付方式的约定,无法据此推断只要汉景公司取得案涉项目中标通知书,及业主同意修改 PPP 实施方案,地联公司即取得相应 180 万元服务费的请求权。以合同目的及合同全文为基础,结合协议第 2 条、第 3 条、第 5 条的相互关系,一审认定第 5 条约定地联公司有权取得咨询服务费的前提是咨询服务成功,即案涉 PPP 项目纳入财政部 PPP 综合信息平台项目库,该认定并无不当,予以确认。故此,案涉 PPP 项目未纳入财政部 PPP 综合信息平台项目库,地联公司未完成约定事项,无权主张服务费,地联公司该上诉理由缺乏依据,不予支持。另外,地联公司还称在其协助和动作下,汉景公司已提前入场施工,并取得利益,但未能提交证据证明,亦不足以证明其已履行了合同义务,有权主张服务费。一审酌情认定地联公司已收到的 30 万元为其从事居间活动的必要费用,地联公司未提交证据证明其实际支付的费用金额,不能证明一审酌定的金额过低,故不予调整。

二审结果

2020 年 10 月 27 日,深圳中院作出民事判决:驳回上诉,维持原判。

案例评析

1. 关于 PPP 项目咨询服务协议的甲方包括一方还是两方的认定问题

在 PPP 项目中,社会资本方并不当然是单一主体,甚至存在社会资本方联合体。虽然我国法律法规对联合体组建方式并无详细规定,但基本要求至少包括以下四个方面:一是联合体成员可以为自然人、法人或其他组织,可以独立承担民事责任;二是联合体成员不少于 2 名,对成员的个数上限并无强制性规定;三是联合体成员之间应签订共同投标协议或联合协议;四是以一个投标人或供应商身份为代表参与投标或采购。

本案中,PPP 项目咨询服务协议的甲方应包括汉景公司和铁环公司两方。虽然《咨询服务协议》是由地联公司与汉景公司签订,铁环公司并未在协议上盖章,但《咨询服务协议》第 1 条定义部分对于协议甲方的约定为“甲方的股东、甲方全资公司、甲方控股公司、甲方参股公司或甲方指定的具有满足本项目施工资质的第三方”,其作为汉景公司的股东属协议载明“甲方”。因此,虽然未有证据证明其授权汉景公司代铁环公司签署本案咨询服务协议书,但铁环公司在协议履行中对目标工程进行了投标及签约,汉景公司作为铁环公司的全资子公司,在铁环公司支付部分服务费,实际享受协议甲方的权利并履行了甲方的部分义务的情况下,根据民事诉讼证据的盖然性原则可以确定,铁环公司的行为属对汉景公司将其列为合同当事人的行为的追认。

2. 关于 PPP 项目咨询服务协议约定的付款条件是否成就问题

本案中,《咨询服务协议》约定的付款条件未成就。作为居间合同已经明确约定了付款条件,协议第 5 条约定:“项目合同签订、纳入 PPP 综合信息平台且甲方收到项目公司工程款后即视为咨询服务成功”。在项目推进过程中,因政府决定案涉项目不再采用 PPP 模式,实施服务协议订立的客观情况已发生根本性变化,案涉 PPP 项目不能纳入财政部 PPP 综合信息平台项目库,合同目的已无实现可能,即协议约定的付款条件未成就。因此,地联公司在无法完成协议约定事项的情况下,无权主张居间服务费。

3. 关于咨询服务方相关服务费请求应否支持问题

咨询服务方主张的服务费用不应支持。只有在居间人达成居间结果的情况下,才拥有要求委托人支付报酬的请求权。本案中,对合同具体条款内容的确定应以合同目的及合同全文为基础,协议第 5 条约定地联公司完成协议第 2 条约定服务事项以及该条约定的特别事项后,汉景公司所应支付的服务费金额及具体支付方式。第 2 条、第 3 条、第 5 条相互结合可以认定,完成协议第 2 条约定之事项,地联公司方取得咨询服务费请求权。汉景公司取得中标通知书,系在其取得服务费请求权的基础上的具体付费节点,在地联公司未完成约定事项的情况下,地联公司未取得支付服务费的请求权。

4. 关于咨询服务方已收取的服务费应否返还问题

本案中,咨询服务方已收取的服务费应当予以返还,同时委托方亦应向咨询服务方另行支付从事居间活动支出的必要费。在咨询服务方未完成举证责任,证明该必要费用具体金额的情况下,人民法院酌定该必要费用与应退还的服务费用金额相等,简化处理的结果就是委托方不再另行支付该必要费用,咨询服务方也无须退还已收取的服务费。居间合同作为双务、有偿、诺成合同,在居间人达成居间结果的情况下,委托人就应当向居间人支付报酬。同时,在居间人未促成居间结果的情况下,居间人不得要求支付报酬,但拥有要求支付从事居间活动支出的必要费用的请求权。根据人民法院查明的事实,在案涉服务协议签订后,汉景公司虽然取得案涉项目中标通知书,地联公司亦促成业主同意修改 PPP 实施方案,因案涉 PPP 项目未纳入财政部 PPP 综合信息平台项目库,因此,地联公司未完成协议约定的服务事项。地联公司提交的证据可以证明其为履行本案咨询服务协议而进行多项工作,客观上也支出了必要费用,故在地联公司无法提交准确的支出费用的情况下,人民法院可酌定具体金额。

案例31　被清退出项目库的相关 PPP 合同效力

相关问题

1. 名为 BOT 模式实为 BT 模式的项目协议效力；

2. 被清退出项目库的 PPP 合同是否具有法律效力。

裁判要点摘选

冶金公司提出的《PPP 项目协议书》实为“建设—移交”的 BT 模式等主张，因未违反法律、行政法规的强制性规定，并不导致《PPP 项目协议书》无效。

典型意义

在 PPP 项目可以被清退出项目库规定出台后，即带来了被清退出项目库的 PPP 合同是否具有法律效力之疑问，本案即具有代表性的案例，具有典型性。

基本案情

再审申请人(一审原告、二审上诉人)：冶金公司

被申请人(一审被告、二审被上诉人)：F 县人民政府

2016 年 9 月，F 县住房和城乡建设局(以下简称住建局)委托一咨询公司就该县内外环路网建设工程 PPP 项目进行国内竞争性磋商，冶金公司中标该项目。

2017 年 3 月 17 日，住建局受 F 县人民政府(以下简称县政府)委托与冶金公司签订《内外环路网建设工程 PPP 项目协议书》(以下简称《PPP 项目协议

书》)。《PPP 项目协议书》6.1 条约定,"回报机制:本项目为非营利性项目,项目回报来源为政府付费,政府支付义务纳入县人大通过的跨年度中长期财政预算中。考虑到项目公司运营维护期间的合理支出,项目运营过程中住建局应给予运营补贴,支付义务纳入县人大通过的跨年度中长期财政预算";7.1 条约定,"甲方应支付项目公司购买服务资金,购买服务资金用公式表达如下:政府购买服务费 = 基础购买服务费 + 综合融资费 + 基础年份的运维绩效服务费 + 道路养护、路灯及信号灯等设施发生的电费、水费 + 五年一次的中修费 + 十年一次的大修费,等同于:政府购买服务费 = 可用性服务费 + 基础年份的运维绩效服务费 + 道路养护、路灯及信号灯等设施发生的电费、水费 + 五年一次的中修费 + 十年一次的大修费";8.1 条约定,"购买服务资金的支付:自项目交工验收之日开始,项目进入运营维护期,政府开始支付服务购买费用(如条件许可,政府可提前支付),可用性服务费用(建设成本及资金回报)按照运营期 10 年支付,每年均衡支付一次等";9.1 条约定,项目公司承担项目的运营维护,甲方给予运营补贴,使本项目设施及建设内容始终保持在正常、有效的可使用状态。

2017 年 4 月 13 日,F 县人大常委会(以下简称县人大)决议同意《关于将内外环路网建设工程 PPP 项目资金列入财政预算议案的报告》,批准县政府授权住建局实施该项目,并将特许经营期内按年度向项目公司支付的运营维护费纳入政府中期财政预算。

2017 年 5 月 5 日,县政府批复同意住建局《关于要求审批内外环路网建设工程项目实施方案的报告》。

2017 年 11 月 10 日,财政部办公厅作出《关于规范政府和社会资本合作(PPP)综合信息平台项目库管理的通知》(财办金〔2017〕92 号)。

冶金公司认为,案涉项目及协议书名为 BOT 模式实为 BT 模式,属于《关于规范政府和社会资本合作(PPP)综合信息平台项目库管理的通知》规定的清除范围,遂提起本案行政诉讼,请求确认县政府与其签订的《PPP 项目协议书》无效。

一审意见

一审法院认为,案涉协议书中已明确规定项目运营期为 10 年,并在协议第 9 项项下规定了作为县政府的甲方对作为乙方的冶金公司给予运营补贴及具体的运营要求,因此,协议不属于上述文件规定的"通过政府付费或可行性缺口补助方式获得回报,但未建立与项目产出绩效相挂钩的付费机制的”违规情形。

一审结果

一审法院作出行政判决:驳回冶金公司的诉讼请求。

冶金公司不服一审判决,向安徽省高级人民法院(以下简称安徽高院)提出上诉。

二审意见

安徽高院认为,人民法院审查判断行政协议是否为无效协议,应当依据《行政诉讼法》第75条及《最高人民法院关于适用〈中华人民共和国行政诉讼法〉若干问题的解释》(法释〔2015〕9号)①第99条规定的行政行为存在“重大且明显违法”情形,并结合《合同法》第52条规定的“合同无效”法定情形,进行综合的审查判断。

本案中,县政府与冶金公司签订的《PPP项目协议书》,约定双方共同出资组建项目公司,项目公司负责项目的投融资、建设、运营、维护、移交等内容,并不存在“行政行为实施主体不具有行政主体资格、减损权利或者增加义务的行政行为没有法律规范依据、行政行为的内容客观上不可能实施”以及其他“重大且明显违法”的情形。且县政府系基于公共利益而签订《PPP项目协议书》,冶金公司系通过竞争性磋商中标该项目而签订,双方完全系自愿签订,也系双方真实意思表示,协议内容并未损害社会公共利益,故该协议亦不存在“一方以欺诈、胁迫的手段订立合同,损害国家利益;恶意串通,损害国家、集体或者第三人利益;以合法形式掩盖非法目的;损害社会公共利益”等“合同无效”的法定情形。

冶金公司主张《PPP项目协议书》无效,其主要理由是认为该协议内容存在违反法律、行政法规强制性规定的“合同无效”法定情形。其在一审起诉状中认为案涉项目名为BOT模式,但实为BT模式,完全由政府付费,没有经营的内容,《PPP项目协议书》约定的PPP项目属于财政部办公厅《关于规范政府和社会资本合作(PPP)综合信息平台项目库管理的通知》(财办金〔2017〕92号)规定的清退出项目库的情形,据此主张协议无效。安徽高院认为,该PPP项目库仅是财政部设立的政府和社会资本合作的一种综合信息管理平台,是为规范政府和社会资本合作项目运作、防止PPP异化、遏制隐性债务风险增量的一种信息

---

① 现已失效。

管理手段,即系行政机关行使行政管理的一种方式,并不属于法律、行政法规的强制性规定,《PPP 项目协议书》约定的 PPP 项目即使属于应清退出项目库的情形,亦不属于违反法律、行政法规的强制性规定"合同无效"法定情形,故冶金公司一审起诉时主张《PPP 项目协议书》无效的理由不能成立。

本案中,县人大通过决议同意《关于将内外环路路网建设工程 PPP 项目资金列入财政预算议案的报告》,批准县政府授权住建局实施该项目,并将特许经营期内按年度向项目公司支付的运营维护费纳入政府中期财政预算,故冶金公司上诉认为《PPP 项目协议书》内容违反了《预算法》中有关"先预算后支出""未列入预算的不得支出"的强制性规定,该上诉主张与事实不符,且未列入预算不得支出是合同履行问题,并不影响合同的效力,冶金公司此节上诉理由不能成立。

《PPP 项目协议书》中也约定了运营维护的内容,项目公司承担项目的运营维护义务,享有政府给予运营补贴的权利,合同约定运营维护的内容其目的是使项目设施及建设内容始终保持在正常、有效的可使用状态。冶金公司上诉认为,协议中约定的运营维护内容仅是形式上的约定,但没有实质性的内容,实质上仅是"建设—移交"的 BT 模式,而不是"建设—运营—移交"的 BOT 模式,违反了《招标投标法》和《政府采购法》中禁止更改不可变实质性条件的强制性规定,以及违反《预算法》中有关"地方政府及其所属部门不得以任何方式举借债务"的强制性规定。安徽高院认为,所谓 BOT 模式和 BT 模式仅是政府和社会资本合作的不同方式,现行的法律、行政法规并不禁止合作双方选择合作模式。即使案涉协议项目名为 BOT 模式实为 BT 模式,也没有违反法律、行政法规的强制性规定从而导致"合同无效";即使合同中部分条款无效,也不影响整个合同的效力。因此,冶金公司此节上诉理由亦不能成立。

二审结果

2019 年 9 月 26 日,安徽高院作出行政判决:驳回上诉,维持原判。

再审申请

冶金公司向最高人民法院申请再审称:(1)安徽高院违反法定诉讼程序,足以影响公正审判。(2)安徽高院认定《PPP 项目协议书》合法有效,属于认定主要证据不足,混淆事实,《PPP 项目协议书》违反国家 PPP 财政预算管理秩序和国家防范财政金融风险基本国策。案涉项目名为 BOT(建设—运营—移交)模式，实为BT（建设—移交）模式，没有运营内容为政府完全付费项目，属于政府非法隐性负债。我国现行法律规范鼓励多种形式的政府和社会资本合作模式，但明令禁止非法采取BT模式。《PPP项目协议书》涉及的财政支出未经人大批准，违反预算法中先预算后支出、政府支出“必须以经批准的预算为依据”的刚性原则，违反国家财政预算管理秩序和国家防范财政金融风险的基本国策。（3）一审法院应当将审查行政行为合法性作为重点，案涉行政许可行为明显严重违法。综上，请求撤销二审判决，依法重新作出判决。

审查意见

最高人民法院经审查认为，冶金公司以其与县政府签订的《PPP项目协议书》缺乏法律、法规、规章依据为由，提起本案诉讼，请求确认协议无效。根据《行政诉讼法》第75条、《最高人民法院关于审理行政协议案件若干问题的规定》第12条的规定，本案应围绕《PPP项目协议书》是否存在重大且明显的违法情形、是否存在民事法律规范规定的无效情形等进行审查。而民事法律规范认定无效的条款主要指《合同法》第52条，该条规定，有下列情形之一的，合同无效：（1）一方以欺诈、胁迫的手段订立合同，损害国家利益；（2）恶意串通，损害国家、集体或者第三人利益；（3）以合法形式掩盖非法目的；（4）损害社会公共利益；（5）违反法律、行政法规的强制性规定。一、二审法院根据上述规定对《内外环路网建设工程PPP项目协议书》进行了全面审查，不再赘述。冶金公司提出的《PPP项目协议书》实为“建设—移交”的BT模式等主张，因未违反法律、行政法规的强制性规定，并不导致《PPP项目协议书》无效。因此，一审法院判决驳回冶金公司的诉讼请求，并无不当。

综上，冶金公司的再审申请不符合《行政诉讼法》第91条规定的情形。

审查结果

2020年8月11日，最高人民法院作出行政裁定：驳回冶金公司的再审申请。

案例评析

1. 关于名为BOT模式实为BT模式的项目协议效力问题。二审法院及最高人民法院对于名为BOT模式实为BT模式的项目协议效力认定、论述比较全面，结论准确。项目协议性质应根据协议内容确定，对于协议效力的认定，基于合同性质系行政、民事协议界定后，审查是否违反法律或者行政法规的强制性、禁止性规定。

2. 被清退出项目库的PPP合同是否具有法律效力。《关于规范政府和社会资本合作(PPP)综合信息平台项目库管理的通知》属于规范性文件,违反其规定或者项目被依据该规定退库,均并不必然导致项目协议无效之法律效果。

3. 根据《最高人民法院关于审理行政协议案件若干问题的规定》第12条的规定,本案应围绕PPP项目协议是否存在重大且明显的违法情形、是否存在民事法律规范规定的无效情形等进行审查。而民事法律规范认定无效的条款主要指《合同法》第52条。PPP项目库仅是财政部设立的政府和社会资本合作的一种综合信息管理平台,是为规范政府和社会资本合作项目运作、防止PPP异化、遏制隐性债务风险增量的一种信息管理手段,即系行政机关行使行政管理的一种方式,并不属于法律、行政法规的强制性规定,PPP项目协议约定的PPP项目即使属于应清退出项目库的情形,亦不属于违反法律、行政法规的强制性规定"合同无效"法定情形。PPP项目未列入预算不得支出是合同履行问题,并不影响合同的效力。BOT模式和BT模式仅是政府和社会资本合作的不同方式,现行的法律、行政法规并不禁止合作双方选择合作模式。即使案涉协议项目名为BOT模式实为BT模式,也没有违反法律、行政法规的强制性规定从而导致"合同无效";即使合同中部分条款无效,也不影响整个合同的效力。

案例32　一份教育 PPP 合同的效力争议

相关问题

1. 案涉项目合同及补充协议是否有效；
2. 可不招标的项目范围应否以法律明确规定为前提；
3. 原告1300万元经营损失请求能否支持；
4. 案涉项目 PPP 合同应否继续履行。

典型意义

本案典型性体现在对案件双方当事人签订的《合作合同书》及《补充协议》性质及效力的认定。

基本案情

上诉人（一审原告、反诉被告）：燕投公司

上诉人（一审被告、反诉原告）：农业大学

2015年12月26日，农业大学（甲方）与燕投公司（乙方）签订《农业大学综合服务中心项目 BOT 模式校企合作合同书》（以下简称《合作合同书》）一份。合同第2条"目标项目概况"约定：项目建设用地面积5400平方米；项目建设工程投资总额（概算）1.90亿元；项目建设面积52,000平方米，主体28层29,940.40平方米，附楼4层13,200.86平方米，地下2层8858.74平方米；项目功能要求集青年教职工、留学生公寓和学生及教职工餐饮、电影院、超市、银行等其他相关配套服务为一体的多功能综合服务中心；项目建设工程期限（含装修）为2年，自2016年3月15日至2018年3月15日止。第9条"合作的物质条件"约定：(1)甲方以11,000平方米（折合约16亩）国有划拨用地和规划中的

52,000 平方米的建筑面积指标为条件并已办理规化审批手续;(2)乙方以全部建设资金 1.90 亿元(投资概算)(各内部装修、设备安装等)为基本条件与甲方签订本合同。第 10 条“合作方式与内容”第 2 项约定:(1)以乙方公司作为唯一投资主体,同时对该项目以全资方式投资建设,该项目建成后全部产权(所有权)归甲方所有;(2)甲方以同意乙方独家享有经营管理权的方式,将“农业大学综合服务中心”的经营管理权交给乙方或乙方新成立的相关专业子公司,由乙方通过享有一定期限的经营管理权实现其投资收益;(3)乙方获得独家专有经营管理权后,实行独立自主经营,自负盈亏的经营管理模式。第 12 条“项目经营期限”约定:本合同确定的乙方经营管理期限为 35 年,自取得施工许可证之后至建设期满次日起开始计算,即自 2018 年 3 月 16 日至 2053 年 3 月 15 日终止。第 14 条“工程建设与施工”第 3 项“执照与许可”约定:甲乙双方所确定的设计、施工单位必须具备国家规定的相应资质及许可文件。工程报批立项等工作由甲方负责完成,关于必须经甲方予以协助才可获取的施工许可证等其他文件,甲方应积极完成。同日,双方又签订一份《农业大学综合服务中心项目 BOT 模式校企合作合同书补充协议(一)》(以下简称《补充协议》),对合同未尽事宜和需特别说明的有关事项进行约定,达成了一致意见。

2017 年 1 月 19 日,燕投公司委托律师向农业大学发出《关于督促履行合同义务的律师函》一份,要求农业大学作出是否按约继续履行合同的书面肯定答复。2017 年 1 月 24 日,燕投公司委托律师再次向农业大学发出《律师函》一份,要求农业大学于 2017 年 2 月 4 日前作出是否继续按约履行合同的明确回复。

2017 年 3 月 10 日,农业大学向燕投公司发出《关于农业大学综合服务中心建设项目的停工函》一份,称“根据有关上级部门要求,经校党委全委会议研究决定:‘农业大学综合服务中心’,BOT 建设项目采用学校自有资金建设;善后事宜望双方公平公正、友好协商解决。请贵公司收到函件之日起全面停止施工,尽快协商处理善后工作”。

2017 年 3 月 16 日,经燕投公司申请,一公证处对农业大学的网页内容进行证据保全,并作出《公证书》。

2017 年 3 月 30 日,农业大学委托律师向燕投公司发出《律师函》两份,以行政部门要求停工和要求确认合同效力为由,要求燕投公司停止施工。

48,471.6 平方米项目建设用地的使用权人是农业大学,地类(用途)为教育用地,使用权类型为划拨,独用面积为48,471.6平方米,无分摊面积。

燕投公司起诉农业大学(案由为合同纠纷),请求:(1)判令农业大学继续履行合同,配合完成招标工作,办理完毕施工许可证;(2)判令农业大学赔偿各项损失1300万元(后继损失将按实际发生追加数额);(3)本案诉讼费由农业大学承担。

农业大学提起反诉,请求:(1)确认农业大学与燕投公司签订的《合作合同书》及《补充协议》无效;(2)确定农业大学与燕投公司的各自过错;(3)本案诉讼费用由双方共同承担。

一审意见

一审法院认为本案争议焦点:(1)双方签订的《合作合同书》及《补充协议》是否有效,是否应当继续履行;(2)燕投公司要求农业大学赔偿损失是否有事实和法律依据。

一、关于合同效力的问题

《合同法》第44条规定:“依法成立的合同,自成立时生效。法律、行政法规规定应当办理批准、登记等手续生效的,依照其规定。”第52条规定:“有下列情形之一的,合同无效:(一)一方以欺诈、胁迫的手段订立合同,损害国家利益;(二)恶意串通,损害国家、集体或者第三人利益;(三)以合法形式掩盖非法目的;(四)损害社会公共利益;(五)违反法律、行政法规的强制性规定。”《最高人民法院关于适用〈中华人民共和国合同法〉若干问题的解释(二)》①第14条规定:“合同法第五十二条第(五)项规定的‘强制性规定’,是指效力性强制性规定。”结合本案双方当事人的诉由及答辩,双方当事人对案涉合同是否有效的分歧,主要集中在案涉合同是否违反《合同法》第52条第5项规定的国家法律、行政法规效力性的强制性规定。

1.《招标投标法》第3条第1款规定:“在中华人民共和国境内进行下列工程建设项目包括项目的勘察、设计、施工、监理以及与工程建设有关的重要设备、材料等的采购,必须进行招标:(一)大型基础设施、公用事业等关系社会公共利益、公众安全的项目;(二)全部或者部分使用国有资金投资或者国家融资的项目;(三)使用国际组织或者外国政府贷款、援助资金的项目。”该法条规范的内

① 现已失效。

容指向为工程建设项目的勘察、设计、施工、监理以及与工程建设有关的重要设备、材料等的采购。结合本案,燕投公司与农业大学签订的《合作合同书》及《补充协议》针对的是农业大学综合服务中心项目的用地、规模、投资、用途等内容,约定的是合同双方在整个服务中心项目中享有何种权利、承担何种义务的问题,并没有涉及该服务中心工程的具体建设事宜,也没有关于服务中心建设中应当如何勘察、设计、施工、监理、采购的内容,故而该《合作合同书》及《补充协议》并不属于法律规定的应当强制性进行招投标的合同,并不违反《招标投标法》的强制性规定。

2.《最高人民法院关于审理涉及国有土地使用权合同纠纷案件适用法律问题的解释》[①]第14条规定:"本解释所称的合作开发房地产合同,是指当事人订立的以提供出让土地使用权、资金等作为共同投资,共享利润、共担风险合作开发房地产为基本内容的协议。"第16条规定:"土地使用权人未经有批准权的人民政府批准,以划拨土地使用权作为投资与他人订立合同合作开发房地产的,应当认定合同无效。但起诉前已经办理批准手续的,应当认定合同有效。"本案中,燕投公司与农业大学签订的《合作合同书》及《补充协议》,其内容是为农业大学建设综合服务中心,项目的具体功能包括青年教职工、留学生公寓,学生及教职工餐饮,电影院、超市、银行等其他相关配套服务。并非开发一个商业房地产项目而供合同双方获取利益。合同中约定的燕投公司享有的35年经营权,也仅是为了让燕投公司通过对项目的经营管理而实现其投资收益。该《合作合同书》及《补充协议》并不具备合同双方共享利润、共担风险的情形,不构成上述司法解释中规定的合作开发房地产合同。故而该《合作合同书》及《补充协议》不违反国有土地使用权合同中的强制性规定。

综上所述,燕投公司与农业大学签订的《合作合同书》及《补充协议》不存在违反国家法律、行政法规强制性规定的情形,应为合法有效合同。

二、《合作合同书》及《补充协议》是否应当继续履行

《合同法》第8条规定:"依法成立的合同,对当事人具有法律约束力。当事人应当按照约定履行自己的义务,不得擅自变更或者解除合同。依法成立的合同,受法律保护。"第60条第1款规定:"当事人应当按照约定全面履行自己的义

---

① 此为旧版,新版已进行修订。

务。”第107条规定:“当事人一方不履行合同义务或者履行合同义务不符合约定的,应当承担继续履行、采取补救措施或者赔偿损失等违约责任。”结合上述,该两份合同已被确认合法有效,且该合同不存在无法继续履行或合同目的无法实现的情形,故双方当事人应当按照合同约定继续履行该两份合同。

三、燕投公司要求农业大学赔偿损失是否有事实和法律依据

首先,《合作合同书》及《补充协议》合法有效且应当继续履行,在合同尚未履行完毕的情形下,燕投公司在合同履行中是否会形成损失以及形成损失的金额并不能够最终确定。其次,《民事诉讼法》第65条第1款规定:“当事人对自己提出主张应当及时提供证据。”①燕投公司虽在本案中提出要求农业大学赔偿损失的诉请,但未向法庭提交农业大学给其造成的具体损失的证据,就该项诉讼请求,燕投公司应当承担举证不能的不利后果。

一审结果

一审法院作出民事判决:一、燕投公司与农业大学签订的《合作合同书》及《补充协议》合法有效并继续履行;二、驳回燕投公司的其他诉讼请求;三、驳回农业大学的反诉请求。

燕投公司、农业大学均不服一审判决,向甘肃省高级人民法院(以下简称甘肃高院)提出上诉。

上诉意见

燕投公司上诉请求:(1)改判农业大学赔偿燕投公司各项损失1300万元(后继损失将按实际发生追加数额);(2)本案一、二审诉讼费用全部由农业大学承担。事实与理由:(1)燕投公司与农业大学签订的《合作合同书》明确约定,由农业大学办理工程招投标及施工许可证等手续,但合同签订后,农业大学并未办理,已构成违约。由于项目长期处于停工状态,已给燕投公司造成了重大经营损失。根据《合同法》第112条的规定,农业大学除继续履行合同外,还应赔偿由此给燕投公司造成的经营损失。一审认为合同尚未履行完毕,认定燕投公司的损失难以确定,明显不当。(2)根据《补充协议》约定,其所遭受的损失完全可以确定。《合作合同书》约定本项目建设期为2年,经营期为35年,由于农业大学的上述原因使该项目未能按期开工,燕投公司不能按照合同约定的经营期限获

① 新版为第68条。

取经营收益,已实际造成了经济损失。即使建设期按截止起诉日(2017年5月3日)起算至项目完工日,燕投公司实际经营期限也至少要减少1年。根据《补充协议》第8条的约定,按照1200万元的年收益折算经营年限,其已至少遭受了1200万元的经营损失。在《合作合同书》《补充协议》已明确约定经营收益数额及赔偿标准的情形下,其只需证明该项目因农业大学的原因导致不能按期投入使用,无须再提供造成具体损失的其他证据。另外,其已替农业大学垫付了部分人工费及劳务费,该费用也应由农业大学承担。

农业大学辩称,(1)燕投公司一审没有提交关于1300万元的损失证据。(2)1300万元的经济损失与协议不符。

农业大学亦上诉请求:(1)撤销一审判决并依法改判;(2)本案上诉费用由燕投公司承担。事实与理由:一审判决适用法律错误,应依法改判。一审判决认定《合作合同书》及《补充协议》并不属于法律规定的应当强制性招标投标的合同,属理解、适用法律错误。(1)应结合《招标投标法》的立法目的和立法精神理解必须招标的项目范围。根据《招标投标法》第1条的立法目的和立法精神,案涉项目属教育项目,根据国务院《工程建设项目招标范围和规模标准规定》①第3条的规定,教育项目属于关系社会公共利益、公众安全的公用事业项目范围,因此,将案涉项目确定为必须招标项目符合《招标投标法》的立法精神和立法目的。(2)农业大学与燕投公司系合作关系,是民间资本进入教育领域投资建设的法律反映,是公私合作的表现方式之一。因此,在确定案涉项目应否属于必须招标项目的范围时,应比照最相类似规定,以国家政策及其精神为贯穿,作出对《招标投标法》的准确理解。根据财政部《政府和社会资本合作模式操作指南(试行)》第11条第7项、国家发展和改革委员会《关于开展政府和社会资本合作的指导意见》第5条第3项的规定,在公共产品领域与民间社会资本合作,均应依据《招标投标法》《政府采购法》等法律、法规和规章规定,采用招标方式进行。本案中,农业大学与燕投公司的合作,实质是全民所有制单位在公共产品领域与民间社会资本的合作,农业大学虽非政府,但鉴于农业大学作为全民所有制单位仍属于财政部门确定的政府采购主体,案涉项目应属于必须招标的项目范围。(3)应以招标投标法律法规的条文逻辑中确定可不招标的项目范围。《招

① 现已失效。

标投标法》第3条、第66条和《招标投标法实施条例》以及其他有关招标投标的地方性法规、部委规章和地方政府规章在规定招标投标项目范围时，均采用列举性规定和兜底性规定相结合的方式规定了必须招标的项目范围，同时又均以但书规定法律、法规另有可不招标的规定时可不招标的项目范围，可以看出，可不招标的项目范围应以法律明确规定为前提，法律未有明确规定时，项目应当实行招标方式，一审法院错误地理解了《招标投标法》的条文逻辑，作出了相反的认知。

燕投公司辩称，一审判决认定《合作合同书》及《补充协议》不属于法律规定的强制性进行招标的合同，适用法律正确。(1)燕投公司与农业大学之间系BOT模式合作关系，并非建设工程施工合同关系，本项目不属于《招标投标法》规定的必须进行招标的范围。本案针对的是农业大学综合服务中心项目的投资、建设及运营等内容，即BOT模式合作关系。项目施工事宜由农业大学通过招标程序另行选择施工方进行施工，并非燕投公司自行施工。因此，双方系BOT模式合作关系，并非建设工程施工合同关系，本项目不属于《招标投标法》规定的必须进行招标的范围。(2)本项目未使用政府财政资金，不适用《政府采购法》关于工程采购必须招标的规定。根据《政府采购法》第2条的规定，政府采购的适用对象必须是使用政府财政资金采购的项目。本案《合作合同书》约定的项目资金完全由社会资本方融资，项目本身并未使用财政资金，因此，本项目选择社会资本方不属于政府采购法规范的范围，不适用《政府采购法》关于工程采购必须招标的规定。(3)其他相关法规、政策也未规定必须采用招标方式选择社会资本方，且违反该规定并不导致合同无效。首先，财政部《政府和社会资本合作模式操作指南(试行)》①、《政府和社会资本合作项目政府采购管理办法》(财库〔2014〕215号)及《国家发展改革委关于开展政府和社会资本合作的指导意见》明确规定，PPP项目采购方式包括公开招标、邀请招标、竞争性谈判等多种方式，并未限定只能通过招标方式采购，采购人通过其他公平公正的方式选择社会资本方同样受法律保护。本案中，农业大学通过成立项目小组、专家论证、多方询价等严格程序选择燕投公司作为社会资本方，并公开签约仪式，对选定的社会资本方、合作模式等事项向社会进行了公示，采购方式公平公正，并不

① 现已失效。

违反法律规定。其次,认定合同无效应严格按照《合同法》关于违反法律、行政法规的强制性规定为依据。财政部及发改委上述规定并非属于法律或行政法规,其规定以竞争方式选择社会资本方并不具有强制性效力,违反此规定并不影响合同效力。最后,根据《政府采购法》第71条、《政府采购法实施条例》第67条和第68条等相关法律规定,采购人违反规定应当采用公开招标方式而擅自采用其他方式采购的,由主管部门处以行政处罚,即适用何种采购方式进行采购属于行政部门的内部管理性规定,不具有效力性强制性规定,违反该规定采用其他方式采购的,可能会导致相应的行政责任,但并不导致合同本身无效。(4)由法律或行政法规另行规定的是"其他必须进行招标的项目",并非农业大学所称"可不进行招标的项目"。《招标投标法》第3条第3款明确规定,"法律或者国务院对必须进行招标的其他项目的范围有规定的,依照其规定"。由此可知,除工程建设项目外,其他类型的项目,包括BOT项目如何选择社会资本方,是否应当采用招标方式,应由法律及行政法规另行规定,并非农业大学上诉状所称"可不招标的项目范围由法律明确规定"。《招标投标法》第66条规定涉及国家安全、国家秘密、抢险救灾等特殊情况,不适宜进行招标的项目,可按国家有关规定不进行招标。该条规定的立法本意是涉及上述特殊情况的项目本应该进行招标,但由于涉及国家安全、国家秘密等,如果进行招标,可能会损害国家安全和社会公共利益,因此,由法律特殊规定不进行招标。本案中,相关法律、行政法规并未规定该项目必须通过招标方式选择社会资本方,是否进行招标应由当事人自主决定,农业大学通过其他合法程序选择燕投公司作为社会资本方并不违反法律规定。

本案一审宣判后,燕投公司自行对案涉工程进行了施工。

二审意见

结合双方的上诉、答辩及本案庭审情况,本案二审争议的焦点:(1)双方签订的《合作合同书》及《补充协议》是否有效,是否应当继续履行;(2)燕投公司请求农业大学赔偿损失1300万元主张能否成立,有无事实和法律依据。

1.关于双方签订的《合作合同书》及《补充协议》是否有效,是否应当继续履行的问题

燕投公司与农业大学签订的《合作合同书》第3条"合作模式与基本框架"约定:(1)甲乙双方作为完全平等的民事主体身份,经过反复协商,按照本合同

第五条确立的各项原则，结合该项目建设的具体情况和实际需要，双方一致同意按照BOT模式订立本合同，确定双方的各项具体权利与义务，从而建立合法有效、长期稳定的合作关系。（2）本合同BOT投资运营模式（buil d-operate-transfer），是指由甲方提供规划和项目用地，由乙方出资修建、经营管理甲方"农业大学综合服务中心"项目，甲方通过本合同约定授予乙方一定期限的独家经营权，根据甲乙双方约定的经营管理年限，由乙方从经营该项目所提供的服务或产品而获得的收益中回收投资、赚取适当利润，当约定的经营期限届满时由乙方将该项目无偿移交给甲方管理的投资与合作关系。第5条"合同订立的基本原则"约定：甲乙双方作为平等的民事主体，采用BOT投资运营模式订立本合同……从上述约定可以看出，案涉合同具有特殊性，在我国目前的法律体系之下，应当认定案涉合同为民事合同，并适用《合同法》对其进行调整。具体而言，在《合同法》分则的具体合同类型中没有可以直接适用或参照适用的法条，应适用《合同法》的总则条文对其进行调整规制。燕投公司与农业大学协商、订立《合作合同书》及《补充协议》，体现了平等自愿的原则，是双方真实意思表示，且不存在《合同法》第52条规定的情形，合法有效。农业大学认为，案涉BOT项目在选择投资人时应适用《招标投标法》进行招标。《招标投标法》第3条第1款对必须进行招投标的项目范围作了明确规定，但都是指工程建设项目及与工程建设有关设备的采购。而本案的BOT合同是选择投资经营"农业大学综合服务中心"投资人的合同，并不是直接进行工程建设或者设备采购的合同。《招标投标法》第3条第3款规定："法律或者国务院对必须进行招投标的其他项目的范围有规定的，依照其规定。"但截至2015年12月26日本案BOT合同签订之日，法律和行政法规并没有明确规定选择BOT合同投资人必须进行招标。故燕投公司与农业大学签订《合作合同书》及《补充协议》，确定燕投公司作为合同投资人不适用《招标投标法》，农业大学上诉理由不能成立，不予支持。双方签订的《合作合同书》及《补充协议》合法有效，应当继续履行。

2. 关于燕投公司请求农业大学赔偿损失1300万元主张能否成立，有无事实和法律依据的问题

燕投公司认为，由于项目长期处于停工状态，已给其造成了重大经营损失，且项目未按期开工，其不能按照合同约定的经营期限获取经营收益，并以《补充协议》第8条约定年收益计算，其已至少遭受了1200万元的经营损失。另外，其

已替农业大学垫付了部分人工费及劳务费，而该费用也应由农业大学承担。经查，虽然农业大学于2017年3月30日委托律师向燕投公司发出《律师函》，以行政部门要求停工和确认合同效力为由，要求燕投公司停止施工，但燕投公司并未完全停工，自行对案涉工程进行了施工。燕投公司主张替农业大学垫付了部分人工费及劳务费，但并未提交主张损失的相关证据。《最高人民法院关于适用〈中华人民共和国民事诉讼法〉的解释》第90条规定："当事人对自己提出的诉讼请求所依据的事实或者反驳对方诉讼请求所依据的事实，应当提供证据加以证明，但法律另有规定的除外。在作出判决前，当事人未能提供证据或者证据不足以证明其事实主张的，由负有举证证明责任的当事人承担不利的后果。"故对燕投公司损失1300万元的主张，不予支持。

二审结果

2017年10月28日，甘肃高院作出民事判决：驳回上诉，维持原判。

案例评析

对于案涉合同，应认定为民事合同，适用《合同法》对其进行调整。《招标投标法》所规定的必须进行招投标的项目范围，为工程建设项目及与工程建设有关设备的采购。《招标投标法》从"必须进行招标的范围"和"必须进行招标的规模标准"两个维度来规定必须招标的项目。也即属于必须进行招标的范围并且达到必须进行招标的规模标准的项目，就必须招标。两个维度只满足其一的，不属于依法必须进行招标的工程建设项目。两审法院认定《合作合同书》及《补充协议》合法、有效，是正确的。案涉BOT合同是选择投资经营"农业大学综合服务中心"投资人的合同，并不是直接进行工程项目建设或者设备采购的合同。根据本案后发布施行的《必须招标的工程项目规定》（国家发展和改革委员会2018年第16号令）、《必须招标的基础设施和公用事业项目范围规定》（发改法规〔2018〕843号）、《必须招标的基础设施和公用事业项目范围规定》（发改办法规〔2020〕770号）规定，案涉项目仍属于非必须招标项目，不属于《必须招标的基础设施和公用事业项目范围规定》规定的关系社会公共利益、公共安全的项目。

案例 33　案涉污水处理厂项目建设用地规划许可证核发行为是否合法

相关问题

1. 原告是否具备申请案涉污水处理厂项目建设用地规划许可资格；
2. 被告《建设用地规划许可证》核发程序是否合法；
3. 被告撤销颁发给原告的《建设用地规划许可证》程序是否合法。

要点说明

项目公司符合《划拨用地目录》规定的可以办理划拨用地的用途和使用人资格条件，且 PPP 项目合同中约定项目公司可以取得划拨土地使用权的，政府国土资源规划管理部门应当依法为项目公司办理国有土地使用权登记。当然，政府和社会资本方也可以约定土地使用权办理在政府方实施机构或政府方出资代表名下，项目公司仅无偿取得土地使用权。

上诉人（一审原告）：龙伊公司

被上诉人（一审被告）：H 市住房和城乡规划建设局

龙伊公司诉 H 市住房和城乡规划建设局（以下简称住建局）行政许可撤销决定纠纷一案，一审法院提起行政诉讼于 2012 年 2 月 15 日受理。

撤销决定

被告住建局于 2011 年 11 月 27 日作出的第 01 号《行政许可撤销决定书》查明及认为："一、你单位不是 H 市第七污水处理厂项目的土地使用权人，不具备申请建设用地规划许可资格。二、你单位取得建设用地规划许可时，没有选址意见书和规划设计条件，违反了当时有效的《城市规划法》第三十条、第三十一条和《广东省实施〈中华人民共和国城市规划法〉办法》第二十七条、第二十八条的规定，也违反了现行的《中华人民共和国城乡规划法》第三十六条第一款的规定，属于违反法定程序。依照《行政许可法》第六十九条第1款第3、4项的规定，决定撤销颁发给你单位的H市仲规企地证[2007]×××号《建设用地规划许可证》。如你单位不服本决定，可以在收到本决定书之日起六十日内，向H市人民政府或广东省住房和城乡建设厅提出行政复议或在收到本决定书之日起三个月内直接向H市××区人民法院提起行政诉讼。"

诉请意见

原告龙伊公司起诉称：(1)被告名为执法，实为滥用权力，受H市××高新技术开发区管委会(以下简称管委会)的指使不顾公共利益、不计后果、强行撤销H市第七综合污水处理厂(以下简称第七污水处理厂)的《建设用地规划许可证》，干扰广州仲裁委员会正常的司法审理。根据H市政府授权及《第七污水处理厂BOT特许经营权协议》的约定，龙伊公司作为第七污水处理厂的项目公司负责其建设、运营、移交的全部管理事务。2011年8月8日，管委会违背《BOT特许经营权协议》将已经规划好的第七污水处理厂的二期用地在报刊和网络上发布招标公告，意图将第七污水处理厂的二期工程转包给其他人经营。管委会于2011年10月17日召集全区各大行政部门召开专题会议，并形成工作会议纪要，明确提出要求住建局高新区分局(经授权，在本案中行使市规划局权限)撤销原告《建设用地规划许可证》，干预司法的正常审理。得知消息后，原告及股东余某、新华公司第一时间共同提交了《公开听证申请书》申请召开听证会，强调《建设用地规划许可证》是第七污水处理厂赖以存在的根本保障，涉及重大公共利益，是不可撤销的行政行为。结果被告不予理睬，甚至拒绝承认原告的股东余某、新华公司作为利害关系人申请听证的主体资格，经多次申请后，被告干脆取消了听证会。在广州仲裁委开庭的当天，2011年11月23日，直接作出了《行政许可撤销决定书》，并在没有来得及送达给原告的情况下直接交给广州仲裁委员会作为证据使用。随后，该份撤销决定书规划局派人贴在第七污水厂的大门上，被"依法送达"。(2)原告认为被告颁发的《建设用地规划许可证》涉及重大公共利益，本身是一个不可撤销的行政许可行为，被告强行撤销的行为违法。《行政许可法》第69条第3款明文规定，"依照前两款的规定撤销行政许可，可能对公共利益造成重大损害的，不予撤销”。(3)被告强行撤销原告《建设用地规划许可证》的行为没有任何的事实及法律依据。首先，第七污水处理厂的土地使用权归属争议问题，原告已经向广州仲裁委员会申请仲裁，在司法裁决之前，双方都无权决定土地使用权的归属问题。其次，被告颁发了《建设用地规划许可证》《建设工程规划许可证》等全部一系列许可证并已全部经过验收手续，具备规划设计条件。(4)被告强行撤销《建设用地规划许可证》的行为严重违反法定程序，撤销行为无效。(5)被告强行撤销《建设用地规划许可证》的行为也违背了H市政府《关于确保第七污水处理厂正常运行有关事项备忘录》、惠府纪(2010)8号文中各级政府对被告的承诺及保证，严重损害了政府信誉。

龙伊公司诉讼请求：依法撤销被告作出的第01号《行政许可撤销决定书》的行为。

答辩意见

被告住建局答辩称：1. 被告作出的第01号《行政许可撤销决定书》认定事实清楚，适用法律正确。(1)被告颁发给原告的建设用地规划许可违反法定程序，依法可以撤销。被告的行为违反了当时有效的《城市规划法》第30条、第31条和《广东省实施〈中华人民共和国城市规划法〉办法》第27条、第28条的规定，也违反了现行的《城乡规划法》第36条第1款的规定，属于违反法定程序。依照《行政许可法》第69条第1款第3项、第4项的规定，被告有权依据职权撤销该行政许可，予以纠正。(2)原告不具备申请建设用地规划许可的资格。①建设用地规划许可是取得土地使用权的前置条件，第七污水处理厂首期项目的土地使用权不应归原告所有。②第七污水处理厂首期项目所有权归管委会。双方签订的是BOT特许经营权协议。BOT的概念是“建设—经营—移交”，不具有“拥有”的内容。③原告不具备取得划拨国有土地使用权的主体资格，也不具备取得建设用地规划许可证的主体资格。2. 被告是依据职权撤销行政许可，符合法定程序。被告于2011年10月20日立案调查，经调取查阅该《建设用地规划许可证》档案材料和调查有关单位，发现原告在申请办理《建设用地规划许可证》时，不具备申请建设用地规划许可资格，且没有《建设项目选址意见书》和规划设计条件等事实。在撤销前，被告于2011年11月4日向原告发出《撤销行政许可听证告知书》，告知拟撤销2007年3月12日核发给原告的H市仲企地证(2007)××××号《建设用地规划许可证》，并告知当事人享有陈述申辩和听证的权利，原告于2011年11月9日提出公开听证申请书，被告于2011年11月11日作出听证决定，定于2011年11月21日举行听证会，依法向原告及其法定代表人余某、股东新华公司发出《听证通知书》《告知书》，将听证的时间、地点通知原告，告知余某、新华公司可以参加听证会发表意见，被告也在报纸刊登了《听证公告》，但由于原告于听证会召开前一个工作日向被告提交《撤回公开听证申请书的告知书》，并说明是经其股东大会研究决定撤回听证申请书的，因此，被告才临时取消听证会。在原告放弃听证权利的情况下，被告于11月22日作出了第01号《行政许可撤销决定书》，并送达给原告。因此，被告的程序是合法的。3.被告撤销行政许可不会对公共利益造成损害。首先，被告撤销原颁发给原告的《建设用地规划许可证》，并不会影响原告的特许经营权，原告完全可以依据BOT特许经营权协议，继续经营该项目。其次，被告撤销行政许可与原告的特许经营权属于两个不同的法律关系。最后，被告撤销行政许可是为了更好地保护公共利益安全。4.广东省住房和城乡建设厅《行政复议决定书》维持被告作出的《行政许可撤销决定书》，是完全正确的。综上，请人民法院予以维持被告作出的《行政许可撤销决定书》，驳回原告的诉求。

一审查明

2006年6月16日，作为甲方的管委会与作为乙方的加拿大E公司、建兴公司就第七污水处理厂首期工程签订BOT特许经营权协议。2006年11月，建兴公司退出该项目的建设，由龙化公司与加拿大E公司注册成立建设经营第七综合污水处理厂的项目公司“龙伊公司”。2007年1月5日，原告向被告申请办理第七污水处理厂的建设用地规划许可证。2007年3月12日，被告向原告核发《建设用地规划许可证》。2011年10月17日，在第七污水处理厂建设工作协调会上，被告发现第七污水处理厂规划建设用地许可证不应办理到原告的名下。2011年10月20日，被告调查后认定，原告在申请办理《建设用地规划许可证》时，不具备申请建设用地规划许可资格，没有《建设项目选址意见书》和规划设计条件，违反法定程序。2011年11月4日，被告向原告发出《撤销行政许可听证告知书》，告知拟撤销2007年3月12日核发给原告的《建设用地规划许可证》。2011年11月9日，原告提出公开听证申请书。2011年11月11日，被告作出听证决定，定于2011年11月21日举行听证会，向原告发出《听证通知书》、在《惠州日报》刊登了《听证公告》。2011年11月17日，原告向被告提交《撤回公开听证申请书告知书》,被告取消了听证会。2011 年 11 月 22 日,被告作出《行政许可撤销决定书》,撤销颁发给原告的《建设用地规划许可证》。原告不服,遂提起诉讼。

一审意见

一审法院认为,原《城市规划法》第 30 条规定:"城市规划区内的建设工程的选址和布局必须符合城市规划。设计任务书报请批准时,必须附有城市规划行政主管部门的选址意见书。"但根据庭审查明的事实,原告龙伊公司 2007 年 1 月 5 日提交给被告住建局的《高新区建设用地规划许可证申请表》上的"建设项目选址意见书核发机关"内容是空白的,即在申请时未能提供有建设项目选址意见书。《广东省实施〈中华人民共和国城市规划法〉办法》[①]第 27 条规定:"在城市规划区内的建设项目,在报批设计任务书时,必须附有选址意见书。选址意见书由建设单位或个人向城市规划行政主管部门提出选址申请,由城市规划主管部门按建设项目计划审批权限分级核发。"结合本案调查的事实,被告住建局是在原告龙伊公司未能提供选址意见书和规划设计条件的情况下,核发出《建设用地规划许可证》,其行为违反了当时的《城市规划法》第 30 条、第 31 条和《广东省实施〈中华人民共和国城市规划法〉办法》第 27 条、第 28 条的规定,住建局作出的第 01 号《行政许可撤销决定书》认定事实清楚,证据充分,适用法律正确。

综上所述,原告龙伊公司起诉理由不成立。

一审结果

2012 年 12 月 12 日,一审法院作出行政判决:维持被告住建局于 2011 年 11 月 27日作出的第 01 号《行政许可撤销决定书》。

龙伊公司不服一审判决,向广东省高级人民法院(以下简称广东高院)提出上诉。

二审结果

二审期间,龙伊公司于 2013 年 7 月 10 日向广东高院提交《撤诉申请书》,说明在广东省人民政府法制办及 H 市人民政府的要求下,管委会与其达成初步和解意向并签署了《关于第七污水处理厂首期 BOT 建设项目争议问题协调会议纪

---

① 现已失效。

要》。现根据该会议纪要的精神,为化解矛盾、积极促进事件的和解,请求撤回该案的上诉,并提交了相关协调会议纪要复印件一份。

广东高院认为,龙伊公司与 H 市有关部门就案涉的相关纠纷自愿达成和解。龙伊公司以此为由申请撤诉,是当事人真实意思表示,并不损害国家利益、公共利益或者他人的合法权益,亦不违反有关法律法规规定,依法予以准许,一审判决不再执行。

2013 年 7 月 17 日,广东高院作出行政裁定:准许上诉人龙伊公司撤诉。

案例评析

结合政府特许经营(BOT)的法律性质,就政府方是否有权撤销颁发给 BOT 项目公司的《建设用地规划许可证》问题,评析如下:

该案例实际涉及两个层面的问题,第一个层面,因为项目公司违反前期建设审批程序,没有取得《建设项目选址意见书》和经批准的规划设计条件,那么,政府核发的《建设用地规划许可证》是否应当撤销。根据 2003 年开始实施的《行政许可法》[①]第 69 条规定,有"(三)违反法定程序作出准予行政许可决定的;(四)对不具备申请资格或者不符合法定条件的申请人准予行政许可的"情形之一的,作出行政许可决定的行政机关或者其上级行政机关,根据利害关系人的请求或者依据职权,可以撤销行政许可。案例中,被告发现《建设用地规划许可证》的颁发违反了法定程序,同时也认定原告没有申请《建设用地规划许可证》的资格,故虽然法院没有最终判决,依据前述法律规定,本案被告撤销原告行政许可的行为是合法有据的,应当得到法院的维持。

第二个层面,政府特许经营(BOT)项目公司能否取得项目土地使用权。在 PPP 模式推广过程中,项目土地使用权由谁持有,一直在实务中争议较大。通常认为,政府授权特许经营的模式下,项目所有资产都归政府所有,社会资本方仅是取得了一定期限的资产经营收益权,故一般会在合同中约定土地使用权登记在政府方出资代表或政府实施机构名下。但是,在 2015 年 6 月 1 日开始实施的,国家发改委、财政部、住建部、交通运输部、水利部、人民银行六部委联合发布的《基础设施和公用事业特许经营管理办法》第 5 条规定,基础设施和公用事业

① 已被修订。

特许经营可以采取以下方式："(一)在一定期限内,政府授予特许经营者投资新建或改扩建、运营基础设施和公用事业,期限届满移交政府;(二)在一定期限内,政府授予特许经营者投资新建或改扩建、拥有并运营基础设施和公用事业,期限届满移交政府。"也就是规定了"投资建设、运营、移交"和"投资建设、拥有、移交"两种方式都是可行的。在项目公司拥有项目的情况下,显然应当拥有土地使用权。并且,《基础设施和公用事业特许经营管理办法》第22条第1款也明确规定,"特许经营者根据特许经营协议,需要依法办理规划选址、用地和项目核准或审批等手续的,有关部门在进行审核时,应当简化审核内容,优化办理流程,缩短办理时限,对于本部门根据本办法第十三条出具书面审查意见已经明确的事项,不再作重复审查"。故在目前政府授权特许经营模式下,项目公司对土地使用权及项目投资形成资产是仅"运营"还是"拥有运营",应该是可由政府方和社会资本方协商确定的事项。

根据以上规定,项目公司符合《划拨用地目录》规定的可以办理划拨用地的用途和使用人资格条件,且PPP项目合同中约定项目公司可以取得划拨土地使用权的,政府国土资源规划管理部门应当依法为项目公司办理国有土地使用权登记。当然,政府和社会资本方也可以约定土地使用权办理在政府方实施机构或政府方出资代表名下,项目公司仅无偿取得土地使用权。

案例34　1000万元保函与诉请支付履约保证金1000万元

相关问题

1.1000万元保函性质及有无转化;

2.通过竞争性磋商方式签订的PPP协议效力。

裁判要点摘选

投标保函无法直接转化为履约保函,按履约保函的金额追究违约责任并要求支付履约保证金,没有事实和法律依据。

基本案情

原告:F县住房和城乡建设局

被告:冶金公司

2016年9月20日,F县住房和城乡建设局(以下简称住建局)委托一咨询公司就F县内外环路网建设工程PPP项目进行国内竞争性磋商。磋商文件中相关保证金约定:磋商保证金1000万元。备注中说明,投保保证金采用保函的,受益人为住建局,中标企业的磋商保函直接转为履约保函,履约保证金1000万元。

2016年9月30日,通过竞争性磋商,冶金公司中标。中国银行出具了1000万元的保函作为投标担保。

2017年3月17日,住建局与冶金公司签订《内外环路网建设工程PPP项目协议书》(以下简称《PPP项目协议书》)。

2017年6月11日、7月7日,冶金公司向住建局分别出具了《关于内外环路网建设工程PPP项目进展情况说明》《关于内外环路网建设工程PPP项目融资承诺书》,冶金公司承诺1900万元出资并完成项目公司注册,确保项目资本金1.6亿元在2017年8月10日前到位。因冶金公司未按承诺的时间完成项目公司注册和注入项目资本金,2017年8月11日,住建局下发《解除合同通知书》,解除与冶金公司签订的《PPP项目协议书》。

此后,住建局委托一会计师事务所对内外环路网建设工程PPP项目预期损失进行审计。

2018年6月13日,会计师事务所作出审计报告,认定由于工程施工主要材料的价格变动造成预期投资损失32,517,147.62元。

2018年8月23日,住建局将该案涉工程重新公开招标,由一联合体中标。

2018年7月5日,住建局起诉冶金公司(案由为合同纠纷),请求:(1)判令被告支付履约保证金1000万元;(2)本案诉讼等费用全部由被告承担。

一审意见

一审法院认为,住建局与冶金公司签订的《PPP项目协议书》系双方真实意思表示,未违反法律法规的禁止性规定,合法有效。案涉项目是PPP项目,住建局采取的是竞争性磋商的方式决定合作方。PPP项目选择社会资本的方式包括公开招标、邀请招标、竞争性谈判、竞争性磋商等方式。所谓竞争性磋商,是指采购人、政府采购代理机构通过组建竞争性磋商小组与符合条件的供应商就采购货物、工程和服务事宜进行磋商,供应商按照磋商文件的要求提交相应的文件和报价,采购人从磋商小组评审后提出的候选供应商名单中确定成交供应商的采购方式。住建局参照PPP模式通过竞争性磋商的方式确定冶金公司作为内外环路网建设工程PPP项目建设的中标单位。本案在立案时确定案由为建设工程施工合同纠纷,本案诉争的《PPP项目协议书》不符合建设工程施工合同构成要件,故变更案由为合同纠纷。

关于住建局要求冶金公司支付履约保证金1000万元的问题。因项目公司未成立,PPP项目合同未签订,双方在《PPP项目协议书》中未约定履约保证金,冶金公司也未向住建局支付履约保证金,冶金公司仅向住建局提交了一份投标保函,投标保函也无法直接转化为履约保函。故住建局要求冶金公司按履约保函的金额追究被告的违约责任并要求支付履约保证金1000万元,没有事实和法律依据,不予支持。

一审结果

2019 年 12 月 30 日,一审法院作出民事判决:驳回原告住建局的诉讼请求。(编者注:未发现该案有二审、再审程序)

案例评析

1. 关于 1000 万元保函性质及有无转化问题

保函,是应申请人的要求向受益人开出的,保证申请人履行与受益人签订的合同项下义务的书面承诺。银行保函,是指开立保函的银行对于被担保人的违约按照保函的约定无条件地对保函受益人支付保函金额的一种承诺。保函的核心内容,担保人在什么样的条件下应该履行付款义务,要求付款条件的单据化。单据,是指独立保函载明的受益人应提交的付款请求书、违约声明、第三方签发的文件、法院判决、仲裁裁决、汇票、发票等表明发生付款到期事件的书面文件。本案中,中国银行出具的 1000 万元保函是投标保函,但住建局与冶金公司已签订《PPP 项目协议书》,投标阶段并未出现住建局有权要求中国银行基于保函付款情形,中国银行作为保函开立银行即已无付款义务。银行保函均具有特定事项、特定时间、特定条件即符合单据条件,保函开立人才具有付款义务。目前,根据保函的特性,一个或者一类保函不能转化为另一个或者另一种保函。保函相关方有特别约定的,是否可以转化,值得探讨。本案住建局请求判决冶金公司支付履约保证金 1000 万元,确无依据,《PPP 项目协议书》中未约定履约保证金,冶金公司也未向住建局支付履约保证金。住建局提出的诉讼请求存在并无依据问题,实际可以基于冶金公司违约,请求冶金公司赔偿重新招标导致的经济损失。

2. 关于通过竞争性磋商方式签订的 PPP 协议效力问题

竞争性磋商采购方式,是指采购人、政府采购代理机构通过组建竞争性磋商小组与符合条件的供应商就采购货物、工程和服务事宜进行磋商,供应商按照磋商文件的要求提交响应文件和报价,采购人从磋商小组评审后提出的候选供应商名单中确定成交供应商的采购方式。

《政府采购法实施条例》第 7 条第 1 款规定,政府采购工程以及与工程建设有关的货物、服务,采用招标方式采购的,适用《招标投标法》及其实施条例;采用其他方式采购的,适用政府采购法及本条例。根据《政府采购竞争性磋商采购方式管理暂行办法》(财库〔2014〕214 号)第 3 条规定,符合下列情形的项目,可以采用竞争性磋商方式开展采购:(1)政府购买服务项目;(2)技术复杂或者性质特殊,不能确定详细规格或者具体要求的;(3)因艺术品采购、专利、专有技术或者服务的时间、数量事先不能确定等原因不能事先计算出价格总额的;(4)市场竞争不充分的科研项目,以及需要扶持的科技成果转化项目;(5)按照招标投标法及其实施条例必须进行招标的工程建设项目以外的工程建设项目。

本案属于政府采购工程以及与工程建设有关的货物、服务情形,是否属于按照《招标投标法》及其实施条例必须进行招标的工程建设项目以外的工程建设项目,涉及对于竞争性磋商方式采购合法性的认定。如属于,可以通过竞争性磋商方式采购;如不属于,也不存在其他可以采用竞争性磋商方式开展采购情形,则不应通过竞争性磋商方式采购。案例中未予说明,一审法院对于《PPP 项目协议书》合法性予以了认定。

案例35　投标保证金转化为融资履约保证金

相关问题

1. 约定签字并加盖公章生效的协议一方未签字是否必然未生效；
2. 投标保证金转化为融资履约保证金；
3. 原告相关保证金利息请求应否支持。

裁判要点摘选

上发公司参与签订的三份合同具有前后的延续性和承接关系，针对的都是本案所涉的文体中心项目，不能单独割裂开来。因此所谓融资履约保证金的"约"，包括了市政府与上发公司签订的《意向合作书》以及由文体广电局与上发公司等中标者组成的联合体签订的《PPP项目合同》。

基本案情

上诉人（一审被告）：丽建集团

被上诉人（一审原告）：上发公司

2017年10月20日，上发公司与一市人民政府（以下简称市政府）签订《意向合作书》，双方就一国际文体中心项目合作达成意向合作，合同约定了双方合作的权利义务。经协商，2017年12月18日，丽建集团（甲方）作为市政府委托指定的政府平台公司，收到上发公司（乙方）签章的《国际文体中心项目合作开发诚意协议》（以下简称《诚意协议》），该协议约定了双方的主要权利义务，第6条第1款约定了生效条件"本协议经甲、乙双方法定代表人或其授权代表签字并加盖甲、乙双方法人单位公章后生效。协议壹式肆份,甲、乙双方各执贰份,自双方签字盖章后生效”,丽建集团在该《诚意协议》上由法定代表人签字、盖章后,因上发公司法定代表人或授权代表未在该协议上签字,丽建集团将《诚意协议》寄回上发公司,由上发公司方法定代表人或授权代表签字,但至今上发公司仍未在《诚意协议》上由其法定代表人或授权代表签字。2017 年 12 月 19 日,上发公司向丽建集团在《诚意协议》中指定的账户(账户名:丽建集团;账号:10 × × × 85)汇入 1000 万元保证金。2017 年 12 月,项目所在地市文体广电局(以下简称文体广电局)以市政府指定的采购人发布了国际文体中心建设 PPP 项目社会资本采购《采购文件》,上发公司参与了联合体投标文体中心项目,2018 年 1 月 9 日,文体广电局向投标联合体苏南公司(牵头人)、上发公司、锦构公司、云鼎公司发出《中标通知书》。2018 年 2 月 7 日,文体广电局与投标联合体苏南公司(牵头人)、上发公司、锦构公司、云鼎公司签订《国际文体中心建设项目 PPP 项目合同》(以下简称《PPP 项目合同》)。

丽建集团起诉上发公司(案由为合同纠纷),请求:判决丽建集团向上发公司退还 1000 万元保证金及利息 194.75 万元(按年利率 12%,自 2017 年 12 月 19 日起暂计至 2019 年 7 月 15 日,实际计算至退还之日止)。

一审意见

一审法院经审理认为,本案系合同纠纷。本案中,丽建集团作为市政府指定的平台公司作为协议的相对方与上发公司签订协议,且收取了上发公司的保证金 1000 万元,其系本案适格的被告。丽建集团(甲方)在其落款时间为 2017 年 12 月 18 日的《诚意协议》上由其法定代表人签字并加盖公章,该《诚意协议》第 6 条约定:“本协议经甲、乙双方法定代表人或其授权代表签字并加盖甲、乙双方法人单位公章后生效。协议壹式肆份,甲、乙双方各执贰份,自双方签字盖章后生效”,该协议中上发公司(乙方)只加盖了公章,并未由其法定代表人或授权代表签字,因此,依据《合同法》第 32 条“当事人采用合同书形式订立合同的,自双方当事人签字或者盖章时合同成立”和第 45 条“当事人对合同的效力可以约定附条件。附生效条件的合同,自条件成就时生效。附解除条件的合同,自条件成就时失效”的规定,本案中案涉的《诚意协议》虽然成立,但未生效,故上发公司主张丽建集团应退还其依据《诚意协议》支付给丽建集团的保证金 1000 万元,一审予以支持。上发公司主张的上述保证金自 2017 年 12 月 19 日起至退还之日止,按年利率12%计算的利息,因《诚意协议》没有生效系上发公司法定代表人或授权代表未在《诚意协议》上签字所致,系其自身原因导致,故对其主张的保证金利息计算,不予支持。

一审结果

2019年9月20日,一审法院作出民事判决:一、由丽建集团于判决生效之日起30日内退还上发公司保证金1000万元;二、驳回上发公司的其他诉讼请求。

丽建集团不服一审判决,向云南省高级人民法院(以下简称云南高院)提出上诉。

上诉意见

丽建集团上诉请求:(1)撤销一审判决,依法改判驳回被上诉人的一审诉讼请求;(2)一、二审诉讼费由被上诉人承担。事实和理由:一审法院认定事实、适用法律存在错误。(1)上诉人与被上诉人之间签订的《诚意协议》不可能既无效又实际履行了主要义务。该协议由于被上诉人法定代表人或授权代表未签字,未达到协议约定的生效条件,但第二天被上诉人向上诉人打款1000万元保证金。从《诚意协议》可以判断,打款1000万元是被上诉人最主要义务,根据《合同法》第37条的规定,若合同在签字盖章前一方已履行主要义务、对方接受的,该合同成立,因此《诚意协议》应当已经生效;(2)如果《诚意协议》不生效,被上诉人支付1000万元不是为了履行《诚意协议》,而是为了履行其与市政府签订的《意向合作书》中约定的义务,那根据合同相对性原则,上诉人不是适格的诉讼主体,只是市政府指定代收保证金的第三人。如果《诚意协议》生效,根据该协议约定,也未到上诉人向被上诉人返还款项的时间,被上诉人无权要求返还该1000万元。由于被上诉人中标了国际文体中心PPP项目,该1000万元转为融资履约保证金,需要根据被上诉人的融资到位情况等比例返还,被上诉人至今未到位任何融资,不能返还该1000万元。

二审意见

本案二审争议焦点:丽建集团是否应当退还1000万元保证金?

云南高院认为,首先,在2017年10月20日,市政府作为甲方与作为乙方的上发公司签订《意向合作书》,约定"在项目招标信息上网公示十天内(且乙方与甲方指定平台公司签署《诚意协议》十天内),乙方向甲方招标文件指定项目公司账户打入投标保证金3000万元。乙方若不中标,则甲方于30个工作日内退还全部3000万元保证金;若中标,则3000万元保证金中1000万元转化为本项目的履约保证金,剩余2000万元保证金在中标后30个工作日内退还;后续履约保证金将根据乙方履约进度逐步予以返还”。基于该份合同,丽建集团作为市政府项目招标指定的平台公司,与上发公司签订《诚意协议》,并在协议中将投标保证金的额度降至1000万元。协议签订后,上发公司将1000万元保证金打入丽建集团账户。虽然协议中约定该协议需经双方法定代表人或其授权代表签字并加盖双方法人单位公章后生效,本案仅加盖公章未签字,但公章的真实性各方并无异议,且《合同法》第37条规定,“采用合同书形式订立合同,在签字或者盖章之前,当事人一方已经履行主要义务,对方接受的,该合同成立”。该《诚意协议》中约定上发公司的主要义务即支付1000万元投标保证金,其已依约履行完毕,丽建集团对此予以接受,该《诚意协议》已经成立,而本案协议不属于《合同法》第44条第2款规定的“法律行政法规规定应当办理批准登记等手续”方能生效的情形,符合该条第1款规定的“依法成立的合同,自成立时生效”,且上发公司之后参与签订了《诚意协议》最终要实施的《PPP项目合同》,故《诚意协议》成立并生效,对双方具有拘束力,任何一方不得擅自变更和解除合同。上发公司在该合同未解除且不符合合同约定返还保证金条件的情况下要求返还保证金于法无据。一审法院认定《诚意协议》成立未生效不符合事实和法律规定,予以纠正。此外,《诚意协议》中约定:“若乙方(上发公司)中标本项目,则该1000万元保证金自动转为乙方在本项目中的融资履约保证金。融资履约保证金将根据乙方每笔融资到位的额度在7个工作日内同比例予以返还”,因上发公司参与的联合体在该项目中标,1000万元款项的性质已经从投标保证金转化为融资履约保证金。本案中,上发公司参与签订的三份合同具有前后的延续性和承接关系,针对的都是本案所涉的文体中心项目,不能单独割裂开来。因此所谓融资履约保证金的“约”,包括了市政府与上发公司签订的《意向合作书》以及由文体广电局与上发公司等中标者组成的联合体签订的《PPP项目合同》,且《PPP项目合同》也对联合体的融资义务作了详细的约定。上发公司主张返还该款项的诉请是否能得到支持,需要审查在该项目中各方当事人所应承担的权利义务及合同履行情况后方能确定。本案中上发公司并未起诉解除《意向合作书》、《诚意协议》及《PPP项目合同》,现亦无证据证明上述合同已经解除,应视为合同仍在履行过程中。对正在履行中的合同,在尚未确定是否解除、哪方违约、违约责任如何承担的情形下，不能迳行返还履约保证金。且上发公司并非《PPP 项目合同》唯一乙方，丽建集团亦非该合同的签订相对方，也无权单独对本案诉争款项进行处分。因此，上发公司要求丽建集团返还 1000 万元保证金无事实和法律依据，一审判决不当，应予以纠正。

综上所述，丽建集团的上诉请求成立，予以支持。一审法院适用法律错误，判决不当，予以纠正。

二审结果

2020 年 5 月 28 日，云南高院作出民事判决：一、撤销一审判决；二、驳回上发公司的诉讼请求。

案例评析

本案一、二审对三份协议和投标保证金性质的认定上，两级法院产生了两种截然相反的认识，也正凸显了 PPP 项目没有统一的国家法律层级的上位法规，从而产生了在招投标过程中实践做法与现行法律规定之间的冲突。

首先，政府在未发布招标公告之前收取潜在投标人的保证金是否合法有效。本案中，政府与原告上发公司先签订《意向合作书》，约定"在项目招标信息上网公示十天内（且乙方与甲方指定平台公司签署《诚意协议》十天内），乙方向甲方招标文件指定项目公司账户打入投标保证金 3000 万元"。其后，上发公司与政府指定的平台公司丽建集团签订《诚意协议》，虽然因上发公司法定代表人或其委托的代表人仅加盖公章没有签字，但是其之后将 1000 万元保证金打入丽建集团账户，实际履行了合同。该两份合同之间具有直接的联系，上发公司与丽建集团签订《诚意协议》并交付 1000 万元投标保证金，可以理解为双方属于《合同法》第 64 条规定的债权人指定交付，单从《合同法》角度评价，并无不当。

问题在于，市政府此时并未指定项目的实施机构即文体广电局，也没有发布招标公告，此时即与其中一个潜在投标人签订《意向合作协议》，是不是违反了《招标投标法》第 32 条第 2 款"投标人不得与招标人串通投标，损害国家利益、社会公共利益或者他人的合法权益"的效力性禁止规定，即在招标之前即与潜在投标人进行合同内容、范围、价款等实质性条款的磋商并签订合同的应为无效。

当然从项目名称"国际文体中心"来看，应为没有多少使用者付费的主要由政府进行可行性缺口补贴的项目，潜在参与投资的社会资本方不是很多，市场竞争不够充分，政府方通过提前签署合作意向书，收取保证金，以保证项目顺利实施，本身并无不当，但还是存在与《招标投标法》等法律法规相违背的问题。

其次，按照《招标投标法实施条例》规定，通常投标保证金由招标人收取，或由招标代理机构指定专用账户收取，丽建集团并非招标人或招标代理机构，其是否有权收取投标保证金。《招标投标法实施条例》第 35 条规定，“投标人撤回已提交的投标文件，应当在投标截止时间前书面通知招标人。招标人已收取投标保证金的，应当自收到投标人书面撤回通知之日起 5 日内退还。投标截止后投标人撤销投标文件的，招标人可以不退还投标保证金”。显然法规规定的是由招标人收取保证金。丽建集团并无资格收取投标保证金，且在后续的社会资本方中标后，丽建集团作为政府方出资代表，通常会和各中标社会资本方共同出资设立项目公司，法律上和社会资本方同为项目公司的股东，利益混同，其又应通过什么途径向上发公司返还该投标保证金？所以，即使二审判决三个协议是相互关联的，驳回上发公司的诉讼请求，维护了合同秩序的稳定，但是属于案结事未了。编者认为，该案合规的处理方式，应当由丽建集团向上发公司返还 1000 万元，再由上发公司按照联合体协议的约定将自己应当承担的投标保证金部分支付给联合体牵头方苏南公司，由苏南公司按照招标文件的规定支付投标保证金。其后，在文体广电局与中标社会资本方签订《PPP 合作合同》或《PPP 项目合同》时约定将其转为履约保证金，则是合规合法的路径。

总而言之，PPP 项目投资大、建设运营期长、融资困难，政府为保证项目的落地推进而征集潜在投标人，并收取诚意金或投标保证金，本身具有一定的合理性和现实原因，但是与现行法律存在冲突也是客观存在的事实，及时进行国家层面的专门立法予以规制，才是 PPP 行稳致远的保障。

案例36　未缴纳项目公司注册资本金及项目资本金与行使不安抗辩权

相关问题

1. 本案是属民事诉讼还是行政诉讼受理范围；
2. 案涉合同是否存在违法情形而无效；
3. 各方当事人是否存在违约情形及如何承担违约责任。

裁判要点摘选

双方在合同中明确约定"乙方未按照合同约定按期足额缴纳到位项目资本金，甲方有权单方解除合同，并要求乙方支付甲方违约金2000万元"，广核公司、城建公司应受该合同条款约束。广核公司未按合同约定按时履行缴纳资本金的义务，导致项目无法按期推进，无法获得可期待利益，对此造成的损失应由违约方通过违约金予以赔偿。

基本案情

上诉人(一审被告)：城建公司

被上诉人(一审原告)：四川兴文经济开发区管理委员会

一审被告：广核公司

一审被告：兴核公司

一审被告：金保公司

2016年10月，"四川兴文经济开发区管理委员会(以下简称管委会)5号路和6号路建设项目"和"管委会小微企业创业园项目"按照PPP模式要求分别完成了项目实施方案、物有所值评价及财政承受能力论证工作。2016 年 11 月 22 日，兴文县特许经营领导小组第十二次会议批准项目采取 PPP 实施模式，项目名称为“管委会五号路和六号路及小微企业创业园建设项目”，并授权管委会为项目实施机构。2017 年 10 月，四川省财政厅通知，小微企业创业园项目不符合入库要求，将清退出 PPP 项目库，经管委会与四川省财政厅沟通后，同意将小微企业创业园相关建设内容增加到园区 5、6 号路项目建设内容中，将入库的 5、6 号路名称更名为“四川省宜宾市管委会五、六号公路及配套设施建设项目”。

2018 年 4 月，管委会作为采购人发布了《四川省宜宾市管委会五、六号公路及配套设施建设 PPP 项目招标文件》，在该文件中明确载明：本次招标活动接受联合体投标，联合体中标的，联合体各方应当共同与招标人签订合同，联合体各方对中标的项目承担连带责任。2018 年 5 月 15 日，广核公司和城建公司签订的《联合体协议书》载明：联合体将严格按照招标文件的各项要求，递交投标文件，履行合同，并对外承担连带责任；联合体各成员内部职责分工：城建公司负责全面完成本项目所有工程的施工直至竣工验收移交，广核公司以牵头人的名义依法进行建设项目管理，负责项目资本金注入，项目建设资金的融资和按时投入，完成合同约定的项目建设投融资义务，确保按照节点要求支付建设资金，享有政府付费的全部收益，负责项目的运营以及移交。

2018 年 5 月 23 日，兴文县公共资源交易服务中心向广核公司出具了中标通知书，确定了广核公司为牵头人的联合体（联合体成员为城建公司）为该 PPP 项目的中标人。

2018 年 5 月 28 日，广核公司向管委会提交了金保公司出具的《承包人履约保函》，载明：保证范围为承包人未按照主合同约定履行义务，保证金额为 4900 万元，保证方式为连带责任保证，保证期间为 2018 年 5 月 29 日至 2020 年 5 月 28 日。

2018 年 7 月 26 日，兴文县人大常委会印发了批准案涉项目“政府付费”纳入县跨年度财政预算及中长期财政规划预算管理的议案决定的通知。

2018 年 8 月 27 日，管委会（甲方）与广核公司及其联合体成员城建公司（乙方）签订《兴文县工业园区五、六号公路及配套设施建设项目 PPP 合同》（以下简称《PPP 合同》）和《兴文县工业园区五、六号公路及配套设施建设项目 PPP 合同备忘录》（以下简称《备忘录》），并确定《备忘录》条款与主合同条款有冲突时，以《备忘录》约定为准，主要约定：(1)本合同签署后兴文县人民政府授权出资人代表兴文县太平实业开发有限责任公司与乙方依照本合同约定共同出资成立项目公司，该《PPP合同》及其附件都是本合同的组成部分，本项目投资估算为4.8917亿元，本合同签字生效；(2)甲方承诺提供：①提供兴文县人民政府关于本项目实施方案的批复文件、本项目物有所值评价和财政承能力论证通过验证的批复；②本项目经四川省财政厅PPP中心审核通过，已录入财政部PPP项目综合信息平台；③兴文县人民政府将本项目的全部政府付费纳入跨年度的财政预算和中长期财政规划，并取得人大决议的正式文件；(3)双方于本合同签订生效之日起30日内完成项目公司组建，完成工商登记手续，甲乙双方组建的项目公司注册资金为1000万元(可转为项目资本金)，在《PPP合同》签订后1个月内以现金方式缴纳，各方根据项目公司章程，最迟于项目公司成立后10个工作日内实缴到位，政府出资人代表兴文县太平实业开发有限责任公司出资注册资金50万元，持有项目公司5%股权，乙方出资注册资金950万元，持有项目公司95%股权；本项目资本金不低于9800万元，除注册资金以外的项目资本金8800万元由乙方全额出资，乙方应最迟在项目公司成立后30个工作日内实缴到位项目资本金；(4)乙方在中标通知书发出之日起5个工作日内向甲方指定的财政资金专户缴纳履约保证金4900万元或提供同等金额的履约保函；(5)乙方未按投资计划约定投入资金，在30日内未得到改正，甲方有权发出解除合同通知，甲方不履行合同约定的主要义务，在90日内未得到改正，乙方有权发出解除合同通知，一方提出解除合同的，需提前30日向对方发出意向通知，并给出必要的协商期；(6)乙方未按照合同约定按期足额缴纳到位项目资本金，甲方有权单方解除合同，并要求乙方支付甲方违约金2000万元；(7)甲方未按照合同约定按期购买服务，乙方有权要求甲方限期足额支付或者协商其他方式支付，并按当期应付金额按照每天万分之六收取逾期利息；(8)该协议在甲乙双方签字盖章之日生效。

合同签订后，城建公司发函管委会，要求不参加项目公司的组建和占股，管委会于2018年9月17日复函称，同意其不参与项目公司组建，不占有项目公司股权。

2018年9月26日，兴核公司成立并完成了工商登记，登记的注册资本金为1000万元，股东为兴文县太平实业开发有限责任公司和广核公司，前者认缴额为50万元,后者认缴额为950万元。两股东至今均未实际出资。

因广核公司、城建公司未缴纳项目资本金,2018年12月25日,管委会向广核公司、城建公司发出了《关于意向解除管委会五、六号公路及配套设施建设项目PPP合同》的函,告知其因未按时足额缴纳项目资本金,按照约定管委会可以单方面解除合同。2019年1月14日,管委会向广核公司、城建公司发出了《关于解除管委会五、六号公路及配套设施建设项目PPP合同》的通知,正式解除双方签订的合同。2019年1月28日,管委会向金保公司发出索赔通知,要求其承担连带责任。

案涉项目现处于财政部政府和社会资本合作中心的储备清单项目,载明的阶段为识别阶段,总投资为48,900万元。在该合作中心载明:项目储备清单是指识别阶段项目,是地方政府部门有意愿采用PPP模式的备选项目,但尚未完成物有所值评价和财政承受能力论证的审核;项目管理库是指准备、采购、执行和移交阶段的项目,已经完成物有所值评价和财政承受能力论证的审核。

2019年5月30日,广核公司向管委会出具了情况说明,载明"园区管委会单方认为我违约,于2018年12月25日、2019年1月14日发文'意向解除合同函'正式解除合同通知",说明广核公司收到前述意向函和通知。

管委会起诉城建公司、广核公司、兴核公司、金保公司(案由为合同纠纷),请求:(1)判决广核公司、城建公司支付违约金1998万元;(2)判决金保公司、兴核公司对第一项诉讼请求承担连带清偿责任;(3)广核公司、城建公司、金保公司、兴核公司承担本案的诉讼费。

一审意见

一审法院认为,本案的争议焦点:(1)《PPP合同》以及《备忘录》的效力;(2)广核公司以及城建公司是否违约以及责任的承担。

针对焦点一:《PPP合同》以及《备忘录》系管委会与广核公司、城建公司平等协商、自愿签订的,并约定合同双方当事人在协议上签字盖章时生效,根据《合同法》第44条"依法成立的合同,自成立时生效。法律、行政法规规定应当办理批准、登记手续生效的,依照其规定"、第52条"有下列情形之一的,合同无效:(一)一方以欺诈、胁迫的手段订立合同,损害国家利益;(二)恶意串通,损害国家、集体或者第三人利益;(三)以合法形式掩盖非法目的;(四)损害社会公共利益;(五)违反法律、行政法规的强制性规定"的规定,该《PPP合同》以及《备忘录》有效。广核公司认为该协议违反了《关于推广运用政府和社会资本合作模式有关问题的通知》和《国家发展和改革委员会关于开展政府核对社会资本合作的指导意见》、《政府投资条例》的规定,但其中并无涉及 PPP 项目的强制性禁止性规定,故一审法院对该抗辩理由不予以采信。

针对焦点二:管委会与广核公司、城建公司约定,管委会的主要义务:管委会应提供:(1)提供兴文县人民政府关于本项目实施方案的批复文件、本项目物有所值评价和财政承能力论证通过验证的批复;(2)本项目经四川省财政厅 PPP 中心审核通过,已录入财政部 PPP 项目综合信息平台;(3)兴文县人民政府将本项目的全部政府付费纳入跨年度的财政预算和中长期财政规划,并取得人大决议的正式文件。管委会履行义务的情况:针对第 1 项:管委会在 2016 年 10 月按照 PPP 模式要求分别完成了“管委会 5 号路和 6 号路建设项目”和“管委会小微企业创业园项目”项目实施方案、物有所值评价及财政承受能力论证工作。2017 年 10 月,四川省财政厅通知,小微企业创业园项目不符合入库要求,将清退出 PPP 项目库,经管委会与四川省财政厅沟通后,同意将小微企业创业园相关建设内容增加到园区 5、6 号路项目建设内容中,将入库的 5、6 号路名称更名为“四川省宜宾市管委会五、六号公路及配套设施建设项目”。“四川省宜宾市管委会五、六号公路及配套设施建设项目”只是更名而已,之前已经完成了项目实施方案、物有所值评价及财政承受能力论证,广核公司、城建公司将其作为一个新项目,要求管委会另行完成项目实施方案、物有所值评价及财政承受能力论证工作,不符合法律规定。第 2 项:主合同第 11.3.(1)约定自合同生效之日起,甲方授予依据本合同设立的项目公司享有本项目的特许经营权,并将本项目列入四川省财政厅 PPP 项目库,纳入财政部政府与社会资本合作 PPP 综合信息平台。主合同第 17.4.2 条约定在本合同签署后 3 个月内,甲方应完成本项目纳入四川省财政厅 PPP 项目库的工作,并在财政部 PPP 综合信息平台进行管理。《备忘录》2.1 约定本项目经四川省财政厅 PPP 中心审核通过,已录入财政部 PPP 项目综合信息平台,该处没有约定时间,同时又说明了主合同内容与《备忘录》有争议的,以《备忘录》为准。管委会在签订合同时该项目已处于财政部政府和社会资本合作中心的储备清单项目,所处阶段为识别阶段,并未明确约定进入项目管理库的时间,且项目所处的阶段是对外公开的,广核公司、城建公司对此情况应当明知,是一个企业投资项目时必须清楚的事实。第 3 项:2018 年 7 月 26 日,兴文县人大常委会印发了批准案涉项目“政府付费”纳入县跨年度财政预算及中长期财政规划预算管理的议案决定的通知。综前所述，管委会主要义务已经履行。

广核公司、城建公司的主要义务：广核公司、城建公司应在项目公司成立后10个工作日内实缴项目公司注册资本金950万元，项目资本金8800万元应在组建项目公司后30个工作日内足额到位，项目公司成立于2018年9月26日，故广核公司、城建公司应在2018年10月19日之前缴纳项目注册资本金，于2018年11月12日之前缴纳项目资本金8800万元；广核公司、城建公司经管委会催告后一直未履行出资义务，故广核公司、城建公司存在违约行为。广核公司、城建公司提出管委会有先履行的义务没有履行，广核公司、城建公司才没有出资的抗辩理由不予以采信。

管委会与广核公司、城建公司约定：乙方（广核公司及其联合体成员城建公司）未按投资计划约定投入资金，在30日内未得到改正，甲方（管委会）有权发出解除合同通知，一方提出解除合同的，需提前30日向对方发出意向通知，并给出必要的协商期。管委会在享有解除权时发出了解除合同的通知，根据《合同法》第93条第2款“当事人可以约定一方解除合同的条件。解除合同的条件成就时，解除权人可以解除合同”的规定，该合同以及《备忘录》已经于2019年1月14日解除。

按照合同约定，乙方未按照合同约定按期足额缴纳到位项目资本金，甲方有权单方解除合同，并要求乙方支付甲方违约金2000万元。根据《合同法》第97条“合同解除后，尚未履行的，终止履行；已经履行的，根据履行情况和合同性质，当事人可以要求恢复原状、采取其他补救措施，并有权要求赔偿损失”、第98条“合同的权利义务终止，不影响合同中结算和清理条款的效力”、第107条“当事人一方不履行合同义务或者履行合同义务不符合约定的，应当承担继续履行、采取补救措施或者赔偿损失等违约责任”、第114条“当事人可以约定一方违约时应当根据违约情况向对方支付一定数额的违约金，也可以约定因违约产生的损失赔偿额的计算方法。约定的违约金低于造成的损失的，当事人可以请求人民法院或者仲裁机构予以增加；约定的违约金过分高于造成的损失的，当事人可以请求人民法院或者仲裁机构予以适当减少。当事人就迟延履行约定违约金的，违约方支付违约金后，还应当履行债务”的规定，管委会请求广核公司、城建公司支付违约金1998万元，一审法院予以支持。金保公司出具了担保函，保证金额为4900万元，保证方式为连带责任保证，根据《担保法》[①]第18条"当事人在保证合同中约定保证人与债务人对债务承担连带责任的，为连带责任保证。连带责任保证的债务人在主合同规定的债务履行期届满没有履行债务的，债权人可以要求债务人履行债务，也可以要求保证人在其保证范围内承担保证责任"的规定，管委会请求金保公司承担连带担保责任符合法律规定。兴核公司并非合同当事人，广核公司系兴核公司的股东，管委会要求兴核公司承担连带责任，没有法律依据，一审法院不予以支持。

关于广核公司、城建公司提出管委会未履行出资50万元作为项目公司注册资本，属于违约的抗辩理由，根据管委会、广核公司、城建公司的约定，50万元的出资义务人为兴文县太平实业股份有限公司，并非管委会，故一审法院对该抗辩理由不予以采信。关于广核公司、城建公司提出违约金约定为2000万元，管委会请求1998万元，属于滥用诉权，恶意规避管辖的抗辩理由，管委会自愿放弃部分违约金，系管委会行使自由处分权，并未损害他人的合法权益，一审法院对该抗辩理由不予以采信。关于城建公司提出违约金过高的抗辩理由，双方明确约定了违约金为2000万元，广核公司、城建公司应当受到约束，应当按照约定履行义务，且该项目涉及4亿余元的投资，约定违约金2000万元并非过高，故一审法院对该抗辩理由不予以采信。关于城建公司提出其不参与项目组建，不占股权，管委会不能就此要求城建公司承担连带责任的抗辩理由，按照广核公司和城建公司签订的《联合体协议书》载明：联合体将严格按照招标文件的各项要求，递交投标文件，履行合同，并对外承担连带责任，以及合同、《备忘录》上的乙方是指广核公司和中核工建设集团第三工程局有限公司，故城建公司的抗辩理由一审法院不予以采信。金保公司经一审法院依法传唤，未到庭参加诉讼，根据《民事诉讼法》第144条[②]"被告经传票传唤，无正当理由拒不到庭的，或者未经法庭许可中途退庭的，可以缺席判决"的规定，一审法院依法缺席判决。

一审结果

一审法院经审判委员会讨论决定作出民事判决：一、广核公司、城建公司于

---

① 现已失效。

② 现为第147条。

本判决生效之日起10日内支付管委会违约金1998万元;二、金保公司对第一项确定的内容承担连带清偿责任;三、驳回管委会的其他诉讼请求。

城建公司不服一审判决,向四川省宜宾市中级人民法院(以下简称宜宾中院)提出上诉。

二审意见

宜宾中院认为,本案的争议焦点:(1)本案是属民事诉讼还是行政诉讼受理范围;(2)案涉合同是否存在违法情形而无效;(3)各方当事人是否存在违约情形及如何承担违约责任。

针对焦点一,关于本案是属民事诉讼还是行政诉讼受理范围的问题。案涉合同的一方当事人为兴文县人民政府授权的管委会,但合同相对人城建公司在订立合同及决定合同内容等方面享有充分的意思自治,并不受单方行政行为强制,合同内容包括了具体的权利义务及违约责任,均体现了双方当事人的平等、等价协商一致的合意。本案合同并未仅就行政审批或行政许可事项本身进行约定,合同涉及的相关行政审批和行政许可等其他内容,为合同履行行为之一,属于合同的组成部分,不能决定案涉合同的性质。从本案合同的目的、职责、主体、行为、内容等方面看,合同具有明显的民商事法律关系性质,应当定性为民商事合同。城建公司主张本案合同为行政合同及不能作为民事案件受理,没有法律依据。

针对焦点二,关于案涉合同是否存在违法情形而无效的问题。根据《合同法》第52条的规定,"有下列情形之一的,合同无效:(一)一方以欺诈、胁迫的手段订立合同,损害国家利益;(二)恶意串通,损害国家、集体或者第三人利益;(三)以合法形式掩盖非法目的;(四)损害社会公共利益;(五)违反法律、行政法规的强制性规定"。城建公司主张兴文县政府采购前投资概算超过原概算10%未经政府部门重新审核、未完成物有所值评价和财政承受能力论证审核,即使将两个项目合并为一个项目确经省财政厅同意,该行为系以合法形式规避国家政策,违反了《企业投资项目核准和备案管理条例》《政府投资条例》《企业投资项目核准和备案管理办法》《关于依法依规加强PPP项目投资和建设管理的通知》等有关规定,但其所举规定并非法律、行政法规的效力性强制性规定,也不存在可认定合同无效的其他情形,故城建公司关于案涉《PPP合同》无效的上诉理由不能成立。

针对焦点三,关于双方是否违约及如何承担违约责任的问题。首先,管委会是否按约定将案涉项目通过物有所值评价和财政承能力论证并录入财政部PPP项目综合信息平台。四川省政府和社会资本合作中心于2018年5月17日发出的《四川省政府和社会资本合作(PPP)中心关于全省PPP项目库采购阶段转化有关事项的通知》载明,四川省宜宾市兴文县太平工业园区五、六号公路及配套设施项目已纳入全省PPP项目库(财政部综合信息平台),平台现所处阶段为采购阶段。财政部政府和资本合作中心网站对项目储备清单的说明为"指识别阶段项目"、对项目管理库的说明为"是指准备、采购、执行和移交阶段的项目,已经完成物有所值评价和财政承受能力论证的审核",结合管委会提交的其他证据,可与《兴文县人民政府关于将四川省宜宾市兴文县财政规划预算管理的议案》中"经管委会与四川省财政厅沟通后,同意将小微企业创业园相关建设内容增加到园区5、6号路项目建设内容中,将入库的5、6号路名称更名为'四川省宜宾市管委会五、六号公路及配套设施建设项目'"的内容相印证。故可认定管委会已按约定将案涉项目通过物有所值评价和财政承能力论证并录入财政部PPP项目综合信息平台,因兴文县财政局于2019年6月25日向四川省财政厅请示将案涉项目在内的相关PPP项目退出管理库、于2019年8月2日请示退出储备库,故2019年7月21日在财政部政府和资本合作中心网站查询到案涉项目为识别阶段与《四川省政府和社会资本合作(PPP)中心关于全省PPP项目库采购阶段转化有关事项的通知》载明的采购阶段亦不冲突。

其次,城建公司是否应承担违约责任的问题。对此,宜宾中院评述如下:(1)案涉合同作为PPP项目,投入资本是社会资本方的根本义务。如前所述,城建公司无证据证明系因管委会未按约定将案涉项目通过物有所值评价和财政承能力论证并录入财政部PPP项目综合信息平台导致广核公司无法缴纳项目公司注册资本金及项目资本金,故广核公司未按合同约定注资构成根本违约。(2)城建公司主张因兴文县人民政府的出资代表太平实业公司未按合同缴纳项目公司注册资本金,其未缴纳项目公司注册资本金及项目资本金系行使不安抗辩权。不安抗辩权是指在有先后履行顺序的双务合同中,应先履行合同的一方有确切证据表明另一方有丧失或可能丧失履行能力的情况下,有暂时中止履行合同的权利。本案中,双方并未约定缴纳资本金的先后顺序,且缴纳项目公司注册资本金并非兴文县政府的主要义务,城建公司也无证据表明兴文县政府存在丧失或丧失履行合同义务的能力，城建公司主张其系行使不安抗辩权的理由不能成立。(3)城建公司上诉称管委会明知城建公司与广核公司的分工为广核公司负责注资、城建公司仅负责施工，管委会不能因广核公司未尽到注资义务要求城建公司承担连带责任。宜宾中院认为，《PPP合同》《备忘录》上的乙方均是广核公司和城建公司，且广核公司和城建公司签订的《联合体协议书》载明：联合体将严格按照招标文件的各项要求，递交投标文件，履行合同，并对外承担连带责任。联合体的内部分工只能约束联合体内部成员，不能对抗合同相对人，故城建公司该项上诉理由不能成立。

最后，广核公司、城建公司应如何承担违约责任的问题。双方在合同中明确约定"乙方未按照合同约定按期足额缴纳到位项目资本金，甲方有权单方解除合同，并要求乙方支付甲方违约金2000万元"，广核公司、城建公司应受该合同条款约束。广核公司未按合同约定按时履行缴纳资本金的义务，导致项目无法按期推进，无法获得可期待利益，对此造成的损失应由违约方通过违约金予以赔偿。该项目涉及4亿余元的投资，城建公司无证据证明该违约金明显高于因其违约造成的损失，管委会仅主张1998万元违约金，是其对自身权利的处分，且并未损害他人利益，一审法院予以支持并无不当。

二审结果

2020年6月30日，宜宾中院作出民事判决：驳回上诉，维持原判。

案例评析

1. 关于本案属民事诉讼还是行政诉讼受理范围的问题

根据《最高人民法院关于适用〈中华人民共和国行政诉讼法〉若干问题的解释》[①]第11条的规定，行政机关为实现公共利益或者行政管理目标，在法定职责范围内与公民、法人或者其他组织协商订立的具有行政法上权利义务内容的协议，属于《行政诉讼法》第12条第1款第11项规定的行政协议。案涉PPP合同的签订及其内容均体现双方地位平等、意思自治和等价有偿的合意，从本案合同的目的、职责、主体、行为和内容等方面看，合同具有明显的民商事法律关系性质，应当定性为民商事合同。城建公司以本案系行政合同纠纷为由主张不能作

① 现已失效。

为民事案件予以受理,没有法律依据。

2. 关于案涉 PPP 合同是否存在违法情形而无效的问题

管委会依法通过公开招投标方式与城建公司等签订案涉 PPP 合同,并根据在此基础上签订备忘录,充分反映双方真实意思表示。管委会在政府采购前投资概算超过原概算 10% 情况下未经政府部门重新审核,未完成物有所值评价和财政承受能力论证审核,甚至将两个项目合并为一个项目等行为,违反《企业投资项目核准和备案管理条例》《政府投资条例》《企业投资项目核准和备案管理办法》《关于依法依规加强 PPP 项目投资和建设管理的通知》等有关规定,具有违法性,但并未违反法律、行政法规的效力性禁止规定,并不影响案涉 PPP 合同的效力,案涉 PPP 合同合法有效。

3. 关于各方当事人是否存在违约情形及如何承担违约责任的问题

管委会已按案涉 PPP 合同约定完成将案涉项目通过物有所值评价和财政承能力论证,并录入财政部 PPP 项目综合信息平台等合同主要义务,并不存在违约行为。城建公司在案涉 PPP 合同与备忘录签订后书面告知管委会不参加案涉项目公司的组建和占股,已构成根本违约,管委会有权追究其违约金责任。根据案涉 PPP 合同文件约定,广核公司应履行实缴项目公司注册资本金义务,但实际经管委会催告后一直未履行出资义务,构成根本违约。管委会有权追究其违约金责任,单方解除案涉合同。金保公司就广核公司的履约行为向管委会出具的《承包人履约保函》且被担保人广核公司的违约行为处在保证期限内,故应当对广核公司的违约行为在保证金金额范围内承担连带责任。

案例37　运营期间实际水处理标准是生活用水还是生产用水

相关问题

1. 运营期间实际水处理标准是生活用水水质还是生产用水水质；
2. 两份水质量检验报告应否予以采信；
3. 供水水质是否达到了合同约定的标准；
4. 支付水费及违约金的请求应否支持。

裁判要点摘选

按合同约定,政府方有权对出水质量进行检测和监督,其委托检测机构进行检验是行使监督的一种方式。运营方没有证据证明其按照合同约定进行了定期检验,也没有提交有关检测报告证明出水水质合格,应承担其举证不能的后果。

典型意义

PPP/政府特许经营项目进入运营期,运营产出质量标准,质量检验标准、检验机构的确定、是一方还是双方共同自行或者委托外部机构进行检验,有时可能会产生争议。在项目合同中全面明确约定,合同履行中严格按约定操作,可有效减少、避免这方面争议。本案双方争议的关键是光投公司所供水水质是否达到了合同约定的标准,具有一定典型性。

基本案情

再审申请人(一审被告、反诉原告、二审上诉人):光投公司

被申请人(一审原告、反诉被告、二审被上诉人):矿业公司

一审第三人:冶工公司

光投公司与矿业公司、冶工公司合同纠纷一案,光投公司不服山西省高级人民法院一审民事判决,向最高人民法院申请再审。

光投公司申请再审称:(1)本案中,双方实际履行的是生产用水而非生活用水。尽管《三方协议》中约定了"自本协议生效之日起,乙方水处理标准应达到乙方与丙方于2006年10月26日签订的《矿井水水处理厂技术改造、建设、运营和移交(BOT)特许经营权合同》(以下简称《BOT合同》)中约定的水质标准,水价相应调整为5元",但该《三方协议》同时约定了"如丙方要求乙方提供煤矿井下用水水质,则水价为4元/立方米",即该《三方协议》约定了两种水处理标准。自《三方协议》签订后矿业公司虽未以书面方式通知光投公司提供生产用水,但事实上矿业公司同意并一直接收光投公司提供的生产用水,直至双方因改造成本承担事宜再次发生纠纷,才于2013年4月以书面方式要求光投公司提供生活用水,并在2013年6月给光投公司送达的《关于要求履行及生产合格成品水和整改运营状况的函》中表示如不能提供生活用水将不再支付不达标部分的水处理费。光投公司在一、二审中向法庭提交的公证书及光盘显示,自2013年12月31日光投公司委托的运营服务方冶工公司因无力支付人员工资及相关费用停止对水厂的运营后,矿业公司仍自行使用光投公司投巨资兴建的污水处理厂,而一、二审法院对该证据视而不见,甚至都未在庭审中对视频进行播放和质证。结合《三方协议》内容以及相关证据,本案中双方实际履行的是生产用水而非生活用水,光投公司也是按照生产用水水价主张相应水费的。矿业公司一方面主张生活用水,另一方面却在接收光投公司提供的生产用水,并在光投公司离场后无偿使用光投公司投巨资建设的水厂,一审判决无视双方实际履行情况,僵化的引用《三方协议》的条款内容,判令矿业公司有权拒绝支付水费,对光投公司显失公平。(2)一审判决与二审判决认定水质不达标证据不足。一、二审判决以矿业公司提供的两份检测报告作为水质不达标的认定依据,同时以光投公司未能提供水质达到合同约定标准的相关证据为由,驳回光投公司要求矿业公司支付水费的反诉请求错误。首先,上述两份检测报告系矿业公司单方委托检测机构作出的检验报告,不符合双方签订的《BOT合同》中关于对水质标准存在争议的情况下由双方共同委托相关检测机构进行检测的约定;其次,上述两份检测报告

形成的时间分别是2013年7月26日和2013年11月7日，即使上述两份检测报告从程序和内容上均有效，也无法证明在报告形成前的水质尚未达到生活用水标准；最后，上述两份检测报告均是依据GB 5749—2006《生活饮用水卫生标准》作出的检测结论，而本案中光投公司要求矿业公司按照生产用水而非生活用水支付水费。

矿业公司答辩称：(1)无论是依照双方签订的《BOT合同》还是《三方协议》，矿业公司要求所供水都是生活用水。光投公司将其违约行为歪曲成"双方实际履行的是生产用水而非生活用水"没有依据。(2)光投公司不履行合同约定的检测义务，矿业公司在合作期间委托有检测资质的机构进行检测是为了督促生产管理，两份检测报告合法有效。光投公司没有证据证明其所供水合格。

审查意见

关于光投公司向矿业公司主张3,343,920元水费及违约金能否成立的问题，最高人民法院经审查认为：双方争议的关键是光投公司所供水水质是否达到了合同约定的标准。2006年10月26日双方签订的《BOT合同》第4.4.2条、第4.4.3条约定：该项目出水水质标准根据《生活饮用水卫生标准》(GB 5749—85)执行；出水水质由光投公司委托双方认可的有资质的专业机构定期进行检验，每周一次，费用由光投公司负担，标准执行国家最新颁布的《生活饮用水卫生标准》。2012年11月6日《三方协议》第2条约定："2012年9月起，每月产生的水处理费按照双方于2006年10月26日签订的《BOT合同》及相关协议执行"；第4条约定："关于水质和水价：自本协议生效之日起，光投公司水处理标准应达到光投公司和矿业公司于2006年10月26日签订的《BOT合同》中约定的水质标准。水价相应调整为5元/立方米，如矿业公司要求光投公司提供煤矿井下用水水质(水质标准详见附件一)，则水价为4元/立方米。具体事宜依照《BOT合同》执行"。按照上述约定，2012年9月之后的供水事宜及水质标准仍然是依照《BOT合同》执行。矿业公司主张光投公司的供水水质不符合《BOT合同》约定的水质标准，提供了向光投公司发出的要求生产合格成品水的函件以及两份检验报告，光投公司对矿业公司在函件中所主张的水质不合格的事实并没有及时否认，而且还向冶工公司发函要求生产合格的成品水。两份检验报告虽然是矿业公司单方作出的，但按合同约定矿业公司有权对出水质量进行检测和监督，其委托检测机构进行检验是行使监督的一种方式。双方在合同中也明确约定出水水质由光投公司委托双方认可的有资质的专业机构定期进行检验,每周一次。但光投公司没有证据证明其按照合同约定进行了定期检验,也没有提交有关检测报告证明出水水质合格,应承担其举证不能的后果,故二审判决对矿业公司的两份检验报告予以采信并认定光投公司运营的水处理厂水质不合格并无不当。按照《三方协议》第4条"若光投公司提供的水质低于上述相应标准,则光投公司应承担违约责任,并赔偿由此给矿业公司造成的损失,同时矿业公司不再支付不达标部分的水处理费"的约定,矿业公司有权拒付不达标部分的水处理费。光投公司申请再审称双方实际履行的是生产用水而非生活用水,其是按照生产用水水价主张相应水费的。但是按照《三方协议》第4条的约定,光投公司水处理标准仍然是按照《BOT合同》中约定的生活用水水质标准,只有"如矿业公司要求光投公司提供煤矿井下用水水质(水质标准详见附件一),则水价为4元/立方米",本案中光投公司没有证据证明矿业公司要求其提供生产用水,且矿业公司两次发函要求光投公司提供合格用水。故光投公司主张矿业公司实际认可其提供生产用水证据不足,在矿业公司没有明确要求供应生产用水情况下,光投公司按照生产用水的标准供应生活用水,也会对用水人的身体健康造成危害。

审查结果

2017年3月23日,最高人民法院作出裁定:驳回光投公司的再审申请。

案例评析

1. 关于运营期间实际水处理标准是生活用水水质还是生产用水水质问题

根据《BOT合同》《三方协议》的约定,除矿业公司要求光投公司提供煤矿井下用水水质外,应为生活用水水质。本案中,光投公司并未提供证据证明矿业公司曾要求提供煤矿井下用水水质,且矿业公司亦否认有过这一要求,故应认定水处理标准是生活用水水质。

2. 两份水质量检验报告应否予以采信问题

此问题编者觉得法院审查意见似值得商榷。矿业公司有权对出水质量进行检测和监督,但在其根据自行委托所作检验报告认为水质不符合约定后,实际双方对于水质是否符合标准即存在了争议。根据《BOT合同》的约定,在对水质标准存在争议的情况下,应由双方共同委托相关检测机构进行检测,并以该检测结果认定水质是否符合约定。矿业公司实际并未提出共同委托检测意见，因此，矿业公司自行委托所作两份水质量检验报告直接予以采信，作为水质是否符合约定的唯一依据。

3. 关于供水水质是否达到了合同约定的标准问题

光投公司对水质已达到合同约定标准负有举证责任，但其没有提供证据证明进行了定期检验，也没有提供水质符合约定的检测报告，应承担其举证不能的后果，结合矿业公司委托所作的两份检验报告，以及矿业公司意见，应认定水质不符合约定。

4. 关于支付水费及违约金的请求应否支持问题

根据《三方协议》的约定，光投公司提供的水质不符合约定标准应承担违约责任，并赔偿由此给矿业公司造成的损失，同时矿业公司不再支付不达标部分的水处理费。本案中，光投公司供水不合格，法院驳回其要求矿业公司支付水费及违约金的请求是正常的。

案例38　适用水污染物排放新标准引起的争议

相关问题

1. 本案是否构成情势变更；
2. 案涉合同及补充协议是否应当解除。

裁判要点摘选

根据合同约定“分项目建设要求及结算办法……(二)设计部分。污水处理设施完整、系统的设计必须符合国家和四川省最新实行的和正在执行的相关设计标准、规范和规定”。因此,不仅设计须符合正在执行的规范规定,还需符合四川省最新实行的规范规定。因《水污染防治标准》发布前,云科公司、川科公司已经完成设计,因此双方在立约时均不能预见《水污染防治标准》规范的具体内容,该变化不属于商业风险,不可归责于双方。

上诉人(一审被告):云科公司

上诉人(一审被告):川科公司

被上诉人(一审原告):自贡市大安区人民政府

自贡市大安区人民政府(以下简称区政府)诉云科公司、川科公司建设工程合同纠纷一案,一审法院立案受理。

区政府诉讼请求:判决解除区政府与云科公司、川科公司签订的《自贡市大安区乡镇污水处理设施工程建设合同书》(以下简称《工程建设合同书》)及《补充协议》。

一审查明

2012年12月,甲方区政府与乙方云科公司、川科公司就自贡市大安区乡镇污水处理设施工程签订了《工程建设合同书》,合同书约定由庆中公司承建自贡市大安区九个乡镇的污水处理设施建设工程,工程分为两期,2015年12月22日前完成一期工程,即除大山铺以外的八个污水处理厂。2015年12月22日,双方对二期工程,即对原大山铺污水处理厂的建设达成了《补充协议》,2016年9月,庆中公司完成了二期工程的前期规划设计工作,但双方对施工未达成一致意见。2016年12月,四川省环境保护厅、四川省质量技术监督局发布了自2017年1月1日起实施的《四川省岷江、沱江流域水污染物排放标准》(以下简称《水污染物排放标准》),根据该标准,双方合同约定的污水处理厂的设计已不能达到新的排放要求。此后,区政府要求按《水污染防治标准》重新规划设计建设施工,庆中公司主张按已经做好的规划设计施工然后提级改良,改良费用由区政府负担,双方经多次协商未达成一致意见,致区政府提起本案诉讼。

一审意见

一审法院认为,双方在《工程建设合同书》及《补充协议》中共同协商确定了案涉工程的建设。双方约定的设计标准及权利、义务清楚、明确,系合同双方当事人的真实意思表示,合同合法有效,在正常情况下,双方按合同约定积极履行。但本案中,由于在工程施工前,四川省环境保护厅、四川省质量技术监督局发布了《水污染物排放标准》,因双方签订的《工程建设合同书》明确约定了"污水设施完整、系统的设计必须符国家和四川省最新实行和正在执行的相关设计标准、规范和规定",该工程系民生工程,故应选定级别更高的排污标准,如仍按原设计标准建设施工,势必影响工程建成后的运行,庆中公司主张可以采用一级A标准进行建设后再行改良的理由不能成立。故原合同之基础已经丧失,双方可以就合同履行进行协商变更,在协商变更不能的情况下,若继续履行原合同显失公平,构成情势变更。且本案中双方就原合同是否履行或者变更进行了长达数年的数次协商仍未达成一致意见,若继续维持明显不当,故区政府主张解除合同的理由成立,一审法院予以支持。

一审结果

一审法院作出民事判决:解除区政府、云科公司、川科公司于2012年12月签订的《工程建设合同书》及2015年12月22日签订的《补充协议》。

云科公司、川科公司不服一审判决，向四川省高级人民法院（以下简称四川高院）提出上诉。

上诉意见

云科公司、川科公司上诉请求：(1)撤销原判，改判驳回区政府全部诉讼请求。(2)本案诉讼费用由区政府承担。事实与理由：(1)一审判决认定事实错误。①一审判决就本案项目应适用《水污染物排放标准》认定错误。根据《水污染物排放标准》第3.8条、第4.2.4条的规定，该项目属于"现有排污单位"，应自2020年才适用《水污染物排放标准》。②一审判决就合同约定出水标准适用四川省标准的认定错误。本案合同约定项目出水标准应当适用国家一级A标准而非适用四川省标准。③一审判决关于双方就合同是否履行或者变更进行了数年协商的认定错误。2016年12月20日《水污染物排放标准》发布，区政府直到2018年5月才首次向云科公司、川科公司提出按《水污染物排放标准》建设，并随即于2018年6月起诉要求解除合同。(2)一审判决适用法律错误，本案不构成情势变更。首先，客观情况并未发生无法预见的重大变化。2016年9月该项目已完全具备开工建设条件。且《水污染物排放标准》制定时专门给现有项目实施《水污染物排放标准》预留了充分的时间，并非无法预见的重大变化。其次，继续履行合同不会导致显失公平或不能实现合同目的的情形。案涉工程按《水污染物排放标准》建设有两种方式，直接按《水污染物排放标准》建设或按现有合同约定建成后进行升级改造。即便成本更高，也属于应当由区政府承担的商业风险。(3)一审判决未查明案涉合同未继续履行的真正原因。案涉合同未能继续履行的责任应归咎于区政府。根据《补充协议》的约定，土建工程由区政府负责招标。但区政府未按约履行招标义务，导致该工程停滞至今。项目本来完全是可以在《水污染物排放标准》实施前竣工的，但区政府的原因导致工程迟迟不能开工，由此产生的一切后果应当由区政府承担。区政府早在一审开庭前就已经将项目另行发包给了案外人并已进场施工，已构成根本违约，应当承担违约责任。

二审查明

四川高院二审另查明事实如下：

《工程建设合同书》主要约定：(1)工程概况。工程名称自贡市大安区乡镇污水处理设施建设工程。工程地点：大山铺镇、牛佛镇、团结镇、三多寨镇、永嘉乡、庙坝镇、新店镇、回龙镇、何市镇。(2)工程内容。工程建设内容:甲方负责完成工程建设前期全部报批手续(包括项目环评、可研报告评审、初步设计审查、施工图设计审查等);乙方负责本合同约定的全部乡镇污水处理厂工程建设,厂区内所有建设项目、设备购安、风貌打造、厂区围墙、平基等所有工程建设内容。(3)合同工期。本合同工期自工程破土动工之日起120天内全部完成(大山铺为150天,均不包括工程试运行期间在内)。但遇有本合同第16条规定之情形,工期则相应顺延。(4)工程质量。全部污水处理厂的出水水质达到《城镇污水处理厂污染物排放标准》(GB 18918—2002)一级A标准。(5)工程合同价格及结算办法。本合同价格即工程建设造价3538万元。本合同价格主要内容包括:地勘初步设计方案设计、工艺方案设计、工艺流程施工图设计、施工图设计、管网施工图设计等相关勘测和设计费用;工程建设费及施工管理费;专利技术使用费及专利技术服务费;专利设备制造、通用设备选型。(6)分项目建设要求及结算办法。①工艺部分。乙方所提供的污水处理工艺必须是技术成熟先进、运行稳定可靠,并满足下列建设要求的完整工艺系统。1~3经处理后的出水水质达到国家《城市污水处理厂污染物排放标准》(GB 18918—2002)一级A标准。②设计部分。污水处理厂初步设计、施工图设计及工艺部分的设计和管网设计由乙方负责。污水处理设施完整、系统的设计必须符合国家和四川省最新实行的和正在执行的相关设计标准、规范和规定。③施工部分。乙方负责按工程承包方式建设本合同项下的全部工程并负责本工程厂区范围内的施工管理,甲方全力配合。……(12)甲方的主要责任。负责污水厂建设工程的立项及批文,环境影响报告及批文,土地征用手续及批文、消防、安全、职业病防治、规划建设许可证申领等工程前期的报批工作,所发生的费用由甲方负责。(13)乙方的主要责任。①在工程建设过程中,遵守国家有关法律、法规和相关管理规定。履行各种建设程序,自行承担工程承包部分的建设风险(不可抗力除外)。②承诺自身为本工程污水处理工艺专利技术使用的合法持有人,并且承诺在本合同项下的工艺专利技术使用权于法律上没有障碍和争议,并对由此产生的后果负责。

2015年12月22日,甲方区政府、乙方云科公司、川科公司签订《补充协议》,主要约定:(1)原建设合同内容为建设九个污水处理厂,合同价格总价3538万元。现一期工程八个污水处理厂已竣工,双方同意按八个污水处理厂原中标价格进行结算。甲方同意支付乙方一期工程中大山铺污水处理厂的勘察费和设计费(以川科公司提供的相关票据和合同为准),二期工程实施内容为经过自贡市发改部门批复的、建设15,000吨/日的自贡市东北部新城污水处理厂。(2)为加快本项目实施进度,甲方应向乙方提供以下文件:①自贡市发改委关于自贡市东北部新城污水处理厂的批复;②自贡市东北部新城污水处理厂规划用地红线图;③自贡市东北部新城污水处理厂进水水质检测报告;④自贡市东北部新城污水处理厂所在区域地形图(电子版);⑤其他需要甲方提供给乙方的文件资料(详见附件清单)。(3)乙方收到上述文件后,甲方预支乙方本项目勘察设计等前期费用(70万元该费用含在审定后的本项目工程造价内,下同);由乙方委托有资质的勘察设计单位,在50天内完成本项目的勘察及施工图设计(不含国家法定节假日)乙方提交施工图时支付30万元。(4)双方同意按照下列原则,根据审定后的本项目施工图确定本项目工程造价:本项目工程造价由甲、乙双方共同委托具有甲级资质的中介机构按照国家市政工程造价规范及四川省工程定额进行评审。评审价格构成本项目的工程造价。(5)本项目土建工程施工单位由甲方负责招标,乙方负责技术支持和过程服务;其他仍由乙方负责按工程总承包方式实施。乙方不承担因土建工程不合格所造成的后果。(6)在本项目实施过程中,乙方有权根据专利工艺要求对施工图工艺部分进行调整。调整内容报甲方备案即可。(7)本协议其他内容按原建设合同约定内容办理。(8)本协议签署后如任何一方违反本协议要求,须按原建设合同条款约定赔偿对方损失。

2014年8月28日,自贡市水务局作出自水务行审〔2014〕31号《自贡市水务局准予行政许可决定书》,载明:“自贡市源泉水务建设有限公司:你公司于2014年8月28日向我局提出自贡市东北部新城污水处理厂项目水土保持方案审批的申请。经审查,并通过评审,该方案符合《开发建设项目水土保持方案技术规范》等国家、行业的水土保持技术规范、标准,符合《中华人民共和国水土保持法》《四川省〈中华人民共和国水土保持法〉实施办法》等法律法规规定的法定条件。根据《行政许可法》第三十八条第一款和《水行政许可实施办法》(水利部令第23号)第三十二条的规定,准予许可你公司自贡市东北部新城污水处理厂项目水土保持方案。”

2014年10月28日,自贡市环境保护局作出自环准许〔2014〕87号《自贡市环境保护局准予行政许可决定书》,载明:“自贡市源泉水务建设有限公司:你公司报送的《自贡市东北部新城污水处理厂建设项目环境影响报告表》(以下简称

《报告表》)收悉。经研究,现对《报告表》批复如下:项目拟在自贡市大安区建设。项目建设主要内容:项目总投资4977万元,用地面积10.5亩。项目铺设管径600~800mm全长1220米的生活污水集污管道;设置断面2.0m×2.0m的排洪涵170米;修建宽5米,长270米的进场道路,建设一座采用A/0+硅藻土强化紫外线消毒组合工艺的处理能力为2万立方米/天的污水处理厂。项目服务于自贡市东北部新城规划区域(含大山铺场镇)55.5平方公里范围,使生活污水经收集、处理后达到《城镇污水处理厂污染物排放标准》一级A标准后排入釜溪河支流李白河。项目属国务院《产业结构调整指导目录(2011年本2013修订)》中鼓励类,经四川省发展和改革委员会(川发改环资函〔2013〕661号)同意建设,符合国家产业政策。项目拟建址经四川省住房和城乡建设厅《建设项目选址意见书》(选字第510304201400119号)审核,符合城市规划项目在落实《报告表》提出的各项污染防治措施后,污染物排放可以达标并符合我市污染物总量控制要求,环境空气、水环境和声环境质量将得到控制。从环境保护角度分析,我局同意你公司按照《报告表》中所列建设项目的性质、规模、污染物防治措施及以下要求进行项目建设……"

2015年4月16日,区政府作出《自贡市大安区人民政府关于配套自贡市东北部新城污水处理厂项目资金的承诺函》,载明:省发改委、省住建厅:根据省发改委、省住建厅《关于组织申报2015年中央预算内投资城镇污水垃圾处理设施建设备选项目的通知》(川发改环资〔2015〕196号)我区拟申报自贡市东北部新城污水处理厂项目,该项目总投资4977万元。为确保项目顺利实施,我区承诺配套专项资金4977万元用于该项目建设。

2015年4月27日,自贡市环境保护局作出自环函〔2015〕95号《自贡市环境保护局关于同意调整自贡市东北部新城污水处理厂建设项目有关内容的函》,载明:"自贡市源泉水务建设有限公司:你公司《关于调整自贡市东北部新城污水处理厂有关数据的函》收悉。经研究,我局同意你公司拟建的自贡市东北部新城污水处理厂处理规模由2万吨/日调整为1.5万吨/日,投资总额由4977.02万元调整为4899万元。请你公司在建设地点、处理工艺、排放标准不变的前提下,按照项目环境影响评价及批复文件(自环准许〔2014〕87号)要求,严格落实各项污染防治措施。请你公司通知环评机构,做好相应调整,我局将据此开展'三同时'环境监察和项目竣工环保验收工作。特此函告。"

2015年8月19日，自贡市发展和改革委员会向四川省发展和改革委员会作出自发改函〔2015〕47号《自贡市发展和改革委员会关于对自贡市东北部新城污水处理厂项目真实性承诺函》，载明：自贡市东北部新城污水处理厂项目的有关资料真实、项目前期工作落实，具备开工建设条件，我委将切实加强督促管理，确保项目能够顺利实施。特此承诺。

2015年10月27日，自贡市发展和改革委员会作出自发改发〔2015〕522号《自贡市发展和改革委员会关于自贡市东北部新城污水处理厂项目可行性研究报告的批复》，载明："自贡市大安区发改局：你局《关于报送〈自贡市东北部新城污水处理厂项目可行性研究报告〉的请示》（大发改〔2015〕226号）收悉。该项目前期要件按照省发改委《关于做好申请中央预算内投资城镇环境基础设施项目前期工作的通知》（川发改环资〔2013〕661号）要求已全部办理完毕，可行性研究报告由重庆剑谊工程管理咨询有限公司编制完成，并经省发改委委托四川省工程咨询研究院组织审查并出具了评估意见……按现行审批权限，我委原则同意该项目可行性研究报告，现就有关事项批复如下：一、项目单位：自贡市源泉水务建设有限公司。二、项目名称：自贡市东北部新城污水处理厂。三、项目建设内容及规模：污水处理厂建设规模1.5万立方米/日，配套建设接入管道195米（DN600－80钢筋混凝土管）、尾水排放管370米（DN800钢筋混凝土管）、建厂区排洪涵渠约170米及公铺设施等。四、项目工艺及排放标准：污水处理厂采用硅藻精土法污水处理专利工艺，排水采用紫外线消毒方式，污泥处理采用一体化带式浓缩脱水机处理。排放标准：《城镇污水处理厂污染物排放标准》（GB 18918—2002）中的一级A标准。五、项目总投资及资金来源：项目总投资4899万元。资金来源：业主自筹及申请上级补助。六、项目拟建设地址：大安区。七、项目建设工期：13个月……请接此批复后，立即督促业主单位开展项目初步设计等相关工作，确保按期开工。"

2016年8月26日，自贡市东北部新城污水处理厂工程通过了审查机构自贡鑫健建设工程咨询有限公司对项目工程勘察报告以及项目施工图设计文件的审查，并进行了备案。

2016年12月20日发布的《水污染物排放标准》载明：本标准为全文强制，由四川省人民政府于2016年12月12日批准。本标准自2017年1月1日起实施。……3.术语和定义。3.1岷江、沱江领域。四川省境内岷江、沱江干（支）流流域及其封闭水域,按行政区划包括阿坝、成都…… 自贡、泸州 13 个市(州)。……3.8 现有排污单位。本标准实施之日前,已建成投产或建设项目环境影响评价文件已通过审批的排污单位或生产设施。3.9 新建排污单位。本标准实施之日起,环境影响评价文件通过审批的新建、改建、扩建排污单位或生产设施。……4.2.3 自本标准颁布之日起,新建排污单位直接向环境排放污水按照表 1 和表 2 规定执行。4.2.4 自 2020 年 1 月 1 日起,现有排污单位直接向环境排放污水按照表 1 和表 2规定执行(注:表 1 主要水污染物排放浓度限值,表 2 重点行业单位产品基准排水量)。

2017 年 4 月 28 日,川科公司向区政府作出《关于要求东北部新城污水厂按合同履约的函》,表示云科公司、川科公司已配合区政府完成了所有前期工作内容,并已做好了实施本项目的各项准备工作。但自 2016 年 10 月至今,区政府仍未明确本项目何时可以开工。因此要求区政府按照原合同和协议约定,尽快实施本项目。2017 年 10 月 18 日,川科公司向区政府作出《关于再次要求按〈合同及协议〉履约的函》,再次要求区政府按《工程建设合同书》及《补充协议》内容履约。2018 年 1 月 8 日,川科公司向区政府作出《关于再次重申按〈补充协议〉内容履约的函》,载明,希望区政府严格按《补充协议》履约。要求采取以下两种方式中的一种完成工程造价评审:一是由双方通过政府采购网招标确定工程造价评审单位;二是通过司法鉴定的方式最终确定工程造价。川科公司认为自 2016 年 10 月至今,工程造价评审拖了两年,希望认真按《补充协议》内容尽快完成项目前期工作,为东北部新城污水厂项目早日开工创造条件。

2018 年 1 月 27 日,委托人区政府、云科公司、川科公司与咨询人建管公司签订《建设工程造价咨询合同》,主要约定:(1)工程概况。①工程名称:自贡市东北部新城污水处理厂。②工程地点:四川省自贡市大安区。③工程规模:污水处理厂建设规模为 1.5 万立方米/日。④投资金额:项目总投资为 4899 万元。⑤资金来源:业主自筹及申请上级补助。⑥建设工期或周期:13 个月。(2)服务范围及工作内容。双方约定的服务范围及工作内容:工程量清单与预算价评审。服务范围及工作内容详见附录 A。(3)服务期限。本合同约定的建设工程造价咨询服务自 2018 年 1 月开始实施,至咨询服务完成并收取全部服务费终结。(4)质量标准。工程造价咨询成果文件应符合:国家和行业标准(人工费、材料费、机械费取费标准按自贡市 2017 年 12 月信息价),确保本工程最终造价符合上述规定并在合理范围内。

2018年5月2日，川科公司作出《关于中止工程造价评审及下步工作建议的函》，提出撤回委托、中止工程造价评审。并指责水务局作为区政府该项工作的主管部门，直接出面干预委托造价评审合同的实施，造成此次工作的半途而废，以至于东北部新城污水处理厂项目至今无法开工。川科公司并建议采取下列两种方式最终确定东北部新城污水处理厂工程建设投资（工程费用+其他费用），即按《工程建设合同书》（以下简称《合同》）和《补充协议》（以下简称《协议》）的内容确定东北部新城污水处理厂工程建设投资：一是采用公开招标方式选定新的工程费用评审单位，通过评审确定东北部新城污水处理厂工程建设投资中第一部分工程费用；二是通过商务谈判方式，根据国家有关规定和规范确定工程建设投资中第二部分工程建设其他费用：如施工图设计费、竣工图编制费、专利使用费及服务费、工程调试及试运行费、涨价预备费等。

2018年6月20日，川科公司向区政府作出《关于落实合同主体责任诚信履约的函》，载明："大安区人民政府：自2015年以来，我方就自贡市东北部新城污水厂（以下称污水厂）建设项目的推进和贵方进行了十数次商务谈判，并在2018年5月11日和5月12日的会议上就相关事宜达成了基本共识。主要内容有：1.我方（合同乙方，下同）污水厂工程承包费用为2308万元，按《合同》仍为固定价合同（2018年6月30日前签约有效）；2.污水厂项目建设工期为12个月，其中我方工期为5个月（不含工艺调试及工程试运行时间）；3.如果贵方（合同甲方，下同）不能在2018年9月30日前开工，自7月开始，每延后一个月按工程承包费用的1%补偿我方误工费用；4.工程竣工后，只要进水水量及水质满足一条生产线设计水量的60%，我方承诺污水厂可以连续运行。但甲方要负担因此增加的运行费用；2018年6月15日，在等待了一个多月的时间后，贵方通知我方在6月20日继续复会，我方如约按时赴会。但在此次会议上，贵方则全部推翻了上次会议已经达成的基本共识，提出了让我方无法接受的合作条件：一是将污水厂进水COD指标由350调整至500~800（该指标已经是工业园区污水厂的进水指标）；二是将污水厂出水COD指标由一级A标提升至地表四类水，并将这两个条件作为建设东北部新城污水厂的必要条件，强迫我方接受。面对这种情况，我方代表在会上作了详尽的说明，第一，污水厂前期工作已经完成，按《补充协议》约定只要确定工程承包费用和工期即可开工。现在贵方单方面提高进水、出水指标的做法不具可操作性,等于变相撕毁《合同》和《协议》,我方不能同意;第二,如果按贵方现在的意见实施,以前所有已经完成的工作等于白做,一切工作又要从头开始,时间上不允许;第三,四川省新的DB 51/2311—2016地方标准的正式实施日期是2017年1月1日,污水厂可研批复为2015年10月,2016年7月已经完成施工图设计,2016年10月贵方单方面完成财评,至2016年12月已经具备开工建设条件,污水厂拖到今天没有建成并不是我方的责任。甲方应为拖延造成的后果埋单;第四,我方可以先按《合同》《协议》完成污水厂的建设工作,出水达到一级Λ标后立即开始污水厂提标改造工作,并按《水污染防治标准》在2020年达到地表四类水的出水标准;第五,如果贵方坚持按新指标建设污水厂,那就按《合同》《协议》约定做好《合同》的善后工作才能从头重新开始,因为贵方已经认可那已经是另外一个合同的内容了。但贵方参加会议的个别人不顾污水厂三通一平已经基本完成的客观现实和我方实事求是的解释,突然提出'依法解约',使我方终于明白了三年以来、以前所有的谈判贵方都是在走过场,根本没有履行《合同》《协议》的诚意。现在利用一个在《合同》签订之后很多年才出台的地方标准作为筹码,想不给赔偿或少给赔偿并让我方出局才是某些人的终极目标。至此,商谈无法继续,贵方撕毁《合同》《协议》的真正目的已经浮出水面。为此,我方郑重声明如下:一、《合同》签订于2012年,至今已经6年。建设内容是打包建设大安区乡镇污水处理设施。大山铺污水厂改为东北部新城污水厂只是工程扩容,并未改变《合同》《协议》作为一个整体的属性;二、贵方主管部门在项目批复、《协议》签订后仍然拖了我方三年,使得工程至今不能按计划开工……为此,我方要求:请贵方责成有关部门立即停止这种明目张胆的侵权行为,落实主体责任,依法诚信履约,尽快将工程承包费用和建设工期落到实处并尽快开工。如果贵方想改变污水厂建设方案,必须先按《合同》约定做好善后工作,然后再谈新的建设合同内容。既然贵方已经提出要'依法解除'合同,那我方将依法维护我方应得的合法权益。"

2017年10月30日作出的《中共自贡市委办公室自贡市人民政府办公室关于做好中央环境保护督查发现问题整改工作的通知》(自委办发〔2017〕99号)载明:2017年8月17~22日,中央环境保护第五督察组对自贡市开展了下沉督查,现就做好中央环境保护督查发现问题整改工作通知如下,并附中央环境保护督查发现问题整改任务分解清单。该任务分解清单第7项为"城市水环境质量较差”,具体内容为“自贡市2016年地表水市控及以上监测断面达标率仅30.8%,其中中度及重度污染水质占22.9%……”整改措施包括“新建大安区东北部新城污水处理厂及其配套管网工程,新增处理规模1.5万吨/日,配套管网735米”,整改时限为2018年12月31日前,责任单位为区政府。

大安区人民政府官方网站“政务公开”栏目于2019年4月1日发布的《自贡市东部第二污水处理厂及配套管网项目水系统土建工程顺利完工》信息载明:2019年3月31日,自市东部第二污水处理厂及配套管网项目利完成水系统土建工程。该项目于2018年9月1日正式开工……为了完成6月30日通水试运行的最终任务,还需在未来的3个月中,加快工艺设施,设备的采购和安装,加紧施工综合楼、配套管网工程,确保完成央督销号任务,打赢环保翻身仗。该网站“政务公开”栏目于2019年6月24日发布的《污水处理一体化设施建设工作》载明:(1)自贡市东部第二污水处理厂。东部二污及配套管网项目已完成粗格栅池、细格栅池、生化池、二沉池、反硝化虑池、高效沉淀池、污泥脱水机房、加药间、加氯间、出水流量渠、综合楼等土建工程。正在施工配套附属抹灰、砌体、防水、外墙砖等工程,同时正在安装部分工艺管道;尾水管道施工完成98%。(2)8座乡镇污水处理厂提标改造工作。何市镇和庙坝镇污水处理厂提标改造项目设备已经安装完毕,于2019年3月底进行通水联网,并在6月3日移交自贡市信开水环境治理有限公司进行工艺调试、试运行。牛佛镇污水处理厂提标改造土建工程已经进入尾声,等待设备入场。其余5个乡镇项目一体化设施设备6月13日到场进行安装工作。(3)九处一体化污水处理设施已全部完工,七处投运,三多寨处正在调试,牛佛北大街处污水很量小,间歇调试。现由建设单位精佳建设工程集团有限公司委托四川鑫启伟环保科技有限公司代为运行管理。大安区环境监测站3~4月监测结果显示,出水水质均达到一级A标。

二审审理中,双方当事人认可该项目目前已由案外人进行施工。

二审意见

四川高院认为,本案的争议焦点:本案是否构成情势变更、案涉合同及《协议》是否应当解除。

根据《协议》约定,双方就大山铺污水厂处理工程有以下两项工作需要进行:一是甲、乙双方共同委托具有甲级资质的中介机对本项目工程造价进行评审。二是土建工程甲方负责招标。从云科公司、川科公司给区政府所发出的数份函件看。双方在共同委托中介机构对本项目工程造价进行评审的过程中，产生了分歧和争议。因合同价格是合同的主要条款，故事实上导致双方对施工未达成一致意见。在工程施工前，四川省发布新的《水污染防治标准》，而双方一直就其他事项协商不成，导致时间一直延后，开工时间迟迟未能确定。因此即便是按照《水污染防治标准》，案涉项目属于现有设施，但也有可能不能在2020年1月1日以前投入生产，投产时间延后，导致必须适用《水污染防治标准》。即便是能够在2020年1月1日之前投产，但一是因前期的分歧造成的拖延，留给适用老标准的时间已经不多；二是因2020年1月1日就必须实行《水污染防治标准》，因此对政府而言，同样的成本获取收益的时间变短，与区政府最初签订《工程建设合同书》及《补充协议》设想的以现有设计标准使用15年（根据合同约定的技术服务年限得知）的目的严重相悖。因此区政府在与云科公司、川科公司协商解决其他事项中的分歧一并提出重新按《水污染防治标准》建设。而根据双方协商情况看，如按新的标准重新实施，云科公司、川科公司要求的价格与区政府能够接受的价格相距甚远，云科公司、川科公司在上诉状中也自认按《水污染物排放标准》建设有直接按《水污染物排放标准》建设和在按现有合同约定建成后进行升级改造两种方式，涉及费用增加。双方未就增加费用等具体条件协商达成一致。根据合同约定“分项目建设要求及结算办法……（二）设计部分。污水处理设施完整、系统的设计必须符合国家和四川省最新实行的和正在执行的相关设计标准、规范和规定”。因此，不仅设计须符合正在执行的规范规定，还需符合四川省最新实行的规范规定。因《水污染防治标准》发布前，云科公司、川科公司已经完成设计，因此双方在立约时均不能预见《水污染防治标准》规范的具体内容，该变化不属于商业风险，不可归责于双方。

因此，本案构成“继续履行合同对于一方当事人明显不公平或者不能实现合同目的”，因政策原因导致不能继续履行合同或者不能实现合同目的的，属于合同当事人意志之外的客观情况发生重大变化的情形，属于情势变更。政府进行水污染防治涉及公共利益，应当依法优先予以保护。区政府在起诉前的谈判中已经向云科公司、川科公司表明了解除合同的态度，案涉合同虽尚未被人民法院判决解除，但不能因此成为阻却政府加快解决突出环境问题，保护生态环境、保护民生的依据。案涉工程涉及公共利益，因时间紧急，在区政府与云科公司、川科公司就继续履行合同的条件迟迟协商不成并已诉诸法律请求解除合同的情形下,自贡市政府将工程另行通过 PPP 方式发包给他人,不能认定为区政府恶意构成根本性违约。云科公司、川科公司二审中提交的公证书显示现场公示项目总投资为 790,080.01 万元,因该项目已经由自贡市人民政府作为 PPP 项目重新发包,合同主体不同,也无证据证明 PPP 项目合同内容与案涉《工程建设合同书》在承包方式上以及承包范围上一致,因此云科公司、川科公司以此主张区政府要求云科公司、川科公司按原约定价格执行《水污染物排放标准》只是借口的理由不能成立。因 2019 年 6 月 24 日区政府官方网站上发布的信息《污水处理一体化设施建设工作》中将东部第二污水处理厂、8 座乡镇污水处理厂以及九处一体化污水处理设施并列,因此没有证据证明信息中"九处一体化污水处理设施"就是《工程建设合同书》中涉及的 9 座乡镇污水处理厂,不能证明案涉污水处理厂出水水质经检测为一级 A 标,更不能证明案外人履行的合同中对出水水质标准约定为一级 A 标。因此,云科公司、川科公司以该证据证明区政府与云科公司、川科公司解除合同并非系因为出水水质标准产生变化造成的理由不能成立。

本案系区政府以《水污染防治标准》发布构成情势变更为由主张合同解除,因此本案审理的范围即《水污染防治标准》的发布对本案合同是否构成情势变更,合同应否解除。在《水污染物排放标准》发布之前或合同履行过程中,区政府是否存在其他违约行为、应否承担违约责任,因云科公司、川科公司并未提起反诉,不予审查。基于前述分析,因《水污染物排放标准》发布确实对本案合同的履行产生较大影响,根据《合同法》第 94 条"有下列情形之一的,当事人可以解除合同:……(五)法律规定的其他情形"、《最高人民法院关于适用〈中华人民共和国合同法〉若干问题的解释(二)》①第 26 条"合同成立以后客观情况发生了当事人在订立合同时无法预见的、非不可抗力造成的不属于商业风险的重大变化,继续履行合同对于一方当事人明显不公平或者不能实现合同目的,当事人请求人民法院变更或者解除合同的,人民法院应当根据公平原则,并结合案件的实际情况确定是否变更或者解除"的规定,本案构成情势变更,合同应予解除。因合同解除原因不可归责于双方,案件受理费应各自负担一半。

---

① 现已失效。

根据《合同法》第97条“合同解除后,尚未履行的,终止履行;已经履行的,根据履行情况和合同性质,当事人可以要求恢复原状、采取其他补救措施、并有权要求赔偿损失”的规定,云科公司、川科公司如因该合同解除导致损失,可另循途径解决。

二审结果

2019年9月24日,四川高院作出民事判决:驳回上诉,维持原判。

案例评析

1. 关于《水污染防治标准》的发布是否对本案构成情势变更问题

《水污染防治标准》的发布对本案构成情势变更。具体理由如下:

(1)根据《最高人民法院关于适用〈中华人民共和国合同法〉若干问题的解释(二)》[①]第26条规定,情势变更是指合同成立后客观情况发生了当事人在订立合同时无法预见的、非不可抗力造成的不属于商业风险的重大变化,继续履行合同对于一方当事人明显不公平或者不能实现合同目的的情形。

(2)双方分别于2012年12月和2015年12月22日签订案涉《工程建设合同书》和《补充协议》,约定案涉工程的设计标准(以下简称设计标准),但于2016年12月遇双方无法预见的《水污染物排放标准》(DB 51/2311—2016;以下简称新标准)的发布。根据新标准的要求,案涉工程按设计标准建成投产后不能达到新标准的排放要求,对案涉合同的履行产生动摇区政府缔约基础的影响,继续履行案涉合同不仅对区政府造成支付对价上的严重不公平,且造成区政府缔约目的的落空:

其一,云科公司、川科公司主张按设计标准继续施工后升级改造,不仅大大延长建设周期,推迟投产周期,还将直接造成已完工程拆除的建安成本极大浪费,对区政府的严重不公平。

其二,案涉工程按设计标准的设计使用年限为15年,但根据该新标准规定自2020年1月1日起便必须执行新标准。这意味着案涉工程建成投产的实际使用年限不足5年,不足原合同预期的1/3,造成区政府缔约目的的落空。

(3)根据最高人民法院(2015)民提字第39号民事判决,政府政策调整如属

---

① 现已失效。

于当事人在定理合同时无法预见的情形，且将导致目的无法实现或者继续履行合同对一方当事人明显不公平的，应被认定为构成情势变更。

2. 案涉合同及补充协议是否应当解除

新标准颁发后，区政府与云科公司、川科公司已进行磋商，但双方就合同变更的方式，即究竟是按新标准重新设计施工还是按设计标准继续施工后升级改造，以及价款，无法达成一致。若放任合同变更的协商保持僵局，区政府建设污水处理厂的环保公共利益损失将进一步扩大。因此，案涉《工程建设合同书》及《补充协议》应当予以解除。

案例39　撤销PPP项目施工许可证行政行为是否合法

相关问题

1. 被告撤销PPP项目施工许可证依据是否充分；

2. 撤销PPP项目施工许可证程序是否合法。

裁判要点摘选

住建局根据申请发放了施工许可证，仅凭另一住建局作出的函件而撤销该施工许可证，撤销依据不足。住建局作出撤销行政许可行为前未履行告知的义务，程序亦违法。

原告：共赢公司

被告：J县住房和城乡建设局

2020年4月14日，共赢公司不服J县住房和城乡建设局（以下简称住建局）撤销一快速通道工程（以下简称快速通道工程）PPP项目施工许可证，向一审法院提起行政诉讼。

撤销决定

2019年10月14日，住建局作出《行政许可撤销决定书》，撤销住建局于2018年12月6日作出的准许共赢公司行政许可取得的快速通道工程PPP项目的施工许可证［编号略，以下简称001（补）施工许可证］。

诉请意见

原告共赢公司诉称，2018年12月6日，经原告申请，被告作出了快速通道工程PPP项目001(补)施工许可证的行政行为。2019年10月14日,被告以项目包含襄河桥部分,认定案涉项目不具备市政道路特征为由,作出《行政许可撤销决定书》,决定撤销快速通道工程PPP项目的施工许可证。原告认为被告作出该行政行为违法、错误,应当予以撤销,理由如下:(1)被告对案涉项目类型认定错误。第一,快速通道工程PPP项目是J县政府项目,该项目在前期的论证、实施方案、立项时均是将项目类型定性为市政道路新建类。第二,从政府招标及项目清单来看也是定性为市政道路。第三,项目施工合同也是按照建设部市政、建筑施工合同示范文本签订的。被告在未尽完全审查义务、查清上述事实的情况下,单方以项目范围内涉及有桥梁部分而否定案涉项目的市政道路类型,显然认定错误。(2)被告作出撤销行政许可,适用法律不当。被告撤销行政许可的依据为《行政许可法》第69条第2款规定,但该条同时对行政机关依据第1款、第2款行使撤销权有明确的限制,即第69条第3款同时规定"依照前两款的规定撤销行政许可,可能对公共利益造成重大损害的,不予撤销"。而案涉项目是J县政府重点项目,是J县沟通南京市乃至长三角中心城市群的主要干道,其建设将有效带动J县及南谯区的开发建设,为招商引资及经济往来提供便利,对J县及南谯区承接产业转移,加速融入长三角城市群中心地区具有十分重要的意义。被告撤销行政许可的结果势必造成巨大的公共利益损失,其明显是乱用行政许可审批权,适用法律不当。(3)被告作出行政许可撤销程序违法。《行政许可法》对撤销行政许可的程序虽未作出具体规定,但该法总则第5条第1款规定:"设定和实施行政许可,应当遵循公开、公平、公正、非歧视的原则";第7条规定:"公民、法人或者其他组织对行政机关实施行政许可,享有陈述权、申辩权……"撤销行政许可亦属于实施行政许可。被告在未事先告知的情况下,即作出撤销案涉项目施工行政许可的决定,侵犯了原告依据前述法律规定享有的陈述权、申辩权,同时违反了前述法律规定的公开原则,属于违反法定程序。

共赢公司诉讼请求:(1)判决撤销被告于2019年10月14日作出《行政许可撤销决定书》的行政行为;(2)本案诉讼费由被告承担。

答辩意见

被告住建局辩称,其撤销本次行政许可事实清楚、适用法律正确。首先,其在审查快速通道工程PPP项目的施工许可证时发现,该工程的设计图纸与立项批复、招标文件的内容不一致,设计图纸中桥梁主体是按照《公路桥涵设计通用规范》、混凝土主梁按照《公路桥涵设计通用规范》，并非立项批复里的按照市政道路的标准，其中该工程路段的襄河桥只有464米的范围内是按照市政道路标准设计，其余部分没有按照市政道路的标准来设计，故该路段总体来说不属于市政道路，也因此不能按照住建部《建筑工程施工许可管理办法》第2条的规定，由其办理施工许可证，该工程系交通道路而且含跨河桥梁工程，应由J县交通运输局办理有关手续。其次，滁州市住房和城乡建设局收到安徽省建设厅的函指出，快速通道工程属交通建设工程，不适用《建筑工程施工许可管理办法》，并于2019年9月12日作出纠正函。最后，根据《行政许可法》第69条第2款的规定，超越法定职权作出准予行政许可决定的属于可以撤销行政许可的范围。故依据该条规定予以撤销行政许可。

一审查明

2016年9月30日，滁州市发展和改革委员会作出关于快速通道工程立项的批复，同意立项，项目路线起点位于J县椒陵大道，向东延伸跨襄河，经过纬二路、纬三路、滁州大道J县段，终点位于滁马高速J县东互通，全长约5.06公里；按照市政道路标准，道路红线宽度37cm，设计时速60公里/h，沥青混凝土路面。主要建设内容包括征地拆迁、道路、桥涵及沿线交通设施等。

2018年12月6日，共赢公司向住建局申请快速通道工程PPP项目的施工许可证，后住建局作出001(补)施工许可证。

2019年9月12日，滁州市住房和城乡建设局作出关于纠正快速通道工程PPP项目施工许可证核发问题的函件，指出快速通道工程属于交通建设工程，不适用《建筑工程施工许可管理办法》。鉴于住建局于2018年12月6日核发的该项目施工许可证不符合有关规定和住建局管理职能，请依法予以纠正。

2019年10月14日，住建局作出《行政许可撤销决定书》：经查阅涉及图纸，该桥梁主体结构按照《公路桥涵设计通用规范》(JTGD 60—2015)计算，混凝土主梁按照《公路桥涵设计通用规范》(JTGD 60—2015)设计，只是襄河桥464米范围内按市政道路标准设计增加人行道和栏杆，其余部分既无雨污水管线，又无景观设计，更无人车分流、非机动车道，不具备市政道路特征，仅是滁马高速的连接线，不属于市政道路，因此，该项目不能适用住建部《建筑工程施工许可管理办法》的规定，由住建局办理施工许可证。依据《行政许可法》第69条第2款规定，决定撤销共赢公司已取得的快速通道工程PPP项目的施工许可证。

另查明，快速通道工程PPP项目由J县交通运输局招标，在该项目的实施方案、财政承受能力论证报告、物有所值评价报告中均载明该项目属于市政道路新建类。

一审意见

一审法院认为，原告共赢公司对被告住建局具有准予及撤销行政许可行为的行政职权无异议。根据《建筑工程施工许可管理办法》第2条规定，在中华人民共和国境内从事各类房屋建筑及其附属设施的建造、装修装饰和其配套的线路、管道、设备的安装，以及城镇市政基础设施工程的施工，建设单位在开工前应当依照本办法的规定，向工程所在地的县级以上地方人民政府住房城乡建设主管部分申请领取施工许可证。即住建局对市政道路工程具有作出施工许可证的行政职能，案涉项目在最初的立项、招标时均按照市政道路标准，住建局根据共赢公司的申请亦准许了施工许可证，住建局现仅凭滁州市住房和城乡建设局作出的函就撤销了共赢公司的施工许可证，而未提供其他证据证明该项目不属于市政道路，明显不当。另，根据《行政许可法》第7条规定，公民、法人或者其他组织对行政机关实施行政许可，享有陈述权、申辩权；有权依法申请行政复议或者提起行政诉讼。本案中，住建局未提供证据证明在作出撤销行政许可行为前履行了告知的义务，侵犯了共赢公司陈述、申辩的权利，故住建局撤销于2018年12月6日作出的准许共赢公司行政许可取得的快速通道工程PPP项目的施工许可证的行政行为违反法定程序。

一审结果

2020年6月28日，一审法院作出行政判决：撤销被告住建局于2019年10月14日作出《行政许可撤销决定书》的行政行为。

（编者注：未发现该案有二审、再审程序）

案例评析

1. 住建局对市政道路工程具有作出施工许可证的行政职能，相应也有撤销施工许可证的职权，住建局对PPP项目施工许可证的许可及撤销，均是行政机关履行其行政职权的行政行为，应当依法行使。

2. 住建局撤销PPP项目施工许可证行为，应遵循行政程序。住建局根据共赢公司的申请准许了施工许可证，此后仅凭滁州市住房和城乡建设局作出的函就撤销了该施工许可证,并且也没有证据证明案涉项目不属于市政道路,一审法院认为明显不当正确。在作出撤销行政许可行为前履行告知义务,并且保障行政相对人的陈述、申辩权利。本案中,住建局对其撤销施工许可证的行政行为负有举证责任,应举证证明系依据法定程序进行。由于住建局未提供证据证明在作出撤销行政许可行为前履行了告知的义务,侵犯了共赢公司陈述、申辩的权利,相应行政行为应予撤销,一审法院判决合法有据。

案例40　40万元项目公司股权代持定金返还争议

相关问题

1. 审计报告存在瑕疵是不是目标公司未能设立的原因；
2. 40万元项目公司股权代持定金应否返还及如何返还。

裁判要点摘选

合同约定，若非收受定金一方原因导致合同目的落空(项目公司不能成立或者合同不能履行)的，定金不予以返还。收受定金一方存在违约，但缔约目的落空系由多种原因所致，而收受定金一方的违约行为可能是缔约目的落空的原因，但不一定是唯一原因。现有证据难以认定合同目的落空的原因与定金收受一方毫无关联，故定金收受一方主张没收定金缺乏依据；同时，给付定金的一方要求双倍返还定金亦缺乏依据。

基本案情

原告：常荣公司

被告：东控公司

2018年6月5日，常荣公司与东控公司签订《合作框架协议》，明确常荣公司拟与州建公司共同出资组建项目公司，用于现代农业园区基础设施配套项PPP项目运营和管理，需东控公司协助常荣公司共同组建目标公司，以PPP方式取得目标项目的建设、运营和维护。常荣公司、东控公司与州建公司的出资及持股比例为2∶7∶1，注册资本为2.2亿元；常荣公司与东控公司签订《股权代持协议》，由东控公司代常荣公司持有70%的股权，由常荣公司向东控公司支付1.54亿元用于缴纳目标公司的注册资本金，常荣公司实缴出资4400万元，占注册资本的20%。双方在成立项目公司的同时，签署《股权代持协议》，由东控公司认缴并持有目标公司70%的股权，常荣公司向东控公司支付代持费140万元（本协议签订当日，支付定金40万元，项目公司成立后定金冲抵代持费，并在2个工作日内支付余款100万元）。协议签订后，若非因东控公司原因导致项目公司不能成立或协议不能履行的，定金不予退还。《合作框架协议》还对其他事项进行了约定。同日，常荣公司向合同约定的账户汇款40万元。在常荣公司竞标过程中，东控公司提供了由汇强会计师事务所出具的东控公司的审计报告，但在该会计师事务所营业执照部分的二维码未发现对应信息。

2018年7月3日，在公示的PPP项目资格预审结果公告中，常荣公司作为四家投标申请人的其中一家，经审查符合资格条件，另三家投标人均为公司组成的联合体。后因双方约定的目标公司并未设立，常荣公司认为系因被告东控公司提供的材料存在瑕疵，导致合同目的不能实现，遂诉至法院。

2019年8月22日，常荣公司起诉东控公司（案由为合同纠纷），请求：(1)解除原告与被告签订的《合作框架协议》；(2)被告双倍返还定金80万元；(3)被告承担本案诉讼费及保全费用。

一审意见

一审法院认为，常荣公司与东控公司签订《合作框架协议》的目的，是通过组成联合体投标，并成立目标公司对PPP项目进行运营管理，现目标公司未能成立，双方均同意解除《合作框架协议》，故《合作框架协议》已因当事人协商一致解除。依照法律规定，合同解除后，尚未履行的，终止履行；已经履行的，根据履行情况和合同性质，当事人可以要求恢复原状、采取其他补救措施，并有权要求赔偿损失。根据合同约定，常荣公司向东控公司支付的40万元为股权代持费的定金，现因目标公司未能成立，不存在代持之可能，故东控公司取得该40万元缺乏合理依据，应予返还。合同约定，若非东控公司原因导致项目公司不能成立或协议不能履行的，定金不退，根据现有证据，东控公司提供的审计报告中确实存在瑕疵，目标公司未能成立可能有多种原因，比如，公司自身条件存在瑕疵、竞标条件不具有竞争力等，审计报告存在瑕疵可能是目标公司未能设立的原因，但不一定是唯一原因。故根据现有证据，难以认定目标公司未能设立的原因与东控公司毫无关联，东控公司关于应当没收定金的抗辩意见，缺乏依据。同时，常荣公司要求双倍返还定金,亦依据不足。东控公司应返还收取的40万元,但不适用定金罚则。综上,对于常荣公司诉讼请求,符合法律规定的部分,依法予以支持。

一审结果

因调解无效,2019年11月29日,一审法院作出民事判决:一、解除原告常荣公司与被告东控公司于2018年6月5日签订的《合作框架协议》;二、被告东控公司于本判决生效之日起10日内返还原告常荣公司定金40万元;三、驳回原告常荣公司其他诉讼请求。

(编者注:未发现该案有二审、再审程序)

案例评析

常荣公司与东控公司签订的《合作框架协议》《股权代持协议》并不违反法律、行政法规的强制性规定,应为合法、有效。根据案件时间,本案适用的原《合同法》第115条规定:当事人可以依照《担保法》约定一方向对方给付定金作为债权的担保。债务人履行债务后,定金应当抵作价款或者收回。给付定金的一方不履行约定的债务的,无权要求返还定金;收受定金的一方不履行约定的债务的,应当双倍返还定金。

根据《合作框架协议》的约定,若非因东控公司原因导致项目公司不能成立或协议不能履行的,常荣公司无权要求返还40万元定金。PPP项目公司成立的前置程序:招标人发布PPP项目资格预审公告,以邀请有意向的社会资本方报名并提出资格预审申请→申请人向招标人提交资格预审申请→招标人发布PPP项目资格预审结果公告→以确定通过资格预审的申请人→招标人发布招标公告→通过资格预审的申请人提交投标文件,招标人发布预中标结果公告,招标人发布中标公告→招标人发送中标通知书→中标人与招标人签订PPP项目合同→中标人根据PPP项目合同成立PPP项目公司。本案中,常荣公司、东控公司拟成立PPP项目公司须满足前述诸多条件,而满足资格预审仅为条件之一。东控公司在资格预审阶段提供的财务审计报告存在财务审计单位的营业执照部分的二维码未发现对应信息的瑕疵。但是,正如一审法院裁判意见,常荣公司、东控公司缔约目的落空系由多种原因所致,而东控公司的提交的资格预审文件瑕疵可能是缔约目的落空的原因,但不一定是唯一原因。同时,根据现有证据也难以认定合同目的落空的原因与东控公司毫无关联,一审判决是正确的。

案例41　案涉《承诺函》的性质及效力认定

相关问题

1. 案涉《承诺函》的性质及效力认定；
2. 高速公路管理局应承担的责任认定；
3. 银行所受损失数额认定；
4. 高速公路集团是否应就银行的损失承担连带责任。

裁判要点摘选

高管局并非仅承诺对宜连公司清偿债务承担道义上的义务或督促履行之责，其通过出具《承诺函》的方式为宜连公司向湖南分行的贷款提供担保，担保湖南分行实现案涉债权的意思表示明显，其内容符合《担保法》[①]第17条的规定，故《承诺函》具有保证担保性质。

基本案情

上诉人（一审原告）：某银行股份有限公司湖南省分行

上诉人（一审被告）：湖南省高速公路管理局

被上诉人（一审被告）：湖南省高速公路集团有限公司

2006年3月9日，宜章县人民政府作为出让方，与受让方宜连公司签订《特许合同》。在第一章总则中约定：1.1 为加快湖南省交通基础设施建设，进一步

---

① 现已失效。

完善国家高速公路网络,促进湖南省经济的发展,尽快修建湖南省境内宜章县城关镇至广东省连州市,报请湖南省人民政府批准,并授权宜章县政府,通过特许经营方式,授予特许经营者依法投资、建设与经营、养护管理本项目的权利;1.3 出让方同意受让方以特许经营权的方式依法投资、建设与经营、养护管理本项目。第三章项目概况中约定:3.3 高速公路主线及连接线公路主体,附属设施(包括但不限于服务区及设施、停车场及设施、收费站及设施、养护区及设施、管理办公区及设施、收费系统、监控系统、通信设施、供配电设施、广告设施等);3.4 项目建设规模及标准:本项目路线全长 48.85 公里,路基宽度 24.5 米,双向四车道高速公路技术标准。第四章投资资金:4.1 本项目投资、建设、经营、养护管理等费用均由受让方承担;4.2 本项目投资估算总金额 18.91 亿元;4.4 出让方有权监督、检查和敦促投资资金(特别是资本金)的到位情况。第五章特许经营权:5.2 本合同授予受让方的特许经营权是独占的,专属于受让方。出让方保证不将特许经营权的任何部分或全部授予任何第三方,并保证不自行或通过其指定的机构行使特许经营权的任何部分或全部;5.3 特许经营期:建设期为 36 个月,自本项目开工日起计算,收费经营期为 30 年,建设完成后,按省政府批准的开始收费之日起计算;5.5 特许经营期届满后无偿移交。第八章项目建设:8.1 根据国家《招标投标法》和有关法规,受让方应在政府交通行政主管部门的监督下,组织对施工承包商、重要设备及重要材料的采购、工程监理单位等依法进行招标。第十五章合同的生效和终止:15.6 受让方提前终止本合同:15.6.1 如果不是由于受让方违约或不可抗力所致,发生下述一种或几种情况,且出让方在收到受让方要求改正的书面通知后 60 天内仍未改正的,视为出让方违约:(1)在特许经营期内,如果本项目的交通量尚未接近或达到饱和,出让方又擅自批准在本项目经营区域内另建一条现行规划外的与本项目平行的具有竞争性的高速公路。(2)由于且仅因出让方导致受让方无法收取车辆通行费。15.6.2 受让方按本合同本条第 1 款规定提前终止本合同的,出让方收回本项目,并应同时承担以下义务:(1)承担受让方为本项目的建设而发生的一切尚未清偿的负债;(2)偿还受让方为本项目建设所投入的项目资本金及其利息;(3)偿还受让方为本项目建设所投入资本金从投入之日至终止之日期间的投资收益及资本金从终止日至特许经营期届满之日期间的预期投资收益的合理部分。

2009年3月16日,湖南省高速公路管理局(以下简称高管局)向某银行股份有限公司湖南省分行(以下简称湖南分行)出具《承诺函》,内容:"宜连公司投资建设宜连高速公路项目……该公司自开工以来,尽管银行贷款没有及时到位,工程量完成了40%之多,支付的款项从未拖欠。经查实,到目前总共支付资本金8.2亿元之多,可见其投资诚信度。……为贯彻落实湖南省委、省政府的招商引资政策,保护投资者利益,体现我局对该公司的信任和支持,我局承诺:贵行对宜连公司提供的项目贷款,若该公司出现没有按时履行其到期债务等违反借款合同约定的行为,或者存在危及银行贷款本息偿付的情形,出于保护投资商利益,保障贵行信贷资金安全的目的,我局承诺按《特许合同》第15.6条之规定全额回购宜连高速公路经营权,以确保化解银行贷款风险,我局所支付款项均先归还贵行贷款本息。"

2009年8月20日,湖南分行与另一商业银行深圳分行(以下简称深圳分行)作为贷款人,与借款人宜连公司签订《人民币资金银团贷款合同》(以下简称《贷款合同》),由湖南分行与深圳分行共同向宜连公司发放贷款12亿元(其中湖南分行发放8.4亿元、深圳分行发放3.6亿元),贷款期限为16年,即从2009年8月起至2025年8月止。自本合同约定的第一笔贷款提款日起至最后一笔贷款的还本日止;贷款首次执行利率为第一笔贷款实际提款日中国人民银行公布的同期同档人民币贷款基准利率,执行利率随中国人民银行公布的同期限档次人民币贷款基准利率的调整而调整;宜连公司同意将其合法享有的宜连高速公路项目的通行费收费权及其项下的全部收益作为贷款人对借款人所享有债权的质押担保,宜连公司控股股东华晖公司、兴和公司、怡和公司及其实际控制人孙某提供全程不可撤销连带责任保证;借款人保证财务状况良好,有能力完成借款项目的开发并按期清偿本合同项下全部到期债务;借款人在本合同第24条中作出的任何陈述或保证借款人未按期纠正的,银团有权宣布贷款提前到期,同时要求借款人限期偿还已发放的贷款本息;合同还对提款、还款、展期,贷款的使用、监管,双方权利义务,违约责任等进行了约定。2008年6月24日至2011年9月27日,湖南分行向宜连公司分14次合计发放贷款8.4亿元。

贷款发放后,宜连公司未能按约偿还贷款本息,湖南分行与深圳分行向一审法院提起诉讼,要求宜连公司偿还贷款本息,怡和公司、华晖公司、兴和公司、孙某承担连带清偿责任。一审法院于2014年8月8日作出民事调解书(以下简称

24号民事调解书)，内容：(1)宜连公司于2014年8月20日前向湖南分行归还贷款本金833，954，313.65元及至2014年7月21日止的利息、罚息、复息32，778，858.17元，2014年7月22日之后的利息、罚息、复息按贷款合同约定计算至付清之日止。(2)宜连公司于2014年8月20日前向深圳分行归还贷款本金3.54亿元及至2014年7月21日止的利息、罚息、复息19，401，905.08元，2014年7月22日之后的利息、罚息、复息按贷款合同约定计算至付清之日止。(3)湖南分行与深圳分行对宜连公司享有的湖南宜章至广东连州高速公路宜章至凤头岭段高速公路项目的车辆通行费收费权及其项下全部收益享有质权。当宜连公司未履行上述第一、第二项偿债义务时，湖南分行与深圳分行有权依法处置宜连公司上述收费权及其项下的全部收益，并就处置价款优先受偿。(4)怡和公司、华晖公司、兴和公司、孙某对宜连公司的上述债务承担连带清偿责任。之后，宜连公司未履行调解书确定的义务，湖南分行与深圳分行向一审法院申请强制执行，一审法院立案(以下简称13号案)后，依法委托三个评估公司对宜连公司宜连(宜章至凤头岭段)高速公路收费权及其他全部资产在2015年3月31日的市场价值进行评估。评估公司于2015年10月8日作出评估报告，认定宜连公司委托评估的资产价值为197，296万元，其中高速公路收费权为190，637万元，其他资产含货币资金、应收债权、存货、其他设备等为6659万元。之后，一审法院委托四家拍卖公司对宜连公司的资产进行拍卖。拍卖公司登报公告于2015年11月26日公开拍卖宜连公司的资产，但因无人竞买，致拍卖标的物流拍，一审法院于2015年11月27日作出执行裁定(以下简称13～15号执行裁定)，中止13号案的执行。

2014年5月22日，湖南分行向高管局发出《关于湖南省宜连高速公路发展公司问题贷款解决建议的函》，要求湖南省高速公路投资集团或者湖南省高速公路集团有限公司(以下简称高速集团)收购宜连高速公路经营权。2014年11月26日，湖南分行与高管局就宜连公司不良资产处置情况进行会议协商，并达成一致意见：一是以拍卖形式处置不良资产，立即启动拍卖流程，拍卖价格必须保障高速集团、湖南分行及深圳分行的债权资金不受损失；二是成立不良资产处置小组；三是制定处置工作推进时间表。2014年12月8日，湖南分行向高管局发出《关于宜章至凤头岭高速公路收费权拍卖方案的函》，根据2014年11月26日会议协商，制订了宜章至凤头岭高速公路收费权拍卖的具体方案，请高管局报湖南省交通运输厅。2014年12月17日，一审法院执行局组织召开协调会议，湖南分行及高管局参加了会议，商讨宜连高速公路的回购事宜。2015年5月26日，高管局向湖南省交通运输厅上报了《关于宜章至凤头岭高速公路收费权拍卖方案的请示》，分析了拍卖方案，并提出了收购方案。2015年11月7日，一审法院执行局组织召开了协调会，湖南分行及高速集团参加会议，商讨高管局被冻结账户拨付迎国检费用事宜。2017年6月30日，湖南分行向高管局发函要求其履行《承诺函》中的回购义务或者直接赔偿银行的经济损失，高管局未予以回应。2018年2月23日，湖南分行向高速集团发函要求其承担连带清偿责任，履行《承诺函》中的回购义务或者直接赔偿银行的经济损失，高速集团未予回应。

截至2018年3月20日，湖南分行的贷款本息损失为1,532,085,554.6元（包括本金825,949,748.29元，利息、罚息及复息706,135,806.31元，暂计至2018年3月20日，此后的利息、罚息、复息按照合同约定及法律规定另行计算至偿还完毕）。

高速集团与高管局是分别于1993年3月、1998年4月经湖南省人民政府和省机构编制委员会批准成立的企业法人和事业单位法人，实行"两块牌子、一套班子、合署办公"，属湖南省交通运输厅归口管理。2017年12月4日，湖南省人民政府办公厅下发《湖南省人民政府办公厅关于同意实施〈湖南省高速公路体制改革方案的请示〉的复函》（湘政办函〔2017〕110号），同意湖南省交通运输厅、湖南省人民政府国有资产监督管理委员会（以下简称湖南省国资委）上报的《湖南省高速公路体制改革方案》。该方案明确将与高速公路总公司合署办公的高管局及直属事业单位成建制撤销，其承担的社会公共事务管理职责收归湖南省交通运输厅及所属事业单位，只保留高速公路总公司，全部人、财、物整体保留在高速公路总公司；2017年12月31日前完成体制改革工作。高速公路总公司再按照现代企业制度要求进行公司制改制，改制更名为高速集团。

2018年10月19日，湖南省国资委向一审法院出具《关于高管局注销清算工作情况的函》（以下简称《注销清算函》），其中载明：依据《湖南省人民政府办公厅关于同意实施〈湖南省高速公路体制改革方案的请示〉的批复》（湘政办函〔2017〕110号）的要求，成建制撤销高管局，现高管局注销清算及财产移交工作尚未完成，正在有序推进办理。

2018年6月4日，湖南分行起诉高管局、高速集团（案由为合同纠纷），请求:(1)判令高管局在判决生效后30日内按照《特许合同》第15.6条之规定全额回购宜连高速公路经营权;(2)如高管局没有履行上述回购义务,则应在期限届满后立即向湖南分行赔偿经济损失1,532,085,554.6元(包括本金825,949,748.29元、利息、罚息及复息706,135,806.31元,暂计至2018年3月20日,此后的利息、罚息、复息按照合同约定及法律规定另行计算至偿还完毕);(3)判令高速集团与高管局承担连带赔偿责任;(4)本案案件诉讼费、保全费、评估费等全部费用由高管局、高速集团连带承担。

一审意见

一审法院认为:

1.湖南分行于2009年8月20日与宜连公司签订贷款合同后,先后向宜连公司发放贷款8.4亿元,宜连公司仅偿还部分本息,其余贷款本息未能如期偿还。在湖南分行与深圳分行共同提起诉讼主张宜连公司偿还欠款本息案件立案受理后,根据各方当事人达成的调解协议,一审法院作出了24号民事调解书。因宜连公司未自动按照调解书履行还款义务,在湖南分行与深圳分行申请法院强制执行,依法委托评估、拍卖宜连公司财产后,因无人竞买,导致标的物流拍,湖南分行的债权未能实现。因宜连公司的财产难以处置,其他担保人未能发现有可供执行的财产,一审法院已裁定终结调解书的本次执行程序,故湖南分行的损失客观存在。在2014年7月22日至2018年3月20日,宜连公司偿还部分款项,至2018年3月20日止,宜连公司尚欠湖南分行偿还本息1,532,085,554.6元,包括本金825,949,748.29元,利息、罚息、复息706,135,806.31元。高速集团以宜连公司尚在继续部分偿还所欠贷款,主张本案债权的不可确定性。但至本案诉讼止,湖南分行已将宜连公司所还款款项予以冲抵,本案债权数额可以具体确定。宜连公司在之后如继续偿还部分款项,可在执行中予以冲减。高速集团以此主张湖南分行的损失不能确定的抗辩理由,一审法院予以驳回。高速集团还主张本案债权应扣除宜连公司质押给湖南分行的高速公路收费权。如前所述,宜连高速的高速公路收费权虽然评估价值为190,637万元,但是该收费权经拍卖因无人竞买导致流拍,该质押物无法兑现,故抵押物价值无法从债权总额中扣减。高速集团主张案涉债权应扣除质押物价值的抗辩理由,一审法院不予采信。

2.《承诺函》签订于宜连高速公路项目开工建设以后，在湖南分行与宜连公司签订《贷款合同》之前，目的是确保宜连公司获得贷款。从《承诺函》内容看，《承诺函》是针对特定的银行贷款出具，并表明当宜连公司出现履行到期债务等违反合同的行为，或者存在危及银行贷款本息偿付的情形，高管局承诺以回购经营权的方式确保湖南分行的债权实现。故高管局通过出具《承诺函》的方式为自身设定代为清偿义务的意思表示明确，符合《担保法》以及担保法司法解释中关于保证的内涵规定。故《承诺函》具有保证担保的性质。该《承诺函》被湖南分行接受，双方即成立保证合同。根据《担保法》第 9 条的规定，学校、幼儿园、医院等以公益事业为目的的事业单位、社会团体不得为保证人。本案中，高管局作为湖南基础设施高速公路的建设、管理事业单位，不得作为保证人。故《承诺函》违反了法律的强制性规定，应为无效。

3. 因《承诺函》无效，对湖南分行主张高管局应按照《承诺函》的约定全额回购宜连高速公路经营权的主张，不予支持。根据《最高人民法院关于适用〈中华人民共和国担保法〉若干问题的解释》（以下简称《担保法解释》）[①]第 7 条的规定，高管局作为《承诺函》的出具人，明知其不具备保证人资格仍出具《承诺函》，具有过错。湖南分行作为专业金融机构，明知高管局作为事业单位不能成为保证人，仍要求其出具《承诺函》，亦存在过错。故对湖南分行主张的本案损失，双方均应承担赔偿责任。综合本案诉讼成讼原因、当事人的实际损失以及双方的过错程度，一审法院酌定高管局对宜连公司不能清偿的本息 1,532,085,554.6 元及以 825,949,748.29 元为基数按照《贷款合同》的约定自 2018 年 3 月 20 日起计算至付清之日的利息、罚息、复息承担 1/3 的赔偿责任。高速集团主张本案已过保证期限，高管局不应当承担保证责任。因本案中，高管局是对保证合同无效承担的赔偿责任，而非保证责任，故高速集团的该主张不能成立，依法予以驳回。

4. 高管局系事业单位法人，其行使管理职能是为湖南省高速公路建设、管理、确保畅通提供保障；高速集团系独立核算、自负盈亏的企业法人，其经营范围主要为湖南省高速公路建设、养护、管理、沿线开发，从事投资经营活动。高管局与高速集团虽为“一套班子，两块牌子”，两单位领导人成员既担任高管局的职

① 现已失效。

务也担任高速集团的职务，但这种一人分任多职的行为并不为法律所禁止。故湖南分行以此主张高管局与高速集团混同，依法予以驳回。从湘政办函〔2017〕110号《湖南省人民政府办公厅关于同意实施〈湖南省高速公路体制改革方案〉的复函》的内容看，该复函虽明确将高管局及直属事业单位成建制撤销，全部人（含退休人员）、财、物整体保留在高速集团该证据不足以证明二者存在财产混同，故湖南分行主张高速集团对高管局的本案债务承担连带清偿责任，依法不能成立。高管局的财产整体保留在高速集团，湖南分行可以主张高速集团在财产接收范围内承担清偿责任，因该财产移交工作尚未完成，湖南分行可另案主张。

一审结果

2019年4月10日，一审法院作出民事判决：一、高管局在判决生效后30日内对宜连公司不能偿还湖南分行的贷款本息1,532,085,554.6元及以825,949,748.29元为基数按照《贷款合同》的约定计算自2018年3月20日起至付清之日的利息、罚息、复息承担1/3的赔偿责任；二、驳回湖南分行其他诉讼请求。

湖南分行、高管局不服一审判决，向最高人民法院提出上诉。

二审意见

最高人民法院认为，本案系合同纠纷。根据各方当事人二审诉辩主张，本案争议焦点集中在以下四个问题：(1)《承诺函》的性质及效力；(2)高管局应承担的责任；(3)湖南分行所受损失数额；(4)高速集团是否应就湖南分行的损失承担连带责任。

一、关于《承诺函》的性质及效力

各方当事人均对一审判决依据《承诺函》认定高管局与湖南分行之间形成保证合同关系提出异议。《担保法》第6条规定："本法所称保证，是指保证人和债权人约定，当债务人不履行债务时，保证人按照约定履行债务或者承担责任的行为。"第17条第1款规定："当事人在保证合同中约定，债务人不能履行债务时，由保证人承担保证责任的，为一般保证。"综合《承诺函》出具的背景、目的及其内容来看，该函虽然名为"承诺函"，但高管局在该函中明确表示当宜连公司不能按时履行贷款合同项下还款义务时，高管局承诺回购宜连高速公路经营权并以所支付的款项优先归还湖南分行贷款本息。湖南分行对宜连高速公路经营权享有质权，高管局的承诺提高了湖南分行贷款质押物的变现偿债能力，系高管局为宜连公司向湖南分行贷款提供的增信措施。高管局在《承诺函》中不仅明确表示"确保化解银行贷款风险",还承诺了具体措施和责任。由此可见,高管局并非仅承诺对宜连公司清偿债务承担道义上的义务或督促履行之责,其通过出具《承诺函》的方式为宜连公司向湖南分行的贷款提供担保,担保湖南分行实现案涉债权的意思表示明显,其内容符合《担保法》第 17 条的规定,故《承诺函》具有保证担保性质。《担保法解释》第 22 条第 1 款规定:"第三人单方以书面形式向债权人出具担保书,债权人接受且未提出异议的,保证合同成立。"高管局向湖南分行出具《承诺函》,湖南分行表示接受,并未提出异议。一审法院认定湖南分行与高管局之间成立保证合同关系,认定事实及适用法律并无不当,予以维持。《担保法》第 9 条规定:"学校、幼儿园、医院等以公益为目的的事业单位、社会团体不得为保证人。"本案中,高管局作为履行湖南基础设施高速公路的建设、管理职责的以公益为目的的事业单位,依法不得作为保证人。故《承诺函》因违反法律的强制性规定而应认定为无效。因此,湖南分行、高管局关于《承诺函》性质及效力的上诉理由均不能成立,不予支持。

二、关于高管局应承担的责任

湖南分行上诉主张,即便认定《承诺函》为保证且因违法而无效,高管局与该行过错相当,应当对保证无效承担同等责任。高管局则主张其无过错,不应承担责任。《担保法解释》第 7 条规定:"主合同有效而担保合同无效,债权人无过错的,担保人与债务人对主合同债权人的经济损失,承担连带赔偿责任;债权人、担保人有过错的,担保人承担民事责任的部分,不应超过债务人不能清偿部分的二分之一。"本案中,高管局不具备提供担保的资格仍出具《承诺函》具有过错。但湖南分行作为专业金融机构,对信贷业务中有关担保的法律制度具有更多专业知识,其明知高管局作为事业单位不能对外提供担保,仍接受高管局出具的《承诺函》,并试图以此将信贷风险转嫁给无权提供担保的高管局,明显存在过错。根据前述司法解释的规定,高管局承担责任的最高上限是宜连公司不能清偿债务部分的 1/2。在湖南分行自身存在明显过错的情况下,一审法院依据上述规定,综合本案诉讼成讼原因、当事人的实际损失以及双方的过错程度,酌定高管局对宜连公司不能清偿的本息及以按照《贷款合同》的约定自 2018 年 3 月 20 日起计算至付清之日的利息、罚息、复息承担 1/3 的赔偿责任,并无不当。此外,高管局还主张湖南分行与宜连公司恶意串通骗取担保,因此其无须承担责任，但并未提供充分证据证明存在恶意串通的事实。故湖南分行与高管局关于高管局承担责任比例问题的上诉主张，均不能成立。

三、湖南分行所受损失的具体数额

高速集团主张湖南分行怠于履行账户资金的监管和扣划义务，第13号案的执行并未最后终结，且宜连公司每年仍有高速公路通行费收入可以偿还贷款及利息，故湖南分行的损失具有不确定性。根据本案查明的事实，一审法院作出的24号民事调解书确认了宜连公司应于2014年8月20日前向湖南分行归还贷款本金833,954,313.65元及至2014年7月21日止的利息、罚息、复息32,778,858.17元，2014年7月22日之后的利息、罚息、复息按贷款合同约定计算至付清之日止；湖南分行与深圳分行对宜连公司享有的宜连高速公路宜章至凤头岭段高速公路项目的车辆通行费收费权及其项下全部收益享有质权。当宜连公司未履行上述第一、第二项偿债义务时，湖南分行与深圳分行有权依法处置宜连公司上述收费权及其项下的全部收益，并就处置价款优先受偿。之后，宜连公司未履行调解书确定的义务，湖南分行与深圳分行向一审法院申请强制执行。一审法院以13号案立案后，依法委托评估机构对宜连公司宜连高速公路收费权及其他全部资产在2015年3月31日的市场价值进行评估。之后，一审法院又委托拍卖机构对宜连公司的资产进行拍卖，但因无人竞买，致拍卖标的物流拍，一审法院于2015年11月27日作出13～15号执行裁定，将第13号案指定湖南省郴州市中级人民法院执行。现因宜连公司的财产难以处置，其他担保人未能发现有可供执行的财产，故湖南分行的损失客观存在。在2014年7月22日至2018年3月20日，宜连公司偿还部分款项，至2018年3月20日止，宜连公司尚欠湖南分行偿还本息1,532,085,554.6元，包括本金825,949,748.29元，利息、罚息、复息706,135,806.31元。但至本案一审诉讼时止，湖南分行已将宜连公司所还款款项予以冲抵，本案债权数额可以具体确定。宜连公司在之后如继续偿还部分款项，可在执行中予以冲减。高速集团还主张本案债权应扣除宜连公司质押给湖南分行的高速公路收费权。如前所述，宜连高速的高速公路收费权经拍卖因无人竞买导致流拍，该质押物无法兑现，故抵押物价值无法从债权总额中扣减。因此，高速集团主张湖南分行的损失不能确定，理由不能成立。

高管局上诉时还主张湖南分行在《承诺函》出具之前向宜连公司发放的1亿元贷款不属于案涉争议的贷款范围。根据本案查明的事实，2008年6月24日至

2011 年 9 月 27 日，湖南分行向宜连公司分 14 次合计发放 8.4 亿元。尽管当事人所争议的 1 亿元贷款系湖南分行在高管局出具《承诺函》之前发放，但该笔贷款明确包含在湖南分行、深圳分行随后作为贷款人与宜连公司签订的《贷款合同》当中，即包含在湖南分行根据该贷款合同向宜连公司提供的案涉 8.4 亿元贷款之中。故高管局的该项主张，亦不能成立。

四、关于高速集团是否应就湖南分行的损失承担连带责任

连带责任应以存在法律规定或者当事人约定为前提。本案中，高管局为事业单位法人，高速集团为企业法人，二者主体性质不同，均具有独立承担民事责任的能力。高管局作为事业单位行使管理职能主要为湖南省高速公路建设、管理、确保畅通提供保障。而高速集团自身具有营业执照，系独立核算、自负盈亏的企业法人，经营范围主要为全省高速公路建设、养护、管理和沿线开发，从事投资经营活动。高管局与高速集团虽为"一套班子，两块牌子"，两单位领导班子成员既担任高管局的职务同时也担任高速集团相应职务，但此种一人分任多职的行为并不为法律所禁止，不能仅以此作为高管局、高速集团存在人员身份混同的依据。高管局是否注销，以及高速集团是否改制更名，二者民法上的权利义务承继问题，均由相应法律作出规定，均不导致高速集团需对高管局的民事责任承担连带责任的法律后果。湖南分行关于高速集团应就该行损失承担连带责任的主张，既无合同依据，亦无法律依据，一审判决不予支持，适用法律正确，应予维持。

二审结果

2019 年 12 月 18 日，最高人民法院作出民事判决：驳回上诉，维持原判。

案例评析

1. 关于高速公路管理局出具《承诺函》的性质及效力认定问题

高速公路管理局是事业单位法人，向贷款银行出具《承诺函》，函中明确表示当借款人宜连公司不能按时履行贷款合同项下还款义务时，高管局承诺回购宜连高速公路经营权并以所支付的款项优先归还出借人湖南分行的贷款本息，并且高管局在《承诺函》中不仅明确表示"确保化解银行贷款风险"，还承诺了具体的措施和责任。

由于出借人对宜连高速公路的经营权享有质权，而高管局向出借人出具的

《承诺函》,提高了出借人对贷款质押物的变现偿债能力,即高速公司管理局为债务人/借款人宜连公司向出借人湖南分行贷款提供了增信措施,因此,可以确认:高管局通过出具《承诺函》的方式为借款人宜连公司向出借人湖南分行的贷款提供了相应的担保。依据《担保法》第17条的规定,高管局的《承诺函》是具有保证担保性质的,《承诺函》构成担保合同关系。

《担保法》第9条规定:"学校、幼儿园、医院等以公益为目的的事业单位、社会团体不得为保证人。"高管局作为履行高速公路的建设、管理职责的以公益为目的的事业单位,依法不得作为保证人。《承诺函》虽然具有担保性质、构成担保合同关系,但是,其担保合同关系因担保主体系事业单位违反法律的强制性规定而被认定为无效。

2. 关于事业单位法人的担保无效的法律后果问题

《担保法解释》第7条规定:"主合同有效而担保合同无效,债权人无过错的,担保人与债务人对主合同债权人的经济损失,承担连带赔偿责任;债权人、担保人有过错的,担保人承担民事责任的部分,不应超过债务人不能清偿部分的二分之一。"据此,高管局作为事业单位法人出具《承诺函》违反法律规定,存在过错。担保无效,根据法律规定应当承担过错赔偿责任。高管局所承担责任的部分,不能超过债务人不能清偿部分的一半。

3. 关于出借人所受损失的认定问题

在认定出借人湖南分行的损失金额时,不仅要考虑湖南分行的实际出借的贷款金额的本息计算,还应当将借款方及其关联方已经还款项予以冲抵。

在借贷合同的主合同项下,债权债务人之间还有担保抵押的从合同,债务人将宜连高速公路收费权系主债权的质押物,出借人湖南银行对该公路收费权设定有质权。但是,为了实现债权清偿,经法定拍卖程序仍无人竞买导致流拍,该质权未能实现,因此,对主债权的担保无法兑现,故此,该公路收费权的质权担保价值无法从债权总额中扣减。在核算出借人所受损失的数额认定时,不能将未能变现的质权或抵押物等作为债权清偿做抵扣或扣减。

4. 关于高速集团是否应就银行的损失承担连带责任问题

确定民事主体的连带责任须有法律上的规定,或是当事人之间事先的明确约定。尽管高速集团与高管局之间在人员、管理、职能方面有重叠交错的情形,但是二者分别是公司法人主体、事业单位法人主体,是独立的、性质上是不同的两个法律主体。高管局是否注销,以及高速集团是否改制更名,二者民法上的权利义务承继问题,均由相应法律作出规定,均不导致高速集团需对高管局的民事责任承担连带责任的法律后果。在法律无规定、当事人事先无约定的情况下,高速集团不应为高管局对湖南分行的担保过错责任承担连带责任。

案例 42　第一年可行性缺口补助差额补足争议

相关问题

1. 案涉 PPP 项目相关工程量计价方式如何认定；

2. 总挖方工程量增量在工程结算审核是否应调整；

3. 对工程联系单增加工程量是否应在运营期第一年可行性缺口补助差额补足；

4. 红线外弃方工程是否应计入工程量。

裁判要点摘选

根据《建设工程工程量清单计价规范》(GB 50500—2008)第 3.1.2 条规定，固定总价合同采用工程量清单方式计价的，招标工程量清单的准确性和完整性由采购人负责。若采购人招标工程量清单的工程量严重偏离，按照固定总价结算则构成显失公平，偏差的工程量应当由采购人予以据实调整。

基本案情

原告：长浙公司

被告：某区管理委员会

2017 年 4 月，受某区管理委员会(以下简称管委会)委托，江川公司根据规划要求，并经调查、设计，出具《废弃矿地综合治理工程设计》一份，载明一废弃矿地综合治理 PPP 项目(以下简称 PPP 项目)范围包含一在建矿山，面积 1.8545 平方公里，按照 +15 米、+16 米标高对矿地进行挖填平整，经综合治理后获得可利用矿地面积1.7034平方公里;根据地形条件,将项目矿地划分为5个开挖区和5个回填区,通过治理获得的土石方量约10,487,552立方米,回填的土石方量约8,460,277立方米,取压实系数0.93,实际回填土石方量为7,868,057立方米。该设计于2017年4月25日通过专家评审。

2017年6月11日,项目所在县财政局(以下简称财政局)政府投资项目预算审核中心出具《项目招标控制价审核意见书》,载明PPP项目工程审定造价金额28,143.6506万元,其中包括挖一般石方(石方开挖)7,546,815立方米、挖一般石方(石方开挖内剥离物)1,412,128立方米、挖一般土方(土方开挖)1,528,609立方米、回填方7,868,057立方米、余方弃置2,619,495立方米。2017年7月,智经咨询有限公司受管委会委托,出具《PPP项目实施方案》一份,载明PPP项目工程采取引进社会资本PPP模式运作,该实施方案第2.2.2条约定政府承担风险包含设计风险、地质及矿坑勘探不准风险。

2017年9月5日,管委会发布PPP项目社会资本采购招标文件。招标文件分为三卷,第一卷分为三章,分别为投标邀请公告、投标须知前附表、投标须知正文;第二卷为PPP项目合同;第三卷为项目资料。投标邀请公告载明采购人为管委会,招标代理机构为智经咨询有限公司,投标保证金380万元,开标时间为2017年9月26日上午10时,开标地点为项目所在县公共资源交易中心,采购监督部门为财政局。

投标须知前附表第1.3条约定,通过开采治理区域共获得土石方量约1048万立方米,实际需回填方量786万立方米,富余水泥用石料约262万立方米拟协调场地边南方水泥以每吨20元价格收购产生一定经济效益;本项目投资约2.8143亿元,项目前期及政策处理等费用约2亿元纳入PPP合作范围,合计项目总投资约4.8143元。第1.4条约定,本项目拟采用BOT(建设—运营—移交)运作方式。投标须知正文第6.1条约定,投标人自行踏勘现场。第6.4条约定,采购人向投标人提供的有关现场的资料和数据,是采购人现有的能使投标人利用的资料;采购人对投标人由此而作出的推论、理解和结论概不负责;采购人向其介绍工程场地和相关环境的有关情况,投标人依据采购人介绍情况作出的判断和决策,由投标人自行负责。第6.5条约定,投标人须对工程现场充分踏勘,熟悉施工现场及周围的地形、地貌、水文、地质、交通道路等情况,以获得一切困难影响投标报价的直接资料;中标后不得以不完全了解现场情况为由而提出追加费用或延长工期等要求。

2017年9月26日,州隧公司对采购项目进行投标。2017年10月23日,管委会向州隧公司送达成交通知书,确认州隧公司为中标人。中标报价为年资金收益率6.12%、工程费用下浮率15%、可行性缺口补助预计总额47,768.77万元,签约投资额为43,922.10万元,合作期限15年,其中建设期2年,运营期13年。2017年12月9日,管委会与长浙公司(州隧公司设立的项目公司)签订《PPP项目合同》一份,其中第2.3.4条约定本项目招标阶段发布的工程量清单及招标控制价,土石方工程根据长浙公司的股东(州隧公司)至投标阶段投标的下浮率(15%)下浮后采用固定总价承包,辅助工程依据下浮率采用含规费和税金的固定单价承包。

在工程施工过程中,道程集团于2017年12月11日向管委会提交《土石方总量复核及偏差分析报告》一份,载明道程集团委托第三方测绘机构对土石方总量进行复核,测算开挖方量1331万立方米,回填方量750万立方米。与初步设计相比,开挖方量增加283万立方米,回填方量减少36万立方米。2018年1月2日,江川公司出具《关于PPP项目工程土石方总量复核情况说明》一份,载明其出具的初步设计与道程集团的复核报告主要为两单位的认识不一,采用方法和标准不同造成,无原则性错误;相较而言,道程集团的复核报告所算方量更接近实际,江川公司承认存在152.7万立方米误差;但初步设计只用于招投标参考依据,不能指导施工,后续施工需编制专项设计(施工图设计方案)。

后管委会另行委托化江勘察院对项目开挖量与回填量的实际情况进行估算,化江勘察院编制《PPP项目工程开挖量与回填量估算报告》一份。达矿评审公司根据管委会的委托对化江勘察院编制的报告进行评审。2018年6月25日,达矿评审公司出具《评审意见》一份,评审结果认为治理区土石方开挖方量合计1307.65万立方米[其中一般土方(土方开挖)139.42万立方米,一般石方(石方开挖内剥离物)103.75万立方米,一般石方(石方开挖)1064.48万立方米],回填量704.57万立方米(按压实系数0.93转换后的实方量)。2018年11月25日,长浙公司向管委会提交关于申请确认土石方总量的报告,要求解决增加260万立方米开挖工程量问题,管委会未予答复。

2019年5月27日、2019年6月27日、2019年8月15日,PPP项目分区块一、二、三分别通过了竣工验收。2019年8月16日,PPP项目整体竣工验收通过。关于土石方工程量,竣工验收报告模糊表述为“土石方总挖方量约1300万立方米,总填方量约850万立方米”。受管委会委托,地矿技术公司于2019年9月出具PPP项目竣工土石方成果报告一份,载明PPP项目开挖小计13,103,865立方米,回填6,739,238立方米。

2020年9月,长浙公司向管委会提交运营期第一年可行性缺口补助账单(付款通知),载明目前支付节点因方量偏差原因PPP项目未完成竣工结算,现暂根据补充协议调整后的计算公式对运营期首年可行性缺口补助金额进行计算,第一年政府付费(可行性缺口补助)额度为51,566,154元。2020年12月29日,管委会向长浙公司支付第一期可行性缺口补助51,566,154元。此后,一建设工程管理公司(以下简称建管公司)根据管委会委托审核PPP项目造价,并于2021年3月16日出具工程造价审核一份,核定PPP项目总造价251,137,949元。在审核说明及工程项目结算审核对比表中载明:(1)最终测绘成果报告显示竣工验收界面计算总挖方量13,103,865立方米,相比招标时总挖方工程量增加2,616,313立方米,但招标文件及合同中均约定土石方工程作为固定总价包干,无论工程是否增加还是减少,工程结算审核时均不作调整。(2)对1#联系单(临时围墙)、2#联系单(回填区二清淤外运)、3#联系单(开挖区五耕植土外运)、4#联系单(回填区二不良土外运)、5#联系单(金田版回填)、6#联系单(金田版绿网铺设)作为增加工程量予以计量,造价合计15,333,672元,对红线外弃方8,110,426.87元不予计算工程量。

长浙公司、管委会确认,根据PPP项目合同及补充协议对可行性缺口补助金额的计算方法,按照合同约定的挖方量及1#~6#联系单确定的工程量,运营期第一年可行性缺口补助总额为53,194,084元。

2021年6月8日,长浙公司向一审法院起诉请求:(1)管委会向长浙公司支付运营期第一年可行性缺口补助差额16,686,271元;(2)本案诉讼费用由管委会负担。

长浙公司认为:(1)案涉项目是依据工程量清单招标的PPP项目,招标人即管委会应对工程量清单的准确性和完整性负责,合同项下固定总价也应是以管委会工程量清单为前提的固定总价。现无论是管委会前期委托的原初步设计单位江川公司,还是过程中委托的化江勘察院和达矿评审公司,抑或后续委托的地矿技术公司和建管公司,均认为项目原招标工程量清单明显存在偏差。即使不考虑长浙公司报送的竣工开挖方量,仅从管委会委托第三方出具估算报告、评审意见、成果报告来看,也均可证明开挖方量比招标开挖方量至少多出260万立方米。如此之大的偏差必将导致招投标标的的工程量发生巨大变化,继而影响工程费用。根据公平及诚实信用原则,由此所形成的增加工程量对应的工程价款,应由管委会承担,纳入可行性缺口补助,由财政予以支付。(2)在竣工结算前,长浙公司曾向一审法院提起确认之诉,并经一审法院、二审法院两级法院审理,两级法院均认可工程上石方量确实存在偏差,但认为不宜在确认之诉中解决,应在工程款结算时考虑。现按照竣工阶段成果报告复核的土石方总挖方量1310万立方米,加上余方外运增加的工程量进行计算,案涉项目工程费用应为339,317,300元。以上述工程费用为基数计算,管委会应付长浙公司的运营期第一年可行性缺口补助为68,252,425元,减去此前实际已付51,566,154元,还应支付的差额为16,686,271元。

管委会辩称:(1)案涉合同为固定总价合同,因此不应当进行价格调整,亦不应当支付差价。首先,根据管委会、长浙公司签订的《PPP项目合同》第2.3.4条之约定,土石方工程按照固定总价模式进行承包。因此从合同性质本身来说,即使工程量确实发生变化,工程价款亦应当按照合同约定的结算方法与结算标准进行计算。另外《PPP项目合同》中强调仅管委会有权以工程变更令的方式要求长浙公司进行变更,而并未赋予长浙公司进行工程变更的权利;且根据《PPP项目合同》第7.11.1条约定,如果施工组织方案和施工设计方案不符合本合同规定的设计文件,乙方对此进行的矫正不应当构成工程变更。因此,即使长浙公司发现工程量有误并进行矫正,按照合同约定亦不应当被认定为对工程的变更,从而无法主张工程量增加产生的差价。(2)长浙公司未举证证明施工过程中工程量确有增加,相关内容亦未经管委会认可,缺乏增加部分价款的依据。管委会与长浙公司已就案涉项目的相关纠纷向一审法院提起过确认之诉,且该确认之诉已经二审法院审理完毕。一审法院在一审中提出“虽然案涉工程土石方工程量确实存在偏差,对于增加部分,可以通过工程联系单等其他方式处理”。二审法院亦认定“该偏差是否会影响合同约定的工程量以及会对工程款造成何种影响,是否能达到调整合同条款的程度,目前尚未可知”。可见,一、二审法院认为有关案涉工程的偏差量部分,应当有明确的书面依据作为佐证,如工程联系单、签证等,以此明确长浙公司应当主张的相应差价。但长浙公司既未提出任何施工过程中证明工程量变更的签证,又未提出已经管委会与长浙公司双方认可的工程量数据。其提出的差价的计算依据仅为其单方面计算的结果。因此,要得出实际的差价数额,应当由长浙公司再行举证。另外,根据相关法律法规,长浙公司对工程量及工程款数额存在异议的情况下,其应当向人民法院申请进行工程造价司法鉴定。即使存在工程量上的偏差,亦应当交由司法鉴定出具相关结论。(3)如支持长浙公司要求支付差价的主张,则相当于变相修改招标文件,不符合法律法规的相关规定,亦违背了公平原则;招标文件第三章"投标须知正文"第6.4条已说明,管委会向投标人提供的有关现场的资料和数据,是管委会当时现有的能适投标人利用的材料。管委会对投标人由此作出的推论、理解和结论概不负责;同时第6.5条说明,投标人须对工程现场充分踏勘,熟悉施工现场及周围的地形、地貌、水文、地质、交通道路等情况,以获得一切可能意向投标报价的直接资料。综上,管委会在招标过程中已经向包括长浙公司在内的全体投标人明确了相关风险,长浙公司在投标时理应自行测量、踏勘现场并自行考虑报价。长浙公司在明知上述规则且明知工程量存在偏差的情况下仍然进行响应并最终签订项目合同,应视为长浙公司已经明确接受了相关价差风险并作出了合同承诺。目前,案涉项目已经竣工,如就此支持其要求支付可行性缺口差额的主张,一方面则相当于在中标后变相变更了招标文件中公开约定的固定总价合同模式以及上述招标规则,违反了《招标投标法》及相关实施条例的规定;另一方面长浙公司在接受风险的情况下仍违背双方合同约定主张差价,违反了公平原则。综上,管委会认为,长浙公司所主张的16,686,271元可行性缺口补助差额缺乏事实与法律上的依据,应当予以驳回。

一审意见

一审法院认为,本案的争议焦点:(1)总挖方工程量增量2,616,313立方米在工程结算审核是否应调整;(2)对于1#~6#工程联系单增加工程量是否应在运营期第一年可行性缺口补助差额补足;(3)红线外弃方工程是否应计入工程量。

1. 关于总挖方工程量增量2,616,313立方米在工程结算审核是否应调整的问题。根据管委会发布的招标文件约定工程费用依据招标阶段、合同给定施工图工程量清单、招标控制价及结算方法,土石方工程约定采用固定总价承包,故案涉工程采用的是工程量清单方式的固定总价承包。根据《建设工程工程量清单计价规范》(GB 50500—2008)第3.1.2条的规定,采用工程量清单方式招标,工程量清单必须作为招标文件的组成部分，其准确性和完整性由招标人负责，即管委会应对工程量清单的准确性和完整性负责。虽然一审法院在另一个案件中，因变更招标文件对其他投标人不公平，且竣工后最终工程量未明确，而驳回长浙公司要求变更招标文件的诉讼请求，并说明对于工程量偏差可以通过工程联系单等方式处理，但长浙公司按照工程量清单完成施工，管委会委托的工程量审核单位及造价审定单位均确定挖方工程量增量2,616,316立方米，且按照固定总价结算对长浙公司显失公平，工程量清单外增量部分应由管委会负责。《建设工程工程量清单计价规范》第8.2.2条规定，施工中进行工程计量，当发现工程量清单中出现缺项、工程量偏差、或者工程量变更引起的工程量增减时，应按承包人在履行合同义务中完成的工程量计算；第8.3.1条规定，采用工程量清单方式形成的总价合同，应按本规定第8.2节的规定计算，即管委会应对工程挖方增量部分2,616,313立方米应予以结算。因对于该部分工程按何种价格结算及工程造价如何支付需由双方另行确定，故对于长浙公司诉讼请求中该项内容不予处理。

2. 关于1#~6#工程联系单增加工程量是否应在运营期第一年可行性缺口补助差额补足的问题。对于1#~6#工程联系单，双方均予以确认，管委会委托的工程量审核单位及造价审定单位对此予以明确，且在工程造价中予以确定，即增加工程造价为15,333,672元。因长浙公司在计算运营期第一年可行性缺口补助时该部分工程造价还未明确，管委会应补足差额1,627,930元，故对于长浙公司诉讼请求中该项内容于法有据，予以支持。

3. 关于红线外弃方工程是否应计入工程量的问题。红线外弃方工程不在工程量清单范围内，系工程量变更，但工程量变更应由承包人制作工程联系单，完成工程后应由发包人对工程量进行确认。虽然长浙公司提交回填质量技术交底记录、淤泥坑治理专项施工资料拟证明其完成红线外弃方工程，但该组证据中无论回填质量技术记录、会议纪要、施工组织设计（专项施工方案）报审表，还是淤泥坑治理专项施工方案，均未明确指向红线外弃方工程，未提交该工程完工验收记录，也未提交管委会确认的工程联系单，管委会委托的工程量审核单位及造价审定单位对此也未予确定，故对于长浙公司诉讼请求中该项内容不予支持。

一审结果

2022年3月1日，一审法院作出民事判决：一、被告管委会支付原告长浙公司运营期第一年可行性缺口补助差额1,627,930元,限于本判决生效之日起10日内付清;二、驳回原告长浙公司其余的诉讼请求。

(编者注:未见有二审、再审裁判文书)

案例评析

1. PPP合同采用工程量清单和总价固定计价方式的,工程量清单漏缺土方开挖工程量是否应当计入工程价款的问题

本案中,工程量清单漏缺土方开挖工程量应当计入工程价款。

(1)工程量清单的土方开挖工程量漏缺的责任应该由采购人承担,固定总价的计价条款不能成为采购人免责的依据。

《建设工程工程量清单计价规范》(GB 50500—2008)第3.1.2条规定:采用工程量清单方式招标,工程量清单必须作为招标文件的组成部分,其准确性和完整性由招标人负责。根据上述规定,固定总价合同采用工程量清单方式计价的,招标工程量清单的准确性和完整性由采购人负责。若招标工程量清单的工程量严重偏离中标人实际完成的工程量,按照固定总价结算则会显失公平,偏差的工程量应当由采购人据实调整。

(2)工程量清单的土方开挖工程量漏缺偏差严重,按固定总价合同约定不予调整,构成显失公平。

招标工程量清单的工程量与中标人实际完成工程量的偏差率高达24.95%(中标人实际完成工程量－招标工程量清单的工程量/招标工程量清单的工程量＝(13,103,865m^3－10,487,552m^3/10,487,552m^3)×100%＝2,616,316m^3/10,487,552m^3×100%)。

采购人在招标过程对工程量清单的准确性和完整性未尽到法定注意义务,以固定总价计价方式将工程量漏缺风险转嫁给中标人,将造成双方权利义务严重失衡,构成显失公平,中标人有权请求调整相应的工程价款。同时,并不存在对其他投标人不公平问题,因为哪一个投标人中标,都将面临本案招标工程量清单的工程量与中标人实际完成工程量的偏差问题。

2. PPP合同采用工程量清单和总价固定计价方式的,工程量清单漏缺工程量的计价方式如何确定的问题

本案中,裁判确认工程量清单漏缺土方开挖工程量应当计入工程价款,但以

"因对于该部分工程按何种价格结算及工程造价如何支付需由双方另行确定"为由，对于中标人提出具体价款调整的诉讼请求不予支持是错误的。因为该不予处理的做法背离法院定分止争的职责。

如前所述，案涉工程系采用工程量清单方式招标，工程量清单漏缺的土方开挖工程量的价款应根据按照《建设工程工程量清单计价规范》(GB 50500—2008)第4.7.3条至第4.7.4条规定处理：

(1)漏缺工程量清单项目的综合单价的确定。合同中已有适用的综合单价，按合同中已有的综合单价确定；合同中有类似的综合单价，参照类似的综合单价确定；合同中没有适用或类似的综合单价，由鉴定机构进行市场询价或由双方商定。

(2)漏缺工程量引起措施项目发生变化的措施费的确认。原措施费中已有的措施项目，按原有措施费的组价方法调整；原措施费中没有的措施项目，由鉴定机构根据具体情况出具鉴定意见或由双方商定。

3. 工程联系单增加工程量是否应在运营期第一年可行性缺口补助差额补足的问题

编者认为，工程联系单增加工程量应在运营期第一年可行性缺口补助差额补足。具体理由如下：

(1)PPP合同约定项目回报机制为"使用者付费 + 可行性缺口补助"，并约定采购人应按PPP合同约定的运营绩效考核系数和缺口补助支付条件(运营期第一年期满)支付相应的可行性缺口补助。

(2)工程联系单增加工程量属于工程量清单范围外的新增工程量，且在施工过程中得到认可，应计入竣工结算价款，亦应根据PPP合同约定的付款条件成就的情况下计入相应的运营期第一年可行性缺口补助差额而予以支付。

4. 红线外弃方工程是否应计入工程量的问题

本案中，一审法院认定红线外弃方工程不应计入应付工程款的工程量，进而未支持长浙公司该项诉讼请求。红线外弃方工程不在工程量清单范围内，一审法院认为属于工程量变更。编者认为，属于工程量变更的认定值得商榷，如该事实存在，应认定为工程量增加。但无论是从工程量增加应履行之签证程序，还是从该事实存在之应有证据，长浙公司均未尽到举证责任，所举证据均不足以认定。长浙公司就工程量清单范围以外的工程量主张，既未在施工过程中取得管委会的认可，也未在完工后取得管委会的确认，一审法院的处理结果也是正常的。

案例43　支付首期投款及投资回报款的时间如何认定

相关问题

1. 支付首期投款及投资回报款的时间如何认定；

2. 被告是否存在拖延验收的事实。

裁判要点摘选

组织竣工验收是政府方的责任、义务，政府方已实际使用工程，且未进行验收原因并非不可抗力，投资人亦无责任或者过错，无论政府方是否存在拖延，实际使用工程之时均应视为验收合格已交付使用，并据此依据约定计付相应投资回报及运营费用。

基本案情

原告：彭金公司

被告：M市某区住房和城乡规划建设局

2016年2月3日，雷设公司与川景公司组成的联合体与招商人M市某区住房和城乡规划建设局（以下简称住建局）签订《迎宾大道等六条道路城市品质提升PPP项目投资建设协议》（以下简称《投资协议》），并按约定于2016年3月28日组建了PPP项目公司（原告彭金公司）。2016年4月16日，原告与被告签订了《迎宾大道等六条道路城市品质提升PPP项目合作合同》（以下简称《PPP项目合作合同》）。在《投资协议》第5条和《PPP项目合作合同》第26条均对PPP项目服务费的结算与支付进行了相同的约定：该项目共六条道路，竣工一条，验收一条,审计一条,结算一条。每条道路审计结算完毕后,项目建设直接投资在合作年限内按分十一期同比例等额付款的原则支付乙方,第一次支付款时间为工程竣工验收合格交付使用之日起,一年到期后30日内,计付相应投资回报及运营费用。今后每年度支付费用以此类推。联合体中标后,项目公司组建以前,联合体就组织进场施工。2016年11月底,原告完成了五条道路施工并投入使用,但因变更设计、拆迁安置、村民阻挡等原因,导致其中的滨江花堤、前程大道在2016年11月交付使用后,未能及时组织验收,直到2017年6月后通过正式验收。双方因道路建设投资款及投资回报的支付产生纠纷,遂成诉讼。

原告在双方所签《PPP项目合作合同》项下共计应修建锦绣大道、滨江花堤、李密大道、前程大道、滨江路南段、迎宾大道六条道路。其中迎宾大道尚在修建过程中,其余道路已经先后交付使用并通过竣工验收。滨江花堤、前程大道,于2016年11月底交付使用,由于设计变更、居民阻挡等原因,该两条道路延迟到2017年6月后方才正式验收。

经区财评中心评审,认定原告为前程大道投资款为187.3万元,滨江花堤为3915.7万元。

前程大道、滨江花堤的投资款额度在下浮5.5%后,另行预留22%作为最终审计的下浮额度。

彭金公司起诉住建局(案由为建设工程合同纠纷),请求:判令被告向原告支付第一期应付建设投资及投资回报907.6万元(建设投资488.5万元,第一年的投资回报419.1万元)并承担本案诉讼费用。

彭金公司主要诉讼意见:推迟竣工验收的原因完全是由被告导致,对于PPP项目服务费的支付时间,应当按原告完成施工并投入使用的时间开始计算,即自2016年11月31日起,一年到期后30日内第一次付款。被告第一次应付的建设投资及投资回报为907.6万元。

住建局主要诉讼意见:原告要求被告支付五条道路的第一期建设投资及投资的条件并不完全具备。已通过验收的锦绣大道、李密大道、滨江路南段属正常竣工并验收,该三条道路的投资款及回报尚未到约定的支付期限。只有前程大道和滨江花堤两条路存在因设计变更及村民阻止等客观原因导致验收延迟,该两条道路交付使用时间为2016年11月底。有关这两条道路原告的投资价款已经经过财政评审,其中前程大道投资款为187.3万元,滨江花堤为3915.7万元。

即使应付原告这两条道路的第一期投资款和投资回报，也应下浮一定比例，并预扣除最终审计的下浮幅度。对原告主张中不符合付款条件的部分不予认可。

一审意见

一审法院认为，依法成立的合同对双方当事人具有法律约束力，本案的当事人应当按照合同约定履行义务。本案中，原告在按照约定修建完成道路施工工程后，被告应当及时履行验收义务，并在合同约定的付款期限内支付约定款项。本案争议焦点为，在2016年11月底，原告将竣工的前程大道、滨江花堤交付被告使用后，由于客观原因，被告未能及时进行验收，被告应在什么时间向原告支付首期投款及投资回报款的问题。根据《最高人民法院关于审理建设工程施工合同纠纷案件适用法律问题的解释》[①]第14条第3项"建设工程未经竣工验收，发包人擅自使用的，以转移占有建设工程之日为竣工日期"的规定，在原告将道路移交给被告，被告开始使用后，即应当视为竣工日期。从交付之日起即应当起算被告的首期付款期限。故原告主张2017年12月31日后被告应付原告前程大道、滨江花堤的首期投资款及投资回报符合双方约定，予以支持。庭审中原、被告对首期应支付投资金额为(187.3万元+3915.7万元)×94.5%×78%×1/11万元=274.938万元，另应支付(187.3万元+3915.7万元)×94.5%×78%×7.8%=235.897万元的投资回报意见一致，对此予以确认。原告另主张了锦绣大道、李密大道、滨江路南段的首期投资款及投资回报，因无证据证实被告存在拖延验收的事实，故根据双方约定，该几条道路尚未到被告应支付相关款项的时间节点。对原告的该部分请求不予支持。

一审结果

2018年1月30日，一审法院作出民事判决：一、被告住建局于本判决生效后3日内支付原告彭金公司修建前程大道、滨江花堤首期运营费用及投资回报合计510.84万元；二、驳回原告彭金公司的其他诉讼请求。

（编者注：未发现该案有二审、再审程序）

---

① 现已失效。

案例评析

1. 关于支付首期投款及投资回报款的时间如何认定问题

《合同法》第60条第1款规定，"当事人应当按照约定全面履行自己的义务"。在《投资协议》和《PPP项目合作合同》有效的情况下，双方应该严格按照合同约定履行合同义务。支付首期投款及投资回报款的时间应该严格按照合同约定执行。《投资协议》第5条和《PPP项目合作合同》第26条均约定，第一次支付款时间为工程竣工验收合格交付使用之日起，一年到期后30日内，计付相应投资回报及运营费用。关于第一次支付款时间的认定，关键在于"工程竣工验收合格交付使用之日"该如何认定。

《建筑法》第61条规定：交付竣工验收的建筑工程，必须符合规定的建筑工程质量标准，有完整的工程技术经济资料和经签署的工程保修书，并具备国家规定的其他竣工条件。建筑工程竣工经验收合格后，方可交付使用；未经验收或者验收不合格的，不得交付使用。《建设工程质量管理条例》第16条规定：建设单位收到建设工程竣工报告后，应当组织设计、施工、工程监理等有关单位进行竣工验收。建设工程经验收合格的，方可交付使用。原《合同法》第279条及《民法典》第797条也均规定："建设工程竣工经验收合格后，方可交付使用；未经验收或者验收不合格的，不得交付使用"。从法律、行政法规、司法解释的规定来看，建设工程需要先竣工验收合格方可交付使用，未经竣工验收合格不可以交付使用。规定建设工程需要先竣工验收合格方可交付使用，主要目的是保证建设工程质量合格，保障人身、财产安全。现实中，存在建设工程未经竣工验收，发包人擅自使用的情况。发包人擅自使用建设工程，已经获取利益。从权利义务公平角度来看，发包人未经竣工验收擅自使用建设工程的，表示其已经接受、认可已完工的建设工程质量，应该视为建设工程已经竣工验收。

2. 关于被告是否存在拖延验收的事实问题

编者对一审认定"原告另主张了锦绣大道、李密大道、滨江路南段的首期投资款及投资回报，因无证据证实被告存在拖延验收的事实，故根据双方约定，该几条道路尚未到被告应支付相关款项的时间节点"持不同观点。一审认为，锦绣大道、李密大道、滨江路南段支付款项的时间节点未到的主要理由是原告未能证明发包人存在拖延验收事实。2016年11月底，原告完成了五条道路施工并投入使用。《建筑法》第 61 条、《建设工程质量管理条例》第 16 条、《合同法》第 279 条均规定，建设工程竣工经验收合格后，方可交付使用；未经验收或者验收不合格的，不得交付使用。被告应该在 2016 年 11 月底前先完成五条道路的竣工验收，但是被告在 2016 年 11 月底将五条道路投入使用时没有先进行竣工验收。组织竣工验收是被告的责任、义务，被告已实际使用工程，且未进行验收原因并非不可抗力，原告亦无责任或者过错，无论被告是否存在拖延，实际使用工程之时即应视为验收合格已交付使用，并据此依据约定计付相应投资回报及运营费用。

案例44　提升排放标准期间经营者损失如何认定处理

相关问题

1. 停止运营期间的责任如何认定；
2. 提升排放标准期间经营者损失如何认定处理。

裁判要点摘选

政府方停止输送污泥的行为，虽然不违法，但没有证据证明其停止输送污泥的行为有充分的理由及合法程序，故政府方的该行为构成违约。

基本案情

上诉人（一审原告）：泰水公司

上诉人（一审被告）：深圳市水务局

2012年3月6日，深圳市人民政府（以下简称市政府）召开现场会，研究水污染治理有关问题，并形成了《关于研究污泥处理等有关问题的会议纪要》。2012年6月11日，市政府召开会议，研究水务工程建设有关问题，并形成《关于研究水务工程建设有关问题的会议纪要》。

2012年8月15日，深圳市水务局（以下简称水务局）牵头有关部门与泰水公司就上洋、燕川两座污泥深度脱水处理厂BOT项目工程建设及运营协议进行了谈判。同月，水务局与泰水公司签订了《深圳市上洋污泥深度脱水处理厂BOT项目工程建设及运营服务协议》（以下简称《上洋BOT协议》）。

2013年7月，上洋污泥深度脱水处理厂开始试运营。泰水公司提供的数据显示,2013 年 7 月至 2014 年 7 月污泥处理量每月分别为 8530.396 吨、15,379.67 吨、16,720.34 吨、17,443.18 吨、14,914.74 吨、15,344.94 吨、16,138.24 吨、11,417.13 吨、19,568.95 吨、20,420.57 吨、20,267.56 吨、8982.68 吨、3987.62 吨。

2014 年 2 月 24 日,深圳市一区城市建设局向泰水公司发出了《关于上洋污水厂污泥脱水升级改造项目投入商业运行的通知》,同意上洋污泥深度脱水处理厂从 2013 年 12 月 28 日零点开始进入商业运营。

2014 年 5 月 5 日,深圳市环保部门对上洋污泥深度脱水处理厂排放的废气进行监测,监测结果显示废气中臭气浓度超标。2014 年 6 月 18 日,深圳市龙岗区环境保护局以泰水公司超标排放废气违法为由对泰水公司作出了《行政处罚决定书》,对泰水公司处以 3 万元的罚款,并责令泰水公司按照国家规定的排放标准排放污染物。

2014 年 7 月 27 日,上洋污泥深度脱水处理厂所在的工业园周边居民 200 多人使用暴力反对该厂运营,损毁了上洋污泥深度脱水处理厂的一些财物,水务局遂暂停向泰水公司输送污泥,并要求泰水公司按更严格的环保标准升级改造。自 2014 年 7 月 28 日起至 2015 年 1 月,水务局没有再向泰水公司运送需处理的污泥。泰水公司从 2014 年 8 月开始对原有的设施进行升级改造。

在环境工业园内,有建成的上洋污泥深度脱水处理厂,有鸭湖垃圾填埋场,还有在建的污泥焚烧厂一座。泰水公司提交的《上洋污泥深度脱水处理厂工程初步设计修编概算》显示,为建设上洋污泥深度脱水处理厂,泰水公司在 2014 年 7 月 27 日前签订的合同金额为 4120.72 万元。泰水公司为证明员工的工资情况,提供了 2015 年 12 月的工资发放表及社会保险缴费明细。工资发放表显示泰水公司的员工有 54 人,每月应发工资为 256,198.86 元,实发 243,192.91 元。社会保险缴费明细显示,参保人员有 22 人,缴费合计 23,447.03 元。部分参保人员名单在工资发放表上没有显示。

泰水公司起诉水务局(案由为行政合同纠纷),请求:水务局支付 2014 年 7 月至 2015 年 1 月的污泥处理处置服务费共计 15,149,539.24 元。

一审结果

一审法院经审理后作出行政判决:一、水务局应在判决生效之日起 30 日内向泰水公司支付 4,419,756 元。二、驳回泰水公司的其余诉讼请求。

泰水公司、水务局均不服一审判决,向深圳市中级人民法院(以下简称深圳中院)提出上诉。

二审意见

深圳中院认为,本案双方争议基础为《上洋 BOT 协议》,该协议属于政府特许经营协议,在 BOT 模式下,政府对项目所涉基础设施有监督权和调控权。本案为典型的行政协议纠纷,人民法院依法根据行政协议案件的诉讼请求对该行政协议的合法性、合理性以及合约性进行审查。根据本案一审原告的诉讼请求内容,人民法院依法着重对水务局是否按照双方约定履行行政协议中相应的义务进行合法性和合约性审查。本案中,根据《上洋 BOT 协议》中"前述"部分,水务局代表市政府与泰水公司签署本协议,水务局是市政府方市政污泥处理处置事务的行政主管部门,故在本案所涉行政协议中,水务局签订本案行政协议具有法定职权。本案中,泰水公司起诉认为水务局未按照案涉行政协议约定支付 2014 年 7 月至 2015 年 1 月的污泥处理处置服务费共计 15,149,539.24 元,要求支付,双方对案涉行政协议的订立无异议,亦未提出撤销、变更、终止或解除行政协议的请求,本案着重审查案涉行政协议的履行行为。

根据审理行政协议案件的法律适用原则,人民法院在适用行政法律规范的同时,可以适用不违反行政法和行政诉讼法强制性规定的民事法律规范。根据《合同法》第 8 条规定,依法成立的合同,对当事人具有法律约束力。当事人应当按照约定履行自己的义务,不得擅自变更或者解除合同。依法成立的合同,受法律保护。该法第 52 条规定:"有下列情形之一的,合同无效:(一)一方以欺诈、胁迫的手段订立合同,损害国家利益;(二)恶意串通,损害国家、集体或者第三人利益;(三)以合法形式掩盖非法目的;(四)损害社会公共利益;(五)违反法律、行政法规的强制性规定。"参照《基础设施和公用事业特许经营管理办法》第 21 条规定,政府可以在特许经营协议中就防止不必要的同类竞争性项目建设、必要合理的财政补贴、有关配套公共服务和基础设施的提供等内容作出承诺,但不得承诺固定投资回报和其他法律、行政法规禁止的事项。根据《深圳市公用事业特许经营条例》第 4 条的规定,特许经营应当优先保证公共利益不受损害。经营者应当确保提供持续、安全、方便、优质、高效、公平和价格合理的普遍服务,不得利用自身的优势地位妨碍其他经营者的合法经营活动,不得侵害消费者的合法权益。经营者通过合法经营取得合理收益并承担相应风险。泰水公司与水务局签订的《上洋 BOT 协议》是双方真实意思表示,不存在合同无效的情形,双方应当按照约定履行义务。

本案中,双方争议焦点和争议较大的条款为《上洋 BOT 协议》中的第 9.3.1 条及附件一之附录 1 关于污泥供应不足时支付污泥处理处置服务费的约定,泰水公司主张依据此约定和《上洋 BOT 协议》中的第 9.10.3 条,水务局应支付其污泥处理处置服务费共计 15,149,539.24 元,而水务局主张《上洋 BOT 协议》中的第 9.3.1 条、第 9.10.3 条及附件一之附录 1 属于部门规章中禁止的"承诺固定投资回报",应属无效条款。《上洋 BOT 协议》第 9.10.3 条约定内容:"无论本协议有无任何其他规定,如果甲方(指水务局)认为项目设施暂停或削减污泥处理量是甲方因公共利益或市政公用事务处理原因所必需的,则甲方可随时发出指令,要求乙方(指泰水公司)停止或减少污泥处理量。但甲方行使要求紧急停运或削减的权利不得影响其在本协议中约定的付款义务。"而本协议约定的付款义务主要涉及协议第 9.3.1 条关于污泥供应不足时支付污泥处理处置服务费的约定及附件一之附录 1 关于污泥处理处置服务费的计算标准约定。第 9.3.1 条约定内容:"若乙方在污泥接收点所收到污泥的总供应量不足以履行其在第 9.2 条项下的义务,应立即将污泥供应不足情况通知甲方。当发生污泥供应不足时,甲方应按附件一之附录 1 的相关约定支付污泥处理处置服务费。"而在第 9.2 条项下约定的乙方的责任和义务包括:(1)在整个运营期内,应始终根据适用法律、本协议及行业相关技术质量规范和遵循谨慎运营惯例的规定,自行承担费用和风险,管理、运营和维护项目设施,履行提供合格污泥深度脱水处理处置服务的义务;(2)应在运营期内处理不超过项目设施最大处理能力的进场污泥并产出合格的脱水干泥;(3)保证按照国家法律法规及标准、地方政府规、地方政府规定泥以及其处理处置过程中产生的尾水、噪声、恶臭等污染物,并实现环保达标排放……在附件一之附录 1 关于污泥处理处置服务费的计算标准中明确约定:"以本项目污泥深度脱水处理设施正常运营为前提,水务局应按上述日均基本泥量的约定及以下公式计算应支付的污泥处理处置服务费。"本案中,由于臭气排放问题引发 2014 年 7 月 27 日发生群体事件,又根据泰水公司 2014 年 4 月 11 日向水务局作出的《关于尽快启动上洋污泥深度脱水处理厂改善工程设施的请示》内容及水务局 2014 年 8 月作出的《水务局关于报送上洋环境园污泥项目涉稳工作有关情况的函》的内容可知,在《上洋 BOT 协议》中约定执行的臭气排放标准,即《城镇污水处理厂污染物排放标准》(GB 18918—2002)二级标准，已不能适应上洋环境园及周边对臭气污染物排放的要求，故水务局自2014年7月28日起至2015年1月未向泰水公司持续输送污泥，泰水公司自2014年8月起正式对原有设施进行升级改造，双方通过后期关于设施升级改造的实际行为，将臭气污染物排放标准由原国家二级标准提升至一级标准，即《恶臭污染物排放标准》（GB 14554—1993）。故，在本案所涉《上洋BOT协议》履行过程中，发生了双方在订立协议时均未预见到的情形，不属于《上洋BOT协议》中的第9.3.1条及附件一之附录1关于污泥供应不足时支付污泥处理处置服务费的约定。另，《上洋BOT协议》第9.10.3条约定甲方行使要求紧急停运或削减的权利不影响其付款义务，但根据附件一之附录1中的约定，支付污泥处理处置服务费"以本项目污泥深度脱水处理设施正常运营为前提"，而本案诉请支付的污泥处理处置服务费期间，泰水公司处于对原有设施需升级改造期间，亦不属于《上洋BOT协议》第9.10.3条约定的情形。综上，泰水公司主张依据《上洋BOT协议》中的第9.3.1条、第9.10.3条及附件一之附录1，水务局应支付其污泥处理处置服务费共计15,149,539.24元，没有依据，不予支持。而水务局主张《上洋BOT协议》中的第9.3.1条、第9.10.3条及附件一之附录1属于"承诺固定投资回报"，应属无效，亦没有依据，不予支持。

根据《行政诉讼法》第78条第1款的规定，被告不依法履行、未按照约定履行或者违法变更、解除本法第12条第1款第11项规定的协议的，人民法院判决被告承担继续履行、采取补救措施或者赔偿损失等责任。按照《上洋BOT协议》中的第9.1.2条和第9.2.3条约定，水务局有持续输送约定污泥量的义务，泰水公司有保证处理污泥及处理处置过程中实现污染物环保达标排放的义务。在协议履行过程中，由于合同履行地即上洋环境园内有污泥深度脱水处理厂、垃圾填埋场、污泥焚烧厂等对环境影响较大的因素，引发臭气排放问题，进而引发2014年7月27日群体性事件，水务局于2014年7月28日停止供泥，未履行向泰水公司持续输送污泥的义务。根据《民法通则》①第124条的规定，违反国家保护环境防止污染的规定，污染环境造成他人损害的，应当依法承担民事责任。水务局于2014年7月28日停止输送污泥的行为，虽然不违法，但没有证据证明其停止输送污泥的行为有充分的理由及合法程序，故水务局的该行为构成违约。

① 现已失效。

同时,深圳市环保部门2014年5月5日对上洋污泥深度脱水处理厂排放废气的监测结果显示,废气中臭气浓度超标,为此,2014年6月18日深圳市龙岗区环境保护局对泰水公司作出了罚款3万元的行政处罚决定,并责令其按照国家规定排放标准排放污染物,故泰水公司在履行协议中亦存在超标排放废气的情形,亦有违约行为。根据《合同法》第110条的规定,"当事人一方不履行非金钱债务或者履行非金钱债务不符合约定的,对方可以要求履行,但有下列情形之一的除外:(一)法律上或者事实上不能履行;(二)债务的标的不适于强制履行或者履行费用过高;(三)债权人在合理期限内未要求履行"。该法第77条第1款规定,当事人协商一致,可以变更合同。本案中,泰水公司已出现处理污泥及处理处置过程中超标排放废气的情形,并受到行政处罚,且根据泰水公司与水务局双方认可2014年8月将臭气污染物排放标准由原国家二级标准提升至一级标准并正式对原有设施进行升级改造的客观事实,本案中若双方按照原协议约定标准继续履行合同已不现实,同时合同双方均以实际行为认可将臭气污染物排放标准由原国家二级标准提升至一级标准,故本案中根据《行政诉讼法》第78条第1款的规定,针对被告未按照约定履行政府特许经营协议的,被告应承担赔偿损失的责任。根据泰水公司提供的证据和《上洋BOT协议》中双方约定的责任和义务,泰水公司主要有固定资产摊销损失、投资的利息损失及员工工资损失三方面。泰水公司上诉主张赔偿损失的范围还应包括设备维护费损失、日常管理费损失、干化污泥资源利用的损失和预期利益。根据《上洋BOT协议》第9.2.1条约定的乙方的责任和义务是"在整个运营期内,应始终根据适用法律、本协议及行业相关技术质量规范和遵循谨慎运营惯例的规定,自行承担费用和风险,管理、运营和维护项目设施,履行提供合格污泥深度脱水处理处置服务的义务",故泰水公司的主张无事实和法律依据,不予支持。从泰水公司提供的《上洋污泥深度脱水处理厂工程初步设计修编概算》的内容看,截至2014年7月28日,泰水公司建设上洋污泥深度脱水处理厂涉及合同金额为4120.72万元。由于泰水公司提交的员工工资表与社保清单无法对应和佐证,未能提交2014年7月28日至2015年1月准确的员工工资证据,一审法院酌定员工工资损失确定为92万元,并无不妥。一审法院参考10年分摊的固定资产投资额及同期银行利息,并酌情考虑员工工资损失,酌定泰水公司在2014年7月28日至2015年1月31日的损失约为4,419,756元,予以支持。泰水公司其余的诉讼请求没有法律依据,不予支持。

二审结果

2019 年 3 月 25 日,深圳中院作出行政判决:驳回上诉,维持原判。

案例评析

1. 关于停止运营期间的责任如何认定问题

本案中,水务局有持续输送约定污泥量的义务,泰水公司有保证处理污泥及处理处置过程中实现污染物环保达标排放的义务。停止运营的原因是合同履行地即上洋环境园内有污泥深度脱水处理厂、垃圾填埋场、污泥焚烧厂等被环保部门检测发现上洋污泥深度脱水处理厂排放的废气中臭气浓度超标。同时,因臭气排放问题引发群体性事件,市水务局遂决定停止供泥,未再履行向泰水公司持续输送污泥的义务。因此,在协议履行过程中,水务局存在没有持续输送约定污泥量的情形,泰水公司也存在超标排放废气的情形。

从水务局向泰水公司持续输送的污泥量可以看出,水务局并不是无泥可供。另从水务局在泰水公司超标排放废气的违法行为发生后,没有停止向泰水公司输送污泥,只是减少了输送量的情形看,水务局仍希望持续向泰水公司输送污泥,且该情形不属于协议约定可以免责的情形。泰水公司超标排放废气行为虽然存在过错,但不能成为市水务局免除全部违约责任的理由,因此,根据《行政诉讼法》第 78 条第 1 款针对被告未按照约定履行政府特许经营协议的,被告应承担赔偿损失的责任的规定,水务局仍需要对停止输送污泥造成的损失承担违约责任。

2. 关于提升排放标准期间经营者损失如何认定处理问题

本案中,提升排放标准期间经营者损失的金额及认定应当以合同的约定为准。泰水公司与水务局双方认可 2014 年 8 月将臭气污染物排放标准由原国家二级标准提升至一级标准并正式对原有设施进行升级改造的客观事实。虽然该事实属于双方在订立协议时均未预见到的情形,但根据《上洋 BOT 协议》第 9.2.1条乙方的责任和义务中"在整个运营期内,应始终根据适用法律、本协议及行业相关技术质量规范和遵循谨慎运营惯例的规定,自行承担费用和风险,管理、运营和维护项目设施,履行提供合格污泥深度脱水处理处置服务的义务"的约定,提升排放标准期间经营者损失应该由泰水公司自行承担。

案例45 市行政区域内燃气供气经营权和建设开发权之争

相关问题

1. 两原告是否具有诉讼主体资格；

2. 两原告是否在儋州行政区域内有排他性的燃气供气经营权和建设开发权。

典型意义

本案为排他性的燃气供气经营权之争。市政府《72号批复》中提出的“统一规划、统一建设、统一经营、统一管理”，以及《247号复函》《187号批复》中“统一规划建设、统一经营管理”，应如何理解，能否认定具有城市区域内排他性的燃气供气经营权，如何结合市场竞争机制法律法规规定对燃气供气经营权予以认定，这是本案具有典型性价值所在。

基本案情

上诉人（一审原告）：港华燃气公司

上诉人（一审原告）：港华燃气公司儋州分公司

被上诉人（一审被告）：儋州市人民政府

一审第三人：儋州滨海新区管理委员会

一审第三人：中海油管道公司

2003年3月13日，儋州市人民政府（以下简称儋州市政府）向畅通燃气公司作出《关于开发建设儋州市管道燃气项目的批复》（以下简称《72号批复》），同意该公司在儋州市开发建设天然气管道燃气工程项目，确认总投资1.51亿港元。该批复指出："在项目实施中，你公司要组织强有力的技术队伍，有上级建设部门施工资质的单位，统一规划、统一建设、统一经营、统一管理，年内点火通气。"同年3月18日，为了贯彻实施《72号批复》的内容，原儋州市建设局与畅通燃气公司签订《开发儋州市管道燃气工程项目协议》，进一步确认畅通燃气公司在儋州市投资1.51亿港元建设管道燃气工程项目，并就管道燃气工程项目的建设目标、核定燃气价格的方法以及建设管理原则等主要内容进行了约定。同年11月6日，因畅通燃气公司已更名为中油畅通燃气公司，儋州市政府根据中油畅通燃气公司请示作出复函（以下简称《247号复函》），确认《72号批复》对中油畅通燃气公司继续有效。该复函第2项载明："你公司为我市行政区划范围内从事管道燃气、汽车加气项目建设的公司，实施管道燃气工程项目的统一规划建设、统一经营管理，经营期限为五十年。"

2008年7月11日，华油公司在中油畅通燃气公司的持股比例从68.5%变更为100%。

2008年12月4日，儋州市政府作出批复（以下简称《187号批复》）：根据《247号复函》原批准给中油畅通燃气公司的城市管道燃气特许经营权，由于中油畅通燃气公司已被华油公司全资收购，并成立华油公司儋州分公司运营儋州的管道燃气业务，根据《市政公用事业特许经营管理办法》的规定，同意将城市管道燃气特许经营权变更给华油公司儋州分公司，特许经营权期限为25年。至此，中油畅通燃气公司根据《247号复函》取得的城市管道燃气特许经营权变更由华油公司儋州分公司承继。

2009年9月10日，中油畅通燃气公司注销。2009年2月20日，华油公司儋州分公司名称变更过一次，2009年9月25日，变更为港华燃气公司儋州分公司（以下简称儋州分公司）。

2010年6月13日，儋州市住房和城乡建设局（以下简称儋州住建局）向儋州市政府作出《关于完善滨海新区燃气管道专项规划的意见》，同意儋州分公司加紧完善滨海新区的燃气专项规划，并制订建设计划报政府审批。

2010年7月5日，儋州住建局向儋州分公司发出了《关于完善滨海新区燃气管道专项规划的函》。该函的主要内容有"一、根据儋府函〔2003〕24号文件精神，你公司在我市行政区划范围内实施管道燃气，工程项目的统一规划建设、统一经营管理。我局原则同意你公司加紧完善滨海新区的燃气专项规划,并制订建设计划尽快上报市政府审批。二、你公司要落实建设资金,与滨海新区市政道路同步实施建设”。

2010年9月10日,儋州市政府通过市政府常务会议,形成的《常务会议纪要》(以下简称14号《常务会议纪要》)第17条内容:原则同意《儋州市政府与中海油管道公司关于投资建设儋州滨海新区燃气管网供气工程协议》(以下简称《燃气管网供气工程协议》)。儋州滨海新区管理委员会(以下简称新区管委会)要主动与企业对接,尽快签订协议,尽快推动工程建设。儋州市政府和城乡建设局等单位要督促原许可企业履行合同,加快那大城区和木棠工业园区的燃气管网建设。

2010年12月15日,新区管委会与中海油管道公司签订《燃气管网供气工程协议》。

2011年3月至4月,儋州分公司、港华燃气公司分别向儋州住建局、儋州市政府提交书面报告,称儋州市政府《247号复函》已经明确其在儋州市行政区域内有权从事管道燃气、汽车加气项目建设,并对整个儋州区域的管道燃气项目实施“统一规划建设、统一经营管理”,故请求政府及其职能部门尽快审批儋州滨海新区燃气专项规划,并同意启动滨海新区燃气项目建设。

2011年7月15日,儋州住建局向儋州分公司函复,建议其暂缓评审滨海新区燃气规划,并告知儋州市政府常务会议决议已经同意并确认由新区管委会与中海油管道公司签订的《燃气管网供气工程协议》有效。

港华燃气公司、儋州分公司认为,儋州市政府的上述行政许可行为侵犯其在儋州行政区域内排他性的燃气供气经营权和建设开发权及财产权,遂以行政许可纠纷案由提起本案诉讼。港华燃气公司、儋州分公司诉讼请求:判决撤销儋州市政府关于中海油管道公司在滨海新区享有燃气供气经营权和建设开发权的许可,即14号《常务会议纪要》第17条的决定内容。

一审意见

一审法院认为,本案的争议焦点:(1)港华燃气公司、儋州分公司是否有原告的诉讼主体资格;(2)港华燃气公司、儋州分公司是否在儋州行政区域内有排他性的燃气供气经营权和建设开发权。

一、关于港华燃气公司、儋州分公司的原告诉讼主体资格问题

儋州市政府认为，港华燃气公司、儋州分公司作为原中油畅通燃气公司的股东，不能直接承继该公司在儋州市行政区域内享有的管道燃气经营权，故港华燃气公司、儋州分公司与被诉具体行政行为没有法律上的利害关系，依法应驳回其起诉。但儋州分公司并非依据其唯一股东身份，而是根据《187 号批复》的内容，承继中油畅通燃气公司在儋州市行政区域内的管道燃气特许经营权，故儋州市政府的上述辩称理由没有事实和法律依据，不予采纳。

二、关于港华燃气公司、儋州分公司是否在儋州行政区域内有排他性的燃气供气经营权和建设开发权的问题

首先，港华燃气公司、儋州分公司主张儋州市政府已经通过政府的批准文件授予其儋州市行政区域内排他性的燃气供气经营权和建设开发权，该主张依据不足，与相关批准文件的原始文义和真实意旨相悖。由于《247 号复函》、《187 号批复》与《72 号批复》是一脉相承的关系，对《247 号复函》《187 号批复》内容的解释，均不应超越《72 号批复》的原始文义且不能脱离该批文的真实意旨。儋州市政府在《72 号批复》中提出的"统一规划、统一建设、统一经营、统一管理"，不是该市政府向畅通燃气公司承诺的义务，而是出于公共管理的需要，要求该公司通过统一的内部管理进行项目实施，以确保生态和公共安全。正因为城市管道燃气工程项目涉及公共安全、生态环境，《72 号批复》才特别强调"统一规划、统一建设、统一经营、统一管理"，《247 号复函》《187 号批复》继续强调"统一规划建设、统一经营管理"，是地方政府对燃气事业进行特殊管理过程中的必要提示。港华燃气公司、儋州分公司脱离燃气事业特殊的管理要求，把政府批文提出的上述"四个统一"内容单方解释成被授予排他性的燃气供气经营权和建设开发权，不符合上述批文的原始文义和真实意旨。其次，港华燃气公司、儋州分公司主张《开发儋州市管道燃气工程项目协议》已经约定其在儋州市行政区域内有排他性的燃气供气经营权和建设开发权，该主张无事实依据。原儋州市建设局与畅通燃气公司签订的《开发儋州市管道燃气工程项目协议》仅约定了管道燃气工程项目的建设目标、核定燃气价格的方法以及建设管理原则等主要内容，未就"排他性的燃气供气经营权和建设开发权"内容作出明确约定。被诉行政许可行为不违约。最后，被诉行政许可行为符合公共利益的需要。原建设部《市政公用事业特许经营管理办法》第 5 条规定："实施市政公用事业特许经营，

应当遵循公开、公平、公正、公共利益优先的原则。”第6条第1款规定:“实施市政公用事业特许经营,应当坚持合理布局,有效配置资源的原则,鼓励跨行政区域的市政公用基础设施共享。”由于港华燃气公司、儋州分公司进行的管道燃气工程项目建设规模仅局限于儋州市那大镇的部分区域、儋州市木棠工业区,尚未延伸到相距较远的儋州市滨海新区,因此,被诉行政许可行为不会造成重复建设,且港华燃气公司、儋州分公司可在现有建设区域如那大镇、儋州市木棠工业区等区域内,加大建设进度,继续扩大经营规模。在儋州市滨海新区,中海油管道公司凭借其在洋浦经济开发区(紧邻滨海新区)的气源基地,为滨海新区工业发展提供更为经济、迅捷的优质服务,对儋州市城乡经济快速发展有积极的推动作用,故被诉行政许可行为符合公共利益的需要,亦符合《市政公用事业特许经营管理办法》规定的“公共利益优先原则”“合理布局、有效配置资源原则”。

一审结果

2011年9月13日,一审法院作出行政判决:驳回港华燃气公司、儋州分公司的诉讼请求。

港华燃气公司、儋州分公司不服一审判决,向海南省高级人民法院(以下简称海南高院)提出上诉。

上诉意见

港华燃气公司、儋州分公司上诉称:(1)一审认定事实不清。上诉人已经取得儋州市行政区域内管道燃气特许经营权,该特许经营权合法有效。①儋州市政府作出的《72号批复》《247号复函》及儋州市建设局于2003年3月18日与上诉人签订的《开发儋州市管道燃气工程项目协议》均明确上诉人在儋州市行政区域内具有管道燃气工程项目开发建设和经营管理权。②上诉人取得该许可后,投入了巨额资金,进行管道燃气工程规划设计及实地勘查等工作,该工作是被上诉人儋州市政府事先许可并要求的。被上诉人于2010年作出的《关于完善滨海新区燃气管道专项规划的函》及《关于完善滨海新区燃气管道专项规划的意见》,均要求上诉人为配合政府对滨海新区城市发展建设,做好筹集落实管理燃气项目的建设资金并对该工程项目进行专项规划设计等工作。③儋州市政府于2008年作出的《187号批复》明确将上诉人原有的对儋州行政区域范围的管道燃气统一建设开发经营管理权,变更为在儋州市行政区域内的城市管道燃气特许经营权,期限为25年,现仍在上诉人的特许经营期限内。(2)上诉人在滨海新区享有城市管道燃气特许经营权，被上诉人又将该区的管道燃气经营管理权许可给中海油管道公司，属于重复许可。(3)上诉人完全有实力、有优势做好滨海新区的燃气供应工作。(4)一审判决适用法律不当，判决结果错误，依法应予撤销。一审判决根据《最高人民法院关于执行〈中华人民共和国行政诉讼法〉若干问题的解释》(法释〔2000〕8号)[①]第56条第4项的规定，"其他应当判决驳回诉讼请求的情形"。判决驳回上诉人的上诉请求，属于适用法律不当。上诉人认为本案不属于上述条款规定情形，不能适用该条。综上，请求撤销一审判决，撤销儋州市政府关于同意中海油管道公司投资建设儋州滨海新区燃气管网供气工程的行政许可。

二审答辩

儋州市政府意见：本案的事实比较清楚，各方当事人对一审判决认定的事实均没有异议。本案争议的主要问题是上诉人在儋州行政区域内是否有排他性的燃气经营开发权，一审判决认定其没有排他性的经营权。一审判决认定事实清楚，适用法律正确，应予维持。

新区管委会意见：新区管委会是按照儋州市政府的委托与中海油管道公司签订《燃气管网供气工程协议》，在履行代理职责过程中并无不当行为，也无须直接承担该协议的法律责任。

中海油管道公司意见：(1)上诉人取得的不是城市管道燃气特许经营权，只是开发经营权，不具有排他性。儋州市政府《72号批复》批准的只是经营开发权不是特许经营权，《187号批复》第一次提到特许经营权，但是按照原建设部《市政公用事业特许经营管理办法》，特许经营是要经过公开招投标手续的，未经过此项手续的根本不能称之为特许经营权，不具排他性。(2)中海油管道公司在滨海新区供气更具优势。中海油管道公司是海南第一家经营天然气管道的公司，比中海油要早，在儋州市滨海新区供气也更具优势，因为中海油管道公司的天然气管道经过儋州时，中海油管道公司为滨海新区专门留有供气口，由中海油管道公司供气更有保障。综上，请求维持一审判决。

二审意见

海南高院认为：依照《行政许可法》第12条第2项的规定，对于有限资源的

---

① 现已失效。

开发利用、公共资源配置以及直接关系公共利益特定行业的市场准入等，需要赋予特定权利的事项，可以设定行政许可。该法第53条第1款规定："实施本法第十二条第二项所列事项的行政许可的，行政机关应当通过招标、拍卖等公平竞争的方式作出决定。但是，法律、行政法规另有规定的，依照其规定。"原建设部《市政公用事业特许经营管理办法》第2条也规定："本办法所称市政公用事业特许经营，是指政府按照有关法律、法规规定，通过市场竞争机制选择市政公用事业投资者或者经营者，明确其在一定期限和范围内经营某项市政公用事业产品或者提供某项服务的制度。城市供水、供气、供热、公共交通、污水处理、垃圾处理等行业，依法实施特许经营的，适用本办法。"可见，本案所涉管道燃气经营权依法应当经过招标等市场竞争机制方可予以许可。尽管儋州市政府曾同意将儋州市城市管道燃气的经营权给予上诉人，儋州住建局也曾发函给儋州分公司，原则同意其加紧完善滨海新区的燃气专项规划，并制订建设计划尽快上报市政府审批，但上诉人并未能提供出其已依法获得儋州市政府特许其经营儋州市和该市滨海新区管道燃气的证据。同时，上诉人主张其在儋州市行政区域内具有排他性的燃气供应经营权和建设开发权，主要证据是儋州市政府的《72号批复》、《247号复函》和《187号批复》以及2003年3月18日儋州市建设局与上诉人签订的《开发儋州市管道燃气工程项目协议》等，但这些批复、复函及协议均未明确上诉人在儋州市行政区域内具有排他性的燃气供气经营权和建设开发权。我国法律、法规等也并无特许经营权即为排他性经营权的规定。由此，上诉人主张其在儋州市行政区域内具有排他性的燃气供应经营权和建设开发权没有事实依据和法律依据。儋州市政府有关同意一审第三人中海油管道公司投资建设滨海新区燃气管网供气工程的决定并未侵害上诉人的合法权益。一审依据《最高人民法院关于执行〈中华人民共和国行政诉讼法〉若干问题的解释》①第56条第4项的规定判决驳回上诉人的诉讼请求并无不当。

综上，一审判决认定事实清楚，适用法律正确，判决结果并无不当。上诉人港华燃气公司、儋州分公司的上诉请求及理由不能成立。

二审结果

2012年3月6日，海南高院经审判委员会讨论决定作出行政判决：驳回上

① 现已失效。

诉，维持原判。

案例评析

1. 关于两原告是否具有诉讼主体资格问题

本案中，港华燃气公司和儋州分公司均具有诉讼主体资格。理由如下：首先，作为民事主体要成为诉讼案件中的适格主体，必须与诉讼案件有法律上的权利义务关系，即直接利害关系。其次，本案作为行政许可纠纷，双方争议的焦点在于城市管道燃气特许经营权的排他性问题，在拥有城市管道燃气特许经营权的畅通燃气公司被港华燃气公司全资收购而注销登记，同时专门成立儋州分公司负责运营儋州的管道燃气业务的情况下，港华燃气公司和儋州分公司均与本案具有直接的利害关系。最后，儋州市政府作出的《关于城市管道燃气特许经营权变更有关问题的批复》（儋府函〔2008〕187 号）文件亦同意将城市管道燃气特许经营权变更给儋州分公司，即城市管道燃气特许经营权由儋州分公司承继。

2. 关于两原告是否在儋州行政区域内有排他性的燃气供气经营权和建设开发权问题

两原告在儋州行政区域内没有排他性的燃气供气经营权和建设开发权。理由在于，《72 号批复》、《247 号复函》和《187 号批复》等均未明确儋州分公司在儋州市行政区域内具有排他性的燃气供气经营权和建设开发权。我国法律、法规等也并无特许经营权即当然具有排他性经营权的规定，排他性经营权之获得需要有合同明确约定。因此，儋州分公司主张其在儋州市行政区域内具有排他性的燃气供应经营权和建设开发权没有事实依据和法律依据。

案例46　两平台区域的供热特许经营权之争

相关问题

1. 东、西平台区域供热特许经营权应否招标；

2. 东、西平台区域供热特许经营权归属如何认定。

典型意义

本案属于供热特许经营权之争，华信公司与华生公司在东、西平台区域均实施了供热设施改造。二审判决确认住建局2013年2月6日将东、西平台区域供热特许经营权许可给华生公司的行政行为违法，但考虑到撤销会给社会公共利益造成重大损害，未判决撤销该行政行为。本案争议问题及处理，具有一定的典型性。

上诉人（一审被告）：白山市住房和城乡建设局

上诉人（一审第三人）：华生公司

被上诉人（一审原告）：华信公司

华信公司诉白山市住房和城乡建设局（以下简称住建局）、华生公司供热经营行政许可纠纷一案，一审法院于2015年10月26日立案受理。

一审查明

2010年9月28日，白开集团的子公司华信公司成立并领取了营业执照，对通沟部分地区实施供热。2012年，经白山市发展和改革委员会、白山市环境保护局、白山市规划局等部门的批准，华信公司投资改建了供热设备，拟对通沟及周边区域、南环、东平台、西平台区域进行供暖。2015年4月7日，华信公司向住建局提交《关于办理供热〈经营许可证〉的申请》，住建局收到申请后未予答复。华信公司为此诉于一审法院，一审法院于2015年7月23日作出行政判决，判令住建局于判决生效后10日内作出书面答复。2015年7月30日，住建局答复如下："你单位的《经营许可证》已于2013年发放，供热特许经营范围已经批复，请按经营许可证批准范围执行。"华信公司不服，再次向一审法院提起行政诉讼，一审法院于2015年9月6日作出行政判决，判令住建局于判决生效后10日内，对华信公司申请的要求对东、西平台区域供热特许经营权许可是否准许，作出书面答复。2015年9月16日，住建局答复：依据《吉林省城市供热条例》的相关规定，东、西平台区域特许经营权于2013年2月6日授予华生公司。

华生公司于2006年6月获得供热特许经营权，对白山市浑江区城区进行供热。2012年10月18日，华生公司向住建局提交《白山市城市供热企业经营许可变更申请表》(变更范围包括东、西平台区域)。2013年2月6日，住建局在该申请表上签字"同意"并加盖单位行政审批专用章。

2013年1月23日，华生公司与德房公司、金热公司签订三方协议，约定：铁南新城及周边区域拟建300万平方米建筑物，该区域供热特许经营权由德房公司和金热公司转让给华生公司。

华信公司与华生公司在东、西平台区域均实施了供热设施改造。

一审意见

一审法院认为：原、被告主体均适格。华信公司的起诉没有超过起诉期限。华信公司与华生公司争议的东、西平台供热特许经营权的审批属于公平竞争权，属于人民法院行政诉讼的受案范围。东、西平台的供热特许经营权属于市政公用事业，对其审批的程序适用《招标投标法》及《行政许可法》的规定。住建局2013年2月6日在华生公司向其提交的《白山市城市供热企业经营许可变更申报表》上签字"同意"并加盖行政审批专用章的行为，没有依据上述法律规定的程序办理，程序违法。争议的东、西平台区域内，除德房公司开发的楼房外，没有证据证明其他房地产开发单位所开发楼房的供热特许经营权归华生公司。住建局将东、西平台区域供热特许经营权审批给华生公司，无事实依据且侵犯华信公司的公平竞争权。

一审结果

2015 年 11 月 30 日，一审法院作出行政判决：撤销住建局 2013 年 2 月 6 日将争议的东、西平台供热特许经营权授予给华生公司的审批行为。

住建局、华生公司均不服一审判决，向白山市中级人民法院（以下简称白山中院）提出上诉。

上诉意见

住建局上诉称：供热特许经营权是一种行为，不是《招标投标法》所说的工程项目，不受该法调整；华信公司起诉超过诉讼时效，应予驳回；华信公司当时没有取得大规模供热经营资格，住建局没有侵犯华信公司的公平竞争权。请求二审法院撤销一审判决，并依法改判。

华生公司上诉称：华生公司系通过三方协议从德房公司和金热公司受让取得争议区域供热特许经营权，且经过主管部门批准；一审法院认定华信公司与华生公司之间存在公平竞争权，且具有诉讼主体资格错误；华生公司获批争议区域供热特许经营权时，华信公司不具备获得该特许经营权的资质、能力，其不具备与华生公司公平竞争的资格；华信公司起诉已超过起诉期限，一审法院不应受理；一审法院撤销住建局 2013 年 2 月 6 日授予华生公司争议区域供热特许经营权的审批错误，华生公司对争议区域供热特许经营权不具有可撤销性。请求二审法院撤销一审判决，并依法改判。

二审查明

白山中院经审理查明：2010 年 9 月，华信公司取得城市供热经营企业许可证书。该公司于 2011 年 9 月向白山市发展和改革委员会提交《华信公司集中供热工程可行性研究报告》，该报告中载明：由于目前白山市集中供热热源厂全部集中在铁路以北区域，供热管网穿越铁路线未得到沈阳铁路局的许可，因此白山市供热管理处拟调整白山市供热规划，在白山市铁南区域设集中供热热源厂。本项目拟扩建热源厂为规划控制的城市集中供热热源厂预留地，白山市供热管理处原则上同意由华信公司建设区域集中供热热源厂承担通沟、南环、西平台及东平台区域的集中供热任务。白山市发展和改革委员会于 2012 年 3 月 28 日作出《关于华信公司集中供热工程可行性研究报告的批复》，该批复载明：华信公司集中供热工程建设符合白山市城市总体规划，实施后将进一步完善市区集中供热布局，满足该工程供热区域内居民的生活需要，同意实施华信公司集中供热工程。华信公司于2012年4月27日取得了集中供热工程一次网建设用地规划许可证,用地位置为南环大街、永丰路、东台路、南环规划路。华信公司进行了部分集中供热工程建设。

另查明,东、西平台区域的楼盘系丰润公司开发建设,丰润公司系白开集团的子公司。华生公司已于2015年对东平台区域实施供热。至目前,西平台区域尚未开始供热。

白山中院查明的其他事实与一审一致。

二审意见

白山中院认为:住建局于2013年2月6日将东、西平台区域的供热特许经营权许可给华生公司是否合法,是本案争议的焦点问题。

《行政许可法》第12条第2项规定,对于有限资源的开发利用、公共资源配置以及直接关系公共利益特定行业的市场准入等,需要赋予特定权利的事项,可以设定行政许可。第53条第1款规定:"实施本法第十二条第二项所列事项的行政许可的,行政机关应当通过招标、拍卖等公平竞争的方式作出决定。但是,法律、行政法规另有规定的,依照其规定。"原建设部《市政公用事业特许经营管理办法》第2条规定:"本办法所称市政公用事业特许经营,是指政府按照有关法律、法规规定,通过市场竞争机制选择市政公用事业投资者或者经营者,明确其在一定期限和范围内经营某项市政公用事业产品或者提供某项服务的制度。城市供水、供气、供热、公共交通、污水处理、垃圾处理等行业,依法实施特许经营的,适用本办法。"本案被诉行政行为涉及供热特许经营权许可,属于上述法律和规章调整的范围,应当坚持公正、公开、公平的原则,依照法定程序,通过招标等公平竞争的方式实施许可。华信公司系供热经营企业,为了对丰润公司开发建设的东、西平台区域楼盘实施供热,其提出集中供热工程建设项目可行性研究报告,白山市发展和改革委员会于2012年3月28日批复立项。同年4月27日,华信公司取得了白山市规划局关于集中供热工程一次网建设用地规划许可证。华信公司投入建设成本,进行了集中供热工程建设。在此情况下,住建局未采取公开招标择优的方式,于2013年2月6日以审批的方式将东、西平台区域供热特许经营权许可给华生公司,违反法定程序。《行政诉讼法》第70条第3项规定,行政行为违反法定程序的,人民法院判决撤销或者部分撤销,并可以判决被告重新作出行政行为。第74条第1项规定,行政行为依法应当撤销,但撤销会给国家利益、社会公共利益造成重大损害的，人民法院判决确认违法，但不撤销行政行为。第76条规定，人民法院判决确认违法的，可以同时判决责令被告采取补救措施。根据上述规定，本案被诉行政行为违反法定程序，依法应予撤销。但考虑到华生公司已经在争议区域投资建设了供热基础设施，并于2015年对东平台区域实施供热，如撤销该行政许可，将影响争议区域居民的冬季采暖，对公共利益造成重大损害。故应确认本案被诉行政行为违法，但保留其许可效力。如本案被诉行政行为给华信公司造成损失，住建局应采取相应的措施予以补救。

根据《行政诉讼法》第2条第1款的规定，公民、法人或者其他组织认为行政机关的行政行为侵犯其合法权益，有权依照本法向人民法院提起诉讼。本案被诉行政行为违反公平竞争原则，侵犯了华信公司参与竞争的权利，对华信公司的合法权益造成了不利影响，因此，华信公司具备本案的原告主体资格。二上诉人关于华信公司不具备原告主体资格的上诉主张不能成立，不予支持。本法第46条规定，公民、法人或者其他组织直接向人民法院提起诉讼的，应当自知道或者应当知道作出行政行为之日起6个月内提出。本案中，华信公司通过住建局于2015年9月16日作出的《关于华信公司申请办理东、西平台〈经营许可证〉的答复意见》，知道了本案被诉行政行为，其于2015年10月20日向一审法院提起行政诉讼，未超过法定起诉期限。二上诉人关于华信公司超过法定起诉期限的上诉主张不能成立，不予支持。二上诉人未能提供证据证明德房公司和金热公司已取得东、西平台区域的供热特许经营权，其关于华生公司系受让取得的供热特许经营权的上诉主张不能成立，不予支持。

综上所述，本案被诉行政行为违反法定程序，但撤销会给社会公共利益造成重大损害，应当确认违法，不撤销该行政行为。一审判决适用法律错误、判决方式不当，予以纠正。

二审结果

2016年7月18日，白山中院作出行政判决：一、撤销一审判决；二、确认住建局于2013年2月6日将东、西平台区域供热特许经营权许可给华生公司的行政行为违法。

案例评析

1. 关于本案涉诉东、西平台区域供热特许经营权许可应当履行招标程序问题

2012 年华信公司履行项目申报程序，经过当地发改委、环保局、规划局等部门的批准，取得本案改建供热设备的供热市政投资项目。之后，华信公司向住建局申请经营许可证未允，提起行政诉讼，住建局答复："你单位的《经营许可证》已于 2013 年发放，供热特许经营范围已经批复，请按经营许可证批准范围执行（该答复范围未含本案争诉东、西平台区域）"，再次诉讼判决后住建局答复：争诉区域的特许经营权于 2013 年 2 月 6 日授予华生公司。本案两审法院均依据案件事实及法律规定，认定住建局实施的该特许经营权应当履行竞争程序。

特许经营最早起源英国，为王室的特权适用在土地制度之中，即王室授予的权利。广义特许经营指政府授予私营部门经营公共资源、公共事业一系列特许经营方式的总称。本案所涉是公共事业基础设施特许经营。《行政许可法》第 12 条第 2 项规定了特许经营的范围，该法第 53 条规定了属于特许经营范围的行政许可，行政机关应当通过招标、拍卖等公平竞争的方式作出决定。除法律、行政法规另有规定的，依照其规定。《招标投标法》第 3 条规定："在中华人民共和国境内进行下列工程建设项目包括项目的勘察、设计、施工、监理以及与工程建设有关的重要设备、材料等的采购，必须进行招标：（一）大型基础设施、公用事业等关系社会公共利益、公众安全的项目。"《招标投标法实施条例》第 9 条第 1 款规定："除招标投标法第六十六条规定的可以不进行招标的特殊情况外，有下列情形之一的，可以不进行招标：（一）需要采用不可替代的专利或者专有技术；（二）采购人依法能够自行建设、生产或者提供；（三）已通过招标方式选定的特许经营项目投资人依法能够自行建设、生产或者提供；（四）需要向原中标人采购工程、货物或者服务，否则将影响施工或者功能配套要求；（五）国家规定的其他特殊情形。"本案情况不具备不招标的条件，应当履行公开招标程序。住建局上诉称：供热特许经营权是一种行为，不是《招标投标法》所说的工程项目，不受该法调整。住建局观点不符合现行相关法律法规规定。

2. 关于案涉争诉地区东、西平台区域供热特许经营权的归属问题

本案一审法院认定 2013 年 2 月 6 日住建局授予华生公司争议区域供热特

许经营权的审批错误,予以撤销。行政行为撤销是指已经发生法律效力的行政行为,如发现其违法或不当,由有权机关予以撤销,使相应行政行为失去法律效力。本案二审法院认可一审法院查证的华信公司履行了报批手续取得了协议批复,出资建设了集中供热项目工程的事实。二审法院另查明,东、西平台区域的楼盘系丰润公司开发建设,丰润公司系白开集团的子公司。华生公司已于2015年对东平台区域实施供热。至目前,西平台区域尚未开始供热。据此认定华生公司对争诉部分区域实施了投资及供热。根据本案届时现状,二审法院依据《行政诉讼法》第74条第1项"行政行为依法应当撤销,但撤销会给国家利益、社会公共利益造成重大损害的"及第76条"人民法院判决确认违法或者无效的,可以同时判决责令被告采取补救措施"的规定,在撤销与确定违法的法律选择适用上,根据案件具体情况即公正执法有考虑了供暖工程对百姓的重要性、工程投资建设等多方利益,撤销一审判决,确认住建局2013年2月6日将东、西平台区域供热特许经营权许可给华生公司的行政行为违法,认定东、西平台区域供热特许经营权归属华生公司。华信公司依据该判决可以再行提起诉讼解决其赔偿或补偿问题。

如果行政机关作出行政行为存在程序违法,法院即可判决撤销该行政行为,也可判决确认该行政行为违法。两者的区别,是被撤销的行政行为不再具有拘束力、强制执行的权力等的法律效力;而被确认违法的行政行为,却仍有效。二审法院在本案的法律适用上,更多考虑百姓采暖的需求,并综合案件的各方因素,选择适用了可以优先保护当地百姓切身利益,再考虑其他各方利益作出裁判,是具有指导性的裁判,也具有典型意义。

案例47 政策原因是否属于不可抗力的范畴

相关问题

1. 政府方应否支付PPP项目咨询服务费及违约金；
2. 咨询服务方继续履行PPP咨询合同主张能否支持。

裁判要点摘选

不可抗力，是指不能预见、不能避免且不能克服的情况。主张构成不可抗力免责的一方应当提供相应证据，证明合同系因不可抗力导致无法履行。政策变化，不属于法律意义上的不可抗力。

基本案情

上诉人(一审被告)：B市住房和城乡建设局

被上诉人(一审原告)：北思公司

2017年8月7日，B市住房和城乡建设局(以下简称住建局，委托方、甲方)与北思公司(受托方、乙方，负责咨询部分)、南天公司(受托方、丙方，负责采购代理部分)就B市新区片区污水处理PPP项目签订了《政府和社会资本合作项目咨询服务合同》(以下简称《咨询服务合同》)，该合同约定：甲方就B市新区片区污水处理PPP项目委托乙方和丙方提供咨询服务工作。甲、乙、丙三方经过平等协商，在真实、充分地表达各自意愿的基础上，根据《合同法》的规定，达成如下协议，以兹双方共同恪守。第一条，委托内容及要求，1.1委托内容：1.1.1乙方为甲方提供项目识别、项目准备和项目采购阶段咨询服务，包括以下服务内容:1. 在 TO +15 日内完成物有所值报告、财政承受能力论证报告和项目实施方案,成果为书面报告。2. 在 TO +20 日内完成资质预审文件,成果为电子版书面文件。3. 在 TO +50 日内完成项目采购文件,成果为电子版书面文件。4. 在 TO +70 日内完成确认谈判,成果为参与谈判。5. 解答项目实施过程中的咨询问题。注:(1)本部分咨询内容不包括项目识别之前的文件。(2)TO 是以本合同签署生效且甲方提供项目基础资料并确定项目边界条件后起算……第二条,咨询工作方式,乙方根据甲方提供的项目基础资料和前期文件编写咨询成果文件,电子版发送甲方进行审核。采购文件经甲方审核无误后由甲方发送给丙方。第三条,双方权利义务,3.1 甲方权利义务……3.1.9 负责及时接收和审核、确认咨询成果,并且及时书面向乙方反馈相关部门的审核意见和确认结果;3.1.10 按合同规定支付咨询服务费……第四条,费用及其支付方式,4.1 咨询服务费总价款:80 万元,该咨询费已包括人工费、差旅费、税费等所有相关费用。该咨询费计入本项目前期费用,最终由中标社会资本承担,在采购文件中予以明确。其中,支付给乙方的咨询费为 55 万元,支付给丙方的采购代理服务费为 25 万元。4.2 支付方式,(1)本合同签署后 7 日内,甲方支付乙方预付 24 万元;(2)采购结果公告后 7 日内,甲方支付乙方咨询服务费余款,即 31 万元,同时应一次性支付给丙方采购代理服务费。此部分费用也可要求中标社会资本分别支付给乙方和丙方……4.4 如在项目运作过程中甲方提出终止本项目或本合同,甲方应给予乙方适当补偿,并在终止后五日内支付,具体补偿标准如下:(1)乙方未开始着手工作的,补偿 5 万元;(2)乙方已经开始着手工作的,分以下情况:①对于乙方已经完成一方案两评价的,应当支付合同额的一半费用;②已完成一方案两评价、咨询预审文件及采购文件、确认谈判和合同修改,但 PPP 合同未能最终签署的,按照乙方服务费的 90% 支付……第七条,违约责任,7.1 甲方未按约定的期限向乙方支付咨询服务费,乙方有权中止咨询服务工作,直至款到后继续履约,且应在约定付款之日的次日起每日按照合同咨询服务费总额的 5‰向乙方支付违约金……7.5 一方违约,守约方除有权要求违约方按上述约定承担违约金外,并有权要求违约方继续履行合同或者宣布解除共同,合同自另一方发出解除合同的通知之日起解除。第八条,不可抗力,8.1 任何一方由于不可抗力因素致使履行本合同延迟或不可能或不必要的,受事件影响的一方应尽快将发生的不可抗力事件告知另一方,说明发生不可抗力及不可抗力可能持续的时间。

8.2 除非不可抗力的因素致使本合同的履行不可能或不必要的，双方应当于不可抗力事件停止后或影响消除后立即继续履行合同义务，合同有效期和/或有关履行合同的预定的期限相应延长。8.3 各方应承担各自因不可抗力造成的损失。8.4 因不可抗力事件致使本合同履行延迟、不可能或不必要的，均不承担违约责任……合同签订后并已生效。

双方签订《咨询服务合同》后，北思公司于 2017 年 6 月 20 日完成一方案两评价并经 2017 年 8 月 25 日及 2017 年 9 月 13 日两次修改后最终以 2017 年 9 月 13 日为最终版咨询成果文件。完成资格预审文件并交付给于住建局，同月北思公司以招标文件形式完成项目采购文件并交付于住建局。经质证，淇滨区人民法院认定按照合同约定完成了物有所值报告、财政承受能力论证报告、项目实施方案、资格预审文件、项目采购文件的工作，双方对此均无异议。

2018 年 3 月 29 日，北思公司向住建局发送《关于申请住建局支付 B 市新区片区污水处理 PPP 项目咨询服务费的函》，向住建局申请支付该项目合同约定的预付款 24 万元。住建局未作回复，亦未支付预付款。

北思公司起诉住建局（案由为合同纠纷），请求：(1)判令住建局继续履行咨询合同，支付预付款 24 万元；(2)判令住建局按照合同约定支付延期付款违约金 165,000 元；(3)判令住建局承担本案诉讼费。

一审意见

一审法院认为，本案双方所签订的《咨询服务合同》系真实意思表示，合同内容符合法律规定，应认定为有效。

合同履行期间，北思公司依合同约定履行了部分义务，完成了物有所值报告、财政承受能力论证报告、项目实施方案、资格预审文件、项目采购文件等合同约定的工作，且已将工作成果送达至住建局，住建局应按合同约定向北思公司支付预付款 24 万元。

关于北思公司主张的案涉合同违约金数额，淇滨区人民法院认定如下：依据《咨询服务合同》中违约金条款，住建局应在约定付款之日的次日起每日按照合同咨询服务费总额的 5‰向乙方支付违约金，即自 2017 年 8 月 14 日起至庭审之日 2019 年 6 月 26 日按 55 万元咨询服务费总额计算为 1,872,750 元(550,000 元 ×5‰×681 天)，北思公司主张依据诚实信用原则依据合同总额 55 万元的 30% 计算索要 165,000 元，北思公司调整的违约金金额符合法律规定，诉请的违约金165,000元,予以支持。按照合同违约条款的约定,北思公司除有权要求住建局承担违约金外,并有权要求继续履行合同或宣布解除合同。现北思公司诉请住建局继续履行合同,予以支持。

住建局认为,案涉合同由于政策原因无法履行,系属于不可抗力,根据《民法总则》[①]第180条第2款的规定,“不可抗力是指不能预见、不能避免且不能克服的情况”。本案中,住建局主张的政策原因显然不属于不可抗力的范畴,且其未提供相关证据证明政策文件的存在,故对该辩称不予认可。

一审结果

2019年8月30日,一审法院作出民事判决:一、住建局继续履行《咨询服务合同》;二、住建局于判决生效之日起10日内向北思公司支付预付款24万元;三、住建局于判决生效之日起10日内向北思公司支付延期付款违约金165,000元。

住建局不服一审判决,向河南省鹤壁市中级人民法院(以下简称鹤壁中院)提出上诉。

二审查明

二审期间,当事人围绕上诉请求提交2017年、2018年B市人民政府办公会议纪要各一份,以证明由于政策变化致使合同无法履行,属不可抗力,住建局不存在违约,不应承担任何责任。北思公司认为,上述两份文件不能证明系由于政策原因致合同无法履行,政策变化不属于不可抗力。两份文件系复印件对其真实性不认可,政府会议纪要不属于政策,与本案不具关联性。鹤壁中院认为,从内容上看,两份会议纪要无法证明案涉合同与该两份文件具有直接关联性,该两份会议纪要对上诉人的证明目的不具有支撑、证明作用。鹤壁中院确认一审认定事实成立。另,住建局明确表示案涉污水处理项目已经完成,客观上不具备履行合同的基础。

二审意见

鹤壁中院认为,2017年8月7日住建局与北思公司、南天公司签订的《咨询服务合同》中4.2支付方式约定:本合同签署后7日内,甲方(住建局)支付乙方(北思公司)预付24万元。北思公司依据合同的上述约定在履行了部分合同义务后,主张住建局支付24万元预付款事实依据充分。住建局未按合同约定付款

---

① 现已失效。

构成违约，应承担违约责任。按照双方合同约定的违约条款，住建局所应承担的违约金额明显过高，虽然北思公司对该项的诉讼请求自行调整为合同总金额55万元的30%即165,000元，但鹤壁中院认为，北思公司在没有提供相关证据证明因上诉人违约给其造成损失的情况下所主张的违约金数额依据不足。根据案件查明的情况，综合考虑北思公司的实际损失、履行合同情况以及双方当事人过错程度、预期利益和住建局作为政府部门其行为受制于政府文件、政策的变化这一特殊情况，酌定住建局应承担违约金8万元。

根据住建局所陈述的案涉项目已经完成以及其表明的态度，案涉合同已不具备继续履行的基础，北思公司要求继续履行合同的诉讼请求，不予支持。

《民法总则》第180条第2款规定："不可抗力是指不能预见、不能避免且不能克服的情况"，政策变化显然不属法律意义上的不可抗力。上诉人住建局上诉称政策变化属不可抗力，其不应承担责任的上诉理由，没有法律依据，应予驳回。

二审结果

2019年12月3日，鹤壁中院作出民事判决：一、维持一审判决第二项，即住建局于本判决生效之日起10日内向北思公司支付预付款24万元；二、撤销一审判决第一项，即住建局继续履行《咨询服务合同》；三、变更一审判决第三项，即住建局于本判决生效之日起10日内向北思公司支付延期付款违约金165,000元为住建局于本判决生效之日起10日内向北思公司支付延期付款违约金80,000元；四、驳回北思公司的其他诉讼请求。

案例评析

本案中，北思公司已按照《咨询服务合同》约定履行了部分义务，完成了物有所值报告、财政承受能力论证报告、项目实施方案、资格预审文件、项目采购文件等合同约定的工作，而住建局逾期未按约定支付对价的行为已构成违约，因此应当按照《咨询服务合同》的约定支付PPP项目咨询服务费及违约金。

住建局认为，合同履行期间颁布的政府政策构成不可抗力事由，因此可以免责，并提交2017年、2018年B市人民政府办公会议纪要各一份，以证明由于政策变化致使合同无法履行，属不可抗力，住建局不存在违约，不应承担任何责任。进而，政府会议纪要所要证明的政策变化因素是否构成不可抗力，关系到北思公司能否向住建局主张违约责任。

根据《民法总则》第 180 条第 2 款的规定："不可抗力是指不能预见、不能避免且不能克服的客观情况"。判断客观情况是否构成不可抗力的关键，在于抓住"三不"，即不能预见、不能避免、不可克服，且其中客观情况要对合同履行造成重大影响，因此最后落脚于所收集之证据是否足以证明该客观情况对合同履行产生影响。本案中，从政府提供的会议纪要内容上看，两份会议纪要无法证明案涉合同与该两份文件具有直接的关联性，对政府的证明目的不具有支撑、证明作用。政策变化，可能构成情势变更，具体结合对合同影响情况认定，但政策变化不属于法律意义上的不可抗力范畴。住建局主张政策变化属不可抗力，其不应承担责任的抗辩理由，没有相应的法律依据。

案例48　政策调整是否属于不可抗力

相关问题

1. 原告主张的违约金是否应予支持；

2. 违约金计算标准与支付时间的认定；

3. 被告相关未支付服务费原因系政策调整的不可抗力抗辩能否成立。

裁判要点摘选

关于建交局抗辩称其未支付服务报酬的原因系政策调整的不可抗力行为，其不应承担违约金，但其提供的证据并不能证明该上述事实成立，对该抗辩意见不予采纳。

基本案情

上诉人(一审被告)：固原市原州区住房城乡建设和交通局

被上诉人(一审原告)：西态公司

2017年3月15日、4月20日，西态公司与固原市原州区住房城乡建设和交通局(以下简称建交局)分别签订水土保持规划编制、水土保持方案报告编制技术服务合同书，约定由建交局委托西态公司进行"原州区四好农村路示范县建设PPP项目"的水土保持规划及方案报告编制工作；分别约定报酬为178,000元及198,000元，共计376,000元；并约定相应的工作履行期限；且均约定报告完成后经相应水行政主管部门审查，并取得批复后，建交局在1个月内向西态公司支付全部费用；并均约定若建交局未能按时支付酬金，则每延迟一天应支付未支付部分1‰的违约金，若西态公司未能按时完成工作，每延迟一天应支付已付酬金1‰的违约金。

2017 年 4 月 21 日，双方签订水土保持方案委托书，约定了委托案涉项目事宜。之后，西态公司如期完成了自己应履行的合同义务。

2017 年 8 月 7 日，固原市水务局作出了基本同意该水土保持方案的审查批复。后建交局至今未向西态公司支付服务报酬。

2019 年 1 月 3 日，西态公司起诉建交局（案由为技术服务合同纠纷），请求：(1)判令建交局一次性支付西态公司 PPP 项目水土保持规划编制技术服务费 178,000 元，水土保持方案报告编制技术服务费 198,000 元，共计 376,000 元；(2)判令建交局一次性支付西态公司违约金 203,830 元；(3)本案诉讼费用由建交局负担。

建交局主要诉讼意见：(1)西态公司所述支付技术服务费 376,000 元属实，建交局应当支付。(2)西态公司主张违约金 203,830 元不能成立。首先，该项目系固原市原州区实施的 PPP 项目，该项目付款应是政府拨付款项。建交局至今未支付技术服务费，并非故意推诿，而是固原市原州区政府至今未正式启动"四好农村路"PPP 项目，也未支付任何费用，因而，建交局没有专项资金支付该款项。其次，建交局于 2018 年将讼争的技术服务费作为政府负债已向固原市原州区人民政府申报，但至今未获拨付。最后，因全国整顿 PPP 项目，2017 年 11 月 10 日财政部下发《关于规范政府和社会资本合作(PPP)综合信息平台库管理的通知》，依据该通知，案涉项目仅涉及工程建设，无运营内容，属于限制入库项目，致该项目失去实施条件，至今无法实施。依据《合同法》的相关规定，因法律法规变动，属于不可抗力事件。基于上述原因，至今未付技术服务费的过错不在建交局。

一审意见

一审法院认为，西态公司与建交局签订的水土保持规划编制、水土保持方案报告编制技术服务合同书，约定由建交局委托西态公司进行"原州区四好农村路示范县建设 PPP 项目"的水土保持规划及方案报告编制项目，该合同系双方当事人真实意思表示，且不违反法律及行政法规的强制性规定，合法有效。该有效合同应对双方当事人均具有法律约束力，西态公司现已如期履行了自己的合同义务，并由相应的水行政主管部门进行了审查批复，建交局应依约支付报酬，但其至今未予支付，因此，西态公司主张由建交局支付报酬 376,000 元的请求，予以支持。关于西态公司主张的违约金是否应予支持的问题。合同约定报告完成后经相应水行政主管部门审查,并取得批复后,建交局在1个月内向西态公司支付全部费用,若建交局未能按时支付酬金,则每延迟一天应支付未支付部分1‰的违约金。结合西态公司提供的证据及双方当庭陈述,2017年8月7日,固原市水务局作出了基本同意该水土保持方案的审查批复,故根据合同约定,建交局应于2017年8月7日之后1个月内支付报酬,但其未予履行,应承担相应违约责任。西态公司主张由建交局承担违约金的请求应予支持。但违约金的起算时间按合同约定应以2017年9月8日起算。关于违约金计算标准的问题。《最高人民法院关于适用〈中华人民共和国合同法〉若干问题的解释(二)》[①]第29条第1款规定:当事人主张约定的违约金过高请求予以适当减少的,人民法院应当以实际损失为基础,兼顾合同的履行情况,当事人的过错程度以及预期利益等综合因素,根据公平原则和诚实信用原则予以衡量,并作出裁决。庭审中,建交局表示约定的违约金过高,故依据前述法律规定,结合双方履行合同情况,对违约金计算标准应依中国人民银行同期同类贷款利率计算较为公平合理。关于建交局抗辩称其未支付服务报酬的原因系政策调整的不可抗力行为,其不应承担违约金,但其提供的证据并不能证明该上述事实成立,对该抗辩意见不予采纳。关于建交局提出由西态公司提供376,000元增值税发票的意见,该意见符合法律规定,且西态公司亦同意提供,故对建交局的上述意见,予以采纳。

综上所述,西态公司部分诉讼请求成立,予以支持。

一审结果

2019年3月13日,一审法院作出民事判决:一、由被告建交局于本判决生效之日起10日内向原告西态公司支付技术服务报酬376,000元,并按中国人民银行同期同类贷款利率计算支付自2017年9月8日至给付之日利息;二、由原告西态公司在被告建交局付款时提供376,000元的增值税发票;三、驳回原告西态公司其他诉讼请求。

建交局不服一审判决,向宁夏回族自治区高级人民法院(以下简称宁夏高院)提出上诉。

二审意见

宁夏高院认为,根据当事人的诉辩主张,本案二审涉及的焦点:建交局是否

---

① 现已失效。

应当承担延期付款违约金。案涉合同系双方当事人真实意思表示,且不违反法律及行政法规的强制性规定,合法有效。该有效合同应对双方当事人均具有法律约束力,西态公司现已如期履行了自己的合同义务,并由相应的行政主管部门进行了审查批复,建交局应依约支付报酬。建交局上诉称其未支付服务报酬的原因系政策调整的不可抗力行为,其不应承担违约金,但其提供的证据并不能证明该上述事实成立,不予支持。

二审结果

2019 年 7 月 4 日,宁夏高院作出民事判决:驳回上诉,维持原判。

案例评析

案涉双方签订的合同系双方当事人真实意思表示,且不违反法律及行政法规的强制性规定,合同合法有效。且西态公司已如期履行了自己的合同义务,建交局享有的合同权益已经实现,财政拨款未到位及政策调整导致项目无法继续实施仅是影响支付进度的客观原因,而非根本上导致合同不能履行的不可抗力事由,因此,建交局应根据合同约定向西态公司支付违约金。

案涉合同明确约定报告完成后经相应水行政主管部门审查并取得批复后,建交局在 1 个月内向西态公司支付全部费用,故,违约金支付的时间应在相应水行政主管部门审查并取得批复后 1 个月开始计算。关于建交局提出约定的违约金过高问题,根据《最高人民法院关于适用〈中华人民共和国合同法〉若干问题的解释(二)》[①]第 29 条第 1 款规定,当事人主张约定的违约金过高请求予以适当减少的,人民法院应当以实际损失为基础,兼顾合同的履行情况,当事人的过错程度以及预期利益等综合因素,根据公平原则和诚实信用原则予以衡量,并作出裁决。综合本案,当事人双方对项目无法继续实施均无过错,西态公司已按合同约定履行全部合同义务,根据公平原则,建交局应在西态公司实际损失范围内支付其相应的违约金。

不可抗力是指不能预见、不能避免并不能克服的客观情况。无论基于法律规定还是合同约定,均应符合当事人在签订合同时不能预见、不能避免并且不能克服的客观要件。本案中当事人双方并未将政策调整约定为不可抗力范畴,且

---

① 现已失效。

财政部出台的管理政策只是对 PPP 项目实施作出了调整性的管理规定,仅对项目是否可以继续采用 PPP 模式产生影响,并不会从根本上导致项目不能实施,且这种影响不是不能克服,因此该政策的调整不属于不可抗力事件,建交局未支付服务费原因系政策调整的不可抗力抗辩不能成立。

案例 49　是否存在不再适用原 PPP 模式结算方式问题

相关问题

1. 原告请求支付补偿款是否属于重复起诉；

2. 工作备忘录的性质如何认定；

3. 案涉合同解除后，被告还应否按照《PPP 项目合同》约定支付原告补偿款，若应支付补偿款，补偿款的标准如何确定；

4. 被告应否支付原告超期养护费。

裁判要点摘选

政府方与投资方解除《PPP 项目合同》后仅对项目建设投资即案涉工程款的支付标准及方式达成合意，不能认定双方已就解除《PPP 项目合同》达成结算。

基本案情

原告：彭金公司

被告：M 市某区住房和城乡规划建设局

M 市某区住房和城乡规划建设局（以下简称住建局）发布迎宾大道六条道路城市品质提升 PPP 建设项目公告，载明：迎宾大道等六条道路城市品质提升 PPP 项目已由区发展和改革局批准建设……采取国内公开招商（招标）方式确定投资人。2016 年 1 月 27 日，住建局向雷设公司发出中标通知书。

2016 年 2 月 3 日，住建局作为甲方与作为乙方的雷设公司和川景公司签订《迎宾大道等六条道路城市品质提升 PPP 项目投资建设协议》（以下简称《投资协议》),主要约定:1. 项目概况:……(4)合作年限:11 年,不含项目建设期;(5)投资年回报率:7.8%;(6)项目工程建设投资按财政部门评审价格下浮 5.5%,最终以区审计局审计结果为准;2. 甲方确定城建公司与乙方共同组建项目公司。项目公司作为本项目建设、运营、管理的主体。……该合同签订后,双方按约组建了项目公司即彭金公司。

2016 年 4 月 16 日,住建局(甲方)与彭金公司(乙方)签订《迎宾大道等六条道路城市品质提升 PPP 项目合同》(以下简称《PPP 项目合同》)。该合同约定:区政府决定采用政府和社会资本合作模式即 PPP 模式实施"迎宾大道"等六条道路城市品质提升建设(PPP)项目;乙方负责本项目的融资,确保项目资金及时到位,独立进行项目财务核算和资金管理使用,合作期内项目设施的运营维护权归乙方,使用权和所有权归甲方。合同第 25 条,本项目采取政府付费机制,由甲方直接付费购买公共服务,政府根据项目的可用性和道路技术状况评定标准及城市道路经绿化养护管理等级标准评定结果进行费用支付(已包含项目建设成本、运营维护费及年投资回报);第 26 条服务费的结算与支付 28.1 项目建设成本:项目建设投资按照财政部门最终评审价下浮 5.5% 执行,最终以区审计局审计结果为准;28.2 投资所回报率:7.8%;28.4 运营维护费:以工程竣工验收支付的项目内容(道路、绿化、照明、附属设施、道路排水等)经甲方报请政府审定,确需由乙方负责运营维护的项目内容参照眉山市委托第三方管护的标准和区财政局支付区市政园林局管护标准综合考虑确定。28.7 每条道路审计结算完毕后,项目建设直接投资在合作所限内按分十一期同比例等额付款的原则支付乙方,第一次支付款时间为工程竣工验收合作交付使用之日起 1 年到期后 30 日内,并计付相应投资回报及运营费用,今后每年度支付费用以此类推。45.2 因本合同第 44.1、44.3 条规定以及政治不可抗力致使本合同提前终止的,甲方应当对乙方进行补偿。补偿原则:补偿以确保乙方不会因为提前终止而受损,即乙方获得的补偿等于假设项目按本合同规定的期限继续实施的情形下能够收回投资成本及中标的合理收益部分……

此后,彭金公司进场,按约进行了锦绣大道、滨江花堤、李密大道、前程大道、滨江路南段、迎宾大道六条道路的施工,其中,锦绣大道、滨江路南段、前程大道、李密大道于 2017 年 6 月经竣工验收合格,滨江花堤于 2017 年 8 月经竣工验收合格,迎宾大道于 2019 年 1 月 16 日经竣工验收合格。

区财政局关于迎宾大道等六条道路城市品质提升PPP项目入库的情况说明，载明……纳入发改全省基础设施PPP项目库“迎宾大道等六条道路城市品质提升PPP项目”的相关资料已上报省财政厅申请入库。经省财政厅PPP中心审核，不予入库。案涉项目未通过国家重大建设项目库的审核。2018年4月，住建局通知彭金公司，因政策变化不能按PPP模式继续履行合同，双方需解除PPP合同。2018年4月19日，在住建局办公室双方人员经协商形成《工作备忘录》，载明：(1)双方同意解除迎宾大道等六条道路城市品质升建设(PPP)项目合同。(2)时间节点：未完工程(迎宾大道)在2018年5月30日前全面完工；已竣工验收的工程(李密大道、锦绣大道、滨江大路南段)以竣工验收报告时间为准；滨江花堤、前程大道两条道路竣工时间以法院判决书判定的时间(2016年11月底)为准。(3)资料问题：已竣工验收项目有2018年4月28日前将送审资料送业主(住建局)审核。(4)工程款支付，已竣工验收项目按财评价下浮5.5%后支付至70%(付款时扣除法院判决时已支付款项)，审计确认后支付至审计确认价的97%，质保期满后支付剩余3%部分，未完工程(迎宾大道)按财评价下浮5.5%后支付至40%，竣工验收后支付至70%，审计确认后支付至审计确认价的97%，质保期满后支付剩余3%部分。(5)资金利息，未达成一致，另行协商。(6)关于养护费(或管护费)未达成一致，另行协商。

彭金公司因案涉工程曾两次另案提起诉讼，要求支付阶段性应付的投资款及投资回报(利息)、延期养护费用。第一次诉讼案件，法院于2018年1月30日作出(2018)川××××民初318号民事判决(以下简称318号案判决)，判决住建局支付彭金公司修建前程大道、滨江花堤首期运营费用及投资回报，其中投资金额274.938万元，投资回报235.897万元，合计510.84万元。318号案判决生效后，住建局向彭金公司支付了510.84万元。第二次诉讼案件，法院于2018年10月17日作出(2018)川××民初64号民事判决(以下简称64号案判决)，判决住建局支付彭金公司本次应付工程款5327.62万元及利息435.4797万元，支付养护费577,059.17元。2019年10月11日、12月18日，经中坤公司分别审核，锦绣大道、滨江花堤、李密大道、前程大道、滨江路南段5条道路景观及绿化工程结算审核核定金额为48,059,604.16元；迎宾大道绿化景观(含土建)审核核定金额为35,249,923元，共计83,309,527.16元。住建局已经支付工程款、生效判决确定的投资回报(利息)共计80,898,560.17元，其中2018年2月9日支付工程款2,749,400元、投资回报款2,359,000元,2018年11月20日支付工程款53,276,200元、利息4,354,797元、养护费577,059.17元,2019年5月1日支付工程款8,183,900元,2019年12月24日支付工程款9,398,204元。

案件审理中,彭金公司主张其为履行《PPP项目合同》对外融资9000万元,截至2020年5月,彭金公司已经归还此9000万元贷款利息16,462,397.85元。彭金公司还提交了其分别于2016年12月8日和2017年1月20日与银行签订的借款合同各一份以及其此后其分期偿还贷款利息和部分贷款本金的交易明细,以此主张该9000万元产生的利息系住建局改变PPP项目模式给彭金公司造成的损失。

2020年4月20日,彭金公司起诉住建局(案由为建设工程施工合同纠纷),请求:(1)判令住建局立即向其支付补偿款3227.51万元、财评外养护费200.19万元;(2)承担本案诉讼费。

彭金公司主要诉讼意见:补偿款3227.51万元为按合同约定应得的11年投资回报3898.89万元减去已支付的投资回报671.38万元;财政评审外养护费是以64号案判决养护费日期后即2018年9月21日至2019年7月18日移交时的超期养护费,标准参照64号案判决标准。

住建局主要诉讼意见:(1)《工作备忘录》的性质为双方解除《PPP项目合同》的结算协议。彭金公司在《工作备忘录》中除对利息及养护费保留意见外,双方对项目所有工程款项达成一致结算意见,而利息及养护费问题,64号案判决进行了处理,住建局也已经支付。(2)《工作备忘录》也是双方同意对PPP项目变更为一般工程项目的变更协议。彭金公司没有因投资而受损,彭金公司已经获取收益与按照一般工程项目施工能获取的收益一致,且无须再根据PPP模式进行后期运营,也无须政府根据公共服务绩效评价结果进行支付。(3)《PPP项目合同》补偿条款性质为发生合同强制终止后的结算条款,双方已经同意将案涉项目转化为一般工程项目,并按照一般工程项目达成了结算协议,不再适用原PPP模式结算方式,彭金公司要求按照原PPP模式结算,没有事实依据。(4)彭金公司再次请求支付补偿款,实为重复诉讼。(5)彭金公司主张的补偿金额、超期养护费无构成说明、计算依据,无相应证据证明其损失或可得利益损失。

一审意见

一审法院认为,本案争议焦点:(1)本案是否属于重复起诉;(2)《工作备忘录》的性质问题;(3)案涉合同解除后,住建局还应否按照《PPP 项目合同》约定支付彭金公司补偿款,若应支付补偿款,补偿款的标准如何确定;(4)64 号案判决住建局支付彭金公司相应超期养护费后至六条大道绿化植物移交期间彭金公司是否存在超期养护,住建局应否支付彭金公司超期养护费。

关于争议焦点一。住建局抗辩彭金公司请求支付补偿款,实质与 64 号案判决的当事人相同、诉讼标的相同、诉讼请求相同,为重复诉讼。在 64 号案中,彭金公司主张住建局支付已竣工验收的五条道路按财评价下浮 5.5% 后的 70% 的工程款及迎宾大道按财评价下浮 5.5 后的 40% 的工程款、计算至 2018 年 6 月 30 日的工程款利息、合同期内养护截至日期后至 2018 年 9 月 20 日的超期养护费用 577,059.17 元。本案中,彭金公司主张的是案涉 PPP 合同解除后的补偿款以及 64 号案判决养护费日期后到移交时的超期养护费。两案诉讼主体虽然相同,但法律事实及诉讼请求不同,且不能相互涵盖,本案不属于重复诉讼。住建局的该项辩解意见不能成立,不予采纳。

关于争议焦点二。住建局抗辩《PPP 项目合同》补偿条款性质为发生合同强制终止后的结算条款,工作备忘录的性质是双方解除《PPP 项目合同》的结算协议。双方已经同意将案涉项目转化为一般工程项目,并按照一般工程项目达成了结算协议,不再适用原 PPP 模式结算方式。根据双方签订《PPP 项目合同》第十一章付费机制的约定,住建局支付的费用包含项目建设成本、运营维护费与年投资汇报。结合工作备忘录第 4 项、第 5 项、第 6 项内容,可见双方解除《PPP 项目合同》后仅对项目建设投资即案涉工程款的支付标准及方式达成合意,不能认定双方已就解除《PPP 项目合同》达成结算。住建局的该项辩解意见不能成立,不予采纳。

关于争议焦点三。根据审理查明事实,《PPP 项目合同》解除原因系由于案涉 PPP 项目没有入财政部门项目库。财政部《关于规范政府和社会资本合作(PPP)综合信息平台运行的通知》及其附件《政府和社会资本合作(PPP)综合信息平台运行规程》(2016 年 1 月 1 日起实施)第 19 条均规定:未纳入综合信息平台项目库的项目,不得列入各地 PPP 项目目录,原则上不得通过财政预算安排支出责任。再根据《国务院关于加强地方政府性债务管理的意见》(国发〔2014〕43 号)第 3 条第 3 项,将政府与社会资本合作项目中的财政补贴等支出按性质纳入相应政府预算管理。一旦项目未能入财政部项目库,政府付费以及可行性缺口补助类项目的项目回报机制将不具有可行性,进而导致项目无法实施。住建局在案涉 PPP 项目并未纳入财政部项目库的情况下,即进行公开招投标,进而与彭金公司签订《PPP 项目合同》,案涉 PPP 项目最终由于没有入财政部门项目库无法继续实施,导致《PPP 项目合同》解除,彭金公司存在过错。但根据案涉 PPP 合同解除的原因,并不属于双方合同约定的政治不可抗力的范畴,彭金公司据此主张适用合同约定的补偿原则不能成立。

根据法律规定,合同解除不影响当事人要求赔偿损失的权利。彭金公司主张住建局补偿其 11 年的投资回报,该投资回报实质为住建局 11 年分期支付 PPP 项目建设工程款的资金占用利息损失。双方对于彭金公司就案涉 PPP 项目建设投资为 83,309,527.16 元以及付款方式并无异议。在继续履行 PPP 项目的情况下,彭金公司投入的 83,309,527.16 元建设投资需分期经过 11 年方能收回,期间必然存在资金占用利息;但在合同解除的情况下,彭金公司截至 2019 年 12 月 24 日已经提前收回投资款 73,607,704 元,仅余 9,701,823 元(取整)未支付。相应地,对于彭金公司已经提前收回的投资款,就不应当再继续支持其对应的资金占用利息损失。但对于住建局超期支付工程款期间的资金占用利息应当视为彭金公司因住建局违约造成的损失,其标准亦应按照年利率 7.8% 计算。具体计算如下:(1)彭金公司在 64 号案就应付金额 5327.62 万元的利息请求截止时间为 2018 年 9 月 30 日,住建局实际支付该款时间为 2018 年 11 月 20 日,该逾期 51 天的资金占用利息为 53,276,200 元 ×51 ×(0.078 ÷360) =588,702 元(取整)。(2)迎宾大道竣工验收时间为 2019 年 1 月 16 日,审计审定时间为 2019 年 12 月 18 日,根据双方工作备忘录关于"……竣工验收后支付至 70%,审计确认后支付至审计确认价的 97%,质保期满后支付剩余 3% 部分"的约定,住建局于 2019 年 1 月 16 日竣工验收后还应支付 4593.70 万元 ×94.5% ×30% =1302.31 万元,截至 2019 年 5 月 1 日住建局付款 8,183,900 元的资金占用利息为 1302.31 万元 ×104 天 ×(0.078 ÷360) =293,454 元(取整)。2019 年 5 月 1 日至 2019 年 12 月 18 日的资金占用利息损失为(1302.31 万元 -8,183,900 元) ×232 天 ×(0.078 ÷360) =243,250 元(取整)。2019 年 12 月 18 日审计审定后,住建局应付款为 3524.99 万元 ×97% =3419.24 万元 -已付 1736.42 万元 =1682.82 万元。住建局于 2019 年 12 月 24 日付款 9,398,204 元。该逾期 5 天的资金占用利息为 1682.82 万元 ×5 天 ×(0.078 ÷360) =18,230 元(取整)。自

2019 年 12 月 24 日起，住建局未付款为 83，309，527.16 元 －2，749，400 元 －53，276，200 元 －8，183，900 元 －9，398，204 元 =9，701，823 元，应以该欠付款项为基数，从 2019 年 12 月 24 日起，按年利率 7.8% 为标准计算资金占用利息至本金付清之日止。

关于争议焦点四。彭金公司主张参照 64 号案判决标准计算 2018 年 9 月 21 日至 2019 年 7 月 18 日的超期养护费 2，001，900 元。64 号案判决的577，059.17元计算至 2018 年 9 月 21 日，住建局所提交的六条大道绿化植物移交书，证明案涉六条大道的绿化于 2019 年 7 月 18 日向区林业和园林中心移交。彭金公司虽然没有举证证明其实际产生的养护费用，但其主张的 2，001，900 元超期养护费已在按照生效文书所确定的养护标准、超期养护天数计算养护费的基础上减少近一半请求。综合考虑案涉六条大道的绿化截至移交前近 10 个月的时间内客观上存在养护需要，根据生效文书也能够推定每条大道绿化日养护金额，故对彭金公司的该诉讼请求予以支持。

一审结果

2020 年 11 月 6 日，一审法院作出民事判决：一、住建局于本判决生效后 10 日内向彭金公司支付 1，143，636 元工程款资金占用利息，以及以欠付工程款 9，701，823 元为基数，从 2019 年 12 月 24 日起按年利率 7.8% 为标准计算至本金付清之日止的工程款资金占用利息；二、住建局于本判决生效后 10 日内向彭金公司支付超期养护费 2，001，900 元；三、驳回彭金公司的其他诉讼请求。

（编者注：未发现该案有二审、再审程序）

案例评析

1. 彭金公司第一次的诉讼请求主张住建局支付已竣工验收的五条道路按财评价下浮 5.5% 后的 70% 的工程款，迎宾大道按财评价下浮 5.5 后的 40% 的工程款，计算至 2018 年 6 月 30 日的工程款利息，及合同期内养护截至日期后至 2018 年 9 月 20 日的超期养护费用 577，059.17 元。本案中，彭金公司主张的是案涉 PPP 合同解除后的补偿款以及 64 号案判决养护费日期后到移交时的超期养护费。两案诉讼主体虽然相同，但法律事实及诉讼请求不同，且不能相互涵盖，不属于重复诉讼。

2.《工作备忘录》内容仅表明原、被告就解除《PPP 项目合同》及合同解除后对项目建设投资,即案涉工程款的支付标准及方式达成了新的权利义务条款,原告、被告双方仅在此范围接受新的协议条款的约束。由于原、被告在解除合同的合意中未就附带产生的赔偿损失问题作出约定,不能当然视为当事人放弃对赔偿损失主张权利。虽然双方签订了工作备忘录,但对于《PPP 项目合同》解除后的利息条款、运营费用条款以及合同解除后的补偿标准等没有达成合意,未达成合意的部分属于原合同的结算和清理条款,仍需根据相应的法律、法规进行责任的认定和承担,故不能认定双方已就解除《PPP 项目合同》达成结算。

3. 案涉《PPP 项目合同》系原告、被告双方协议解除,政府方所称的政策原因是否属于《PPP 项目合同》约定的政治不可抗力问题,需结合《PPP 项目合同》《项目实施方案》中风险识别与分配的约定,进行具体认定,从而决定是否适用《PPP 项目合同》的约定解除及解除后的补偿条款。原告、被告双方达成的工作备忘录中未明确合同解除后的赔偿责任,但并不影响彭金公司就本项目造成的损失主张赔偿责任,因本案项目未纳入财政部项目库的直接责任原因尚未明确,应根据原告、被告双方解除《PPP 项目合同》的具体原因及双方的过错程度,确定是否按照《PPP 项目合同》约定支付补偿款。

4. 合同解除后的损失赔偿原则一般为过错责任原则和实际损失原则。综合本案情况,需根据超期养护费产生的原因,具体厘清原告、被告双方在超期移交过程中的过错责任,并结合彭金公司实际产生的损失综合判断。

案例50　项目土地未办理征收征用手续被调整为基本农田导致的赔偿纠纷

相关问题

1. 特许经营协议的解除原因及责任认定；
2. 原告前期投入费用明细及数额的认定；
3. 原告主张的经营期内纯收益损失应否支持。

典型意义

政府特许经营协议签订后，因政府方原因并未取得项目建设用地，导致项目无法实施，具有一定的典型性。此外，关于特许经营项目因政府方原因导致无法实施情况下，被许可特许经营一方的实际损失如何认定，对其经营期内纯收益损失主张应否支持，本案的处理具有一定的参考性。

基本案情

原告：丰设公司

被告：广州市Z区人民政府某街道办事处

2015年10月14日，广州市Z区发展改革和物价局作出文件《广州市Z区发展改革和物价局关于体育公园项目建议书的批复》，原则同意《体育公园项目建议书》，同意体育公园项目立项，同意项目采用政府和社会资本合作（PPP）模式实施，特许经营项目业主为广州市Z区人民政府某街道办事处（以下简称街道办事处），项目计划总投资1451万元，资金来源为通过PPP模式筹措，项目计划于2015年11月动工、2016年10月竣工。

2016年,街道办事处委托一监理公司作出《体育公园项目特许经营"项目法人"(PPP模式)招标文件》,发布招标公告,通过公开招标方式选定体育公园的项目承包人;要求自该项目中标通知书发出之后,中标人成立项目公司与招标人签署特许经营协议,完成项目前期筹备工作,该项目达到招标人与项目公司共同确认的开工条件之日起30年(含建设期1年)为特许经营协议确定的建设期限。

2016年9月8日,广州市Z区国土资源和规划局向街道办事处作出《Z区国土规划局关于申请体育公园项目选址意见的复函》,载明对街道办事处报送的体育公园项目选址无意见。

2017年1月20日,招标人即街道办事处委托广州公共资源交易中心作出《中标通知书》,确定由丰设公司为体育公园项目特许经营"项目法人"(PPP)模式的中标单位,承包内容为招标文件所规定的发包内容,中标价为1740.777万元。

2017年6月8日,街道办事处(甲方)与丰设公司(乙方)签订《体育公园项目特许经营协议》(以下简称《经营协议》),内容如下:甲方利用一闲置地块,建设体育公园项目。经甲、乙双方友好协商,签订本项目特许经营协议。项目概况:(1)体育公园项目位置(略)。(2)本项目地块为政府闲置用地,但现状仍有农作物未清理。(3)项目采用政府和社会资本合作(PPP)模式实施,乙方投入资金1740.777万元建设体育公园项目。(4)乙方对该项目进行设计,设计方案须经甲方认可后方可进行建设。项目建成后,甲方同意全权交由乙方运营和管理,在保证全民健身的前提条件下乙方可对外运营。项目用途:(1)体育公园项目必须在甲、乙双方约定的使用功能范围内使用,如须改变需甲、乙双方书面同意。(2)甲方应协助乙方向规划、工商、体育、环保、水电等管理部门办理运营所需一切手续。协议终止时,乙方须配合甲方根据需要办理变更登记手续。特许经营期限:(1)特许经营期为30年,自2017年6月9日至2047年6月8日(含建设期1年)。(2)乙方应确保项目于2018年5月9日前完成建设并经甲方及相关管理部门依法验收合格,并最迟于2018年6月9日对公众开放运营。(3)特许经营期满,乙方将项目经营权(含项目内所有固定资产及设备设施等财产)无偿移交给甲方,特许经营期间产生的相关债权债务由乙方自行承担。相关费用:(1)在签订本协议后2个月内,乙方需支付180万元给甲方,作为该地块的前期整合费用,协议期内乙方再无须向甲方支付其他费用。(2)协议期内,为保障乙方投资的合法权益,公园的运营收入归乙方所有。(3)协议期间,乙方自行承担项目建设费用、运营过程中所发生的运营管理成本、设备设施新增及维护成本、水电费等相关成本及费用。(4)水电等相关设施由乙方自行报装,自行缴费,甲方提供协助。项目场地的交付和收回。(1)甲方应于协议生效之日起5日内将项目场地交付乙方使用,按现状条件交付但应协助乙方清理地上青苗及附着物。乙方需在甲方交付土地并经规划部门许可后2周内按甲方认可的方案进场改造施工。(2)项目场地交付时,双方应办理书面交接手续。(3)乙方应在协议终止或解除之日起15日内完成项目债权债务清算并将项目场地(体育公园)及场地内所有固定资产及设备、设施全部无偿移交给甲方,移交时双方应办理移交手续。(4)项目具体移交范围、方式、程序及要求等未尽事宜,由双方结合届时需要具体协商确定。乙方应积极配合按期完成项目移交工作,否则甲方将自乙方延期移交之日起,按届时市场价向乙方收取场地及设备、设施使用费。(5)除甲方书面同意承继的权利义务外,项目移交前因乙方项目运营行为产生或存续的债权债务关系由乙方自行清算,与甲方无关。因乙方清算工作问题导致甲方损失的,由乙方赔偿。甲方的权利义务:(1)协议期内,甲方拥有体育公园的所有权。乙方对公园拥有独立的运营管理权和收益处分权。(2)协议期内,甲方相关职能部门有权依照相关法律法规对公园的使用状况以及安全性进行检查,并责令乙方对违法违规情况进行维护整改,并由乙方自行承担因此产生的费用及损失。有权对乙方运营的合法性以及是否按协议规定用途使用公园等情况监督检查。(3)甲方须按协议约定的期限将项目地块交付乙方使用。(4)甲方应协助乙方办理运营所需手续,并提供必须由甲方提供的相应的办证资料,否则应承担相应责任。(5)在协议期限尚未届满前,除不可抗力,上级政府部门政策调整等客观原因,若甲方提前终止与乙方的合作关系,或减少公园面积的,甲方应承担由此给乙方造成的实际损失,乙方应凭具备公信力或甲方认可的损失证明材料索赔,如双方无法就损失赔偿金额达成一致意见,则双方同意提交具备法定资质的第三方鉴定机构进行鉴定,并以相应鉴定意见作为赔偿依据。(6)甲方负责解决土地权属纠纷并承担相应的责任,如因此给乙方造成损失,则甲方予以赔偿。乙方的权利义务:(1)乙方于本合同签署后60天内组建专业项目公司对本项目进行建设和经营。项目公司成立后,乙方将其在本协议中的权利、义务全部由项目公司享有和承担,对此甲方予以认可,并协助配合办理有关协议权利义务转让的手续。项目公司为独立法人,享有协议所约定的乙方的权利,承担协议所约定的乙方的义务。(2)乙方自行承担项目建设及运营期间产生的相关审批、办证费用,并按协议约定期限完成项目建设,确保项目按期对外开放。协议的变更和终止:(1)甲、乙双方不得因股权变更、所有制调整、人事变动或其他人为原因,影响协议的正常履行或终止协议,否则应承担违约责任,并赔偿对方由此造成的一切损失。双方经协商一致,可以变更协议,变更协议时须签订书面协议,变更协议与本协议具有同等法律效力。(2)双方经协商一致,可以提前解除协议。解除协议时须签订书面协议,解除协议签订后,本协议随即终止生效。(3)有下列情形之一的甲方可以单方解除本协议,并不承担任何责任,乙方应向甲方承担违约责任:①非甲方原因导致项目延期完成建设或延期对外开放超过90天的;②乙方无理由连续3个月拖欠水电相关费用的;③未经甲方书面同意,乙方擅自改变公园用途导致本协议实际不能履行的;④乙方违反协议约定,不承担维修保养责任致使公园严重损害从而导致本协议实际不能履行的;⑤乙方利用公园从事非法活动的;⑥乙方未经甲方书面同意,将项目经营权擅自转让或实际转让给其他第三方的,但乙方组建的项目公司除外。(4)有下列情形之一,乙方可以单方解除协议,并不承担任何责任,甲方应向乙方承担违约责任:①协议期限届满之前,甲方违约或提前终止协议(甲方上级政府规划变更或征收征用导致的协议提前终止的除外);②甲方迟延交付项目地块3个月以上,或因甲方原因致使乙方无法办理建设或经营手续的;③甲方无故干涉乙方独立运营并影响到乙方无法继续经营的;④经甲方向相关部门申请,不能按协议约定提供水电、信息网络接口、电话线路等基本必须保障的。(5)甲、乙双方依照上述规定解除协议的应书面通知对方,协议自书面通知送达对方时解除。(6)协议解除后,尚未履行的,终止履行。协议解除并不免除违约的赔偿责任,有过错的一方应赔付无过错一方的一切经济损失(包括但不限于可得利益的损失)。(7)有下列情形之一的,本协议的权利义务终止,乙方应按本协议约定及甲方要求完成项目清算工作并将项目经营权及相关固定资产和设备设施移交甲方:①协议期满;②协议解除。(8)协议的权利义务终止,不影响协议中清算条款、公园移交条款以及争议解决条款的法律效力。(9)协议权利义务终止后,双方均应遵守诚实信用原则,履行通知、协助结算清理、移交及保守对方商业秘密等义务。违约责任:(1)甲方不按协议约定时间提供项目场地给乙方使用的,或中途改变合作意向减少乙方使用场地范围的,甲方应赔偿由此造成乙方相应损失。(2)甲方无正当理由严重干涉乙方正常运营活动并造成乙方经济损失的,甲方应赔偿乙方相应损失。(3)由于乙方违约造成协议解除的,甲方可要求乙方支付违约金(或滞纳金)、赔偿经济损失。(4)如甲方违约造成协议解除的,乙方可要求甲方支付违约金,并赔偿乙方相应损失。协议效力:协议期间,公园发生所有权变动时,不影响本协议的效力。其他:(1)协议期间因政府征收土地因素,造成合作项目终止的,乙方应服从当地政府的安排,同时享有合理的补偿。(2)如Z区整体规划有变,此公园需重新开发或改造的,在同等条件下,乙方享有优先权。(3)因不可抗力导致甲、乙双方或一方不能履行或不能完全履行本协议相关义务时,双方互不承担违约责任,但需在不可抗力发生15个工作日内将情况书面告知对方,并提供相关证明。(4)协议所表述的不可抗力是指战争、地震、水灾及其他自然灾害和政府政策调整及政府行为,包括不能预见并且对其发生和后果不能防止、避免或克服的其他客观事件。(5)任何一方因对方违约行为未实现本协议目的,需通过诉讼程序追究对方违约责任的,违约方应赔偿守约方因诉讼而支出的一切费用,包括诉讼费、律师费、评估费等。

2017年5月2日,丰设公司作为发包方与承包方平大公司签订《工程施工总承包合同》,约定:丰设公司将体育公园项目的现有改造工程中的钢结构工程施工任务发包给平大公司,采取议标议价的一次性定价大包干方式确定工程包干总造价为13,009,600元,并约定合同签订1周内付1,300,960元备料款,钢柱与钢梁安装完成1周内付2,601,920元,檩条及屋面板完成一周内付5,203,840元,验收后一周内付至合同价的95%即3,252,400元,余5%的保修金650,480元满保修期1年后的1个月内支付。

2017年5月10日,丰设公司作为发包单位与承包单位利电公司签订《桩基础工程分包合同》,约定:丰设公司同意将体育公园项目基础工程委托利电公司施工。签订合同,利电公司组织桩机进场,丰设公司预付工程款29万元;打桩及钻孔在每个单体完成时,支付80%打桩工程款,待各个单体检测合格后,支付各单体余下打桩工程款。

2018年4月23日,丰设公司通过董某某向利电公司转账29万元。利电公司出具《说明》确认收到预付款29万元,且称已花费完毕。

2018 年 5 月 8 日，丰设公司通过董某某向平大公司转账 1,300,960 元。平大公司出具《说明》确认收到预付款 1,300,960 元，且称已经花费完毕。

2018 年 10 月 18 日，街道办事处向丰设公司发出《解除〈经营协议〉的通知》，载明：因丰设公司没能依约支付 180 万元款项，同时因土地利用总体规划调整导致建设用地无法交付使用，该协议无法继续履行，故解除双方签订的特许经营协议，双方依照约定和相关规定协商处理后续事宜。

2018 年 6 月 15 日，丰设公司为终止《经营协议》补偿提供价格参考依据，委托广盟事务所对《经营协议》前期投入费用损失以及特许经营期内经营纯收益损失进行评估。广盟事务所于 2018 年 11 月 26 日作出《关于终止〈经营协议〉产生的损失价格评估结论书》，其中标的概况内容如下："现场勘查时，该项目土地已做好三通一平，但由于尚未交付，因此还没有开始施工建设，土地上曾设摊销售当地农产品，周边有围墙围蔽。项目土地处于 Z 区 ×× 街道较中心位置，周边交通方便，配套设施完备。经我们对有关资料进行整理分析，确定由于终止《经营协议》造成丰设公司经济损失包括：前期投入费用经济损失和项目经营期内预期纯收益损失两大部分。（一）前期投入费用损失的评估 1. 前提投入费用内容的确定经调查，丰设公司前期投入的费用主要为投标的相关费用，包括报名费、招标文件费、图纸设计费、项目可行性研究费、评标费和中标服务费等。2. 前期投入费用的计算由于委托方未能提供前期投入的费用支出发票等相关凭证，因此，按同行业招投标前期投入的平均水平核定其费用支出。经调查，根据投资建设行业在投标过程中费用支出占招标投资额的 3% 水平，按街道办事处与丰设公司签订的《经营协议》上注明的投资总额 1740.777 万元计算前期投入费用：前期投入费用 = 投资总额 × 3% = 17,407,770 元 × 3% = 522,233 元（四舍五入至元位）。（二）特许经营期内体育公园经营纯收益损失的评估一般情况下，经营利润是指经营主体通过出租体育场地，从而获得经营收入，在扣除经营成本和上缴国家税费后，所取得的净额。其数学表达形式为：经营利润 = 营业收入 − 经营成本 − 应缴税金，根据《经营协议》，体育公园应于 2018 年 6 月 9 日开放运营，运营时间至 2047 年 6 月 8 日，共计 29 个年度，因此以 2018 年度开始计算收入、成本、税金及利润。1. 体育公园 2018 年度至 2046 年度营业收入的评估：（1）关于体育公园经营场地的确定根据双方签订的《经营协议》，可供出租的体育场地由七人制人造草地足球场 2 片、五人制人造草地足球场 2 片、标准篮球场 2 片、标准网球场2片、标准羽毛球场10片。……(5)体育公园经营场地2018年度收入的计算根据以上经营场地的数量、小时数、满租率和单价,按以下公式计算经营场地年收入:经营场地2018年度收入=∑(各场地数量×各时段小时数×满租率×单价)=3,537,720元。(6)体育公园经营场地2019年度至2046年度收入的计算经研究和分析,经营场地的场租收入会随着经济环境有所上升,现根据近3年广州市平均物价上涨指数,确定收入上升指数为2.23%。根据以上2018年度的收入和上升指数,按以下公式计算2019年度至2046年度营业收入:2019年度至2046年度营业收入=∑[上年度营业收入×(1+2.3%)]=1.42亿元。2.体育公园2018年度至2046年度经营成本的核算经分析,体育公园经营成本主要为管理费用。(1)体育公园经营成本的评估体育公园经营成本包括市场经营期间所需支付的人工工资、水电费、清洁费、固定资产折旧和日常维护费。……3.体育公园2018年度至2046年度经营利润的计算根据以上场租收入、经营成本、应缴营业税和应缴企业所得税,按以下公式计算出体育公园2018年度至2046年度的经营利润:体育公园2018年度至2046年度经营利润=∑(营业收入-经营成本-应交营业税-企业所得税)。4.2019年度至2047年度预期经营收益损失评估……(三)终止《经营协议》产生的总损失的计算根据以上前期投入费用和特许经营期内经营纯收益损失,按以下公式计算终止《经营协议》产生的总损失:总损失=前期投入费用+特许经营期内经营纯收益损失=522,233元+8,195,910元=8,718,143元。(八)价格评估结论终止《经营协议》产生的损失总值为8,718,143元。其中前期投入费用损失为522,233元;经营期内纯收益损失为8,195,910元。”

2018年12月29日,丰设公司起诉街道办事处(案由为合同纠纷),请求:(1)解除原告、被告双方订立的《经营协议》;(2)被告赔偿原告经济损失10,359,103元;(3)被告承担本案诉讼费用。

丰设公司主要诉讼意见:被告违反《经营协议》的明确约定一再推迟交付场地的时间,虽经原告多次催促,被告一直未将项目土地移交给原告进行施工,给原告造成了重大损失。

街道办事处主要诉讼意见:项目损失、赔偿金额由法院认定。

原告主张其实际发生的损失包括前期投入费用522,233元(无票据),评估费5万元(有发票)、向平大公司支付的预付款1,300,960元(个人账户支出交易明细)、向利电公司支付的29万元(个人账户支出交易明细)。被告对有提供相应票据凭证的支出,予以确认。一审庭审中,被告陈述由于招标时间太长,在与原告签订《经营协议》前两三个月,案涉土地因没有办理征收征用手续已被调整为基本农田。故在签订协议后,无法将土地交付给原告。原告主张案涉《经营协议》解除时间为被告发出《解除〈经营协议〉的通知》之日。

一审意见

一审法院认为,原、被告双方对解除《经营协议》无异议,根据《合同法》第94条第2项规定,确认双方订立的《经营协议》于2018年10月18日宣告解除。而原告主张被告未依照经营协议约定交付土地进行项目建设,合同目的不能实现,构成根本违约;被告对于原告的主张不持异议,故案涉经营协议的解除原因在于被告违约。根据双方的诉辩意见及庭审陈述,本案争议的焦点为被告因违约应向原告赔偿的金额是多少。

首先,《合同法》第97条规定:"合同解除后,尚未履行的,终止履行;已经履行的,根据履行情况和合同性质,当事人可以要求恢复原状、采取其他补救措施,并有权要求赔偿损失。"本案中,双方确认案涉项目并未实际施工,故案涉经营协议解除后,尚未履行的条款应终止履行,原告诉请被告按经营协议约定赔偿经营期限内纯收益损失,于法无据,不予支持。其次,根据《合同法》第107条的规定,当事人一方不履行合同义务或者履行合同义务不符合约定的,应当承担继续履行、采取补救措施或者赔偿损失等违约责任。由于被告根本违约,原告主张其在中标案涉工程项目后进行了一系列的前期投入,包括招投标费用522,233元,委托广盟事务所的评估费5万元、向平大公司支付的预付款1,300,960元、向利电公司支付的29万元;被告对于原告有提供凭证的评估费5万元不持异议,对招投标费用、向分包方支付的预付款不予确认。对此,一审法院认为,原告诉请的评估费5万元有相应的评估报告及评估费发票予以佐证,被告对评估费用予以确认,对原告的该项诉请,予以支持;而对于招投标费用,根据广盟事务所作出《关于终止〈经营协议〉产生的损失价格评估结论书》所载:"由于委托方未能提供前期投入的费用支出发票等相关凭证,因此,按同行业招投标前期投入的平均水平核定其费用支出。经调查,根据投资建设行业在投标过程中费用支出占招标投资额的3%水平,按街道办事处与丰设公司签订的《经营协议》上注明的投资总额1740.777万元计算前期投入费用:前期投入费用=投资总额×3%=

17,407,770 元 ×3% =522,233 元”,该计算方法无其他证据佐证,不予采纳。原告提交向案外人潘某支付“体育公园设计费”38 万元的银行流水、案外人潘某开具的《收据》及体育公园设计图纸,形成证据链可证明设计费用有实际发生,对该笔设计费用 38 万元予以支持;此外,原告未提交其他证明前期投入实际支出的证据,故对于原告诉请前期投入的其他费用不予支持;至于向分包方支付的预付款,原告提供与分包方签订的分包合同以及向分包方预付款的凭证,可确定为原告实际投入的损失,故在被告未提交相反证据予以反驳的情况下,确认原告向分包方支付的预付款 1,590,960 元系其实际损失,被告应承担相应的赔偿责任。

至于原告主张的经营期内纯收益损失。根据《合同法》第 113 条第 1 款规定,当事人一方不履行合同义务或者履行合同义务不符合约定,给对方造成损失的,损失赔偿额应当相当于因违约所造成的损失,包括合同履行后可以获得的利益,但不得超过违反合同一方订立合同时预见到或者应当预见到的因违反合同可能造成的损失。原告委托广盟事务所作出评估,得出体育公园 2018 年度至 2046 年度经营利润 = ∑(营业收入 – 经营成本 – 应交营业税 – 企业所得税),却忽略了在经营期间有可能发生的变量如经营期间再装修、翻新的投入。原告主张经营期内纯收益损失,时间跨度大、变量多,仅根据《关于终止〈经营协议〉产生的损失价格评估结论书》主张 8,195,910 元的经营期内纯收益损失,理据不足,不予采信。

一审结果

2019 年 9 月 16 日,一审法院作出民事判决:一、原告丰设公司与被告街道办事处签订的《经营协议》于 2018 年 10 月 18 日解除;二、被告街道办事处在本判决发生法律效力之日起 10 日内向原告丰设公司赔偿损失 2,020,960 元;三、驳回原告丰设公司的其他诉讼请求。

(编者注:未发现该案有二审、再审程序)

案例评析

1. 关于特许经营协议的解除原因及责任认定问题

本案《经营协议》解除原因,系被告街道办事处未依照协议约定交付土地进行项目建设,致合同目的不能实现,构成根本违约。《经营协议》合法有效,故其中关于“甲方应于《经营协议》生效之日起 5 日内将项目场地交付乙方使用;如甲方迟延交付项目地块 3 个月以上,则乙方有权单方解除《经营协议》,协议解除后,尚未履行的,终止履行,有过错的一方应赔付无过错一方的一切经济损失(包括但不限于可得利益的损失)"等的约定应予履行,即被告不按协议约定时间提供项目场地给原告使用的,致使原告合同目的不能实现,原告有权依据《合同法》第 94 条行使法定解除权,同时,由于原告没有任何过错,被告作为过错方,应赔偿由此造成原告的相应损失。

2. 关于原告前期投入费用明细及数额的认定问题

首先,《合同法》第 97 条规定:"合同解除后,尚未履行的,终止履行;已经履行的,根据履行情况和合同性质,当事人可以要求恢复原状、采取其他补救措施,并有权要求赔偿损失。"本案中,双方确认案涉项目并未实际施工,故《经营协议》解除后,尚未履行的条款应终止履行,原告诉请被告按经营协议约定赔偿经营期限内纯收益损失,不应被支持。

其次,根据《合同法》第 107 条的规定,当事人一方不履行合同义务或者履行合同义务不符合约定的,应当承担继续履行、采取补救措施或者赔偿损失等违约责任。由于被告根本违约,原告主张其在中标案涉工程项目后进行了一系列的前期投入,包括招投标费用 522,233 元、评估费 50,000 元以及向利电公司支付的 290,000 元、向平大公司支付的预付款 1,300,960 元。其中,招投标费用 522,233 元,无计算方法,无其他证据佐证,评估费 50,000 元有相应的评估报告及评估费发票予以佐证,预付款 290,000 元和 1,300,960 元有分包合同以及向分包方预付款的凭证予以佐证,另原告提交向案外人潘某支付"体育公园设计费"380,000 元的银行流水、潘某开具的《收据》及体育公园设计图纸,形成了证据链,可证明设计费用有实际发生,故原告前期投入费用也即实际损失应为 2,020,960 元,被告应承担相应的赔偿责任。

3. 关于原告主张的经营期内纯收益损失应否支持问题

《合同法》第 113 条第 1 款规定,当事人一方不履行合同义务或者履行合同义务不符合约定,给对方造成损失的,损失赔偿额应当相当于因违约所造成的损失,包括合同履行后可以获得的利益,但不得超过违反合同一方订立合同时预见到或者应当预见到的因违反合同可能造成的损失。最高人民法院 2009 年发布的《关于当前形势下审理民商事合同纠纷案件若干问题的指导意见》明确将可得利益损失主要分为生产利润损失、经营利润损失和转售利润损失等类型。其中，承包经营、租赁经营合同以及提供服务或者劳务的合同中，因一方违约造成的可得利益损失，通常属于经营利润损失。上述指导意见明确，法院在审理认定可得利益损失金额时，应当综合运用可预见规则、减损规则、损益相抵规则以及过失相抵规则等，从非违约方主张的可得利益赔偿总额中扣除违约方不可预见的损失、非违约方不当扩大的损失、非违约方因违约获得的利益、非违约方亦有过失所造成的损失以及必要的交易成本。

关于举证责任的分配。《关于当前形势下审理民商事合同纠纷案件若干问题的指导意见》指出，违约方一般应当承担非违约方没有采取合理减损措施而导致损失扩大、非违约方因违约而获得利益以及非违约方亦有过失的举证责任；非违约方应当承担其遭受的可得利益损失总额、必要的交易成本的举证责任。对于可以预见的损失，既可以由非违约方举证，也可以由人民法院根据具体情况予以裁量。

基于可预见规则、减损规则、损益相抵规则三个规则，可得利益赔偿的损失的计算公式一般为可得利益损失赔偿额－可得利益损失总额－不可预见的损失－扩大的损失－受害方因违约获得的利益－必要的成本。原告委托评估得出体育公园2018年度至2046年度经营利润＝∑（营业收入－经营成本－应交营业税－企业所得税），却忽略了在经营期间有可能发生的变量如经营期间再装修、翻新的投入。原告主张经营期内纯收益损失，时间跨度大、变量多，仅根据《关于终止产生的损失价格评估结论书》主张8,195,910元的经营期内纯收益损失，理据不足。

案例51　政府以未征收集体土地运作项目的结果

相关问题

1.《枇杷公园建设协议书》是否具有法律效力；

2. 三次相关土地等的行政处罚与政府方是否有关、是否属于投资方损失；

3. 征收补偿协议及补充协议是否具有法律效力；

4. 如何认定导致项目无法实施的责任；

5. 投资方的损失主张如何处理。

裁判要点摘选

镇政府并非集体土地所有权人或合法的使用权人，亦非法定具有土地使用权出让资格的主体，且未提供证据证明该土地被征收，其与投资人就集体土地所签订的项目建设协议，因违反了法律强制性规定而无效。对于所实施的项目建设行为，镇政府应承担主要过错责任，投资人未审查土地性质，应承担次要责任。

基本案情

原告：升金公司

原告：园旅公司

被告：杭州市T镇人民政府

2011年6月11日，杭州市T镇人民政府（以下简称镇政府）召开2011年第三次镇政府工作例会，会议明确了由村镇建设办负责对两块共4.1万平方米空地采取市场化运作方式公开招商，吸引本地企业投资建设枇杷主题公园；上述两个公园建设要求在2011年年底前确保基本建成。

2011年11月3日,镇政府(甲方)与T镇企业升金公司(乙方)签订《枇杷公园建设协议书》。协议书内容:为鼓励民营资本参与小城市建设,拓宽市政建设投融资渠道,改善城市环境质量,根据T镇土地利用规划和城镇规划,拟建设枇杷主题公园,双方约定如下:甲方将160亩土地(具体附图为准)无偿提供给乙方,由乙方出资建设以枇杷为主的生态景观公园,使用期限为20年(2011年11月1日至2031年10月31日)。提前终止使用期限或者到期后延长使用期限的,由双方另行协商确定。乙方应当按照甲方确认的枇杷主题公园设计方案进行施工与建设(具体附设计方案)。乙方应当投资注册成立一家农业开发公司进行枇杷公园的建设、管理和经营,并且应当在协议签订后半年时间内建成公园。枇杷公园应当符合T镇土地利用和城镇建设规划的相关要求,乙方可以按照设施农业、农家乐休闲项目配套建设一定比例的管理用房的休闲设施,以满足市民的游憩需求。乙方在枇杷主题公园建成后,除枇杷种植示范区块以及枇杷成熟采摘期之外,应当全年对外开放,公园内的公共设施免费供市民休闲、健身、游憩。枇杷公园内的公厕、路灯、健身、供水、供电等公共配套设施和公园外围道路由甲方投资和建设;枇杷公园内的枇杷种植、绿化种植、景观建设和农业设施、休闲设施、围护设施、场内停车位等配套由乙方投资和建设、建成经验收合格,甲方给予适当补助。枇杷公园内由甲方投资建设的公共配套设施由乙方负责进行日常管理、维修和养护,乙方应当安排专业人员按照市政设施养护标准进行管理和养护。枇杷公园建成以后,双方对各自投资后形成的资产分别进行登记造册。由双方共同明确资产的产权关系。日后,根据管理需要和市民需求公园内须添置新的设施和设备的,按照“谁投资、谁所有”原则办理。本协议如有与上级政策法律文件相抵触的,以上级政策法律文件为准。双方还就其他事项进行了约定。

2011年12月8日,园旅公司注册成立,法定代表人与升金公司的法定代表人均为曹某。升金公司、园旅公司随即按照镇政府提供的图纸(配套管理用房建筑面积为10,439.9平方米)对枇杷主题公园进行了建设。2013年6月,配套管理用房工程竣工。

2013年10月15日,国土资源部门因园旅公司的非法占地行为向园旅公司下达土地行政处罚决定书一份。处罚决定书载有查明内容:园旅公司于2012年

10 月未经批准,擅自占用集体土地新建管理用房,占地面积 2595.8 平方米,建筑总面积 6666.5 平方米。园旅公司的行为违反了相关法律法规,作出行政处罚如下:责令退还非法占用的 2595.8 平方米土地;没收在非法占用的 2595.8 平方米土地上新建的 6666.5 平方米建筑物及其他设施;对非法占用的 2595.8 平方米土地按每平方米 20 元处以罚款,计 51,916 元。同日,国土资源部门因园旅公司非法占地行为下达土地行政处罚决定书一份,对园旅公司未经批准擅自占用面积 3795.5 平方米,建筑面积 4864 平方米的行为责令其退还非法占用符合土地利用总体规划的 1422.7 平方米,没收在其上新建的 1632.4 平方米建筑物及其它设施,处罚款 21,340 元;对非法占用不符合土地利用总体规划的 2372.8 平方米养殖水面,限期拆除在其上新建的 3231.6 平方米建筑物及其他设施,恢复土地原则,并对该部分土地处以 59,320 元罚款。2015 年 1 月 27 日,国土资源部门下达土地行政处罚决定书一份,对园旅公司未经批准擅自占用集体土地新建高压线走廊下的道路,总占地面积 2390.5 平方米,其中建筑占地面积 155.6 平方米的行为进行处罚,责令其退还非法占用的 2390.5 平方米土地;限期拆除在非法占用土地上新建的 155.6 平方米建筑物及其他设施,恢复土地原状;对非法占有的 2390.5 平方米土地处以 59,762 元罚款。

2015 年 1 月 30 日,升金公司、园旅公司的法定代表人曹某因上述非法占地的事实被中共 T 镇纪律检查委员会处以党内严重警告处分。

2015 年 2 月 16 日,镇政府与园旅公司签订《枇杷公寓征收补偿协议》一份,约定:双方约定因多方原因,致使枇杷公园项目停工,镇政府补偿园旅公司设施设备 6,098,828 元。对枇杷公寓进行征收,计补偿费 6,098,828 元。同日,镇政府将上述款项支付给园旅公司。

2015 年 11 月 4 日,镇政府与园旅公司又签订企业收购补充协议一份,约定:镇政府与园旅公司签订的《枇杷公寓征收补偿协议》所涉的总补偿金为 6,098,828 元,该金额是根据资产评估机构对枇杷公园的相关设施、绿化等评估后的价格确定的。现双方认可该征收补偿协议,系由镇政府对园旅公司的资产进行收购,该征收补偿协议项下支付的款项为收购款,相关权利义务由镇政府承受。但园旅公司尚有部分未进入评估的工程尚未得到相应的处理。协议约定收购金额为 4,093,678 元。同日,镇政府将上述款项支付给园旅公司。

镇政府委托评估公司对罚没的两幢房屋委托评估,评估公司出具在建工程

(东)(房屋建筑物)工程造价清查评估明细表,明确园旅公司两幢楼房各7,118,038元、7,138,742.92元。合计14,256,780.92元。

2016年7月15日,升金公司、园旅公司对镇政府提起民事诉讼(案由为合同纠纷),请求判令:(1)被告镇政府赔偿二原告建设投入损失24,138,194.95元、违法用地罚款192,338元,二项合计24,330,532.95元;(2)被告镇政府返还二原告以奖代补资金1,639,623元。在审理过程中,二原告变更诉讼请求如下:被告镇政府赔偿二原告综合管理用房的建设投入及其利息损失21,382,832.33元(其中管理用房的投入损失14,746,780.92元,截至2016年6月30日的利息损失6,636,051.41元。违法用地的罚款192,338元,二项合计21,575,170.33元)。

升金公司、园旅公司主要诉讼意见:枇杷公园项目没有开园却被认定为违法占用土地,原告园旅公司被区国土局予以行政处罚,法定代表人曹某予以党纪处分,而镇政府却因该项目受奖,获得以奖代补资金1,639,623元。镇政府仅补偿10,192,506元,数额不够。镇政府应对原告管理用房被没收的损失予以赔偿21,575,170.33元。

镇政府主要诉讼意见:镇政府履行案涉协议过程中,并不存在违约行为。违法用地的行政处罚是基于二原告的非法占地行为作出的,二原告是该行政行为的相对人,与镇政府无关。而且,违法占地的行为也是二原告自己实施的。以奖代补的资金是对项目主体的补助,虽然这个项目二原告参与了一部分,作为项目整体来说,还是镇政府的一个项目。退一步讲,本案中即使根据合同的约定,二原告可以在案涉的土地上进行建设,二原告的建设行为也应当是有限度的符合法律规定的行为,但二原告的建设行为远超出法律规定的可建设的限度。即使镇政府存在违约行为,对于二原告所造成的损失,镇政府也应当承担部分或者次要的责任。造成二原告损失的主要原因,还是二原告本身的建设行为。

一审意见

本案的争议焦点:(1)升金公司与镇政府签订的《枇杷公园建设协议书》的效力问题;(2)镇政府应赔偿升金公司的款项数额。

关于争议焦点一,根据《土地管理法》①第2条第3款的规定,任何单位和个人不得侵占、买卖或者以其他形式非法转让土地;第63条规定,农民集体所有土

① 此为旧版,最新为2019年版。

地的使用权不得出让或者出租用于非农业建设;第76条规定,未经批准或者采取欺骗手段骗取批准,非法占用土地的,由县级以上人民政府土地行政主管部门责令退还非法占用的土地,对违反土地利用总体规划擅自将农用地改为建设用地,限期拆除在非法占用的土地上新建的建筑物和其他设施,恢复土地原状。根据《合同法》第52条的规定,违反法律、行政法规的强制性规定,合同无效。因升金公司与镇政府签订协议约定的160亩土地不能用于新建管理用房。镇政府并非该集体土地所有权人或合法的使用权人,亦非法定具有土地使用权出让资格的主体,且未提供证据证明该土地被征收,故镇政府与升金公司于2011年11月3日签订的《枇杷公园建设协议书》违反了法律强制性规定而无效。

关于争议焦点二,合同无效或者被撤销后,因该合同取得的财产,应当予以返还,有过错的一方应当赔偿对方因此受到的损失。因《枇杷公园建设协议书》系无效合同,合同无效后,因该合同取得的财产,应当予以返还;不能返还或者没有必要返还的,应当折价补偿。有过错一方应当赔偿对方因此受到的损失,双方都有过错的,应当各自承担相应的责任。本案中,升金公司、园旅公司的建设管理用房的损失为14,256,780.92元。二原告的利息损失,应自二原告主张之日起算。升金公司、园旅公司系按照镇政府确认的枇杷主题公园的设计方案进行施工与建设,导致案涉两幢房屋被罚没,镇政府应承担主要过错责任。升金公司、园旅公司违反土地利用规划修建管理用房,未审查土地性质新建管理用房,亦存在过错,应承担相应的责任。综合二原告的实际损失金额、双方的过错程度、致损原因力大小及本案相关事实,综合酌情予以确定镇政府赔偿二原告992万元,余下的责任由二原告自行承担。二原告要求镇政府赔偿非法占地处罚款的诉讼请求,因该罚款系行政处罚,且因园旅公司的非法占地行为导致的行政处罚,不属于本案的损失范畴,故对该诉讼请求不予支持。

综上所述,对园旅公司的诉讼请求,予以支持992万元,对园旅公司不合理的诉讼请求不予支持。对镇政府抗辩意见中的合理部分予以采纳。

一审结果

2017年3月24日,一审法院作出民事判决:一、被告镇政府赔偿原告升金公司、园旅公司损失992万元,于本判决生效后10日内付清;二、驳回原告升金公司、园旅公司的其他诉讼请求。

(编者注:未发现该案有二审、再审程序)

案例评析

本案系一起因镇政府吸引本地企业投资建设枇杷主题公园公共服务项目而引发的争议案件。就双方2011年签订《枇杷公园建设协议书》的目的和内容而言,该协议具有一定的行政协议性质。该案中,原告升金公司、园旅公司诉讼请求主张的内容有两项,即要求镇政府赔偿协议约定的综合管理用房投入和利息损失,以及违法用地行政处罚款项。围绕该两项诉讼请求,编者从案涉项目协议书、征收补偿协议及补充协议的效力、行政处罚责任、损失认定以及双方的过错责任等几个相关问题,进行评析。

1. 关于案涉《枇杷公园建设协议书》是否具有法律效力的问题

合同效力问题是认定案件事实的先决问题。有关案涉《枇杷公园建设协议书》效力问题,一审法院适用民事法律规范,从《土地管理法》第2条、第63条、第76条等关于禁止非法转让土地、禁止违反土地利用总体规划擅自将农用地改为建设用地等土地管理法上的强制性规定,认定双方协议约定的160亩土地不能用于新建管理用房,镇政府并非该集体土地所有权人或合法的使用权人,并依据《合同法》第52条的规定,确认双方2011年11月3日签订的《枇杷公园建设协议书》无效,有事实和法律根据。

从行政法角度,根据案涉合同的性质和《行政诉讼法》及《最高人民法院关于适用〈中华人民共和国行政诉讼法〉的解释》关于行政协议效力认定的相关规定,镇政府不具有签订案涉《枇杷公园建设协议书》的行政主体资格,其超越行政职权将案涉160亩集体土地无偿提供给原告使用的越权行为,亦应当作为认定案涉协议无效的主要理由之一。

2. 关于三次相关土地等的行政处罚与政府方是否有关、是否属于投资方损失问题

本案中,当地国土资源部门以园旅公司未经批准,擅自占用集体土地新建管理用房、擅自占用土地、擅自占用集体土地新建高压线走廊下的道路的行为违法为由,作出责令园旅公司退还非法占用土地、没收在非法占用土地上新建建筑物及其他设施、限期拆除在非法占用土地上新建建筑物及其他设施,恢复土地原状、罚款等行政处罚共三次,涉及罚款金额192, 338元。从上述处罚情况看,园旅公司遭受行政处罚的主要原因,是其在案涉项目建设中存在违法占

用土地行为,国土资源部门作出行政处罚行为就实体法角度而言没有明显过错。但不容否认的是,《枇杷公园建设协议书》明确约定镇政府将案涉160亩集体土地无偿提供给原告使用,这是镇政府作为政府方的承诺,自应积极协助原告办理土地转用或征用手续,但镇政府显然没有依法办理。据此,园旅公司违法占地行为与政府方的行政不作为或未尽合同主要义务有直接关系,也就是说,园旅公司遭受行政处罚与镇政府的违法或违约行为有直接关联性。鉴于原、被告双方对《土地管理法》有关土使利用方面的禁止性规定均应当是明知的,因此,无论是从合同法还是从行政法角度,双方在本案违法占地行为中均存在过错。

至于上述行政处罚中的限期拆除、没收、罚款等行政处罚措施是否属于原告损失的问题,编者认为,其一,应对照协议约定甄别是否属于双方约定的占地范围和设施建设项目;其二,原告应依据《行政复议法》《行政处罚法》的相关规定,及时行使行政相对人的申辩和听证的权利,要求对行政处罚行为进行审查和纠正,并在此基础上,根据复议和诉讼结果以及双方的过错,合理认定园旅公司就行政处罚遭受的损失。上述罚款损失系因履行案涉协议有关,应根据各自过错程度予以分担。一审法院认为不属于本案的损失范畴,编者认为是不正确的。

3. 关于征收补偿协议及补充协议是否具有法律效力问题

本案中,镇政府与园旅公司分别于2015年2月16日、11月4日签订了《枇杷公寓征收补偿协议》《企业收购补充协议》各一份,双方就因枇杷公园项目停工,镇政府补偿园旅公司设施设备、园旅公司资产收购事宜达成协议,并支付了约定的补偿、收购款项。对于上述两份协议的效力,应当结合案涉《枇杷公园建设协议书》的效力,根据《合同法》的相关规定正确认定。

如上文所述,《枇杷公园建设协议书》因违法而无效。根据《合同法》第58条的规定,合同无效或者被撤销后,因该合同取得的财产,应当予以返还,有过错的一方应当赔偿对方因此受到的损失。合同无效后的处理原则,同样适用于行政协议无效后的处理。

两份征收补偿协议及补充协议,正是双方根据项目因违法而停工后,对《枇杷公园建设协议书》无效后相关设施补偿、企业收购等事宜处理达成的协议,系双方真实意思表示,且不违反法律的强制性规定,应认定具有法律效力。

4. 关于如何认定导致项目无法实施的责任问题

根据本案基本事实,项目无法实施的根本原因在于案涉项目违反土地利用总体规划,擅自将农用地改为建设用地。项目因用地问题违反了《土地管理法》的强制性规定而无法实施。

一方面,镇政府既不是案涉项目集体土地的所有权或使用权人,也没有就案涉项目征收、出让土地使用权的行政主体资格,或得到县级人民政府、有关部门的行政授权。退一步而言,即使镇政府没有上述行政主体资格,其在《枇杷公园建设协议书》签订后,仍可以通过县级以上人民政府、有关部门的正当程序,积极协助原告办理土地转用或征用手续,使项目用地合法化,以履行将案涉 160 亩集体土地无偿提供给项目使用的主要合同义务,但镇政府并未提供证据证明曾予以办理或者曾经努力办理。

另一方面,《土地管理法》有关土使利用方面的禁止性规定是法律的明确规定,原告升金公司、园旅公司作为项目的实施主体,虽系按照镇政府确认的枇杷主题公园的设计方案进行施工与建设,但对项目用地不符合法律规定也应当是明知的,其因故意或者过失在未审查项目用地性质的情况下,违法占用土地进行非农建设,也应承担一定的责任。

基于上述事实,编者认为,镇政府应当对案涉项目无法实施承担主要责任。

5. 关于投资方的损失主张如何处理的问题

《合同法》第 58 条规定,“合同无效或者被撤销后,因该合同取得的财产,应当予以返还;不能返还或者没有必要返还的,应当折价补偿。有过错的一方应当赔偿对方因此所受到的损失,双方都有过错的,应当各自承担相应的责任”。2020 年 1 月 1 日起施行的《最高人民法院关于审理行政协议案件若干问题的规定》第 15 条亦有类似规定。上述规定,是投资方在项目合同无效情况下的损失主张的法律依据。

本案中,案涉《枇杷公园建设协议书》因违法而无效,原告作为投资方可主张的实际损失包括合同约定范围内已竣工的项目配套管理用房及附属设施建设成本,以及因项目违法占地实际遭受的行政处罚款项。其中,项目配套管理用房及附属设施建设成本,应通过工程造价(直接成本,含管理费,但不包括利润和税金)及附属物资产评估的方式公平估价确定。上述实际损失,应根据双方在项目实施中的过错责任大小,合理分担。

同时,鉴于双方已于2015年2月16日、11月4日就上述实际损失中的部分设施设备以及园旅公司资产收购事宜,达成两份征收补偿协议及补充协议,应结合实际情况,甄别未补偿项目的范围。综上,一审法院对投资方损失的认定,以及过错责任的承担比例的认定,值得商榷。

案例 52 案涉项目土地使用税应由谁缴纳

相关问题

1. 无偿使用项目地块是否代表不应缴纳土地使用税;

2. 土地使用税由土地使用权人承担能否理解为实际使用人承担。

裁判要点摘选

项目土地不属于国家机关等办公用地和公务用地,属经营性用地,应当缴纳税款。招商文件、协议对双方当事人均有约束力,根据招商文件、协议可以认定投资人有权无偿使用项目土地,投资人要求返还其已垫付的土地使用税以及滞纳金的请求,应予支持。

基本案情

原告:深水公司

被告:C 市城乡建设局

被告:C 市城市建设(集团)有限公司

被告:C 市排水管理处

2007 年 9 月 28 日,C 市人民政府批准 C 市江边污水处理厂(以下简称江边厂)TOT + BOT 招商项目。同年 11 月 23 日,C 市城市建设(集团)有限公司(以下简称建设集团公司)作为招商人制作该招商项目招商文件,其中载明,特许经营授权人为 C 市城乡建设局(以下简称建设局);内容为将污水处理厂一期项目设施经营权和项目二期之建设及运营权转让给投资人,特许经营期为 25 年,投资人支付转让款为 1.5 亿元;招商核心条件中明确关于土地使用:在特许经营期内,本项目国有土地使用权由招商人所有,项目公司有权无偿使用项目一期建设用地和项目二期建设用地;投资竞争者可向招商方提出对招商文件进行澄清的要求,招商方只受理以书面形式提出的澄清要求,后 TOT + BOT 招商项目投资预备会澄清问题回复暨招商文件修改通知(一)84 条问答,问:请明确土地使用范围,如甲方给乙方免费使用的土地超过乙方项目本身之所需,乙方是否承担相应的土地使用税费以及绿化、维护费用? 答:在目前项目协议规定的土地使用框架下土地使用税(如有)由国有土地使用权人承担。上述招商活动进行后,深水投资公司成为被特许人。

2008 年 4 月 9 日,建设局与深水投资公司签订《江边厂特许经营协议》,明确建设局作为 C 市市政公用行业主管部门,经 C 市人民政府批准,有权与深水投资公司签订该协议;约定建设局授予深水投资公司本项目的特许经营权,此特许经营权在深水投资公司依本协议第 6.1 条的规定成立项目公司后,仅由该项目公司享有并具体行使;关于转让款、移交、调试和运营等内容由项目公司与建设集团公司签订《扩建—运营—移交 ROT 协议》,关于污水处理标准、服务费和服务质量的监管等内容由项目公司与 C 市排水管理处(以下简称排水管理处)签订《污水处理服务协议》。上述协议签订后,深水投资公司成立了项目公司即深水公司,并于同年 6 月 6 日分别与建设集团公司签订《扩建—运营—移交 ROT 协议》,与排水管理处签订《污水处理服务协议》;其中《扩建—运营—移交 ROT 协议》约定,在特许经营期内,本项目国有土地使用权由建设集团公司所有,深水公司有权无偿使用,同时对移交、转让款等约定。深水公司按约支付了全部转让款,双方进行了移交。后税务机关向深水公司催缴土地使用税款。

2009 年 4 月 6 日,深水公司向排水管理处发出一份关于深水公司土地税、房产税有关情况的报告,称税务机关以生产经营单位使用免税单位土地的房产、土地的,依法应当缴纳土地使用税;深水公司根据《污水处理服务协议》中关于无偿使用土地的约定与税务机关交涉,但税务机关仍要求深水公司缴纳,要求排水管理处予以解决。2009 年 4 月 13 日,排水管理处答复称,排水管理处正与有关部门协商,要求深水公司暂缓缴纳。

2009 年 7 月 22 日,深水公司再次向排水管理处发出报告,称税务机关明确要求支付 2009 年土地使用及房产使用税,并补缴 2008 年的税金及滞纳金,如拖延不缴的,强制执行,要求解决免税问题。2009 年 9 月 15 日、2012 年 5 月 8 日和 2014 年 10 月 29 日,深水公司多次向排水管理处报告税务机关催缴税款的情况,并要求排水管理处解决免税问题。

2014 年 11 月 25 日,建设局向市政府发出一份关于申请减免城北、江边厂土地使用税的请示,要求对两家污水处理厂的土地使用税予减免。2014 年 12 月 11 日,C 市财政局向市政府作出一份办理意见,称城北、江边污水处理厂的土地使用权人是差额拨款的事业单位排水管理处,实际使用人是污水处理厂,因纳税单位无偿使用排水管理处的土地,因此纳税主体应该是实际使用人,即城北、江边两个污水处理厂;根据《城镇土地使用税暂行条例》第 6 条第 2 款的规定,由国家财政部门拨付事业经费的单位自用的土地,免缴土地使用税;城北、江边厂涉及的土地不是排水管理处自用的,是进行经营的,不符合免缴土地使用税的范围,要求深水公司及时、足额缴纳。

2015 年 7 月 3 日,排水管理处向深水公司发出一份回复,称根据财政局的办理意见,排水管理处对深水公司的纳税额不承担补偿责任。同月 14 日,C 市地方税务局第三税务分局向深水公司发出一份税收自查通知书,要求深水公司于 17 日前将应缴未缴税款、滞纳金补缴入库。深水公司遂于 2015 年 7 月 15 日向该税务局账户支付 2010 年 1 月 1 日至 2015 年 3 月 31 日土地使用税 2,339,967 元,支付滞纳金 1,168,702.09 元,合计 3,508,669.09 元。现深水公司提起诉讼。

《扩建—运营—移交 ROT 协议》移交的土地使用权登记为排水管理处。

2015 年 9 月 24 日,深水公司起诉建设局、建设集团公司、排水管理处(案由为追偿权纠纷),请求:(1)判令三被告支付土地使用税 2,339,967 元及滞纳金 1,168,702.09 元,合计 3,508,669.09 元,同时承担自 2015 年 7 月 15 日起至付清之日止的利息;(2)本案诉讼费用由三被告承担。

深水公司主要诉讼意见:在合同履行过程中,税务机关多次要求深水公司缴纳土地使用税,深水公司多次向排水管理处报告,但排水管理处要求深水公司暂缓缴纳,后直接回复深水公司对纳税额不承担补偿责任,深水公司无奈,支付了 2010 年至 2015 年二季度的土地使用税 2,339,967 元及滞纳金 1,168,702.09 元。协议约定深水公司无偿使用土地,该税款应由三被告承担。

建设局主要诉讼意见:建设局与深水公司签署的关于 C 市江边污水处理厂特许经营协议中并未涉及深水公司的诉请内容;建设局不是江边污水处理项目的招商人,未对深水公司作出任何关于其诉请的承诺,要求驳回深水公司对建设局的诉讼请求。

建设集团公司主要诉讼意见:深水公司无偿使用项目地块,并不代表不应缴纳税款;招商文件中列出的土地使用税由土地使用权人承担,应理解为实际使用人承担;案涉地块登记使用权人为排水管理处,建设集团公司不可能对其他主体的土地对深水公司作出承诺;根据财政局文件,案涉地块的纳税主体应当是实际使用人,即深水公司,纳税是每个公民的义务,故深水公司缴纳的税款及滞纳金应由原告承担。

排水管理处主要诉讼意见:排水管理处与深水公司就争议的问题未达成协议、合同或承诺、约定;深水公司是项目地块的实际使用权人,根据相关规定,虽纳税单位无偿使用排水管理处的土地,但是纳税主体应是土地实际使用人,深水公司的请求没有任何事实和法律依据,要求驳回深水公司的请求。

一审意见

一审法院认为,建设局与深水投资公司签订《江边厂特许经营协议》,授权深水投资公司《江边厂 TOT + BOT 项目》特许经营权。根据该协议,深水投资公司成立项目公司即深水公司后,分别与建设集团公司和排水管理处签订《扩建—运营—移交 ROT 协议》和《污水处理服务协议》,上述协议系各方当事人真实意思表示,内容不违反法律、行政法规的强制性规定,应当认定合法有效。合同签订后在履行过程中,税务机关以深水公司使用国有土地为由,要求深水公司缴纳土地使用税,深水公司根据双方签订的协议中约定深水公司无偿使用土地,要求三被告免除该税款,但最终仍要求其支付该税款,深水公司无奈支付税款及滞纳金。《城镇土地使用税暂行条例》第 2 条第 1 款规定,在城市、县城、建制镇、工矿区范围内使用土地的单位和个人,为土地使用税纳税人;《财政部、国家税务总局关于城镇土地使用税若干具体问题的解释和暂行规定》第 4 条规定,关于纳税人的确定,土地使用税由拥有土地使用权的单位或个人缴纳;第 10 条规定,国家机关、人民团体、军队本身的办公用地和公务用地,免税,但以上单位的生产、营业用地和其他用地,不属于免税范围,应按规定缴纳土地使用税。本案涉及的土地不属于国家机关等办公用地和公务用地,属经营性用地,应当缴纳税款。招商活动中推出的招商文件,其中招商核心条件中明确项目公司有权无偿使用协议所列用地;其中关于 TOT + BOT 招商项目投资预备会澄清问题回复暨招商文件修改通知(一)84 条问答中,进一步明确土地使用税由国有土地使用权人承担;《扩建—运营—移交 ROT 协议》第 9.1 条约定,深水公司无偿使用本协议中的土地。上述招商文件、协议对双方当事人均有约束力,故深水公司要求返还其已垫付的土地使用税以及滞纳金的请求予以支持。建设局与深水投资公司签订的《江边厂特许经营协议》,其主要内容为授予特许经营权,仅授权行为,未涉及实体权利义务,深水公司要求建设局承担责任的请求缺乏事实依据,不予支持。城市建设局作为招商人,其推出的招商文件中宣称,项目公司无偿使用案涉土地,土地使用税由国有土地使用权人承担,招商活动的成果是建设局签订《扩建—运营—移交 ROT 协议》及排水管理处签订《污水处理服务协议》。根据约定,深水公司无偿使用土地,且排水管理处为国有土地使用权登记人,故建设局和排水管理处应共同对深水公司承担支付责任。

一审结果

2015 年 12 月 4 日,一审法院作出民事判决:一、被告建设集团公司、排水管理处于本判决生效之日起 10 日内向原告深水公司支付土地使用税 2,339,967 元、滞纳金 1,168,702.09 元,合计 3,508,669.09 元及利息(自 2015 年 7 月 15 日起至实际给付之日止,以 3,508,669.09 元本金按中国人民银行同期同档贷款基准利率计算);二、驳回原告深水公司的其他诉讼请求。

(编者注:未发现该案有二审、再审程序)

案例评析

1. 无偿使用项目地块是否代表不应缴纳土地使用税?该问题应该结合城镇土地使用税纳税人、占有土地的情况而确定。城镇土地使用税是指国家在城市、县城、建制镇、工矿区范围内占用土地的企业和个人,以其实际占用的土地面积为计税依据,按照规定的税额计算征收的一种税。城镇土地使用税的缴纳主要由三点要素构成:首先,需要确定纳税主体;其次,征税对象,即对什么征税;最后,税率纳税额与课税对象之间的比例。土地使用税由拥有土地使用权的单位或个人缴纳。

土地使用税由土地使用权人承担能否理解为实际使用人承担?根据相关规定,拥有土地使用权的纳税人不在土地所在地的,由代管人或实际使用人纳税。实际使用人承担纳税义务,是需要有前提条件的,即需要具备拥有土地使用权的纳税人不在土地所在地的条件方可由实际使用人纳税。另外,在税法规定范畴内,依据合同约定确定纳税主体。

2. 建设局作为本案第一被告,其行使了委托特许经营权,仅履行了行政行为,而且,建设局既非土地使用权所有方也非土地实际使用方,其与深水投资公司签订《江边厂特许经营协议》未涉及项目的权利义务关系内容。建设局不应返还案涉诉争以缴纳税款及滞纳金的抗辩理由充分,一审法院判决公平公正。

3. 本案第二被告建设集团公司系项目招商人,其在招商文件中明确约定了土地使用权,在特许经营期内,由招商人所有,项目公司有权无偿使用项目一期建设用地和项目二期建设用地。建设集团公司在澄清问题及问答说明,项目土地使用税(如有)由国有土地使用权人承担。原告与第二被告签订《扩建—运营—移交 ROT 协议》约定,在特许经营期内,本项目国有土地使用权由建设集团公司所有,深水公司有权无偿使用。该几份证据均证实了本项目中,原告依约有权无偿使用项目土地。根据《城镇土地使用税暂行条例》第 2 条的规定,使用土地的单位和个人,为土地使用税纳税人;《财政部、国家税务总局关于城镇土地使用税若干具体问题的解释和暂行规定》第 4 条规定:"关于纳税人的确定,土地使用税由拥有土地使用权的单位或个人缴纳。"据此规定,原告并非缴纳土地使用税的纳税主体。第二被告基于上述证据证明其是土地使用权人,因此,第二被告是适格的纳税主体。

而第三被告排水管理处,与项目公司签订《污水处理服务协议》,属于本案项目协议方,排水管理处为国有土地使用权登记人,《扩建—运营—移交 ROT 协议》移交的土地使用权登记为排水管理处。故建设局和排水管理处应共同对深水公司承担支付责任。

本案在项目协议中未约定由项目公司缴纳土地使用税,无约定即依据法律规定,而相关规定纳税主体为拥有土地使用权的单位或个人。本案判决依据《财政部、国家税务总局关于城镇土地使用税若干具体问题的解释和暂行规定》第 4 条等规定,合法有据。

案例53　建设期内是否应支付土地租金

相关问题

1. 原告、被告是否已形成事实上的土地租赁合同关系；
2. 建设期内是否应支付土地租金；
3. 土地租金标准如何认定。

裁判要点摘选

特许经营期包括建设期和运营期。运营期土地租赁费按20年测算，不能必然得出建设期不需支付土地租金的结论。

基本案情

上诉人（一审被告）：兴生公司

被上诉人（一审原告）：秀投公司

2017年10月26日，秀投公司所在区人民政府批准了该区住房和城乡建设局（以下简称住建局）上报的建筑材料再生利用中心PPP项目实施方案。经招标投标，住建局于2017年12月25日与兴生公司签订了《建筑材料再生利用中心项目PPP合同》（以下简称《PPP合同》），约定由兴生公司投资建设该区建筑材料再生利用项目，区国土资源局将项目用地以协议出让的方式转让至秀投公司，秀投公司再通过有偿租赁的方式将项目用地出租给项目公司（兴生公司）使用，租金为300万元/年，项目公司在特许经营期对项目建设用地享有使用权；特许经营期包含建设期和运营期，特许经营期为21年，其中建设期1年，运营期20年。12月14日，秀投公司以出让方式取得项目国有建设土地用地使用权，面积为29,333平方米，并将该土地交付兴生公司。12月29日，兴生公司认为建筑材料再生利用中心环卫设施用房施工现场具备开工条件，向住建局申请建筑工程施工许可证，住建局向兴生公司核发了建筑工程施工许可证。2018 年 3 月 6 日，环卫设施用房正式开工。因兴生公司未按秀投公司要求签订土地租赁合同，也未支付秀投公司 2018 年度的土地租金，秀投公司遂于 2019 年 4 月 29 日向兴生公司发出了律师函，建议兴生公司收到律师函后 3 日内立即与秀投公司签订相应的土地租赁合同，并按租赁合同约定支付租金。此后，兴生公司未按秀投公司要求签订合同并支付租金，秀投公司遂提起本案诉讼。

秀投公司起诉兴生公司（案由为租赁合同纠纷），请求：(1)兴生公司支付 2018 年度租金 300 万元，赔偿利息损失 54,375 元（自 2019 年 1 月 1 日起按银行同期贷款利率 4.35% 暂计算至 2019 年 5 月 31 日，请求计算至租金实际付清之日止）；(2)兴生公司承担本案诉讼费。

一审意见

一审法院认为，秀投公司以出让方式取得了国有建设土地用地使用权后，即将该土地交付兴生公司，用以建设建筑材料再生利用项目，符合兴生公司与住建局签订的《PPP 合同》的约定。秀投公司虽未签订土地租赁合同，但上述土地已实际交付兴生公司使用，双方已形成事实上的土地租赁合同关系，合法有效。兴生公司有偿使用该土地，应当向秀投公司履行租金支付义务，现秀投公司向兴生公司主张租金，具备诉讼主体资格，兴生公司有关秀投公司不具备诉讼主体资格的答辩意见不予采纳。关于租金支付期限，《PPP 合同》约定，“租金为 300 万元/年，项目公司在特许经营期对项目建设用地享有使用权；特许经营期包含建设期和运营期，特许经营期为 21 年，其中建设期 1 年，运营期 20 年”，即使在兴生公司提供的公开招标文件中亦有相关表述，合同及招标文件仅强调兴生公司在特许经营期内无论是建设期还是运营期，均对上述土地有使用权，但未有建设期内无须支付租金的约定和表述；兴生公司所指摘的建筑材料再生利用中心 PPP 项目实施方案中的“垃圾处置成本费用表”即使属实，其所列包括“土地租赁费”在内的所有垃圾处置成本，显然均是针对运营期而所作的测算，建设期无须进行成本测算，不能以此判断建设期内无须支付土地租金。在租赁合同中，支付租金是作为承租方的兴生公司的应尽义务，兴生公司主张建设期内无须支付秀投公司租金，涉及秀投公司对租金利益的放弃，应由双方当事人事先作出明确约定，无此约定则兴生公司应当支付秀投公司该时段租金。因双方未签订租赁合同，双方之间可视为不定期租赁，土地租金应按实计算，即自秀投公司将土地交付兴生公司时起算，秀投公司要求兴生公司支付2018年度土地租金并赔偿逾期付款利息损失的诉讼请求予以支持。至于兴生公司提出的土地不能正常使用的情形，以及与秀投公司的关联性尚不足以认定，且兴生公司亦未提起反诉，非属本案审理范围，不予处理；兴生公司在代理词中所提到的秀投公司对兴生公司出资的问题亦非本案处理范围，亦不予处理。

一审结果

一审法院作出民事判决：兴生公司于判决生效之日起10日内支付秀投公司2018年1月1日至2018年12月31日的土地租金300万元，并赔偿逾期付款利息损失(利息损失以300万元为基数，自2019年1月1日起按年利率4.35%，计算至租金实际付清之日止)。

兴生公司不服一审判决，向浙江省嘉兴市中级人民法院(以下简称嘉兴中院)提出上诉。

上诉意见

兴生公司上诉请求：撤销一审判决，改判驳回秀投公司的诉讼请求或发回重审。事实和理由：(1)秀投公司不具备诉讼主体资格。2017年12月25日兴生公司与住建局签订的《PPP合同》约定："区国土资源局将项目用地通过协议出让的方式转让至秀投公司，秀投公司再通过有偿租赁的方式出租给项目公司使用，租金为300万元/年。"该合同的相对方是住建局与兴生公司。秀投公司将案涉土地交付给兴生公司使用系基于住建局的要求，不能直接得出本案双方形成直接的租赁合同关系，而是指定使用。首先，租金金额的约定载明在住建局与兴生公司签订的合同中，对秀投公司不具有约束力。其次，合同没有约定租金是否应当直接支付给秀投公司，不排除住建局与秀投公司之间就土地租赁有其他约定。因此《PPP合同》关于土地使用的约定是涉第三人利益的涉他合同，从合同的相对性来说，兴生公司应当向住建局履行付款义务。根据《合同法》第64条的规定，当事人约定由债务人向第三人履行债务的，债务人未向第三人履行或者履行债务不符合约定，应当向债权人承担违约责任。本案即使兴生公司没有支付租金，权利人也应当是住建局，而非秀投公司。(2)一审判决项目建设期内应当支付租金是错误的。租金300万元/年源于住建局上报的建筑材料再生利用中心PPP项目实施方案。实施方案中对垃圾处置成本进行了测算，土地租赁费在运营期合计6000万元,年平均租金300万元,可见测算的期间是20年。根据《PPP合同》第三章第9条合作期限的约定,特许经营期包含建设期和运营期,特许经营期为21年,其中建设期1年,运营期20年。同时,根据租赁期限不得超过20年的规定,项目中涉及的土地租赁期间明显仅是指向20年运营期,不包含建设期。这就是实施方案中对垃圾成本的测算是20年而不是21年的原因。另外,一审判决认为建设期无须进行成本测算的认定也是错误的。建设期也存在成本,只不过根据实施方案及法律规定,建设期不存在土地使用成本,故无须支付任何租金。(3)一审认定案涉土地租金"按实"计算为300万元/年错误。即使一审认定双方为无固定期限租赁关系,兴生公司占有秀投公司的土地,属于运营期成本测算而来的租金标准不能当然运用于建设期,何况该租金标准是兴生公司与住建局约定的,不能作为确定本案双方之间租金的依据。在双方没有合同约定建设期需支付租金,亦没有约定给付标准的情况下,对于建设期占用土地的费用应当通过评估来确认。基于此,本案也不可能产生任何逾期付款利息损失。即便存在利息损失,一审认定的起算点也是错误的。

秀投公司辩称,秀投公司在取得土地使用权后将土地交给兴生公司使用,双方没有异议,虽然没有签订书面合同,但土地已经由兴生公司实际使用,目前PPP项目也已经投产,双方形成事实租赁关系。在兴生公司与住建局签订的合同中明确约定兴生公司通过有偿租赁土地的方式取得土地使用权,租金为300万元/年。兴生公司关于建设期内无须支付租金的陈述没有任何依据,请求驳回上诉,维持原判。

二审意见

嘉兴中院认为,根据兴生公司与住建局签订的《PPP合同》,项目用地以协议出让的方式转让至秀投公司,秀投公司再通过有偿租赁的方式出租给兴生公司使用,租金300万元/年。从合同文义来看,项目土地由秀投公司租赁给兴生公司使用,并非由住建局作为出租主体。实践操作中,住建局一般也不会直接作为有偿出租土地的出租人。从合同整体来看,仅明确了用地坐落、面积、年租金,对于租金支付方式等具体租赁事宜则没有约定,还需要兴生公司与秀投公司另行签订土地租赁合同。事实上,秀投公司取得土地使用权后已经将土地交付给兴生公司使用。秀投公司已经履行了主要义务,兴生公司接收土地后进行了项目建设。故兴生公司未签订书面租赁合同不能否定其与秀投公司之间已经成立土地租赁合同关系。兴生公司上诉称秀投公司不具备诉讼主体资格,不予采信。

关于建设期1年是否应支付土地租金和租金标准。兴生公司以项目实施方案中运营成本按20年测算,以及投标报价中项目总投资金额不含土地费用为由,主张建设期内无须支付土地租金。根据查明的事实,特许经营期包括建设期和运营期。运营期土地租赁费按20年测算,不能必然得出建设期不需支付土地租金的结论。而兴生公司提交的投标报价文件是节选的打印件,不能作为认定事实的依据。兴生公司与住建局签订的《PPP合同》第三章第8.5条中明确约定土地系有偿租赁,租金为300万元/年。虽然该合同是兴生公司与住建局签订,但秀投公司作为本案项目政府授权的出资方代表,即使与兴生公司签订租赁合同,在租金方面也会与上述《PPP合同》保持一致。既然是有偿使用,在没有明确约定建设期不需支付土地费用的情况下,兴生公司应当支付土地租金。一审法院按照兴生公司与住建局签订的《PPP合同》约定的租金标准计算土地租金和逾期付款利息正确。兴生公司上诉认为应当通过鉴定评估确定租金标准,不予支持。

二审结果

2020年4月21日,嘉兴中院作出民事判决:驳回上诉,维持原判。

案例评析

1. 关于土地租赁合同关系的认定问题

在PPP项目中,项目建设用地会涉及用地租金费用,即使没有签订土地租赁合同,只要客观事实上建设用地交付使用,并且项目实际使用到租赁土地,就应当推定存在土地租赁使用的事实成立,认定土地租赁合同关系是成立的,因此,土地租赁关系的成立不以是否签订土地租赁合同为唯一的判断标准,在没有签订租赁合同的情况下,以实际交付土地及使用租赁土地为依据。

2. 关于项目建设期内是否应支付土地租金问题

双方当事人未签订土地租赁合同,对项目建设期内是否应当支付租金也没有明确约定,但是,可以确定的是项目建设用地已实际交付使用,在项目建设期内,双方已是形成事实上的土地租赁合同关系,项目建设期间,也是交付土地后的行为,应当属于土地实际交付并使用的情形,建设项目也是有偿使用该土地的内容方式,因此,在项目建设期内,土地使用方也应当向土地出租方履行租金支付的义务,不能以项目在建、未建成为由,拒绝履行土地租金承担的义务。

3. 关于土地租金标准如何认定问题

虽然对项目建设期的租金承担及计算标准没有明确的约定，但是在《PPP 合同》中明确约定了土地的有偿租赁，以及租金收取标准，项目建设期土地租金实质就是《PPP 合同》约定土地有偿租金的内容组成部分，因此，视为项目建设期间的租金及计算标准是有合同条款约定的，应当依据《PPP 合同》中所确定的土地租金计算标准，计算标准与其保持一致。

案例54　污水处理费数额及逾期利息的认定

相关问题

1. 污水处理费的计费依据如何认定；
2. 原告相关银行贷款利息请求应否支持；
3. 本案诉讼时效应当如何认定。

裁判要点摘选

《批复》中载明的案涉项目设计处理能力3000吨/天，虽低于合同约定的4000吨/天，但案涉项目亦通过了环保部门的环评验收，且实际投入使用。政府方认为案涉项目未达设计标准，但其在使用中并未提出异议，其以按照每日实际处理能力支付处理费视为提出异议的理由不能成立。

基本案情

上诉人(一审原告)：京山公司

上诉人(一审被告)：新材料工业园管理委员会

2007年9月21日，京山公司(乙方)与化工园管理委员会(甲方)签订《特许经营协议》，约定：甲方按照有关法律法规规定授予乙方在特许经营期内独家的权利，以使乙方进行精细化工园污水集中处理(融资、建设、运营和维护)项目设施并收取污水处理费。其中，3.2项目特许经营期限：本协议项下特许经营期为28年，即自协议生效之日开始至满28年的最后一个工作日(含建设期)。3.4.1甲方的权利义务：……(2)根据本协议的规定向乙方支付污水处理费。3.4.2乙方的权利义务:……(2)根据本协议的规定,乙方应在特许经营期内自行承担费用、责任和风险,负责进行项目的建设,以及项目设施的运营与维护;(3)按照本协议规定的方式收取污水处理费。5.9 污水处理费:(1)污水处理费的收取原则和确定方式:在运营期内,自乙方的污水处理设施建设安装完成,具备接纳污水的条件时甲方每月向乙方按当月污水处理量支付以下污水处理费和收取违约金:(a)污水处理费:在污水处理项目设计能力之内,按污水处理单价7.95 元/m^3 计费;污水处理费 = 污水处理单价 × 处理水量。该污水处理单价是按乙方 8 年收回投资,结合运行时的开支进行计算。甲方有权在正常运行 6 个月后的 15 天内,审计污水处理单价,如审计结果认为单价不合理,双方另行协商确定新的单价。在此期间,污水处理费仍按原单价进行收取。(b)水量不足基本水量时按基本水量计算处理水量。处理水量上限不得超过设计水量的 10%,否则乙方有权对超额部分拒绝接受。……(3)乙方应在每个运营月结束后 7 个工作日内按照计算的污水处理费金额向甲方开具账单或付款通知……甲方在收到账单后 7 日内支付无争议的污水处理费金额。如甲方对账单有争议的,应在收到通知后 7 日内通知乙方,甲乙双方应就争议部分进行协商……本协议项下,任何逾期未付款项应从到期应付之日起至收款方收到款项之日止按违约利率计息。此外,该协议还约定:“本项目”或“污水处理项目”指精细化工园污水处理项目,处理能力为每日 4000 立方米。“基本水量”指日均 2000 立方米的处理水量,基本水量如有变动,由甲乙双方另行商议确定等。上述协议签订后,京山公司按约完成项目建设,并于 2008 年 12 月 23 日取得化工园管理委员会出具的《关于同意京山公司商业运行的批复》。2010 年 8 月,化工园管理委员会被撤销,成立产业园管理委员会。2011 年 9 月 20 日,京山公司(乙方)与产业园管理委员会(甲方)签订《协议书》,约定:根据双方 2007 年 9 月 21 日污水处理协议书,至 2011 年 8 月 31 日止,甲方应当支付乙方污水处理费 1021.4 万元。现经双方协商一致,就上述费用的支付方式达成以下条款。(1)双方约定,由甲方指定银行和贷款担保,以乙方名义向银行申请贷款,贷款金额为 2000 万元(贷款期限两年),贷款利息按国家规定办理。(2)2000 万元贷款下达后,其中 1000 万元作为甲方支付乙方的污水处理费,另外 1000 万元乙方借给甲方使用。(3)2000 万元贷款到期或分期还款付息的,全部由甲方负责归还,甲方应当按照每笔还款付息时间,提前 5 天将款项支付至乙方的还款账户。(4)本协议签订后,双方应当各自全面履行本协议条款,乙方应当配合甲方提供必要的贷款资料,甲方指定符合条件的贷款担保单位为乙方贷款提供足够的担保。(5)甲方应当及时履行还贷义务,若因甲方未及时还贷导致乙方损失的,甲方予以双倍赔偿。(6)按双方约定,甲方应当履行付款义务而未履行的,自应当付款之日起按双倍银行贷款利率计算利息等。2012 年 2 月 29 日,京山公司与某银行沿江支行(以下简称沿江支行)签订借款合同,约定:沿江支行向京山公司出借借款 800 万元,用于购氨氮废水处理设备,借款期限为 2012 年 2 月 29 日至 2015 年 2 月 28 日等。同日,埠实公司、孙玉喜与沿江支行签订保证合同,约定:为确保京山公司与债权人签订的借款合同能够切实履行,保证人愿意为债务人依主合同与债权人形成的债务提供连带责任保证,保证范围包括主合同项下的债务本金、利息、逾期利息……保证期间为主合同约定的债务人履行债务期限届满之日起 2 年等。京山公司在沿江支行处实际所借之款 800 万元均由其使用。京山公司按期向沿江支行归还借款本金 800 万元,利息 1,409,426.5 元。2013 年 2 月,产业园管理委员会更名为新材料工业园管理委员会(以下简称新园管委会)。2016 年 12 月 8 日,京山公司、极投公司(均为甲方)与驰环公司(乙方)签订《处理能力论证技术合同》,约定:甲方委托乙方承担京山公司精细化工园污水处理厂项目能力论证工作。2016 年 12 月,弛环公司出具《处理能力论证报告》,载明:精细化工园污水处理厂处理能力与环保验收时相比未发生变化,能够达到 2000 吨/天的处理要求。

2017 年 1 月 16 日,京山公司起诉新园管委会(案由为服务合同纠纷),请求:(1)新园管委会支付污水处理费 988.87 万元及利息 689,772.15 万元(其中,污水处理费的利息为 4,078,868.5 元,自 2011 年 9 月 1 日起至 2016 年 12 月 31 日止按照年息 6% 的标准计算;两倍的银行贷款利息计 2,818,853 元);(2)本案诉讼费用由新园管委会承担。

案件审理期间,京山公司、新园管委会确认,按照协议约定的京山公司日均污水处理量为 2000 立方米的基本水量计算,截至 2016 年 12 月 31 日,新园管委会仍下欠京山公司污水处理费 988.87 元。如果新园管委会需要支付污水处理费的逾期利息、且按年利率 6% 的标准计算,本案逾期支付污水处理费的利息为 4,078,868.5 元。一审法庭辩论终结后,京山公司表示其逾期利息的标准可降至年利率 5%,即 339.9057 万元。

一审意见

一审法院认为,双方当事人签订的《特许经营协议》,是双方真实意思表示,且内容符合法律规定,为有效合同,应依法予以确认。合同订立后,京山公司按约履行了义务,有京山公司提供的《处理能力论证报告》和当事人的当庭陈述等证据证实,事实清楚,应予确认。新园管委会应按约支付污水处理费,其未能及时付款,应承担相应的责任。对新园管委会辩称的京山公司日均实际污水处理量远低于2000立方米的基本水量,故应按京山公司实际污水处理量来计算污水处理费的意见,因双方在《特许经营协议》中,明确约定了水量不足基本水量时按基本水量计算处理的内容,该约定不违反公平原则,合法有效,故对新园管委会的此项辩称意见应不予支持。本案中,按照合同约定的京山公司日均污水处理量为2000立方米的基本水量计算,截至2016年12月31日,新园管委会仍下欠京山公司污水处理费988.87万元,双方在审理中对账并予以确认,故新园管委会应承担相应未及时给付的违约责任。京山公司自愿将利息标准由6%降至5%,该处分民事权利行为,符合法律规定,应予准许。关于诉讼时效的问题,因新园管委会支付污水处理费的时间为运营期间的每一个月,且目前仍在运营期间内,故根据《最高人民法院关于审理民事案件适用诉讼时效制度若干问题的规定》①第5条"当事人约定同一债务分期履行的,诉讼时效期间从最后一期履行期限届满之日起计算"的规定,未超诉讼时效。此外,对京山公司据2011年9月20日《协议书》第5条约定"甲方应当及时履行还贷义务,若因甲方未及时还贷导致乙方损失的,甲方予以双倍赔偿"的内容,要求新园管委会双倍赔偿银行贷款利息计2,818,853元的诉讼请求,由于该项贷款系京山公司贷款后自用,即该贷款并未用于归还新园管委会所欠污水处理费,同时,京山公司又主张了利息损失,因此,借款合同项下归还的利息,与新园管委会无关,对京山公司该项利息诉请,不予支持。

一审结果

2017年9月12日,一审法院作出民事判决:一、新园管委会于判决生效之日起10日内给付京山公司污水处理费988.87万元及逾期利息339.9057万元;二、驳回京山公司的其他诉讼请求。

---

① 此为旧版,最新为2020年版。

京山公司、新园管委会均不服一审判决，向江苏省南京市中级人民法院（以下简称南京中院）提出上诉。

二审意见

京山公司一审提交的南京市环境保护局于2008年7月4日作出的《关于京山公司精细化工园污水处理厂工程项目环境影响报告书的批复》（以下简称《批复》）载明：案涉项目设计处理能力为3000吨/天。南京市环境保护局于2010年11月26日作出的《建设项目竣工环境保护验收行政许可决定书》载明，案涉项目符合建设项目竣工环境保护验收条件，批准案涉项目通过环境保护验收（阶段性）。京山公司二审陈述：(1)案涉项目当时预留有5个排水处理口，目前只启用了一个。如果全部启用的话，运营能力将超过4000吨/天。(2)关于双方的结算，一开始采用的付款通知，后来双方采取了直接对账的方式。再后来由于水量一直不足2000吨/天，双方就一律按照2000吨/天来进行核算和付款。(3)双方2011年9月20日签订的《协议书》所确认的应支付污水处理费1021.4万元，就是按照2000吨/天的标准进行计算。新园管委会二审陈述：《协议书》中的1021.4万元，是按照京山公司要求而写，主要是为了双方当事人向银行贷款的需要，不是新园管委会的真实意思表示。新园管委会一审庭审中陈述：(1)对《处理能力论证技术合同》的真实性无异议，新园管委会系埠实公司的股东之一，埠实公司是极投公司的控股公司。(2)《处理能力论证报告》未加盖公章，真实性无法确认。双方一审提交的付款情况表显示，自2009年一直到2016年年底，新园管委会基本上每月都在付款，每月付款数额不等。

本案二审争议焦点：(1)京山公司主张的处理费数额及逾期利息的依据是否充分；(2)京山公司主张新园管委会支付其800万元银行贷款所产生的利息应否支持；(3)本案诉讼时效应当如何认定。

南京中院认为，双方签订的《特许经营协议》系双方真实意思表示，未违反法律、行政法规的禁止性规定，合法有效，双方均应按约诚信履行。

关于第一个争议焦点。当事人对自己提出的诉讼请求所依据的事实或者反驳对方诉讼请求所依据的事实，应当提供证据加以证明。京山公司为支持其观点，一、二审提交了相关证据，新园管委会为反驳京山公司主张的事实，亦提交了证据。但综合双方的证据，新园管委会的证据不足以推翻京山公司主张的事实。理由如下：(1)《批复》中载明的案涉项目设计处理能力3000吨/天，虽低于合同约定的4000吨/天,但案涉项目亦通过了环保部门的环评验收,且实际投入使用。新园管委会认为案涉项目未达设计标准,但其在使用中并未提出异议,其以按照每日实际处理能力支付处理费视为提出异议的理由不能成立。(2)关于案涉项目的实际处理能力,京山公司一审提交了《处理能力论证技术合同》及《处理能力论证报告》,报告中明确记载处理能力达到2000吨/天,且该报告由京山公司及新园管委会下属单位共同委托第三方而作出,新园管委会虽不予认可,但并未提交证据予以推翻。(3)《特许经营协议》第5.9条(b)款约定,水量不足基本水量时按"基本水量"计算处理水量。同时约定,"基本水量"指日均2000吨的处理水量。案涉项目运行中的实际处理水量的确不足基本水量,故京山公司主张按照基本水量的标准计算处理费具有事实依据,并无不当。(4)双方当事人于2011年9月20日签订的《协议书》亦约定新园管委会尚欠京山公司1021.4万元,京山公司称该数字是按照2000吨/天的标准计算,新园管委会称该《协议书》非其真实意思表示,与事实不符。(5)新园管委会称《特许经营协议》第5.9条(b)款约定违反《江苏省政府关于进一步推进全省城市市政公用事业改革的意见》第12款规定,应属无效,但上述规范性文件并不属于《合同法》第52条第5项规定的"法律、行政法规的强制性规定",故新园管委会的该项主张于法无据,不予采信。(6)新园管委会将京山公司对案涉项目的投入及收益作为其是否应当继续支付污水处理费的标准无合同依据,不予采信。关于京山公司主张的污水处理费利息,因新园管委会未按合同约定时间支付污水处理费,故京山公司主张其支付逾期利息并无不当。京山公司一审中将其主张的利率标准由6%降到5%,该标准并未违反法律规定,予以确认。综上,京山公司按照2000吨/天的标准主张处理费依据充分,因新园管委会对按该标准计算的处理费及利息数额并无异议,故一审判决支持该两项诉请并无不当。

关于第二个争议焦点。因京山公司从沿江支行所贷的800万元贷款从其贷款用途、实际使用等无法与《协议书》约定建立关联性。因此,京山公司主张该贷款产生的利息由新园管委会承担依据不足,不予支持。

关于第三个争议焦点。《特许经营协议》约定双方的合作期限是28年,由新园管委会按月支付污水处理费,引起诉讼时效的中断,且新园管委会直到2016年年底均支付款项,因此,本案并未超过诉讼时效,故对于新园管委会相应上诉意见不予采纳。

二审结果

2017 年 12 月 21 日，南京中院作出民事判决：驳回上诉，维持原判。

案例评析

从本案二审总结的三个焦点问题，分析本案争诉及两审判决内容，大有裨益。

1. 关于京山公司主张的处理费数额及逾期利息的依据是否充分问题

双方当事人在《特许经营协议》中约定污水处理费，按污水处理单价 7.95 元/m^3 计费；污水处理费 = 污水处理单价 × 处理水量；本项目处理能力为每日 4000 立方米。“基本水量”指日均 2000 立方米的处理水量，基本水量如有变动，由甲乙双方另行商议确定；水量不足基本水量时按基本水量计算处理水量。该协议签订后，虽然验收合格交付运营后，日均实际水量不足 2000 立方米，但是新园管委会亦按照该条协议约定实际履行了付款义务。新园管委会欠付的处理费数额应当依约支付。在一、二审诉讼中京山公司提供了相对充分的证据，除协议内容证明其主张外，《批复》内容、环保部门的环评验收、第三方出具的《处理能力论证技术合同》及《处理能力论证报告》等证据，形成了证据链条，具有关联性，足以证明待证事实。而新园管委会尽管陈述了京山公司运行未达到基本水量，不应以此标准付款的理由，但是其提供的证据相较对方的证据，未达到足以推翻对方佐证的事实，抗辩未得到法院采信。本案更为重要的是，新园管委会接受政府委托行使行政职能，在协议中约定内容未能就价格这一非常重要的条款，细致、充分地约定清楚，保护其合法权益，在协议履行中，在协议约定的 6 个月期限内，未及时发现京山公司未达到日均基本处理量，及时审计，变更协议该项内容，失去了救济的机会。反而，由京山公司依约行使行为，请求的处理费数额及由此发生的逾期利息，得到法院的二审支持。

2. 关于京山公司主张新园管委会支付其 800 万元银行贷款所产生的利息应否支持问题

该项请求与请求权基础发生了偏离。京山公司与新园管委会签订《协议书》约定了双方办理借款事宜签订合同相关的权利义务内容。而京山公司与借款方沿江支行签订了 800 万元借款合同，保证人签订了保证协议，该借款合同与原《协议书》约定的内容无重合部分，新园管委会也不是借款合同及保证合同的主体，而且有证据证实该800万元银行贷款用于京山公司自身经营管理，因此与新园管委会无关联性，新园管委会支付因此银行借款产生的利息，无法律根据也无合同依据。因此，二审法院均未支持该请求。

3. 关于本案诉讼时效应当如何认定问题

一审判决对诉讼时效的认定是根据《最高人民法院关于审理民事案件适用诉讼时效制度若干问题的规定》①第5条"当事人约定同一债务分期履行的，诉讼时效期间从最后一期履行期限届满之日起计算"的规定，因本项目的全生命周期为28年，付费约定按照每个运营月计结，故期间不存在时效问题。二审判决依据《特许经营协议》约定，按月支付污水处理费，引起诉讼时效的中断（《民事诉讼法》的规定），且新园管委会直到2016年年底均支付款项，法院故此未支持新园管委会的抗辩理由。虽然判决认定存在细微的差异，但是对权利人的保护均体现了依法判决的公正性。

---

① 此为旧版，最新为2020年版。

案例55　对 PPP 合同社会资本方“独立义务”的理解

相关问题

1. 如何理解案涉《PPP 项目合同》中约定的社会资本方的“独立义务”；
2. 保证工程顺利进行的义务是项目公司还是社会资本方；
3. 能否认定案涉社会资本方放弃 PPP 项目；
4. 社会资本方间转让股权是否违反案涉《PPP 项目合同》约定。

典型意义

本案《联合体协议》载明：在项目公司融资全部或部分不能到位的情况下，富重公司按照工程进度要求保证 P 港港区 P 作业区工程顺利进行。还载明：联合体每一位成员均保证按以下说明对联合体有关本投标文件和项目建设、融资、运营的义务承担独自和连带责任，即在投标文件有效期内，对联合体应对采购方承担的义务承担全部连带责任，对本项目承担联合体协议中说明的独自的建设、融资、运营责任，但不影响其他成员对此项责任承担连带的责任，对根据投资人须知的规定和因提交投标文件在投资竞争中产生的义务承担连带责任。对类似本案《联合体协议》的上述相关约定，带来了关于独立义务的认定问题，这是本案典型性价值所在。

基本案情

上诉人(一审被告)：富重公司

上诉人(一审被告)：中洋公司

被上诉人(一审原告):P市交通运输局

一审第三人:港务集团

一审第三人:通港公司

富重公司、中洋公司及港务集团签订《联合体协议》,以联合体名义投标P港搬迁工程P作业区PPP项目,该《联合体协议》同时为投标文件,约定:富重公司持有项目公司49%的股权,港务集团持有21%的股权;未来在项目公司融资全部或部分不能到位的情况下,富重公司按照工程进度要求保证P港港区P作业区工程顺利进行,富重公司及其子公司中洋公司承担港口工程建设工作,港务集团承担设备采购及作业区运营工作;联合体每一位成员均保证按以下说明对联合体有关本投标文件和项目建设、融资、运营的义务承担独自和连带责任,即在投标文件有效期内,对联合体应对采购方承担的义务承担全部连带责任,对本项目承担联合体协议中说明的独自的建设、融资、运营责任,但不影响其他成员对此项责任承担连带的责任,对根据投资人须知的规定和因提交投标文件在投资竞争中产生的义务承担连带责任。

2016年6月,P市交通运输局(以下简称交通局)、富重公司、中洋公司及港务集团签订《P港搬迁工程P作业区PPP项目合同》(以下简称《PPP项目合同》),约定:甲方为交通局,乙方为中标社会资本即富重公司、中洋公司、港务集团;中标社会资本应按照适用法律规定及本合同的约定,与润城公司在P市出资成立项目公司负责建设、运营及维护本项目,本协议签署之日项目公司尚未设立,故本协议由中标社会资本与甲方先行签署,项目公司成立后3个工作日内,通过与甲方签订补充协议的方式享有并承担本合同项下由乙方和已明确由项目公司享有和承担的权利和义务,但应独立由中标社会资本享有和承担的义务除外;项目公司以投资—建设—拥有—运营(BOO)的方式运作本项目;本项目期限分两个阶段,自开工之日起的11年期间为第一阶段,其中自开工之日起的2.5年为建设期,之后在此阶段内,乙方自商业运营开工之日起依据本合同第11.2条约定获得政府可行性缺口补助,第一阶段结束后即进入项目期限的第二阶段,在此阶段,乙方不再获得政府可行性缺口补助,由乙方自负盈亏;项目公司的注册资本金为项目总投资额的25%即19,217万元,注册资本金以外的本项目所需的其他建设资金由项目公司以银行贷款等各种合法融资方式解决,融资金额应足以保证本项目的投资建设;项目公司独立进行建设期的资金使用和财务核算;合同第8.14条约定,乙方放弃全部或部分项目工程建设应以书面形式表示,除非发生本合同第8.5.5条约定的情况,如乙方出现下列情况,则建设期提前终止,项目应视为已被放弃:……(3)乙方在商业运营开始日前停止工程建设或直接或通过施工承包商撤走场地全部或大部分的工作人员,因更换施工承包商导致撤走全部或大部分工作人员的除外,且该等更换应当自工程停工之日起7日内完成;如乙方放弃或视为放弃项目建设,甲方有权根据本合同第17.2.4条的约定向乙方收取违约金,并根据第17.3条的约定向乙方发出本合同终止意向的通知;从项目公司成立之日起6年内,中标社会资本在项目公司的股权不得发生变化,但项目公司股东将股权转让给其关联方的除外;发生以下违约情形,经甲方书面催告乙方不能在规定的时间内进行补救的,则乙方应向甲方支付相当于本项目总投资(建设期为施工图预算总投资,商业运营期为竣工决算总投资额)5%的违约金:……③乙方放弃或视为放弃项目工程建设……⑦发生严重违反本合同的约定对甲方在本合同项下之权利造成严重损害等内容。

《PPP项目合同》签订后,润城公司、港务集团、富重公司签订了《合资协议》并共同发起设立了项目公司通港公司,后通港公司与交通局签订《P港搬迁工程P作业区PPP项目合同补充协议》,约定:由项目公司享有并承担《PPP项目合同》项下由中标社会资本及已明确由项目公司享有和承担的所有权利和义务,但应独立由社会中标资本享有和承担的权利及义务除外。2016年12月16日,通港公司开工进行项目工程建设。

2018年12月23日,富重公司向通港公司董事会发出《关于提请召开通港公司临时股东会会议的函》,主要内容:鉴于我公司目前遇到前所未有的流动性经营资金紧缺危机,公司已濒临破产,已完全无力继续履行《PPP项目合同》,现提议召开临时紧急股东会议,研究和讨论我公司将在通港公司的股权转让给其他股东的具体方案和办法,以利于项目建设的顺利推进。

2018年12月24日,富重公司向P市人民政府、交通局发出《关于请求将我公司在通港公司的股权转让给润城公司的专题报告》,再次明确表示无力继续履行合同,并要求将其股权转让给润城公司。

2019年2月14日,交通局向港务集团、富重公司、中洋公司发出《关于要求P港搬迁工程P作业区PPP项目中标社会资本方针对富重公司即中洋公司的违约行为采取补救措施的书面通知》,认为项目工程至2018年年底仅完成总工程量的不足1/3，且已处于停滞状态，要求三方中标社会资本方在收到该通知之日起7日内积极采取措施补救。

2019年3月11日，交通局向港务集团、富重公司、中洋公司发出《关于解除〈PPP项目合同〉及其〈补充协议〉的书面通知》，通知社会资本方解除《PPP项目合同》及其补充协议。该解除通知于2019年3月18日到达。此时，项目工程实际停止建设。

2019年6月11日，徐州市中级人民法院（以下简称徐州中院）立案受理原告富重公司诉被告交通局合同纠纷一案，富重公司在该案中主要诉讼请求：交通局支付违约金及资金占用利息，确认交通局于2019年3月11日单方发出的解除合同通知无效。

2019年10月9日，徐州中院立案受理原告中洋公司诉被告通港公司建设工程施工合同纠纷一案，中洋公司在该案中主要诉讼请求：通港公司支付已完工工程的价款及利息。

2020年8月6日，一审法院立案受理原告润城公司诉被告中洋公司、富重公司建设工程施工合同纠纷一案，润城公司在该案中主要诉讼请求：中洋公司、富重公司支付逾期交付工程的违约金。

2020年8月6日，一审法院立案受理原告通港公司诉被告中洋公司、富重公司建设工程施工合同纠纷一案，通港公司在该案中主要诉讼请求：中洋公司、富重公司支付逾期交付工程的违约金并赔偿损失。

本案审理期间，上述案件均在审理中。

2019年2月2日，交通局以富重公司、中洋公司为被告，港务集团、通港公司为第三人提起诉讼（案由为建设工程施工合同纠纷），请求：判令富重公司、中洋公司支付违约金38,434,005元（违约金不足以弥补交通局损失部分待具体损失鉴定后再行追加）。

一审意见

一审法院认为：关于富重公司、中洋公司主体是否适格。交通局、富重公司、中洋公司以及港务集团于2016年6月签订《PPP项目合同》，双方之间合同关系成立。该合同内容系双方真实意思表示，不违反法律、行政法规禁止性规定，合法有效。虽然之后交通局与项目公司通港公司签订了补充协议，《PPP项目合同》中富重公司、中洋公司、港务集团的权利和义务已由通港公司承继，但《PPP

项目合同》和补充协议中均明确约定“应独立由社会中标资本享有和承担的权利及义务除外”，该项约定对合同双方均具有约束力，合同双方仍应按该约定享有权利和承担义务，即合同权利义务被通港公司承继的同时，富重公司、中洋公司、港务集团仍应对原合同中约定的应独立由其承担的义务负有依约履行责任。故富重公司、中洋公司主体适格。

关于独立义务的认定。富重公司、中洋公司及港务集团签订的《联合体协议》载明：在项目公司融资全部或部分不能到位的情况下，富重公司按照工程进度要求保证P港港区P作业区工程顺利进行。还载明：联合体每一位成员均保证按以下说明对联合体有关本投标文件和项目建设、融资、运营的义务承担独自和连带责任，即在投标文件有效期内，对联合体应对采购方承担的义务承担全部连带责任，对本项目承担联合体协议中说明的独自的建设、融资、运营责任，但不影响其他成员对此项责任承担连带的责任，对根据投资人须知的规定和因提交投标文件在投资竞争中产生的义务承担连带责任。根据上述约定，富重公司负有在项目公司融资不到位时保障工程进度的责任，该责任应当认定为包括提供资金保障的责任，而其他联合体成员负有对外提供连带责任的义务。《联合体协议》作为三方联合投标的投标文件，应当为三方对接受投标一方所作的承诺，再结合《PPP项目合同》及其补充协议约定的“应独立由社会中标资本享有和承担的权利及义务除外”等内容，可以认定该三方负有在项目公司融资不到位时保障工程进度的独立义务。

关于违约事实是否成立。富重公司于2018年12月23日向通港公司董事会发出的《关于提请召开通港公司临时股东会会议的函》中，已明确表明其濒临破产，完全无力继续履行《PPP项目合同》，其虽请求将股权转让给其他股东，但并无证据证明该请求已获许可。此种情形下，PPP项目工程已实际于2019年3月停工，富重公司、中洋公司也未提供有效证据证明停工并非其原因造成，应视为富重公司、中洋公司未按约定保障工程的施工进度。而根据《PPP项目合同》第8.14条之约定，在商业运营开始前工程已停止建设的，可视为项目已被放弃。因此，富重公司、中洋公司未按约定履行保障施工进度的独立义务，违约事实成立。

根据《PPP项目合同》第17.2.4条第2项的约定，发生合同约定的违约行为，富重公司、中洋公司经书面催告未能在规定的时间内进行补救，应当支付相当于本项目总投资额5%的违约金,即19,217万元÷5=3843.4万元。

对于交通局要求就已完成工程量进行鉴定的请求,因与本案违约金的诉讼请求无关,一审法院不予准许。

一审结果

2020年3月10日,一审法院作出民事判决:一、富重公司支付交通局违约金38,434,000元,于判决生效之日起10日内付清;二、中洋公司对上述债务的清偿承担连带责任。

富重公司、中洋公司不服一审判决,向徐州中院提出上诉。

二审意见

徐州中院认为:关于富重公司、中洋公司在《PPP项目合同》履行过程中是否存在违约行为的问题。本案中,《PPP项目合同》系各方当事人真实意思表示,合同内容不存在违反我国法律、行政法规强制性规定的情形,依法成立并生效,对各方当事人均有约束力。第一,根据《PPP项目合同》约定的内容,各方当事人主要的权利义务应为出资设立项目公司,之后通过签订补充协议的形式由项目公司承继合同项下富重公司、中洋公司、港务集团的权利义务,即由项目公司建设、运营本项目。《PPP项目合同》签订后,当事人依约设立了项目公司即通港公司,通港公司亦与交通局签订了补充协议,因此,《PPP项目合同》项下的相关权利义务已由通港公司享有和负担。第二,《PPP项目合同》虽约定,补充协议签订后,独立由社会资本方即富重公司、中洋公司、港务集团承担的义务不应由项目公司通港公司负担,但合同中并未对该“独立义务”的内容进行明确约定。富重公司、中洋公司、港务集团投标时提交的《联合体协议》虽承诺“按照工程进度要求保证P港港区P作业区工程顺利进行”,但亦未明确约定此项义务为《PPP项目合同》中约定的社会资本方的“独立义务”,因此,通港公司设立并与交通局签订补充协议后,该项保证工程顺利进行的义务应为通港公司对交通局负有的义务。第三,富重公司、中洋公司作为工程承包方已另行与通港公司签订了《建设工程施工合同》,如富重公司、中洋公司在承建工程过程中存在延误工期、擅自停工等违约行为,亦应由合同相对方的通港公司向其主张权利。故,交通局认为富重公司、中洋公司延误工期、擅自停工的行为违反《PPP项目合同》约定,构成违约的主张,不能成立。至于富重公司发函要求通港公司其他股东收购富重公司持有的通港公司股权的问题,《PPP项目合同》明确约定对于项目公司通港公司股东之间的股权转让并不禁止，因此，富重公司此举系符合《PPP 项目合同》的约定，不应认定系富重公司放弃项目的违约行为。

二审结果

2020 年 9 月 30 日，徐州中院作出民事判决：一、撤销一审判决；二、驳回交通局的诉讼请求。

案例评析

1. 关于从本案相关主体的合同与协议地位分析案件的适格主体问题

作为联合体投标人的社会资本方富重公司、中洋公司、港务集团三方，在《联合体协议》中约定了各方拟承担的工作及责任，该协议约定，在三方主体之间存在法律约束力。《招标投标法》第 31 条第 3 款规定："联合体各方应当签订共同投标协议，明确约定各方拟承担的工作和责任，并将共同投标协议连同投标文件一并提交招标人。联合体中标的，联合体各方应当共同与招标人签订合同，就中标项目向招标人承担连带责任。"本案联合体各方未与招标人交通局分别签订合同，导致联合体协议约定的内容，无法与招标人建立具体约束规制关系。另外，本案因交通局（甲方）与社会资本方（乙方，联合体三方）签订《PPP 项目合同》约定："项目公司成立后三个工作日内，通过与甲方签订补充协议的方式享有并承担本合同项下由乙方和已明确由项目公司享有和承担的权利和义务，但应独立由中标社会资本享有和承担的义务除外。"《联合体协议》中约定的社会资本方的"独立义务"未在《PPP 项目合同》及补充协议作出具体约定。形成社会资本方的"独立义务"无法体现对外效力，导致联合体每一方的独立义务在项目合同项下未起到应有的作用。因三份协议与合同约定，使得联合体各方与交通局无可以依据协议关系形成的直接法律关系，结果致使本案一审原告诉请的适格被告应是项目公司而非联合体各方；无法追究联合体中每一方的违约责任；《PPP 项目合同》约定的社会资本方的"独立义务"无具体约定内容而形同虚设，交通局的请求无法得到救济。二审判决结果基于充分分析案涉协议、合同各主体地位及相关佐证的事实，判决撤销了一审判决，驳回交通局的诉讼请求。

2. 关于社会资本方在本案中的权利义务问题

补充协议由项目公司与交通局签署，约定除应由社会资本方应当承担的义务外，项目公司承继了《PPP 项目合同》中社会资本方的权利义务。项目公司为独立法人,其负责项目的建设、运营与维护等主要义务,而保证工程顺利进行的义务必然是项目公司而非社会资本方。

社会资本方与交通局签署的《PPP 项目合同》约定了其享有与承担的权利义务,项目公司与交通局签订的补充协议,约定了社会资本方除承继《PPP 项目合同》外应当独立承担的权利义务。根据约定,可以认定社会资本方应当承担的责任,而不能认定社会资本方放弃 PPP 项目。

本案作为社会资本方拟转让其持有的项目公司股权,依据《PPP 项目合同》约定,股东之间可以转让项目公司股权,因此不构成违反项目合同。因此,二审法院对社会资本方联合体成员之一的富重公司因故转让项目公司股权问题,认为富重公司此举系符合《PPP 项目合同》的约定,不应认定系富重公司放弃项目的违约行为。

案例56　是否侵犯城市供水特许经营权的认定

相关问题

1. 案涉原告是否适格；
2. 本案是否属于民事诉讼的范围；
3. 供8万吨原水及是否交还供水特许经营权的认定；
4. 案涉市政府是否违背了其在《特许经营协议》中的承诺。

裁判要点摘选

从《特许经营协议》内容看，其是临沂市政府为了满足公共服务需求，利用行政管理权授予实临水务公司一定期限和范围内的城市供水经营管理权，并将收费权交由实临水务公司享有。协议中关于特许经营权的授予、经营内容、范围和期限的限定、定价收费标准的确定、设施的建设、权属与处置、政府对服务的监管和检查等内容，均体现了政府在协议中的特殊地位。

政府《特许经营协议》作为行政管理新方式，广泛存在于城市供水、供气、供热、污水处理、垃圾处理、城市公共交通等公用事业领域，具有明显的行政管理色彩，为了防止行政遁入私法的弊端，以及为了更好地解决行政争议，法律将因履行、解除、变更政府特许经营协议等发生的争议纳入行政诉讼解决范畴。

基本案情

上诉人(一审被告)：临沂水务集团

被上诉人(一审原告)：实临公司

被上诉人(一审第三人):实临水务公司

2004 年 5 月 28 日,山东省临沂市自来水公司与实水香港公司签订《合资经营山东临沂实康水务有限公司合同书》(以下简称《合同书》),约定双方成立中外合资水务公司名称为山东临沂实康水务有限公司(以工商行政管理机构最终核定名称为准);第 7 条约定:合资公司的生产经营范围:自来水生产销售、客户服务、水设施安装与维修、水暖器材销售;第 8 条约定:合资公司的供水范围:经政府特许在临沂市兰山、罗庄、河东、高新技术产业开发区经济开发区范围内供水。2005 年 4 月 6 日,山东省临沂市自来水公司与实水香港公司签订补充协议,将《合同书》中乙方出资公司实水香港公司名称变更为实临公司。

2005 年 11 月 11 日,经山东省临沂市人民政府(以下简称临沂市政府)授权,山东省临沂市建设局与实临水务公司签订《城市供水特许经营协议》(以下简称《特许经营协议》),明确规定特许经营区域范围是指本协议附件一《供水工程和特许经营区域范围》规定的经营和服务区域范围,即兰山区(含南坊片区)、河东区、罗庄区、临沂市经济技术开发区和临沂高新技术产业开发区;第 9 条约定,特许经营期限为 30 年;第 17 条约定,在特许经营期限内实临水务公司享有依据适用法律独家向特许经营区域范围内用户供水,合法经营并取得合理回报的权利。

2010 年 3 月 3 日,临沂市政府以临政字〔2010〕40 号文件批复同意临沂市沂蒙水务(集团)有限责任公司筹建处《关于组建临沂市水务集团实施方案》(以下简称《实施方案》)。《实施方案》显示,临沂水务集团以临沂市沂蒙水务(集团)有限责任公司为母公司,以专业化分工、分类经营的各专营公司为子(分)公司,构建母子公司管理体制。《实施方案》关于临沂水务集团的职能规定,临沂水务集团是市政府授权管理、经营城市涉水事务的大型现代企业集团,主要职能包括负责管理城市规划区内的输水、制水、配水、排水等供排水体系中的生产经营业务。《实施方案》显示,将临沂市引水工程管理处管理的 8 万吨引水工程国有资产划转至临沂水务集团成立的临沂市沂蒙引水分公司,作为临沂水务集团下设的不具有法人资格的分公司;将临沂市自来水公司国有资产,按规定程序划转至临沂水务集团公司,成立临沂市沂蒙自来水有限公司。临沂水务集团的官方网站显示,其主要负责城市规划区内的输水、制水、配水、供水、污水处理、中水回用的生产经营业务,现供水范围已覆盖兰山主城区、北城新区、罗庄区、河东区、临沂经济技术开发区、高新区、临沭县城区、兰山区半程、李官、白省埠、河东区汤头、太平等区域,下设机构包括北城供水服务中心。

实临公司提供的山东省城市市政公用事业经营许可证显示,实临水务公司的经营范围等级:城市供水一级,发证机关为临沂市住房和城乡建设局。

2012 年 5 月 22 日,临沂市沂蒙水务有限责任公司向实临水务公司发出《关于移交北城新区用户资料的通知》,要求实临水务公司于 2012 年 5 月底前完成北城新区用户资料交接、用户过户等工作。

临沂市政府第 45 次常务会议纪要显示,2014 年 10 月 12 日召开的第 45 次市政府常务会议原则同意《临沂城应急供水方案》,启动《临沂城应急供水方案》确定的第一、第二阶段应急措施。《临沂城应急供水方案》第一阶段(主要解决引水渠前地形阻水问题)节水措施第一项规定,停止 8 万吨一期引水工程取水。临沂市政府(2017)第 1 号会议纪要显示,由于临沂 30 万吨供水主管道近日发生两次爆管,导致中心城区大面积停水停暖,会议确定立即启用临沂城一期 8 万吨引水管线入实临水务公司东北园水厂,形成中心城区双水厂供水,缓解半程水厂的供水压力。

各方当事人一致认可,北城新区即指《特许经营协议》约定的南坊片区。2011 年 2 月 28 日,临沂市北城新区开发建设指挥部将临沂市北城新区供水管网及附属工程移交给临沂水务集团运营管理。

工商行政机关登记显示,实临水务公司成立于 2005 年 11 月 7 日;2017 年 3 月 7 日的董事、监事、经理信息显示,王某某为实临水务公司的董事长。

2016 年 11 月 31 日,实临公司向实临水务公司及公司董事会发出《告知函》,载明:“我司近期获知临沂水务集团非法向贵司收取净水费 1.15 元/立方米(不含原水费 0.25 元/立方米)以及侵占临沂市北城新区(南坊片区)特许经营权一事,经过我司调查核实后,我司认为该行为已经严重侵害贵司的城市供水特许经营权,且已造成贵司经营严重亏损;现我司作为享有 60% 的股权的股东,郑重请求贵司及贵司董事会立即起诉临沂水务集团,追回贵司的全部经济损失,以维护贵司以及贵司股东的合法权益。”2017 年 1 月 10 日,实临水务公司的法定代表人王某某回复实临水务公司,因公司内部管理混乱,董事会也无法召开,公司的公章也不在董事会的控制下,无法起诉临沂水务集团。

2017 年 8 月 18 日,实临公司起诉临沂水务集团、实临水务公司(案由为侵权纠纷),请求判令:(1)临沂水务集团停止侵害实临水务公司享有的供水特许经营权行为,即按照《特许经营协议》的约定向实临水务公司提供原水,并赔偿损失101,243,405元;(2)临沂水务集团向实临水务公司交还临沂北城新区城市供水特许经营权,并赔偿损失(待审计后确定具体数额)。此后,实临公司放弃赔偿损失的诉讼请求。

实临公司主要诉讼意见:临沂水务集团取得市场支配地位后,未能履行《特许经营协议》中保证供应充足原水的义务,反而利用自身职能便利条件,抢占了本属于实临水务公司的供水特许经营区域。临沂水务集团在有能力供应原水的情况下,不能保证供水,迫使实临水务公司加价购水,其目的是将实临水务公司排挤出临沂供水市场,以独享临沂城市供水经营,该行为严重违反了《特许经营协议》,迄今为止,其共从实临水务公司非法获利101,243,405元。临沂水务集团利用其政府背景及原水供应的市场主导地位,强行要求实临水务公司将南坊片区的城市供水经营权移交给临沂水务集团,损害了实临水务公司的合法权益,应予交还并赔偿经济损失。实临公司在得知上述侵权事实后,要求实临水务公司提起诉讼,但实临水务公司称董事会无法召开,公司公章不在董事会控制之下,无法向法院提起诉讼。因此,实临公司作为实临水务公司的股东依法提起诉讼。

临沂水务集团主要诉讼意见:(1)《特许经营协议》属于行政协议,实临公司主张的特许经营权是因《特许经营协议》产生,不属于民事权利,有关特许经营权的纠纷不属民事案件的受案范围,应通过行政诉讼解决。(2)实临公司提起本案诉讼前未书面请求实临水务公司监事会或监事向人民法院提起诉讼,实临公司不具备提起股东代表诉讼的主体资格。(3)即使本案属于民事案件受案范围,实临公司以侵权为由主张《特许经营协议》项下的合同权利无法律依据。①实临公司主张侵害对象系合同权利,而合同权利不属于《侵权责任法》保护的民事权益范围。临沂水务集团不存在侵权行为,实临水务公司也不存在任何损失,因此,实临公司的主张不能成立。②临沂水务集团是根据政府文件成立,从事供排水生产经营是经政府授权的,不存在违法供水侵害实临水务公司权益的行为。③《特许经营协议》是临沂市建设局与实临公司签订,临沂水务集团不是合同主体,无义务向实临水务公司供水,且停止8万吨一期饮水工程取水是政府会议决定的,临沂水务集团无权决定供水。临沂水务集团经政府机关授权,享有南坊片区供水经营权，实临公司要求交还该区域供水经营权给实临水务公司无依据。④临沂水务集团按政府定价向下游企业供水，不存在滥用支配地位的行为。⑤临沂水务集团成立后，实临水务公司未提出过异议，即使现在认为权利受到侵害，其主张也已超过诉讼时效。(4)实临公司一直未能履行建设新输水管网的义务，实临公司提起本案诉讼显然滥用诉权。请求驳回实临公司的起诉或全部诉讼请求。

实临水务公司主要诉讼意见：本案应属于民事诉讼，实临公司所诉属实，临沂水务集团的行为侵犯了实临水务公司的特权经营权，并给实临水务公司造成了巨大损失。由于实临水务公司失控，致使无法以公司名义提起诉讼，实临公司享有合法诉权。

一审意见

一审法院认为：实临公司系在香港特别行政区注册成立的企业法人，本案为涉港商事纠纷，在审理程序上应参照适用涉外民事诉讼程序的规定进行审理。实临公司主张临沂水务集团侵权，侵权行为发生在山东省临沂市，属于该院的辖区范围内，该院对本案有管辖权。各方当事人对适用中华人民共和国内地法律处理本案争议均无异议，该院确定中华人民共和国内地法律作为处理本案实体争议的准据法。

本案的争议焦点有以下四个：实临公司是否为本案的适格原告，本案是否属于民事诉讼的范围；临沂水务集团是否有义务向实临水务公司日供8万吨原水；临沂水务集团是否应向实临水务公司交还北城新区供水特许经营权；实临公司的主张是否超过诉讼时效。

关于第一个焦点问题。根据《公司法》第151条第3款的规定，他人侵犯公司合法权益，给公司造成损失的，有限责任公司的股东可以向人民法院提起诉讼。实临公司为实临水务公司的股东之一，其认为临沂水务集团侵犯了合资公司的合法权益，并于2016年11月31日书面请求实临水务公司及董事会起诉临沂水务集团。2017年1月10日，实临水务公司的法定代表人王某某书面答复实临水务公司，因公司内部管理混乱，董事会无法召开，无法起诉临沂水务集团，实临水务公司未向人民法院提起诉讼。实临公司作为实临水务公司的股东之一，代表合资公司提起的本案侵权诉讼，并无不当，其主体资格是符合法律规定的。城市供水依法实行特许经营，许可单位与被许可单位之间因许可事项发生的纠纷属于行政诉讼范围,但被许可单位因其他单位侵权引起的诉讼,属于民事诉讼的范围。本案实临公司主张临沂水务集团侵犯了合资公司的合法权益,属于民事诉讼的范围。因此,实临公司就临沂水务集团侵权提起民事诉讼,主体适格。

关于第二个焦点问题。临沂水务集团由临沂市政府组建,是市政府授权管理、经营城市涉水事务的大型企业集团,其职能包括管理城市规划区内的输水、制水、配水、排水等供排水体系中的生产经营业务。案涉8万吨输水管线归临沂水务集团管理,根据合同约定,该输水管线负有向实临水务公司供水的职责,经各方当事人确认,8万吨引水管线已恢复正常供水。实临公司主张每天供原水仅为6万吨,未达到8万吨,但未提供证据予以证明。在8万吨引水管线恢复正常供水的情况下,实临公司的诉讼请求已经实现,无须判决。

关于第三个焦点问题。城市供水等市政公用事业依法实行特许经营,临沂市建设局代表临沂市政府与实临水务公司签订《特许经营协议》,授予实临水务公司城市供水特许经营权,并向实临水务公司颁发了山东省城市市政公用事业经营许可证,实临水务公司有权在《特许经营协议》约定的范围内供水。根据《特许经营协议》的约定,实临水务公司享有依法独家向特许经营区域范围内用供水的权利,南坊片区即北城新区属于实临水务公司的供水范围,因此,上述区域属于实临水务公司独家供水的范围。临沂水务集团未取得城市供水特许经营权及相关特许经营许可证,其在上述区域从事城市供水业务不符合法律规定。根据《实施方案》载明的临沂水务集团职能,临沂水务集团只是负责管理城市规划区内供排水体系中的生产经营业务,政府部门并未赋予其向城市供水的经营权,因此,临沂水务集团关于根据《实施方案》其有权在上述区域经营城市供水的主张不能成立。临沂水务集团无权经营北城新区供水业务,实临公司关于临沂水务集团在北城新区供水侵犯了实临水务公司的特许经营权的主张成立,实临水务公司有权要求临沂水务集团停止侵权,由实临水务公司经营临沂市北城新区供水。

临沂市北城新区的城市供水经营权一直属于实临水务公司,临沂水务集团不拥有上述区域供水经营权,不存在将上述经营权交还的问题,实临公司的该项诉讼请求不成立。如实临公司要求临沂水务集团以《侵权责任法》规定的方式承担侵权责任,可另案主张。

关于第四个焦点问题。截至目前,临沂水务集团一直从事北城新区的供水业务,侵权行为持续存在,实临公司随时可以要求临沂水务集团交还北城新区的供水经营权,因此,实临公司提起本案诉讼不超过诉讼时效。

综上,8 万吨引水管线已恢复供水;临沂市北城新区的供水经营权一直属于实临水务公司所有,只是被临沂水务集团所侵犯,不存在交还经营权的问题;实临水务公司放弃损失赔偿的主张,属于对自身权利的处分,应予准许。

一审结果

一审法院作出民事判决:驳回实临公司的诉讼请求。

临沂水务集团不服一审判决,向最高人民法院提出上诉。

二审意见

最高人民法院认为:本案二审争议焦点:(1)本案争议应通过属于行政诉讼还是民事诉讼解决;(2)如果本案争议应当通过民事诉讼解决,临沂水务集团的行为是否构成侵权并应承担相应的民事责任。

本案中,实临公司依据其与临沂市政府授权的临沂市建设局之间签订的《特许经营协议》关于实临水务公司有权在争议的北城新区范围内向用户供水、合法经营并取得合理回报的约定,主张临沂水务集团掐断 8 万吨原水供应管网并停止向实临水务公司供应原水、强行要求实临水务公司移交城市供水特许经营权、要求用水居民与其签订供水合同等一系列行为侵犯了实临水务公司的城市供水特许经营权。临沂水务集团依据临沂市政府临政字〔2010〕40 号文件主张其已经获得临沂市政府授予的城市供水经营权,其在北城新区供水行为本身有合法的权源,不存在主观过错,亦不具备侵害性。双方在本案中就临沂水务集团相关行为是否构成侵权的争议,源于对临沂水务集团行为合法性的不同认识。判断临沂水务集团经营城市供水业务是否构成对实临水务公司享有的城市供水特许经营权的侵犯,离不开对临沂市政府临政字〔2010〕40 号文件的解释,绕不开对向临沂水务集团作出授权的临沂市政府具体行政行为的评判,不可避免要对临沂市政府是否违背了其在《特许经营协议》中的承诺作出判断。

《特许经营协议》第 4 条约定,“特许经营权:是指本协议中甲方(临沂市建设局)授予乙方(实临水务公司)的、在特许的经营期限和经营区域范围内设计、建设、运营、维护供水工程、向用水户提供服务并收取费用的权利”;第六章关于“供水运营”中第 17 条约定,在特许经营期内,临沂市建设局应当“维护特许经营权的完整”“不再审批新的供水企业”;第 17 条还约定,实临水务公司享有“依据适用法律独家向特许经营区域范围内用户供水、合法经营并取得合理回报”“根据社会和经济发展情况,保障特许经营区域范围内水厂的运行、供水管网的正常维护以及特许经营区域范围内用户供水服务”“履行协议双方约定的社会公益性义务”等一系列权利义务;临沂市建设局享有对实临水务公司的供水服务“进行监督检查”“结合经济社会发展需要,制定供水服务标准和近、远期目标”等权利义务。从《特许经营协议》内容看,其是临沂市政府为了满足公共服务需求,利用行政管理权授予实临水务公司一定期限和范围内的城市供水经营管理权,并将收费权交由实临水务公司享有。协议中关于特许经营权的授予、经营内容、范围和期限的限定、定价收费标准的确定、设施的建设、权属与处置、政府对服务的监管和检查等内容,均体现了政府在协议中的特殊地位。《最高人民法院关于适用〈中华人民共和国行政诉讼法〉若干问题的解释》①第11条规定,政府特许经营协议属行政机关为实现公共利益或者行政管理目标,在法定职责范围内,与公民、法人或者其他组织协商订立的具有行政法上权利义务内容的协议。因此,应当认定本案所涉《特许经营协议》属于政府特许经营协议。

《行政诉讼法》第12条第1款规定:“人民法院受理公民、法人或者其他组织提起的下列诉讼:……(十一)认为行政机关不依法履行、未按照约定履行或者违法变更、解除政府特许经营协议、土地房屋征收补偿协议等协议的……”政府特许经营协议作为行政管理新方式,广泛存在于城市供水、供气、供热、污水处理、垃圾处理、城市公共交通等公用事业领域,具有明显的行政管理色彩,为了防止行政遁入私法的弊端,以及为了更好地解决行政争议,法律将因履行、解除、变更政府特许经营协议等发生的争议纳入行政诉讼解决范畴。

综上,通过本案民事诉讼无法使当事人的合法权益获得救济。实临公司、实临水务公司应当通过行政诉讼途径获得相应的司法救济。一审法院将本案作为民事案件受理并审理不当,应予纠正。临沂水务集团关于本案应当通过行政诉讼解决的上诉理由成立,应予支持。

对于第二个焦点问题,无须回答。

二审结果

2019年12月20日,最高人民法院作出民事裁定:一、撤销一审判决;二、驳

---

① 现已失效。

回实临公司的起诉。

案例评析

本案系一起因履行政府《特许经营协议》而引发的诉讼案件。根据案件事实,对以下问题进行简要评析。

1. 关于本案原告是否适格的问题

案涉《特许经营协议》项下的特许经营权人为实临水务公司,而本案原告实临公司是实临水务公司的股东。因此,判断本案原告实临公司是否适格,核心问题是审查认定实临公司是否满足股东代表诉讼所应具备的法定条件。根据《公司法》第151条的规定,股东代表公司提起诉讼,一般应先履行法定有关股东代表诉讼的前置程序。在公司监事会、不设监事会的有限责任公司的监事,或者董事会、执行董事收到公司股东书面请求后拒绝提起诉讼,或者自收到请求之日起30日内未提起诉讼,或者情况紧急、不立即提起诉讼将会使公司利益受到难以弥补的损害的,该公司股东有权为了公司的利益以自己的名义直接向人民法院提起诉讼。本案中,原告实临公司于2016年11月30日书面请求实临水务公司及董事会起诉临沂水务集团后,而实临水务公司(法定代表人)2017年1月10日答复因公司内部管理混乱,董事会无法召开,无法起诉临沂水务集团。因此,原告实临公司以其名义代表实临水务公司提起本案诉讼,具备法定的诉讼主体资格,一审法院对其诉讼主体适格的认定正确。

有关该问题需要强调的是,上述《公司法》的规定,强调的是公司合法权益及诉讼权利的保护,既适用于民事诉讼,也适用于行政诉讼。

2. 关于本案是否属于民事诉讼的范围的问题

诉讼案件所适用诉讼程序法应当根据诉讼标的,即原告提起诉讼涉及的主要法律关系进行判断。根据本案原告的诉讼请求及事实理由,其主张的是要求临沂水务集团按照《特许经营协议》的约定向实临水务公司提供原水;交还临沂北城新区城市供水特许经营权。因此,其诉讼标的为要求政府履行《特许经营权》的约定。依照《行政诉讼法》第12条第1款第11项规定,“行政机关不依法履行、未按照约定履行或者违法变更、解除政府特许经营协议”属于行政诉讼受案范围。《最高人民法院关于适用〈中华人民共和国行政诉讼法〉若干问题的解释》第11条、2020年1月1日开始施行的《最高人民法院关于审理行政协议案件若干问题的规定》第2条和第9条亦有政府特许经营协议属于行政诉讼受理范围的类似规定。因此,本案因《特许经营协议》履行而发生的争议应当属于行政诉讼的受案范围。二审法院裁判意见正确。

3. 关于供8万吨原水及是否交还供水特许经营权的认定问题

抛开本案应适用民事还是行政诉讼程序问题,就案件实体部分谈谈关于供8万吨原水及是否交还供水特许经营权的认定问题。《最高人民法院关于审理行政协议案件若干问题的规定》第27条规定:"人民法院审理行政协议案件,应当适用行政诉讼法的规定;行政诉讼法没有规定的,参照适用民事诉讼法的规定。人民法院审理行政协议案件,可以参照适用民事法律规范关于民事合同的相关规定。"第10条第3款规定:"对行政协议是否履行发生争议的,由负有履行义务的当事人承担举证责任。"

本案系争的政府方是否按《特许经营协议》供应8万吨原水,以及政府方是否交还供水特许经营权的问题,属于案涉《特许经营协议》基本履行事实问题。根据上述司法解释的规定,原则上应由被告临沂水务集团承担其已按合同约定和承诺,全面、适当履行供应8万吨原水的举证证明责任。

4. 关于案涉市政府是否违背了其在《特许经营协议》中的承诺问题

抛开本案应适用民事还是行政诉讼程序问题,就案件实体部分谈谈关于案涉市政府是否违背了其在《特许经营协议》中的承诺问题。根据本案事实,山东省临沂市建设局与实临水务公司签订《特许经营协议》,明确规定特许经营区域范围包括兰山区(含南坊片区)、河东区、罗庄区、临沂市经济技术开发区和临沂高新技术产业开发区,特许经营期限为30年,在特许经营期限内实临水务公司享有依据适用法律独家向特许经营区域范围内用户供水,合法经营并取得合理回报的权利。因此,临沂市政府、临沂市建设局以及具体行使原水供应行政管理职责的临沂水务集团应保证按《特许经营协议》的约定或承诺,保证实临水务公司的原水供应,否则,应按《合同法》的相关规定承担违约赔偿责任。

案例57　案涉区政府应否支付污水处理服务费

相关问题

1. 原告的主体资格是否适格；
2. 案涉项目的运行模式已由BOT模式变更为BT模式；
3. 被告应否按照约定的保底水量及单价支付污水处理服务费；
4. 被告应否按照协议约定与原告签署协议。

裁判要点摘选

污水处理厂一期(1.25万吨/日)建设项目竣工环境保护验收合格，因区政府并未将格水公司回购，故其应自该验收合格起按《BOT项目协议》的约定支付污水处理服务费。同时，验收合格日期应为《BOT项目协议》载明的商业运营日。

基本案情

上诉人(一审被告)：鹤壁市E区人民政府

被上诉人(一审原告)：格水公司

2011年3月，鹤壁市E区人民政府(以下简称区政府，甲方)与格特公司(乙方)签订鹤壁市E区污水处理厂《BOT项目特许经营协议》(以下简称《BOT项目协议》)一份，协议总则约定：甲方以建设、运营、移交的方式对项目进行招商邀请，经甲方批准选定BOT投资者为乙方，本协议由格特公司与区政府签署；项目公司依法注册成立后，甲、乙双方均同意本协议项下的权利义务转让到项目公司。为加快市政公用设施市场化进程,提高市政公用设施运营效率,甲方遵循公开、公平、公正和公共利益优先的原则,决定采用BOT的方式将污水处理厂特许经营权授予给乙方。污水处理厂建设规模为日处理污水2.5万吨,投资金额约6500万元(具体投资金额以审计机关审计后的结果为准)。项目公司于特许经营期内运营污水处理设施,提供污水处理服务,收取污水处理服务费,并于特许经营期结束后将污水处理设施按本协议约定移交给甲方或其指定机构。协议第1.1条第5项约定,项目公司系乙方和其联合体依照法律在鹤壁市投资设立的,以承受本协议和《污水处理服务协议》项下权利和义务的企业。第2.1条第2项约定,乙方将以BOT方式建设、运营和移交污水处理厂(不包括所有厂区外管网)。特许经营期限为30年(含建设期)。污水处理厂建设规模为日污水处理能力25,000吨,总投资约6500万元。第6.2条第3项约定,根据本协议的规定,甲方每月10日前向项目公司足额支付上月污水处理服务费。若甲方不能及时按本协议支付污水处理服务费,乙方有权停止污水处理厂运行,由此产生的一切法律、经济等方面的后果由甲方承担。污水处理厂停止运行期间,甲方根据进水水量照常承担污水处理费。第8.1条约定,项目公司应依照本协议负责污水处理厂所有建设工程,并依法承担建设工程的所有费用和风险。第9.1条项目设施完工约定:(1)项目公司应至少提前30日以书面形式向甲方发出"最终完工通知书",告知项目公司预计的项目开始商业运营的日期。(2)项目公司和甲方在完工通知书发出之后,应安排在通知后的20日内联合组织进行以下各项工作:(a)根据第9.2条和适用的标准和规范进行性能测试,以确认项目的性能符合本协议和适用的法律规定的设计标准和规范;(b)根据第9.4条检查项目设施,确认建设工程已根据本协议和适用法律完工。第9.6条商业运营约定,商业运营日是指发出或视为已经发出最终完工证书后,污水处理厂开始处理污水并使出水水质达到本协议约定的标准,甲、乙双方应于商业运营日签发一份书面文件,表明自商业运营日开始,项目公司提供污水处理服务,甲方才开始计算支付污水处理服务费。第10.1条约定,项目自商业运营日开始,政府承诺保底水量为设计水量的70%。第10.2条约定,基本污水处理服务费为1.2元/吨。协议还约定了其他内容。

2011年5月24日,格特公司注册成立格水公司。格水公司、区政府及格特公司均认可格水公司系《BOT项目协议》的项目公司。污水处理厂由格水公司建设与运营。2014 年 1 月 19 日,污水处理厂竣工验收。2015 年 7 月 25 日,污水处理厂开始运行。

2015 年 10 月 19 日,区政府(甲方)、格水公司(乙方)签订补充协议一份,约定:(1)乙方于 2015 年 7 月 25 日开始运行,期限为 3 个月,因多种原因没能进行环保验收,需延续协议 2 个月。(2)在运行期间,甲方负责协助乙方办理验收运行手续。(3)乙方负责管理、处理污水厂的污水达标排放。(4)由于污水厂前期运行成本较高,基本运行费用每月 45 万元。(5)运营费用,甲方每月 25 日前预付乙方 45 万元。(6)该协议于市环保验收后止,由甲方一次性购买或按甲、乙双方签订的 BOT 协议执行。

2016 年 4 月 5 日,鹤壁市环保局对污水处理厂一期(1.25 万吨/日)建设项目竣工环境保护验收合格。

2015 年 7 月 27 日至 2015 年 12 月 7 日,区政府支付格水公司 2015 年 7 月 25 日至 2015 年 12 月 25 日运营费 225 万元。2016 年 8 月 8 日,鹤壁市××区综合执法局与格水公司签订补充协议一份,约定支付格水公司 2015 年 12 月 26 日至 2016 年 3 月 26 日运行费 90 万元,格水公司于 2016 年 8 月 8 日恢复污水处理厂正常运行。2016 年 8 月 22 日,区政府支付 2015 年 12 月 26 日至 2016 年 3 月 26 日运营费 90 万元。

2017 年 1 月,区政府支付 2016 年 4 月之后运行费 200 万元。2017 年 4 月,区政府支付 2016 年 4 月之后运营费 230 万元。2017 年 10 月,区政府支付 2016 年 4 月之后运营费 198 万元。

2018 年 4 月,区政府支付 2018 年 1 月至 3 月运营费 99 万元。2018 年 8 月,区政府支付 2018 年 4 月至 6 月运营费 99 万元。

区政府、格水公司均认可自 2016 年 4 月 5 日起,每月按照 33 万元暂付运行费。因区政府迟延付款,2016 年 5 月、6 月、7 月格水公司停止运行污水处理设备,自 2016 年 8 月 8 日起恢复运行。

2018 年 10 月 8 日,格水公司起诉区政府(案由为合同纠纷),请求:(1)判令区政府支付格水公司 2016 年 4 月至 2016 年 12 月底污水处理费 336 万元;(2)责令区政府与格水公司按照《BOT 项目协议》第 9.6 条约定签署协议;(3)诉讼费由区政府负担。

一审意见

一审法院认为，本案的争议焦点有四个，一是格水公司的主体资格是否适格；二是区政府是否按照《BOT项目协议》约定的保底水量及单价支付格水公司污水处理服务费；三是区政府支付格水公司的具体款项及未支付数额；四是格水公司应否按照《BOT项目协议》第9.6条的约定与格水公司签署协议。

关于第一个争议焦点，即格水公司主体资格是否适格的问题。结合《BOT项目协议》及履行情况来看，格水公司应为适格主体，理由如下：

其一，《BOT项目协议》约定，本协议由格特公司与区政府签署，项目公司依法注册成立后，格特公司与区政府均同意本协议项下的权利义务转让到项目公司，项目公司由格特公司和其联合体投资设立。项目公司于特许经营期内运营污水处理设施，提供污水处理服务，收取污水处理服务费。2011年格特公司注册成立了格水公司，占股100%。依照《BOT项目协议》的约定，该协议中应由格特公司享有的权利和承担的义务由格水公司承受，虽然后来其股权发生变动，但并不影响其成立后已享受的权利和应承担的义务。

其二，区政府及格特公司均认可格水公司系《BOT项目协议》中载明的项目公司。

其三，从《BOT项目协议》多年的履行情况来看，污水处理厂自始由格水公司建设、运营，区政府亦按照补充协议的约定向格水公司支付了2016年3月26日之前的运营费用及支付了2016年4月之后的部分运营费用，故区政府对于格水公司作为《BOT项目协议》权利、义务人这一事实是明知和认可的。

关于第二个争议焦点，即区政府是否按照《BOT项目协议》约定的保底水量及单价支付污水处理服务费。结合本案所查明的事实及《BOT项目协议》的内容，区政府应按照《BOT项目协议》约定的保底水量及单价支付格水公司污水处理服务费。理由如下：

其一，《BOT项目协议》约定污水处理厂建设规模为日处理污水2.5万吨，自商业运营日开始，政府保底水量为设计水量的70%，基本污水处理费为1.2元/吨。

其二，格水公司要求区政府按照《BOT项目协议》约定的保底水量及单价支付污水处理服务费符合协议订立的目的。区政府负有提供充足污水的义务，其应承担所提供污水未达到保证水量所引发的风险。案涉项目是一项公共基础设施项目，由相关企业根据政府赋予的特许权，在特许经营期内投资并承担工程的建设、运营、维护等，政府负责宏观协调、监督、检查等，政府部门需向企业支付污水处理服务费。这一运行模式使得政府在建设公共基础设施项目时，节省了大量的财力、物力和人力，而企业不仅需要投入大量成本，还要承担经济风险。双方在《BOT 项目协议》中约定保底水量，也旨在一定程度上规避企业风险，从该项目的性质及《BOT 项目协议》约定来看，区政府负有铺设厂区外管网、提供充足污水的义务。如果区政府及周边地区污水处理达不到预期效果，将无法实现改善和加强区政府污水处理行业管理、促进社会经济可持续发展的合同目的；另外，这也将给为履行案涉协议而专门成立的格水公司带来巨大的经营风险，甚至难以正常运行。现区政府未提供充足水源，不应将其未按约定提供充足污水所引发的风险交由格水公司承担。故区政府应按照《BOT 项目协议》约定的保底水量及单价支付污水处理服务费。

关于第三个争议焦点，区政府支付格水公司的具体款项及未支付数额。区政府支付了格水公司 2015 年 7 月 25 日至 2015 年 12 月 25 日运行费 225 万元，共计 5 个月，每月 45 万元。支付了 2015 年 12 月 26 日至 2016 年 3 月 26 日运营费 90 万元，共计 3 个月，每月 30 万元。双方均认可 2016 年 3 月 26 日之前的污水处理服务费均已结清。

双方均认可自 2016 年 4 月 5 日起，区政府按照每月 33 万元预付格水公司运行费。2017 年 1 月，区政府支付格水公司 2016 年 4 月之后运行费 200 万元。2017 年 4 月，区政府支付格水公司 2016 年 4 月之后运营费 230 万元。2017 年 10 月，区政府支付格水公司 2016 年 4 月之后运营费 198 万元。上述费用共计 628 万元，均为 2016 年 4 月至 2017 年 12 月费用。上述费用从后往前计算，一审法院确定区政府支付格水公司 2017 年 1 月至 2017 年 12 月费用共计 396 万元（33 万元/月 ×12 个月）。剩余费用 232 万元为 2016 年 4 月至 2016 年 12 月的费用。格水公司当庭自认其 2016 年 5 月、6 月、7 月及 2016 年 8 月 8 日前未运行，未进行污水处理，故该期间费用不予支持。2018 年 1 月 1 日之后的费用，因格水公司未主张，不再阐述。

《BOT 项目协议》约定自商业运营日开始，区政府支付格水公司污水处理服务费，但双方均未按照该协议第 9.1 条、第 9.2 条、第 9.3 条、第 9.4 条的约定明确商业运营日，但双方在 2015 年 10 月 19 日签订的补充协议上约定格水公司于

2015年7月25日开始运行，期限为3个月，因多种原因没能进行环保验收，需延续协议2个月。由于污水厂前期运行成本较高，基本运行费用每月45万元。该协议于市环保验收后止，由区政府一次性购买或按双方签订的《BOT项目协议》执行。该协议约定的内容对前期运行及正常运行时间作了补充说明，即在环保部门验收前为前期运行期间，每月污水处理费为45万元，在环保部门验收后区政府一次性购买或按双方签订的《BOT项目协议》执行。鹤壁市环保局于2016年4月5日对污水处理厂一期（1.25万吨/日）建设项目竣工环境保护验收合格，因区政府并未将格水公司回购，故其应自2016年4月5日起按《BOT项目协议》的约定支付格水公司污水处理服务费。该日期应为《BOT项目协议》载明的商业运营日。

关于格水公司主张的2016年4月1日至2016年4月4日的费用，该期间仍在前期运行期间，区政府仍应按照45万元/月的标准支付格水公司污水处理服务费，该期间费用为6万元（45万元/月÷30天×4天）。2016年3月27日至2016年3月31日的费用亦按该标准计算，应为7.5万元（45万元/月÷30天×5天）。格水公司认为，区政府于2017年1月支付的200万元费用，其中1万元用于结算2016年3月27日至2016年3月31日的费用并予以结清。格水公司该意见不违反双方约定，予以支持。因此，区政府自2016年4月至2016年12月共预付格水公司运行费231万元（扣除了2016年3月27日至2016年3月31日的费用1万元）。2016年4月5日至2016年12月31日，扣除2016年5月1日至2016年8月7日未运行期间，共计172天，每日保底水量为2.5万吨的70%即1.75万吨，每吨污水处理服务费为1.2万元，每天污水处理费为2.1万元，该期间污水处理服务费共计361.2万元。自2016年4月1日至2016年12月31日，区政府应支付格水公司污水处理服务费367.2万元（361.2万元+6万元），因区政府已预付该期间费用231万元，仍需支付格水公司该期间污水处理服务费136.2万元。

关于区政府辩称的要求格水公司建设一条生产线，但格水公司建设了两条生产线，额外费用其不承担的意见。一审法院认为，虽然格水公司仅对污水处理厂一期（1.25万吨/日）建设项目竣工环境保护验收进行了验收，但格水公司按照《BOT项目协议》的约定建设了日处理污水2.5万吨的两条生产线，且于2014年1月19日已竣工验收。从环保部门向一审法院出具的监测数据报表看，无日处理污水超过1万吨的情形,并未影响对区政府污水的处理,且区政府也未提交证据证明因格水公司未开通第2条污水处理系统对其造成了损害,另外也未提交证据证明在案涉工程竣工验收前要求格水公司或与格水公司协商建设一条生产线,故对区政府的该抗辩意见不予采纳。

关于争议焦点四,即区政府是否应《BOT项目协议》第9.6条的约定与格水公司签署协议。该协议第9.6条约定,商业运营日是指发出或视为已经发出最终完工证书后,污水处理厂开始处理污水并使出水水质达到本协议约定的标准,双方应于商业运营日签发一份书面文件,表明自商业运营日开始,格水公司提供污水处理服务,区政府计支污水处理服务费。虽然双方未按照该条款及相关条款的约定确定商业运营日,未签发书面文件,但在上述说理部分已阐明,双方在2015年10月19日签订的补充协议实际上已明确了商业运营日即环保验收后,费用的支付方式即区政府一次性购买或按签订的《BOT项目协议》执行。该条款约定自商业运营日双方签发一份书面文件,并非格水公司诉称的签署协议,且双方2015年10月19日所签补充协议实际已对商业运营日及费用支付进行了确认,无须重复签订,格水公司的该项诉讼请求不予支持。综上,区政府支付格水公司2016年4月1日至2016年12月31日的污水处理服务费1,362,000元。

一审结果

2019年1月16日,一审法院作出民事判决:一、区政府于判决生效之日起10日内支付格水公司2016年4月1日至2016年12月31日污水处理费1,362,000元(不包含已预付的该期间的费用)。二、驳回格水公司的其他诉讼请求。

区政府不服一审判决,向鹤壁市中级人民法院(以下简称鹤壁中院)提出上诉。

二审意见

鹤壁中院认为,格水公司是依据区政府与格特公司签订的《BOT项目协议》,由格特公司和其联合体投资设立的项目公司。格水公司是特许经营协议权利义务的承受者和实际履行主体,是本案适格主体。区政府在协议已履行、案涉项目已实际投入运营的情况下,又以招投标程序存在违规情况来否定双方所签订的协议效力,明显不能成立。格水公司股权的转让、变更对该公司民事主体资格不构成任何影响。

本案双方虽未签订《污水处理服务协议》,但格水公司实际提供了污水处理服务,一审按照《BOT 项目协议》第 10.1 条、第 10.2 条及补充协议计算污水处理费有事实依据。《BOT 项目协议》总则第 2 页第 2 项,是对污水处理建设规模、投资金额的约定,第 10 条则是对污水处理费如何计算的约定,是相对独立的协议条款。区政府称污水处理服务费 1.2 元/吨,是根据投资金额 6500 万元计算得出的数据,缺乏事实依据,不予支持。区政府上诉称案涉项目的运行模式已由 BOT 模式变更为 BT 模式,但未提供双方已就合同变更重新达成的协议,从案件事实情况看也无法证明双方已经就合同变更形成合意。

格水公司依约建设了日处理污水 2.5 万吨的两条生产线,且已于 2014 年 1 月19 日竣工验收。虽然实际上仅对一期(1.25 万吨/日)建设项目竣工环境保护验收进行验收、投入使用,但由于区政府未提供充足的污水量,并未影响对污水的正常处理,一审根据《BOT 项目协议》约定,并结合案涉项目的投资运行模式、投资风险等因素,判决区政府按照保底水量及单价支付污水处理服务费具有合理性、正当性。

综上所述,区政府的上诉理由不能成立,应予驳回;一审认定事实清楚,适用法律正确。

二审结果

2019 年 4 月 11 日,鹤壁中院作出民事判决:驳回上诉,维持原判。

案例评析

1. 关于原告的主体资格是否适格问题

区政府与格特公司签订的《BOT 项目协议》属于行政协议,根据《最高人民法院关于审理行政协议案件若干问题的规定》第 2 条第 1 项“公民、法人或者其他组织就下列行政协议提起行政诉讼的,人民法院应当依法受理:(一)政府特许经营协议”的规定,格水公司虽然一开始不是该协议的签订主体,但该公司是区政府与格特公司依据《BOT 项目协议》设立的项目公司,且后续格特公司将其享有的权利和承担的义务转由格水公司承受,虽然格水公司股权后来发生变动,但并不影响其成立后已享受的权利和应承担的义务,故其原告主体资格适格。

2. 关于被告应否按照约定的保底水量及单价支付污水处理服务费问题

行政协议兼具行政和民事特征,双方签订《BOT 项目协议》时已就经济风险进行了分配，即约定了区政府提供保底水量和单价支付污水处理服务费，区政府未能如约履行其义务，在格特公司与格水公司无明显过错的情况下，该部分风险应当由区政府承担，即区政府应当按照约定的保底水量及单价支付污水处理服务费。

3. 关于被告应否按照协议约定与原告签署协议问题

《BOT 项目协议》第 9.6 条约定，双方应于商业运营日签发一份书面文件，表明自商业运营日开始，格水公司提供污水处理服务，区政府计支污水处理服务费。区政府与格水公司虽然未严格按照约定签署协议，但双方严格按照《BOT 项目协议》其他条款履行，且双方签订的补充协议内容与《BOT 项目协议》第9.6 条要求确认内容一致，为避免重复签订，区政府无须按照协议约定与格水公司签署协议。

案例58　因融资问题导致工程停工引发的争议

相关问题

1. 本案争议应否通过仲裁途径解决；
2. 本案工程是否存在停工事实；
3. 如何认定建设进度延误违约金。

裁判要点摘选

《PPP项目协议》约定投资人为其项目公司PPP合同项下的义务承担连带责任，该协议是双方真实意思表示，合法有效。当事人应当按照约定履行自己的义务，不得擅自变更或解除。该项目协议属于施工合同的组成部分，因其项目公司违约，判决投资人承担连带责任符合双方约定。

基本案情

上诉人（一审被告）：曙光公司

被上诉人（一审原告）：某县人民医院

2016年6月22日，原告某县人民医院（以下简称县医院）与被告曙光公司签订《县医院迁建项目一期工程PPP项目协议》（以下简称《PPP项目协议》），该协议约定：曙光公司承建县医院迁建项目一期工程。县医院迁建项目一期工程总投资约48,019.92万元。县医院迁建项目一期工程采用PPP模式运作即建设—租赁—运营—移交（BLOT）。曙光公司作为中标的社会资本方，与县医院签署《县医院迁建项目一期工程PPP框架协议》，曙光公司为融资、建设、运营成立项目公司，并由项目公司与项目实施机构签订《县医院迁建项目一期工程政府和社会资本合作(PPP)合同》。曙光公司为项目公司PPP合同项下的义务承担连带责任。曙光公司的项目公司为曙光医疗公司，曙光公司和神长公司为该项目公司股东，曙光公司持股49%。双方法定代表人在合同上签名并加盖单位印章。曙光公司对该工程实际施工时间为2016年4月。

2016年7月5日，县医院与曙光医疗公司签订《县医院迁建项目一期工程PPP项目合同》(以下简称《PPP项目合同》)，第一部分合同书与《PPP项目协议》内容一致。第二部分合同条款第36条第6款第1项约定了建设进度延误违约金，因曙光医疗公司原因造成建设进度延误的，违约方应按照以下标准规定支付违约金：(1)违约方向守约方支付建设进度延误违约金每日1万元；(2)建设进度延误违约金最多不超过500万元。双方法定代表人在合同上签名并加盖单位印章，曙光公司法定代表人亦在合同上签名。

2018年6月15日，曙光公司对县医院迁建项目一期工程停止施工，至2018年10月14日已逾期120天。

2018年11月1日，县医院起诉曙光公司(案由为建设工程合同纠纷)，请求：(1)责令被告继续履行《PPP项目协议》；(2)判令被告支付建设进度延误违约金120万元(以后另计)；(3)诉讼费用由被告承担。

县医院主要诉讼意见：案涉的工程建设项目停工后，经县医院多次催告复工，曙光公司至今无任何复工迹象。根据工程项目实施合同相关条款的约定，曙光公司已造成实质性建设进度延误，构成违约，需向县医院支付建设进度延误违约金每日1万元。从2018年6月20日起，计算至2018年10月20日，曙光公司建设进度延误已达120天，需支付违约金120万元。

曙光公司主要诉讼意见：对县医院第一项诉请无异议。对第二项诉请有异议，《PPP项目协议》并没有约定违约金的情况，县医院请求没有事实依据。曙光公司不是县医院所主张违约金之诉的适格主体，县医院只能通过《PPP项目合同》约定的仲裁方式以第三人曙光医疗公司为被申请人，提起建设进度违约金的仲裁请求。

一审意见

一审法院认为，关于合同效力问题。当事人订立合同应当履行。县医院与曙光公司以及项目公司曙光医疗公司签订《PPP项目协议》系双方真实意思表示，合同内容不违反法律和行政法规强制性规定，双方当事人均应当按照合同约定行使权利、履行义务。根据《PPP 项目协议》约定曙光公司为项目公司曙光医疗公司 PPP 合同项下的义务承担连带责任，且曙光公司为曙光医疗公司股东，曙光公司法定代表人在《PPP 项目合同》中签字行为亦属职务行为，因此，县医院与曙光医疗公司签订《PPP 项目合同》条款应对曙光公司具有合同效力，且曙光公司对继续履行《PPP 项目协议》无异议，县医院请求曙光公司继续履行《PPP 项目协议》的诉讼请求，予以支持。

关于本案应否仲裁问题。《仲裁法》第 26 条规定："当事人达成仲裁协议，一方向人民法院起诉未声明有仲裁协议，人民法院审理后，另一方在首次开庭前提交仲裁协议的，人民法院应当驳回起诉，但仲裁协议无效的除外；另一方在首次开庭前未对人民法院受理该案提出异议的，视为放弃仲裁协议，人民法院应当继续审理。"县医院与曙光医疗公司在《PPP 项目合同》第 62 页第 75 条虽然约定纠纷解决方式为仲裁，但县医院起诉未声明有仲裁协议，曙光公司未在首次开庭前提交仲裁协议，亦未在首次开庭前对一审法院受理该案提出异议，曙光公司在开庭期间提出仲裁协议，视为放弃仲裁协议。因此，本案可由一审法院继续审理。

关于建设进度延误违约金的承担问题。《PPP 项目协议》约定曙光公司为项目公司 PPP 合同项下的义务承担连带责任。县医院与曙光医疗公司签订《PPP 项目协议》合同条款应对曙光公司具有合同效力，按照双方第二部分合同条款第 36 条第 6 款第 1 项约定建设进度延误违约金约定，根据本案合同约定双方工程施工价款标的额、结合延误工期可能导致的延期交付的损失与实际确定的违约金数额相衡量，县医院请求曙光公司支付建设进度延误违约金 120 万元并无不当，予以支持。

一审结果

2018 年 12 月 9 日，一审法院作出民事判决：一、曙光公司于判决书生效之日起 5 日内继续按与县医院签订的《PPP 项目协议》内容履行义务；二、曙光公司于判决书生效之日起 5 日内支付县医院建设进度延误违约金 120 万元。

曙光公司不服一审判决，向河南省周口市中级人民法院（以下简称周口中院）提出上诉。

二审意见

周口中院认为，(1) 关于本案工程是否存在停工的问题。当事人应当按照约定全面履行自己的义务。当事人一方不履行合同义务或者履行合同义务不符合约定的,应当承担继续履行、采取补救措施或者赔偿损失等违约责任。一审中,县医院提交了《关于县医院整体迁建项目(一期)工程暂停施工为遣散工人借支劳务费的申请》《县医院迁建项目一期工程拖欠工人工资情况说明》《借条》《关于工程暂停施工的情况说明》及工作联系单、监理通知单等证据,可以证明曙光公司因融资问题导致工程停工,以及经县医院多次催促仍未复工的事实。县医院据此要求曙光公司承担违约责任符合法律规定。曙光公司称不存在违约行为的理由不能成立,不予支持。(2)关于曙光公司应否承担违约责任的问题。根据曙光公司与县医院签订的《PPP 项目协议》内容,明确约定曙光公司为其项目公司 PPP 合同项下的义务承担连带责任。该协议是双方真实意思表示,合法有效。当事人应当按照约定履行自己的义务,不得擅自变更或解除。该项目协议属于施工合同的组成部分,因其项目公司违约,一审判决曙光公司承担连带责任符合双方约定。(3)关于本案是否属于法院受案范围的问题。一般而言,仲裁协议可以排除法院管辖,但如果当事人默示放弃的,人民法院即取得案件的管辖权。《仲裁法》第 26 条对此有明确规定。本案中,县医院与曙光公司的项目公司曙光医疗公司虽然约定纠纷解决方式为仲裁,但曙光公司未在首次开庭前提交仲裁协议,也未在首次开庭前对人民法院受理该案提出异议,应视为曙光公司放弃仲裁,一审法院审理本案程序合法。(4)关于诉讼费负担问题。谁败诉、谁承担是诉讼费分担的基本原则。本案中曙光公司被判决承担责任,其是败诉方,一审判决其承担诉讼费符合法律规定。

二审结果

2019 年 2 月 19 日,周口中院作出民事判决:驳回上诉,维持原判。

案例评析

1. 关于本案争议应否通过仲裁途径解决问题

根据《仲裁法》第 5 条"当事人达成仲裁协议,一方向人民法院起诉的,人民法院不予受理,但仲裁协议无效的除外"的规定,有效的仲裁协议排除法院的管辖。另根据《仲裁法》第 26 条"当事人达成仲裁协议,一方向人民法院起诉未声明有仲裁协议,人民法院受理后,另一方在首次开庭前提交仲裁协议的,人民法院应当驳回起诉,但仲裁协议无效的除外;另一方在首次开庭前未对人民法院受理该案提出异议的,视为放弃仲裁协议,人民法院应当继续审理”的规定,本案县医院起诉时未声明有仲裁协议,且曙光公司未在开庭前提交仲裁协议,首次开庭前对未对一审法院受理该案提出异议的,本案争议应由一审法院审理。

2. 关于本案工程是否存在停工事实问题

县医院在一审提交了《关于县医院整体迁建项目(一期)工程暂停施工为遣散工人借支劳务费的申请》《县医院迁建项目一期工程拖欠工人工资情况说明》《借条》《关于工程暂停施工的情况说明》及工作联系单、监理通知单等证据,且曙光公司在一审中表示对《关于县医院整体迁建项目(一期)工程暂停施工为遣散工人借支劳务费的申请》《县医院迁建项目一期工程拖欠工人工资情况说明》《借条》的真实性、合法性无异议,上述证据可证明存在停工事实。

3. 关于如何认定建设进度延误违约金问题

《合同法》第 107 条规定:“当事人一方不履行合同义务或者履行合同义务不符合约定的,应当承担继续履行、采取补救措施或者赔偿损失等违约责任。”《PPP 项目协议》是县医院和曙光公司的真实意思表示,该协议合法有效,根据该协议约定,曙光公司为项目公司 PPP 合同承担连带责任,曙光公司出现建设工程进度延误将被处以违约金。现曙光公司发生约定违约情形,县医院追究其违约责任于法有据。

案例59 “自主经营、自负盈亏、不再补偿”约定的合法性

相关问题

1. 本案起诉有没有超过法定的起诉期限;

2. 本案是否存在重复起诉问题;

3. 地方性法规、规章、规范性文件是否可以作为行政协议合法性审查判断的依据;

4. 被告不再进行补偿约定是否合法;

5. 被告应否继续履行补偿亏损义务。

裁判要点摘选

在行政实践中,法律、行政法规、地方性法规、规章、规范性文件等构成行政机关依法行政的指引规范,因此不得因为地方性法规、规章、规范性文件效力层级不高,就否认其对行政机关自身的约束力。只要是合法有效的规范,且具有实质拘束力,就不能简单地置之不理,只要在位阶上优于行政协议,都可以作为协议合法性审查判断的依据。行政主体实施行政协议行为时,不得违反位阶上优于行政协议各层级规范中的强制性规范。《亏损补充协议书》关于“自2011年1月1日起,县自来水厂由乙方自主经营、自负盈亏,甲方不再对其进行补偿”的约定,明显属于没有法律规范依据减损怀盈公司权利。

基本案情

上诉人(一审被告):Z县人民政府

被上诉人(一审原告):怀盈公司

2003年11月20日,Z县人民政府(以下简称县政府,甲方)与怀盈公司(乙方)签订了《Z县城公共供水项目建设经营合同书》(以下简称《建设经营合同书》),就项目内容、供水范围、水厂选址及主管网敷设、项目规模、水厂设计、投资额、项目土地、建设进度、保障措施、项目产权及经营管理、甲乙双方权利义务、违约处理等作了约定。其中该合同第9条保障措施第3项规定,“乙方在经营期间,各种供水水价、初装入网费按照怀化市城市供水价格和标准执行”。第5项规定,“水厂建成投产后,若出现亏损经营,甲方同意五年内给乙方适当补偿。具体办法为:甲、乙双方共同确定保本经营的日供水量,达不到保本经营日供水量部分,甲方负责补偿所欠部分的70%。在以上基本原则下,考虑乙方的负债压力,甲方同意乙方在不能保本经营由自己负责的30%部分先行垫补,乙方在盈利后,分年度偿还给甲方。五年后水厂还不能保本经营,亏损部分由甲方全部补偿,补偿兑现方法是凭甲、乙双方认可的会计事务所审计后的水厂年度会计报表确定补偿额后的下个月兑现到位,可以资金补偿,如乙方愿意,甲方也可以全部或部分土地进行补偿”。

2003年12月,怀盈公司开工建设。2004年5月10日,Z县新县城水厂建成后,怀盈公司不打算继续经营,县政府同意整体回购,双方签订《Z县城公共供水项目建设经营补充合同》(以下简称《建设经营补充合同》),就回购相关结算事宜进行了约定。该合同约定公共用水参照周边县市同类收费标准执行,但最低应按生产成本价补偿怀盈公司。

2006年6月,一期工程竣工投产。依照2003年《建设经营合同书》的约定,县政府就运营水厂的Z县自来水公司(以下简称自来水公司)2011年1月1日前的经营亏损对怀盈公司进行了补偿,而后没有再进行过补偿。怀盈公司在经营自来水公司过程中陷入困境、难以为继,遂多次请求县政府解决其实际困难。至2017年2月,自来水公司的日保本供水量平均值30,578立方米,日实际供水量平均值15,502立方米。

2011年3月28日,县政府、怀盈公司签订《Z县城公共供水项目亏损补偿协议书》(以下简称《亏损补充协议书》),该协议约定有“自2011年1月1日起,县自来水厂由乙方自主经营,自负盈亏,甲方不再对其进行补偿”等内容。

2016年7月20日,县政府县长办公会议纪要确定自来水公司资产重组问题:(1)同意自来水公司进行资产重组;(2)成立自来水公司重组工作小组;(3)由县政府、自来水公司及战略合作伙伴共同确定有资质的专业机构、会计师事务所对自来水公司资产、债务进行评估,作为其资产重组的依据和条件。2016年11月26日,中共Z县委常委办公会议纪要认为自来水公司近段时间频频告急,入不敷出,难以为继甚至濒临关闭的预警,务必非常警觉,十分关注、主动应对。同时决定由县财政局、县审计局、县政府法制办负责,依法委托有资质的中介机构,对自来水公司2011年以后生产经营效益情况进行核算分析,以此作为是否对其进行财政可行性补贴的决策依据。如确有必要予以补贴的,则与怀化高新区协商制订补贴分摊方案。2016年12月9日,自来水公司向县政府出具关于停止生产经营的报告称,自来水厂投产以来,亏损严重,现已无力继续生产经营,定于2016年12月18日停止生产经营。2017年2月28日,Z县住房和城乡建设局(以下简称住建局)作出关于对自来水公司进行资产评估、审计的函,确定由瑞诺会计公司进驻自来水公司进行清产核资、评估并出具审计报告等工作。2017年5月31日,瑞诺会计公司出具审计报告,确定自来水公司的未分配利润为-78,607,205.80元。2017年3月15日,住建局作出关于对自来水公司采用PPP模式进行资产重组的函,确定自来水公司自2003年投资运营以来,为县城居民和行政事业单位的生活、生产作出了积极贡献。考虑县城建城时间短,县城常住人口增长缓慢,用水总量不大,自来水公司经营困难。县政府考虑拟采取PPP模式引入其他投资者进行资产重组,具体有两点:(1)县政府将采用PPP模式引入其他投资者进行资产重组,为企业发展注入新的活力,保障公司正常运转。(2)县政府已聘请专业机构对贵公司进行清产核资、审计、评估,所产生的审计、评估费用计入今后合作经营公司的成本核算,相关财务数据作为今后PPP合作磋商谈判的依据。2017年9月6日,中共Z县委常委作出办公会议纪要认为,自来水公司生产经营陷入困境,举步维艰,甚至到了难以为继的地步,多次发出断水停水的预警。指出:(1)要高度重视,坚守底线,城市供水安全是公共安全的重要内容,自来水公司能否正常运营,事关县城规划区居民和企业的生产生活,事关社会稳定;(2)要实事求是,分类处理。对自来水公司面临的困难,由相关部门按程序聘请双方认可的中介机构进行评估分析,科学测算和界定政策亏损和经营性亏损,对政策性亏损按国家有关法律法规执行,该由政府承担的可按程序予以支持。经营性亏损则由公司自主承担。同时决定同意按法定程序对自来水公司实际发生的政策性亏损及县政府此前已经给予的亏损补贴,一并进行测算认定和结算。

2017 年 11 月 27 日,县政府、怀盈公司签订《自来水公司资产整体回购协议书》,确定县政府整体回购自来水公司资产,同时该协议书对相关事宜均作了约定。怀盈公司请求县政府按双方签订的《建设经营合同书》履行补偿怀盈公司亏损的义务,县政府则以《亏损补充协议书》约定怀盈公司“自主经营、自负盈亏”为由拒绝对怀盈公司相关亏损进行补偿。

2018 年 1 月 8 日,怀盈公司起诉县政府(案由为特许经营行政协议纠纷),请求:判令被告履行《建设经营合同书》确定的补偿原告亏损的义务。

怀盈公司主要诉讼意见:县政府不全面履行补偿义务,导致怀盈公司亏损日益严重,生产经营难以为继。根据《合同法》第 60 条“当事人应当按照约定全面履行自己的义务”、第 107 条“当事人一方不履行合同义务或者履行合同义务不符合约定的,应当承担继续履行、采取补救措施或者赔偿损失等违约责任”、《湖南省市政公用事业特许经营条例》第 5 条“县级以上人民政府应当根据经济和社会发展需要增加市政公用事业的财政投入。特许经营者因承担法律、法规及政府规定的指令性义务形成的政策性亏损,政府应当给予补贴”、建设部《市政公用事业特许经营管理办法》“获得特许经营权的企业承担政府公益性指令任务造成经济损失的,政府应当给予相应的补偿”的规定,且《建设经营合同书》的内容涉及公共利益,属于典型的行政合同,县政府作为一级政府,对怀盈公司特许经营企业的亏损进行补偿是依法履行公共事务管理职能,且系由法律法规确定的政府法定义务。

县政府主要诉讼意见:(1)《亏损补充协议书》依法成立,属于合法、有效合同,对双方具有约束力。(2)县政府已全面履行了《建设经营合同书》《建设经营补充合同》《亏损补充协议书》约定的义务,就不存在县政府继续再履行《建设经营合同书》所约定的补偿怀盈公司亏损的义务。(3)怀盈公司想通过提起行政诉讼改变《亏损补充协议书》约定的内容,于法无据。(4)怀盈公司向人民法院提交的审计报告及公司负债表,只是用于对外招商之目的,并不能适用于原、被告之间。

一审意见

一审法院认为:《行政诉讼法》第 12 条第 1 款规定“人民法院受理公民、法人或者其他组织提起的下列诉讼:……(十一)认为行政机关不依法履行、未按照约定履行或者违法变更、解除政府特许经营协议、土地房屋征收补偿协议等协议的;……”本案系政府特许经营协议纠纷,属于行政诉讼的受案范围。故县政府提出怀盈公司的起诉不属于行政诉讼的受案范围的辩驳理由不充分,不予支持。

根据查明的事实可以证实原、被告就案涉亏损补偿问题一直在进行协商,同时怀盈公司经营的自来水公司一直在生产经营,双方依协议约定的经营亏损的发生处于持续发生的状态。因此,本案没有超过法定的起诉期限。行政诉讼案件只有关于起诉期限的规定,没有诉讼时效的规定,故县政府提出怀盈公司的起诉超过起诉期限(诉讼时效)的辩驳理由不成立,不予支持。

本案属政府特许经营行政协议纠纷。行政协议是行政机关为实现公共利益或者行政管理目标,在法定职责范围内与公民、法人或者其他组织协商订立的具有行政法上权利义务内容的协议。行政协议具有协议双方合意一致的特征,强调诚实信用、平等自愿,一经签订,各方当事人必须严格遵守,行政机关无正当理由不得在约定之外附加另一方当事人义务或单方变更解除,但其实质还是行政行为。对行政协议的审查应当遵循合法性审查的原则,其法律适用应先适用行政法律规范,只有在行政法律规范没有规定时,尚可以适用不违反行政法和《行政诉讼法》强制性规定的民事法律规范。同时,在行政实践中,法律、行政法规、地方性法规、规章、规范性文件等构成行政机关依法行政的指引规范,因此不得因为地方性法规、规章、规范性文件效力层级不高,就否认其对行政机关自身的约束力。只要是合法有效的规范,且具有实质拘束力,就不能简单地置之不理,只要在位阶上优于行政协议,都可以作为协议合法性审查判断的依据。行政主体实施行政协议行为时,不得违反位阶上优于行政协议各层级规范中的强制性规范。

本案中,县政府与怀盈公司于 2003 年 11 月 20 日签订的《建设经营合同书》,属于《行政诉讼法》第 12 条第 11 项规定的行政协议,对其审查应以行政法律规范为依据。《湖南省市政公用事业特许经营条例》第 5 条第 2 款规定:“特许经营者因承担法律、法规及政府规定的指令性义务形成的政策性亏损,政府应当给予补贴。”同时,《市政公用事业特许经营管理办法》第 13 条规定:“获得特许经营权的企业承担政府公益性指令任务造成经济损失的,政府应当给予相应的补偿。”《建设经营合同书》第9条第5项约定,“水厂建成投产后,若出现亏损经营,甲方同意五年内给乙方适当补偿”。同时该款“五年后水厂还不能保本经营,亏损部分由甲方全部补偿”的约定符合上述地方性法规和规章的规定,依法应予保护。原、被告双方签订的《建设经营合同书》,系双方真实意思表示,且不违反法律、法规及规范性文件的强制性规定,合法有效,依法应予保护。县政府应当依约对自来水公司不能保本经营所发生的亏损承担补偿责任。县政府在履行部分补贴义务后,没有依约履行约定的补贴义务构成未按照约定履行,应当承担继续履行、采取补救措施或者赔偿损失的法律责任。

县政府对未依《建设经营合同书》的约定补偿2011年1月1日后怀盈公司的相关经营亏损的事实没有异议,其拒绝依约定补贴的反驳依据是2011年3月28日双方签订的《亏损补充协议书》。《亏损补充协议书》对原2003年《建设经营合同书》关于亏损补偿重新进行了约定,约定“自2011年1月1日起,县自来水厂由乙方自主经营、自负盈亏,甲方不再对其进行补偿”。因此,《亏损补充协议书》关于“自2011年1月1日起,县自来水厂由乙方自主经营、自负盈亏,甲方不再对其进行补偿”约定的合法性,是审查《亏损补充协议书》证据合法性的关键。《亏损补充协议书》同样属于行政协议范畴,如前所述,应优先适用行政法律规范审查其合法性。根据《湖南省市政公用事业特许经营条例》第5条第2款、《市政公用事业特许经营管理办法》第13条规定,对于政府特许经营的经营者承担政府规定的指令性义务造成的经济损失,应当给予相应的补偿(贴)是相关政府的法定义务。《最高人民法院关于适用〈中华人民共和国行政诉讼法〉的解释》第99条规定:“有下列情形之一的,属于行政诉讼法第七十五条规定‘重大且明显违法’:……(二)减损权利或者增加义务的行政行为没有法律规范依据;……”《亏损补充协议书》关于“自2011年1月1日起,县自来水厂由乙方自主经营、自负盈亏,甲方不再对其进行补偿”的约定,明显属于没有法律规范依据减损怀盈公司权利;且县政府在相关的会议纪要中也认可怀盈公司所经营的自来水公司严重亏损,难以为继,势必影响社会稳定,并同意给予相应补偿。同时,《建设经营合同书》第9条保障措施第3项规定“乙方(怀盈公司)在经营期间,各种供水水价、初装入网费按照怀化市城市供水价格和标准执行”。事实上,自来水公司一直执行的是政府指导价,无法自主定价,与补充协议约定的怀盈公司“自主经营、自负盈亏”相悖,补充协议的目的也无法实现。因此,《亏损补充协议书》关于“自2011年1月1日起,县自来水厂由乙方自主经营、自负盈亏,甲方不再对其进行补偿”的约定,违反上述法规、规章、司法解释的规定,属重大违法。故县政府依据合法性欠缺的《亏损补充协议书》,辩驳主张对怀盈公司亏损不承担补偿(贴)义务的理由不成立,不予支持。

综上所述,《基础设施和公用事业特许经营管理办法》第26条规定:“特许经营协议各方当事人应当遵循诚实信用原则,按照约定全面履行义务。除法律、行政法规另有规定外,实施机构和特许经营者任何一方不履行特许经营协议约定义务或者履行义务不符合约定要求的,应当根据协议继续履行、采取补救措施或者赔偿损失。”县政府没有按《建设经营合同书》履行约定义务,构成未按照约定履行行政协议,现怀盈公司要求县政府继续履行,应予支持。故怀盈公司要求县政府履行《建设经营合同书》确定的补偿其亏损的义务的诉讼请求,予以支持,但限期县政府按《建设经营合同书》的约定,对怀盈公司亏损作出处理决定更利于实质化解本案争议。

一审结果

2018年5月11日,一审法院作出行政判决:限被告县政府于本判决生效后60日内按《建设经营合同书》的约定对怀盈公司亏损作出处理决定。

县政府不服一审判决,向湖南省高级人民法院(以下简称湖南高院)提出上诉。

上诉意见

县政府称:(1)怀盈公司主体资格不适格。怀盈公司的经营范围不含供水安装、配套设施等内容,乙方公司仅系自来水公司法人股东,自来水公司才是本案的适格原告。(2)本案不属于行政诉讼受案范围,因该案系平等协商的合同,其内容应适用合同法规范。(3)本案诉讼在2018年2月8日前立案,应适用《最高人民法院关于适用〈中华人民共和国行政诉讼法〉若干问题的解释》①第16条规定,本案应适用准用民事案件缴纳标准,一审适用行政案件缴纳标准错误。(4)怀盈公司2017年12月22日起诉的诉讼请求“判令被告履行《建设经营合同书》所确定的补偿原告亏损的义务”,与其2017年7月5日起诉时的第2项“判令被告继续履行《建设经营合同书》确定的补偿原告亏损的义务”的诉求实

① 现已失效。

质内容相同,属于重复起诉;本案应适用《中华人民共和国行政诉讼法》第46条第2款关于“其他案件自行政行为作出之日超过五年提起诉讼的,人民法院不予受理”。(5)本案焦点是《亏损补充协议书》的效力问题。该协议约定“自2011年1月1日起,县自来水厂由乙方自主经营,自负盈亏,甲方不再对其进行补偿”,是对主合同第9条第5项约定的变更,故,该协议不存在无效问题。(6)本案另一焦点即何为经营性亏损,何为“承担政府公益性指令任务造成经济损失”“承担法律法规及政府规定的指令性义务形成的政策性亏损”,第6项属于政策性亏损,第5项则是对经营性亏损的约定,该约定的内容不适用《湖南省市政公用事业特许经营条例》及《市政公用事业特许经营管理办法》的规定。亏损协议第3条的内容是对前合同第9条第5项约定内容的变更、补充、明确。(7)一审违反证据规则采信证据认定事实。即对合同约定的内容故意混淆,而对上诉人提供的会议纪要及报告予以采信,导致判决错误。(8)被上诉人提供的证据《审计报告》依据的基础审计资料真实性存疑,被上诉人在相关民事行为中的证据材料显示供水经营项目没有经营性亏损。综上,一审认定事实错误,适用法律错误,导致判决错误,损害了上诉人的合法权益。请求撤销一审判决,对被上诉人的起诉不予立案、驳回起诉或驳回诉讼请求。

二审答辩

被上诉人怀盈公司答辩称:(1)怀盈公司诉求为“判令被告履行《建设经营合同书》确定的补偿原告亏损的义务”,怀盈公司作为特许经营合同一方当事人,与该特许经营合同有直接的利害关系,系本案的适格主体。自来水公司系怀盈公司依该合同第10条的约定成立的被上诉人独资经营实体,虽为独立法人,但其经营活动视为履行上述合同约定的内容,其经营活动产生的法律后果最终是由被上诉人承担,且自来水公司并非合同的当事人,无权就该合同特许经营协议提起诉讼。(2)案涉合同系上诉人选择被上诉人经营Z县城市自来水供应的协议。根据建设部《市政公用事业特许经营管理办法》第2条、《湖南省市政公用事业特许经营条例》第3条的规定,该合同从形式到内容均为典型的公用事业特许经营协议。根据《行政诉讼法》第12条、第63条、第101条的规定,人民法院审理行政案件,以法律和行政法规、地方性法规为依据,行政法律法规、规章没有规定的才能适用民事法律规范。上诉人称,本案不属于行政受案范围,应适用民事法律规范没有法律依据。(3)被上诉人2017年7月5日起诉的诉求有三项，请求确认《亏损补充协议书》无效，按《建设经营合同书》履行；本次诉求为确认履行《建设经营合同书》约定的亏损补偿义务，未涉及《亏损补充协议书》的效力确认，一审是基于上诉人的抗辩而启动对亏损协议的审查。被上诉人的前诉与后诉不同不符合《最高人民法院关于适用〈中华人民共和国行政诉讼法〉的解释》第 106 条重复起诉的规定。(4)根据《行政诉讼法》第 47 条的规定，行政机关在接到申请之日起 2 个月内不履行的，公民、法人或者其他组织可以向人民法院提起诉讼。本案系被上诉人请求上诉人履行补偿被上诉人经营亏损的职责，上诉人至今未作出行政决定，故不存在超过起诉期限的问题。(5)一审认为被上诉人的诉求"未涉及亏损补偿协议效力"，是因上诉人抗辩被上诉人起诉提交的证据，而对该证据效力进行的审查。且亏损协议第 3 条"自 2011 年 1 月 1 日起，县自来水厂由乙方自主经营，自负盈亏，甲方不再对其进行补偿"的约定，明显减损被上诉人依据《建设经营合同书》特许经营协议约定获得 Z 县城城市供水公用事业亏损补偿的权利，既显失公平，也没有法律依据。(6)关于经营性亏损与政策性亏损的问题。《建设经营合同书》约定"乙方经营期间，各种供水水价、初装入网费按照怀化市城市供水价格和标准执行"，"本项目建成后，保证 Z 县城、怀化市生态工业园的居民生活用水、公共设施用水和工业生产用水、经营用水、建设用水的正常供应"。怀化市城区人口密度高，管网设施全部由政府投入，水价执行后还有政府补偿，而 Z 县城为新县城人口密度低，单位、居民居住分散，还要全部新铺管网，按怀化市水价执行，亏损是必然的。Z 县自来水厂亏损的根本原因就在于这一水价政策执行。(7)证据《审计报告》系上诉人委托的有资质的审计机构，基础审计资料也系上诉人自行收集和提供，其对该报告真实性存疑无事实法律依据；且 Z 县委常委会议纪要也确认了水厂亏损的事实。综上，原判事实清楚，证据确实充分，适用法律法规正确。请求驳回上诉，维持原判。

当事人向一审法院提交并经庭审质证的证据，已随案移送湖南高院。经审查，可以作为认定本案事实的依据。湖南高院对一审认定的事实予以确认。

二审意见

湖南高院认为，根据一、二审查明的事实，以及当事人双方诉辩意见，归纳本案焦点：(1)怀盈公司是否具有原告诉讼主体资格；(2)怀盈公司的起诉是否属于重复起诉；(3)县政府是否应当依照双方签订合同的约定继续履行补偿亏损义务。

1. 关于原告主体资格的问题。《行政诉讼法》第2条、第25条第1款规定，行政行为的相对人以及其他与行政行为有利害关系的公民、法人或者其他组织，认为行政机关和行政机关工作人员的行政行为侵犯其合法权益的，有权提起行政诉讼。建设部《市政公用事业特许经营管理办法》第2条规定，本办法所称市政公用事业特许经营，是指政府按照有关法律、法规规定，通过市场竞争机制选择市政公用事业投资者或者经营者，明确其在一定期限和范围内经营某项市政公用事业产品或者通过某项服务的制度。城市供水、供气、供热、公共交通、污水助理、垃圾处理等行业，依法实施特许经营的适用本办法。本案中，县政府与怀盈公司签订《建设经营合同书》，合同标题已点明“县城公共用水”，属于市政公用事业特许经营。该合同系行政机关在行使行政职权、履行行政职责过程中与公民、法人或者其他组织协商订立的政府特许经营协议，属于行政协议。怀盈公司起诉要求县政府履行上述合同约定的补偿义务，符合《行政诉讼法》第12条第11项规定的人民法院受案范围。作为特许经营行政协议的一方，与被诉的行政行为有法律上的利害关系，故怀盈公司行政诉讼主体资格适格。县政府上诉称怀盈公司原告主体资格不适格，没有事实和法律依据，不予支持。

2. 关于重复起诉的问题。2017年7月4日，怀盈公司曾就本案提起行政诉讼，诉求有三：一是确认2011年3月28日签订的《亏损补充协议书》无效；二是判令县政府继续履行《建设经营合同书》所确定的补偿怀盈公司亏损的义务；三是由县政府承担本案诉讼费用。怀盈公司本次诉求：判令县政府履行《建设经营合同书》确定的补偿亏损的义务，由县政府承担本案诉讼费用。尽管本次的诉求与前次诉求的第二、第三项内容相近，但由于一审法院在前次诉讼期间对怀盈公司进行的法律释明不当，导致怀盈公司错误地撤回了起诉，故，这不属于《最高人民法院关于适用〈中华人民共和国行政诉讼法〉的解释》第60条第1款规定的“人民法院裁定准许原告撤诉后，原告以同一事实和理由重新起诉的，人民法院不予立案”和第69条第1款第6项规定的“重复起诉的”情形，而应认定为有正当理由的再行起诉。县政府上诉称怀盈公司属于重复起诉的理由不能成立，不予采信。

3. 关于继续履行补偿亏损义务的问题。本案中，县政府与怀盈公司签订的《建设经营合同书》，标题就是公共供水，故该合同符合《市政公用事业特许经营管理办法》第2条的规定，系市政公用事业特许经营，属于行政协议类型，应适用行政法律法规和规章。《市政公用事业特许经营管理办法》第13条规定,获得特许经营权的企业承担政府指令性任务造成损失的,政府应当给予相应的补偿。《湖南省市政公用事业特许经营条例》第5条第2款规定,特许经营者因承担法律、法规及政府规定的指令义务形成的政策性亏损,政府应当给予补贴。本案中,怀盈公司根据双方合同约定的建设规模建成并投产。因新县城入驻人口密度小、居住分散,居住人口和企业的日用水,均不能达到合同所约定的日用水量,故水厂一直在亏损经营。2017年9月6日,中共Z县委常委会议纪要载明:由相关部门按程序聘请双方认可的中介机构进行评估分析,科学测算和界定政策性亏损与经营性亏损,对政策性亏损按国家有关法律法规执行,该由政府承担的可按程序予以支持。并议定:同意按法定程序对自来水公司实际发生的政策性亏损及县财政此前已经给予的亏损补贴一并进行测算认定和结算。且该合同第9条第5项"水厂建成后,若出现亏损经营,甲方同意五年内给乙方适当补偿"还约定"五年后水厂还不能保本经营,亏损部分由甲方全部补偿",上述合同约定内容符合上述法规、规章的规定,依法应予以保护。县政府不依双方签订的合同约定履行补偿亏损义务,违反了上述法规、规章的规定。一审判决"县政府应当承担继续履行,并采取补救措施或者赔偿损失的法律责任"的认定正确,予以维持。

二审结果

2019年1月8日,湖南高院作出行政判决:驳回上诉,维持原判。

案例评析

1. 关于本案涉及的相关程序事宜问题

有关本案原告起诉是否已经超过起诉期限,一审法院认为,双方当事人一直协商案涉亏损补偿事宜而且自来水公司一直在生产经营,经营亏损的发生处于持续状态。因此,本案没有超过法定的起诉期限。行政诉讼案件只有起诉期限规定,无诉讼时效规定,一审判决是正确的。

二审法院提出的焦点问题之一,即本案是否存在重复起诉问题。怀盈公司一审提起诉讼后撤诉,再次起诉的请求项存在两项与首次诉讼相似的问题,县政府在二审中提出怀盈公司重复起诉的问题。二审法院经审理查明,对怀盈公司首次诉讼的撤诉行为,系法官释明不当所致。依据《最高人民法院关于适用〈中华人民共和国行政诉讼法〉的解释》第60条第1款和第69条第1款第6项的规定,不属于“重复起诉的”情形,认定怀盈公司有正当理由再行起诉。编者认为,本案情形,并无法律规定为重复起诉情形,法院认定是正确的。本案程序问题的解决,维护了怀盈公司的诉讼权利。

2. 关于本案行政协议合法性审查的依据问题

县政府提出抗辩理由认为,本案所涉协议非行政合同,应当适用民事规范。一审法院认定本案系特许经营合同纠纷,属于行政合同,根据《行政诉讼法》第12条、第63条、第101条的规定,人民法院审理行政案件,以法律和行政法规、地方性法规为依据,行政法律法规、规章没有规定的才能适用民事法律规范。二审法院对上述问题未提出反对意见。因本案涉及当地的地方性法规、规章、规范性文件适用,可以作为判断怀盈公司的请求是否符合行政合同的依据。本案判决首先确定了合同为行政合同属性,其次,因行政合同的定性,解决了本案法律适用问题,为最终对怀盈公司的诉讼请求之判决奠定了基础。

3. 关于本案原告请求得到支持相关合法性问题

二审法院提出的焦点问题之一,即县政府是否应当依照双方所签合同约定继续履行对怀盈公司补偿亏损的义务。争诉双方签订《建设经营合同书》约定了县政府补偿义务。依据《市政公用事业特许经营管理办法》第2条、第13条及《湖南省市政公用事业特许经营条例》第5条第2款的规定,依据本案事实情况,县政府应当给予相应的补偿。另外,特许经营者因承担法律、法规及政府规定的指令义务形成的政策性亏损,政府应当给予补贴。本案自来水厂一直亏损经营系资源性、政策性亏损所致,而非自身经营管理不善所致,当地政府相关部门亦均认可该事实。依据《建设经营合同书》第9条第5项约定,“水厂建成后,若出现亏损经营,甲方同意五年内给乙方适当补偿;五年后水厂还不能保本经营,亏损部分由甲方全部补偿”。而2011年3月28日签订的《亏损补充协议书》约定:“自2011年1月1日起,县自来水厂由乙方(一审原告)自主经营,自负盈亏,甲方(一审被告)不再对其进行补偿。”一审查明的事实是自来水公司一直执行的是政府指导价,无法自主定价,无法实现“自主经营、自负盈亏”目的。一审法院认定《亏损补充协议书》约定内容不具备完全的合法性,并依据相关法律、行政法规及规范性文件,对怀盈公司合法权益给予了应有的保护。

行政协议体现了行政优益权原则,政府方可以根据行政管理需要、维护公共利益需要,依法行使合同解除权等权利。但是,行政优益权的行使受公平、合理、合法原则的支配,如该权利的行使导致相对人财产权益受损的,也应承担补救、赔偿、补偿等法律责任。本案县政府以《亏损补充协议书》约定为由拒绝补偿,系行政优益权行使缺乏公平公正合理的表现,损害合同相对方利益,也不利于公共利益,结果合同相对方难以继续正常经营,不能满足公众用水需求。应当说,对于《亏损补充协议书》的签订,双方当事人均欠缺考虑,两审法院的判决均体现了查明客观事实、准确适用法律的合法性宗旨。

案例60　项目资本金出资认定引起的项目公司股东会决议效力争议

相关问题

1. 案涉反诉原告是否具有交付案涉项目资本金的义务；

2. 超出注册资本金数额的项目资本金出资义务是否属于法定的股东对公司的出资义务；

3. 股东缴纳超出注册资本金数额的项目资本金是否需要经过注册资本金增资程序；

4. 在公司章程未作特殊约定的情况下，股东会决议能否对未足额出资的股东表决权进行限制；

5. 股东权利限制应否包含项目工程承包权；

6. 原告要求将项目公司银行账户交由股东共同管理诉请是否属于反诉范畴。

典型意义

本案是相关项目资本金出资认定引起的项目公司股东会决议效力争议案件，该案涉及PPP项目协议、《公司法》，相关问题具有一定代表性。如超出注册资本金数额的项目资本金出资义务是否属于法定的股东对公司的出资义务，股东缴纳超出注册资本金数额的项目资本金是否需要经过注册资本金增资程序，在公司章程未作特殊约定的情况下，股东会决议能否对未足额出资的股东表决权进行限制以及股东权利限制应否包含项目工程承包权问题，均具有一定典型性。

基本案情

上诉人(一审被告、一审反诉原告):筑产集团

被上诉人(一审原告、一审反诉被告):四梁集团

被上诉人(一审原告、一审反诉被告):铁投公司

被上诉人(一审被告、一审反诉被告):山基公司

四梁集团、铁投公司与筑产集团经协商以联合体名义参与S市交通运输局(以下简称交运局)交通基础建设PPP项目的投标,为明确联合体各方权利义务,三方于2019年3月签订一份《联合体协议》,该协议主要约定:(1)三方组成联合体,由四梁集团作为牵头方,共同依法参与PPP项目投标,项目总投资65.7152亿元,建筑安装工程费42.16103855亿元;(2)中标后,联合体各方与政府方签署PPP合同等法律文件,共同设立项目公司,四梁集团股权比例为47%、铁投公司股权比例为8%、筑产集团股权比例为45%,联合体各方按股权比例出资;(3)项目公司董事会暂定由5名董事组成,其中甲方(四梁集团和铁投公司统称甲方,筑产集团称乙方)提名2名董事,乙方提名2名董事,董事长由甲方委派,总经理由乙方委派,甲方委派财务总监,乙方委派财务经理,项目公司资金支出需经双方委派的财务人员共同认可;(4)项目公司账户由双方共同管理,有关项目建设的重大事项、合同签订、资金使用流程及利润分配的董事会及股东会决议需经80%以上表决权通过;(5)项目公司收益按照股权比例分红;(6)项目投标阶段需提供500万元投标保函,由甲方在投标阶段出具;(7)第3.2.3条约定"在项目融资交割前,乙方不进行实质性投入并不承担相应责任,若政府需要前期资金投入,由甲方先行进行资金投放,在项目满足融资提款条件时乙方按股权比例及实际使用资金注资";(8)第3.2.5条约定项目公司成立后,项目融资在1年内(365日历天)无法落地,经甲、乙双方协商,乙方不承担相应责任退出;(9)甲方承接环城公路南环线工程及××大道S市段道路工程部分工程,工程量为PPP项目总工程量的55%,乙方承接××大道S市段道路工程中的连续路段,工程量为PPP项目总工程量的45%;(10)第8.1条约定"本协议中有关各方责任的划分与本项目PPP合同所列明的联合体中双方的责任出现不一致时,各方之间的责任划分以本协议为准"。《联合体协议》还就双方其他权利义务作了约定。

《联合体协议》签订后，三方组成的联合体中标交通基础建设PPP项目，三方共同于2019年4月25日与交运局签订《交通基础建设PPP项目合同文件》(以下简称《PPP项目合同》)，合同约定：(1)项目概算总投资合计65.7152亿元(最终以审计认定金额为准)，合同经双方签字盖章后生效，待项目公司成立后，由项目公司与甲方(交运局)签署《PPP项目合同》。(2)乙方(联合体各方，即四梁集团、铁投公司、筑产集团)应及时出资组建项目公司负责项目的投融资、建设、运营及维护管理和移交，于《PPP项目合同》签订生效之日起30日内完成项目公司组建。(3)乙方负责项目投资建设资金的筹措，按项目进度计划向项目公司及时注入所需资金，为项目公司履行项目的融资、投资、建设、运营及维护管理等义务提供连带责任担保。(4)第10条"合作期股权转让及限制"约定："除被人民法院或仲裁机构强制执行或为中国法律所要求外，经甲方书面同意，中标社会资本方可对其持有的项目公司股权进行转让，受让方应满足本项目采购文件规定的技术能力、财务信用、运营经验等基本条件，并以书面形式明确继承原股东方在项目公司项下的权利及义务，且股权转让对象不得为政府方。如未经甲方书面同意，乙方擅自进行股权转让，则甲方有权根据本合同第11章约定发出终止。"(5)项目资本金为项目总投资的25%即16.4288亿元，项目公司注册资本金为1亿元，限以货币资金出资。项目资本金为乙方自有资金，非债务性资金，不得以债务性资金充当资本金或由第三方代持社会资本方股份。(6)项目公司注册资本金于项目公司成立后15个工作日内按照项目进度出资到位，所有注册资本金注入项目资金专用账户，项目资本金根据甲方批准的项目资本金计划表注入，乙方应在2019年4月30日前先期到位前期费用资金8亿元到甲方指定账户，剩余前期费用资金按工程进度及时到位。(7)违约责任：若乙方不能按照甲方批准的投融资计划到位项目资本金及项目融资资金，未按甲方要求到位前期费用，每日按应到位而未到位金额的5‰支付违约金，若任意一期逾期3个月仍未到位的，视为乙方根本性违约，甲方可终止项目合同，乙方按项目暂定投资总额的10%支付违约金。《PPP项目合同》还就各方其他权利义务作了约定。

《PPP项目合同》签订后，四梁集团(甲方)、铁投公司(乙方)与筑产集团(丙方)签订了一份《投资人协议书》，约定：(1)拟组建公司名称为"山基公司"，公司宗旨为实施本案PPP合同项目，取得三方满意的经济效果和良好的社会效益。(2)公司注册资本金为1亿元,甲方以货币出资4700万元占47%股权,乙方以货币出资800万元占8%股权,丙方以货币出资4500万元占45%股权,注册资金本自公司注册成立之日起1年内缴足。(3)公司股权转让按《PPP项目合同》相关约定执行,转让程序按法律规定及公司章程约定进行。(4)PPP项目的项目资本金共16.43亿元,其中包括项目公司注册资金本1亿元,由三方负责全部出资,占总投资比例为25%,剩余75%的资金由公司通过融资方式解决。若项目资本金金额发生变化,则由各方股东按股权比例进行调整出资金额,具体以各方实际出资金额为准。(5)三方按照实缴出资比例享有与公司收益、财产相关的获益权,按出资比例享有公司股东会的选举权、表决权和法律规定的其他股东权利。(6)三方均必须按时足额缴纳出资,并确保出资资金的真实性和合法性,投入公司的全部资产归公司所有。(7)第10条第2项约定:"各投资方应根据各自在本项目承担的工程建设进度需要注入项目资本金。具体注入项目资本金的金额、时间以公司书面通知为准",该条第3项约定:"任何一方均应按照本协议及附件约定按时出资,并应满足项目建设进度、项目实施机构方(政府)及项目融资机构的要求",该条第4项约定:"各方应出资的资金应用于各自所承担的工程范围内,若政府方因资本金未到位追究联合体方的责任,由未出资到位的一方负责与政府方协商解决,出资到位方不承担资本金未到位的责任"。(8)甲方牵头项目融资事宜,三方应按股权比例对项目公司建设期融资提供担保,其中丙方的担保由其母公司提供。(9)甲方承接PPP项目55%的工程施工项目,丙方承接45%的工程施工项目。(10)公司成立后,投资人以其对公司认缴的注册资本金出资额为限对公司承担责任,公司终止或者清算时三方按出资比例享有公司剩余财产分配请求权。(11)按照本协议第10条第3项的约定,任何一方不按照本协议约定按时出资(包括未全面出资的,如经公司或守约方催告后预期60日仍未出资的,守约方有权解除本协议。协议解除后,如PPP项目尚未开始施工的,则应由违约方负责的建安工程承包范围和工程量改由守约方负责。(12)本协议的附件为三方于2019年3月签订的《联合体协议》。《投资人协议书》还就三方的其他权利义务和注册成立公司的相关事宜作了约定。

《投资人协议书》签订后,四梁集团、铁投公司和筑产集团共同签署了《山基公司章程》。《山基公司章程》规定的股东、注册资本金、股权、股东会、董事会、监事会等事项与《投资人协议书》一致,主要约定:(1)股东以认缴出资额为限对公司承担责任,按照实缴的出资比例享受分取红利、表决权等股东权利;(2)注册资本金1亿元,股东应于2020年6月30日前出资到位,四梁集团出资4700万元占股47%、铁投公司出资800万元占股8%、筑产集团出资4500万元占股45%;(3)股东到期未足额缴纳所认缴出资额的,除应向公司足额缴纳外,还应按照《投资人协议书》约定向已足额缴纳出资的股东承担违约责任;(4)公司股权转让按《投资人协议书》执行。

2019年6月17日,山基公司经依法登记成立。山基公司分别于2019年6月24日、7月5日向筑产集团发函要求缴纳注册资本金4500万元,其中7月5日的函载明:“请贵公司于2019年7月10日前完成注册资本金的缴纳,如逾期注册资本金不能到位,由此造成的违约责任和法律后果概由贵公司承担”。

2019年7月3日,交运局向山基公司发函,要求山基公司于2个工作日内拨付前期费用4500万元。2019年7月19日,交运局向山基公司发出通知,要求山基公司于5个工作日内履行以下内容:(1)提交金额为1.5亿元的建设履约保函;(2)缴足项目公司注册资本金和缴足先期到位的前期费用8亿元;(3)提交投融资计划。若未在2019年7月19日通知要求的期限内履行义务,将按照《PPP项目合同》约定追究违约金、终止项目合同、赔偿损失等违约责任。

2019年7月29日,四梁集团向筑产集团发出《关于要求交通基础建设PPP项目联合体成员(筑产集团)转让股权并退出项目建设的函》,载明:筑产集团经多次函告催缴未按约定缴纳注册资金本,双方于2019年7月22日洽谈,筑产集团承诺于2019年7月26日将4500万元注册资金本到位,若筑产集团逾期则自愿退出PPP项目,但截至2019年7月26日筑产集团仍未将4500万元注册资本金缴纳到位,且未按照《投资人协议书》约定交付前期费用。要求筑产集团按照合同约定和承诺,依据招标文件要求,退出PPP项目建设。筑产集团就以上函告于2019年8月1日向四梁集团发出《回函》,载明:“关于注册资本金缴纳事宜7月26日我司与贵单位商谈时未能达成一致书面意见,且我司应出资的注册资本金4500万元已于7月30日缴纳到位,并不存在违约行为。”

2019年7月30日,筑产集团将注册资本金4500万元支付到山基公司账户。2019年7月31日,筑产集团向四梁集团、铁投公司和山基公司发出《关于落实项目公司财务管理约定的函》,要求于3日内先行将项目公司在银行预留印鉴的财务专用章、公司银行账户网上银行审核U盾交付给筑产集团管理,同时开通筑产集团委派财务人员关于项目公司账套使用的权利。

2019年8月1日,交运局向山基公司发出《关于再次催告严格履行〈PPP项目合同〉约定的通知》,载明:山基公司经催告后仍未及时履行提交建设期履约保函、足额到位各类资金、提交项目投融资计划三项义务。要求:(1)于通知发出之日起3个工作日内足额提交金额为1.5亿元的建设期履约保函;(2)于2019年8月15日前到位前期费用资金8亿元;(3)于2019年8月10日前提交投融资计划;(4)若逾期仍未履行的,将根据《PPP项目合同》追究相关违约责任。

2019年8月9日,山基公司向筑产集团邮寄送达《关于再次催告严格履行〈PPP项目合同〉约定的函》,载明:山基公司于2019年8月1日接到交运局函告,要求及时履行提交建设期履约保函、足额到位各类资金、提交项目投融资计划三项义务,按照投资人出资比例,筑产集团应提交金额为6750万元的建设期履约保函、缴纳项目前期费用3.6亿元。要求:筑产集团于2019年8月15日前提交建设期履约保函、足额到位前期费用资金3.6亿元。对送达过程,经过一公证处公证。筑产集团收到前述函告后,于2019年8月13日向四梁集团、铁投公司和山基公司作了书面回复:(1)山基公司在《PPP项目合同》承继协议尚未签署生效前,并非《PPP项目合同》履约主体,不具备要求筑产集团履行《PPP项目合同》相关义务的主体资格;(2)根据《联合体协议》第3.2.3条约定,因目前项目未能满足融资交割条件,前期费用应由四梁集团和铁投公司负责先行投入;(3)根据《联合体协议》第3.3.4条约定,要求筑产集团提交建设期履约保函缺乏法律依据。

后四梁集团、铁投公司缴足了《PPP项目合同》约定的前期费用8亿元。山基公司于2019年8月16日将筑产集团缴纳的4500万元注册资本金退回到筑产集团账户。

因筑产集团未交付项目资本金中前期费用3.6亿元,山基公司于2019年12月23日召开股东会,拟就限制筑产集团股东权益的议案进行表决。全体股东出席了会议,就限制筑产集团股东权益的议案,四梁集团、铁投公司投票赞成,筑产集团投票反对,股东会形成《2019年第二次股东会决议》,决议内容:(1)各股东需对项目公司出资16.43亿元,扣除被告筑产集团4500万元份额后,余额15.98亿元筑产集团不再享有出资权,由四梁集团、铁投公司缴付,四梁集团认缴出资

10.5581亿元占股64.26%，铁投公司认缴出资5.4219亿元占股33%，筑产集团认缴出资4500万元占股2.74%，并据此调整山基公司股权结构；(2)全体股东须于决议之日起10日内配合山基公司办理完成相应变更登记；(3)鉴于筑产集团对出资存在严重违约，且相应出资额已由四梁集团和原告铁投公司认缴，筑产集团45%比例承包工程施工的条件已不具备，故取消筑产集团对PPP项目的施工承包权。同时载明："由于筑产集团对公司出资存在严重违约行为，因此筑产集团对本次会议审议的议案无表决权。筑产集团对本次会议审议的议案表示反对，并拒绝签署本决议。"

2019年12月25日，山基公司向筑产集团发出《关于要求履行股东会决议并缴付出资的通知》，通知筑产集团按照《2019年第二次股东会决议》协助完成工商变更登记事项，于2019年12月31日前缴付4500万元。

各方当事人对山基公司2019年第二次股东会召集程序无异议。

2020年1月3日，四梁集团、铁投公司起诉筑产集团、山基公司(案由为决议效力确认纠纷)，请求：(1)确认山基公司于2019年12月23日形成的《2019年第二次股东会决议》有效；(2)判令筑产集团、山基公司协助四梁集团、铁投公司按《2019年第二次股东会决议》内容办理相应工商变更登记手续。

筑产集团提出反诉，请求：(1)判令撤销《2019年第二次股东会决议》；(2)判令四梁集团、铁投公司和山基公司将实际控制的山基公司的银行账户交由本案当事人共同管理；(3)反诉案件受理费由被反诉人负担。

一审意见

一审法院认为，本案争议焦点：(1)案涉PPP项目融资交割前，筑产集团是否应当交付超出注册资本金数额的项目资本金；(2)山基公司能否以筑产集团未全面履行交付项目资本金义务为由，根据股东会决议限制筑产集团的股东权利，股东会就限制筑产集团股东权利议案进行表决时，筑产集团是否具有表决权；(3)筑产集团要求将山基公司银行账户交由股东共同管理的理由是否成立。

1.案涉PPP项目融资交割前，筑产集团是否应当交付超出注册资本金数额的项目资本金。案涉PPP项目投资人交付项目资本金的义务应当根据投资人之间约定和《PPP项目合同》确定，涉及项目资本金交付的约定有《PPP项目合同》和投资人之间签订的《联合体协议》《投资人协议书》，其中《联合体协议》约定筑产集团在项目融资交割前不进行实质性投入并不承担相应责任，若政府方需要前期资金投入的，由四梁集团和铁投公司进行资金投放，有关投资人各方责任的划分与《PPP项目合同》不一致时，以《联合体协议》为准。《PPP项目合同》约定，三方投资人应在2019年4月30日前先期到位前期费用资金8亿元，剩余前期费用资金按工程进度及时到位。《投资人协议书》约定，各投资人应根据各自在PPP项目承担的工程建设进度需要注入项目资本金，具体注入金额、时间以公司书面通知为准，投资人应按照本协议及附件约定按时出资，《投资人协议书》明确约定将《联合体协议》作为合同附件。《联合体协议》《PPP项目合同》《投资人协议书》签订生效自先到后的顺序为《联合体协议》《PPP项目合同》《投资人协议书》。

以上三份合同关于投资人交付项目资本金时间的约定存在冲突，其中《联合体协议》和《投资人协议书》系三方内部约定，《PPP项目合同》系三方对外的权利义务约定，确定三方权利义务时应当以对内的《联合体协议》和《投资人协议书》为准，这也符合《联合体协议》关于投资人责任与《PPP项目合同》不一致的，以《联合体协议》为准的约定。

本案先后成立的《联合体协议》和《投资人协议书》关于PPP项目投资人交付项目资本金的时间约定不一致，且签订在后的《投资人协议书》就PPP项目投资人交付项目资本金的约定明确，不存在《合同法》第78条关于"当事人对合同变更的内容约定不明确的，推定为未变更"规定的情形，根据《合同法》第77条第1款关于"当事人协商一致，可以变更合同"的规定，应当认定《投资人协议书》关于交付项目资本金的时间约定是对《联合体协议》的变更，且成立在后的《投资人协议书》经三方投资人签字生效。虽然《投资人协议书》明确载明将《联合体协议》作为《投资人协议书》的附件，但当成立在先的附件约定与成立在后主合同约定不一致，且不存在主合同条款与附件条款冲突适用原则明确约定的情况下，仍应按前述法律规定确定以成立在后的合同约定确定当事人之间的权利义务。故确定当事人之间权利义务时应当以变更后的约定为准，即筑产集团应当按照《投资人协议书》第10条的约定，根据承担的工程建设进度需要，按照公司书面通知的金额和时间交付项目资本金，筑产集团关于其在项目融资交割前不应交付项目资本金的理由不成立。

山基公司根据《PPP项目合同》约定和PPP项目实施机构交运局的要求，函告筑产集团于2019年8月15日前交付项目资本金中的前期费用3.6亿元，符合投资人之间关于项目资本金交付时间、各自交付比例的约定，符合《PPP 项目合同》约定，筑产集团回函明确拒绝缴纳且理由不成立，违反投资人之间的约定。

2. 山基公司能否以筑产集团未全面履行项目资本金出资义务为由，根据股东会决议限制筑产集团的股东权利，股东会就限制筑产集团股东权利议案进行表决时，筑产集团是否具有表决权。一审法院认为，PPP 项目中，股东未向项目法人履行超出注册资本金数额的项目资本金出资义务的，项目法人可根据股东会决议限制该股东权利，就相关议案表决时，拟被限制权利的股东无表决权。理由如下：

第一，投资人按时足额履行项目资本金出资义务是 PPP 项目取得融资资金的前提。PPP 项目即实行资本金制度的固定资产投资项目，是当下基础设施项目采取的普遍方式。PPP 项目实施资金来源由投资人交付的项目资本金和项目融资取得的资金构成。其中，项目资本金由投资人按照《国务院关于调整和完善固定资产投资项目资本金制度的通知》（国发〔2015〕51 号）、《国务院关于加强固定资产投资项目资本金管理的通知》（国发〔2019〕26 号）等规范性文件的要求和 PPP 合同的约定缴纳。融资资金主要向金融部门贷款获取，金融部门在对资本金的真实性、合规性和投资收益、贷款风险进行全面审查后，自主决定是否发放贷款以及贷款数量和比例。

PPP 项目实施过程中，投资人一般设立有限公司作为独立项目法人，一般 PPP 合同对项目法人设立都有相关的专门条款约定，项目法人也是 PPP 项目融资的主体。根据国务院相关规范性文件规定、金融部门的要求和本案 PPP 合同、投资人之间的约定，本案项目法人要取得金融部门贷款资金至少应具备以下条件：一是投资人按时足额交付项目资本金；二是项目资本金系项目法人非债务性资金；三是项目法人应就向金融部门贷款事项形成股东会决议；四是股东应当按照股权比例为项目法人的贷款承担连带保证责任。因此，投资人按时足额履行项目资本金出资义务是 PPP 项目取得融资资金的前提，也是保障项目顺利实施的前提。

第二，向项目法人交付项目资本金是确定项目法人股东权利的依据。在设立有限公司作为项目法人的 PPP 项目中，项目法人的注册资本金、股东、股权比例、股东权利、股东义务相较一般有限责任公司有其特殊性。首先是宗旨目的特定，项目法人是为履行与项目实施机构之间签订的 PPP 合同和实施 PPP 项目而专门设立,不同于其他有限公司由发起人在法律规定的范围内确定。其次是股东特定,项目法人的股东只能是投资人,不同于其他有限公司可在法律允许的范围内相对任意地招募股东。再次是注册资本金特定,一般情况下项目法人的注册资本金与 PPP 合同约定的项目资本金数额一致,也存在注册资本金少于项目资本金的情况,但无论哪种情况一般在 PPP 合同中既已约定明确,项目法人股东不得任意修改调整,否则违反 PPP 合同约定,造成投资人整体违约。最后是股东权利义务特定,项目法人宗旨目的、股东构成等特性决定其股东的权利义务的特定性,尤其是股权比例,除股东有特别约定外,一般按照认缴的项目资本金比例确定股东的股权比例。

投资人按照 PPP 合同约定成立项目法人后,投资人在 PPP 合同中的权利义务既由项目法人承接,投资人的权利义务转化为其作为项目法人股东的权利义务,投资人之间的权利义务转化为项目法人股东之间的权利义务。投资人在 PPP 项目中的权益转化为其作为项目法人股东的权益,投资人在 PPP 项目中的权益由其项目资本金出资比例确定,对应项目法人股东的权利也应在法律规定的范围内,由其向项目法人交付项目资本金的比例确定。

第三,项目资本金属于投资人对项目法人的股权性投资,也是股东对项目法人的出资义务。从《国务院关于固定资产投资项目试行资本金制度的通知》(国发〔1996 年〕35 号)第 2 条第 1 款关于"在投资项目的总投资中,除项目法人(依托现有企业的扩建及技术改造项目,现有企业法人即为项目法人)从银行或资金市场筹措的债务性资金外,还必须拥有一定比例的资本金。投资项目资本金,是指在投资项目总投资中,由投资者认缴的出资额,对投资项目来说是非债务性资金,项目法人不承担这部分资金的任何利息和债务;投资者可按其出资的比例依法享有所有者权益,也可转让其出资,但不得以任何方式抽回"的要求和《国务院关于加强固定资产投资项目资本金管理的通知》(国发〔2019〕26 号)第 1 条第 1 项关于"进一步完善投资项目资本金制度(一)明确投资项目资本金制度的适用范围和性质。该制度适用于我国境内的企业投资项目和政府投资的经营性项目。投资项目资本金作为项目总投资中由投资者认缴的出资额,对投资项目来说必须是非债务性资金,项目法人不承担这部分资金的任何债务和利息;投资者可按其出资比例依法享有所有者权益,也可转让其出资,但不得以任何方式抽回。党中央、国务院另有规定的除外"的要求明确:(1)项目资本金对投资项目来说是非债务性资金;(2)项目法人不承担项目资本金任何债务和利息;(3)投资人可按项目资本金出资比例享有所有者权益;(4)投资人不得以任何方式抽回项目资本金。由此可见,项目资本金属于投资人的股权性投资。

投资人向项目法人交付的项目资本金形成项目法人的独立财产。从为实施PPP项目而设立的项目法人的特殊性看,项目资本金是项目法人不可缺少的法人财产,也是构成项目法人人格的物质基础,若股东不按约定交付项目资本金,会导致项目法人资本减少,动摇项目法人的独立法人地位,侵害其他股东和公司债权人利益。根据《公司法》第3条关于"公司是企业法人,有独立的法人财产,享有法人财产权。公司以其全部财产对公司的债务承担责任。有限责任公司的股东以其认缴的出资额为限对公司承担责任;股份有限公司的股东以其认购的股份为限对公司承担责任"的规定,作为有限责任公司的项目法人,将以包含项目资本金在内的全部财产对项目实施机构及其他债权人承担责任,对应项目法人的股东也应当以认缴的项目资本金为限对公司承担责任,该责任即项目法人股东的出资义务。

因此,在设立项目法人的PPP项目中,项目法人的股东应当以认缴的项目资本金为限向项目法人履行出资义务。

第四,当项目法人注册资本金少于项目资本金时,投资人作为项目法人股东仍应以认缴的项目资本金为限履行出资义务。当项目法人成立时的注册资本金数额小于项目资本金数额时,项目法人对外承担责任的范围仍包含注册资本金以外的项目资本金,而非以注册资本金为限对外承担责任,故作为项目法人的股东也应当以认缴的项目资本金为限对公司承担责任,股东的权利也应当以缴纳的项目资本金为基础并结合《山基公司章程》等确定。

投资人作为项目法人的股东,仅履行注册资本金出资义务而不履行项目资本金出资义务,既违反《国务院关于固定资产投资项目试行资本金制度的通知》等规范性文件的规定,也不符合投资人之间的约定和投资人与项目实施机构之间的约定,将导致PPP项目因项目资本金未到位而无法取得融资,致使投资人之间达成的协议目的不能实现、PPP项目无法实施,将严重损害项目法人的债权人和其他股东利益,对于政府方作为项目实施机构的公共基础项目而言,还将严重损害公众利益。

第五,当注册资本金少于项目资本金时,项目法人股东不得以未经增资程序为由拒不交付项目资本金。项目资本金总额、各投资人认缴比例及数额、注册资本金所占项目资本金比例等事项,投资人与项目实施机构、投资人之间在项目法人成立前即已确定,投资人应按照相关约定履行交付项目资本金的义务。对于超出注册资本金部分的资金,根据《企业会计制度》(财会〔2000〕25 号)第 80 条关于“企业的实收资本是指投资者按照企业章程,或合同、协议的约定,实际投入企业的资本。(一)一般企业实收资本应按以下规定核算:1. 投资者以现金投入的资本,应当以实际收到或者存入企业开户银行的金额作为实收资本入账。实际收到或者存入企业开户银行的金额超过其在该企业注册资本中所占份额的部分,计入资本公积”的规定,应当计入项目法人资本公积,若项目法人没有调整注册资本金,该笔资金应先作为项目法人资本公积金备用,但股东可以按照实缴的资金所占全部股东出资资金的比例向公司主张股东权利。结合项目资本金对于项目法人、股东权益、债权人的特定意义,股东按《投资人协议书》约定向项目法人缴纳超出注册资本金数额的项目资本金,无须经过注册资本金增资程序。

第六,工程承包权是投资人收益的重要部分,也是项目法人股东的一项股东权利。根据《招标投标法实施条例》第 9 条第 1 款第 3 项关于“除招标投标法第六十六条规定的可以不进行招标的特殊情况外,有下列情形之一的,可以不进行招标:……(三)已通过招标方式选定的特许经营项目投资人依法能够自行建设、生产或者提供;……”的规定,满足施工条件和资质的 PPP 项目投资人可不经招标投标直接承建工程,在 PPP 项目中,投资人的这一特定权利是投资人参与 PPP 项目的利益基础,也是投资人收益的重要组成部分。该权利的基础是投资人特定身份,在设立项目法人的 PPP 项目中,投资人权利通过项目法人股东权利实现,故承包工程项目的权利也是基于项目法人股东身份所享有的特定权利,在满足法定条件的情况下,项目法人可依照《最高人民法院关于适用〈中华人民共和国公司法〉若干问题的规定(三)》第 16 条关于“股东未履行或者未全面履行出资义务或者抽逃出资,公司根据公司章程或者股东会决议对其利润分配请求权、新股优先认购权、剩余财产分配请求权等股东权利作出相应的合理限制,该股东请求认定该限制无效的,人民法院不予支持”的规定限制股东的该项权利。

第七,项目法人的股东未全面履行出资义务的,项目法人可根据股东会决议调整股东股权比例。按照公司章程规定,被告山基公司股东的权利按照实缴出资比例确定，公司股东的权利外在表现为其所持有公司的股权比例，故当股东未全面履行出资义务时，有限公司根据股东会决议减少该股东的股权比例，实质是对股东权利的限制。当股东因未全面履行出资义务被限制利润分配请求权、新股优先认购权、剩余财产分配请求权的情况下，若不对该股东所持股权比例作相应调整，则将导致股东表决权、利润分配权等核心权利之间的冲突。从《最高人民法院关于适用〈中华人民共和国公司法〉若干问题的规定（三）》第17条第1款关于"有限责任公司的股东未履行出资义务或者抽逃全部出资，经公司催告缴纳或者返还，其在合理期间内仍未缴纳或者返还出资，公司以股东会决议解除该股东的股东资格，该股东请求确认该解除行为无效的，人民法院不予支持"的规定看，股东在未出资的情况下不再享有股东权利，相应根据股东实际出资确定股权比例符合立法精神和公司章程有关股东权利确定原则的规定。

第八，项目法人的股东未全面履行项目资本金出资义务的，项目法人可根据股东会决议对未全面履行义务的股东权利作出相应的合理限制，该股东就限制其权利的议案不具有表决权。根据前述认定，缴纳项目资本金是项目法人股东的出资义务，当项目法人的股东未全面履行该出资义务时，项目法人根据公司章程规定的程序召开股东会并形成决议，对未全面履行项目资本金出资义务的股东权利作合理限制，符合《最高人民法院关于适用〈中华人民共和国公司法〉若干问题的规定（三）》第16条的立法精神。

《最高人民法院关于适用〈中华人民共和国公司法〉若干问题的规定（三）》第16条关于限制股东权利的规定，是为公司消除不履行义务的股东对公司和其他股东所产生不利影响而赋予的一种法定权能，是不以征求被限制权利股东的意思为前提和基础的。在特定情形下，限制股东权利决议作出时，会涉及被限制权利的股东可能操纵表决权的情形。故当某一股东与股东会表决议案有特别利害关系时，该股东不得就其持有的股权行使表决权。

因筑产集团未全面履行项目资本金出资义务，山基公司召开股东会并形成决议对筑产集团相应的股东权利进行合理限制符合《最高人民法院关于适用〈中华人民共和国公司法〉若干问题的规定（三）》第16条规定。各方当事人对山基公司2019年第二次股东会召集程序无异议，股东会决议按照筑产集团实缴资金所占全部股东出资资金比例确定该股东股权比例，具有合理性。取消筑产集团继续投资权利的结果与其拒绝缴纳项目资本金的违约行为对等，具有合理性。取消筑产集团工程承包权利与其未全面履行出资义务的违约行为对等,具有合理性。山基公司2019年第二次股东会关于限制筑产集团股东权利的议案,经有表决权的股东一致投票通过,《2019年第二次股东会决议》合法有效,山基公司及其股东四梁集团、铁投公司和筑产集团均应执行并协助按决议内容办理相应工商变更登记手续。

3.筑产集团要求将山基公司银行账户交由股东共同管理的理由是否成立。山基公司是经依法登记成立的有限责任公司,具有独立法人资格,管理其开设的银行账户是法人的一项基本权利,包括股东在内的任何主体均无权剥夺。有限责任公司股东对公司的控制、监管,应当根据公司章程规定,通过股东权利实现,筑产集团作为山基公司股东要求与其他股东共同管理公司银行账户,于法无据。

一审结果

2020年6月22日,一审法院经审判委员会讨论决定作出民事判决:一、山基公司于2019年12月23日形成的《2019年第二次股东会决议》有效;二、筑产集团、山基公司应于本判决生效之日起5日内,协助四梁集团、铁投公司按照《2019年第二次股东会决议》办理相应工商变更登记手续;三、驳回筑产集团的全部反诉请求。

上诉意见

筑产集团向四川省眉山市中级人民法院(以下简称眉山中院)上诉请求:请求撤销原判,发回重审或依法改判,并由被上诉人承担本案一、二审诉讼费。事实与理由:(1)一审法院不认可上诉人主张的"其在融资交割之前不应交付项目资本金"属事实认定错误、法律适用错误。《投资人协议书》对项目资本金的约定与《联合体协议》不存在冲突。《联合体协议》约定了三投资方履行出资义务的时点,即上诉人在项目融资交割前不进行任何实质性投资,若政府需要前期资金投入的,由四梁集团及铁投公司负责。《投资人协议书》强调的是项目资本金的最终承担主体,即由三投资人承担,未明确约定三投资人履行出资义务的先后顺序,也未明确约定上诉人应在融资交割前进行任何实质性投资。该协议约定"任何一方均应按照本协议及附件约定按时出资,并应满足项目建设进度、项目实施机构及融资机构的要求",根据该协议及其附件约定应由四梁集团及铁投公司在项目融资交割前代上诉人履行对应的项目资本金缴费义务。(2)一审法院违反《公司法》和《山基公司章程》明确规定,肆意扩大解释限制上诉人股东权利的理由于法于理不合。①交付项目资本金系获取项目融资批复、推动项目进行的关键,与项目公司股东是否丧失表决权无关联。融资交割前项目需资金投入的,应由四梁集团和铁投公司负责。不能据此否认上诉人应享有的表决权等股东权利。②根据《投资人协议书》《山基公司章程》《联合体协议》的约定,项目公司的股东按照实缴出资比例享有表决权等股东权利,其中上诉人应实缴出资的金额为4500万元,享有的股权比例为45%,上诉人已于2019年7月30日足额完成4500万元的注册资本实缴出资义务。一审法院认为项目法人股东的权利应由其向项目法人交付项目资本金的比例确定缺乏法律依据。③国发〔1996〕35号文件以及国发〔2019〕26号文件规定的项目资本金应是"非债务性资金",实践中注入项目资本金的方式不仅包括股东直接通过缴付注册资本金形式,还包括股东向项目公司提供无息借款的形式;上述文件规定"投资者可按出资比例依法享有所有者权益"并未强制要求"所有者权益"必须依据项目资本金的出资比例,也未明确"所有权权益"是否必然涵盖项目公司内部的股东表决权。一审法院混淆了项目资本金与公司注册资本金的概念,即便投资者有交付项目资本金的义务,也不能否认上诉人已实缴4500万元注册资本、应享有对应表决权等股东权利的事实。④《2019年第二次股东会决议》的内容实际已涉及项目公司注册资本增加、股权比例调整、章程修改等事项,依据《公司法》及《山基公司章程》的规定,必须经代表2/3以上表决权的股东通过。一审法院认为股东按照《投资人协议书》向山基公司缴纳超过注册资本金的项目资本金,无须经过注册资本增资程序,认定股东会决议有效,适用法律错误。⑤根据《公司法》及《最高人民法院关于适用〈中华人民共和国公司法〉若干问题的规定(三)》的规定,在股东未及时履行缴纳注册资本金义务时,公司可以股东会决议方式限制其财产性权益,但不能直接限制其表决权,只有在经公司催告在合理期间内股东仍未缴纳出资的,才可能通过股东会决议解除其股东资格。上诉人已缴付4500万元注册资本,仍具有公司股东资格,一审法院认定上诉人丧失工程承包权、股东表决权适用法律及认定事实错误。⑥本案上诉人并非拒绝履行交付项目资本金义务,而是交付条件未成就;即便上诉人缴纳项目资本金的义务已届履行期而仍未履行,但上诉人已及时履行注册资本金缴纳义务,其股东资格不应被解除。本案不存在解除股东资格、股东应予回避的事由。股东权利应以《投资人协议书》等文件约定的根据实缴出资比例确定股权比例及表决权,案涉股东会决议表决事项需要大股东即上诉人的参与,否则股东会决议不成立。(3)《联合体协议》明确约定"股东共管账户",落实在实际操作中系由股东会或董事会来形成决议,决定账户转账事宜,该约定并未侵犯或剥夺法人财产权,不违反法律的强制性规定,应当支持。

二审意见

眉山中院认为,本案系公司决议效力确认纠纷案件,涉及对山基公司2019年12月23日股东会决议是否有效的认定,该股东会决议以筑产集团未全面履行出资义务为由对其案涉项目资本金出资权、案涉PPP项目工程承包权、表决权等股东权利作出限制。《公司法》第22条第1款规定:公司股东会或者股东大会、董事会的决议内容违反法律、行政法规的无效。故本案争议焦点在于筑产集团是否已经全面履行出资义务。因各方对于筑产集团已经履行注册资本出资义务并无争议,争议在于:(1)筑产集团是否具有交付案涉项目资本金的义务;(2)超出注册资本金数额的项目资本金出资义务是否属于法定的股东对公司的出资义务;(3)股东缴纳超出注册资本金数额的项目资本金是否需要经过注册资本金增资程序;(4)在《山基公司章程》未作特殊约定的情况下,股东会决议能否对未足额出资的股东表决权进行限制;(5)股东权利限制应否包含项目工程承包权。

至于筑产集团提出的共管公司银行账户的反诉请求是否成立的问题。反诉与本诉之间有牵连关系,即反诉与本诉的诉讼标的是同一的或者有牵连的,两者源于同一法律关系或相关联法律关系,而提起反诉的目的在于抵消或者吞并本诉原告的诉讼请求。基于此,筑产集团的该项反诉请求不属于反诉范畴,其该项反诉请求不能成立。

关于争议焦点一。筑产集团提出其在融资交割之前不应交付项目资本金,理由主要在于三方在《联合体协议》中约定"在项目融资交割前,筑产集团不进行实质性投入并不承担相应责任"。关于案涉项目出资约定,三方在先后签订的《联合体协议》《PPP项目合同》《投资人协议书》中均有涉及,但类似约定存在冲突。从签订目的及时间顺序看,《联合体协议》是三方为案涉PPP项目投标而签订,《投资人协议书》是在案涉PPP项目中标后签订。《PPP项目合同》对项目资金由项目资本金与项目融资资金构成,三方须完成案涉项目总投资25%,即164,288万元项目资本金进行了明确约定。结合《联合体协议》仅涉及对项目融资的约定,并无项目资本金约定,以及《投资人协议书》分别对项目资本金、项目融资进行约定。可以认定《投资人协议书》关于项目资本金的约定系在三方就案涉PPP项目中标后基于《PPP项目合同》对项目资本金的要求而对三方在《联合体协议》中尚未明确约定的项目资本金出资的补充约定。虽然《投资人协议书》载明将《联合体协议》作为《投资人协议书》的附件,但当成立在先的附件约定与成立在后主合同约定不一致,且不存在主合同条款与附件条款冲突适用原则明确约定的情况下,应以成立在后的合同约定确定当事人之间的权利义务。筑产集团提出其在融资交割之前不应交付项目资本金的主张不能成立。

关于争议焦点二。依照法律规定,股东应当按期足额缴纳公司章程中规定的各自所认缴的出资额。《山基公司章程》第12条规定:公司注册资本1亿元,出资方式为货币,出资时间为2020年6月30日前,其中四梁集团出资4700万元,出资比例47%;铁投公司出资800万元,出资比例8%;筑产集团出资4500万元,出资比例45%,《山基公司章程》对注册资本金以外的出资没有明确约定。筑产集团亦已经缴纳4500万元注册资本金,从表面上看筑产集团已经履行出资义务,但本案涉及PPP项目法人股东出资义务问题。首先,根据《国务院关于固定资产投资项目试行资本金制度的通知》(国发〔1996年〕35号)第2条第1款关于"在投资项目的总投资中,除项目法人(依托现有企业的扩建及技术改造项目,现有企业法人即为项目法人)从银行或资金市场筹措的债务性资金外,还必须拥有一定比例的资本金。投资项目资本金,是指在投资项目总投资中,由投资者认缴的出资额,对投资项目来说是非债务性资金,项目法人不承担这部分资金的任何利息和债务;投资者可按其出资的比例依法享有所有者权益,也可转让其出资,但不得以任何方式抽回"的规定,《国务院关于加强固定资产投资项目资本金管理的通知》(国发〔2019〕26号)第1条第1项关于"进一步完善投资项目资本金制度(一)明确投资项目资本金制度的适用范围和性质。该制度适用于我国境内的企业投资项目和政府投资的经营性项目。投资项目资本金作为项目总投资中由投资者认缴的出资额,对投资项目来说必须是非债务性资金,项目法人不承担这部分资金的任何债务和利息;投资者可按其出资比例依法享有所有者权益,也可转让其出资,但不得以任何方式抽回。党中央、国务院另有规定的除外"的规定,PPP项目中的项目资本金具有股权投资性质。其次,三方签订的《投资人协议书》系为组建案涉PPP项目法人,即山基公司。《投资人协议书》约定三方按照实缴出资比例享有与公司收益、财产相关的获益权，还约定三方有权按出资比例享有公司股东会的选举权、表决权和公司法所规定的其他股东权利，且在注册资本及出资时间约定外，还对项目资本金、项目融资进行了约定，约定项目资本金164,300万元包括项目公司注册资本金1亿元，由三方负责全部出资。而注册资本金、项目资本金是否实缴涉及项目融资能否实现，PPP项目能否实施。因此，PPP项目法人股东缴纳项目资本金的义务属于法定出资义务。最后，PPP项目法人的注册资本金、股东、股权比例等相较一般有限责任公司有其特殊性。项目法人是为履行与项目实施机构之间签订的PPP合同和实施PPP项目而专门设立，不同于其他有限公司由发起人在法律规定的范围内确定；项目法人的股东只能是投资人，不同于其他有限公司可在法律允许的范围内相对任意地招募股东；无论项目法人的注册资本金与PPP合同约定的项目资本金数额是否一致，项目法人必须具备一定数量的项目资本金，而其他有限责任公司并无此项规定。因此，当《山基公司章程》规定的出资与相关行政法规规定和约定不一致时，应当适用项目资本金制度的规定和《投资人协议书》的约定来认定股东的法定出资义务。就本案而言，超出注册资本金数额的项目资本金出资义务属于法定的股东对公司的出资义务。

关于争议焦点三。虽然案涉项目资本金数额超过注册资本金数额，但如前所述，PPP项目中，项目资本金的出资义务源于相关行政法规规定及发起人约定，项目法人股东均应按此履行相应出资义务，无须再通过法定增资程序。

关于争议焦点四。《公司法》第4条规定：公司股东依法享有资产收益、参与重大决策和选择管理者等权利，但表决权应否因股东未履行或未全面履行出资义务而受到限制，并未就此作出明确规定。《最高人民法院关于适用〈中华人民共和国公司法〉若干问题的规定（三）》第16条对瑕疵出资股东的利润分配请求权、新股优先认购权、剩余财产分配请求权等股东权利进行限制，所限制范围只明确为股东自益权，并未指向股东共益权。表决权作为股东参与公司管理的权利，原则上属于共益权，但又具有一定的特殊性，股东通过资本多数决的表决权机制选择或罢免董事、确立公司的运营方式、决策重大事项等，借以实现对公司的有效管理和控制，其中也包括控制公司财产权，故表决权实质上是一种控制权，同时兼具自益权行使和实现之功能。如果让未尽出资义务的股东通过行使表决权控制公司，不符合权利与义务对等、利益与风险一致的原则。从《公司法》第16条第3款关于公司对外担保的利害关系人没有表决权的规定、第103条第1款关于公司持本公司股份没有表决权的规定、第124条关于关联关系不得行使表决权的规定可以看出,股东表决权并非不可限制或剥夺。

关于争议焦点五。根据《招标投标法实施条例》第9条第1款第3项关于“除招标投标法第六十六条规定的可以不进行招标的特殊情况外,有下列情形之一的,可以不进行招标:……(三)已通过招标方式选定的特许经营项目投资人依法能够自行建设、生产或者提供;……”的规定,满足施工条件和资质的PPP项目投资人可不经招标投标直接承建工程。在PPP项目中,投资人的这一特定权利是投资人参与PPP项目的利益基础,是投资人收益的重要组成部分。该权利的基础是投资人特定身份,在设立项目法人的PPP项目中,投资人权利通过项目法人股东权利实现,故承包工程项目的权利也是基于项目法人股东身份所享有的特定权利,属于股东自益权。

二审结果

2020年9月21日,眉山中院作出民事判决:驳回上诉,维持原判。

案例评析

1. 关于区分项目资本金与公司注册资本的差异以确定项目资本金的交付相关事宜问题

根据《国务院关于固定资产投资项目试行资本金制度的通知》(国发〔1996〕35号)第3条的规定,“投资项目资本金,是指在投资项目总投资中,由投资者认缴的出资额,对投资项目来说是非债务性资金,项目法人不承担这部分资金的任何利息和债务;投资者可按其出资的比例依法享有所有者权益,也可转让其出资,但不得以任何方式抽回”。公司的注册资本由公司章程规定,登记机关按照公司章程规定予以登记,即法定资本。有限公司的注册资本是在公司登记机关登记的全体股东认缴的出资额。

项目资本金以投资角度要求,具备一定的启动资金保证项目顺利进行;公司注册资本是公司股东在其参加设立公司的出资数额,对外具备公示性。

一审法院认定本案争议焦点之一:案涉PPP项目融资交割前,筑产集团是否应当交付超出注册资本金数额的项目资本金。并认定,相关本案涉及三份协议,根据《合同法》第77条第1款规定,以《投资人协议书》约定的内容,作为《联合体协议》《PPP 项目合同》约定投入项目资本金相关内容的变更。《投资人协议书》第 10 条约定:“根据承担的工程建设进度需要,按照(项目)公司书面通知的金额和时间交付项目资本金。”筑产集团应当按照该约定在项目融资交割前依约交付项目资本金。二审法院针对筑产集团是否具有交付案涉项目资本金的义务,认同一审法院对该问题的认定。

因本案各主体所签三份协议约定的出资、投资等内容存在冲突、矛盾,筑产集团应知悉《投资人协议书》约定项目资本金交付条款内容,其以缴纳 4500 万元(项目公司章程约定注册资本金 1 亿元,股东认缴期 2020 年 6 月 30 日)履行公司成立股东出资义务涵盖项目资本金投入的义务,混淆了公司注册资本与项目资本金的内涵及差异。基于《投资人协议书》变更了前述两份协议、合同约定的相关内容,筑产集团应当依约履行项目资本金的交付义务。

PPP 项目是政府方与社会资本合作,在基础设施及公共事务领域建设运营各类项目,以提供公共利益服务为宗旨,项目投入的资金保障是确保项目如期进行之一要务,对项目资本金出资理应依法规制履行。根据《国务院关于固定资产投资项目试行资本金制度的通知》(国发〔1996〕35 号)、《国务院关于加强固定资产投资项目资本金管理的通知》(国发〔2019〕26 号)的相关规定及《投资人协议书》的约定内容,超出注册资本金数额的项目资本金出资义务应当属于法定的股东对公司的出资义务。

另外,有关案涉项目资本金数额超过注册资本金数额,依据财务准则及《投资人协议书》约定,如果项目公司的注册资金仍然保持 1 亿元人民币,超出部分可以按照出资人的出资比例及出资额分别计入项目公司的资本公积项内,股东可按照实缴的项目资本金出资额所占全部股东出资资金的比例行使股东权利。项目公司可依规依约履行资本公积的职能。资本公积属于项目公司所有者权益也是项目公司的资产。由项目公司股东依约履行相应出资义务,不必再通过法定增资程序。二审法院对该增资问题,认定准确。

2. 关于项目公司争诉股东会决议效力及股东权能限制与剥夺的公允性问题

案涉筑产集团未履行交付项目资本金义务,其他两个股东认为构成严重违约,召开项目公司股东会形成《2019 年第二次股东会决议》决议内容:“按照本项目总投资额 25% 的项目资本金比例各股东需对项目公司共计出资 16.43 亿元,联合体三方均按约定比例出资,因筑产集团交付 4500 万元,调整占股 2.74%,四梁集团及铁投公司分别足额交付占股64.26%及33%，调整项目公司股权结构并办理变更登记；取消筑产集团对PPP项目的施工承包权及本次会议审议的表决权。”本案两审法院均从股东出资及权利受益对等性、一致性角度，依据《最高人民法院关于适用〈中华人民共和国公司法〉若干问题的规定（三）》第16条规定出资股东权利进行限制，参照《公司法》第16条第3款、第103条第1款、第124条关于股东行使表决权的规定，在公司章程未作特殊约定，股东会决议对未足额出资的股东表决权进行限制并剥夺项目工程承包权，以及调整持股比例内容，进行了有效确认。法院判定股东会决议有效及针对筑产集团未履约而股东权利受到权利限制及剥夺的认定，尽显断晰平允，大中至正，令人信服。

3. 关于民事案件反诉及请求事项问题

民事案件反诉是指本诉已经开始相关程序，本诉的被告以本诉原告为被告，向受诉法院提出的与本诉有牵连的独立反请求。提起反诉的主要条件有反诉与本诉之间存在牵连关系；两者源于同一法律关系或相关联的法律关系；向受理本诉的法院提出；须适用同一诉讼程序。《民事诉讼法》第140条[①]规定：“原告增加诉讼请求，被告提出反诉，第三人提出与本案有关的诉讼请求，可以合并审理。”《公司法》规定的公司法人财产独立性为重要规范。公司开立银行账户行使管理权基于公司章程及管理规范相关规定运行。筑产集团交付项目公司注册资本金后，向其他股东及项目公司发函，要求先行管理项目公司财务专用章、公司银行账户网上银行审核U盾，开通账套使用权利，故提出反诉请求。一审法院认定：“开设的银行账户是法人的一项基本权利，包括股东在内的任何主体均无权剥夺。有限责任公司股东对公司的控制、监管，应当根据公司章程规定，通过股东权利实现，筑产集团作为山基公司股东要求与其他股东共同管理公司银行账户，于法无据。”二审法院依据反诉与本诉不具牵连性，驳回反诉请求。本案一审被告要求将项目公司银行账户交由股东共同管理诉请不属于反诉范畴，二审法院认定准确。

① 现为第143条。

案例61　收费经营权交由代建方行使的公路改建项目

相关问题

1. 案涉工程的投资金额应当如何计算；
2. 案涉800万元是工程款还是补贴性质款项；
3. 年投资回报率应当如何计算；
4. 关闭收费站而产生的人员安置补偿费如何认定；
5. 投资款利息应当如何认定。

裁判要点摘选

合同约定"甲方在支付现金有困难的情况下，经市政府批准，可以甲方对本项目的收费经营权交由乙方经营管理，收费支付欠款"，故将案涉公路收费权交由江州公司经营管理仅仅是支付工程欠款的方式，并不意味着交通局完全放弃让渡了公路收费权。公路停止收费之后江州公司不能主张侵害了其公路收费权益，而只能要求更改支付欠款方式，故案涉公路的收费权益并非归属于江州公司。

基本案情

上诉人(一审原告)：江州公司

上诉人(一审被告)：内江市交通运输局

2005年5月25日，内江市交通运输局(以下简称交通局，甲方)与江州公司(乙方)签订《省道207线资泸路威远段改建工程协议书》(以下简称《工程协议书》)。约定:交通局采用公开招标形式选定江州公司为省道207线资泸路威远段改建工程项目代建业主。在协议中,双方就代建具体内容进行了约定。

2005年10月12日,交通局(甲方)与江州公司(乙方)签订《补充协议书》。依据双方2005年5月25日签订的《工程协议书》第3条第3项的约定,经内江市人民政府第16次常务会议决定,采取在该工程竣工验收经省两厅一局批准使用后按省政府批准本项目的收费年限和收费标准交乙方经营管理收费的方式支付乙方投资和合理回报。为此,双方对相关具体内容进行了约定。

2006年4月6日,交通局与江州公司再次签订《补充协议书》,约定《工程协议书》部分条款作废,并对其中"项目概况"条款进行了部分修改。

江州公司起诉交通局(案由为合同纠纷),请求:(1)判令被告向原告支付省道207线资泸路威远段改建工程项目未收回投资及合理回报共计331,128,600元,包括项目投资回报额12,969.48万元,回购期资金利息13,182.06万元,剩余本金69,613,200元(暂计算至2014年12月31日);(2)判令被告向原告支付因关闭新店收费站而产生的人员安置补偿费6,534,500元;(3)判令被告承担本案的全部诉讼费用。

在一审诉讼前,交通局与江州公司共同委托中大造价咨询公司对案涉工程投资进行审计确定。2013年10月28日,鉴定完成,审核的投资金额为72,625,668元。交通局以鉴定资料不实为由,对此金额不予认可。在本案一审审理期间,交通局申请对案涉工程造价进行鉴定,一审法院委托了一鉴定机构进行鉴定。鉴定的工程造价66,693,923.11元(65,737,276.11元+956,647元),扣减1,937,880.94元[建设单位管理费139,313.94元+勘察设计费1,150,000元+设计文件审查费38,098元+定额编管理费64,766元+工程保险费30,1061元+审计(查)费63,953元+招标代理费180,689元],一审法院认定案涉工程造价应为64,756,042.17元(66,693,923.11元-1,937,880.94元)。

一审结果

2013年6月7日,一审法院作出民事判决:一、交通局于判决生效之日起30日内向江州公司支付省道207线资泸路威远段改建工程项目未收回投资16,162,604.33元及利息(利息从2008年3月12日起按照中国人民银行同期同类贷款利率计算至付清之日止);二、交通局于判决生效之日起30日内向江州公司支付省道207线资泸路威远段改建工程项目合理回报48,567,031.63元及利息(利息从2013年1月1日起按照中国人民银行同期贷款利率计算至付清之日止);三、交通局于判决生效之日起30日内向江州公司支付因关闭新店收费站而产生的人员安置补偿费226,000元及利息(利息从2013年1月1日起按照中国人民银行同期同类贷款利率计算至付清之日止);四、驳回江州公司的其他诉讼请求。

江州公司、交通局均不服一审判决,分别向最高人民法院提出上诉。

二审查明

二审期间,最高人民法院更正、补充查明了部分事实。如,根据《工程协议书》内容,交通局采用向社会公开招商而非公开招标形式,选定了江州公司为省道207线资泸路威远段改建工程项目代建业主。《工程协议书》第5条第2款第9项规定:"9. 若甲方采取以交由乙方收取车辆通行费的方式支付乙方项目投资的,则本协议签订生效约定时间内,乙方应在内江成立有独立法人资格的项目公司,全权负责该项目的建设和经营管理,并承担建设、经营管理和其他行为所涉的民事、经济责任。乙方在约定的经营期限内,对本项目享有经营权,所有权属甲方。乙方须于经营管理期满的前三年,全部清偿在改建和经营期内以(省道207线)资泸路威远段改建项目和经营管理及收益权利的名义所产生的一切债务;在经营期内,应对该项目的路基、路面、桥涵、构造物等进行维修保养,保证项目在运营过程中的完好和畅通。按约定的经营期限到期后,乙方应保证公路的完好,保持公路处于良好的运营状态,并完整无偿地将该项目交归甲方。"

二审意见

最高人民法院认为,本案二审的争议焦点:(1)江州公司对案涉工程的投资金额应当如何计算,以工程造价鉴定结果作为投资金额计算依据是否恰当,一审依据工程造价鉴定结果所计算出的江州公司投资的工程造价是否准确。(2)交通局2006年6月至2007年12月向江州公司支付的款项800万元的性质。(3)一审将江州公司的年投资回报率酌定为15%是否恰当,计算的起止时间和计算方法是否正确。(4)因关闭新店收费站而产生的人员安置补偿费应当如何计算。(5)江州公司未收回的投资应当如何计算,一审对未收回投资的利息计算是否正确。(6)一审关于江州公司运营期间管理费和其他支出的计算是否正确。(7)案涉公路收费权益的归属。

1. 关于江州公司对案涉工程的投资金额应当如何计算的问题。江州公司上诉认为，一审将工程造价鉴定的结果作为认定江州公司投资金额的依据是错误的，应按照经过内江市相关部门签章认可的债务锁定资料的载明，认定江州公司的投资金额为81,029,061.93元。最高人民法院认为，本案建设施工合同中曾约定“项目投资数为4421万元”，同时又多次约定“投资总额最终以内江市审计局审计为准”，但案涉工程的投资总额最终并未经由内江市审计局审计，双方事实上未对工程投资款进行结算。内江市相关部门在债务锁定资料上签章仅用于上报债务锁定资料之目的，不能认为已构成自认和实质上的工程投资款结算。在工程投资款未能审计结算的情况下，一审法院同意当事人的鉴定申请，并根据鉴定意见的工程造价66,693,923.11元扣减1,937,880.94元[建设单位管理费139,313.94元+勘察设计费1,150,000元+设计文件审查费38,098元+定额编制管理费64,766元+工程保险费301,061元+审计(查)费63,953元+招标代理费180,689元]，认定案涉工程造价应为64,756,042.17元，该认定并无不妥。江州公司未能提交证据证明其对工程的投资金额超出工程造价，以工程造价64,756,042.17元计算江州公司的投资金额，并无不当。至于交通局上诉请求中提到的鉴定工程造价认定不准确，主要有三个方面：(1)将交通局在建设期投入的800万元作为江州公司投资不当。最高人民法院认为，鉴定系对工程造价的鉴定，无论该笔款项来源于江州公司还是交通局，均不影响该笔款项应当计入工程造价。一审以工程造价为依据计算江州公司的总投资款，在计算江州公司未收回的投资款时，已将该800万元扣减，故交通局并未因此向江州公司重复支付该笔投资款。(2)将未经交通局同意的变更工程计入案涉工程造价违背合同约定和法律规定。最高人民法院查明，交通局在一审时已就该问题向鉴定机构提出异议，即“交通局异议八”，鉴定机构和一审法院已就此作了回复。交通局再就该问题提出异议，不予支持。(3)一审关于路面水泥品种及使用量的认定明显错误，用量存疑，所水泥品种标号也存疑。最高人民法院查明，交通局在一审时也就该问题向鉴定机构提出过异议，即“交通局异议六”，鉴定机构和一审法院也就该问题作了回复和评判。仅以水泥使用情况存疑不足以推翻鉴定结论，对此亦不予支持。综上，一审依据工程造价鉴定结果所计算的江州公司投资金额准确恰当，江州公司和交通局就该事项的上诉理由均不能成立。

2. 关于交通局支付800万元的款项性质。2006年4月6日《补充协议书》载明，“鉴于乙方前期做了大量工作，并曾注入1000万元保证金，加之本项目重新设计后投资增大1434万元，投资回收周期长，工程建设中确有不可预见的材料涨价因素。甲方支付乙方建安工程款800万元(含各类材料调差)”。由于本案工程系由江州公司全额垫资代建，建设过程中，交通局本无提前支付工程的义务，但双方基于前述原因，由交通局在建设过程中支付“建安工程款800万元”。《补充协议书》并未约定该800万元系交通局为江州公司额外增补的工程价款，也未有补贴、赠与江州公司的明确表述，故仍应认定为交通局支付的工程款，只不过将支付时间提早到了建设过程之中。一审认定该800万元为交通局已付工程款，并无不当。

3. 关于江州公司年投资回报率的计算问题。双方在合同中为工程款项的偿付约定了两种支付方式，最终在实践中选择了第二种方式，即将项目收费经营权交由江州公司经营管理，以收费支付欠款。双方从未明确约定本项目为BT项目或BOT项目，最终形成的经营模式系由原先约定的项目代建演化而来。故交通局二审提交BT项目平均回报率为5.83%的证据以证明一审酌定按照15%计算年回报额显不当，该主张实则不能成立。交通局在报告行文中确有“由江州公司采用‘BT’方式建设”“按照‘BT’模式计算”等表述，但均为交通局的单方陈述，没有证据表明双方已一致确认本项目为BT项目，一审未按照BT项目的平均回报率酌定并计算年回报额并无明显不当。江州公司二审提交了一份《内江高铁站配套项目投资建设合同》，拟证明在内江高铁项目上投资人的年回报率为18%，并主张本案年回报率应按照20%予以计算，案涉项目《工程协议书》签订于2005年，为了吸引社会资本，当时同类合同约定的投资回报率均较高，对该历史事实应予尊重，一审法院酌定的年化投资回报率应调整为20%才较为公平合理。最高人民法院认为，内江高铁站配套项目投资建设与本案省道改建工程建设，没有可比较性，不能因为内江高铁项目上投资人的年回报率为18%，就认为一审酌定年回报率为15%明显偏低。江州公司提出年回报率调整为20%才较公平合理没有任何证据支撑，一审根据双方提交的证据参考同类合同平均回报率以及本案当事人融资成本等因素酌定按照15%计算年回报额，系法官自由裁量权的行使，应予尊重。由于江州公司从2008年3月12日起开始收取通行费到2012年12月31日停止收费，实际经营管理案涉公路项目的时间不足5年，一审按照5年期计算投资回报，符合江州公司经营的实际。双方自2013年1月1日以后即未再履行合同，江州公司也已退出了对案涉公路的经营管理，一审判令交通局从2013年1月1日起按照中国人民银行同期同类贷款利率对上述款项支付利息，该计算方式正确。江州公司要求在2013年1月1日之后仍然按照年化投资回报率支付投资回报，与2013年1月1日之后江州公司未再参与实际经营相矛盾，在此之后江州公司的债权为数额确定的金钱之债，交通局逾期支付应承担按照法定利息计算的孳息，不存在江州公司声称的未考虑投资回报的逾期付款问题。

4.关于因关闭新店收费站而产生的人员安置补偿费问题。一审业已查明，双方合同约定江州公司应严格按照批准设置收费站点、配备收费人员，江州公司虽声称新店收费站需要安置的人员为55人，但只提交了14份劳动合同。江州公司二审仍然主张原新店收费站人员为55人，但并未提交新的劳动合同，也未能说明在相关批复文件中已明确要求包括新店收费站在内的3个收费站共计“收费人员限定在75人以内”的情况下新店收费站1个收费站需要安置的人员就达到了55人有其合理性。一审按照14份劳动合同计算14人的安置补偿费，并无不当。

5.关于江州公司未收回的投资款的计算。二审中，双方对一审认定江州公司已经实际收回的款项未持异议。但江州公司主张，从2008年1月1日开始，截至2017年1月1日，未收回的投资仍为81,029,061.93元。其计算的依据是，收取的款项中除了养护开支和管理费用外，还需要归还银行利息。交通局对此不予认可，主张其支付给江州公司的款项均为工程款本金。最高人民法院认为，由于合同并未约定银行利息问题，江州公司系垫资代建案涉工程，其资金来源系自身的经营成本问题，不能以归还银行利息为由多计未收回的投资款。一审以建安成本和养护费、管理费及其他支出计算江州公司的投资成本，在此基础上扣除交通局已经支付的款项，据此计算出江州公司未收回的投资为16,162,604.33元，并无不当。由于案涉公路从2008年3月12日起开始收取通行费，其作为代建项目，主方实则从2008年3月12日就应当向代建方支付投资款，一审自此时开始计算利息，是应当支付的投资款产生的法定孳息，交通局关于未收回投资的利息计算时间与投资回报的计算时间重合了近5年的上诉理由不能成立，此两笔系性质完全不同的款项。

6.关于江州公司运营期间管理费和其他支出的计算问题。交通局上诉主张，一审误将交通局在运营期的1,518,051.21元通行费支出认定为江州公司的支出，其依据是江州公司除了表格外，没有原始付款依据。最高人民法院认为，由于合同约定收支两条线，所收车辆费用进入财政专户扣除省、市规定的监管费和票据管理费后，全额返还给江州公司，本案实际履行中也切实按照收支两条线操作，江州公司在运营公路期间制作了相应的表格。现交通局主张一审误将交通局的1,518,051.21元通行费支出定为江州公司的支出，因为江州公司除了表格外没有原始付款依据，但交通局同样也没有提交其自身支出了上述1,518,051.21元通行费的凭据。按照民事诉讼证据规则，交通局的主张不能成立。

7.关于案涉公路收费权益的归属。庭审中，双方当事人建议将案涉公路收费权益的归属问题作为二审争议焦点之一。江州公司主张，投资完成以后就对案涉公路有25年收费权，可以行使收费权25年。交通局主张，案涉公路的收费权归交通局所有，不属于江州公司。最高人民法院认为，合同约定"甲方在支付现金有困难的情况下，经市政府批准，可以甲方对本项目的收费经营权交由乙方经营管理，收费支付欠款"，故将案涉公路收费权交由江州公司经营管理仅仅是支付工程欠款的方式，并不意味着交通局完全放弃让渡了公路收费权。公路停止收费之后江州公司不能主张侵害了其公路收费权益，而只能要求更改支付欠款方式，故案涉公路的收费权益并非归属于江州公司。

二审结果

2017年12月13日，最高人民法院作出民事判决：驳回上诉，维持原判。

案例评析

1.关于本案所涉项目的定性及投资回报属性问题

交通局与江州公司签订《工程协议书》约定：交通局采用公开招标形式选定江州公司为省道207线资泸路威远段改建工程项目代建业主。一审法院根据项目由江州公司全资垫资建设的模式，认定项目为代建工程，交通局未出资，以项目运营收费作为交通局支付投资款及投资回报的方式。因此未认定交通局所称BT项目，同时否定了交通局提出的依据BT项目回报结算工程款的抗辩理由。

2.关于本案工程款结算相关事宜问题

交通局因未对项目进行任何投资，无法形成其他款项支付定性属性，其在建设期投入的800万元用作江州公司实施工程使用，应当计入工程造价中。作为交通局对江州公司在项目实施过程中支付的工程款，在工程结算时已经予以扣除，而本案实际对此笔款项亦进行了减扣，案涉800万元是工程款而非补贴性质款项。

因本案按照代建工程模式，未依据BT项目模式计算年投资回报率。代建模式投资回报率的计算，由一审法官根据双方提交的证据，参考同类合同平均回报率以及本案当事人融资成本等因素酌定按照15%计算年回报额，行使了法官自由裁量权，未支持江州公司提出的参考高铁配套项目投资人的年回报率18%的请求。本案一审法官综合案件涉及的多个因素，出于公正审判、合法及正当目的，行使了自由裁量权判定投资回报率。

案例 62　垃圾填埋到垃圾焚烧项目变化引起的行政补偿争议

相关问题

1. 案涉《BOT 填埋工程合同》是否具有行政协议的性质；

2. 原告是否有权获得行政补偿。

裁判要点摘选

在项目公司成立后，一期填埋场项目的建设、运营均是由项目公司负责；垃圾处理费也是由环卫处与项目公司进行核算，并支付给项目公司。在项目公司成立后，《BOT 填埋工程合同》的实际履约人已经由投资人转变为项目公司，投资人在《BOT 填埋工程合同》中的权利义务也应当由项目公司承受。

基本案情

上诉人(一审原告)：邦集公司

上诉人(一审被告)：L 市住房和城乡建设局

被上诉人(一审被告)：L 市环境卫生管理处

一审第三人：东净公司

2002 年 9 月 8 日，L 市环境卫生管理处(以下简称环卫处，甲方)与邦集公司(乙方)签订一份《BOT 填埋工程合同》，主要约定：(1)由甲方授予乙方从事 L 市一区域生活垃圾处理一期填埋场(以下简称一期填埋场项目)的建设与经营权；授权乙方负责本项目的建设、营运、维护和移交全过程的相关权利和义务。(2)甲方特许乙方建设期 1 年，经营期以本填埋场封场为限。(3)特许期间甲方依照中华人民共和国有关法律、法规,监督和管理本项目的建设、经营与移交,对乙方违反法律、法规和本合同条款时有权终止授予乙方的特许权;特许期间,乙方按合同约定获得垃圾处理费,享受国家、省、市有关城市生活垃圾、外商投资企业等所给予的优惠政策,遵守中华人民共和国有关法律、法规,保质保量完成项目建设和经营、维护。(4)本项目的投资全额由乙方负责,预计需投资约为1896万元,乙方在合同生效后3个月内应在L市依法注册垃圾处理场建设、运营公司,注册资本600万元。(5)甲方支付给乙方的垃圾处理费标准为每吨36.3元,此价至封场为止不作调整,垃圾处理数量按实计算并以每天200吨为保底数。(6)除不可抗力因素外,致使项目提前终止的,若属甲方(含政府)原因造成的,甲方应赔偿乙方损失;若属乙方原因造成的,乙方也应承担相应的赔偿责任。(7)如果发生争议,双方应本着公平合理和诚实信用原则,互谅互让的精神,进行友好协商解决,或通过调解解决,若协商或调解不成,提交中国国际经济贸易仲裁委员会仲裁。(8)本合同一式肆份,甲方、乙方、市建设行政主管部门和市外经行政主管部门各持壹份。本合同经市人民政府批准之日起生效。

2002年10月14日,L市人民政府(以下简称市政府)作出《关于同意一期填埋场项目BOT合同的批复》,原则同意2002年9月8日签订的一期填埋场项目BOT合同,建设总投资为1896万元,建设期1年,经营期限至一期填埋场项目封场为止,经营期限内由市财政局按照建设局核定的每日垃圾处理费拨到环卫处,环卫处根据实际处理量支付给邦集公司,垃圾处理费为每吨36.3元。经营期满后由运营商将封场后的垃圾场及形成的资产一并无偿移交市政府。

2002年9月26日,邦集公司依约在L市独资设立了东净公司作为一期填埋场项目建设、运营公司。项目投资款是从邦集公司打入东净公司后,由东净公司行支配使用,垃圾处理费由环卫处按垃圾处理实际数量支付东净公司。在2003年11月8日填埋单元验收会上,与会专家和代表经过对现场踏勘、听取工程情况汇报后形成如下意见:(1)该填埋单元能够满足垃圾进库填埋的要求,同意填埋库区准予验收。(2)一期填埋场项目的设计库容为104万立方米,使用年限13年,东净公司根据现有状况进行实有库容的测量。

2007年9月8日,环卫处(甲方)与东净公司(乙方)签订一份《生活垃圾焚烧发电项目投资意向书》,主要约定:(1)经甲、乙双方友好协商,在一期填埋场项目合作的基础上,将卫生填埋与焚烧进行项目捆绑,以提高中心城市垃圾处理水平。(2)由乙方全额投资建设L市中心城市城区生活垃圾焚烧发电项目,日焚烧处理垃圾600吨,总投资2.5亿元。(3)该项目采用BOT合作方式,合作年限为30年,经营期间乙方享受国家有关政策的支持。(4)本项目建设、管理、经营的事项以双方签订的合同为准。

2010年9月29日,L市住房和城乡建设局(以下简称住建局)就焚烧发电厂特许经营权有关事项向福建省住房和城乡建设厅(以下简称住建厅)请示,介绍称2007年9月8日与东净公司签订了垃圾焚烧发电厂项目投资意向书,省发改委也核准了东净公司上报的垃圾焚烧发电厂项目,东净公司已累计投入资金约1000万元。其中,提出根据闽政办〔2007〕143号文件规定,市政公用事业特许经营项目应通过公开投标方式确定项目业主,因生活垃圾填埋场BOT合同未到期,为避免引起经济纠纷,在综合考虑垃圾填埋场项目BOT特许经营商东净公司实力、经验、信誉和垃圾处理项目延续性的基础上,明确继续由原经营商投资建设垃圾焚烧发电厂项目是否符合闽政办〔2007〕143文件的规定。2010年10月21日,福建省住建厅复函,称L市确定由东净公司投资建设垃圾焚烧发电厂项目,采用垃圾焚烧处理工艺,符合省政府加快垃圾处理产业化发展有关政策。

2010年11月19日,住建局(甲方)与东净公司(乙方)签订《生活垃圾焚烧发电厂项目特许经营协议》,约定甲方通过与乙方签订本协议,将投资、建设、运营和维护L市生活垃圾焚烧厂及其相关附属设施的特许经营权授予乙方,项目特许期27年(含建设期1.5年);垃圾处理服务费单价按66元/吨计算。

2012年7月20日,市政府办公室作出《关于印发住建局主要职责、内设机构和人员编制规定的通知》,载明住建局的主要职责包括指导和管理城乡市政公用设施建设、安全和应急管理;负责市级市容环卫等行业管理工作。

2013年7月,邦集公司对一期填埋场项目进行封场。

2014年12月23日,环卫处委托建龙咨询公司对一期填埋场项目剩余库容可填埋生活垃圾及后续工程投入等相关费用进行测算和评估。2014年12月24日,建龙咨询公司作出测算报告:剩余库容潜在可填埋处理垃圾能力792,652吨;完成剩余库容工程的建设费用1,442,421元;寿命期内平均运营成本10.04元/吨;剩余库容垃圾无害化处理潜在收益19,372,920元。之后,环卫处将上述测算报告递交L市财政投资评审中心(以下简称评审中心)审核。2015年7

月15日，评审中心作出加盖财政投资评审专用章的《关于〈一期填埋场项目BOT终止补偿费用〉审核意见书》，结论：根据建设单位报审的现有资料，该项目预期收益核定为12,250,535元。

2015年9月9日，邦集公司向环卫处提交《关于一期填埋场项目BOT终止申请补偿的报告》，要求环卫处对提前终止《BOT填埋工程合同》进行补偿。2016年1月13日，邦集公司与环卫处签订了一份《补充协议》，约定凡因《BOT填埋工程合同》引起的或有关的任何争议，双方应本着公平合理和诚实信用原则，互谅互让的精神，进行友好协商解决，或通过调解解决，若协商或调解不成，双方应向本合同建设工程所在地的人民法院提起诉讼。

邦集公司2009~2011年已经陆续将持有的东净公司股权进行转让，2009年4月20日发生第一次变更，转让部分股权，邦集公司占43.62%的股权，2011年8月10日转让了全部股权。

2016年11月29日，评审中心向环卫处出具加盖了公章的《〈一期填埋场项目BOT终止补偿费用〉审核意见书的出具情况说明》，说明“预期收益计算方法是在不考虑风险因素状态下，属于预期最大收益，合同虽有约定赔偿的条款，但未说明如何赔偿，本审核意见书仅供合同双方当事人作为参考，本中心对其他项目的工程造价审定结果出具的是审核结论书，而不是审核意见书”。

2017年3月27日，邦集公司起诉住建局、环卫处、东净公司（案由为特许经营协议纠纷），请求：(1)被告住建局向原告支付提前终止合同的损失补偿款12,250,535元，并支付该款从2015年7月15日起至偿清之日止，按中国人民银行贷款基准利率计算的利息；(2)被告环卫处对被告住建局的上述补偿义务承担连带责任。

一审诉讼中，一审法院根据二被告的申请向评审中心调查《〈一期填埋场项目BOT终止补偿费用〉审核意见书的出具情况说明》的真实性，并制作调查笔录。评审中心主任表示审核意见书、情况说明均系该中心出具，按规定审核意见书应加盖财政局投资评审专用章，情况说明盖的是该中心公章，如果法院要求该中心负责人签名或盖章，该中心同意配合。

一审意见

一审法院认为：根据《市政公用事业特许经营管理办法》第4条第3款关于“直辖市、市、县人民政府市政公用事业主管部门依据人民政府的授权，负责本行政区域内的市政公用事业特许经营的具体实施”的规定，以及《关于印发住建局主要职责、内设机构和人员编制规定的通知》中的职责划分，可以看出被告住建局是市政公用设施建设和市容环卫事业的主管部门，负责市政公用事业特许经营的具体实施。被告环卫处并不是行政机关，也没有法律、法规、规章的授权，其以自己的名义签订的《BOT 填埋工程合同》是由被告住建局向市政府请示，由市政府批准签订的，根据《最高人民法院关于执行〈中华人民共和国行政诉讼法〉若干问题的解释》[①]第 21 条的规定，应视为环卫处是受住建局委托与原告签订的，根据《行政诉讼法》第 26 条的规定，住建局是本案适格被告，因《BOT 填埋工程合同》产生的权利义务应由其承受。《市政公用事业特许经营管理办法》第 2 条规定，“本办法所称市政公用事业特许经营，是指政府按照有关法律、法规规定，通过市场竞争机制选择市政公用事业投资者或者经营者，明确其在一定期限和范围内经营某项市政公用事业产品或者提供某项服务的制度。城市供水、供气、供热、公共交通、污水处理、垃圾处理等行业，依法实施特许经营的，适用本规定”。因此，《BOT 填埋工程合同》具有民事合同的性质，是当事人的真实意思表示，且经过了市政府的批准，内容未违反法律、法规强制性规定，应认定为合法有效，当事人应当履行。《合同法》第 93 条第 1 款规定，“当事人协商一致，可以解除合同”，第 97 条规定，“合同解除后，尚未履行的，终止履行；已经履行的，根据履行情况和合同性质，当事人可以要求恢复原状、采取其他补救措施，并有权要求赔偿损失”。

本案中，原告以其独资设立的东净公司作为一期填埋场项目建设、运营公司，项目投资款从原告打入东净公司后，由东净公司进行支配使用，垃圾处理费也是支付给东净公司，应视为东净公司是原告在该项目中的全权代表，东净公司的行为应视为原告的行为。被告住建局为了公共利益的需要，决定将垃圾填埋升级为垃圾焚烧发电，就该事宜多次与东净公司进行协商，并在意向书中明确将两个项目进行捆绑，在没有进行招投标的情况下，直接将垃圾焚烧发电特许经营权给予东净公司。由此可以看出，被告住建局是在与原告协商的基础上解除垃圾填埋合同，另行授予垃圾焚烧发电特许经营权。至 2013 年 7 月封场时，填埋合同期限尚未届满，也未达到预期的垃圾填埋量，造成原告经济损失，被告住建

---

① 现已失效。

局应当予以赔偿。

《关于〈一期填埋场项目 BOT 终止补偿费用〉审核意见书》系被告环卫处委托审核的，原告也以此为依据主张权利，因此，该意见书可以作为核定原告封场后预期收益的依据。因垃圾填埋工程和焚烧发电工程同样交由东净公司建设、经营，原告的损失应以对填埋工程剩余垃圾分别采用焚烧发电、填埋方式处理时减少的利益为限。考虑到两项工程均系 BOT 工程，工程由经营者自主建设，双方又未能提供对填埋工程剩余垃圾分别采用焚烧发电、填埋方式处理时原告实际减少利益的依据，一审法院根据在签订焚烧发电厂特许经营协议时原告占股权 43.62% 的情况，按审核意见书核定的预期收益 12,250,535 元的 56.38%（全部股权 100% − 原告占股权 43.62%）为 6,906,851.63 元，作为赔偿原告经济损失的数额。原告要求被告环卫处承担连带赔偿责任，对此，一审法院认为，根据《民法通则》[①]第 65 条第 3 款的规定，代理人承担连带责任的要件是委托书授权不明，而两被告之间的委托并非法律规定需要采取书面形式，故对其诉请，不予支持。被告主张案涉的《生活垃圾焚烧发电厂项目特许经营协议》是对原告所遭受损失的一种补偿方式，但从《生活垃圾焚烧发电厂项目特许经营协议》的内容来看，并未涉及对《BOT 填埋工程合同》的补偿事宜，故不予采信。因是否赔偿原告损失及如何赔偿，双方并未达成一致意见，尚处于争议状态，原告要求被告住建局承担利息损失缺乏事实和法律依据，不予支持。

一审结果

2017 年 6 月 14 日，一审法院作出行政判决：一、被告住建局应于本判决生效之日起 30 日内赔偿原告邦集公司经济损失 6,906,851.63 元；二、驳回原告邦集公司的其他诉讼请求。

邦集公司、住建局均不服一审判决，向福建省龙岩市中级人民法院（以下简称龙岩中院）提出上诉。

二审查明

邦集公司对一审查明的以下事实有异议：(1)“原告邦集公司从 2009 年起到 2011 年已经陆续将持有的东净公司股权进行转让，2009 年 4 月 20 日发生第一次变更，转让部分股权”，认为 2009 年 4 月 20 日东净公司增资扩股，从原来注

① 现已失效。

册资本2096万元增加到4806万元，才导致降低邦集公司占股为43.62%，所以邦集公司的股份变更是由于增资扩股造成的，而不是因为股权转让。(2)要求在一审认定的评审中心向被告环卫处出具《〈一期填埋场项目BOT终止补偿费用〉审核意见书的出具情况说明》事实后面，补充认定：该情况说明中有提到评审中心与住建局和环卫处有进行沟通、商讨，并最终确认按照"预期收益"作出评审结论。住建局、环卫处对一审查明的事实没有异议，但认为邦集公司在2009年转让部分股权的事实是法院一审生效行政裁定书所认定的内容，而且股份的减少就是股权转让的一种形式。一审第三人东净公司同意邦集公司的意见。

二审意见

龙岩中院认为，第一，根据《市政公用事业特许经营管理办法》第4条第2款关于"直辖市、市、县人民政府市政公用事业主管部门依据人民政府的授权，负责本行政区域内的市政公用事业特许经营的具体实施"的规定，以及《关于印发住建局主要职责、内设机构和人员编制规定的通知》中的职责划分，可以看出住建局是市政公用设施建设和市容环卫事业的主管部门，负责市政公用事业特许经营的具体实施。环卫处并不是行政机关，也没有法律、法规、规章的授权，其以自己的名义签订的《BOT填埋工程合同》是由住建局向市政府请示，由市政府批准确定的，根据《最高人民法院关于执行〈中华人民共和国行政诉讼法〉若干问题的解释》第21条规定，应视为环卫处是受住建局委托与邦集公司签订的，根据《行政诉讼法》第26条的规定，住建局是本案适格被告，因《BOT填埋工程合同》产生的权利义务应由其承受。针对邦集公司以环卫处为被告起诉要求其对住建局的赔偿义务承担连带责任的诉请，将另行裁定驳回其起诉。《市政公用事业特许经营管理办法》第2条规定，"本办法所称市政公用事业特许经营，是指政府按照有关法律、法规规定，通过市场竞争机制选择市政公用事业投资者或者经营者，明确其在一定期限和范围内经营某项市政公用事业产品或者提供某项服务的制度。城市供水、供气、供热公共交通、污水处理、垃圾处理等行业，依法实施特许经营的，适用本规定"。因此，《BOT填埋工程合同》具有行政协议的性质，是当事人的真实意思表示，且经过了市政府的批准，内容未违反法律、法规强制性规定，应认定为合法有效，当事人应当履行。

第二，关于邦集公司是否有权获得行政补偿问题。首先，东净公司是按照

《公司法》规定设立的有限责任公司,是独立的法人,具有法人资格,拥有独立的名称、公司章程、组织机构,拥有独立的财产并进行独立核算,对外以自己的名义从事经营活动。邦集公司向东净公司的出资行为是履行《BOT 填埋工程合同》的相应合同义务,转而享有基于出资形成的东净公司的相应股权。本案中,2013年7月进行封场的一期填埋场项目,经邦集公司庭审确认是由东净公司进行建设、运营的,即在办理固定资产移交给环卫处的手续前的项目经营期间,一期填埋场项目资产属东净公司的固定资产,独立于其原股东邦集公司。其次,东净公司是按照《BOT 填埋工程合同》第8条规定,为建设、运营垃圾处理厂而注册成立;在东净公司成立后,一期填埋场项目的建设、运营均是由东净公司负责;垃圾处理费也是由环卫处与东净公司进行核算,并支付给东净公司。可见,在东净公司成立后,《BOT 填埋工程合同》的实际履约人已经由邦集公司转变为东净公司,其在合同中的权利义务也应当由东净公司承受。最后,在2011年8月10日邦集公司转让了东净公司的全部股权后,其不再是东净公司的股东,东净公司所有的垃圾填埋场封场与否,均不会对邦集公司造成任何损益。因此,邦集公司无权基于《BOT 填埋工程合同》就一期填埋场项目封场的行为获得任何补偿。

综上,一审判决认定事实不清,适用法律错误,依法予以纠正。住建局的上诉理由部分成立,依法予以采纳;邦集公司的上诉理由不成立,依法不予采纳。

二审结果

2018年1月18日,龙岩中院作出行政判决:一、撤销一审判决;二、驳回邦集公司的诉讼请求。

案例评析

1. 关于本案涉及《BOT 填埋工程合同》的定性问题

本案《BOT 填埋工程合同》约定:“由甲方授予乙方以 BOT 模式从事 L 市一区域生活垃圾处理一期填埋场的建设与经营权并负责本项目的建设、营运、维护和移交全过程的相关权利和义务;特许建设期一年,经营期以本填埋场封场为限;特许期甲方依照行使对本项目全生命周期的监督和管理权及相应终止授予权力;乙方负责投资并依约获得垃圾处理费,为履行本项目成立项目公司注册资本600万元;本合同经市人民政府批准之日起生效”等内容。《BOT 填埋工程合同》签订后,履行了政府审批程序取得同意批复。该市负责本项目的主管部门为住建局,环卫处系接受委托与邦集公司签订《BOT 填埋工程合同》。一审法院依据《市政公用事业特许经营管理办法》第 2 条的规定,认定《BOT 填埋工程合同》具有民事合同的性质,二审法院依据该管理办法第 4 条规定,认定为具有行政协议的性质。两审法院均认定《BOT 填埋工程合同》合法有效。一审法院依据《关于印发住建局主要职责、内设机构和人员编制规定的通知》中的职责划分,认定项目主管部门为住建局,由住建局向市政府履行了审批程序,住建局授权环卫处行使本项目涉及的行政职能,确定了环卫处的受托主体地位。本案所涉《BOT 填埋工程合同》,主要内容为实现公共职能实施一期填埋场项目,以行政主体,以行使行政管理、实现国家、社会公共利益的方式,从设立、履行到变更、解除都受行政实体法、行政程序法等公法原则的规范与约束。根据《最高人民法院关于审理行政协议案件若干问题的规定》第 1 条的规定,"行政机关为了实现行政管理或者公共服务目标,与公民、法人或者其他组织协商订立的具有行政法上权利义务内容的协议,属于行政诉讼法第十二条第一款第十一项规定的行政协议"。因此,本案《BOT 填埋工程合同》属于行政协议性质。

2. 关于原告诉请补偿款是否应获支持问题

邦集公司与环卫处签订《BOT 填埋工程合同》,此后成立项目公司,东净公司为有限责任公司系独立法人,应当独立履行合同义务、承担法律责任。一审法院按照邦集公司首次变更东净公司持股 43.62% 股权,根据《关于〈一期填埋场项目 BOT 终止补偿费用〉审核意见书》核定的预期收益 12,250,535 元的 56.38%(全部股权 100% - 原告占股权 43.62%)为 6,906,851.63 元,作为赔偿原告经济损失的数额。二审法院查明,一期填埋场项目由东净公司独立履行合同义务,享有相应固定资产。垃圾处理费也由东净公司收取。二审法院另查明,本案起诉前的 2011 年 8 月 10 日,邦集公司已经将其股权全部转让,其与东净公司再无股权关系,无权就本项目一期填埋场项目封场的行为获得任何补偿。根据《民事诉讼法》第 119 条①的规定:"起诉必须符合下列条件:(一)原告是与本案有直接利害关系的公民、法人和其他组织;(二)有明确的被告……"邦集公司基于本案事实,不具备适格主体资格。环卫处非行政机关,其系基于授权关系签订《BOT 填埋工程合同》(本案二审法院已表述出具裁定文书驳回对环卫处的起

① 现为第 122 条。

诉)，由授权人住建局作为适格被告。《市政公用事业特许经营管理办法》第13条规定："获得特许经营权的企业承担政府公益性指令任务造成经济损失的，政府应当给予相应的补偿。"本案二审法院根据原告主体不适格，判决邦集公司无权获得行政补偿，依法撤销一审判决，驳回了邦集公司的诉讼请求。厘清了案件的主体及相关主体之间的法律关系，维护了当地政府职能部门的合法民事权益。

案例63　应以哪一份资产评估报告作为补偿依据

相关问题

1. 应以哪一份资产评估报告作为补偿依据;

2. 暖气配套费应从补偿款中予以扣减。

裁判要点摘选

本案春热公司依约将有关资产移交给住建局,并就移交资产共同委托中介机构进行了评估,区政府、住建局也认可118号资产评估报告,双方终止合同后,春热公司有权依约向区政府、住建局主张返还补偿款。

基本案情

上诉人(一审被告):枣庄市山亭区人民政府

上诉人(一审被告):枣庄市山亭区住房和城乡建设局

被上诉人(一审原告):春热公司

2008年6月6日,枣庄市山亭区住房和城乡建设局(以下简称住建局)代表山亭区人民政府(以下简称区政府)与春热公司(乙方)签订《山亭区集中供热特许经营合同》(以下简称《特许经营合同》),约定:合作方式为独资经营;经营范围为山亭区城市规划区以内;投资金额总投资约3000万元,一期约1000万元,远期2000万元;甲方在本合同生效之日起,授予乙方在本合同有效期限和规定地域内,独家享有供热业务的经营权利;本合同特许经营权有效期限为30年,自2008年6月6日起至2038年6月6日止;本项目在特许期限内由乙方全额独家投资建设经营和管理；甲方按政府物价部门的规定标准，甲方收取暖气配套费，提取8%服务费后其余部分拨付给乙方；梅花园小区收取的暖气配套费，根据工程进度，分期分批拨付给乙方；乙方投资建设的供热设施，设备及相关配套属乙方所有；甲方有权对乙方实施特许经营的行为实施监管；乙方有权在合同规定内按市物价部门的收费标准，向热用户收取暖费其他相关费用的权利；因不可抗力或一方认为必要时，经双方协商可以提前终止合同；资产处置谁投资谁所有，以中介机构对资产评估的结果为依据；乙方不再拥有特许经营权时，其资产必须进行移交，并按评估结果获得资金补偿等。

合同签订后，春热公司取得了特许经营许可证，开始经营。经营过程中，春热公司收取了热用户缴纳的配套费8,489,120元，对该数额，双方已经对账确认。

2013年11月20日，住建局(甲方)与春热公司(乙方)签订2013～2014年供暖合作协议一份，约定：双方将联合管理供热工作，将共同设立财务管理，收支由双方共同签发，盈利为热力公司，亏损由政府承担，热力公司原则上负责运行管理，住建局(或)政府原则上负责经营及社会管理，确保生产运行费用开支等。

2014年6月13日，春热公司向区政府、住建局提出停业转让申请；同年7月23日，住建局回复表示同意。

2014年10月28日，区政府向春热公司发出接管通知，要求春热公司"10月31日前，务必到区住建局办理移交有关手续，11月1日起，将正式接管。待资产评估结果出来后，再协商具体补偿事宜"。

2014年11月3日，住建局(甲方)与春热公司(乙方)签订《山亭区城市集中供热特许经营资产转让移交合同》(以下简称《移交合同》)，载明：住建局经区政府授权，与春热公司签订本合同；依据山亭区集中供热特许经营合同第7条第2～5款之规定，提前终止合同，谁投资谁所有，资产处置以中介机构对资产评估的结果为依据，乙方不再拥有特许经营权时，其资产必须进行移交，并按评估结果获得资金补偿等；本合同签订之日起乙方将所有供热设施、设备等资产全部移交给甲方，乙方应积极主动配合；资产处置评估按照移交资料区政府成立由纪委、监察局、财政局、审计局等相关单位联合工作组与乙方共同聘请双方认可的合法中介机构进行资产评估，评估费用由甲、乙双方平均负担；以中介机构对资产评估的结果为依据，由区政府及春热公司双方协商确定补偿；评估结果报告出来双方确认后3日内签订付款合同;支付方式、时间、付款单位待双方达成共同意见后另签协议;有关欧情豪庭、樱花园所欠春热公司的配套费,由双方对账签字确认所欠数额后,区政府负责协调偿还所欠配套费,签移交合同前付清;自本合同签字之日起,原山亭区集中供热特许经营合同及有关协议、通知、文件即行终止等。春热公司称,移交合同签订后,有关欧情豪庭的欠费,区政府已经协调付清;樱花园尚欠19万元。对此,住建局、区政府未进一步举证。

此后,枣庄市山亭区国有资产管理局代表被告与春热公司共同委托忠信资产评估公司对移交资产进行了价格评估,忠信资产评估公司于2014年12月1日分别出具了115号、116号、117号、118号资产评估报告书。该四份资产评估报告书均载明:报告采取了成本法,对春热公司申报的实物资产的市场价值进行了评估;评估基准日系由委托方确定,确定的理由是评估基准日与评估目的实现日比较接近,本次评估以评估基准日有效的价格标准为取价标准;成本法是按照正常情况下,在评估基准日重新形成该评估对象所需发生的全部费用,确定重置成本,再根据其综合成新率确定其评估价值,评估价值=重置成本×综合成新率。四份资产评估报告书的评估基准日分别为2008年11月1日、2010年11月1日、2013年11月1日和2014年9月29日;春热公司申报实物资产的评估价值经评估,结论分别为7,058,438.24元、3,526,477.05元、5,099,747.29元和11,982,255.77元。其中,118号资产评估报告书载明:春热公司申报的热力管网评估价值净值为11,322,197.35元(包括2008年、2010年、2013年的热力管网土建部分和2008~2013年的热力管网安装部分),换热机组评估价值净值为660,058.42元(1套,2010~2013年启用),合计11,982,255.77元;另载明,按现行规定,评估结果有效期为一年,从评估基准日起至2015年9月28日止。春热公司及住建局、区政府均收到了上述四份资产评估报告书。

春热公司已将118号资产评估报告书清单载明的资产移交给住建局、区政府。

2014年12月12日,枣庄华润纸业有限公司为住建局出具2012~2014年供暖用气费用证明一份,载明:尚欠供暖用气费用4,792,421元。

春热公司起诉区政府、住建局(案由为合同纠纷),请求:(1)判令住建局、区政府共同支付补偿款15,684,662.58元;(2)诉讼费用由住建局、区政府负担。

春热公司主要诉讼意见:住建局提出了种种缺乏合同依据和法律依据的理

由和条件,试图大量减少补偿,致使付款合同迟迟无法签订,春热公司至今未得到补偿。特许经营合同约定,区政府收取配套费扣除8%服务费后拨付春热公司,但事实上因收取难度大而未收取,春热公司经营过程中只能自行收取部分配套费,区政府对此早已知晓,且住建局在移交合同中也明确约定有关欧情豪庭、樱花园所欠春热公司配套费由区政府负责协调偿还。因此,春热公司有权收取配套费,且该费用不能从补偿款中扣除。春热公司收取的该部分配套费是经营性收入,不是行政事业性收费,春热公司有权自行支配,与资产所有权没有任何关系。住建局作为实际接收单位接收了春热公司资产并收益,应与区政府共同承担责任。住建局的行为违反了合同及法律规定,侵害了春热公司的合法权益。

住建局、区政府主要诉讼意见:(1)春热公司依据的115号、116号、117号资产评估报告书违法、无效,不能作为其请求补偿的依据;住建局、区政府提交的118号资产评估报告书合法有效,可以参照使用。(2)春热公司对自行收取的城市基础设施配套费中热力配套费1980余万元不享有所有权,应依法返还。双方2008年签订的《特许经营合同》第4条第2项约定,春热公司收取的暖气配套费,在提取8%的服务费后其余部分拨付给春热公司。根据《枣庄市城市基础设施配套费征收管理办法》(枣政发〔2003〕36号)第5条、第10条,《山东省物业管理条例》第14条、第16条、第17条、第18条之规定,城市基础设施配套费是政府城市建设专用基金,由财政局征收,主要用于城市供热热源、燃气等属于政府投资的管网等配套设施的建设。根据双方签订的《特许经营合同》,春热公司获取的是供热特许经营权,经营的是热力供给,收取的只能是供热费或者热力工程建设中的工程款。合同供热经营建设是房地产开发企业自己投资建设的,春热公司未投资,但合同履行中春热公司自行收取了暖气配套费,尽管其开具的收费发票(收据)有的是暖气配套费,有的是工程款、换热设备款等,但改变不了其主管道外未投资一分钱建设的事实。如果春热公司按合同约定持续经营30年,其可以持有自己收取的基础设施配套费并用于经营设施的建设、维护和管理。春热公司经营6年后提出解除合同,该基础设施配套费必须返回,如专项用于供热经营设施的建设、维护和管理,可以扣除相关费用。(3)春热公司的补偿主张不能成立。①合同约定:"谁投资、谁所有",春热公司举证的三份评估报告证明其资产投资额总计1500余万元,却自行收取了1980余万元的配套费,且未用于热力管网建设。春热公司在仅经营6年后要求住建局、区政府补偿投资款,就等于春热公司分文未投却要求政府全额买回;春热公司在获取1980余万元利益后,却把城市基础设施热力配套的责任转移给政府,显失公平。②基础设施配套费应专项用于住宅小区的专业经营设施设备。双方签订的《特许经营合同》约定,梅花园小区收取的暖气配套费,根据工程进度分期分批拨付给春热公司;双方签订的《移交合同》约定:"有关欧情豪庭、樱花园所欠春热公司的配套费由双方对账签字确认所欠数额后,区政府负责协调偿还所欠配套费,签移交合同前付清",住建局、区政府作出该承诺后才知道春热公司收取的配套费根本没有用于小区内的专业经营设施设备建设。③2013年,为妥善解决2013~2014年供热季的供暖问题,双方签订了供暖合作协议,约定双方共同设立财务管理、共同设立银行账户、共同签发收支,盈利归春热公司、亏损由政府承担,但春热公司事实上收取了取暖费后未按约定共设账户、共同签发收支,而是擅自支出,将2013~2014年供热季的的取暖费收入1,740,973.32元用于归还其2012~2013年供热季的欠款,该笔费用应予扣减。综上,春热公司提供的三份评估报告没有使用有效期,评估基准日与经济行为日都超过1年,以资产购买和建设时的价值作为补偿依据违背公平原则,春热公司在不退还私自收取的热力配套费并清算2013~2014年供热季供暖合作期盈亏的情况下单纯主张补偿,没有事实和法律依据,请求驳回春热公司的诉讼请求。

一审意见

一审法院认为,住建局代表区政府与春热公司签订的《特许经营合同》,合同双方主体适格,内容不违反法律法规的强制性规定,是双方真实意思表示,应确认为有效合同。合同履行过程中,春热公司申请停业转让,住建局表示同意,双方协商一致解除了该合同,区政府接管了春热公司移交的设施、设备等资产,双方据此签订的《移交合同》,内容符合法律法规的相关规定,亦应确认为有效。

《移交合同》明确约定,依据《特许经营合同》之规定,提前终止合同,谁投资谁所有,资产处置以中介机构对资产评估的结果为依据,春热公司不再拥有特许经营权时,其资产必须进行移交,并按评估结果获得资金补偿,评估结果报告出来双方确认后3日内签订付款合同。合同履行过程中,住建局、区政府在接收了春热公司移交的资产后,双方也就移交资产共同委托中介机构进行了评估,然而双方最终未能协商一致达成补偿协议,本案因而成讼。

依法设立的合同,双方必须遵守。住建局、区政府应按合同约定对春热公司移交的资产进行补偿。春热公司主张,住建局、区政府须以115号、116号、117号资产评估报告书评估结果的合计数额为依据进行补偿;住建局、区政府同意补偿,但认为须以118号资产评估报告书评估结果为依据,并扣减春热公司自行收取的费用及欠费。因此,本案审理的关键问题在于:一是认定以115号、116号、117号资产评估报告书还是以118号资产评估报告书作为补偿依据;二是春热公司自行收取的费用应否扣减。

一、关于补偿依据问题

《特许经营合同》明确约定:"本项目在特许期限内由乙方全额独家投资建设经营和管理;乙方投资建设的供热设施,设备及相关配套属乙方所有;甲方有权对乙方实施特许经营的行为实施监管;乙方有权在合同规定内按市物价部门的收费标准,向热用户收取暖费其他相关费用的权利;因不可抗力或一方认为必要时,经双方协商可以提前终止合同;资产处置谁投资谁所有,以中介机构对资产评估的结果为依据;乙方不再拥有特许经营权时,其资产必须进行移交,并按评估结果获得资金补偿等。"双方共同委托忠信资产评估公司,对移交资产进行评估,该公司于2014年12月1日出具了115号、116号、117号、118号资产评估报告书,四份评估报告书基准日也是双方共同确定的,115号、116号、117号资产评估报告书认定的春热公司在不同时期的投资,随着时间的推移和经营运转,所涉资产难免存在折旧,其总和并不是资产移交时的现值,春热公司应对其经营风险自行承担。因此,住建局、区政府应以118号资产评估报告书认定的资产移交时的现值为依据,对春热公司进行补偿。

二、关于补偿费用的扣减问题

1. 关于配套费。《特许经营合同》明确约定:"甲方按政府物价部门的规定标准,甲方收取暖气配套费,提取8%服务费后其余部分拨付给乙方;梅花园小区收取的暖气配套费,根据工程进度,分期分批拨付给乙方。"对合同约定的配套费,住建局、区政府认为是城市基础设施配套费,春热公司认为其收取的是扩容费,但春热公司并未提交相关证据加以证明,结合《特许经营合同》的性质,应认定合同约定的配套费即城市基础设施配套费。对于合同上述约定条款,一方面,合同履行过程中,住建局并未按照约定收取配套费并拨付给春热公司,且住建局对春热公司自行收取配套费的行为自合同签订至合同解除并未提出异议。另一方面,《移交合同》明确约定:"有关欧情豪庭、樱花园所欠春热公司的配套费由双方对账签字确认所欠数额后，区政府负责协调偿还所欠配套费，签移交合同前付清”，此约定足以说明，住建局认可春热公司自行收取配套费。因此，春热公司自行收取配套费并无不当，住建局、区政府也未举证证明春热公司将该部分费用用于热力管网等建设之外。春热公司投资于热力配套设施建设后，在住建局、区政府未按约收取配套费并拨付给春热公司的情况下，自行收取热力用户缴纳的配套费，在这一过程中春热公司实际上也对其自身该项投资承担了经营风险。住建局、区政府接管春热公司资产后，春热公司已将该部分投资所形成的资产移交，因此，住建局、区政府不应再主张春热公司返还配套费，更何况，住建局、区政府并不是配套费的缴纳者，春热公司收取配套费的问题与本案不是同一法律关系，该配套费不应从春热公司应得的补偿款中予以扣减。2. 关于欠费问题。住建局、区政府提交枣庄润华纸业有限公司 2014 年 12 月 12 日出具的用气费用证明，拟证明春热公司在 2013 ~ 2014 年供热季欠费 4,792,421 元。春热公司认为该证据与本案无关，且该项费用依据合作协议应由政府承担。一审法院认为，该证明是枣庄润华纸业有限公司为住建局出具的，没有载明欠费单位，不能作为春热公司欠费的证据，该部分费用不应扣减。

综上，春热公司提供的证据能证明案件事实，其诉讼请求部分有理，应部分予以支持；住建局、区政府的答辩理由部分成立，一审法院部分予以采纳。

一审结果

一审法院作出民事判决：一、区政府、住建局于本判决生效之日起 10 日内支付春热公司补偿款 11,982,255.77 元；二、驳回春热公司的其他诉讼请求。

住建局、区政府不服一审判决，向山东省高级人民法院（以下简称山东高院）提出上诉。

二审意见

山东高院认为，本案双方当事人的争议焦点是春热公司自行收取配套费应否在补偿费中扣除的问题。住建局与春热公司签订的《特许经营合同》以及《移交合同》，系双方的真实意思表示，且不违反法律、行政法规的强制性规定，应认定合法有效。合同对资产移交和补偿均有明确约定，双方理应严格按合同的相关约定履行各自的权利和义务。本案春热公司依约将有关资产移交给住建局，并就移交资产共同委托中介机构进行了评估，区政府、住建局也认可 118 号资产评估报告，双方终止合同后，春热公司有权依约向区政府、住建局主张返还补偿款。一审判决认定返还补偿款的事实清楚，适用法律正确，予以维持。另，根据《特许经营合同》约定，住建局按政府物价部门的规定标准，收取暖气配套费，提取8%服务费后其余部分拨付给春热公司。本案中，住建局未按《特许经营合同》的约定收取暖气配套费，在实际履行中变更为春热公司自行收取。一审法院且已查明，春热公司自行收取配套费的行为得到了区政府及住建局的认可。而根据合同的约定，该暖气配套费最终应拨付给春热公司。综上所述，区政府、住建局关于暖气配套费应从春热公司补偿款中予以扣减的主张，不予支持。此外，区政府、住建局主张合同无效，因其主张合同无效的理由不符合相关法律规定，亦不予支持。

二审结果

2015年11月5日，山东高院作出民事判决：驳回上诉，维持原判。

案例评析

1. 关于资产评估报告作为本案补偿款重要依据问题

《特许经营合同》《移交合同》，因系合同签订方真实意思表示，一审认定所签合同合法有效，二审认可该认定。依据《特许经营合同》约定："双方协商可以提前终止合同，乙方不再拥有特许经营权时，其资产必须进行移交，并按评估结果获得资金补偿。"因春热公司提出提前解除《特许经营合同》，对方同意，双方共同委托了忠信资产评估公司评估移交资产。一审法院认定："该公司于2014年12月1日出具了115号、116号、117号、118号资产评估报告书，四份评估报告书基准日也是双方共同确定的，115号、116号、117号资产评估报告书认定的春热公司在不同时期的投资，随着时间的推移和经营运转，所涉资产难免存在折旧，其总和并不是资产移交时的现值，春热公司应对其经营风险自行承担。因此，住建局、区政府应以118号资产评估报告书认定的资产移交时的现值为依据，对春热公司进行补偿。"本案事实，四份资产评估报告书的评估基准日分别为2008年11月1日、2010年11月1日、2013年11月1日和2014年9月29日，四份评估报告书结论分别为7,058,438.24元、3,526,477.05元、5,099,747.29元和11,982,255.77元。四份不同基准日评估报告的选择成为本案判定的重要依据。

评估基准日的选取，相关法律、法规并未具体规定，资产评估是为特定的经济行为服务的,选择评估基准日应有利于评估结果有效地服务于评估目的。理论研究及实际操作中主要也基于评估目的作为选择依据。通常当评估目的为资产转让、投资等经济情形时,评估基准日一般选在评估目的实现之日,或在此之前不超过1年。所选基准日与评估工作时间原则上不超2个月,基准日应选在年底、月底。据此,本案一审判决选择了118号资产评估报告书结论作为原告获得补偿款的依据,从而公平、合理地以评估基准日确定选择了评估报告,客观、真实地反映本案评估目的涉及资产的公允价值,维护了当事人的合法权益。

2. 关于暖气配套费补偿款扣减的合理性问题

本案双方签订的《特许经营合同》明确约定:“甲方按政府物价部门的规定标准,收取暖气配套费,提取8%服务费后其余部分拨付给乙方;梅花园小区收取的暖气配套费,根据工程进度,分期分批拨付给乙方。”对该合同约定的配套费,被告认为是城市基础设施配套费,原告认为其收取的是扩容费但并未举证。一审法院结合《特许经营合同》的性质,认定配套费即城市基础设施配套费。而住建局未依《特许经营合同》约定收取暖气配套费,原告自行收取得到被告的认可。根据合同约定及被告未履行的客观事实,原告自行收取实际履行的行为一审法院认定为变更行为。一审法院未支持被告的抗辩理由。二审法院认可一审法院的认定,而且据合同的约定,该暖气配套费最终应拨付给原告,维持了原判。《合同法》第8条第1款规定:“依法成立的合同,对当事人具有法律约束力。当事人应当按照约定履行自己的义务,不得擅自变更或者解除合同。”该法第60条第1款规定:“当事人应当按照约定全面履行自己的义务。”作为政府及职能部门,应当为市场主体创造营商环境,依法依约履行政府职能,才能最终实现市场主体的公平交易,维护企业利益,为社会创造价值,回馈百姓。

案例64　BOT协议约定的垃圾处理场二期工程在哪里

相关问题

1. 案涉垃圾处理场二期工程是否属于BOT协议约定的范围；
2. BOT协议中关于二期工程的约定能否继续履行；
3. 政府方新的垃圾处理PPP项目与本案是否具有关联性。

典型意义

项目范围是PPP/政府特许经营协议中应明确约定的重要事项，案涉垃圾处理场二期工程是否属于BOT协议约定的范围争议，具有一定代表性。BOT协议中关于二期工程的约定能否继续履行，政府方新的垃圾处理PPP项目与本案是否具有关联性，也是具有一定代表性的争议问题。

基本案情

上诉人（一审原告）：科新公司

上诉人（一审原告）：仙境公司

上诉人（一审被告）：仙游县人民政府

1994年12月，科新公司注册登记成立，经营范围包括市政公用行业（排水、环境卫生）。

2008年6月26日，科新公司与仙游县人民政府（以下简称仙游县政府）签订《仙游县寨岭垃圾无害化处理工程BOT项目特许权协议》（以下简称BOT协议）。该协议相关内容摘要如下：第1.1条约定"本项目指仙游县寨岭垃圾无害化处理场工程(日处理量150吨规模),即本特许协议第6.1条规定的全部建设内容所包含的各项设施”。第6.1条约定“填埋库区(设计库容约为148万立方米):包括垃圾坝、泉水导流系统、库区平整、防渗工程、渗滤液收集导排系统、有害气体导排过滤系统、填埋防洪系统、调节池、截污坝”。第4.2条约定“本特许权协议签订之日起60日内,乙方(科新公司,下同)应在仙游县注册成立具有独立法人资格的项目公司,并以该公司名义对该项目进行建设、经营、管理”。第8.1条约定“项目建设用地的提供方式:该项目建设总用地约346亩,其中一期工程147亩。由甲方(仙游县政府,下同)征用或租用、清理工程地面附着物,并在本特许权协议签订之日起5个月内及时提交给乙方使用。该项目建设总用地不得挪作他用,厂区绿化布置应满足规划要求,绿化覆盖率应符合现行有关规定”。第3.1条约定“甲方将通过与乙方签订本特许协议后,授予乙方负责投资、建设、运营维护和移交仙游县寨岭垃圾无害化处理场工程及其附属设施的特许权”;第3.2.2条约定“项目的运营期约定为从建设期结束,本项目投入正式运行开始之日起,30年内乙方拥有特许经营期。特许经营期满后,乙方将该项目所形成的全部资产(含固定资产、特许经营期内形成的知识产权、本项目建设用地的土地使用权、地面上、地面上的植被等技术资料无偿移交给甲方”。第16.1条约定“在本项目的特许经营期内,乙方按国家相关规范规定的标准制订作业计划,进行规范管理,并接受劳动、环保、建设、卫生、环卫等部门的监管,以保证在该项目的运营过程中按国家相关规范规定的标准进行有效的环境污染控制。未经甲方批准,乙方不得擅自停业、歇业”。第16.5条约定“第一期填埋标高为105米等高线以下,第一期库容填满前10个月,甲方应完成二期工程的前期工作准备,以便乙方开展二期工程的建设。本项目二期工程的建设与经营方式由双方采用与一期同样的BOT模式进行”。第16.6条约定“在本项目特许经营期间,若双方认为焚烧处理工艺较合适的话,可把本项目的处理转化为焚烧处理,具体操作办法及费用由双方另行协商并签订补充协议”。

2009年2月13日,科新公司在仙游县成立仙境公司。同日,科新公司授权仙境公司处理BOT协议的职责和义务。此后,案涉垃圾处理场于2010年元月竣工,2010年4月投入使用。因实际垃圾填埋处理量严重超过BOT协议约定的项目设计处理量,一期垃圾填埋工程运行已提前饱和,且环保部门通知仙境公司,垃圾场填埋已超标高,不能再继续填埋。仙境公司于2015年6月19日向仙游县住房和城乡建设局(以下简称仙游县住建局)报送《关于仙游县寨岭垃圾无害化处理场继续填埋的请示报告》载述“仙游县寨岭生活垃圾无害化处理场一期运行已饱和……按照BOT协议第16.5条的约定,甲方(仙游县政府)应完成二期工程的前期工作……”仙游县政府对于垃圾场二期工程的前期准备工作未进一步开展。原莆田市环境保护局也于2015年6月16日向仙游县政府发文《关于停止使用仙游县寨岭垃圾无害化处理场的函》指出“该垃圾处理场现有二套渗滤液处理设施,由于处理的厌氧池、调节池等出现老化和损坏,导致渗滤液处理后无法达到市政接管水质标准要求”。原莆田市环境保护局于2016年4月25日再次向仙游县政府发文《关于尽快组织整改寨岭垃圾无害化处理场存在有关问题的函》指出“由于超规模填埋,导致该垃圾场的防渗设施、导气排放设施不到位,渗滤液收集和处理设施存在运行不正常等现象,对地下水、东溪水库饮用水源和下游水环境造成影响,群众投诉不断”,并建议“你县尽快研究垃圾另行处理方案,停止使用该垃圾场并作封场处理”。原仙游县环境保护局在2014~2017年对仙游环科公司作出过八次环境违法的行政处罚。现垃圾场已实际封场。因原、被告对垃圾处理场二期工程项目运营问题产生争议,原告于2019年1月16日向一审法院提起本案诉讼。

2017年5月10日,仙游县住建局将仙游县垃圾处理(焚烧发电)厂PPP项目通过招投标,由厦政集团中标。

2019年1月16日,科新公司、仙境公司起诉仙游县政府(案由为履行行政协议纠纷),请求判令:(1)被告按照BOT协议第16.5条约定,履行协议义务,即在第一期填满前10个月,完成二期工程的前期工作准备,将二期工程移交给原告继续经营;(2)被告履行BOT协议第16.6条约定的义务,即若被告认为焚烧处理工艺较合适,应与原告协商将项目转化为焚烧处理。

一审结果

2019年6月11日,一审法院作出行政判决:驳回科新公司、仙境公司的诉讼请求。

科新公司、仙境公司不服一审判决,向福建省高级人民法院(以下简称福建高院)提出上诉。

二审意见

福建高院认为,本案争议焦点:(1)案涉垃圾处理场二期工程是否属于BOT

协议约定的范围;(2)BOT 协议中关于二期工程的约定能否继续履行;(3)仙游县垃圾处理(焚烧发电)厂 PPP 项目与本案是否具有关联性。

一、案涉垃圾处理场二期工程是否属于 BOT 协议约定的范围

从 BOT 协议内容看。BOT 协议第 1.1 条约定“本项目指仙游县寨岭垃圾无害化处理场工程(日处理量 150 吨规模),即本特许协议第 6.1 条规定的全部建设内容所包含的各项设施”;第 6.1 条约定“填埋库区(设计库容约为 148 万立方米):包括垃圾坝、泉水导流系统、库区平整、防渗工程、渗滤液收集导排系统、有害气体导排过滤系统、填埋防洪系统、调节池、截污坝”;第 8.1 条约定“项目建设用地的提供方式:该项目建设总用地约 346 亩,其中一期工程 147 亩……”;第 16.5 条约定“第一期填埋标高为 105 米等高线以下,第一期库容填满前 10 个月,甲方应完成二期工程的前期工作准备,以便乙方开展二期工程的建设。本项目二期工程的建设与经营方式由双方采用与一期同样的 BOT 模式进行”;第 18.1 条约定“当本项目垃圾填埋至设计标高,或达到特许权经营年限(30 年)后,乙方应及时进行封场处理及封场后的植被恢复(植被恢复标准按有关规定执行),经甲方验收合格后移交”。从上述协议体现的内容可知,垃圾处理场包括一期和二期工程,两期工程用地合计约 346 亩,其中一期用地 147 亩,特许经营期 30 年,BOT 协议第 16.5 条对二期工程如何运营也进行了约定。由此可见,BOT 协议已对二期工程建设大体意向、建设模式和经营方式进行了约定。另从 BOT 协议第 35 条所列附件一《可行性研究报告》内容看,《可行性研究报告》1.5.1“场址评价”载述“仙游县寨岭垃圾无害化综合处理场位于仙游县 × × 店镇罗峰村寨岭山坳里”;1.5.3“工程建设内容”载述“……(2)一期(2006 ~ 2010 年)建设内容……(3)二期(2011 ~ 2020 年)建设内容:增设一套 50 吨/日焚烧处理系统”;1.5.5“项目总投资”载述“由于二期计划的工程设施时间间隔较长,建议待条件成熟后作专项研究和估算”;5.1.2“填埋场库容计算”载述“考虑到场区地形、进场道路修建等方面的因素,本工程确定的填埋场最终填埋标高为 140 米……计算出填埋场库区实际库容为 148.12 万立方米”;5.1.3“填埋场使用年限”载述“填埋场使用完后,应进行封场工程”;5.1.4“填埋场建设分期”载述“本可研报告将填埋场建设分成两期,在场区的建设过程中以等高线 105 米以下为一期,填埋库容量约 24.25 万立方米,可满足至 2010 年为止的使用要求;等高线 105 ~ 140 米区间为二期工程,二期工程的防渗工程、导气系统、临时道路等工程

计入期间运行费用,不纳入一次性投资范畴";15.1"结论"中载述"二期焚烧处理平均设计规模为100吨/日,卫生填埋规模为220吨/日"。从上述相关条款可以看出,案涉项目位于仙游县××店镇罗峰村寨岭山坳里,一期、二期工程均位于该场址,填埋场最终填埋标高为140米,设计库容约为148万立方米,其中一期填埋标高为105米以下,填埋库容量约24.25万立方米,故《可行性研究报告》亦印证了BOT协议已对二期工程作出约定的事实,一审法院对此予以认定并无不当。虽然BOT协议第35条所列附件三《环评批复》中载明"二期建设要在一期运行饱和后重新把环境影响评价文件报我局审核",但该文件要求案涉项目二期工程建设需重新把环境影响评价文件报请环保部门审批,与BOT协议包括二期工程的内容并不矛盾,仙游县政府以此为由主张BOT协议不包括二期工程,缺乏事实依据,故该项上诉理由不能成立,不予采纳。

二、BOT协议中关于二期工程的约定能否继续履行

《环境影响评价法》第25条规定,"建设项目的环境影响评价文件未依法经审批部门审查或者审查后未予批准的,建设单位不得开工建设";第24条第1款规定,"建设项目的环境影响评价文件经批准后,建设项目的性质、规模、地点采用的生产工艺或者防治污染、防止生态破坏的措施发生重大变动的,建设单位应当重新报批建设项目的环境影响评价文件"。原莆田市环境保护局作出的《环评批复》中亦载明"二期建设要在一期运行饱和后重新把环境影响评价文件报我局审核",案涉项目二期工程无论是作为新建项目,还是已经环评审批但防治污染的措施发生重大变动的项目,建设单位均应报批建设项目的环境影响评价文件,故二期工程的履行受环境影响评价的约束。同时,原莆田市环境保护局于2016年4月25日作出的《关于尽快组织整改寨岭垃圾无害化处理场存在有关问题的函》显示,2016年该垃圾场填埋标高已达183米左右,按此预测,该垃圾场剩余填埋库容5万~7万吨,只能够继续填埋垃圾约150天。由于超规模填埋,对地下水、东溪水库饮用水水源和下游水环境造成影响,群众投诉不断,原莆田市环境保护局在函中向仙游县政府建议尽快研究垃圾另行处理方案,停止使用该垃圾场并作封场处理。可见,2016年该垃圾场填埋标高已远超《可行性研究报告》规定的最终填埋标高140米,环保部门已明确要求停止使用垃圾处理场,垃圾处理场现实际上也已封场。BOT协议第18.1条约定"当本项目垃圾填埋至设计标高,或达到特许权经营年限(30年)后,乙方应及时进行封场处理及

封场后的植被恢复(植被恢复标准按有关规定执行),经甲方验收合格后移交”。因一期工程在运营过程中实际垃圾填埋标高已超过包含二期在内的整体项目的设计处理量,该垃圾填埋工程项目已提前饱和,垃圾处理场实际上也已封场,二期工程无法继续履行,故一审法院对科新公司、仙境公司诉请要求仙游县政府“完成垃圾处理场二期工程的前期工作准备,并将二期工程移交给原告继续经营”不予支持,并无不当。BOT 协议第 16.6 条约定“在本项目特许经营期间,若双方认为焚烧处理工艺较合适的话,可把本项目的处理转化为焚烧处理,具体操作办法及费用由双方另行协商并签订补充协议”。根据该条款约定,焚烧处理仍属协议项下的垃圾处理,在案涉项目经营期间,如采取焚烧处理工艺,需双方认为合适并另行签订协议,现因案涉项目无法继续履行,故科新公司、仙境公司诉请要求仙游县政府履行该条款缺乏依据。

三、仙游县垃圾处理(焚烧发电)厂 PPP 项目与本案是否具有关联性

BOT 协议第 3.2 条约定“甲方授予乙方项目特许权,以实施仙游县寨岭垃圾无害化处理场工程”;第 4.1 条约定“甲方按本特许权协议第 3 条规定授予乙方的项目具有独占性。在本项目特许经营权周期内,甲方保证不再将本特许权协议下的项目特许权部分或全部授予第三方”,即仙游县政府将仙游县寨岭垃圾无害化处理场工程的特许经营权授予科新公司、仙境公司,在该项目特许经营权周期内,仙游县政府应保证不再将案涉项目特许经营权部分或全部授予第三方。仙游县垃圾处理(焚烧发电)厂 PPP 项目位于仙游县北部书峰乡鲤岭村西侧,并不属于案涉项目,故仙游县垃圾处理(焚烧发电)厂 PPP 项目由厦政集团中标与本案不具有关联性。仙游县政府的该项上诉请求和理由有理有据,予以支持。

综上,虽然 BOT 协议约定了二期工程的内容,但科新公司、仙境公司诉请要求仙游县政府“完成垃圾处理场二期工程的前期工作准备,并将二期工程移交给其继续经营”和“履行 BOT 协议第 16.6 条约定的义务,即若仙游县政府认为焚烧处理工艺较合适,应与原告协商将项目转化为焚烧处理”均已实际无法继续履行。经一审法院向科新公司、仙境公司释明后,科新公司、仙境公司表示不变更诉讼请求,仍主张合同应继续履行,故一审判决驳回科新公司、仙境公司的诉讼请求并无不当。根据科新公司、仙境公司的诉讼请求,本案围绕 BOT 协议能否继续履行进行审理,至于协议无法继续履行的责任认定问题不属于本案审

理范围，在本案中不作评判。

二审结果

2019年11月14日，福建高院作出行政判决：驳回科新公司、仙境公司的上诉，维持原判。

案例评析

案涉项目位于仙游县××店镇罗峰村寨岭山坳里，一期、二期工程均位于该场址，填埋场最终填埋标高为140米，设计库容约为148万立方米，其中一期填埋标高为105米以下，填埋库容量约24.25万立方米。从BOT协议约定的建设项目来看，本次特许经营的项目为仙游县寨岭垃圾无害化处理场项目，该项目建设内容包括一期、二期工程，结合项目《可行性研究报告》载述“本可研报告将填埋场建设分成两期”，亦印证了BOT协议已对二期工程作出约定的事实。环保部门要求案涉项目二期工程建设需重新把环境影响评价文件报请环保部门审批的要求，仅是对二期项目实施前的程序性要求，并非二期项目实施的生效性条件要求。由于案涉招标情况并未披露，鉴于本项目属于特许经营项目，依法应通过公开招标方式确定特许经营权授予主体及建设内容，实务中应根据项目招投标结果确认项目建设内容。

案涉双方签订的垃圾处理场项目BOT协议属于行政协议，行政协议本身是实现公共利益或者行政管理目标的方式，而且在履行协议过程中，行政机关可以根据实现公共利益或者行政管理目标的需要单方变更、解除协议，甚至可以依法单方作出行政强制、行政处罚。因一期工程在运营过程中实际垃圾填埋标高已超过包含二期在内的整体项目的设计处理量，该垃圾填埋工程项目已提前饱和，垃圾处理场实际上也已封场。另根据莆田市环境保护局下发的项目整改函内容显示，由于一期工程超规模填埋，对地下水、东溪水库饮用水水源和下游水环境造成影响，群众投诉不断，莆田市环境保护局在函中要求仙游县政府研究垃圾另行处理方案，以上足以证明一期项目已经严重影响到社会公众利益，仙游县政府可以依法终止二期项目的实施。

BOT协议第3.2条约定“甲方授予乙方项目特许权，以实施仙游县寨岭垃圾无害化处理场工程”，从该协议内容来看，甲方授予乙方的仅是项目的独占性经营权，而未明确授予乙方在甲方区域内的独占性、排他性特许经营权。由于我国法律规定中并未明确规定特许经营权为排他性经营权,仙游县垃圾处理(焚烧发电)厂 PPP 项目位于仙游县北部书峰乡鲤岭村西侧,与案涉项目并不属于同一个项目,也不存在区域的重合性,因此,政府方新的垃圾处理 PPP 项目与本案不具有关联性。

案例65　停止污水处理厂运行纠纷

相关问题

1. 污水处理厂投入商业运营的时间认定；
2.《特许经营权合同》未能恰当履行的责任问题；
3. 拖欠污水处理费违约金的认定；
4. 污水处理费支付担保函出具人是否应当承担担保责任。

裁判要点摘选

在管委会、镇政府未按约定支付污水处理费时，氏安公司应当依约恰当行使其权利。氏安公司作为专门从事污水处理的企业，对擅自停运污水处理厂所能产生的危害后果应当能够预见，其在污水处理厂运营期间不能确保正常达标稳定运行和擅自停止运行污水处理厂的行为有违诚信，并对当地环境安全、群众生产生活和社会稳定造成较大影响，应对合同终止履行承担主要违约责任。

基本案情

上诉人（一审原告、反诉被告）：氏安公司

上诉人（一审被告、反诉原告）：H镇某工业园区管理委员会

上诉人（一审被告、反诉原告）：H镇人民政府

被上诉人（一审被告）：兴工公司

2009年3月23日，H镇某工业园区管理委员会（以下简称管委会）、H镇人民政府（以下简称镇政府，甲方）与氏安公司（乙方）签订了《污水处理厂BOT项目特许经营权合同》（以下简称《特许经营权合同》），约定甲方授予乙方在特许经营权期限内投融资、设计、建设、运营和维护污水处理厂，收取污水处理费并享

有其他相关收益权利。乙方享有特许经营权的独占性,在合同期内甲方不得将特许经营权部分或全部授予第三方。污水处理厂的设计规模5000立方米/日,总投资不低于1836.72万元,其中固定资产投资不低于65%,建设期限不得超过2年,包括基础设施建设和设备、设施调试期限,在建设期内如项目投入运营日期提前,则甲方按合同约定标准以实际投入运营日开始计付污水处理费。特许经营期限为24年(含建设期),自特许经营合同生效日起至生效日的第24个周年日止,若提前竣工并通过环保部门验收,应提前投入运营。约定工程竣工后,乙方应组织生产试运行,在工程项目竣工并经环保部门验收合格出具报告之日,为正式投入商业运营之日。乙方日处理污水量在5000立方米以内情况下污水处理费(其中年均污水处理费126万元,项目年投资收益232万元)为358万元。甲方应按季度支付,自乙方建设的污水处理厂依法经验收合格并投入运营之日起5日内,甲方支付第一季度污水处理费89.5万元。此后甲方应于每季度首月的5日前全额向乙方支付本季度污水处理费89.5万元。若甲方未能在上述时间内支付污水处理费,每迟延一天,每日应按迟延部分的0.1%支付逾期付款违约金。在合同生效后,甲方、乙方与兴工公司三方共同签订《污水处理厂BOT项目履约担保合同》(以下简称《担保合同》)作为本合同附件,由兴工公司为甲方每年污水处理费(358万元每年)的支付义务逐年承担连带责任保证,每年出具担保函,承担当年的担保责任。对合同的终止约定,如出现乙方所作出的声明和保证被证明在作出时即有严重违约,合同履行能力受到严重的影响;乙方未履行本合同项下的义务构成对本合同的实质性违约,并且在收到甲方说明其违约并要求补救书面通知后60天仍未能补救该实质性违约;本合同中规定的其他终止事由。在不属不可抗力或甲方违约所致,有允许的纠正期限而在该期限内未能纠正,即构成乙方的违约,甲方有权立即发出终止意向通知。如出现甲方所作出的声明和保证被证明在作出时即有严重违约,履行合同的能力受到严重的不利影响;甲方的行为构成对本合同的实质性违约,并且在收到乙方说明其违约并要求补救书面通知后60天内仍未能补救该实质性违约;兴工公司未按约定出具履约担保函的。在不属于不可抗力或乙方违约所致,有允许的纠正期限而在该期限内未能纠正,即构成甲方的违约,乙方有权立即发出终止意向通知。终止通知发出后,双方应在协商期间内(20天或双方书面同意更长的时间)友好协商,协商期内未达成一致意见,发出通知意向的一方可以向另一方发出终止通知,终止通知发出后本合同立即终止。本合同终止后不视为项目设施所有权的转移,也不影响本合同争议条款及仍然有效的其他条款的效力。由于乙方的违约导致合同终止的,甲方有权选择是否收购本项目,若甲方选择收购乙方项目的所有权和所有权益,则甲方向乙方支付的金额为(22 - 实际经营年限)/22 × 项目总投资。若甲方不选择收购,乙方自行处置其全部资产。由于甲方违约导致合同终止的,甲方收购乙方项目的所有权和所有权益,应向乙方支付的金额为(22 - 实际经营年限)/22 × 项目投资回报(232 万元 ×22 年)。同时合同还对项目内容、项目用地、项目投资、建设期限、项目建设、工程竣工验收、环保验收、运营维护、水质水量、特许经营期届满时项目的移交、特许经营权合同的终止等作了约定。此后,管委会、镇政府(甲方)、氏安公司(乙方)与兴工公司(丙方)签订了《担保合同》,约定丙方对甲方在《特许经营权合同》约定的污水处理费(358 万元每年)支付义务逐年提供连带保证责任。担保期限自乙方建设的污水处理厂依法验收合格并投入运营之日起,丙方每年出具担保函,承担当年担保责任。同时还对担保责任落实、违约责任、责任免除等进行了约定。在氏安公司建设的污水处理厂竣工验收后,兴工公司未按《担保合同》约定出具担保函。

2009 年 4 月 1 日,氏安公司与一国外企业签订技术合同,支付技术服务费 50 万美元(折合人民币 311.625 万元)。

2009 年 6 月 18 日,氏安公司开始建设污水处理厂。

2010 年 4 月 25 日,氏安公司与利通公司签订技术服务合同,并支付技术服务报酬 400 万元。

2010 年 8 月 25 日,管委会预付污水处理费 20 万元。2010 年 9 月 28 日,管委会预付污水处理费 180,849 元。

2010 年 11 月 23 日,经氏安公司申请,项目所属地市环境保护局(以下简称环保局)出具《关于污水处理厂试运行生产申请的复函》,同意污水处理厂进行试运行,时间 3 个月,并要求氏安公司在 3 个月内向省环保厅申请环保竣工专项验收,验收合格后方可正式投入运行。氏安公司在该批复后开始试运行,并申请环保竣工验收。

2010 年 12 月 26 日,项目所属地市环境保护监测站(以下简称环保监测站)对污水处理一期工程环境保护进行了验收监测,出具了《建设项目竣工环境保护验收监测报告》。结论为污水处理工程出口废水达到《城镇污水处理厂污染物排放标准》(GB 18918—2002)中一级B标准和《污水综合排放标准》(GB 8978—1996)一级标准。2010年12月29日,环保局《关于对〈H镇生活污水处理项目一期工程竣工环境保护验收申请〉的批复》(以下简称《环保验收批复》),结论是H镇生活污水处理项目一期工程环境保护审批手续齐全,主要污染物经环保监测站监测,达到国家规定的排放标准要求,环保设施运行稳定正常,符合《国家建设项目竣工环境保护验收管理办法》中规定的验收条件。验收组同意该项目通过环境保护竣工验收。建议加强工作人员上岗培训,确保污水处理设施的正常运行,污染物稳定达标排放等。在环保局验收后,污水处理厂正式运行。

2011年1月7日,氏安公司借管委会、镇政府污水处理厂环保验收款8万元;2011年1月25日,氏安公司垫付农民工工资612,943元。2011年1月26日,氏安公司垫付俊元公司农民工工资292,278元,垫付农民工于某23,994元、何某12,500元,1月28日付农民工工资1570元。

2011年1月30日,项目所在地区环保局(以下简称区环保局)开始对污水处理厂污染减排情况按月进行了现场核查,并每月出具了现场核查表。在每月一次的现场核查表中载明该污水处理建成投运时间为2010年12月26日。

2011年10月18日,管委会借给区环保局70万元,由区环保局监督氏安公司使用该款,区环保局将该70元全部转给氏安公司。氏安公司出具了收取70万元的借条,并在借条中承诺此款主要用于污水处理厂正常稳定达标运行,解除省环保厅蓝色预警。2011年9月10日,项目所在地省政府《关于实行预警监控确保完成全年污染减排目标任务的通知》认定污水处理厂1~8月未完成污染减排目标任务,9~12月实行蓝色预警。2011年9月29日,环保局、监察局联合以《关于落实全市污染减排重点项目和突出环境问题整改责任的通知》,指出污水处理厂已建成污水处理设施,不能保证正常连续稳定运行,实行黄色预警监控,要求加强整改。

氏安公司委托瑞泽咨询公司对污水处理厂建设项目施工部分进行竣工结算审核,瑞泽咨询公司于2012年1月6日出具审核报告,确认污水处理厂工程结算价为19,130,085.81元。2012年6月9日,环保局、监察局联合以《关于下达2012年挂牌督办环境违法案件的通知》,对H镇污水处理工程实行市级挂牌督办。指出污水处理厂经过整改,虽已运行,但还不能做到稳定达标运行。要求加强运行管理,确保稳定达标。2012年6月11日,氏安公司向管委会借污水处理费10万元。

经氏安公司与管委会共同委托，东方评估事务所于2012年7月16日出具评估报告，污水处理厂的固定资产评估值为1384.5万元。2012年8月23日，由区政府牵头，区环保、城建、审计等部门及一设计研究院、一监理公司、东方评估事务所、管委会等单位参加，对污水处理厂进行了竣工验收。形成会议纪要，结论为参会部门一致同意本项目通过竣工验收。污水处理厂运行至同月，双方就污水处理厂的稳定达标运行、正式投入商业运行的时间及污水费支付等问题发生争议。

2012年9月24日，管委会支付污水处理费5万元。

2012年10月，双方就管委会回购该污水处理厂问题经过多次协商。其中，管委会2012年10月31日给氏安公司的函件中认为回购价格2073万元，减去已支付的各项费用231.6495万元，最终回购价是1841.3505万元。双方因回购价格问题协商未果后，氏安公司于2012年10月23日停止污水处理厂运行。

2012年11月6日，氏安公司向管委会借款1万元。管委会从2011年1月至2012年12月共代氏安公司支付电费73,933.59元。

2012年11月19日，氏安公司以《声明》的形式致函管委会，将最终的回购价确定为3800万元。2012年11月21日，管委会致函氏安公司认为，固定资产1384.5万元，对照2009年银行贷款年利率7.47%计算，1384.5万元4年本息合计1846.89万元。项目引进国外技术服务费311.625万元(50万美元)，最终回购价是2159万元。

2012年12月3日，管委会支付污水处理费83.5万元(89.5万元扣除2012年9月24日污水处理费5万元、11月6日借款1万元，实收83.5万元)。管委会为氏安公司以垫付农民工工资、电费、预借、支付污水处理费的形式共计支付款项3,389,645.59元。

污水未进入处理系统直接向外排放，影响当地居民正常生产生活。引起当地居民到上访，相关部门批办至区环保局办理。区环保局于2012年12月5日对污水处理厂进行了现场检查，并出具了责令改正违法行为决定书，责令氏安公司于2012年12月6日之前，恢复污水处理设施正常运营，水污染排放自动监测设备稳定联网，并保证污水达标排放。2012年12月5日，区环保局留置送达了责令改正违法行为决定书。2012年12月6日，管委会、镇政府在报纸上公告通知,因氏安公司未恢复污水处理厂污水处理,已严重威胁到环境安全。要求氏安公司3日内稳定达标运行,否则将依法维护群众环境权益,期间造成的一切损失由氏安公司承担。并于同日,通过公证向氏安公司留置送达了公告通知。此后,氏安公司仍未恢复运行。2012年12月10日,在区政府协调下,召开了由管委会、环保局、公安局、法院、司法局、检察院、公证处等单位参加的处理污水处理厂停运问题专题会议,决定成立管委会接管污水处理厂工作小组,接管污水处理厂。接管范围为污水处理厂相关环保设施,不包括办公楼及其他生活附属设施。要求尽快接管,技术人员拿出实施方案,确保污水处理厂正常运行,尾水达标排放。管委会在当日即接管污水处理厂。

2013年6月24日,管委会垫付康某等农民工工资216,578元。

氏安公司起诉管委会、镇政府、兴工公司(案由为合同纠纷),请求:(1)判令解除氏安公司与管委会、镇政府签订的《特许经营权合同》;(2)判令管委会、镇政府支付污水处理费716万元及利息(逾期违约金每天按逾期支付部分的0.1%进行计算,自2011年1月1日开始计算至付清为止);(3)判令管委会、镇政府赔偿经济损失4639.99万元;(4)判令兴工公司对以上2、3项承担连带保证责任;(5)判令管委会、镇政府、兴工公司共同承担本案的全部诉讼费用。

管委会、镇政府提起反诉,请求:(1)判决污水处理厂的全部资产归管委会、镇政府所有,氏安公司应交付污水处理厂全部资产及技术资料;(2)判决氏安公司退还管委会、镇政府多支付的污水处理费283.293万元;(3)本案的诉讼费用由氏安公司承担。

一审意见

一审法院认为,管委会、镇政府与氏安公司签订的《特许经营权合同》意思表示真实,合同内容也不违反法律的强制性规定,合法有效,当事人应当按合同约定全面履行各自义务。本案争议焦点:(1)《特许经营权合同》是否应当解除;(2)污水处理费及管委会、镇政府为氏安公司以垫付农民工工资、电费、预借、支付污水处理费等款项的数额问题;(3)《特许经营权合同》未能恰当履行的责任问题;(4)兴工公司是否应当承担担保责任问题。

一、关于《特许经营权合同》是否应当解除的问题

管委会、镇政府签订该合同的目的是改善和提高该地区的环境质量、保障群众健康和促进当地经济可持续发展。氏安公司则是通过污水处理和治理,收取

污水处理费以获得相关收益,实现其投资利益。根据已查明的事实,氏安公司已停止了污水处理厂的运行,管委会、镇政府也已实际接管了污水处理厂的环保设施,并负责运营。以上事实说明双方均未恰当履行合同主要义务,且以实际行动终止了合同履行,合同目的已不能实现。双方均诉请解除合同,其诉请亦符合《合同法》第94条的规定。不论是从保护当地环境安全,还是从氏安公司实现投资利益两方面考虑,《特许经营权合同》均应当予以解除。

二、关于污水处理费及管委会、镇政府为氏安公司以垫付农民工工资、电费、预借、支付污水处理费等款项的数额问题

氏安公司主张污水处理厂投入商业运营的时间为2010年12月29日,管委会、镇政府主张投入商业运营的时间为2012年8月23日。根据合同约定,工程项目竣工并经环保部门验收合格出具报告(或视同验收通过)即为正式投入商业运营之日。2010年12月26日,环保监测站的《建设项目竣工环境保护验收监测报告》,结论为污水处理工程出口废水达到《城镇污水处理厂污染物排放标准》(GB 18918—2002)中一级B标准和《污水综合排放标准》(GB 8978—1996)一级标准,即达到了BOT合同约定的出水水质标准。2010年12月29日,环保局《环保验收批复》,认为H镇生活污水处理项目一期工程环境保护审批手续齐全,主要污染物经环保监测站监测,达到国家规定的排放标准要求,环保设施运行稳定正常,符合《国家建设项目竣工环境保护验收管理办法》①中规定的验收条件,验收组同意该项目通过环境保护竣工验收。从2011年1月开始,区环保局对该污水处理厂污染减排情况按月进行了现场核查,并每月出具了现场核查表。在每月一次的现场核查表中载明污水处理厂建成投运时间为2010年12月26日。上述两份报告已明确污水处理厂已于2010年12月29日通过环境保护验收合格,且在验收合格投入运营后区环保局进行了现场核查和日常监管。管委会、镇政府主张《污水处理厂竣工验收工作会议纪要》可证明该污水处理厂于2012年8月23日通过竣工验收。该主张与环保局《环保验收批复》关于污水处理厂已达到BOT合同约定出水水质标准并通过环境保护竣工验收的事实不符。区环保局从2011年1月开始按月核查的事实及管委会、镇政府提交的省政府2011年9~12月对该污水处理厂实行蓝色预警文件,环保局、监察局2011年9

---

① 现已失效。

月29日整改责任通知等文件中指出污水处理厂已建成污水处理设施，不能保证正常连续稳定运行，要求加强整改、确保稳定达标。可证实该污水处理厂于2011年9月以前已投入商业运营，只是不能稳定达标运营。综合以上证据及事实，可认定污水处理厂已于2010年12月29日通过环境保护护竣工验收，并投入商业运营，工程竣工验收迟于环境保护竣工验收，于2012年8月23日通过。管委会、镇政府应自2010年12月29日起向氏安公司计付污水处理费。

污水处理厂从2010年12月29日投入商业运营至2012年10月23日停止运营共666天(1年按365天，1月按30日计算即365×2－64＝666)，每年污水处理费358万元，则每天为0.98万元，管委会、镇政府共欠氏安公司污水处理费652.68万元。管委会为氏安公司以垫付农民工资、电费、预借、支付污水处理费的形式共计支付款项3,389,645.59元。两项相抵管委会、镇政府共欠氏安公司污水处理费3,137,154.41元。因管委会垫付农民工资、电费、预借、支付污水处理费的次数较多，时间跨度大，综合本案实际情况，拖欠污水处理费的违约金从2012年12月3日管委会实际支付污水处理费83.5万元之日起，按双方合同约定日0.1%计算至本判决生效之日。

三、关于《特许经营权合同》未能恰当履行的责任问题

根据合同约定，氏安公司的主要义务是在特许经营权期限内投融资、设计、建设、运营和维护污水处理厂，收取污水处理费并享有其他相关收益权利。管委会、镇政府的主要义务是每年支付358万元污水处理费，自污水处理厂依法经验收合格并投入运营之日起5日内，支付第一季度污水处理费89.5万元。根据查明的事实，在整个合同履行过程中，双方均未按照合同约定诚信履行各自义务。氏安公司主要违约事实：(1)未按照合同约定承担污水处理厂的全部建设费用，也未及时支付农民工资；(2)未按照合同约定确保污水处理厂安全、稳定、达标运行；(3)擅自停运污水处理厂，给当地环境安全造成较大影响。管委会、镇政府的主要违约事实：(1)未按照合同约定及时足额支付污水处理费；(2)未按合同约定确保兴工公司每年出具履约担保函。

综合以上违约事实，氏安公司在污水处理厂运行过程中，未能全面履行确保污水处理厂稳定达标运营义务，被省政府及环保局、监察局列为整改对象进行限期整改。且在与管委会、镇政府就污水处理费发生争议后，未能按合同约定正当主张权利，单方中止合同，停止污水处理厂运营，致使未处理的污水排放至无防

渗漏措施的沟渠、坑塘,给当地群众生产生活造成影响。引发当地群众到政府上访,严重影响了当地环境安全和社会稳定,属根本违约。管委会、镇政府未按照合同约定及时足额支付污水处理费,也未确保兴工公司按年度出具担保函,亦构成违约。但在氏安公司停止运行污水处理厂,在催告氏安公司恢复污水处理厂运行无果后,及时接管污水处理厂并恢复运行,保护当地环境安全及群众正常生产生活,属合同终止后防止损失进一步扩大的行为,应减轻其违约责任。双方就污水处理费不能按约支付约定了专门的解决争议条款,即如管委会、镇政府未按约支付污水处理费,应当承担日0.1%的违约责任。在管委会、镇政府未按约支付污水处理费时,氏安公司应当依该约定恰当行使其权利。且氏安公司作为专门从事污水处理的企业,对擅自停运污水处理厂所能产生的危害后果应当能够预见,其在污水处理厂运营期间不能确保正常达标稳定运行和擅自停止运行污水处理厂的行为有违诚信,并对当地环境安全、群众生产生活和社会稳定造成较大影响,应对合同终止履行承担主要违约责任。因此,其诉请管委会、镇政府按(22－实际经营年限)/22×项目投资回报(232万元×22年)的标准支付违约金,无事实依据,不予支持。

根据《合同法》第120条之规定,双方当事人均违反合同的,应当各自承担违约责任。管委会、镇政府未按约支付污水处理费,应当按双方合同约定日0.1%承担逾期付款违约金至判决确定之日。根据合同约定,因氏安公司的原因致使合同终止履行,管委会、镇政府对是否收购污水处理厂有选择权。现管委会、镇政府诉请判决污水处理厂全部资产归其所有,应视为其选择收购污水处理厂。则其应向氏安公司支付的金额:(22－实际经营年限)/22×项目总投资。氏安公司从2010年12月29日通过环保竣工验收投入运营至2012年10月23日停止运行,实际经营时间为1.83年。污水处理厂项目总投资为固定资产1384.5万元,技术服务费50万美元(折合人民币311.625万元),技术服务报酬400万元,总计2096.125万元。则管委会、镇政府应支付氏安公司投资补偿款(22－1.83)/22×2096.125即1921.7655万元。氏安公司应当将污水处理厂全部资产和全部技术资料移交给管委会、镇政府。

四、关于兴工公司是否应承担担保责任的问题

根据合同约定,兴工公司每年出具担保函,承担当年担保责任。管委会、镇政府、氏安公司与兴工公司签订了《担保合同》后,从2010年10月29日污水处

理厂投入商业运营到本案纠纷产生,双方再未按约定逐年签订担保合同,表明兴工公司已不再为污水处理费的支付承担担保义务。因此,民安公司诉请兴工公司承担连带保证责任的主张无合同依据,不能成立。

一审结果

一审法院作出民事判决:一、解除民安公司与管委会、镇政府签订的《特许经营权合同》;二、污水处理厂归管委会、镇政府所有,民安公司自本判决生效之日起30日内向管委会、镇政府移交污水处理厂全部资产和全部技术资料;三、管委会、镇政府自本判决生效之日起30日内支付民安公司污水处理费3,137,154.41元;四、管委会、镇政府自本判决生效之日起30日内按日0.1%支付民安公司污水处理费3,137,154.41元的逾期付款违约金(自2012年12月3日起至本判决生效之日止);五、管委会、镇政府自本判决生效之日起30日内支付民安公司污水处理厂投资补偿款1921.7655万元;六、驳回民安公司的其他诉讼请求;七、驳回管委会、镇政府其他反诉请求。

民安公司、管委会、镇政府均不服一审判决,向最高人民法院提出了上诉。

二审查明

最高人民法院二审查明,2012年12月10日管委会、镇政府接管污水处理厂后进行了技术改造,现在运行正常。二审中,管委会提交了环保局出具的《债权转让证明》,证明环保局对民安公司的70万元债权转让给了管委会;管委会还提交了一份民事判决,证明管委会垫付给民安公司施工单位俊元公司61万元。以上证据补充证明了一审判决认定的管委会、镇政府为民安公司以垫付农民工资、电费、预借、支付污水处理费的形式共计支付款项3,389,645.59元的事实,予以确认。民安公司提交了周氏皮草服饰公司代其向利通公司支付400万元技术服务报酬的电汇凭证,进一步证明了一审判决认定的其已支付400万元技术服务报酬的事实,予以确认。

二审意见

最高人民法院认为,一审判决认定事实清楚,适用法律正确。民安公司在二审期间提交的《代理意见(补充)》中提出了管委会、镇政府应支付其污水处理厂在镇政府接管运营期间的收入,以每年232万元计算。最高人民法院认为,这属于新增加的诉讼请求。根据《最高人民法院关于适用〈中华人民共和国民事诉讼法〉的解释》第328条[①]的规定,"在第二审程序中,原审原告增加独立的诉讼请求或者原审被告提出反诉的,第二审人民法院可以根据当事人自愿原则就新增加的诉讼请求或者反诉请求进行调解;调解不成的,告知当事人另行起诉。双方当事人同意由第二审人民法院一并审理的,第二审人民法院可以一并裁判"。鉴于双方当事人无法达成调解,亦未同意由最高人民法院一并审理,氏安公司可以另行起诉。

二审结果

2015年12月9日,最高人民法院作出民事判决:驳回上诉,维持原判。

案例评析

1. 关于污水处理厂投入商业运营的时间认定问题

项目投入运营的时间节点应根据案涉《特许经营权合同》的约定予以认定。该合同约定"在工程项目竣工并经环保部门验收合格出具报告之日,为正式投入商业运营之日"。2010年12月29日,环保局《环保验收批复》确认项目符合《国家建设项目竣工环境保护验收管理办法》中规定的验收条件,验收组同意该项目通过环境保护竣工验收,污水处理厂正式运行。项目所在地区环保局其后每月出具的现场核查表中亦载明该污水处理建成投运时间为2010年12月26日,与上述环保部门的验收日期基本相符。据此,一审认定项目投入商业运营的时间为2010年12月29日,有事实根据。

2. 关于《特许经营权合同》未能恰当履行的责任问题

根据《特许经营权合同》约定,氏安公司的主要义务是在特许经营权期限内投融资、设计、建设、运营和维护污水处理厂,确保污水处理厂安全、稳定、达标运行;管委会、镇政府的主要义务是自污水处理厂依法经验收合格并投入运营之日起按约定及时支付污水处理费。根据一审查明的事实,双方在合同履行过程中均存在违约事实。氏安公司主要违约事实是未按照合同约定确保污水处理厂安全、稳定、达标运行,而且在项目运营期间擅自停运污水处理厂,给当地环境安全造成较大影响。管委会、镇政府的主要违约事实是未按照合同约定及时足额支付污水处理费。根据《合同法》第120条的规定,双方当事人均违反合同的,应

① 现为第326条。

当各自承担违约责任。哪一方的违约行为是导致项目合同未能恰当履行的主要原因,应结合项目合同和违约行为的性质具体分析。

编者认为,案涉项目合同具有行政协议性质,合同履行具有社会公益目的,除特殊情况外,一般不得中止履行。即使管委会、镇政府未及时按约定支付污水处理费或未如约提供担保,氏安公司也不得擅自停止污水处理厂的正常运营。氏安公司作为专门从事污水处理的企业,对擅自停运污水处理厂所能产生的危害后果应当能够预见,其在污水处理厂运营期间不能确保正常达标稳定运行和擅自停止运行污水处理厂的行为有违诚信,并对当地环境安全、群众生产生活和社会稳定造成较大影响,应对合同终止履行承担主要违约责任。

3. 关于拖欠污水处理费违约金的认定问题

案涉《特许经营权合同》对政府方支付污水处理费的时间节点、付费数额、逾期支付的违约责任以及违约金的计算方法均有明确约定。政府方拖欠污水处理费违约金的事实应当严格按照特许经营合同的约定予以认定。

4. 关于污水处理费支付担保函出具人是否应当承担担保责任的问题

本案中,根据管委会和镇政府、氏安公司与担保人兴工公司《担保合同》的约定,担保人对污水处理费支付义务逐年提供连带保证责任。担保人每年出具担保函,承担当年担保责任。基于上述约定,担保人是以当年的污水处理费支付义务作为担保标的的,并非对项目整个运营周期的概括性担保。因此,上述《担保合同》的约定内容,具有预约合同性质,而担保人每年出具的担保函是其承担担保责任的本约。在担保人未出具担保函,《担保合同》本约不成立的情况下,要求担保人承担污水处理费支付担保责任,缺乏合同依据。

案例66　案涉管道燃气特许经营行政许可应否撤销

相关问题

1. 本案是否存在重复起诉问题；
2. 是否应通过公开招标选择案涉管道燃气项目的投资者或经营者。

裁判要点摘选

即便是被诉行政行为存在轻微程序违法的，为严格监督行政机关依法行政，人民法院也要判决确认被诉行政行为违法，不能驳回原告诉讼请求。

再审申请人（一审第三人、二审第三人）：平华公司

再审申请人（一审第三人、二审第三人）：商洁公司

被申请人（一审原告、二审上诉人）：能燃公司

被申请人（一审被告、二审被上诉人）：广西壮族自治区田阳县人民政府

能燃公司诉广西壮族自治区田阳县人民政府（以下简称县政府）、平华公司、商洁公司管道燃气特许经营行政许可纠纷一案，一审法院立案受理。

诉请意见

能燃公司以县政府未经招投标程序就赋予平华公司田阳县管道燃气特许经营权，属重大程序违法等理由，认为县政府的违法行为，不但使得原告无法在百色新山铝产业示范园正常履行经营管道燃气的义务，而且侵害了包括原告在内的其他企业公平竞争权。据此，能燃公司不服提起诉讼。能燃公司诉称，（1）县政府未经招投标程序就赋予平华公司田阳县管道燃气特许经营权，属重大程序

违法,根据《行政许可法》第 12 条第 2 款、第 53 条以及《市政公用事业特许经营管理办法》第 8 条规定,城镇燃气特许经营属"直接关系公共利益的特定行业的市场准入需要赋予特定权利的许可事项",许可申请人要确定获得管道燃气特许经营的企业,需经过立项、确定招标条件、资格审查、评标、公示等法定程序。而被告完全忽视上述法律规定中的程序规定,直接与平华公司签订《田阳县管道燃气特许经营协议》,并颁发《城市管道特许经营项目授权证书》,赋予其特许经营授权,该行政行为构成重大程序违法。(2)被告以协议方式默许平华公司将燃气特许经营权非法"转让"给其他公司使用,亦属严重违法。被告所作出的燃气经营许可行为的被许可人是平华公司,而实际上在田阳县实施管道燃气特许经营的是另一家公司即商洁公司。商洁公司在被告与平华公司订立《田阳县管道燃气特许经营协议》时尚未成立,不可能成为特许经营权的许可对象。然而,在被告的默许下,平华公司将其特许经营权非法"转让"给了商洁公司,商洁公司也在明知自己没有燃气特许经营权的情况下,在田阳县行政区域内,建设管道燃气基础设施,其违法建设及无证经营行为,属于严重的违法行为。(3)被告未将百色新山铝产业示范园的管道燃气经营权排除在其赋予平华公司的特许经营权范围之外,属超越职权的行为,严重损害原告的权利。被告在明知园区的行政级别及其专属管辖权限的情况下,却在赋予平华公司田阳燃气特许经营权过程中未将园区范围予以排除,其许可行为超越了自己的权限,属越权行为。也正是因为被告的越权行为,导致原告在园区内实施燃气特许经营权过程中遇到了实质性的阻碍,合法权益受到严重侵害。被告的违法行为,不但使得原告无法在百色新山铝产业示范园正常履行经营管道燃气的义务,而且侵害了包括原告在内的其他企业之公平竞争权。

一审查明

2009 年 3 月 1 日,县政府通过招商引资与富都公司签订《田阳县管道燃气特许经营协议》。富都公司签订协议后终止协议。2009 年 12 月 28 日,百色市机构编制委员会根据百色市委文件精神成立新山管理委员会(以下简称新山管委会),统一负责百色新山铝产业示范园的规划、开发、建设、招商、管理等工作。2010 年 2 月 3 日,百色市人民政府决定成立新投公司。2010 年 7 月 3 日,县政府组织建设局、市政管理局、消防大队、财政局、发改委、招商局等部门,联合考察平华公司的燃气经营业务,通过招商方式引进平华公司。2010 年 9 月 15 日,县政府与平华公司签订《田阳县管道燃气特许经营协议》,约定特许经营权期限为30年(含建设期),地域范围为田阳县行政区域内;平华公司享有独家运营、维护市政管道燃气设施、以管道输送形式向用户供应燃气等管理燃气业务的权利,并在第8.4条第1项约定:"乙方(平华公司)在田阳县注册成立公司后,依法经营,依法纳税。"同日,县政府向平华公司颁发《城市管道燃气特许经营项目授权证书》,授权内容:授予平华公司为田阳县行政区域管道燃气统一经营企业,经营权期限为30年,从2010年9月15日起至2040年9月14日止。2010年12月6日,根据上述约定,平华公司在田阳县工商局注册成立商洁公司,商洁公司的组成人员是平华公司的原班人马。平华公司与商洁公司的股东(发起人)相同。2010年12月19日,田阳县发展和改革局作出《关于田阳县天然气利用项目核准的批复》,同意建设田阳县天然气利用项目,建设内容为在新山铝产业示范园内建设液化天然气储配站,在县城内建设天然气汽车加气站,项目法人为商洁公司。商洁公司按照协议及田阳县燃气专项规划的要求,在田阳县组织投资、进行管道建设等工作。签订协议后,商洁公司在田阳县行政区域内累计完成项目投资4547万元,建成供气站两座,敷设市政管网40多公里,实现工业、商业用气每日8235立方米,完成居民用户合同安装7862户,工程安装入户2385户,居民置换用气1051户。

2010年12月30日,新山管委会与能燃公司就管道燃气入园经营签订《合作框架协议》。2011年3月16日,新山管委会作出《授权委托书》,授权新投公司代表新山管委会与能燃公司签订《百色新山铝产业示范园管道燃气特许经营协议》。2011年3月18日,新投公司与能燃公司签订《百色新山铝产业示范园管道燃气特许经营协议》,约定特许经营权行使的地域范围为百色新山铝产业示范园区规划范围,特许经营权期限为30年。2012年,中石油广西天然气管网公司与商洁公司签订供气协议,为田阳县行政区域提供足够的供气规模。2014年6月17日,能燃公司提起本案行政诉讼,请求依法撤销县政府于2010年9月15日授予平华公司田阳县管道燃气特许经营权的行政许可行为。

另查明,2014年1月22日,平华公司提起行政诉讼,请求撤销新山管委会授予能燃公司在百色新山铝产业示范园管道燃气特许经营权的行政许可行为。2014年6月16日,法院作出一审行政判决(以下简称5号判决),撤销新山管委会授予能燃公司的管道燃气特许经营权。能燃公司和新山管委会不服,提出上诉。法院二审判决(以下简称59号判决):驳回上诉,维持原判。2015年4月2日,广西壮族自治区人民检察院提起抗诉,广西壮族自治区高级人民法院提审该案,并于2016年5月27日作出再审行政判决(以下简称10号再审判决):撤销59号判决;变更5号判决的内容为确认新山管委会授权能燃公司百色新山铝产业示范园管道燃气特许经营权的行政许可行为违法,以南昆铁路线为界,撤销新山管委会授予能燃公司的管道燃气特许经营行政许可中南昆铁路以南区域的行政许可。

一审意见

一审法院认为,县政府在管道经营空缺的前提下,组织多部门对平华公司进行考察后,通过招商方式引进该公司经营管道燃气,签订《田阳县管道燃气特许经营协议》,并予以公示,平华公司取得田阳县管道燃气特许经营权合法。平华公司成立商洁公司,两家公司在田阳县行政区域进行相当数量的管道建设等工作,并于2012年与中石油广西天然气管网公司签订供气协议,为田阳县行政区域提供足够的供气规模。在当时特定的投资环境下,没有通过招投标方式授予管道燃气特许经营权的行为违法,但撤销该行政许可将导致广西管道燃气市场面临全部推倒重来的重大风险,会对田阳县人民群众的公共利益造成重大损害,根据《行政许可法》第69条第3款的规定,不应该撤销。平华公司以原班人马在田阳县注册成立新公司是根据协议约定,应县政府的要求,保证该项目在田阳县纳税。商洁公司依法成立,并经过田阳县工商局工商登记,具有法人资格,不存在以协议方式默许非法转让特许经营权。59号判决已经认定平华公司取得田阳县管道燃气特许经营权是合法的,合法性已有定论,能燃公司作为第三人参加该案审理活动。因此,能燃公司又以县政府赋予平华公司田阳县管道燃气特许经营权行为违法为由再次提起诉讼,属于重复诉讼。

一审结果

2014年11月18日,一审法院作出行政判决:驳回能燃公司的诉讼请求。

能燃公司不服,向广西壮族自治区高级人民法院(以下简称广西高院)提出上诉。

二审意见

广西高院认为,能燃公司提起本案行政诉讼,被诉行政行为是县政府授予平华公司管道燃气特许经营权的行政许可行为,与10号再审判决指向的新山管委会对能燃公司授予管道燃气特许经营权的行为,是两个完全不同的行政行为,不属于重复起诉。根据《行政许可法》第 53 条及《市政公用事业特许经营管理办法》第 8 条的规定,县政府未经招投标方式选择管道燃气项目的投资者或经营者,该行政许可应确认违法,但在商洁公司已完成大量投资,田阳县居民已大量使用管道燃气情况下,撤销该行政许可将影响田阳县的燃气供应和使用,有损公共利益,根据《最高人民法院关于执行〈中华人民共和国行政诉讼法〉若干问题的解释》①第 58 条、《行政许可法》第 69 条第 3 款,应不予撤销。本案与 10 号再审判决相关联,出于统筹考虑,应撤销本案部分行政许可。已生效 10 号再审判决确认新山管委会作出的行政许可行为违法,并基于维护公共利益的考虑,保留新山管委会作出的新山铝产业示范园区南昆铁路以北的管道燃气特许经营行政许可。根据管道燃气特许经营的独占性、排他性的性质,应相应撤销县政府作出的在该地域范围内的管道燃气特许经营行政许可,以保证两案所涉两个行政许可在地域范围上不再重叠。一审判决适用法律错误,判决结果错误,予以纠正。

二审结果

广西高法院作出行政判决:撤销一审判决:一、确认县政府授予平华公司田阳县管道燃气特许经营权的行政许可行为违法;二、撤销县政府授予平华公司田阳县管道燃气特许经营行政许可中百色新山铝产业示范园区范围内南昆铁路以北区域的行政许可。

再审申请

平华公司、商洁公司申请再审称:(1)在特定的投资环境下,基于管道燃气不普及,广西壮族自治区大部分县、区政府均采取招商引资优惠政策方式吸引企业投资管道燃气经营项目,县政府授予平华公司管道燃气特许经营权行为,未经招投标程序,虽然存在瑕疵,但尚不构成违法。(2)二审法院判决以南昆铁路南北为界划分管道燃气特许经营区域,严重超越职权,行使了地方人民政府的职权,且南昆铁路以南区域基本无企业入园,该划分有违公平原则。请求撤销二审判决,维持一审判决。

审查意见

最高人民法院经审查认为,《行政许可法》第 12 条第 2 款、第 53 条规定,实

---

① 现已失效。

施有限自然资源开发利用、公共资源配置以及直接关系公共利益的特定行业的市场准入等事项行政许可的,行政机关应当通过招标、拍卖等公平竞争的方式作出决定。《市政公用事业特许经营管理办法》第8条规定,市政公用事业特许经营项目,应当向社会公开发布招标条件,通过公开招标,择优选择特许经营权授予对象,并向社会公示中标结果。《行政诉讼法》第74条第1款第2项规定,行政行为程序轻微违法,但对原告权利不产生实际影响,人民法院判决确认违法,但不撤销行政行为。根据该项规定,即便是被诉行政行为存在轻微程序违法的,为严格监督行政机关依法行政,人民法院也要判决确认被诉行政行为违法,不能驳回原告诉讼请求。本案中,县政府未经招投标程序,授予平华公司管道燃气特许经营权,违反法定程序。但是,由于平华公司取得管道燃气特许经营权在先,能燃公司取得在后,上述违反法定程序行为并未对能燃公司的合法权益造成损害,二审判决确认县政府授予平华公司管道燃气特许经营权行为违法,符合法律规定。同时,鉴于10号再审判决已经将百色新山铝产业示范园区内南昆铁路线以北的管道燃气特许经营权保留给能燃公司,为保持与生效的10号再审判决一致,避免关联判决之间发生冲突,二审判决同时撤销县政府授予平华公司在××铝产业示范园区××铁路以北区域的管道燃气特许经营权,并无不当。平华公司、商洁公司主张,特定投资环境下未经招投标程序授予其管道燃气特许经营权虽然存在瑕疵,但尚不构成违法,不符合《行政诉讼法》第74条第1款第2项的规定。平华公司、商洁公司还主张,二审法院判决以南昆铁路为界划分管道燃气特许经营区域超越职权,行使了地方人民政府的职权,有违公平原则。但是,以南昆铁路为界划分管道燃气特许经营区域,系生效的10号再审判决结论,本案受该生效判决拘束。以此为由申请再审,理由不能成立。

综上,平华公司、商洁公司的再审申请不符合《行政诉讼法》第91条第4项、第7项规定的情形。

审查结果

2017年11月24日,最高人民法院作出行政裁定:驳回平华公司、商洁公司的再审申请。

案例评析

1. 关于本案不存在重复起诉的判定问题

本案经过三审程序，当事人能燃公司为一审原告、二审上诉人、再审被申请人；县政府为一审被告、二审被上诉人、再审被申请人；平华公司与商洁公司均为一审二审第三人、再审申请人。本案由原告能燃公司于2014年6月17日提起行政诉讼，请求依法撤销县政府于2010年9月15日授予平华公司田阳县管道燃气特许经营权的行政许可行为。

平华公司作为原告于2014年1月22日，以新山管委会及能燃公司为被告，提起行政诉讼，请求撤销新山管委会授予能燃公司在百色新山铝产业示范园管道燃气特许经营权的行政许可行为，同年6月16日，法院作出5号判决，支持了原告的诉请。能燃公司和新山管委会不服，提出上诉。法院二审59号判决：驳回上诉，维持原判。2015年4月2日，广西壮族自治区人民检察院提起抗诉，广西高院提审该案，并于2016年5月27日作出再审行政10号再审判决，撤销59号判决；变更5号判决的内容为确认新山管委会授权能燃公司百色新山铝产业示范园管道燃气特许经营权的行政许可行为违法，以南昆铁路线为界，撤销新山管委会授予能燃公司的管道燃气特许经营行政许可中南昆铁路以南区域的行政许可。该案件依据原告诉请，经过二审、抗诉及提审四个程序，判决争诉的是撤销管委会授权能燃公司特许经营权行政许可，判决结果认定该授权违法。

本案依据原告能燃公司的诉请，经过二审、再审程序，判决争诉的是撤销县政府授权平华公司特许经营权行政许可，判决结果是授权违法及撤销。本案与5号判决案件裁决的是两个不同主体授权的两个特许经营权行政行为。本案平华公司取得管道燃气特许经营权在先，能燃公司取得在后，5号判决案平华公司起诉在前，本案在后。5号判决经过提审，最高人民法院出具的10号再审判决："确认管委会授权能燃公司示范园管道燃气特许经营权的行政许可行为违法，以南昆铁路线为界，撤销管委会授予能燃公司南昆铁路以南区域的行政许可。"10号判决已将南昆铁路线以北的管道燃气特许经营权保留给能燃公司，该判决具有既判力。本案再审驳回两家公司再审申请，认定二审判决，撤销一审重复起诉的判决；确认县政府授予平华公司特许经营权的行政许可行为违法；撤销县政府授予平华公司南昆铁路以北区域的特许经营权行政许可(10 号判决已判由能燃公司保留该特许权)。两个案件判决解决的争诉是两个完全不同的行政行为,并非重复起诉。

2. 关于本案依法应通过公开招标选择案涉管道燃气项目的投资者或经营者问题

广西高院根据《行政许可法》第 53 条及《市政公用事业特许经营管理办法》第 8 条的规定,认定县政府未经招投标方式选择管道燃气项目的投资者或经营者,该行政许可应确认违法;最高人民法院根据《行政许可法》第 12 条第 2 款、第 53 条及《市政公用事业特许经营管理办法》第 8 条的规定,同样认定县政府未履行招标行为违法。两审法院均从商洁公司的投资、当地居民已大量使用管道燃气、已有生效判决裁判结果等的客观综合情况考虑,为了维护公共利益,根据《招标投标法》第 3 条的规定,本案县政府履行市政燃气项目应当依法招标,公开、公平地选择项目实施方,如果自行选定项目实施主体,而相对社会其他供应商而言,该行为则使得其失去公平竞争的权利,也难以选择出最佳能力的设施方,可能滋生寻租、价格高于市场平均价格等腐败现象。本案县政府设施该项目,应当依法履行招标程序。

案例67 被诉行政行为违法是否必然撤销

相关问题

1. 如何认定特许经营权地域和期限基本一致的两份合同；
2. 被诉行政行为违法是否必然撤销。

裁判要点摘选

在苍梧县政府与中金公司签订《特许经营合同》之时，与威管公司签订的《管道燃气特许经营协议》并未依法解除或者撤销，两份合同在约定的特许经营权地域和期限上基本一致，苍梧县政府中止威管公司的特许经营权，将该经营权授予中金公司，系属擅自改变已生效的行政许可的行政行为，违反法定程序，亦损害了威管公司的信赖利益。

再审申请人（一审原告、二审上诉人）：威管公司

被申请人（一审被告、二审上诉人）：苍梧县人民政府

被申请人（一审第三人）：苍梧县住房和城乡建设局

被申请人（一审第三人、二审上诉人）：中金公司

二审上诉人：梧州市市政和园林管理局

威管公司因与苍梧县人民政府（以下简称苍梧县政府）、苍梧县住房和城乡建设局（以下简称苍梧住建局）、中金公司、梧州市市政和园林管理局特许经营合同纠纷一案，不服广西壮族自治区高级人民法院行政判决，向最高人民法院申请再审。

再审申请

威管公司申请再审称:(1)原判决适用法律、法规错误,且足以影响裁判公正。苍梧县政府没有在法定期间内提供证据,应当认定其与中金公司签订《广西苍梧县管道燃气及加气站特许经营合同书》(以下简称《特许经营合同》)的行政行为没有证据和依据,依法应予撤销;本案不存在行政行为所依据的客观情况发生重大变化,为公共利益的需要之说,一、二审认定撤销苍梧县政府与中金公司的具体行政行为将会给公共利益造成重大损失,没有事实依据,且适用法律错误,该行政行为应当予以撤销。(2)苍梧县政府与中金公司签订的合同为违法无效的行政合同,中金公司的投资本质上是违法投入,在一审确认具体行政行为违法后,仍扩大违法的损失,依法不应予以保护,该投入不应视为公共利益。威管公司的合同在先且有效,应受到法律的保护;中金公司的合同在后且违法,不应予以保护。威管公司的利益是合法利益,保护合法利益才是真正的公共利益。(3)被诉的苍梧县政府的具体行政行为违法,已经侵犯了威管公司的合法权益。威管公司有权对苍梧县政府作出的行政行为的合法性与合理性和据以作出该行为的证据是否充分要求司法机关审查。因该具体行政行为违法,事后的授权和补救并不能弥补其作出具体行政行为时的缺陷,事后的证据不能作为证明行政行为作出当时具备合法性的证据使用,该行政行为依法应撤销。

综上,一、二审适用法律错误,导致作出不撤销违法行政行为的错误判决。请求依据《行政诉讼法》第90条、第91条之规定,对本案予以再审。

苍梧县政府提交意见称:(1)苍梧县政府不存在法定期限内未提交证据的问题。(2)苍梧县政府与中金公司签订《特许经营合同》是因为威管公司怠于履行其与苍梧县建设局(现更名为苍梧住建局)签订的协议。(3)撤销苍梧县政府与中金公司签订的《特许经营合同》,必然造成公共利益重大损失。(4)威管公司的再审申请不符合《行政诉讼法》第91条规定的再审条件。

苍梧住建局提交意见称:(1)苍梧县政府与中金公司签订《特许经营合同》是因为威管公司怠于履行与苍梧住建局签订的协议。(2)撤销苍梧县政府与中金公司签订《特许经营合同》会给公共利益造成重大损失。(3)威管公司的再审申请不符合《行政诉讼法》第91条规定的再审条件。

中金公司提交意见称:(1)苍梧县政府与中金公司签订《特许经营合同》合法有效,不可撤销。(2)本案被诉的为具体行政行为,系行政法律关系,不是平等主体的民事法律关系，不存在合同签订在先履行在先的理由。(3)威管公司主张苍梧县政府没有在法定期限内提供证据，应当认定该行政行为没有证据和依据，该主张不成立。

审查意见

最高人民法院经审查认为：本案中，被诉的行政行为是苍梧县政府与中金公司于2013年2月25日签订《特许经营合同》的行为，人民法院应对该行为的合法性进行审查。在苍梧县政府与中金公司签订《特许经营合同》之前，经苍梧县政府授权，苍梧住建局已与威管公司于2010年4月23日签订了《苍梧县管道燃气特许经营协议书》(以下简称《管道燃气特许经营协议》)，该协议合法有效，威管公司因此取得合同约定的管道燃气特许经营权。在苍梧县政府与中金公司签订《特许经营合同》之时，与威管公司签订的《管道燃气特许经营协议》并未依法解除或者撤销，两份合同在约定的特许经营权地域和期限上基本一致，苍梧县政府中止威管公司的特许经营权，将该经营权授予中金公司，系属擅自改变已生效的行政许可的行政行为，违反法定程序，亦损害了威管公司的信赖利益，一、二审法院确认被诉行政行为违法，并无不当。但是，被诉行政行为违法，并不必然撤销该行政行为。《最高人民法院关于执行〈中华人民共和国行政诉讼法〉若干问题的解释》①第58条规定，被诉具体行政行为违法，但撤销该具体行政行为将会给国家利益或者公共利益造成重大损失的，人民法院应当作出确认被诉具体行政行为违法的判决，并责令被诉行政机关采取相应的补救措施；造成损害的，依法判决承担赔偿责任。本案中，首先，中金公司在签订《特许经营合同》后已经基本完成市政管道铺设，基本建成管道燃气门站等管道燃气供气设施，并已取得梧州市市政局试运行的批复，可见中金公司对工程已有大量投入，燃气供应也已进入试运行阶段，部分辖区内的居民开始接受供气。若撤销该合同，将导致已使用燃气的用户暂停用气，延后尚未使用燃气的居民的用气时间，影响居民的生活。其次，若撤销该合同，威管公司如无法接收中金公司已建设燃气设施，将导致工程重复建设，浪费市政资源，增加社会管理成本。最后，从燃气工程建设的速度和进度来看，中金公司明显优于威管公司，更符合政府行政管理目的，更有利实现行政管理职能，维护公共利益。因此，撤销该合同将造成社会公共利益损

① 现已失效。

失,二审法院适用《最高人民法院关于执行〈中华人民共和国行政诉讼法〉若干问题的解释》第 58 条规定,确认被诉行政行为违法,责令相关行政机关于判决生效 6 个月内给予威管公司合理弥补,并无不当。故威管公司关于一、二审判决适用法律错误,被诉行政行为应予撤销的主张不能成立,不予支持。

综上,威管公司的再审申请不符合《行政诉讼法》第 91 条规定的情形。

审查结果

2015 年 12 月 30 日,最高人民法院作出行政裁定:驳回威管公司的再审申请。

案例评析

1. 威管公司与苍梧住建局签订的《管道燃气特许经营协议书》,并不违反法律及行政法规的强制性或者禁止性规定,应属合法有效。威管公司享有的特许经营合同权利受法律保护,苍梧住建局作为特许经营许可一方,应承担相应合同义务,保障合同履行。但是,苍梧县政府与中金公司又签订了《特许经营合同》,两份合同在约定的特许经营权地域和期限上基本一致。该重复许可系行政机关的行政行为所致,并不必然导致在后的中金公司所获得的独家特许经营权无效,中金公司基于其所签订的《特许经营合同》的相关合同利益、信赖利益亦应当予以保护。对同一区域将具有排他性的特许经营权先后重复许可给不同的主体的行为,应当认定为违法,应当由许可单位苍梧县政府承担责任。

2.《最高人民法院关于执行〈中华人民共和国行政诉讼法〉若干问题的解释》第 58 条规定:“被诉具体行政行为违法,但撤销该具体行政行为将会给国家利益或者公共利益造成重大损失的,人民法院应当作出确认被诉具体行政行为违法的判决,并责令被诉行政机关采取相应的补救措施;造成损害的,依法判决承担赔偿责任。”关于撤销某具体行政行为是否将会给国家利益或者公共利益造成重大损失问题,需要根据个案的具体情况具体分析。本案中,法院考虑中金公司对工程已有大量投入,撤销行政行为后,威管公司如无法接收中金公司已建设燃气设施,将导致工程重复建设,浪费市政资源,增加社会管理成本,以及中金公司建设的速度和进度更符合政府行政管理目的,更有利于实现行政管理职能、维护公共利益,从而仅判决确认被诉行政行为违法,责令行政机关予以补偿,而不撤销被诉行政行为,是合法和适当的。

对于社会投资者而言,在项目实施过程中应当注重特许经营权的经营维护,一旦发现行政机关存在违法将排他性特许经营权授予第三方的行为,应及时采取行政复议、诉讼等法律手段维护权益,避免基于“撤销会给国家利益、社会公共利益造成重大损失”导致行政行为违法却无法被撤销的情形。对于行政机关而言,亦应依法行使特许经营许可,避免在一定的区域范围和期限内重复许可特许经营权,损害其他投资者的合法利益。

案例68　应否撤销解除《管道燃气特许经营协议》通知并责令作出行政复议决定

相关问题

1. 本案是否不应适用《行政许可法》;
2.《管道燃气特许经营协议》的解除是否违反法定程序;
3. 应否撤销解除《管道燃气特许经营协议》通知并责令作出行政复议决定。

裁判要点摘选

依据《行政许可法》第7条的规定,苍梧县住建局在作出《解除通知特许经营协议》之前,应当听取威管公司的陈述和申辩,保障威管公司享有相应的权利。而苍梧县住建局在作出对威管公司不利的行政决定前,没有告知威管公司,没有给予威管公司陈述和申辩的权利,违反法定程序。

上诉人(一审被告):苍梧县住房和城乡建设局

上诉人(一审被告):苍梧县人民政府

被上诉人(一审原告):威管公司

威管公司诉苍梧县住房和城乡建设局(以下简称苍梧县住建局)、苍梧县人民政府(以下简称苍梧县政府)管道燃气行政许可纠纷一案,一审法院立案受理。

一审查明

2010年4月15日,被告苍梧县政府召开县长办公会议讨论和决定,原则同意香港威管公司在苍梧县以“BOT”的模式启动苍梧县管道燃气项目建设,项目合同由苍梧县住建局签订。2010年4月23日，苍梧县住建局与威管公司签订了《苍梧县管道燃气特许经营协议书》（以下简称《管道燃气特许经营协议》），该协议约定，威管公司在苍梧县行政区域内管道燃气的独家特许经营权，期限为30年，对整个苍梧县区域的管道燃气项目享有排他性的开发建设与经营。在特许经营权期间，苍梧县住建局不得在已授予原告特许经营权的地域范围内，再将特许经营权授予第三方。2013年2月25日，苍梧县政府与中金公司签订了《广西苍梧县管道燃气及加气站特许经营合同书》（以下简称《特许经营合同》），《特许经营合同》第9.6条约定"甲方在与乙方签订本合同时，终止履行威管公司《管道燃气特许经营协议》的权利和义务"。2013年8月14日，威管公司向法院提起行政诉讼，请求判决确认苍梧县政府与中金公司签订《特许经营合同》的行为违法并予以撤销。2013年12月18日，法院作出行政判决（以下简称3号判决）》，该判决认为"……原告威管公司依法取得的行政许可受法律保护，被告苍梧县政府不得擅自改变已经生效的行政许可。虽然该行政许可所依据的客观情况发生重大变化的，为了公共利益的需要，被告苍梧县政府可以依法变更或者撤回已经生效的行政许可。但是被告苍梧县政府没有履行相关的手续，便单方终止与原告签订的协议，赋予第三人的特许经营权，被告的具体行政行为，在程序上显然违法。根据最高人民法院《关于执行〈中华人民共和国行政诉讼法〉的解释》以及《行政许可法》的相关法律规定，苍梧县政府与中金公司签订《特许经营合同》本应撤销。但是，中金公司已经实际履行协议，进行了很大的投入，撤销该具体行政行为将会给公共利益造成重大损失。因此，应当作出确认被诉具体行政行为违法的判决，并责令被诉行政机关采取相应的补救措施……"威管公司不服一审判决，提出上诉。2015年4月7日，二审行政判决书（以下简称35号判决）作出，该判决认为"……苍梧县政府与中金公司签订的《特许经营合同》第3.3条款约定的管道燃气特许经营权地域范围为原苍梧县行政管辖区域，第3.2条款约定其期限自2013年2月25日起至2043年2月24日止，两份合同约定的特许经营权地域完全重合，期限基本重合。……"生效的判决结果："1.确认苍梧县人民政府与中金公司签订《特许经营合同》违法，责令苍梧县政府、梧州市市政和园林管理局于判决生效之日起6个月内采取相应的补救措施，对威管公司的合法投入予以合理弥补。2.驳回威管公司的其他诉讼请求。"威管公司不服生效判决，向最高人民法院申请再审。2015年12月30日，最高人民法院作出行政裁定(以下简称2035号裁定),裁定驳回威管公司的再审申请。该行政裁定认为"……在苍梧县政府与中金公司签订《特许经营合同》之时,与威管公司签订的《管道燃气特许经营协议》并未依法解除或者撤销,两份合同在约定的特许经营权地域和期限上基本一致,苍梧县政府中止威管公司的特许经营权,将该经营权授予中金公司,系属擅自改变已生效的行政许可的行政行为……"2016年1月28日,苍梧县住建局根据3号判决和35号判决的判决结果,认为威管公司不能继续履行《管道燃气特许经营协议》的各项义务,因此,决定解除与原告威管公司于2010年4月23日签订的《管道燃气特许经营协议》。威管公司不服,向苍梧县政府申请行政复议。苍梧县政府于2016年12月22日作出《苍梧县人民政府行政复议决定书》,维持《苍梧县住建局关于解除〈管道燃气特许经营协议〉的通知》(以下简称《解除通知特许经营协议》)。原告不服,遂向法院提起本案行政诉讼。

一审意见

一审法院认为:(1)苍梧县住建局以3号判决、35号判决、2035号裁定的裁判结果为由解除与原告威管公司签订的《管道燃气特许经营协议》依据不足。因为上述生效裁判文书确认苍梧县政府与中金公司签订《特许经营合同》违法,责令苍梧县政府、梧州市市政和园林管理局于判决生效之日起6个月内采取相应的补救措施,对威管公司的合法投入予以合理弥补,并没有确认要撤销《管道燃气特许经营协议》。根据上述判决和裁定,不撤销《特许经营合同》,不能必然得出《管道燃气特许经营协议》应被撤销或解除的结论。在程序上,苍梧县住建局在作出解除通知时没有给予原告陈述和申辩的权利,根据《行政许可法》第7条"公民、法人或者其他组织对行政机关实施行政许可,享有陈述权、申辩权;有权依法申请行政复议或者提起行政诉讼;其合法权益因行政机关违法实施行政许可受到损害的,有权依法要求赔偿"的规定,苍梧县住建局在取消原告的行政许可的情况下,没有给予原告陈述申辩的权利,程序违法。因此,苍梧县住建局以3号判决、35号判决、2035号裁定的裁判结果为由解除与威管公司签订的《管道燃气特许经营协议》依据不足,解除程序违法,依法应予撤销。由于苍梧县政府的复议决定维持了解除通知,依法应一并撤销。(2)该院对原告的诉讼请求"责令苍梧县住建局和苍梧县政府共同弥补原告投入损失、经营利益损失共3528万元"不予审理。因为,原告主张弥补的损失是解除合同前的损失,是被告苍梧县住建局不履行合同或行政不作为导致原告的损失,并不是因解除合同导致的损失,因此不属本案的审理范围。对原告的损失评估申请,不予准许。

一审结果

2017 年 7 月 13 日,一审法院经该院审判委员会讨论决定作出行政判决:撤销苍梧县住建局于 2016 年 1 月 28 日作出的《解除通知特许经营协议》及被告苍梧县政府于 2016 年 12 月 22 日作出的《苍梧县人民政府行政复议决定书》。

苍梧县住建局不服一审判决,向梧州市中级人民法院(以下简称梧州中院)提出上诉。

二审意见

梧州中院认为,苍梧县住建局与威管公司签订的《管道燃气特许经营协议》在性质上属于行政协议,签订特许经营合同的行为实际上是行政机关通过签订合同的方式授予管道燃气特许经营权的行政许可行为。签订行政合同是实施行政许可的方式之一,《管道燃气特许经营协议》的性质不因其形式是合同而改变。苍梧县住建局作出《解除通知特许经营协议》,属于行政许可的撤销行为。因此,一审判决适用《行政许可法》的相关规定,对被诉苍梧县住建局的行政行为的程序是否合法作出认定并无不当。对苍梧县住建局和苍梧县政府提出本案不应适用《行政许可法》相关规定的主张,不予采纳。依据《行政许可法》第 7 条的规定,苍梧县住建局在作出《解除通知特许经营协议》之前,应当听取威管公司的陈述和申辩,保障威管公司享有相应的权利。而苍梧县住建局在作出对威管公司不利的行政决定前,没有告知威管公司,没有给予威管公司陈述和申辩的权利,违反法定程序。苍梧县住建局以威管公司在 3 号判决案件、35 号判决案件中发表意见为由主张威管公司已享有陈述和申辩的权利,不成立。鉴于苍梧县住建局作出的《苍梧县住房和城乡建设局关于解除〈管道燃气特许经营协议〉的通知》从程序上违法,依照《行政诉讼法》第 70 条第 3 项的规定,应予撤销。苍梧县政府作出的维持《苍梧县住房和城乡建设局关于解除〈管道燃气特许经营协议〉的通知》的复议决定,也应依法一并撤销。据此,一审判决作出的判决结果即撤销苍梧县住建局作出的《解除通知特许经营协议》及苍梧县政府作出的行政复议决定并无不当,应予维持。苍梧县住建局、苍梧县政府提出撤销一审判决的上诉主张,理据不充分,不予采纳。

二审结果

2017 年 11 月 1 日，梧州中院作出行政判决：驳回上诉，维持原判。

案例评析

本案中，政府违反与社会资本方签订的特许经营协议，在未依法解除或撤销在前特许经营许可的情况下，又另行签订特许经营协议将特许经营权授予第三方。社会资本方威管公司经历了 7 年多的诉讼，虽然法院均判决政府方违法，但其既实际丧失了特许经营权，又未实现投资损失索赔目的。本案在政府方如何依法行使行政权力，社会资本方如何依法维护自身合法权益，两个方面都具有典型意义。

特许经营权的授予属于行政许可的范畴，特许经营权协议属于行政协议。根据我国 2004 年 7 月 1 日颁布实施的《行政许可法》①第 12 条的规定，有限自然资源开发利用、公共资源配置以及直接关系公共利益的特定行业的市场准入等，需要赋予特定权利的事项，可以设定行政许可。本案中，苍梧县住建局与威管公司签订《管道燃气特许经营协议》，即政府方通过签订特许经营协议方式将关系公共利益的管道燃气经营权授予给特定企业，属于行政许可的范畴。同时，2015 年 5 月 1 日修改颁布的《行政诉讼法》②第 12 条第 11 款规定"认为行政机关不依法履行、未按照约定履行或者违法变更、解除政府特许经营协议、土地房屋征收补偿协议等协议的"，属于行政诉讼的受理范围。因此，案涉《管道燃气特许经营协议》属于行政协议，按照案件审理时有效的法律法规，政府方要解除与威管公司签订的《管道燃气特许经营协议》、撤销威管公司的特许经营权，应当按照《行政许可法》的规定履行法定程序。

根据 2020 年 1 月 1 日起施行的《最高人民法院关于审理行政协议案件若干问题的规定》，行政协议纠纷案件可以在行政诉讼程序中一并解决。2014 年 11 月 1 日，第十二届全国人大常委会第十一次会议通过了《关于修改〈中华人民共和国行政诉讼法〉的决定》，并自 2015 年 5 月 1 日起施行。修改后的《行政诉讼法》将行政协议纳入行政诉讼的受案范围，并明确规定了行政协议案件的裁

---

① 已被修订，最新为 2019 年 4 月 23 日实施。

② 已被修订，最新为 2017 年 7 月 1 日实施。

判方式。但是,各地法院对“行政协议”与“行政行为”诉讼的区分并没有统一的尺度,像本案,法院审理并非按照行政协议的裁判方式进行审理,而是以《行政许可法》为依据按照行政行为争议的方式进行审理,这就直接导致了法院审理侧重于对苍梧县住建局解除《管道燃气特许经营协议》的这一行政行为的合法性进行审查,案由定为了行政许可纠纷,而不是行政协议纠纷,在判决处理上不是一并就威管公司的索赔请求进行处理。

最高人民法院认识到行政协议案件的审理规则与一般行政行为案件的审理规则不同,需要通过司法解释作出比较详细和科学的规定,于 2016 年正式启动行政协议司法解释的起草工作,并于 2020 年 1 月 1 日起正式发布实施了《最高人民法院关于审理行政协议案件若干问题的规定》,该规定明确将政府特许经营协议以及其他符合本司法解释规定的行政协议定义的政府与社会资本合作协议、PPP 协议都认定属于行政协议的范围,纳入行政诉讼的范畴。其中第 19 条规定:“被告未依法履行、未按照约定履行行政协议,人民法院可以依据行政诉讼法第七十八条的规定,结合原告诉讼请求,判决被告继续履行,并明确继续履行的具体内容;被告无法履行或者继续履行无实际意义的,人民法院可以判决被告采取相应的补救措施;给原告造成损失的,判决被告予以赔偿。原告要求按照约定的违约金条款或者定金条款予以赔偿的,人民法院应予支持。”从本案的情况来看,法院 3 号判决和 35 号判决已经认定苍梧县政府在其与威管公司燃气特许经营协议仍在有效期内将特许经营权另行授予第三方中金公司违法,应予撤销其行政行为的情况下,从维护公共利益出发认为不宜撤销,而是判决政府行政行为违法,则按照前述司法解释规定,威管公司可以就解除合同、请求补偿或赔偿一并以行政协议纠纷的案由对苍梧县住建局及苍梧县政府提起行政诉讼,一次性解决双方的纠纷。

案例69　因未提供整个项目的详细设计和施工进度计划解除协议案

相关问题

1. 案涉市政府撤销行政许可行为是否合法；
2. 原告提出的赔偿请求应否予以支持；
3. 如何认定原告项目投入相关补偿数额。

裁判要点摘选

由于案涉的特许经营权属于《行政许可法》第12条第2项规定“有限自然资源开发利用、公共资源配置以及直接关系公共利益的特定行业的市场准入等，需要赋予特定权利的事项”的范畴，本案属于撤销特许经营权行政补偿纠纷，在目前无法律、法规、规章或者规范性文件对此问题补偿标准作出规定的情况下，应依据《最高人民法院关于审理行政许可案件若干问题的规定》第15条“法律、法规、规章或者规范性文件对变更或者撤回行政许可的补偿标准未作规定的，一般在实际损失范围内确定补偿数额；行政许可属于行政许可法第十二条第(二)项规定情形的，一般按照实际投入的损失确定补偿数额”的规定，市政府应对鸿环公司的实际投入损失作出补偿。

基本案情

上诉人(一审原告)：鸿环公司

被上诉人(一审被告)：凭祥市人民政府

2008年10月21日，在南宁举办的第五届中国—东盟博览会广西崇左开放合作推介会上，凭祥市人民政府（以下简称市政府）与一陈氏家庭企业就凭祥生活垃圾处理工程项目进行洽谈。经共同协商后，市政府与陈氏家庭企业的代表人即鸿环公司的总经理陈某签订《项目投资合同书》，约定由陈氏家庭企业投资建设凭祥生活垃圾处理工程项目，总投资7000万元由陈氏家庭企业出资。2008年12月9日，鸿环公司在凭祥登记成立，注册资金50万元，经营范围为对城乡生活垃圾及其他固体废物处理项目的筹建。2009年2月3日，崇左市发展和改革委员会（以下简称崇左市发改委）向凭祥市发展和改革局（以下简称凭祥发改局）作出《关于凭祥生活垃圾处理工程项目初步设计的批复》，批复项目建设规模及主要建设内容、厂站址和主要工程设计方案。2009年2月6日，市政府与鸿环公司签订了《凭祥生活垃圾处理工程特许经营权协议》（以下简称《特许经营权协议》），约定市政府同意鸿环公司投资建设并独立运营凭祥垃圾处理中心的权利。2009年5月9日，受崇左市发改委的委托，自治区工程咨询中心崇左分中心主持召开生活垃圾处理工程初步设计审查会。2009年6月1日，市政府向鸿环公司送达《关于凭祥生活垃圾处理工程项目有关事宜的函》，要求鸿环公司于6月5日前将本项目的初步设计和正式施工图纸等合格且合法的设计成果及相关权利移交市政府。2009年6月3日，凭祥发改局收到鸿环公司提交的凭祥垃圾处理中心工程土建部分施工图纸白图复印件1套。2009年8月27日，市政府以鸿环公司构成合同违约为由，向鸿环公司作出《关于解除〈凭祥生活垃圾处理工程特许经营权协议〉的函》（以下简称《解除函》），告知鸿环公司解除《特许经营权协议》，内容：根据双方签订的《特许经营权协议》第12条第6点“乙方必须在本协议签署生效之日起二个月内，向甲方提交一份本项目详细的设计和施工进度计划，如需变更经甲方同意”的约定，鸿环公司应于2009年4月6日前向市政府提供凭祥生活垃圾处理项目工程的详细设计和施工进度计划，但鸿环公司未能如期提供，而且经市政府多次催促后仍未能提供。鸿环公司的行为“属于迟延履行主要债务，经催告后在合理期限内仍未履行”，构成合同违约。因此，根据《合同法》第94条、第96条之规定，解除《特许经营权协议》。当天，鸿环公司收到了该《解除函》。2009年8月28日，鸿环公司向市政府提交复函，不同意解除《特许经营权协议》。同日，凭祥城投公司委托一招标代理公司对垃圾焚烧设备进行国内竞争性谈判采购。2009年11月27日，鸿环公司向市政府提交《关于你方违反特许经营权协议要求赔偿经济损失的清单》，提出损失估算合计约1700万元。2010年，市政府派出调查组调查核实鸿环公司索赔的数额。由于鸿环公司多次向广西壮族自治区、崇左市人民政府有关部门信访要求协调解决本案解除《特许经营权协议》后引发的争议，市政府在2011~2013年书面向有关部门汇报其与鸿环公司协商解决争议的情况。市政府解除《特许经营权协议》后，该垃圾处理工程项目通过招标由其他公司承建，建好后由凭祥城投公司负责运营。由于鸿环公司向市政府要求解决《特许经营权协议》纠纷未果，鸿环公司诉至法院。

2016年3月7日，鸿环公司起诉市政府（案由为特许经营行政许可纠纷），请求：(1)判令确认市政府2009年8月27日《解除函》违法；(2)判令鸿环公司与市政府继续履行《项目投资合同书》及《特许经营权协议》；(3)判令市政府赔偿因其单方毁约造成的损失9947.8724万元；(4)判令市政府承担本案诉讼费。

一审意见

一审法院认为：《行政诉讼法》明确行政协议案件属于行政诉讼的受案范围。行政协议是行政机关为履行行政职责实现行政管理目标，与相对人经过协商一致所达成的协议。行政协议行为不是一个单一的行政行为，包括签订、履行、变更、解除行政协议等一系列行政行为。本案鸿环公司起诉要求判令确认市政府2009年8月27日作出的《解除函》违法，市政府单方解除行政协议行为为本案被诉行政行为，本案应对该行政行为的合法性进行审查。单方解除行政协议是行政机关单方作出的行政行为，人民法院应当对解除协议是否符合法律规定、协议约定的解除条件进行审查。经审查，按照市政府与鸿环公司于2009年2月6日签订的《特许经营权协议》第12条第6点"乙方必须在本协议签署生效之日起二个月内，向甲方提交一份本项目详细的设计和施工进度计划，如需变更经甲方同意"的约定，鸿环公司应于2009年4月6日向市政府提供凭祥生活垃圾处理项目工程的详细设计和施工进度计划，但现有证据材料证实，鸿环公司没有按照双方的约定在2009年4月6日前提交协议约定的材料，而是经市政府于2009年6月1日书面催告后，鸿环公司才于2009年6月3日提交了凭祥垃圾处理中心工程土建部分施工图纸白图复印件1套。鸿环公司提交的该白图复印件，只是生活垃圾处理厂项目土建部分施工图纸，并不属于整个项目的详细设计和施工进度计划。市政府主张曾在2009年7月15日、8月25日书面催告鸿环公司提交详细设计图纸和施工进度计划，但在庭审中，鸿环公司否认收到凭祥城投公司 2009 年 7 月 15 日发给鸿环公司的《关于请求提供凭祥市生活垃圾处理工程项目全套图纸、设备采购清单及免于招标相关附件的函》和市政府 2009 年 8 月 25 日《关于要求提供〈广西凭祥生活垃圾处理项目工程详细设计和施工进度计划〉的函》,而市政府未能提供已将函件送达鸿环公司的证据证明,故对市政府提出其于 2009 年 7 月 15 日、8 月 25 日发函催促鸿环公司履行交付图纸义务的主张,不予采纳。虽然市政府仅能提供证据证实于 2009 年 6 月 1 日书面催告鸿环公司履行协议约定的上述义务,但从鸿环公司提供的《凭祥生活垃圾处理工程项目协调工作会议纪要》证实:2009 年 6 月 18 日下午,市政府邀请鸿环公司召开凭祥生活垃圾处理工程项目协调工作会议,鸿环公司总经理陈某参加了会议。该会议纪要载明,要求鸿环公司立即提供完整的并经审查合格(附有图纸终审合格证书)的正式施工图纸(含建筑节能、土建、水电等施工图等)给施工单位,再一次催告鸿环公司。截至 2009 年 8 月 27 日,鸿环公司并没有按照协议的约定及会议的要求提供正式施工图纸给市政府,鸿环公司的行为违反了双方签订协议的约定,经市政府催告履行后仍未能履行提交正式施工图纸及施工进度计划的义务。凭祥生活垃圾处理工程项目属于新增中央投资项目,在 2009 年 7 月 8 日被崇左市扩大内需重大项目实施和资金管理情况督查工作领导小组以未能及时开工建设问题予以通报,并对相关领导及责任人予以问责,而鸿环公司未能按期提交项目详细的设计和施工进度计划是项目未能及时开工的主要原因之一,也是将导致合同目的不能实现的主要原因之一。在此情况下,市政府以鸿环公司的行为属于"迟延履行主要债务,经催告后在合理期限内仍未履行",构成合同违约为由,根据《合同法》第 94 条、第 96 条的规定,通过函告鸿环公司的方式解除《特许经营权协议》,既不违反行政法律法规的规定,也符合民事法律规范的适用。因此,一审法院确认市政府单方解除《特许经营权协议》具有事实根据和法律依据,该被诉的解除协议行政行为合法。对于鸿环公司提出要求判决确认市政府解除行政协议的函违法的诉讼请求,不予支持。

关于鸿环公司要求市政府赔偿其损失 9947.8724 万元是否应予支持的问题。《行政诉讼法》第 76 条规定:"人民法院判决确认违法或者无效的,可以同时判决责令被告采取补救措施;给原告造成损失的,依法判决被告承担赔偿责任。"本案中,如果市政府解除行政协议行为不符合法定或者约定的条件,解除行政协议行为被确认违法并给鸿环公司造成损失的,才应判决市政府承担赔偿责任。前述已对市政府解除行政协议行为的合法性予以论证,因市政府单方解除《特许经营权协议》的行政行为合法,故鸿环公司提出要求市政府赔偿损失没有法律依据。同时,在市政府单方解除行政协议后,鸿环公司未能继续承建凭祥生活垃圾处理工程项目,也未能提供其继续经营所产生的各种费用支出证据,而鸿环公司在2009年11月27日向市政府提出要求赔偿损失1700多万元,在2016年3月7日向崇左市中级人民法院起诉时提出要求赔偿损失2875.95万元,在2016年4月29日崇左市中级人民法院第一次开庭审理时提出要求赔偿损失3802.85万元,在2017年9月12日崇左市中级人民法院第二次开庭审理时提出要求赔偿损失9947.8724万元,几次提出要求赔偿的数据变化很大,显然不符合实际情况。再者,鸿环公司主张的设计人员劳务差旅费2万元、交通费及生活费120.15万元、领导赴浙江等地考察费8万元以及项目审批协调费10万元、资金利息1620.8万元、精神损失费300万元等项目损失,其未能向法庭提交证据证明,其他项目的损失虽然鸿环公司提交了证据,但所提交的证据经分析认证,均不具有真实性、合法性,因此,鸿环公司提出要求判令市政府赔偿损失9947.8724万元没有事实根据和法律依据,不予支持。

关于鸿环公司与市政府是否应当继续履行《项目投资合同书》和《特许经营权协议》的问题。经查,市政府于2009年8月27日送达鸿环公司《解除函》后,已委托其他设计公司对项目进行重新设计,并通过公开招标方式进行生活垃圾处理厂垃圾焚烧设备采购和安装。该项目已建成并投产使用,《项目投资合同书》和《特许经营权协议》约定涉及的工程建设、设备采购、安装等诸多工程已经完成,鸿环公司要求继续履行《项目投资合同书》和《特许经营权协议》已没有实际意义,而且市政府已明确不同意继续履行,故对鸿环公司的该项诉讼请求,不予支持。

市政府与鸿环公司签订《特许经营权协议》,目的是共同投资建设凭祥生活垃圾处理厂,改善凭祥人民的生活环境。但在履行协议过程中,鸿环公司未能履行按照协议约定提交正式图纸和施工进度计划的义务,为此影响了垃圾处理项目建设的推进,市政府就此单方解除了《特许经营权协议》,导致未能实现双方签订协议的目的。虽然鸿环公司应承担协议履行不能的相应责任,但考虑到鸿环公司经营的范围是对城乡生活垃圾及其他固体废物处理项目的筹建,实际当中鸿环公司对筹建凭祥生活垃圾处理项目已有一定的资金投入。根据《行政诉讼法》第78条第2款"被告变更、解除本法第十二条第一款第十一项规定的协议合法,但未依法给予补偿的,人民法院判决给予补偿"和《最高人民法院关于适用〈中华人民共和国行政诉讼法〉若干问题的解释》①第15条第3款"被告因公共利益需要或者其他法定理由单方变更、解除协议,给原告造成损失的,判决被告予以补偿"的规定,市政府应对鸿环公司的实际损失给予相应的补偿。虽然鸿环公司向一审法院提供损失的证据,市政府在质证中均予否认,在前述已进行分析论证,均不予认定作为定案依据,但对于平整土地、开工仪式、初步设计评审会等费用已由鸿环公司支出的事实,市政府并没有提异议,但对鸿环公司提出的数额有异议,因此,对此予以充分考虑并结合鸿环公司提出的赔偿请求,对上述损失酌情确定为平整土地26万元、开工仪式3万元、初步设计评审会7.2万元,同时,对于鸿环公司筹建项目支出的工资、差旅、租金损失酌情确定为13万元,上述合计为49.2万元,由市政府予以补偿。

一审结果

2017年11月24日,一审法院作出行政判决:一、驳回鸿环公司的诉讼请求;二、市政府在本判决生效之日起1个月内补偿给鸿环公司损失49.2万元。

鸿环公司不服一审判决,向广西壮族自治区高级人民法院(以下简称广西高院)提出上诉。

上诉意见

鸿环公司上诉称:(1)鸿环公司履行了《特许经营权协议》约定的义务,并不存在迟延履行主要债务的行为,不构成违约。鸿环公司于2009年3月已经将项目全部图纸移交给凭祥发改局审批,2009年2月3日《关于凭祥生活垃圾处理工程项目初步设计的批复》可以证明在该文件作出之前,市政府已经收到了鸿环公司提交的设计方案和图纸。且在市政府向鸿环公司发送《关于凭祥市生活垃圾处理工程项目有关事宜的函》后,鸿环公司已应要求于6月3日将相关图纸1套交给凭祥发改局。在签订协议后,鸿环公司一直在履行合同约定的主要义务,完成了土地平整、自备发电机和水源进行工程施工,一直施工至2009年4月,并购买了成套的垃圾焚烧设备及垃圾回收、再生等设备,其中垃圾回收、再生设备已运送至项目地。一审判决认定鸿环公司未能按期提交项目详细的设计

① 现已失效。

和施工进度计划是项目未能及时开工和导致合同目的不能实现的主要原因之一,属于认定事实错误。(2)鸿环公司未能按协议约定按时提交这些材料是因为自来水公司在2009年4月29日才确定《凭祥垃圾处理厂供水方案》,所以不应认定鸿环公司迟延履行主要债务。(3)市政府未履行《特许经营权协议》约定的义务构成违约,且涉嫌骗取鸿环公司设计成果。市政府没有按协议约定投入资金平整土地,不配合鸿环公司办理银行贷款手续,没有办理土地划拨手续,拒绝为鸿环公司办理建设用地许可证和施工许可证。市政府2009年5月4日会议纪要已经决定解除与鸿环公司的《特许经营权协议》,却还在2009年6月1日发函要求鸿环公司提交正式施工图纸及设计成果,是骗取鸿环公司专利技术和施工图纸的表现。(4)本案中一审法院对鸿环公司的损失额认定有误。鸿环公司主张的损失有事实根据和法律依据,应予以支持。(5)一审中市政府代理人存在偷窃证据妨碍诉讼的行为,鸿环公司已申请其回避庭审,但一审法院并未支持,属于程序错误。

综上,请求二审法院撤销一审判决,支持鸿环公司一审提出的诉讼请求。

二审答辩

被上诉人市政府答辩称:(1)鸿环公司违约事实清楚,证据充分。双方当事人已在合同中约定了设计图纸的交付时间,但鸿环公司无正当理由拒不交付。在此情况下,市政府仍给予鸿环公司合理延展期催告其交付,鸿环公司于2009年6月3日提交的白图复印件,并不是合格的施工蓝图,鸿环公司未在约定和宽展期内提交符合工程施工要求的正式图纸,故市政府有权依法解除合同。(2)一审认定的损失数额符合实际。鸿环公司提供大量票据作为损失计算依据,但未能提供票据与损失有关联性的证据,也未能予以说明,虽然鸿环公司费用支出方面证据欠缺,但一审综合本案实际情况,酌情作出补偿数额,予以认可。(3)市政府代理人不存在妨碍诉讼行为。一审法院对庭审过程均有录像记录,没有证据证明市政府代理人偷窃案件材料。鸿环公司的上诉理由不成立,请求二审法院驳回上诉,维持一审判决。

二审查明

广西高院认定一审查明事实,另查明:(1)2009年7月8日,崇左市扩大内需重大项目实施和资金管理情况督查工作领导小组《关于对新增中央投资项目建设存在问题有关责任单位和人员进行责任追究的通报》,就凭祥垃圾处理项目未能及时开工建设及BOT问题予以通报,并对相关领导及责任人予以问责。(2)2009年7月2日,《凭祥市生活垃圾处理工程项目协调工作会议纪要》载明:“四、凭祥市生活垃圾处理工程初步设计及施工图设计费用由市政府支付,要求鸿环公司立即提供完整的并经审查合格(附有图纸终审合格证书)的正式施工图纸(含建筑节能、土建、水电等施工图等)给施工单位。”

二审意见

广西高院认为:根据《行政许可法》第12条第2项关于“……有限自然资源开发利用、公共资源配置以及直接关系公共利益的特定行业的市场准入等,需要赋予特定权利的事项”以及原建设部《市政公用事业特许经营管理办法》第2条关于“本办法所称市政公用事业特许经营,是指政府按照有关法律、法规规定,通过市场竞争机制选择市政公用事业投资者或者经营者,明确其在一定期限和范围内经营某项市政公用事业产品或者提供某项服务的制度。城市供水、供气、供热、公共交通、污水处理、垃圾处理等行业,依法实施特许经营的,适用本办法”的规定,垃圾处理属于《市政公用事业特许经营管理办法》规定的特许经营的事项之一,具有特许经营的属性,授予特许经营权本质上系行政许可行为。因此,市政府与鸿环公司签订《特许经营权协议》,授予鸿环公司投资建设并独立运营凭祥垃圾处理中心的权利,属于行政许可行为。市政府作出《解除函》,形式上虽为解除《特许经营权协议》,但实质上属于撤销行政许可的行为。

关于市政府撤销行政许可行为是否合法的问题。根据《特许经营权协议》第12条第6点“乙方必须在本协议签署生效之日起二个月内,向甲方提交一份本项目详细的设计和施工进度计划,如需变更经甲方同意”的约定,鸿环公司应于2009年4月6日前向市政府提供凭祥生活垃圾处理项目工程的详细设计和施工进度计划,之后鸿环公司未能按时提交合同约定的材料,经市政府于2009年6月1日书面催告后,鸿环公司于2009年6月3日提交了凭祥垃圾处理中心工程土建部分施工图纸白图复印件1套,但该图并不是完整的并经审查合格的正式施工图纸,不属于合同约定的整个项目的详细设计和施工进度计划。2009年6月18日下午,市政府邀请鸿环公司召开凭祥生活垃圾处理工程项目协调工作会议,再次要求鸿环公司立即提供完整的并经审查合格(附有图纸终审合格证书)的正式施工图纸(含建筑节能、土建、水电等施工图等)给施工单位。截至2009年8月27日,鸿环公司经催告后仍未能履行协议约定的提交整个项目的详细设计和施工进度计划的义务。凭祥生活垃圾处理工程项目属于新增中央投资项目,由于鸿环公司未按照合同约定履行按时提交项目详细的设计和施工进度计划的义务,导致项目未能及时开工建设,影响城市垃圾的处理,而且凭祥垃圾处理项目未能及时开工建设及BOT问题被崇左市扩大内需重大项目实施和资金管理情况督查工作领导小组予以通报,相关领导及责任人被予以问责。在此情况下,为尽快推进生活垃圾处理这一公益项目建设,完成中央新增投资项目建设,使城市垃圾得到尽快处理,市政府基于准予行政许可所依据的客观情况发生重大变化的情形,为了公共利益的需要,决定撤回授予鸿环公司的特许经营权的行政许可,符合《行政许可法》第8条第2款"行政许可所依据的法律、法规、规章修改或者废止,或者准予行政许可所依据的客观情况发生重大变化的,为了公共利益的需要,行政机关可以依法变更或者撤回已经生效的行政许可"的规定,因此市政府撤销该行政许可行为合法,一审判决认定市政府作出解除本案特许经营权协议的行政行为合法,有事实和法律依据。鸿环公司主张自来水公司在2009年4月29日才确定《凭祥垃圾处理厂供水方案》,导致鸿环公司未能按时提交施工图纸。但鸿环公司未能提供证据证明该供水方案对鸿环公司履行协议约定义务的关联性,且在供水方案确定后,在市政府于2009年6月1日书面催告后给予的时间内,鸿环公司仍未能提交合同约定的详细设计和施工进度计划。故对该主张,不予支持。关于鸿环公司提出市政府未履行《特许经营权协议》约定的义务构成违约,且涉嫌骗取鸿环公司设计成果的问题,不属于本案审理范围。

关于鸿环公司提出的赔偿请求能否得到支持的问题。由于市政府撤销该行政许可行为合法,故本案不存在赔偿问题。根据《行政许可法》第8条第2款"行政许可所依据的法律、法规、规章修改或者废止,或者准予行政许可所依据的客观情况发生重大变化的,为了公共利益的需要,行政机关可以依法变更或者撤回已经生效的行政许可。由此给公民、法人或者其他组织造成财产损失的,行政机关应当依法给予补偿"的规定,市政府应承担的责任是撤销行政许可后的行政补偿责任。由于案涉的特许经营权属于《行政许可法》第12条第2项规定的"有限自然资源开发利用、公共资源配置以及直接关系公共利益的特定行业的市场准入等,需要赋予特定权利的事项"的范畴,本案属于撤销特许经营权行政补偿纠纷,在目前无法律、法规、规章或者规范性文件对此问题补偿标准作出规定的情况下,应依据《最高人民法院关于审理行政许可案件若干问题的规定》

第15条“法律、法规、规章或者规范性文件对变更或者撤回行政许可的补偿标准未作规定的,一般在实际损失范围内确定补偿数额;行政许可属于行政许可法第十二条第(二)项规定情形的,一般按照实际投入的损失确定补偿数额”的规定,市政府应对鸿环公司的实际投入损失作出补偿。根据本案的证据,综合考虑案件实际情况,对于一审认定的平整土地、开工仪式、初步设计评审会、筹建项目支出的工资、差旅、租金支出费用属于鸿环公司实际投入的损失项目,并酌情确定损失额为49.2万元,予以确认。关于鸿环公司主张的其他支出损失项目,鸿环公司提交的证据无法支持其主张,一审判决已进行了分析和认证,不再赘述。但是,基于2009年5月9日召开的评审会对《生活垃圾处理工程初步设计》进行了评审,鸿环公司对初步设计有实际投入的事实是存在的,初步设计的设计费应作为实际投入的损失项目予以认定,一审判决遗漏对该项目的补偿,予以纠正。对于鸿环公司支出设计费139万元的主张,其提交的证据《委托设计协议书》没有原件核对,且是在2017年补签,本案于2017年9月12日一审第二次开庭时才提交,该证据真实性存疑,鸿环公司主张139万元设计费数额较大,在无转账凭证、发票佐证的情况下,仅凭暂收条无法证明其主张。虽然鸿环公司提交的证据不能证明其已支出139万元设计费的主张,但因鸿环公司对初步设计有实际支出的事实是存在的,综合考虑案件客观实际情况,根据一般生活经验、常理,酌定初步设计费支出损失为20万元。鸿环公司上述实际投入的损失合计为69.2万元,由市政府予以补偿。

关于鸿环公司提出应当继续履行《项目投资合同书》和《特许经营权协议》的问题。解除《特许经营权协议》后,案涉项目已由凭祥城投公司作为业主,委托其他设计公司对项目进行重新设计,并通过公开招标方式进行设备采购和安装。该项目已建成并投产使用,已不具备由鸿环公司和市政府继续履行《项目投资合同书》和《特许经营权协议》的现实条件,一审法院对该项诉请不予支持,并无不妥。

关于鸿环公司提出市政府的代理人在一审存在妨碍诉讼的行为,一审法院准予其参加庭审程序违法的问题。广西高院核实了一审庭审录像和庭审笔录,没有发现市政府的代理人有偷窃证据妨碍诉讼的行为,鸿环公司该主张与事实不符。

综上,市政府撤销行政许可行为,有事实和法律依据。一审判决驳回鸿环公司的诉讼请求,并判决由市政府承担补偿责任是正确的。但一审判决遗漏补偿项目不当,予以纠正。

二审结果

2019 年 3 月 22 日,广西高院作出行政判决:一、维持一审判决第一项;二、变更一审判决第二项为:由市政府在本判决生效之日起 1 个月内补偿给鸿环公司损失 69.2 万元。

案例评析

从行政许可程序来看,案涉项目属于《市政公用事业特许经营管理办法》规定的特许经营的事项之一,具有特许经营的属性,属于政府特许经营项目,且项目已达到依法必须招标的规模和标准,应当通过公开招标方式确定项目投资人。本案特许经营权未经招标以协议方式授予了鸿环公司,违反了法律行政法规的强制规定,该行政许可行为程序违法。

从行政协议的履行过程来看,鸿环公司在履行双方签订的《项目投资合同书》和《特许经营权协议》过程中亦存在未按照合同约定履行按时提交项目详细的设计和施工进度计划的义务,导致项目未能及时开工建设,影响城市垃圾的处理。市政府为了公共利益的需要,决定撤回授予鸿环公司的特许经营权的行政许可,符合《行政许可法》"为了公共利益的需要,行政机关可以依法变更或者撤回已经生效的行政许可"的规定,因此,市政府作出解除本案特许经营权协议的行政行为合法。由于市政府撤销该行政许可行为合法,且鸿环公司存在履行行政协议的违约行为,根据《行政许可法》的相关规定,市政府在依法解除本案特许经营权协议后,应就鸿环公司财产损失给予补偿,市政府承担的责任是撤销本次行政许可后的行政补偿责任而非赔偿责任。

本案属于撤销特许经营权行政补偿纠纷,在目前无法律、法规、规章或者规范性文件对此问题补偿标准作出规定的情况下,应依据《最高人民法院关于审理行政许可案件若干问题的规定》第 15 条"法律、法规、规章或者规范性文件对变更或者撤回行政许可的补偿标准未作规定的,一般在实际损失范围内确定补偿数额;行政许可属于行政许可法第十二条第(二)项规定情形的,一般按照实际投入的损失确定补偿数额"的规定,市政府应对鸿环公司的实际投入损失作出补偿。

案例70 案涉《发起人协议书》是否达到解除条件

相关问题

1. 案涉《发起人协议书》是否有效；

2. PPP模式无法进行的原因与责任；

3. 人民法院应否主动审查合同效力。

裁判要点摘选

《最高人民法院关于适用〈中华人民共和国民事诉讼法〉的解释》第323条[①]规定，第二审人民法院应当围绕当事人的上诉请求进行审理。当事人没有提出请求的，不予审理，但一审判决违反法律禁止性规定，或者损害国家利益、社会公共利益、他人合法权益的除外。

基本案情

上诉人（一审被告）：福投公司

被上诉人（一审原告）：沧源佤族自治县人民政府

2015年2月12日，沧源佤族自治县人民政府（以下简称县政府）与福投公司签订了《沧源佤族自治县旅游文化项目投资开发合作协议》，协议约定：双方拟采用政府和社会资本合作模式（PPP）对沧源县勐来大峡谷—翁丁原始部落旅游项目开发建设，主要景点包括：（1）勐来大峡谷（含司岗里溶洞、天坑、湿地国

---

① 现为第321条。

画走廊、崖画）；（2）农瓦山谷；（3）南滚河国家公园；（4）翁丁原始部落（含周边原始村寨）；（5）勐卡水库旅游区（含勐卡傣族风情村）。

为投资建设勐来大峡谷—翁丁原始部落旅游项目，2015 年 6 月 5 日，原、被告根据上述协议签订了《华天公司发起人协议书》（以下简称《发起人协议书》），协议约定：原、被告双方共同出资成立华天公司，注册资本为 30,000 万元整，被告认缴出资额 24,000 万元，占注册资本的 80%，出资形式为货币资金或实物资金；其中首期注册资金 1000 万元，为货币出资，于公司成立后 30 个工作日内缴清。原告以县文旅开发公司为政府出资代表，认缴 6000 万元，占注册资本的 20%，出资形式为实物资产和土地等作价入股，所涉土地为勐来大峡谷、农瓦山谷景区、南滚河国家公园、翁丁原始部落群（含周边原始村寨）、芒回水库（原勐卡水库），上述土地需划归县文旅开发公司所有。同时约定本项目采用 PPP 模式投资建设。华天公司于 2015 年 6 月 5 日成立，被告于 2015 年 8 月 10 日向华天公司转账 1000 万元。

2015 年 2 月 12 日，县政府与福投公司签订了《沧源佤族自治县旅游文化项目投资开发合作协议》，协议约定：双方拟采用政府和社会资本合作模式（PPP）对沧源县勐来大峡谷—翁丁原始部落旅游项目开发建设。

2015 年 6 月，县政府与福投公司签订了《沧源佤族自治县旅游文化项目投资开发合作补充协议》，协议约定：由云铭公司全部继承福投公司在原合作协议项下的各项权利、义务、法律责任等；一致同意云铭公司为沧源项目公司——沧源华金天源文化投资公司的出资方和发起人。

县政府与福投公司签订《发起人协议书》并成立项目公司时，上述旅游文化项目尚未入 PPP 项目库，后虽然入库，但因该项目实施方案未按财政部规定编制，物有所值评价和财政承受能力论证均未开展，违反了 PPP 项目的操作程序于 2017 年 8 月移库。沧源佤族自治县旅游文化项目属于该县关系社会公共利益、公众安全的大型基础设施、公用事业项目，且部分使用国有资金投资，政府引进社会资本方进行旅游开发必须进行招标，但县政府未采取招投标方式即与福投公司、云铭公司签订了投资开发协议及补充协议、发起人协议并成立了项目公司。

福投公司起诉县政府（案由为合同纠纷），请求：（1）解除原、被告签订的《发起人协议书》；（2）本案诉讼费由被告承担。

一审意见

一审法院经审理认为,合同是平等主体的自然人、法人、其他组织之间设立、变更、终止民事权利义务的协议。依法成立的合同受法律的保护。本案中,原告、被告签订的《发起人协议书》应是双方真实意思表示,该协议依法成立,对双方具有法律约束力。但在履行合同的过程中,原、被告双方约定的PPP投资建设模式无法进行,原、被告双方经多次协商未果,同时原告也表示不再继续履行合同,致使原、被告双方都不能实现合同目的。根据《最高人民法院关于适用〈中华人民共和国合同法〉若干问题的解释(二)》①第26条"合同成立以后客观情况发生了当事人在订立合同时无法预见的、非不可抗力造成的不属于商业风险的重大变化,继续履行合同对于一方当事人明显不公平或者不能实现合同目的,当事人请求人民法院变更或者解除合同的,人民法院应当根据公平原则,并结合案件的实际情况确定是否变更或者解除"的规定,现原告提出解除《发起人协议书》,并无不当,应当予以支持。

一审结果

一审法院作出民事判决:解除原告县政府与被告福投公司签订的《发起人协议书》。

福投公司不服一审判决,向云南省临沧市中级人民法院(以下简称临沧中院)提出上诉。

上诉意见

福投公司上诉请求:(1)依法撤销一审判决,改判驳回上诉人诉讼请求;(2)本案一、二审案件受理费由被上诉人承担。事实与理由:一审判决认定事实错误、适用法律不当,依法应予撤销、改判。一审判决错误地认为PPP投资建设模式无法进行,且双方多次协商无果,被上诉人也不愿继续履行合同,合同根本目的无法实现。因此,适用《最高人民法院关于适用〈中华人民共和国合同法〉若干问题的解释(二)》②第26条判决解除合同。即一审法院作出一审判决所依据法律规定是"合同成立以后客观情况发生了当事人在订立合同时无法预见的、非不可抗力造成的不属于商业风险的重大变化,继续履行合同对于一方当事

① 现已失效。
② 现已失效。

人明显不公平或者不能实现合同目的,当事人请求人民法院变更或者解除合同的,人民法院应当根据公平原则,并结合案件的实际情况确定是否变更或者解除”。首先,本案中PPP模式无法进行并非因政策变化导致,而是被上诉人未履行其应该履行的合同约定的开展物有所值评估、财政承受能力论证及入库工作。因被上诉人未履行其合同义务,导致模式的开展前提还不具备,因此无法使用PPP模式进行合作。若被上诉人及时履行其合同义务,上诉人与被上诉人间所签订的合同即可继续履行。因此,本案中即便存在合同根本目的不能实现的可能性,也是因为被上诉人的违约行为导致的,并非“客观情况发生了当事人在订立合同时尤法预见的、非不可抗力造成的不属于商业风险的重大变化”。被上诉人起诉上诉人解除合同属于恶意违约。一审法院认为本案因存在“客观情况发生了当事人在订立合同时无法预见的、非不可抗力造成的属于商业风险的重大变化”而判决合同解除不符合本案事实。其次,《最高人民法院关于印发〈全国法院民商事审判工作会议纪要〉的通知》已经明确重申,违约方不享有单方解除合同权利。本案中,被上诉人恶意违约导致合同目的无法实现,进而向法院起诉要求解除合同的诉讼请求不应得到支持。最后,商事交易本就普遍存在交易主体利益博弈的现象,法院不能因为几次磋商不顺就认定合同目的无法实现,判决解除合同。《最高人民法院关于印发〈全国法院民商事审判工作会议纪要〉的通知》也明确载明人民法院“要根据诚实信用原则,合理解释合同条款、确定履约内容,合理确定当事人的权利义务关系,审慎适用合同解除制度,依法调整过高的违约金,强化对守约者诚信行为的保护力度……”因此,法院判决解除合同应合理考虑合同双方的权利义务,而且应该强化保护守约方。综上,请依法审查上诉人与被上诉人的合同义务,驳回被上诉人一审诉讼请求。

二审意见

本案二审争议的焦点:《发起人协议书》是否达到解除条件。

临沧中院认为,《招标投标法》第3条规定,在中华人民共和国境内进行下列工程建设项目包括项目的勘察、设计、施工、监理以及与工程建设有关的重要设备、材料等的采购,必须进行招标:(1)大型基础设施、公用事业等关系社会公共利益、公众安全的项目。(2)全部或者部分使用国有资金投资或者国家融资的项目。(3)使用国际组织或者外国政府贷款、援助资金的项目。前款所列项目的具体范围和规模标准,由国务院发展计划部门会同国务院有关部门制定,报国务院批准。法律或者国务院对必须进行招标的其他项目的范围有规定的,依照其规定。县政府与福投公司签订的《发起人协议书》是为了投资建设沧源佤族自治县勐来大峡谷—翁丁原始部落旅游线项目,双方共同发起组建华天公司而签订的协议。该协议内容涉及沧源自治县大型基础设施建设,且部分使用国有资金投资,属于依法应当通过招投标等竞争性方式缔结的合同。县政府未采取招投标方式即与社会资本方签订合作协议,违反了法律法规的强制性规定,应属无效合同。《最高人民法院关于适用〈中华人民共和国民事诉讼法〉的解释》第323条[①]规定,第二审人民法院应当围绕当事人的上诉请求进行审理。当事人没有提出请求的,不予审理,但一审判决违反法律禁止性规定,或者损害国家利益、社会公共利益、他人合法权益的除外。本案双方当事人诉请争议虽未涉及合同效力问题,但合同效力属于人民法院依职权审查范围,不受当事人诉讼请求限制,一审未对《发起人协议书》的合同效力进行审查,即判令解除属适用法律不当,应当予以纠正。

二审结果

2020年11月20日,临沧中院作出民事判决:县政府与福投公司签订的《发起人协议书》无效。

案例评析

1. 关于案涉《发起人协议书》是否有效的问题

根据《招标投标法》第3条的规定,大型基础设施、公用事业等关系社会公共利益、公众安全,或使用全部或部分国有资金的项目依法必须进行招标。案涉项目既关系社会公共利益,又部分使用国有资金,属于依法必须进行招标的项目。但县政府与福投公司、云铭公司签订发起人协议未经法定招投标方式,属于无效合同。

2. 关于PPP模式无法进行的原因与责任的问题

县政府未依法科学地组织立项及其入库申报工作。县政府未根据PPP项目政策法规的要求进行项目建设的必要性及合规性、PPP模式的适用性、财政承受能力以及价格的合理性等方面对项目实施方案进行可行性评估,决策过程既

① 现为第321条。

违法也不科学。

县政府未依法选择合格社会资本方。县政府未根据《招标投标法》的要求办理招投标手续，更未审慎编制招标文件，便直接与合作方签订合同，不仅在程序上严重违法，而且选择的供应商也严重缺乏资信，无力落实建设资金。

综上，县政府未依法科学地组织立项及其入库申报工作，也未依法选择合格社会资本方，对案涉合同的无效及其无法继续履行负有重大甚至是主要过错责任。

3. 关于人民法院应否主动审查合同效力的问题

根据《合同法》第52条的规定，合同无效的情形主要包括欺诈、胁迫方式订立损害国家利益的合同，恶意串通损害国家、集体或第三人利益，以合法形式掩盖非法目的，损害公共利益以及违反法律、行政法规的强制性规定。据此，合同效力的裁判往往不仅涉及合同当事人的利益评价与保护，而且还涉及国家利益（如交易秩序和公权力的公信力）、公共利益、集体利益和第三人利益。对于合同效力的审查既是案件裁判需要，也是人民法院审理案件时的法定权力。本案中，县政府不仅是案涉合同当事人，更是公权力机关，其与社会资本方签订的案涉合同的效力审查，不仅涉及双方利益的评价与保护，也影响政府的公信力和司法裁判的公信力。

案例 71　污水处理厂特许经营合同应否解除

相关问题

1. 本案是否属于行政诉讼受案范围；
2. 案涉特许经营合同是否应当解除；
3. 原告提供的证据是否足以证明损失数额；
4. 应否对污水处理厂进行现场勘验；
5. 本案是否适用举证责任倒置原则。

裁判要点摘选

一方当事人对其所主张损失数额无法证实，经人民法院释明可通过鉴定确定损失数额后，拒绝申请鉴定，导致损失数额不能确定。人民法院对已经查明的合同解除问题先予判决，对于赔偿损失问题预留另行主张权利的途径，既解决了诉讼久拖未决的问题，亦可使当事人的部分权利先予得到保障。

基本案情

上诉人（一审原告）：水务公司

被上诉人（一审被告）：开发区管理委员会

2011 年 1 月 24 日，开发区管理委员会（以下简称管委会）（甲方）与水务公司（乙方）签订了《污水处理厂特许经营合同书》（以下简称《特许经营合同书》）。合同约定，污水处理厂是为处理一主城区及一街道办事处内生活污水及工业污水而建设的城市基础设施。开发区管委会通过招标，最终确定水务公司获得污水处理厂特许经营权。第一章总则约定,特许合同范围为一主城区污水处理项目,远期规模30,000吨/日,占地面积15亩。近期规模10,000吨/日,占地7.4亩。考虑污水排放量的实际,经甲乙双方协商,日处理能力5000吨,作为一期工程建设,占地面积2.7亩。本项目的运作方式为BOT方式,运营期限30年。特许期内整体资产所有权归乙方所有,特许期终止,项目所有权移交甲方。第十章违约责任第10.10.2.1条约定,如果甲方不是由于不可抗力或乙方的原因而未履行或不完全履行在本合同项下的义务,乙方将书面通知甲方予以指出,并要求甲方在收到通知30天内对其过失采取补救措施。如果甲方在上述时间内未采取补救措施,则乙方可向甲方递交书面终止合同通知,如果甲方在收到终止通知后15天内不给乙方提起诉讼的书面报告,则乙方可终止本合同,且不损害其在本合同下和法律范围内拥有的任何其他权利或补救措施。如果甲方15天内提起诉讼,则乙方在获得终止本合同的裁决前不得终止本合同。第10.10.2.2条约定,如果乙方根据本合同第10.10.2.1条款终止本合同,甲方将在终止日期之后6个月内向乙方支付相当于乙方投资本项目的累计金额和全额补偿剩余特许经营期内乙方应有的投资收益;乙方投资建设的建筑物及辅助设施所有权归甲方所有。乙方有权追究甲方的违约责任。合同还约定了其他条款。

2012年2月,污水处理厂进入试运行阶段。

2014年3月21日,水务公司因合作开发合同纠纷起诉开发区管委会,诉请判决开发区管委会支付拖欠的2013年5月至2016年4月10日的污水处理费、逾期付款利息。开发区管委会提起反诉请求:解除双方签订的《特许经营合同书》,水务公司立即全面退出该项目所在的经营场地,并返还已拨付的污水处理费2,184,000元,水务公司支付、赔偿被告保证金、违约金、赔偿金、滞纳金、利息及损失等共计3,836,000元。2016年6月15日,该案一审民事判决(以下简称193号民事判决):(1)被告于本判决生效之日起10日内支付原告污水处理费3,762,000元及逾期付款利息,逾期付款利息计算标准:以2013年5月1日至2015年3月7日每月的污水处理费(2013年5月1日至2013年12月31日,以1.2元/吨×4000吨/天×当月天数标准计算;2014年1月1日至2015年3月7日,以1.2元×5000吨/天×当月天数标准)为基数,自次月11日开始,按照中国人民银行同期同类贷款基准利率的两倍计算至本判决确定的污水处理费交付之日;(2)驳回原告的其他诉讼请求;(3)驳回被告的反诉请求。水务公司、开发区管委会均不服193号民事判决,提出上诉。2017年10月27日,该案二审民事判决(以下简称1537号民事判决):驳回上诉,维持原判。此后,开发区管委会支付水务公司污水处理费3,762,000元及逾期付款利息1,389,518.33元。

2015年3月污水处理厂停运。

2015年5月7日,水务公司因侵犯特许经营权纠纷起诉开发区管委会。2017年12月27日,该案一审行政判决:开发区管委会侵犯水务公司特许经营权行为违法。开发区管委会不服,提出上诉。2019年4月12日,二审判决:驳回上诉,维持原判决。

2015年5月19日,水务公司以开发区管委会不组织验收为由,起诉开发区管委会。2017年12月26日,该案一审行政判决:开发区管委会在60日内,对水务公司组织验收的申请作出答复。开发区管委会不服,提出上诉。2019年3月5日,二审判决:驳回上诉,维持原判决。

2018年3月15日,水务公司以开发区管委会违约为由,起诉开发区管委会至本案一审法院。2018年7月25日,本案一审法院判决开发区管委会支付水务公司违约金100万元。水务公司、开发区管委会均不服提出上诉。2019年3月29日,二审判决:驳回上诉,维持原判。

2020年1月9日,水务公司起诉开发区管委会(案由为行政协议纠纷),请求:(1)判令解除原、被告双方所签《特许经营合同书》;(2)判令被告赔偿原告各项损失共计4096.768万元;(3)诉讼费及其他费用由被告承担。

水务公司主要诉讼意见:被告违反特许经营合同,在原告拥有特许经营权的主城区内另建污水处理厂,故意长期拖欠污水处理费,迫使原告污水处理厂停止运营,导致双方所签合同不能继续履行,为此引起诉争,法院多次作出判决被告违反特许经营合同的约定。由于被告的过错,继续履行合同已无可能。

开发区管委会主要诉讼意见:(1)本案不属于行政诉讼受案范围,是典型的BOT合同,但并非BOT特许经营合同都应认定为行政协议。本案的BOT特许经营合同性质应认定为民商事合同,适用民事法律规定及合同法之规定,法院按行政案件立案明显错误。(2)本案所涉及的污水处理厂因擅自停运污水处理厂至今,已无法实现合同目的,达到了法定的解除条件。原告自2015年3月8日擅自停运污水处理厂至今,原告的行为已经明确表示不履行合同,已导致合同目的根本无法实现,也构成根本违约,因此,实际合同解除的时间节点应为污水处理厂停运之日即2015年3月8日。解除的原因系原告违约停运行为所导致的根本履行不能。污水处理厂现已停运5年,无恢复履行的可能性。(3)原告违约且污水处理厂污水处理不能达标,合同无法继续履行,开发区管委会不接收该处理厂,也不予以任何补偿及赔偿。(4)原告已就污水处理厂停运前的处理费用向开发区管委会提起诉讼,且已判决并解决完毕,法院判决开发区管委会支付了污水处理费、利息及违约金,原告无权再次就本案要求重复赔偿。

一审意见

一审法院认为,关于本案是否属于行政诉讼受案范围的问题,水务公司曾于2019年8月15日提起民事诉讼,要求解除与开发区管委会的特许经营合同,并要求开发区管委会赔偿损失,受案法院作出裁定书,认定"该合同系被起诉人开发区管委会为完善污水处理配套措施、保护环境而通过招投标方式与本案起诉人水务公司签订的,故该《特许经营合同书》为开发区管委会为了维护公共利益,以行政主体的身份与起诉人水务公司签订的行政协议,本案不属于民事诉讼受理范围"。该裁定已经生效,因此,案涉合同为行政协议,应属于行政诉讼受案范围。

关于案涉《特许经营合同书》是否应当解除的问题。水务公司与被告开发区管委会签订的《特许经营合同书》,系双方当事人的真实意思表示,且不违反法律、行政法规的强制性规定,系有效合同,依法应予保护。原告起诉被告支付污水处理费的193号民事判决、1537号民事判决中已经认定"2013年5月1日至2015年3月7日污水处理厂运营期间的污水处理费,开发区管委会没有按照约定支付,构成违约","开发区管委会自2013年5月开始拖欠处理费至今,导致污水处理厂停止运营"。由此可见,该特许经营合同因被告的违约导致合同目的不能实现,根据《合同法》第94条"有下列情形之一的,当事人可以解除合同:……(四)当事人一方迟延履行债务或者有其他违约行为致使不能实现合同目的;……"的规定,案涉合同存在属于当事人可以法定解除的情形,合同目的无法实现,且被告庭审中同意解除,因此,原告请求解除案涉特许经营合同的诉讼请求依法应当予以支持。

关于合同解除后被告是否应向原告进行赔偿和赔偿数额的问题。根据本案特许经营合同履行情况,原告已经完成污水处理厂的建设并进入运行阶段,后因被告拖欠污水处理费，导致原告污水处理厂停止运营，因被告违约造成合同解除。根据《合同法》第97条“合同解除后，尚未履行的，终止履行；已经履行的，根据履行情况和合同性质，当事人可以要求恢复原状、采取其他补救措施、并有权要求赔偿损失”的规定，本案中，合同解除系因被告违约造成，被告应当给予原告赔偿。根据法律规定，《行政诉讼法》没有规定的，适用《民事诉讼法》的相关规定，《最高人民法院关于适用〈中华人民共和国民事诉讼法〉的解释》第90条规定：“当事人对自己提出的诉讼请求所依据的事实或者反驳对方诉讼请求所依据的事实，应当提供证据加以证明，但法律另有规定的除外。在作出判决前，当事人未能提供证据或者证据不足以证明其事实主张的，由负有举证证明责任的当事人承担不利后果。”参照该规定，原告主张被告对其赔偿损失，应对其自身损失数额承担举证责任。关于原告提供的评估报告，被告不予认可，且该评估报告系单方委托作出，对该评估报告依法不予采信；关于原告单方制作的的收益证明，被告不予认可，且原告计算数额没有事实和合同约定的依据，其计算方法不合法，亦不能作为本案赔偿数额的依据。原告提供的证人证言等其他证据，也不能直接证明原告的损失数额。应通过鉴定原告对该项目的投入、运营及预期利益进行综合评估，被告申请对污水处理厂实际投资价值及污水处理厂实际运营期间的运行成本进行鉴定，原告表示不参与鉴定，因原告不配合，导致鉴定不能，一审法院已向原告就举证不能承担的责任进行了释明。本案赔偿数额因原告举证不能无法确定，对原告要求被告赔偿损失4096.768万元的诉讼请求，依法不予支持，原告可待证据充分后另行主张权利。

一审结果

2020年6月28日，一审法院作出行政判决：一、解除原告水务公司与被告开发区管委会签订的《特许经营合同书》；二、驳回原告水务公司的其他诉讼请求。

水务公司不服一审判决，向山东省潍坊市中级人民法院（以下简称潍坊中院）提出上诉。

二审意见

潍坊中院认为，双方当事人对于一审判决解除合同均无异议，上诉人水务公司仅对解除合同后赔偿损失问题有异议。一审法院认为合同解除系因被上诉人开发区管委会违约造成，被上诉人应当给予上诉人赔偿，但对赔偿数额问题，上诉人一审提供的计算损失的方法及证明损失数额的证据，一审不予采纳，潍坊中院经审查后,亦同意一审法院对上诉人提供的证据和依据的分析认定。上诉人关于其提供的证据足以证明损失数额的主张,亦不予采纳。对于上诉人主张本案应适用举证责任倒置原则,因本案系行政协议纠纷,不同于行政违法行为的举证规则。上诉人在本案中主张的赔偿损失数额,属于上诉人举证证明事项,如果上诉人提供有效证据证实的损失数额,被上诉人有异议的,由被上诉人提供反证。而本案情况是上诉人提供的证据未被采纳,故不适用举证责任倒置。一审法院已经对上诉人举证责任的承担进行了释明,举证责任的分配符合证据规则的规定,上诉人关于举证责任倒置的主张不能成立,不予采纳。在上诉人提供的证据无法证实损失数额的情况下,一审法院向上诉人释明可通过鉴定确定损失数额,因上诉人不配合而导致损失数额不能确定。在此情况下,一审法院对已经查明的合同解除问题先予判决,对于赔偿损失问题为上诉人预留另行主张权利的途径,该处理方式既解决了诉讼久拖未决的问题,亦可使当事人的部分权利先予得到保障。

另外,二审中,上诉人申请对上诉人投资、建设、运营的污水处理厂进行现场勘验,该申请是基于一审法院未采纳上诉人提交的证明投资数额及运营费用的证据而提交,而投资数额及运营费用非法院工作人员现场勘验能解决的问题,故对上诉人的该现场勘验申请,不予接受。

二审结果

2020 年 9 月 29 日,潍坊中院作出行政判决:驳回上诉,维持原判。

案例评析

1. 关于行政合同与行政行为、行政合同与民事合同问题

本案应当区分行政合同与行政行为、行政合同与民事合同的不同要点,厘清各方法律关系。行政合同与行政行为不同。行政合同是行政主体为了行使行政职能实现特定的行政管理目标,而与公民、法人或其他组织,经过协商,相互意思表示一致所达成的协议。行政行为是指行政机关及法定组织在行政管理过程中,依法实施的能直接或间接产生行政法上之法律效果的行为。包含三个要素:主体要素,行政行为是行政主体作出的行为,行政主体包括行政机关和法律法规授权的其他组织;职能要素,行政行为是行政主体行使行政职权、履行行政职责的行为;法律要素,行政行为是具有法律意义、能产生法律效果

的行为。

行政合同与民事合同不同。行政合同是行政主体为实现行政目的而与公民、法人或其他组织之间基于意思表示一致缔结的契约，一方为行政主体，通过实现与相对人协商的方式行使行政管理监督权力；民事合同是平等主体的公民、法人或其他组织之间为了实现各自目的约定权利义务，主体为平等主体的公民、法人或其他组织。

2. 关于本案是否属于行政诉讼受案范围问题

本案涉及的政府特许经营协议，是行政合同非民事合同，与行政行为也不同。合同一方主体为政府或代表政府的相关组织、派出机构。另外，行政协议是以公法上的效果发生为目的的合同，是行政主体实施行政管理、实现国家、社会公共利益的特殊方式。从设立、履行到变更、解除，都受行政实体法、行政程序法等公法原则的规范与约束。行政协议各方平等协商，但只要是为了保护国家及公共利益，也可以在平等协商下根据客观情况及需要，约定适度不完全平等的权利义务内容；民事合同是平等主体为了自身利益而订立，依据原《民法总则》《合同法》等私法法律规定进行规范。行政协议与相对人约定内容包括行政管理、监督职能，可以根据国家法律与行政管理的需要，为了维护公共利益，可以单方行使行政合同的履行、解除权利以及行政决定、执行权利；民事合同约定的是平等主体间权利义务内容，系各自自身的直接的权利与义务，一般不涉及其他主体。再有，争议解决方式及执行程序不同。行政协议因具有行政主体履行行政职责，实现公共职能的特殊性，包括行政因素，依据行政法实体法与程序法选择行政审判方式解决争议。从执行程序看，行政协议可以在作出行政决定权后，直接由有行政职能权力的机关行使行政处罚权；民事合同的争议解决应由有管辖权的人民法院管辖，民事审判庭裁判或主体各方约定的仲裁机构裁决解决。法院判决或仲裁裁决后，由有管辖权的法院执行。

根据《最高人民法院关于审理行政协议案件若干问题的规定》第 1 条的规定，“行政机关为了实现行政管理或者公共服务目标，与公民、法人或者其他组织协商订立的具有行政法上权利义务内容的协议，属于行政诉讼法第十二条第一款第十一项规定的行政协议”。《行政诉讼法》第 12 条第 1 款第 11 项规定：“认为行政机关不依法履行、未按照约定履行或者违法变更、解除政府特许经营协议、土地房屋征收补偿协议等协议的。”根据《特许经营合同书》及相关法律规定,《特许经营合同书》属于行政协议,本案属于行政诉讼受案范围。

3. 关于本案举证责任分配问题

因本案并非涉及行政行为中的具体行政行为,而双方签订的特许经营协议属于行政协议,根据《民事诉讼法》《最高人民法院关于民事诉讼证据的若干规定》的相关规定,应当由原告水务公司针对其诉讼请求所依据事实,提供证据加以证明。如果没有证据或者证据不足以证明当事人的事实主张的,由负有举证责任的当事人承担不利后果,并不适用举证责任倒置原则。

4. 关于鉴定及现场勘察问题

本案原告经法庭释明后仍然坚持不申请鉴定,必然承担举证不能的法律后果。不过,水务公司相关损失赔偿问题,还是可以另行提起诉讼解决的。至于水务公司申请现场勘验问题,即使法院支持,也不能解决水务公司所负举证责任及损失数额的认定。如进行鉴定,需要现场勘验的,法院应会支持。水务公司拒绝申请鉴定,现场勘验也就没有了必要性。

案例72 案涉管道燃气《特许经营协议》应否解除

相关问题

1. 案涉管道燃气《特许经营协议》是行政合同还是民事合同;
2. 案涉管道燃气《特许经营协议》是否有效;
3. 案涉管道燃气《特许经营协议》应否解除及如解除的赔偿问题。

裁判要点摘选

特许经营授权书的取得,是上诉人获得特许经营授权并开展相应业务的前提条件,上诉人与被上诉人均未提供证据证实被上诉人已经向上诉人颁发了该特许经营授权书,而实际上被上诉人已经将该特许经营权授予了其他主体,被上诉人存在违约行为,其向法院起诉要求解除该协议,以其行为表示将不予发放特许经营授权书给上诉人。

上诉人(一审被告):石源公司

被上诉人(一审原告):上粟县住房和城乡建设局

上粟县住房和城乡建设局(以下简称住建局)诉石源公司合同纠纷一案,一审法院立案受理。

一审查明

2007年2月1日,为规范上粟县管道燃气特许经营活动,促进上粟县能源经济的发展,住建局与石源公司签订了一份《上粟县管道燃气特许经营协议》(以下简称《特许经营协议》),协议约定:经上粟县人民政府授权,住建局与石源公司签订协议并于10日内发放特许经营授权书。但直到一审庭审结束,住建局也未提供给予石源公司特许经营授权书的证据,石源公司也未提供取得特许经营授权书的证据。可以认定住建局、石源公司签订的协议未经上栗县人民政府授权,石源公司也未取得特许经营授权书。协议还约定了授权期限为20年,自2007年2月1日至2027年2月1日,地域为上栗县行政辖区内,经营范围是管道燃气项目的投资、建设、经营,管道燃气的生产、输配、分销、服务,管道燃气设施的更换、维修、维护等,并约定了双方的权利、义务:石源公司享有特许经营权范围内管道燃气业务独家经营权,应保障燃气安全和稳定运行,保证燃气质量、管输等符合国家质量要求,住建局监督石源公司对《特许经营协议》的实施,协调办理石源公司在建设经营期间的关系和问题,为石源公司提供必要的政策支持等。协议签订后,上栗县政府各职能部门为石源公司办理了相关批准手续。

2007年10月24日,上栗县发改委向石源公司下文《关于兴建上栗县管道天然气工程项目立项的核准》,同意兴建日供气量3000立方米的管道天然气工程,建筑面积1320平方米,工期为二期,资金自筹;2008年11月10日,萍乡市燃气管理办公室向上栗县建设局下文《关于〈上栗县天燃气工程项目可行性研究报告〉的审批意见》,同意项目可研报告结论意见,并对项目的供气规模、项目建设内容、天然气储备站的种类、气源、消防用水量的计算等提出了指导性的意见,要求石源公司在施工图纸设计时予以完善。住建局在监督石源公司履约过程中做了以下工作:(1)2009年12月31日,上栗镇政府向石源公司下文《关于按时完成煤气管道铺设的函》,内容:因兴盛大道改造工程投资巨大,系县文明城市创建的重点工程,要求石源公司铺设的煤气管道按时完工,质量上按设计要求确定管线位置及与过路涵洞的交叉合理处理等;(2)2009年12月31日,上栗县人民政府下文《关于天然气管道项目建设工作协调会议纪要》,内容:加快天然气管道项目建设,现有储气站应由人员密集处的吴楚路移到县城南部,石源公司作为建设主体要尽快拿出设计方案确定储气站的选址,各部门密切配合,做好把关工作;(3)2010年6月4日,住建局向石源公司下发《关于请予限期履约的通知》,内容:协议签订后,因石源公司至今未完成管道燃气设施建设,未向县城居民供气,要求2010年6月15日前石源公司向住建局提供担保,签订补充协议,否则解除《特许经营协议》;(4)2013年4月19日,石源公司发出《关于天然气管线跨越栗水河的请求》,住建局法定代表人王某签署"因正处于扯皮状态不准施工”的书面回复。石源公司履约情况如下：对管道燃气项目进行投资、建设和经营，自称已完成燃气管道铺设7.2公里，其中上栗县城浏万路700米，兴盛大道、南天小区3.5公里，彭高镇3公里，建了一个供气站，月供2000户，现供几十户，但以上设施均未经有关部门验收；2011年11月22日与上栗南天实业有限公司房地产开发分公司签订了《管道燃气设施配套工程协议》，但未成功供气。

2011年4月，由于石源公司不按要求单方面施工，造成李畋景观大道改造工程弱电管、自来水管道等管线破损，影响改造工程及道路交通安全，住建局于4月26日向石源公司下发《关于要求立即停止施工的通知》，责令石源公司立即停止施工。

2011年7月11日，由于石源公司未取得施工许可证在兴盛大道埋设燃气管道，住建局向石源公司下发《责令停止违法（章）行为的通知书》，要求石源公司立即停止违法施工的行为。同时，由于石源公司未办理相关资质证书，未经批准即建立天然气站。

2012年10月31日，住建局向石源公司下发了《安全生产行政执法文书责令限期整改指令书》，整改内容：石源公司一直未办理相关资质证书，未经安全设计审查、批准，擅自建设城镇天然气加气站等设施，设备未经技术质量监督局检验检测，工程未经竣工验收，责令石源公司于当日起停业整顿。

2012年11月1日，由于石源公司未经许可擅自向用户供气，住建局作出了《现场检查笔录》，现场检查情况如下：供气站没有安全规程和相关规章制度，没防栓没有水，站内无任何安全规定及操作规章，不具备经营条件，要求石源公司于3天内将站内剩余天然气移出站。

2012年11月21日，萍乡市建设局向住建局发出《督办书》，内容如下：石源公司在没有办理任何手续，设施、设备没有经过检测、检验合格的情况下，向居民供气，严重违反国家有关法律规定，存在很大安全隐患，要求主管部门予以取缔，并将结果报市燃气管理办公室。

2012年12月3日，住建局向石源公司发出了《关于立即停止违法供气的通知》，内容：2012年11月1日市燃气办执法大队对石源公司供气设施作了查封处理，要求石源公司立即停止违法供气，并进行综合执法，对石源公司的违法行为坚决予以取缔。石源公司于2003年11月19日成立，营业期限为20年，工商登记许可经营范围是天然气管道运输、销售天然气（仅限分支机构）。

2010年6月30日,住建局在上栗县人民政府授予上栗县瑞丰天然气有限公司(以下简称瑞丰公司)上栗县行政辖区内30年的管道燃气业务特许经营权的情况下,与瑞丰公司签订了《特许经营协议》。

2010年6月4日,住建局向石源公司发出一份《补充协议》(《特许经营协议》补充),对工期进行了约定,并要求石源公司所做工程应在上栗县城市总体规划的框架下合理合法运行,如建立有资质的施工队伍、有完整的图纸等,但该《补充协议》石源公司以住建局已引进第二家管道燃气公司为由拒签。

2011年,由于石源公司未按要求及相关规范擅自施工,住建局在多次下发通知无效的情况下,于同年7月14日向石源公司发出了《关于解除特许经营协议通知书》。

2011年11月22日,上栗县发改委下发《关于加快推进上栗县天然气管道建设项目工作的通知》,因二家燃气公司不愿意合并经营,要求二家燃气公司于2011年12月2日前分别缴纳保证金到发改委账号上,以此选择、决定哪家燃气公司在上栗县继续经营管道燃气特许业务,或二家均予以解除。

2011年12月2日,石源公司请求深圳市中正华融担保有限公司作出了《不可撤销履约保函》,担保金额为600万元。2012年4月5日,经上栗县公安局调查核实,该公司不具备保函的担保能力。

一审意见

一审法院认为,案件争议的焦点:(1)住建局与石源公司于2007年2月1日签订的《特许经营协议》是行政合同还是民事合同;(2)《特许经营协议》是否有效;(3)应否解除《特许经营协议》及如解除的赔偿问题。

2007年2月1日,住建局与石源公司签订了《特许经营协议》,该协议是在自愿、平等的基础上订立,合同内容包括了民事合同中关于标的、违约责任、争议解决方法等条款,属民事合同范畴,但该合同订立的前提是要有法律的行政授权证书才能产生。依据双方的协议约定,住建局是"要经上栗县人民政府授权"才能与石源公司签订协议,其未提交授权证据,也未提交授权证书;石源公司在签订协议后,依据协议第3.1条约定"本协议签署10日内,甲方向乙方发放特许经营授权书,并向社会公布",石源公司也未提交授权证书。无行政授权的特许经营证书不能产生后期的民事法律关系,该份民事合同也同时违反《合同法》第44条第2款"法律、行政法规规定应当办理批准、登记等手续生效"的规定,即合同在诉讼前效力待定,但直到一审庭审结束,双方均不能提交授权证书,而且住建局诉请是解除与石源公司的协议,视为其不同意继续认可《特许经营协议》,该协议显然不能继续履行,其合同效力不再待定,应当予以解除。另,石源公司在该民事合同中违约,具体反映在:

1. 所建燃气管道、供气站均未经验收,建立天然气站未办理相关资质证书,未经安全设计审查、批准,不具备经营条件;同时,石源公司为尽快获得利益,还非法向部分居民供气;在李畋景观大道改造时,不经主管部门同意擅自施工,造成李畋大道其他管线破损,影响了交通安全;在兴盛大道铺埋管线时,亦未取得施工许可证。住建局、萍乡市燃气办执法大队均对石源公司的违法行为下发过停止施工、责令限期整改、停止违法供气等行政通知和指令。自协议签订至今,石源公司还一直未按国务院《城镇燃气管理条例》的规定取得燃气经营许可证,也未按住房和城乡建设部《市政公用事业特许经营管理办法》的规定及协议的约定完善公司的各项制度,未建立起符合法律、法规及相关技术规范的各项措施。石源公司的行为已严重违反国家有关法律的规定和协议的约定。

2. 石源公司一直怠于履行合同。其表现在:住建局、石源公司虽约定了20年的燃气管道独家经营权,双方签订时间为2007年2月1日,之后几年石源公司一直未主动取得相关批文,对协议怠于履行,有关行政部门已下文要求石源公司尽快完成工期;再者,双方所签订协议中虽未约定履行期限,但根据《合同法》第62条第4项之规定,"履行期限不明确的,债务人可以随时履行,债权人也可以随时要求履行,但应当给对方必要的准备时间",住建局可以随时要求石源公司履行。事实上,住建局除下文要求外,还于2010年6月4日向石源公司发出过一份《补充协议》,对工期进行约定,石源公司拒签,继续怠于履行协议。

3. 合同已不能履行。(1)石源公司未办理有关证照,未经安全设计审查,非法进行施工,其行为已受到有关部门的处罚,有的工程要求取缔,所完成的工程因不合要求,至今无法验收。(2)石源公司履约中经济实力不济,履约难度大,2011年12月2日,石源公司请求深圳市中正华融担保有限公司作出《不可撤销履约保函》为虚假担保。

综上,由于住建局、石源公司双方的违约行为,以及石源公司怠于履行合同,石源公司履行合同中出现的违法行为及经济实力不济的情况,致使合同目的不能实现。另住建局也存在一定过错,在未经上栗县人民政府授权的情况下与石源公司发生民事合同，致使石源公司履行了部分合同约定，现又得不到上栗县人民政府的特许授权，在未解除与石源公司签订协议情况下，又与另一家公司签订协议，致使合同无法继续履行，现起诉解除，双方均有一定责任。石源公司因投入生产的损失，石源公司未提起反诉，且住建局、石源公司对石源公司所完成工程量一直未向法院提交报告，无法核对和审计，不予合并审理。经调解未成。

一审结果

一审法院经审判委员会讨论作出民事判决：解除住建局与石源公司于2007年2月1日签订的《特许经营协议》。

石源公司不服一审判决，向江西省萍乡市中级人民法院（以下简称萍乡中院）提出上诉。

二审意见

萍乡中院认为，上诉人与被上诉人签订的《特许经营协议》属行政合同的范畴，在法律并未明确规定涉及特许经营协议的纠纷应由行政诉讼程序依行政法律法规进行处理的情形下，一审法院按民事诉讼程序进行处理并无不当。关于该协议的效力问题。被上诉人作为市政公用事业的相应主管部门，其具有完全的行为能力，法律并未规定其作为一方主体与相对方签订《特许经营协议》需经过其他主体授权。而根据相关证据显示，在协议签订后，上栗县政府各职能部门为上诉人办理了相关批准手续，上诉人也进行了部分工程建设，上栗县人民政府也已以协调会等形式参与了相应纠纷的处理，对于该《特许经营协议》的签订，上栗县人民政府应为明知。另外，法律亦未规定《特许经营协议》需要以"批准、登记"作为生效的前提条件，双方签订该协议亦不符合《合同法》规定的合同效力待定的情形，上诉人与被上诉人签订的《特许经营协议》应属有效，一审判决认定双方签订的《特许经营协议》为效力待定的民事合同明显不当，予以纠正。因此，上诉人提出的"一审判决错误认定上诉人与被上诉人签订的《特许经营协议》为效力待定合同"的上诉理由成立，予以支持。关于协议是解除还是继续履行的问题。被上诉人一方作为行政机关，签订该协议的目的并不是实现个人或者组织的利益，更多地是为达到维护与增进公共利益，实现目标之目的，该协议具有公益性，行政主体享有行政优益权。该协议约定"本协议签署后10日内，住建局向石源公司发放特许经营授权书，并向社会公布"，特许经营授权书的取得，是上诉人获得特许经营授权并开展相应业务的前提条件，上诉人与被上诉人均未提供证据证实被上诉人已经向上诉人颁发了该特许经营授权书,而实际上被上诉人已经将该特许经营权授予了其他主体,被上诉人存在违约行为,其向法院起诉要求解除该协议,以其行为表示将不予发放特许经营授权书给上诉人。被上诉人同时作为主管部门,在其明确表示要解除协议的情形下,该协议实际上已经无法履行,上诉人将无法经营上栗县管道燃气业务,且该协议更多的涉及公共利益,而上诉人在实际的履行过程中亦存在违约行为。一审判决解除上诉人与被上诉人签订的《特许经营协议》并无不当,一审判决已经认定被上诉人存在违约行为,至于协议解除后的赔偿问题,双方可以另行处理。因此,上诉人提出的"被上诉人存在违约行为"的上诉理由成立,但其认为不应解除《特许经营协议》的理由不能成立,不予支持。

综上所述,一审判决认定上诉人与被上诉人签订的《特许经营协议》的性质和效力待定的民事合同显属错误,予以纠正,但案件的实际处理并无不当。

二审结果

2015年3月20日,萍乡中院经审委会讨论决定作出民事判决:驳回上诉,维持原判。

案例评析

1. 关于燃气特许经营协议的合同定性及效力问题

本案住建局为一审原告、二审被上诉人,石源公司为一审被告、二审上诉人,双方签订了《特许经营协议》约定的工程系城市管道燃气项目,授权期限为20年,地域为上栗县行政辖区内,经营范围是管道燃气项目的投资、建设、经营,管道燃气的生产、输配、分销、服务,管道燃气设施的更换、维修、维护等,石源公司享有该项目独家特许经营权,住建局实施监督权。一审判决认定《特许经营协议》为民事合同且效力待定,二审认定纠正为行政协议,合同有效。根据本案双方庭审中提交的证据及陈述等案件情况,本案主体一方为政府职能部门,合同履行的内容为公共事业范畴的城市燃气项目,住建局作为政府的主管职能部门,在特许经营协议中行使政府的管理与监督权,该特许经营协议应当属于行政合同。二审法院基于"在法律并未明确规定涉及特许经营协议的纠纷应由行政诉讼程序依行政法律法规进行处理的情形下,一审法院按民事诉讼程序进行处理并无不当"的理由,在上诉程序中予以纠正。《最高人民法院关于审理行政协议案件若干问题的规定》于2020年1月1日生效,也已将《特许经营协议》作为行政合同受理。本案双方尽管均未履行特许经营委托书的授权及接受行为,但是当地政府各职能部门及县人民政府均为石源公司办理了相关批准手续,履行了政府职能。而且,《特许经营协议》签订后,除双方各自存在违约行为外,已经实际依约履行了部分协议约定内容。根据《合同法》第56条的规定,"无效的合同或者被撤销的合同自始没有法律约束力"。该法第58条规定:"合同无效或者被撤销后,因该合同取得的财产,应当予以返还;不能返还或者没有必要返还的,应当折价补偿。有过错的一方应当赔偿对方因此所受到的损失,双方都有过错的,应当各自承担相应的责任。"协议有效,才能够解除,如果协议效力待定,则需要确定协议的效力根据具体情况裁决。如果协议无效,则应当判定返还不存在解除。本案《特许经营协议》系行政合同,合法有效。

2. 关于案涉协议的解除及赔偿问题

本案《特许经营协议》系行政协议合法有效,双方已经部分履行。根据案件存在双方均违约的事实,且继续履行已无可能。本案所涉协议系有关当地县人民政府为实现百姓使用燃气目的,实施的城市公共事业民生建设项目。石源公司在履行《特许经营协议》过程中已经出现多种违约行为,致使合同目的根本无法实现,应当根据《合同法》第94条第4项的规定,"当事人一方迟延履行债务或者有其他违约行为致使不能实现合同目的"。判决解除特许经营协议,两审判决均准确。尤其二审法院提出的解除认定理由:"被上诉人一方作为行政机关,签订该协议的目的并不是为了实现个人或者组织的利益,更多地是为达到维护与增进公共利益,实现目标之目的,该协议具有公益性,行政主体享有行政优益权。"实为本案亮点。二审法院提出的行政优益权,是行政协议内容依据的一项原则,即行政主体一方,可以根据国家法律与行政管理的需要,为了维护公共利益,单方行使行政合同的履行、解除权利以及行政决定、执行权利;包括行政管理、监督职能,行政优益权的行使受公平、合理、合法原则的支配,行使行政优益权导致相对人财产损失的,应承担赔偿或者补偿责任。本案二审据此判决认定,彰显了对行政公权利行使公平判裁的独立、公正性。

《合同法》第97条规定:"合同解除后,尚未履行的,终止履行;已经履行的,根据履行情况和合同性质,当事人可以要求恢复原状、采取其他补救措施,并有权要求赔偿损失。"石源公司为履行案涉《特许经营协议》,实际发生了项目投入,应当由中介单位对其施工工程量作出工程造价鉴定,经过法庭质证程序,由审判庭认定的鉴定结论判决项目的赔偿或者补偿具体金额。因一审由住建局启动诉讼请求解除《特许经营协议》,石源公司作为被告在一审未提起反诉请求,也未就其施工投入向法院提交请求及证据,一审履行了调解程序,未成。对于石源公司损失因其未行使诉权,不予合并审理。二审法院因此作出“协议解除后的赔偿问题,双方可以另行处理”。有关解除合同后的赔偿或补偿事宜,只能另案再诉解决。

案例73　管委会通知解除PPP合同行为是否有效

相关问题

1. 诉争项目是否符合开工条件；

2. 管委会解除合同通知是否有效；

3. 施工方在项目未取得《国有土地使用权证》《工程规划许可证》情况下是否有权拒绝开工。

裁判要点摘选

PPP合同的内容既包含行政许可的范畴，又包含民事合同的内容，涉及资金来源、项目报批和项目开工等诸多方面。包括施工内容的PPP合同，社会资本方的合同义务并非单纯的建设工程施工义务。社会资本方履行合同构成根本违约的，采购方有权依约解除PPP合同。

再审申请人（一审原告，二审上诉人）：园林公司

再审被申请人（一审被告，二审被上诉人）：某产业园管理委员会

一审第三人：龙设公司

因确认合同效力纠纷，园林公司向一审法院提起民事诉讼，起诉被告某产业园管理委员会（以下简称管委会），并将龙设公司列为第三人。

园林公司诉讼请求：（1）判令管委会解除《产业园道路PPP项目合同》行为无效；（2）判令本案诉讼费用由管委会负担。

一审查明

一、各方当事人无争议的事实

(1)2017 年 8 月 4 日,园林公司及龙设公司中标取得一循环经济产业园道路工程 PPP 项目。(2)2017 年 10 月 27 日,园林公司、龙设公司与管委会签订《产业园道路 PPP 项目合同》。合同约定:开工日期为 2017 年 11 月 15 日,竣工日期为 2018 年 11 月 15 日。合同第 18 条对合同的解除作了约定,合同还对项目公司的设立、项目前期费用、项目范围、合作期限、工期、权利义务、违约责任、履约担保等进行了约定。(3)园林公司及龙设公司共同出资设立产业园道路工程项目公司"苏建公司"。(4)管委会先后在 2018 年 4 月 12 日、5 月 18 日、5 月 30 日、6 月 14 日、6 月 23 日书面通知园林公司开工,园林公司没有开工。(5)2018年 6 月 29 日,管委会发出《解除合同通知书》。2018 年 7 月 3 日,园林公司收到管委会的《解除合同通知书》。

二、各方当事人有争议的事实

诉争项目是否符合开工条件。园林公司认为,三方已经签订《产业园道路 PPP 项目合同》,合同合法有效。管委会未取得国务院、项目所在省国土部门合法的土地使用批文,至今未选定监理机构,未获得施工许可证,也没有收到合法的符合约定的开工通知。园林公司不履行合同,是因为项目暂时还不具备开工条件。管委会认为,项目至今未开工建设是园林公司及龙设公司单方违约造成的,管委会按合同约定在 2018 年 4 月 12 日去园林公司催促开工,又在 2018 年 5 月18 日、5 月 30 日、6 月 14 日、6 月 23 日先后书面通知园林公司开工。经管委会多次致函,园林公司及龙设公司仍不采取补救措施且未陈述具体理由,不提供施工方案,拒绝开工建设。园林公司提出上述不具备的开工条件,如施工方案、建设资金融资、建设施工许可证等,应是园林公司和龙设公司设立的项目公司苏建公司成立后,由项目公司向有关部门申请。园林公司和项目公司未融资到位,不提出施工申请、施工方案,拒绝开工建设,已构成合同的实质性违约。管委会向一审提供了项目所在市政府专题会议纪要,以及市发改委、市国土资源局、市规划局、市环保局、市财政局有关产业园道路工程 PPP 项目的请示和批复文件,证实其主张。

一审意见

一审法院经审理认为:

管委会所提供证据构成完整的证据链，足以证实该诉争项目符合开工条件，且多次致函园林公司要求开工，对园林公司提出项目不符合开工条件的事实不予认定。关于2018年6月29日解除合同通知是否有效问题。园林公司认为，《解除合同通知书》未写明解除合同的通知期限，双方没有解除合同通知期限的约定，通知期限系管委会单方面陈述。管委会认为，合同第9.1.8条、第18.1.8条及第18.3条明确约定，在园林公司及龙设公司未履行合同项下义务情况下，在收到管委会要求说明其违约并要求补救的书面通知后60日内仍未能补救违约行为的，管委会有权解除合同，管委会向园林公司发出解除合同通知，园林公司在收到解除合同通知后满30日的次日为提前移交日。按照合同约定，管委会从2018年4月12日通知园林公司采取补救措施到管委会通知解除合同已经78天，符合合同约定。一审法院认为，园林公司、管委会及龙设公司签订的合同明确约定了开工时间和竣工时间及合同解除的条件，管委会依照合同约定分别多次通知园林公司开工，但园林公司并未开工建设。管委会在2018年6月29日发出解除通知，园林公司已收到解除通知，管委会解除合同的行为符合合同约定和法律规定。据此，认定管委会2018年7月2日通知园林公司解除合同的行为有效，并发生解除合同的法律效果。

管委会和园林公司、龙设公司在产业园道路工程PPP项目合同中约定了解除合同的条件，现解除合同的条件成就。管委会依约享有解除权，其解除合同的行为合法有效，发生解除合同的效果。

一审结果

一审判决：驳回园林公司的诉讼请求。

园林公司不服一审判决，向陕西省铜川市中级人民法院（以下简称铜川中院）提出上诉。

二审意见

铜川中院认为，本案争议的焦点：管委会对《产业园道路PPP项目合同》的解除行为是否有效。

《产业园道路PPP项目合同》系管委会和园林公司、龙设公司三方在充分协商的基础上形成，意思表示真实，不违反法律和行政法规的强制性规定，应为有效。合同约定乙方（指园林公司、龙设公司）未履行本合同项下的义务构成对本合同的实质性违约，甲方（指管委会）有权解除合同。因此，乙方是否构成实质性违约是处理本案的关键性问题。

铜川中院认为，园林公司未按管委会要求开工构成实质性违约：(1)尽管《产业园道路PPP项目合同》约定的发出通知开工主体为监理单位，但是监理单位并非合同一方；(2)合同中没有监理单位的具体名称；(3)监理单位是通过与建设方签订委托合同而进行监理工作，监理单位是否拥有发布开工指令依赖于委托合同的授权，由于监理单位没有确定，开工指令的建设方是否授权及监理单位是否接受授权均不能确定，故"监理人发出开工通知"实为履行方式不明的约定。《合同法》规定，履行方式不明确的，按照有利于实现合同目的的方式履行。双方当事人对于约定不明的履行方式未能达成补充协议，应当按照合同有关条款或交易习惯确定。《最高人民法院关于审理建设工程施工合同纠纷案件适用法律问题的解释(二)》[①]规定，开工日期以发包人或者监理人发出的开工通知载明的开工日期，因此，在监理单位不能确定时，由发包人发出开工通知符合交易习惯和法律规定。就实现合同目的而言，由建设方还是监理单位通知开工仅是通知主体不同，并不会对施工人的利益产生影响，为了促使合同依约履行，在开工通知方式约定不明的情况下，管委会多次向园林公司发出开工指令但园林公司一直拒绝开工，显然构成实质性违约，依据合同约定解除合同的条件已经成就，而且按照合同约定的竣工时间园林公司已不可能完成合同约定的义务，合同目的已无法实现，管委会依据法律规定及合同约定通知园林公司、龙设公司解除合同并不违反法律规定。园林公司诉称管委会未取得《国有土地使用权证》和《工程规划许可证》，故案涉工程不具备开工条件，但合同并没有园林公司在未取得《国有土地使用权证》《工程规划许可证》的情况下其有权拒绝开工的约定，园林公司该项上诉理由不能成立。

二审结果

2019年3月11日，铜川中院作出民事判决：驳回上诉，维持原判。

园林公司不服二审判决，向陕西省高级人民法院(以下简称陕西高院)申请再审。

再审审查

陕西高院经审查认为，管委会与园林公司、龙设公司签订的《产业园道路工

---

① 现已失效。

程 PPP 项目合同》系就产业园道路工程建设施工项目有关资金来源、项目报批，项目开工等一系列问题的框架协议，其内容既包含了行政许可的范畴，又包含了民事合同的内容。本案并不是单纯的建设工程施工合同的履行，园林公司不能简单适用建设工程施工合同的相关法律而拒绝履行合同约定内容。管委会和园林公司、龙设公司在《产业园道路工程 PPP 项目合同》中约定了解除合同的条件，现解除合同的条件成就。管委会依约享有解除权，其解除合同的行为合法有效，发生解除合同的效果。

审查结果

2020 年 4 月 22 日，陕西高院作出民事裁定：驳回园林公司的再审申请。

案例评析

1. 关于诉争项目是否符合开工条件问题

本案中，关于案涉项目是否取得建设工程规划许可证、施工许可证、建设用地规划许可证、建设土地使用证或者相关可认定具有土地使用权的资料问题，法院的裁判意见并未具体说明，亦无相关意见，只是说明“管委会向一审提供了项目所在市政府专题会议纪要，以及市发改委、市国土资源局、市规划局、市环保局、市财政局有关产业园道路工程 PPP 项目的请示和批复文件，证实其主张”。编者认为，社会资本方已提出相关抗辩意见，即使没有提出，受案法院亦应作出审理认定，这也涉及合同未履行的责任及解除合同条件的认定。建设审批手续，法院社会资本方却并未落实建设资金，更未提交施工建设方案，造成诉争工程不具备开工条件。案涉项目之建设工程规划许可证、建设用地规划许可证、建设土地使用证，应由政府方办理取得。关于施工许可证问题，根据法律法规规章规定，建设项目应取得施工许可证后方可开工，如《建筑工程施工许可管理办法》第 2 条规定：“建设单位在开工前应当依照本办法的规定，向工程所在地的县级以上地方人民政府住房城乡建设主管部门申请领取施工许可证”。第 12 条规定：“对于未取得施工许可证或者为规避办理施工许可证将工程项目分解后擅自施工的，由有管辖权的发证机关责令停止施工，限期改正，对建设单位处工程合同价款 1% 以上 2% 以下罚款；对施工单位处 3 万元以下罚款。”本案中，园林公司和龙设公司设立的项目公司苏建公司成立后，该项目公司已成为办理施工许可证的主体，而非政府方。

2. 管委会解除合同通知是否有效

《产业园道路 PPP 项目合同》系管委会通过招投标方式确定中标人，系双方真实意思表示，且不违反法律和行政法规的效力性禁止性规定，应为有效，对双方均具有法律约束力。例如，根据管委会向一审提供的项目所在市政府专题会议纪要，以及市发改委、市国土资源局、市规划局、市环保局、市财政局有关产业园道路工程 PPP 项目的请示和批复文件，可以认定案涉项目已具备了除施工许可证外的其他审批手续，社会资本方中标后组建项目公司，经管委会多次书面催告，仍未按约落实建设资金，未提交施工方案，则已构成根本违约，管委会单方发出解除合同的通知合法有效。

案例 74 《PPP 项目合同》解除通知是否具有法律效力

相关问题

1.《PPP 项目合同》能否继续履行；

2. 解除《PPP 项目合同》程序是否合法。

裁判要点摘选

根据《合同法》第 93 条第 2 款的规定，当解除合同的条件出现时，享有解除权的当事人可以行使解除权解除合同。解除程序符合约定及法律规定的，应予支持。

基本案情

上诉人（一审原告）：杭高公司

被上诉人（一审被告）：P 县人民医院

一审第三人：国融公司

一审第三人：京昊公司

一审第三人：三筑公司

P 县人民医院（以下简称县医院）发布的《县医院新院区建设项目采购社会资本方竞争性磋商文件》第 6 条规定，中标人应按照《公司法》等法律规定成立项目公司，公司性质为有限责任公司，在《项目合同》草签后 30 个工作日内完成工商注册登记手续，注册资金为 21,000 万元。2016 年 9 月 1 日，杭高公司与第三人国融公司、京昊公司、三筑公司组成的联合体成为县医院新院区建设项目的中标方。

2016年12月6日,联合体与县医院签订了《县医院新院区建设PPP项目合同》(以下简称《PPP项目合同》)。合同第7.2条约定,本项目由P县人民政府授权建投公司和乙方(联合体)共同出资设立项目公司,投资、建设、运营项目。其中政府出资4200万元,占项目公司20%的股权,乙方出资16,800万元,占项目公司80%的股权。合同第56条合同解除的事由中约定,乙方未按照约定投入资金,在被允许的时期内未得到改正,甲方(县医院)有权发出通知解除合同。合同第57.1条约定,一方提出解除本合同的,需提前30日向对方发出终止意向通知,终止意向通知应表述违约事件的详细情况并给出必要的协商期。合同签订后,联合体未按照约定日期出资16,800万元成立项目公司。

2017年4月20日,县医院向联合体发出了《PPP项目合同》解除意向通知书,通知书明确合同解除协商期为30日,自联合体牵头人收到通知书之日起开始计算,并限定联合体在2017年5月1日前按照项目采购文件和项目合同约定出资,并完成项目公司的设立手续。联合体于2017年4月21日收到该通知。2017年5月8日,县医院向联合体发出了关于履行《PPP项目合同》在磋商期内设立项目公司的督促函,再次明确在磋商期内,若联合体未解决项目公司设立问题,县医院将解除合同。2017年5月22日,县医院向联合体发出了解除《PPP项目合同》通知书。2017年5月26日,杭高公司收到该通知书。

2017年7月13日,县医院与联合体的其他成员国融公司、京昊公司、三筑公司达成《县医院新院区建设PPP项目合作终止协议书》及《县医院新院区建设PPP项目合作终止补充协议书》。

2017年8月9日,杭高公司以确认合同效力为案由向一审法院提起本案民事诉讼,请求:(1)判决确认县医院2017年5月22日向杭高公司发出的解除《PPP项目合同》通知书无效;(2)诉讼费用由县医院负担。

一审意见

一审法院认为,截至2017年4月22日前联合体尚未履行16,800万元出资义务,按照合同约定,县医院有权解除合同,其解除合同的行为符合合同约定的解除程序,故该解除行为有效,《PPP项目合同》自杭高公司收到解除通知书时已解除。且联合体其他成员已与县医院达成终止项目合作协议书,该联合体实际已解体,无法履行合同。

一审结果

2017 年 9 月 18 日，一审法院作出民事判决：驳回杭高公司的诉讼请求。

杭高公司不服一审判决，向河南省濮阳市中级人民法院（以下简称濮阳中院）提出上诉。

二审意见

濮阳中院认为，杭高公司提出一审未审查第三人提出的管辖权异议，直接缺席开庭审理，程序违法问题。因三筑公司是经杭高公司申请，作为无独立请求权第三人参加诉讼，故其无权提出管辖权异议，且杭高公司系一审原告的诉讼地位，如认为管辖权存在问题，可通过撤回诉讼或者申请移交其他有管辖权法院审理的方式提出，杭高公司以此作为上诉理由，请求发回重审，不予支持。关于双方签订的《PPP 项目合同》是否应当继续履行以及能否继续履行的问题。经查，杭高公司与一审第三人作为联合体，未能按照约定投入资金，该合同第 56 条合同解除事由中约定，乙方未按照约定投入资金，在被允许的时期内未得到改正，甲方有权发出通知解除合同。根据《合同法》第 93 条的规定，当解除合同的条件出现时，享有解除权的当事人可以行使解除权解除合同，因杭高公司未能按照约定期限履行约定的出资义务，县医院依约享有合同解除权，双方在磋商期内未能达成一致协议，县医院于 2017 年 5 月 22 日向联合体发出了解除《PPP 项目合同》通知书，自通知到达对方之日产生法律效力。同年 7 月 13 日，县医院与联合体其他各方已签订解除合同协议，合同客观上已不能履行，杭高公司主张继续履行合同的上诉请求，不予支持。

二审结果

2018 年 2 月 8 日，濮阳中院作出民事判决：驳回上诉，维持原判。

案例评析

1. 关于《PPP 项目合同》能否继续履行问题

本案《PPP 项目合同》并不违反法律、行政法规强制性规定，应为合法有效。因联合体一方未按约定期限履行出资义务，县医院依约享有合同解除权。2017 年 5 月 22 日，县医院向联合体发出了解除《PPP 项目合同》通知书。2017 年 5 月 26 日，杭高公司收到该通知书。解除通知到达杭高公司之日，《PPP 项目合同》已经解除。本案比较特殊的情况是，除杭高公司外的其他联合体成员在此后与县医院签订有关终止协议,这样的情况实不多见,一般联合体成员步调是一致的。因合同已解除,此后的终止协议已没有意义,并且,该终止协议因杭高公司并未参与,对杭高公司也不具有约束力。

2. 关于解除《PPP 项目合同》程序是否合法问题

《PPP 项目合同》第 57.1 条约定,一方提出解除本合同的,需提前 30 日向对方发出终止意向通知,终止意向通知应表述违约事件的详细情况并给出必要的协商期。本案中,联合体于 2017 年 4 月 21 日收到《PPP 项目合同解除》意向通知书,县医院预留了协商期。因协商未成,2017 年 5 月 22 日,县医院向联合体发出了解除《PPP 项目合同》通知书。县医院完全按照约定的程序行使合同解除权,解除《PPP 项目合同》程序合法。

案例 75　案涉城管执法委是否具有解除 BOT 协议的职权

相关问题

1. 案涉城管执法委是否具有解除 BOT 协议的职权；
2. 案涉城管执法委解除 BOT 协议的条件是否成立；
3. 案涉城管执法委解除 BOT 协议的程序是否合法；
4. 原告相关项目延误的国家赔偿请求是否成立。

裁判要点摘选

行政协议兼具行政和民事的双重属性，一方面，城管执法委作为协议的当事人，根据协议约定享有解除权，且协议中并未另行约定需要授权机关的批准才可作出解除行为的前置条件；另一方面，城管执法委作为经市政府授权的行政部门，全面组织实施协议的签订、履行、解除工作，具有解除的职权。

基本案情

上诉人（一审原告）：德九公司

被上诉人（一审被告）：C 市城市管理执法委员会

2012 年 5 月 24 日，C 市人民政府（以下简称市政府）就城区生活垃圾焚烧发电项目建设有关问题召开专题研究会议，授权 C 市城市管理执法委员会（以下简称城管执法委）与德九公司签订 BOT 协议。会议强调德九公司要在 2012 年完成项目选址、可研报告、项目审批、环境影响评价等前期工作，确保 2013 年一季度开工，2014 年 6 月 30 日前建成投产。

C市发展和改革委员会(以下简称市发改委)及市政府向湖北省发展和改革委员会(以下简称省发改委)分别提交《关于C市生活垃圾热解气化发电项目开展前期工作的请示》及《关于建设生活垃圾焚烧发电项目有关情况的函》。《关于建设生活垃圾焚烧发电项目有关情况的函》载明:“一、项目实施方式……同意德九公司在××区××村利用热解气化新技术,采用分步实施的方式,新上4台2××吨/日热解气化炉,建设生活垃圾焚烧发电项目。具体实施步骤:第一步,先上一台2××吨/日热解气化炉,配备1台相应的发电机组,进行半年以上不间断运行试验,请专家鉴定试验结果;第二步,如经专家鉴定试验成功,则启动另外3台2××吨/日热解气化炉,配备相应发电机组。二、项目进度要求……2012年完成项目选址、土地预审、可研报告、环境影响评价、项目审批等前期工作,确保2013年3月30日前开工,2014年6月30日前建成投产。三、项目备选方案。如果德九公司在项目建设中第一步试验不成功,我市将按照国家住建部和国家发展改革委《生活垃圾焚烧处理工程项目建设标准》,采用其他成熟可靠的垃圾焚烧发电技术,由市政府另外确定项目业主承建该项目,并确保在2016年年底建成投产。”

省发改委于2012年9月19日作出《关于同意垃圾焚烧发电项目开展前期工作的通知》,主要内容:原则同意开展垃圾焚烧发电项目前期工作的申请,同意C市新上4台2××吨/日生活垃圾热解气化炉,建设生活垃圾焚烧发电项目。具体实施方案按照《关于建设生活垃圾焚烧发电项目有关情况的函》确定。请按照《湖北省企业投资项目核准暂行办法》(鄂政发〔2005〕12号)抓紧向有关单位申请办理城市规划意见、用地预审意见、环境影响评价审批意见、安全影响评价审批意见、节能评估审查意见及根据有关法律法规应提交的其他文件,并于通知印发(2012年10月9日印)后1年内按有关程序报请核准,逾期将不予受理。

2013年6月8日,市政府授权城管执法委(甲方)与德九公司(乙方)签订了《生活垃圾焚烧发电厂BOT项目特许经营协议》(以下简称BOT协议),载明:“确定德九公司作为生活垃圾焚烧发电厂BOT项目的投资人,负责组建项目公司建设—运营—移交生活垃圾焚烧发电厂。根据市政府对C市城市管理行政执法局(以下简称城管局)的授权,市城管局授予项目公司特许经营权,由项目公司负责融资、设计、建设、运营和维护项目工程,提供垃圾处理服务,在特许期满后将项目设施无偿、完好移交给市城管局,并保证正常运行。……3.1:特许经营期限为25年,授予项目公司在特许期内对本项目进行投资、融资、设计、建设、运营、维护、移交的权利。……5.1(2):项目公司应根据适用法律法规的规定,通过法定程序选择并委托有相应资质的单位编制项目申请报告和环境影响评价,并获得有关部门的批准。……6.2.1:项目公司应于本协议签订之日起三个月内开工建设,并在开工之日起18个月内建成并投入试运行。……6.4.1(4):项目公司负责按适用法律法规的要求及时申请并获得项目建设和运营期所需要的批准文件,并使其保持有效,同时支付所有获得上述批准所需的费用和支出。……15.1.1:下述每一事件如果不是由于不可抗力或C市城管局违约所致,如果有允许的期限而在该期限内未能得到纠正,即构成项目公司违约事件,C市城管局有权依据第15.2.1款的规定立即发出终止意向通知……(11)项目公司未履行本协议和服务协议的义务构成实质性违约,并且在收到C市城管局要求说明其违约并予以补救的书面通知后三十日内仍未能补救该实质性违约。……15.2.1(2):在终止意向通知发出之后,双方应在二十日之内或双方同意的更长时间内(协商期)协商避免本协议终止的措施。……15.2.2(2):在协商期届满之时,除非双方另外达成一致或导致发出终止意向通知的项目公司违约时间或C市城管局违约事件得到纠正,则发出终止意向通知的一方可以向另一方发出终止本协议的终止通知。……17.2.1:因可归责于项目公司而有下列情形的之一者,构成违约:(1)项目公司逾期开工超过六十日。……17.2.4:因可归责于项目公司的原因,项目公司不能在本协议规定的开工日期开工,市城管局有权全额没收建设期履约保证金并终止本协议。……"

协议签署前后,德九公司陆续完成了建设项目选址、建设用地预审、安全预评价、社会稳定风险评估等前期工作,但未取得湖北省环境保护厅(以下简称省环保厅)关于案涉项目环境影响报告书的批复,故无法报请省发改委进行项目核准。2013年9月17日,德九公司向城管执法委提交《关于延迟C市生活垃圾热解气化发电项目开工时间的请示》,称"根据我公司与贵局签订的BOT协议,该项目应于2013年9月8日开工建设,由于当地村民对该项目不了解,影响了项目工程进度。市、区、镇各级政府、相关部门及我公司用了大量的时间通过科普宣传、专家咨询会、座谈会及听证会等多种形式让当地村民对本项目充分了解知晓、争取公众理解支持,现已完成了该项目的公众参与及听证会,环评报告已报省环保厅审批,我公司确保在2013年12月底开工建设”。2013年11月18日,德九公司取得《省环保厅关于C市生活垃圾焚烧发电厂工程环境影响报告书的批复》。因已超过省发改委要求的报请核准期限,未能上报核准。直至本案开庭审理时,德九公司仍未取得省发改委项目核准批复。

2016年1月26日,德九公司向C市委、市政府提交请示,要求尽快推进落实C市垃圾发电项目。2016年4月13日,市发改委向市政府报告:C市发改委向湖北省能源局进行了专题汇报,湖北省能源局表示考虑到该项目所采用的技术方案目前尚无生产实践,进行技术论证的条件尚不充分,建议先开展生产实验,再由省能源局组织专家评审,如通过评审,湖北省能源局再依C市请示正式核准该项目。

2016年5月3日,城管执法委向市政府提交《关于召开城区生活垃圾焚烧发电项目决策会议的请示》,请示召开会议确定解决如下事项:“1.尽快将本项目报省发改委组织专家进行可行性评审并核准;2.提请市政府法制办对新修改的《C市生活垃圾焚烧发电BOT项目特许经营协议》予以审查并重新签订BOT协议;3.成立项目推进领导小组。”市政府办公室收文后将该件转至市发改委。市发改委回复称:(1)建议市政府同意继续推进该项目建设;(2)建议分步推进该项目建设;(3)BOT协议处理问题建议由市城管委、市法制办共同研究提出处理意见,报市政府决策。城管执法委遂就该项目与德九公司再次沟通,德九公司不同意先开展垃圾焚烧发电试验合作及重新签订《开展垃圾焚烧发电试验合作协议》,德九公司要求市发改委尽快向省发改委上报项目核准,在统一规划4台2××吨/日热解气化炉基础上,采用分步实施方式,一期建设规模按一台发电机组的容量匹配2台2××吨/日热解气化炉。

2018年12月25日,城管执法委向德九公司作出《关于解除〈生活垃圾焚烧发电厂BOT项目特许经营协议〉的函》(以下简称《解除函》),决定解除其与德九公司签订的BOT协议。德九公司对《解除函》有异议,多次与城管执法委就解除事项来往函件。2019年2月19日,城管执法委复函称,因德九公司未按时完成前期工作、未按时开工,违反了BOT协议约定,其有权解除协议,并告知德九公司可依法提起行政复议及行政诉讼。

德九公司因行政协议解除及赔偿提起行政诉讼,请求:(1)判决撤销被告于2018年12月25日作出的《解除函》;(2)判令被告因BOT项目延误向原告赔偿损失(以司法鉴定为准);(3)判令由被告承担本案诉讼费用。

一审意见

一审法院认为,《市政公用事业特许经营管理办法》第2条规定:“市政公用事业特许经营,是指政府按照有关法律、法规规定,通过市场竞争机制选择市政公用事业投资者或者经营者,明确其在一定期限和范围内经营某项市政公用事业产品或者提供某项服务的制度。城市供水、供气、供热、污水处理、垃圾处理等行业,依法实施特许经营的,适用本办法。”BOT协议涉及的垃圾焚烧发电项目系市政公用事业特许经营。根据《行政诉讼法》第12条第1款第11项之规定,公民、法人或其他组织认为行政机关违法解除政府特许经营协议的人民法院应予受理。本案德九公司认为城管执法委单方解除BOT协议违法提起诉讼,属于人民法院行政诉讼的受案范围,依法应当予以受理。针对城管执法委解除BOT协议行为的合法性审查,结合双方当事人诉辩意见,争议焦点:(1)城管执法委是否具有解除BOT协议的职权;(2)城管执法委解除BOT协议的条件是否成立;(3)城管执法委解除BOT协议的程序是否合法;(4)德九公司主张的关于项目延误的国家赔偿请求是否成立。

一、城管执法委是否具有解除BOT协议的职权

(1)《市政公用事业特许经营管理办法》第4条第3款规定,市政公用事业主管部门依据人民政府的授权负责本行政区域内的市政公用事业特许经营的具体实施。《基础设施和公用事业特许经营管理办法》第14条规定,县级以上人民政府应当授权有关部门或单位作为实施机构负责特许经营项目有关实施工作,并明确具体授权范围。根据上述规定,城管执法委作为本市市政公用事业主管部门,依法具备负责特许经营项目有关实施工作的法定职责。(2)市政府专题会议纪要明确由城管执法委与德九公司洽谈以BOT方式建设项目相关事宜,并签订BOT协议。城管执法委已得到市政府的授权。(3)BOT协议第十五章约定了协议的终止,其中包含由城管执法委提出终止的情形。同时,根据《基础设施和公用事业特许经营管理办法》第58条第2款“本办法实施之前依法已经订立特许经营协议的,按照协议约定执行”的规定,案涉BOT协议在该办法实施之前已经订立,按照协议约定城管执法委亦具备解除协议的职权。综上,城管执法委具备签订及解除BOT协议的职权。德九公司主张城管执法委不具备解除职权的主张缺乏事实和法律依据,一审法院不予采纳。

二、城管执法委解除BOT协议的条件是否成立

BOT协议系城管执法委根据市政府授权，为实现公共利益的需要，对垃圾焚烧处理项目实施特许经营，而与德九公司签订的协议，具有行政法上的权利义务内容，属行政协议。行政协议兼具行政性及协议性，在与行政法律规范不相冲突的情况下可以参照适用民事法律规范。《合同法》作为调整民事合同的法律规范，在不违反有关行政法强制性规定的情况下，可以适用于行政协议。依据《合同法》第94条第4项的规定，当事人一方迟延履行债务致使不能实现合同目的，另一方可以解除合同。根据本案查明的事实，首先，德九公司存在迟延履行债务的违约行为。BOT协议第6.2款关于建设进度计划约定：项目公司应于本协议签订之日起3个月内开工建设，并在开工之日起18个月内建成并投入试运行。德九公司未能按期开工建设，至今亦未完成项目建设并投入使用，其行为已构成履行合同义务的迟延。德九公司提出异议，称其未能按期开工建设系因省发改委于2013年8月对其审批文件临时增加内容，且省环保厅逾期作出环评审批，导致项目未能在期限内上报核准。对此一审法院认为：(1)德九公司未能举证证明省发改委于2013年8月对其审批文件临时增项的事实；(2)BOT协议第5.1(2)款“项目公司前期工作”约定：“项目公司应根据适用法律法规的规定，通过法定程序选择并委托有相应资质的单位编制项目申请报告和环境影响评价，并获得有关部门的批准”；第6.4.1(4)款“项目公司的主要责任”约定：“项目公司负责按适用法律法规的要求及时申请并获得项目建设和运营期所需要的批准文件。”因此，BOT协议已经约定德九公司应自行取得建设项目所需的所有审批手续，包括环评批复及项目核准批复，且办理环境影响评价手续亦是《环境影响评价法》规定的建设单位应有的职责。而德九公司于2013年11月18日才取得省环保厅环评批复，至今未获得省发改委对项目的核准，已超过BOT协议约定的开工日期(2013年9月8日)。省发改委是否在2013年8月对案涉项目审批文件临时增项不影响德九公司已构成违约的事实。德九公司延迟履行义务的行为致使合同目的不能实现。德九公司在未能依约开工建设的情况下，于同年9月17日向城管执法委提交请示，承诺确保在2013年12月底开工建设，但仍未依约开工。2016年，城管执法委为促成合同目的的实现曾多次与德九公司协商，按照湖北省能源局建议方案推进项目建设，德九公司均未同意。德九公司取得案涉项目特许经营授权后，在长达近6年的时间里一直未启动项目

建设，生活垃圾处置事关社会公共利益和公共安全，若不及时、有效、合理地进行处置将会给社会和环境造成严重危害。城管执法委与德九公司签订 BOT 协议是为了通过建设生活垃圾焚烧发电厂，实现城市生活垃圾处理的现实需求，但德九公司至今未能取得省发改委项目核准文件，亦未取得建设用地规划许可证、建设工程施工许可证以及城市生活垃圾经营性处置服务许可证，故不能履行协议约定的对生活垃圾进行集中处置的义务，已经致使合同目的不能实现。故城管执法委解除 BOT 协议的条件成就，事实清楚。

三、城管执法委解除 BOT 协议的程序是否合法

BOT 协议第 15.1.1 款中关于由城管执法委提出的终止情形中约定："需要下述事件如果不是由于不可抗力或 C 市城管局违约所致，如果有允许的期限而在该期限内未能得到纠正，即构成项目公司违约事件，C 市城管局有权根据第 15.2.1 款的规定立即发出终止意向通知……(11)项目公司未履行本协议和服务协议的义务构成实质性违约，并且在收到 C 市城管局要求说明其违约并予以补救的书面通知后三十日内仍未能补救该实质性违约。"第 15.2.1 款约定："在终止意向通知发出之后，双方应在二十日内或者双方同意的更长时间内协商避免本协议终止的措施，在协商期届满后再向对方发出终止本协议的终止通知。"德九公司未履行协议，城管执法委首先应发出要求其予以补救的书面通知，30 日后德九公司未纠正，城管执法委可再发出终止意向通知。在终止意向通知发出之后，双方应在 20 日内或者双方同意的更长时间内协商避免本协议终止的措施，在协商期届满后再向德九公司发出终止本协议的终止通知。除了约定的解除程序，政府特许经营协议的解除亦应遵循行政行为的程序合法性要求。根据《基础设施和公用事业特许经营管理办法》第 51 条的规定，特许经营者认为行政机关作出的具体行政行为侵犯其合法权益的，有陈述、申辩的权利，并可以依法提起行政复议或者行政诉讼。可见，在行政行为作出时，陈述、申辩等权利是行政相对人的法定权利，行政机关对此应履行必要的告知义务，否则构成程序违法。本案中，城管执法委未按照 BOT 协议约定的程序作出终止意向通知，亦未依照《基础设施和公用事业特许经营管理办法》的规定在作出解除决定前给予德九公司陈述、申辩的权利，但城管执法委解除 BOT 协议的条件成就、事实清楚，且城管执法委在作出《解除函》后多次与德九公司就解除问题来往函件，听取德九公司的陈述、申辩意见并予以回复，并于 2019 年 2 月 19 日书面告知德九

公司可依法提起行政复议及行政诉讼,救济途径得以保障,故该行政行为程序轻微违法,但未对德九公司权利产生实际影响。

四、德九公司主张的关于项目延误的国家赔偿请求是否成立

行政赔偿应以违法行政行为的存在为前提,从本案来看,项目延误系因德九公司迟延履行获得项目建设所需要的批准文件的合同义务,并非城管执法委行政行为违法所致,故德九公司提出行政赔偿的请求缺乏前提基础,一审法院不予支持。

综上,城管执法委作出《解除函》的程序轻微违法,但对德九公司权利义务不产生实际影响,故德九公司要求撤销《解除函》及要求项目延误的国家赔偿的诉讼请求,一审法院不予支持。

一审结果

2019 年 12 月 20 日,一审法院经审判委员会讨论决定作出行政判决:一、确认被告城管执法委于 2018 年 12 月 25 日作出的《解除函》程序违法,但不予撤销;二、驳回原告德九公司要求城管执法委赔偿因项目延误所致损失的诉讼请求。

德九公司不服一审判决,向湖北省宜昌市中级人民法院(以下简称宜昌中院)提出上诉。

二审意见

宜昌中院认为,本案德九公司起诉的是城管执法委解除 BOT 协议的行政行为,故本案所审理的重点:(1)城管执法委解除 BOT 协议的合法性问题;(2)德九公司起诉要求城管执法委赔偿因 BOT 项目延误所造成的损失能否得到支持。

一、关于城管执法委解除 BOT 协议的合法性问题

根据 BOT 协议约定,德九公司应在签订协议后 3 个月内开工建设,但在开工建设之前,德九公司需要自行办理相关审批手续,由城管执法委予以协助。根据德九公司提交的省环保厅对其作出的环评批复,作出时间为 2013 年 11 月,而在此之前省发改委对案涉项目所作的批复中,明确要求应在批复印发后一年内(2013 年 10 月 9 日之前)上报审批,由于德九公司逾期取得环评批复,案涉项目已超过向省发改委申报的截止时间。德九公司认为,由于其在 2013 年 8 月被市发改委临时通知增加批复项目内容,才导致逾期,且城管执法委具有向省发改委上报核准的职责,由于城管执法委未及时上报,才导致案涉项目不能取得批复,

无法开工建设。根据二审查明的相关情况,城管执法委表示对该增项事实不清楚,而一审法院也未采纳德九公司提交的《垃圾发电项目核准所需材料一览》。根据BOT协议、城管执法委提交的省发改委2012年9月19日《关于同意垃圾焚烧发电项目开展前期工作的通知》、市发改委2016年4月13日《落实市领导关于德九公司垃圾焚烧发电项目批示精神有关事项的请示》、城管执法委2016年7月20日《关于落实市政府主要领导对德九公司垃圾焚烧发电项目批示意见的情况报告》等文件材料,尽管向省发改委上报的主体是市发改委,但德九公司应及时申请并获得项目建设和运营期所需要的批准文件。但根据本案查明的事实,德九公司并未按省发改委要求的时间取得全部批准文件。由于省发改委明确未按要求时间取得相关文件的,"逾期将不予受理",故德九公司未取得省发改委批复,不能归责于城管执法委。德九公司在二审庭审中主张其于2013年9月26日向C市××区发改委上报的请示文件中载明了其已经完成了所有报批文件,但是该文件只是德九公司单方发出的请示文件,没有相关行政机关的回复。事实上,德九公司在该时间也尚未获得报批必备材料之一的环评批复,在此情况下,市发改委仍然无法向省发改委上报核准。据此,一审法院结合上述事实,认定德九公司未按照协议约定按要求按期限开工建设,存在违约事实,并无不当。

通过双方提交的相关证据材料可以看出,即使德九公司未能如期进行开工建设,本市相关行政机关为了推动项目建设仍做了相应的争取工作,城管执法委也向市政府提交了《关于尽快推进落实生活垃圾焚烧发电项目的请示》《关于召开城区生活垃圾焚烧发电项目决策会议的请示》。2016年4月,市政府再次对案涉项目进行专题汇报,湖北省能源局提出了具体回复意见,认为该项目所采用的技术方案目前尚无生产实践,进行技术论证的条件尚不充分,建议按下列步骤实施,即:市政府同意德九公司开展生产实验——市发改委向省能源局报送"关于采用RQL立式套筒热解气化炉工艺开展垃圾焚烧发电实验的请示"——省能源局批复同意——德九公司开展生产实验——省能源局组织专家评审,如通过评审,省能源局再依我市请示正式核准该项目。由于省能源局新提出的这一建议与之前的方案有差别,城管执法委遂与德九公司进行协商,提出重新签订《开展垃圾焚烧发电试验合作协议》。但是德九公司表示要按照之前统筹4台,先上1台的方案实施,只同意签订BOT协议的补充协议,故双方未能达成一致意见。

宜昌中院认为,省能源局系省发改委专门负责拟定能源发展战略、规划和政策,提出能源体制改革建议的部门,因此省能源局有权针对案涉项目接受市政府的专题汇报并提出具体意见。从省能源局"考虑到该项目所采用的技术方案目前尚无生产实践,进行技术论证的条件尚不充分,建议先开工建设1台焚烧炉,试生产一段时间后,再由省能源局组织有关专家现场进行技术评审"的回复意见可以看出,即使到2016年,省能源局对案涉项目的建议也是先开展1台焚烧炉的生产实验,通过专家评审后再请示核准。在此情况下,德九公司仍主张项目未被核准的责任在于市发改委未上报,其主张明显不能成立。双方当事人就新的方案进行协商,长期不能达成一致意见,BOT协议的目的已然不能实现。考虑到生活垃圾集中处理的紧迫性要求和社会公共利益需要,城管执法委直到2018年12月25日才向德九公司发出《解除函》,完全具备《合同法》所规定的"迟延履行协议导致协议目的不能实现"的法定解除条件。

针对城管执法委解除BOT协议的程序问题。BOT协议15.2约定了终止意向通知和终止通知,即双方解除协议应经过意向通知、协商期、终止通知的程序,城管执法委径行向德九公司发出《解除函》不符合BOT协议的约定以及《基础设施和公用事业特许经营管理办法》的相关规定。但是,城管执法委在发出《解除函》之后与德九公司通过书面形式就协议解除事项进行了沟通,并告知德九公司相应的救济权利,一定程度上保障了德九公司的权利,未对其造成实质影响。据此,城管执法委解除程序轻微违法。

二、关于德九公司起诉要求城管执法委赔偿因BOT项目延误所造成的损失能否得到支持

德九公司认为,城管执法委造成BOT项目延误,应向德九公司赔偿损失。宜昌中院认为,如前所述,BOT协议签订后,因德九公司未依约履行相应合同义务,最终导致协议目的不能实现,城管执法委为推进项目实施,不存在延误行为,也已经尽到协助义务。城管执法委解除案涉BOT协议虽程序上轻微违法,但未对德九公司合法权益造成损害,且并不存在德九公司起诉主张的城管执法委造成BOT项目延误的违法行为,故德九公司的该项赔偿请求不能得到支持。

针对城管执法委解除BOT协议的职权问题,一审法院已对城管执法委享有解除行政协议的权利进行了论述,予以认可。德九公司上诉认为城管执法委应当经市政府同意后才享有解除协议的权利。宜昌中院认为,行政协议兼具行政

和民事的双重属性,一方面,城管执法委作为协议的当事人,根据协议约定享有解除权,且协议中并未另行约定需要授权机关的批准才可作出解除行为的前置条件;另一方面,城管执法委作为经市政府授权的行政部门,全面组织实施协议的签订、履行、解除工作,具有解除的职权。据此,德九公司的主张不能成立。

二审结果

2020 年 6 月 15 日,宜昌中院作出行政判决:驳回上诉,维持原判。

案例评析

1. 关于争议双方的主要意见

本案中,德九公司认为其未能在约定时间开工建设,系因市发改委临时增加批复项目内容所致,且城管执法委有向省发改委上报核准职责,由于城管执法委未及时上报,导致案涉项目无法取得批复,进而影响项目无法开工建设,因此主张城管执法委行政赔偿,且城管执法委并无职权解除 BOT 协议。城管执法委认为德九公司未按时获取报批必备材料之一的环评批复、未按时开工,违反了 BOT 协议约定,根据协议约定其有权解除协议,因此向德九公司作出了《关于解除〈生活垃圾焚烧发电厂 BOT 项目特许经营协议〉的函》,在发出《解除函》之后与德九公司通过书面形式就协议解除事项进行了沟通,并告知德九公司可依法提起行政复议及行政诉讼。

2. 关于城管执法委解除 BOT 协议的合法性问题

首先,在案件受案管辖方面,案涉 BOT 协议涉及的垃圾焚烧发电项目系市政公用事业特许经营,属行政协议,符合行政诉讼的受案范围。

其次,在城管执法委是否具有解除 BOT 协议的职权方面,城管执法委为有权签订、解除案涉 BOT 协议的主体,原因有下:第一,城管执法委具有相关法定职责。根据《市政公用事业特许经营管理办法》第 4 条第 3 款以及《基础设施和公用事业特许经营管理办法》第 14 条的规定,城管执法委作为本市市政公用事业主管部门,依法具备负责特许经营项目有关实施工作的法定职责。第二,城管执法委已就签订 BOT 协议获得市政府授权。本案中,市政府以专题会议纪要的方式明确授权城管执法委与德九公司洽谈 BOT 方式建设项目,对于 BOT 协议的解除职权亦包含在该授权范围内,因此城管执法委具有解除 BOT 协议的职权。第三,城管执法委终止 BOT 协议具备相应的合同基础。BOT 协议第十五章约定了协议的终止，其中包含由城管执法委提出终止的情形。第四，根据《基础设施和公用事业特许经营管理办法》第 58 条第 2 款“本办法实施之前依法已经订立特许经营协议的，按照协议约定执行”的规定，结合第 60 条“本办法自 2015 年 6 月 1 日起施行”，案涉 BOT 协议在该办法实施之前已经订立，按照协议约定城管执法委亦具备解除协议的职权。

再次，在城管执法委解除 BOT 协议的条件是否成立方面，依据 BOT 协议约定，德九公司具有按期完成审批手续的合同义务，其违反前述约定，导致未能如期开工，系违约。由于德九公司一直未取得相关审批手续导致项目未开工，城管执法委不具有可归责性。且本项目涉及公共利益，长期未开工致使案涉合同目的不能实现，双方当事人虽就新的方案经协商，但长期仍不能达成一致意见，城管执法委享有法定解除权。

最后，在城管执法委解除 BOT 协议的程序方面，第一，在法律规定层面，根据《基础设施和公用事业特许经营管理办法》第 51 条的规定，特许经营者认为行政机关作出的具体行政行为侵犯其合法权益的，有陈述、申辩的权利，并可以依法提起行政复议或者行政诉讼。第二，在协议约定层面，依据 BOT 协议第 15.2 条约定，解除协议应经过意向通知、协商期、终止通知的程序。城管执法委在发出《解除函》前未履行必要的告知义务，但该行为对德九公司权利义务并未产生实际影响，属于行政程序轻微违法。因此，该行为不足以支撑德九公司提起行政赔偿。

案例 76　政府方接管废水处理厂行为是否合法

相关问题

1. 两次堵塞废水处理厂的废水进水管道及停止废水处理设施的运行事实是否存在；

2. 停止接收污水是否属于自力救济；

3. 政府方接管废水处理厂行为是否合法；

4. 赔偿经济损失 26, 266, 271 元的诉讼请求应否支持。

裁判要点摘选

根据《国家赔偿法》第 4 条的规定，受害人取得行政赔偿的前提必须是行政机关及其工作人员有违法行使行政职权侵犯其财产权的情形。川水公司两次堵塞废水处理厂的废水进水管道，导致未经处理的电镀废水溢出调节池，污染周围环境，危及公共安全。镇政府在接到环保局紧急通知后，采取应急措施对讼争项目及其所有设施予以接管，该接管行为系行政机关在行政管理过程中，履行制止违法行为、避免危害发生、防止危害扩大的法定职责行为，并无不当。

基本案情

上诉人（一审原告）：川水公司

被上诉人（一审被告）：漳浦县 C 镇人民政府

2008 年 1 月 4 日，漳浦县 C 镇人民政府（以下简称镇政府）与中环公司签订《项目特许经营权协议》，中环公司应在漳浦县成立以履行《项目特许经营权协议》为目的、注册资本800万元的项目公司，且中环公司及其为本BOT项目所设的项目公司为《项目特许经营权协议》的一方当事人，《项目特许经营权协议》对中环公司及其所设项目公司同样具有法律约束力。《项目特许经营权协议》签订后，中环公司根据《项目特许经营权协议》于2008年2月1日成立了川水公司，作为具体负责该BOT项目建设与运营的项目公司。镇政府分别于2009年8月5日和9月8日通过公证方式致函中环公司和川水公司，要求中环公司和川水公司在限期内对其自身在履约方面存在的过错(包括过失)采取补救措施。川水公司分别于2009年9月20日和10月28日两次堵塞废水处理厂的废水进水管道，停止废水处理设施的运行，妨害五金园区的生产秩序，漳浦县环保局(以下简称环保局)和漳浦县公安边防派出所介入处理。2009年10月28日12时，环保局作出限期整改通知，责令川水公司必须于2009年10月28日18时之前恢复废水处理厂正常运行。川水公司并未按环保局的要求落实整改。2009年10月29日上午10时50分，未经处理的电镀废水溢出调节池，污染周围环境，危及公共安全，川水公司公司无人处理，环保局根据《水污染防治法》的有关规定，要求镇政府立即采取应急措施，并建议在非常时期按有关规定对电镀废水处理厂实行暂时接管，及时恢复污水处理设施的正常运行，确保电镀污水达标排放。镇政府根据《项目特许经营权协议》第18.8款、第26.3款的约定对电镀废水处理厂实施了暂时接管。2010年1月13日，镇政府通过公证方式向中环公司发出《通知书》：自通知书送达之日起解除镇政府与该公司于2008年1月4日签订的《项目特许经营权协议》。川水公司于2010年1月18日收到《通知书》。2011年9月21日，川水公司向漳浦县人民法院提交行政起诉书。2015年11月3日，川水公司向本案一审法院提交行政起诉状。2015年11月19日，一审法院作出行政裁定：对川水公司的起诉不予受理。川水公司不服，于2015年12月1日上诉至漳州市中级人民法院(以下简称漳州中院)。漳州中院于2016年4月5日作出行政裁定：(1)撤销一审法院行政裁定；(2)对川水公司请求确认镇政府将其所属的废水处理厂进行“临时接管”的行政行为违法并予以撤销，同时交还其废水处理厂和赔偿经济损失的诉求，予以立案受理。

川水公司诉镇政府及环保局、闽品公司、耐德公司、联塑公司、浦峰公司、茂电公司、成兆公司、利全公司、宏五公司侵权责任纠纷一案中，最高人民法院就川水公司的再审申请于2015年12月30日作出民事裁定。最高人民法院认为二审裁定认定《项目特许经营权协议》第26.3款体现了镇政府作为公共事务管理者的身份，此条款具有行政合同性质，并无不当；环保局采取相关行政处罚措施等目的是为了避免环境污染损害的发生和进一步扩大，接管行为的发生首先起因于环保局履行对环境污染同意监督管理的行政职能。镇政府负有保护环境、改善环境质量的职责，镇政府在接到环保局紧急通知后，采取应急措施对诉争项目及其所有设施予以接管，该接管行为系行政机关在行政管理过程中，履行制止违法行为、避免危害发生、防止危害扩大的法定职责行为。川水公司关于案涉接管行为属于侵权行为的申请再审理由不能成立。最高人民法院裁定：驳回川水公司的再审申请。

川水公司起诉镇政府（案由为行政赔偿纠纷），请求：判决镇政府赔偿经济损失26,266,271元。

一审意见

一审法院认为，《国家赔偿法》第7条第1款规定："行政机关及其工作人员行使行政职权侵犯公民、法人和其他组织的合法权益造成损害的，该行政机关为赔偿义务机关。"所以，行政赔偿诉讼的被告应是因违法行使行政职权侵犯公民、法人和其他组织的合法权益造成损害的行政机关。本案中，镇政府并没有违法作出接管的行政行为，故川水公司要求镇政府赔偿其经济损失26,266,271元，缺乏事实和法律依据，不予采纳。

一审结果

一审法院作出行政赔偿判决：驳回川水公司要求镇政府赔偿经济损失26,266,271元的诉讼请求。

川水公司不服一审判决，向漳州中院提出上诉。

上诉意见

川水公司上诉的主要理由：

一、一审认定事实和适用法律错误，掩盖了相关行政机关负责人违法行为。被上诉人镇政府的行政行为违法情形如下：(1)承诺污水量排放每日5000m^3，时至今日没有达到。具体见《项目特许经营权协议》第1.3款、第1.5款。此行政行为对上诉人的预期直接权益造成严重损害，庭审中，被上诉人依然没有举证证明其能达到招投标时书面承诺的水量5000m^3。(2)被上诉人违反《项目特许经营权协议》第11.1.6项。其行政违法行为导致上诉人的利益严重受损。①被上诉人没有依法做到此条，造成园区内企业重大违法，时至今日，园区内的排污企业依然不能达标排放；②本案中上诉人提交的证据：《自律公约》证明园区内企业在被上诉人的管理下，严重违法排放；③《漳浦县人民政府办公室文件》〔2011〕97号，证明园区内企业严重违法排放持续至今；④《镇人民政府2009年3月9日文件》证明被上诉人管辖的园区内企业“电镀废水混排与排出废水浓度过高”及《协议书》中，甲方（被上诉人）存在责任一事成立，此行为对上诉人造成重大损失；⑤《检测报告》证明：由被上诉人接管后的污水处理厂依然存在排污超标问题，被上诉人的接管行为也是违法的；⑥上述证据证明，上游排污企业超标排放污水的事实清楚，证据充分，上诉人停止接收污水属于自力救济，并不是违法行为。

二、被上诉人镇政府的行政行为与法无据，也无合法授权，属于超越职权，其行政行为严重违法。

三、被上诉人违反法定程序，其自身管理失职，且造成上诉人长达7年的直接经济损失。一审严重偏袒被上诉人，对于本案事实的认定和适用法律均存在错误。

川水公司上诉请求：撤销一审的错误判决并依法支持上诉人的诉讼请求。

二审答辩

被上诉人镇政府答辩称：

一、本案纠纷系答辩人与上诉人因履行《项目特许经营权协议》所发生的纠纷，属行政合同纠纷，且答辩人的接管行为和解除《项目特许经营权协议》的行为符合《项目特许经营权协议》的约定和法律规定。《项目特许经营权协议》第1.3款和第1.5款虽然约定“其中一期工程为日处理电镀废水5000m^3规模”，但这仅是关于工程设施日处理电镀废水规模的约定，答辩人并没有承诺污水水量排放达到每日5000m^3，《项目特许经营权协议》中也没有约定答辩人应保证污水水量排放达到每日5000m^3。《项目特许经营权协议》第11.1.6项约定：“甲方应配合有关主管部门对商户废水排放的情况进行检查。检查的内容包括：是否按规定安装计量仪器；计量仪器是否正常。甲方对违法排放废水的情况应及时向有关主管部门报告并请求有关主管部门依法查处。”该项是关于防止“生产企业不通过电镀废水处理厂处理废水而违法向外排放废水”的约定，在上诉人实施BOT项目过程中，答辩人并没有违反该项约定。上诉人在履行《项目特许经营权协议》的过程中,无视环境保护法律、法规的有关规定和《项目特许经营权协议》的约定,存在资金及保函不到位、废水处理不达标、未尽到维护义务、违反协议中关于废水处理服务费单价的约定等违约行为,为此,答辩人分别于2009年8月5日和9月8日致函上诉人及其公司,要求他们限期对其自身履约方面存在的过错(包括过失)采取补救措施。但是,上诉人无视《水污染防治法》和《项目特许经营权协议》的相关规定和约定,在未报县级以上地方人民政府环境保护主管部门批准的情况下,分别于2009年9月20日和10月28日两次指使其公司人员堵塞废水处理厂的废水进水管道,停止废水处理设施的运行,妨害了生产秩序。2009年10月28日12时,环保局作出限期整改通知,责令上诉人必须于2009年10月28日18时之前恢复废水处理厂正常运行。但上诉人并未按要求落实整改。2009年10月29日上午10时50分,未经处理的电镀废水溢出调节池,污染周围环境,危及公共安全,而上诉人公司却无人处理。在这种紧急情况下,环保局根据《水污染防治法》的有关规定,要求答辩人立即采取应急措施,并建议在非常时期按有关规定对电镀废水处理厂实行暂时接管,及时恢复污水处理设施的正常运行,确保电镀污水达标排放。因此,答辩人根据《项目特许经营权协议》第18.8款、第26.3款的约定对电镀废水处理厂实施了暂时接管。鉴于上诉人已严重违背《项目特许经营权协议》所约定的义务,答辩人于2010年1月13日向上诉人及其公司发出解除《项目特许经营权协议》的书面通知,该通知于2010年1月18日送达上诉人及其公司后,有关《项目特许经营权协议》已依法解除。综上,答辩人的接管行为和解除《项目特许经营权协议》的行为是合法的。

二、上诉人在其诉称中关于答辩人"行政行为违法"不符合客观事实,最高人民法院已在民事裁定书中认定答辩人的行为"既不违反合同约定,也不违背其行政管理职责"。最高人民法院在2015年12月30日作出的民事裁定书中,于确认上述《项目特许经营权协议》第26条第26.3款具有行政合同性质的同时说明:"镇政府作为合同当事人,与中环公司就电镀废水处理厂BOT项目签订《项目特许经营权协议》,对双方的权利义务进行约定。根据该约定,镇政府在发生危及公共安全和健康的紧急情况下对项目的建设和管理采取措施,既不违反合同约定,也不违背其行政管理职责。"

三、被上诉人依照《项目特许经营权协议》的约定和《合同法》的规定,行使合同权利并无不当,被上诉人并没有因行政行为违法而给上诉人造成损失,且上诉人所列的各项经济损失及赔偿金额均没有合同依据及事实和法律依据。

一审判决认定事实清楚,适用法律、法规正确,应予维持;上诉人的上诉请求均于法无据,不能成立,依法应当驳回其上诉。

二审意见

川水公司对一审查明的事实中,有关“原告公司分别于2009年9月20日和10月28日两次堵塞废水处理厂的废水进水管道”和“被告根据《项目特许经营权协议》第18.8款、第26.3款的约定对电镀废水处理厂实施了暂时接管”的事实提出异议,认为不是“堵塞”和“暂时接管”而是“停止接收”和“抢夺”,并提出川水公司不存在污染周围环境和危及公共安全的情形。对此,漳州中院经审查认为,根据镇政府在一审中提交的漳浦县公证处第449号、第526号公证书;漳浦县赤湖边防派出所对陈某、杨某、杜某、吴某、肖某等人的询问笔录;环保局《关于确保污水处理厂正常运行的紧急通知》;最高人民法院民事裁定书等证据,可以相互印证:川水公司于2009年9月20日和10月28日两次堵塞废水处理厂的废水进水管道,致使未经处理的电镀废水溢出调节池,污染了周围环境,存在危及公共安全的情形以及镇政府根据环保局的建议和《项目特许经营权协议》的相关约定对电镀废水处理厂实施了暂时接管的事实。一审对上述事实的表述并无不当,川水公司对此提出异议的理由不能成立,不予采纳。综上,对一审查明的事实予以确认。

漳州中院认为,根据《国家赔偿法》第4条的规定,行政机关及其工作人员在行使行政职权时有下列侵犯财产权情形之一的,受害人有取得赔偿的权利:违法对财产采取查封、扣押、冻结等行政强制措施的。即受害人取得行政赔偿的前提必须是行政机关及其工作人员有违法行使行政职权侵犯其财产权的情形。川水公司曾以镇政府对其电镀废水处理厂实施的接管行为提起民事侵权诉讼,案经一、二审审理后被依法驳回。川水公司不服向最高人民法院申请再审,最高人民法院经审理后于2015年12月30日作出民事裁定,认为“原二审裁定认定镇政府在接到县环保局紧急通知后,采取应急措施对讼争项目及其所有设施予以接管,该接管行为系行政机关在行政管理过程中,履行制止违法行为、避免危害发生、防止危害扩大的法定职责行为,并无不当”。因此,上诉人川水公司请求确认被上诉人镇政府的接管行为违法的理由不能成立,被依法予以驳回。故上诉人请求被上诉人赔偿其经济损失 26,266,271 元的诉讼请求不能成立,不予支持。

二审结果

2017 年 3 月 13 日,漳州中院作出行政赔偿判决:驳回上诉,维持原判。

案例评析

本案纠纷系一起因履行相关污水处理《项目特许经营权协议》而发生纠纷的案件。案件争议的焦点在于当政府方与社会资本方因履行项目合同发生纠纷而严重影响行政管理效能或公共服务质量时,政府方能否依行政职权接管特许经营项目。编者就以下几个方面的问题进行简要评析。

1. 关于川水公司两次堵塞废水处理厂的废水进水管道及停止废水处理设施的运行事实是否存在的问题

这是一个关于本案污水处理项目履约事实问题,也是界定社会资本方履约过错及相关责任的事实认定问题。双方对项目履行中是否存在堵塞废水处理厂的废水进水管道及停止废水处理设施运行的事实有不同的主张。根据"谁主张,谁举证"的原则,镇政府在一审中提交的以下证据;漳浦县公证处第 449 号、第 526 号公证书;漳浦县赤湖边防派出所对陈某、杨某、杜某、吴某、肖某等人的询问笔录;环保局《关于确保污水处理厂正常运行的紧急通知》;最高人民法院民事裁定书等,基本可以证实川水公司于 2009 年 9 月 20 日和 2009 年 10 月 28 日两次堵塞废水处理厂的废水进水管道,致使未经处理的电镀废水溢出调节池,污染了周围环境的事实。在川水公司无有效反驳证据的情况下,一、二审法院依据上述证据,认定川水公司消极履行事实存在,是具有依据的。

2. 关于川水公司停止接收污水是否属于自力救济的问题

所谓自力救济,又称私力救济,指民事主体在其私权利遭受侵害而又没有公权利或其他中立第三方介入的情形下,依靠自身或其他人的力量解决纠纷,以实现其私权利。如依法采取正当防卫和紧急避险,依法留置、变卖,合理拒收、拒付等。在学理上,自力救济可以分为自卫行为和自助行为。自力救济属于私权利的范畴,自力救济的有效实施应当满足一定的限定条件,并且不得违背社会公共利益。

本案的污水处理特许经营项目合同属于行政协议范畴,项目实施的主要目的在于政府方及其实施机构为增加公共产品,提高公共服务效能。实现政府方行政管理职能,应当受行政法调整。因此,行政协议的履行应当符合具体行政行为的先定力、即时性及紧迫性要求,相对人不得无故停止合同的履行。

川水公司在发生合同纠纷后,以自力救济为由,堵塞废水处理厂的废水进水管道,停止项目运营,违背了行政法律规定,其行为亦不可取。

3. 关于政府方接管废水处理厂行为是否合法的问题

行政协议具有行政管理、公共服务的目的,具有行政行为法律关系属性,社会资本方在项目履行过程中不得以合同纠纷和自力救济为由任意停止履行。

本案中,川水公司在镇政府多次书面通知对项目履行采取补救措施,环保局发出限期整改通知后,仍拒绝履行,并两次堵塞废水处理厂的废水进水管道,导致未经处理的电镀废水溢出调节池,污染周围环境,危及公共安全。在此情况下,政府方为公共利益需要,对讼争项目及其相关设施予以接管,符合政府方的行政职责要求,并无不当。

4. 赔偿经济损失 26, 266, 271 元的诉讼请求应否支持问题

本案中,川水公司根据《国家赔偿法》的相关规定,以行政机关及其工作人员行使行政职权侵犯公民、法人和其他组织的合法权益造成损害为由,诉请政府方赔偿其经济损失 26, 266, 271 元。川水公司上述诉讼请求须以镇政府接管项目行为违法,或者行政机关及其工作人员行使行政职权侵犯其合法权益并造成损害为前提。综观本案事实,镇政府接管项目是基于其行政管理职责所需,并不违法。川水公司未提供行政机关及其工作人员行使行政职权侵犯其合法权益并造成损害的相关证据,其诉讼请求应予驳回。

在案涉项目履约过程中,污水入口排放量没有达到每日 5000m^3 的流量标准,可能是导致双方发生合同纠纷的源由,但由此引发的争议应通过协商、谈判、补充协议甚至诉讼等适当方式另行解决。

案例77　项目存在危及公共安全和健康紧急情况之认定

相关问题

1. 项目存在危及公共安全和健康紧急情况的认定；

2. 临时接管侵权之诉与约定仲裁管辖条款的关系。

裁判要点摘选

1. 污水处理项目特许经营协议的经营者拒不提供公共服务必然影响公共安全或健康时，拒不完成行政主管部门的限期整改要求的，应当被认定为危及公共安全和健康的紧急情况。

2. 污水处理项目特许经营协议的签订和履行是行政主体行使污水处理的公共管理与服务职责的方式之一，不得约定、实施与自身行政管理职责相冲突的行为。特许经营者未按照协议约定提供公共服务导致发生危及公共安全或健康的，构成违约和行政违法的竞合行为，作为协议当事人的行政主体因此对项目的建设和运营管理采取措施，并不违反合同约定，也不违背其行政管理职责。相关临时接管争议属于行政诉讼受理范围，而不属于仲裁管辖。

典型意义

PPP/政府特许经营项目协议一般都约定有这样的条款：项目存在危及公共安全、健康紧急情形时，政府方可以临时接管项目。这里的“危及公共安全”“危及健康紧急”如何界定、认定，往往容易存在争议。关于“危及公共安全”“危及健康紧急”情形，实际也不能穷尽列举。另外，政府方临时接管行为系行政行为还是民事行为，对政府方侵权之诉与约定仲裁管辖条款的关系又如何认定，本案争议及处理具有典型性。

再审申请人（一审原告、二审上诉人）：川水公司
被申请人（一审被告、二审被上诉人）：漳浦县环境保护局
被申请人（一审被告、二审上诉人）：漳浦县C镇人民政府
被申请人（一审被告、二审被上诉人）：闽品公司
被申请人（一审被告、二审被上诉人）：耐德公司
被申请人（一审被告、二审被上诉人）：联塑公司
被申请人（一审被告、二审被上诉人）：浦峰公司
被申请人（一审被告、二审被上诉人）：茂电公司
被申请人（一审被告、二审被上诉人）：成兆公司
被申请人（一审被告、二审被上诉人）：利金公司
被申请人（一审被告、二审被上诉人）：宏五公司

川水公司与各被申请人侵权责任纠纷一案，川水公司不服福建省高级人民法院民事裁定，向最高人民法院申请再审。

再审申请

川水公司申请再审称：(1)本案是漳浦县环境保护局（以下简称环保局）等各被申请人成立临时接管运营委员会，共同强行占领、运营川水公司合法财产的侵权案件。除漳浦县C镇人民政府（以下简称镇政府）外，其他接管人都不是《项目特许经营权协议》（以下简称《项目特许协议》）合同签订人，二审裁定临时接管运营委员会是按合同实施行政行为，属于认定事实错误。(2)镇政府也认为本案是民事合同纠纷，环保局认为其发函要求镇政府临时接管，只是一个建议而已，不认为是行政行为。两审法院却裁定《项目特许协议》是行政合同，没有法律依据。(3)原两审裁定所述的紧急情况、势必导致环境污染等没有事实根据，没有证据表明2009年10月28日接管以前有污染事件发生，污染事件发生在2009年10月29日被接管以后，二审裁定没有查清事实、分清责任。

再审答辩

镇政府提交书面意见称：(1)本案纠纷并非侵权纠纷，而是川水公司与镇政府在履行《项目特许协议》中发生的合同纠纷，是平等民事主体签订的民事合

同,该协议并不具有行政合同的性质,接管行为是行使民事合同权利的行为,而非具体行政行为。(2)根据《项目特许协议》第37条的约定,发生争议应当通过运营协调委员会协商解决,未能解决的,应提交厦门仲裁委员会仲裁。本案不属于人民法院受理民事诉讼的范围,应根据《民事诉讼法》第124条第2项驳回川水公司起诉。川水公司的再审申请缺乏事实和法律依据,请求予以驳回。

审查意见

最高人民法院认为:

一、关于二审裁定认定《项目特许协议》相关条款的性质为行政合同是否错误的问题

首先,本案中,镇政府作为合同当事人,与中环公司就"电镀废水处理厂BOT项目"签订《项目特许协议》,对双方的权利义务进行了约定。同时,镇政府又是对本辖区环境质量负责的地方人民政府,且本案合同标的为污水处理项目,镇政府签订和履行《项目特许协议》是其行使公共管理和公共服务职责的方式之一,该行为具有公权力属性。镇政府在合同签订、履行过程中不得约定、实施与其行政管理职责相冲突的行为,对于特许经营者不按照协议约定提供公共服务的,行政机关可以依法取消特许经营。为此,《项目特许协议》在第26条第26.3款约定:"甲方不得采取任何违反法律法规和本协议约定以外的行动影响乙方及项目公司对本项目的建设和运营管理。如果出现这种影响,甲方同意补偿甲方的影响而造成的任何直接损失,但为了公共安全和健康的紧急情况而采取措施除外。"根据该约定,镇政府在发生危及公共安全和健康的紧急情况下对项目的建设和运营管理采取措施,既不违反合同约定,也不违背其行政管理职责。因此,二审裁定认定,《项目特许协议》第26.3款体现了镇政府作为公共事务管理者的身份,这一条款具有行政合同性质,并无不当。川水公司该项申请再审理由不能成立。

二、关于二审裁定认定本案不属于侵权责任纠纷是否错误的问题

川水公司认为,环保局等各被申请人成立临时接管运营委员会,占领、运营川水公司经营的废水处理厂是侵权行为,应当承担侵权责任。根据一、二审裁定查明事实和庭审笔录记载,本案纠纷发生的起因,是川水公司2009年10月28日凌晨擅自堵塞废水处理厂进水管道,停止废水处理设施的运行,存在未经处理的污水溢流出调节池,污染周围环境的危险。2009年10月28日,环保局向川水

公司发出《环境违法行为限期改正通知书》,针对川水公司“未经环境保护主管部门批准擅自闲置水污染物处理设施”,根据《水污染防治法》第21条第2款、《行政处罚法》第23条的规定,要求其于当日18时之前改正违法行为,但川水公司拒绝落实整改,未按要求恢复废水处理设施的运行。考虑到川水公司的行为可能导致重大环境污染事故,环保局于2009年10月29日向川水公司发出《关于确保五金园区污水处理厂正常运行的紧急通知》,该通知载明:“2009年10月29日上午10时50分,未经处理的电镀废水溢流出调节池,污染了周围的环境,危及公共安全,影响了企业正常的生产秩序。”并要求镇政府应立即采取应急措施,建议在非常时期按有关规定对电镀废水处理厂实行暂时接管,及时恢复废水处理设施的正常运行,确保电镀废水达标排放。环保局采取相关行政处罚措施等的目的是避免环境污染损害的发生和进一步扩大,二审裁定认定接管行为的发生起因于环保局履行对环境污染统一监督管理的行政职能,并无不当。此外,镇政府负有保护环境、改善环境质量的职责,二审裁定认定,其在接到环保局紧急通知后,采取应急措施对讼争项目及其所有设施予以接管,该接管行为系行政机关在行政管理过程中,履行制止违法行为、避免危害发生、防止危害扩大的法定职责行为,并无不当。川水公司关于案涉接管行为属于侵权行为的申请再审理由不能成立。

审查结果

2015年12月30日,最高人民法院作出民事裁定:驳回川水公司的再审申请。

案例评析

1. 关于项目存在危及公共安全和健康紧急情况的认定问题

镇政府采取临时接管的必要性,即川水公司是否存在足以危及公共安全和健康的紧急情况,这也是本案实体上关键的争议焦点。川水公司在本案的行为已构成了危及公共安全和健康的紧急情况:(1)川水公司存在擅自堵塞废水处理厂的废水进水管道和停止废水处理设施运行的行为。(2)在废水处理设施停止运行的情况下,不断增加的电镀废水必然溢出调节池,污染周围环境,危及公共安全和健康。(3)川水公司停止废水处理设施运行且在环保局多次限期整改后拒不整改,构成危及公共安全和健康的现实紧迫性。

2. 关于临时接管侵权之诉与约定仲裁管辖条款的关系问题

根据《项目特许协议》的约定,镇政府在发生危及公共安全和健康的紧急情况下有权采取影响社会资本方和项目公司对项目建设和运营管理的措施。川水公司针对镇政府援引该约定临时接管侵权自身权益为由提起侵权之诉,属于行政诉讼受理范围,不能提起仲裁,因为:(1)《项目特许协议》的签订和履行是镇政府行使公共管理和公共服务职责的方式之一,尤其是该协议关于镇政府为公共安全和健康的紧急情况可以对项目的建设和运营管理采取措施的约定,更充分体现了双方法律关系主体的不平等性,具有鲜明的行政合同性质。川水公司针对镇政府援引该约定而提起临时接管侵权之诉,实际上是因特许经营协议而发生的行政协议纠纷,符合《行政诉讼法》第 12 条和《最高人民法院关于适用〈中华人民共和国行政诉讼法〉若干问题的解释》[①]第 11 条规定的行政诉讼受理范围。(2)《项目特许协议》约定争议解决的仲裁管辖条款并不能适用于川水公司提起的临时接管侵权的行政协议纠纷。因为根据《仲裁法》第 2 条、第 3 条的规定,仲裁受理范围仅限于平等主体之间的合同纠纷和其他财产权益纠纷,而并不包括依法应当由行政机关处理的行政争议。

① 现已失效。

案例78　违法解除和接管天然气供气经营项目案

相关问题

1. 如何认定两枚公司名称相同印章相关主体；
2. 原告起诉是否超过法定起诉期限；
3. 案涉市政府《解除合同告知函》《接管批复》是否合法；
4. 原告继续履行天然气特许经营协议的请求应否支持。

典型意义

本案中的市政府《解除合同告知函》虽以函的形式作出，但从其内容及所引用的依据看，属具体行政行为。《接管批复》是行政机关上下级之间就行政事务的管理的一种表现形式，在性质上属于内部行政行为，不具有可诉性。案涉市政府《解除合同告知函》《接管批复》的性质如何认定，具有代表性和参考价值。此外，本案判决认定市政府解除合同的行政行为违法，建设局作出《接管决定》的行政行为违法。那么，具有特许经营权一方是否可以要求继续履行特许经营协议，如有权且要求继续履行协议，而项目建设以及经营状况都发生了重大变化，应如何处理，同样都是具有代表性的问题。

基本案情

再审申请人（一审原告、二审上诉人）：疆源公司

再审申请人（一审原告、二审上诉人）：瑞燃公司

被申请人（一审被告、二审上诉人）：新疆维吾尔自治区T市人民政府

被申请人(一审被告、二审上诉人):新疆维吾尔自治区T市住房和城乡建设局

2004年4月14日,疆源公司与新疆维吾尔自治区T市人民政府(以下简称市政府)签订《T市天然气利用项目合同》(以下简称《项目合同》)。合同签订后,疆源公司对项目工程进行了投资建设,2004年年底开始陆续供气。为经营燃气业务,2005年1月17日,疆源公司在T市成立了瑞燃公司。2005年5月12日,市政府与疆源公司就项目合同签订了补充合同。2008年9月12日,市政府向疆源公司和瑞燃公司送达《合同解除通知函》,称其在履行项目合同过程中违反法律、法规,影响用户生产生活秩序、危及社会安定、存在安全隐患。为此,"根据《市政公共事业管理办法》第10条、第18条、第25条和《新疆维吾尔自治区市政公用事业特许经营条例》第31条、第34条以及《城市燃气管理办法》第18条之规定,决定解除《项目合同》。根据《合同法》的相关规定,本通知函送达之日起即发生法律效力,即产生合同解除的法律后果"。同日,市政府向新疆维吾尔自治区T市住房和城乡建设局(以下简称建设局)出具《关于同意接管疆源公司及其子公司和瑞燃公司在T市城市燃气供应运营业务的批复》(以下简称《接管批复》),记载:同意建设局接管疆源公司及其子公司瑞燃公司在T市城市燃气供应运营业务。同日,建设局向疆源公司、瑞燃公司发出通知书,告知接管事宜,并告知听证权利。2008年9月23日,建设局、T市城管局主持召开听证会,疆源公司、瑞燃公司参加,在会上表达了不同意接管的意见。同日,建设局向疆源公司、瑞燃公司送达了《关于全面接管瑞燃公司在T市天然气供应经营权业务的决定书》(以下简称《接管决定》)。

2008年12月22日,市政府起诉疆源公司要求解除双方签订的《项目合同》及补充合同。2009年1月21日,疆源公司、瑞燃公司起诉市政府要求确认市政府解除合同的行为无效,判令市政府继续履行合同,返还价值2.1亿元的天然气供气经营财产及经营权。新疆维吾尔自治区高级人民法院(以下简称新疆高院)将两案合并审理后,于2013年6月24日作出民事判决书(以下简称1号民事判决),判决市政府单方解除合同无效,双方继续履行合同;市政府向疆源公司、瑞燃公司交还其下属建设局接管的天然气供用气及运行业务的经营权和财产;驳回疆源公司、瑞燃公司其他诉讼请求及市政府的反诉请求。市政府不服,向最高人民法院提出上诉。2014年8月27日,最高人民法院作出民事裁定,认

为市政府解除合同的依据以及向建设局出具同意其接管天然气运营业务的行为属于行政行为,不属于民事案件受案范围,当事人可依据相关规定另行提起行政诉讼。据此裁定撤销1号民事判决,驳回疆源公司、瑞燃公司的起诉以及市政府的反诉。

疆源公司、瑞燃公司收到裁定书后,以对于市政府解除合同及批复同意和强行接管天然气供气经营权的行政行为不服为由,分别向两级法院提起行政诉讼,请求:(1)撤销市政府解除合同及批复同意建设局强行接管疆源公司和瑞燃公司的天然气供气经营财产和经营权的行政行为;(2)撤销建设局作出的《接管决定》;(3)判令市政府和建设局返还强行接管疆源公司及瑞燃公司的天然气供气经营财产和经营权继续履行合同及强行接管期的全部财务账册和施工资料。新疆高院将案件指定本案一审法院管辖。

一审意见

一审法院认为,关于疆源公司、瑞燃公司起诉是否超过法定起诉期限。本案中,市政府作出的《合同解除通知函》、建设局作出的《接管决定》均未告知行政相对人疆源公司、瑞燃公司诉权和起诉期限。按《最高人民法院关于执行〈中华人民共和国行政诉讼法〉若干问题的解释》①第41条第1款规定,应适用最长2年的起诉期限。市政府、建设局作出行政行为后,均以民事行为认定行为的性质,提起民事诉讼,以民事诉讼财产保全方式对疆源公司及瑞燃公司的财产实施接管。疆源公司、瑞燃公司应诉及起诉要求确认解除合同无效的行为,可视为对权利的积极主张,而非怠于行使诉权。最高人民法院作出裁定,认定市政府解除合同和批复同意接管天然气运营业务的行为属于行政行为。疆源公司、瑞燃公司接到该裁定书后即提起行政诉讼,应当认定为未超过起诉期限。

瑞燃公司主体资格问题。瑞燃公司系依法成立,刻制了公章且备案。后瑞燃公司又刻制了名称中使用“然”而非“燃”(名称中其他字相同)的印章,该印章虽未在公安局备案,但瑞燃公司在企业年检中将该公章在其工商档案中备案,且与市政府履行合同过程中曾使用该印章。故可以认定两名称为同一主体。

市政府《解除合同告知函》《接管批复》的性质问题。市政府与疆源公司就天然气利用项目工程的投资建设签订的《项目合同》,是市政府为实施公用事业

---

① 现已失效。

管理的一种方式,在性质上属于行政协议。市政府《解除合同告知函》虽以函的形式作出,但从其内容及所引用的依据看,属具体行政行为,行政相对人对该行政行为有权提起诉讼。《接管批复》是行政机关上下级之间就行政事务的管理的一种表现形式,在性质上属于内部行政行为,不具有可诉性。

市政府《解除合同告知函》是否合法。市政府认定疆源公司、瑞燃公司违法的事实依据是其所称的2008年9月11日"听证会"反映的问题。该听证会涉及疆源公司、瑞燃公司利益却未通知疆源公司、瑞燃公司参加;《解除合同告知函》作出前未告知解除合同的事实、理由及依据,未听取疆源公司、瑞燃公司的陈述和申辩,程序违法。《解除合同告知函》引用的《市政公用事业特许经营管理办法》第10条、第18条、第25条和《新疆维吾尔自治区市政公用事业特许经营条例》第31条、第34条以及《城市燃气管理办法》第18条,没有关于解除合同的规定,且引用的条文与《解除合同告知函》所述事实不符。应认定市政府作出《解除合同告知函》的行政行为没有事实及法律依据。

建设局作出的《接管决定》是否合法。《接管决定》作出的依据为《市政公用事业特许经营管理办法》第18条的规定。《市政公用事业特许经营管理办法》第18条规定:"获得特许经营权的企业在特许经营期间有下列行为之一的,主管部门应当依法终止特许经营协议,取消其特许经营权。并可以实施临时接管:(一)擅自转让、出租特许经营权:(二)擅自将所经营的财产进行处置或者抵押的;(三)因管理不善,发生重大质量、生产安全事故的;(四)擅自停业、歇业,严重影响到社会公共利益和安全的;(五)法律、法规禁止的其他行为。"本案中,疆源公司及瑞燃公司是以同政府签订"特许经营合同"的形式取得特许经营权的,作为政府下属部门无权终止政府签订的"特许经营合同"。此外,《接管决定》接管理由与引用的条文不相符,无法证实疆源公司及瑞燃公司违反上述规定的哪一项,属适用法律、法规错误。

返还天然气供气财产、经营权、接管期间财务账册、施工资料及继续履行合同问题。特许经营涉及社会公共利益和公共安全,应保证市政公用产品供应和服务的连续性与稳定性。特许经营权的授予为行政权力,本案中,疆源公司和瑞燃公司的特许经营权因市政府及建设局的行政行为而被取消或终止。市政府在建设局实施接管行为后,即成立了T市天然气接管领导小组,负责T市天然气供应经营业务。从2008年9月23日至2015年近7年时间,期间供气基础设施、经营状况发生变化。此时,撤销市政府和建设局的具体行政行为,将特许经营权及财产返还疆源公司、瑞燃公司经营,会对公共利益造成重大损失。同时,一审法院给疆源公司、瑞燃公司释明,建议变更诉讼请求,但其表示仍坚持原诉讼请求。故疆源公司、瑞燃公司要求返还天然气供气财产、经营权、接管期间财务账册、施工资料及继续履行合同的请求不具有可行性,一审法院不予支持。

一审结果

一审法院作出行政判决:一、市政府解除合同的行政行为违法;二、建设局作出《接管决定》的行政行为违法;三、驳回疆源公司、瑞燃公司要求撤销市政府"同意建设局强行接管原告天然气供气经营财产和经营权批复"的诉讼请求;四、驳回疆源公司、瑞燃公司要求返还强行接管其的天然气供气经营财产和经营权继续履行合同及强行接管期的全部财务账册和施工资料的诉讼请求。

疆源公司和瑞燃公司不服一审判决,向新疆高院提出上诉。

上诉意见

疆源公司和瑞燃公司上诉认为:(1)一审判决适用法律错误。根据《立法法》及《最高人民法院关于审理行政案件适用法律规范问题的座谈会纪要》,对于市政府违法解除特许经营协议的行政行为,建设局作出的《接管决定》行为,应当依照《行政诉讼法》第78条之规定,判令市政府继续履行《项目合同》,同时返还强行接管疆源公司及瑞燃公司的天然气供气经营财产和经营权以及强行接管期间的全部财务账册和施工资料。一审判决适用《行政诉讼法》第74条显然错误。(2)一审判决驳回疆源公司、瑞燃公司要求返还强行接管其的天然气供气经营财产和经营权、继续履行合同以及强行接管期间的全部财务账册和施工资料的诉讼请求,缺乏事实依据。2008年9月23日,建设局作出接管瑞燃公司供气经营权决定,接管瑞燃公司供气财产后,市政府于2008年9月24日抽调城管、监察等多部门人员临时组建了"天然气接管领导小组",由该临时机构负责对接管财产进行经营管理并经营至2015年。双方的诉讼纠纷始发,7年间,始终由该临时机构占管、经营疆源公司及瑞燃公司的天然气供气财产。在此期间,接管领导小组仅仅是维持资产现状,进行临时性经营管理。即使管线设施有所增加,也绝非政府财政资金投入,而是接管领导小组以瑞燃公司原有财产经营所得的再投入。市政府从未组建一个长期、稳定的机构来经营这部分资产,更没有将该部分资产纳入政府统一监管序列。市政府客观上使接管财产始终处于一个随时返还，且返还不会对政府造成损失或产生任何影响的状态。本案中并没有任何事实证明疆源公司及瑞燃公司的诉讼请求会给社会公共利益造成重大损失，一审判决驳回疆源公司、瑞燃公司的该部分诉讼请求并无任何事实依据。

二审意见

新疆高院认为，对于本案起诉期限、瑞燃公司的原告主体资格、《接管批复》是否属于受案范围这三个问题，一审法院的处理并无不当，以基本相同的理由予以支持。

关于《合同解除通知函》及《接管决定》的合法性问题。市政府与疆源公司就T市天然气利用项目工程的投资建设签订的《项目合同》，其性质属于政府特许经营协议，系市政府在天然气开发利用领域，与疆源公司签订行政合同，授予其建设供气公共管网及其附属设施项目并提供公共产品的特许权。在特定条件下，行政主体对行政合同有单方面的变更或者解除权，有对相对人违反合同的制裁权，但其事实、法律依据以及程序皆应符合法律、法规的相关规定。解除特许经营协议、取消其特许经营权，属于对相对人的权益产生重大影响的行政处罚事项。市政府在作出《合同解除通知函》之前，应当依法告知疆源公司与瑞燃公司违法的事实、适用的法律以及拟作出的行政处罚，听取疆源公司与瑞燃公司的陈述、申辩，并告知其有要求举行听证的权利，疆源公司与瑞燃公司要求听证的，应当组织听证。市政府未履行告知义务，剥夺了相对人的申辩、陈述和举行听证的权利，其行为违反法定程序，构成违法。如上所述，作为行政合同，政府特许经营协议在当事人地位、合同内容、适用的法律规则等方面均不同于民事合同。在民事合同中，当事人一方依照《合同法》的相关规定，向另一方发出解除合同通知的行为当然不违法。但是在行政合同中，合法的行政行为不仅要有充分的事实和法律依据，而且要遵循法定的程序。市政府将作出《合同解除通知函》等同于一般的民事行为，无法律依据。《合同解除通知函》的实质在于终止特许经营协议，取消疆源公司及瑞燃公司的特许经营权。在行政行为的履行阶段上，终止特许经营协议属于特许经营项目接管的前置行政行为，是实施特许经营项目接管的前提条件。前置行政行为不合法，以其为依据的后续行政行为则不合法。本案中，市政府作出《合同解除通知函》的行政行为违法，则建设局作出《接管决定》亦不合法。

关于《合同解除通知函》及《接管决定》是否应被撤销的问题。《行政诉讼法》第74条第1款第1项规定,行政行为依法应当撤销,但撤销会给国家利益、社会公共利益造成重大损害的,人民法院判决确认违法,但不撤销行政行为。本案中,市政府解除特许经营协议以及建设局接管特许经营项目的行为违法,但是特许经营涉及社会公共事务,是为了社会生产和居民生活提供公共服务,保证天然气供应和服务的连续性与稳定性至关重要。自建设局接管瑞燃公司的T市天然气供应经营权业务至起诉时,原供气管网铺设、入户安装、调压门站、巡检抢修抢险设施设备、加气站等方面的建设以及经营状况都发生了重大变化,加之双方在接管行为实施之前的经济往来,包括垫资、借款、归还及往来挂账就不明晰,导致疆源公司及瑞燃公司继续履行特许经营协议在客观上缺乏可操作性,亦无法保证相关经营项目的平稳过渡,保证过渡期间T市天然气供应和服务的连续、稳定。因此,为保障公共利益,二审法院对市政府解除特许经营协议、建设局接管特许经营项目的行为确认违法而不予撤销,对疆源公司、瑞燃公司关于返还接管的天然气供气经营财产以及接管期间的全部财务账册、施工资料、继续履行合同的请求不予支持。因市政府、建设局被诉行政行为违法而给疆源公司、瑞燃公司造成的损失,市政府、建设局应予赔偿,但因本案中该赔偿金额的认定需要当事人各方的配合,对相关损失进行举证、质证乃至鉴定,一审中经法院释明,疆源公司、瑞燃公司拒绝变更诉讼请求,相关赔偿金额的审理工作无法继续进行,故关于此部分损失,疆源公司、瑞燃公司可另行主张。

二审结果

2016年6月21日,新疆高院作出行政判决:驳回上诉,维持原判。

再审申请

疆源公司和瑞燃公司向最高人民法院申请再审称,本案应当依据《行政诉讼法》第78条而不是第74条作出裁判,一、二审法院认定事实不清,证据不足,适用法律错误。一审法院认定"继续履行特许经营协议在客观上缺乏可操作性"未经调查、质证,无事实依据。事实上现在让再审申请人公司接管就可以继续履行。现T市燃气公司经营管理人员和工作人员150多人都是原疆源公司管理时的人员。请求:撤销一审判决的第三项和第四项,撤销二审判决,依法提审本案。

审查意见

最高人民法院经审查认为,市政府解除天然气利用项目特许经营协议以及建设局接管天然气特许经营项目的行为已被一审法院确认违法。本案争议的焦点就在于再审申请人要求继续履行天然气特许经营协议的请求能否成立。

继续履行行政协议需具备一定的条件,人民法院不能要求不符合条件的双方继续履行行政协议。本案中,根据一审法院查明的事实,建设局接管瑞燃公司T市天然气供应经营权业务后,建设以及经营状况都发生了重大变化,客观上再审申请人已无继续履行天然气特许经营协议的可能。因此一审法院认为疆源公司及瑞燃公司不符合继续履行天然气特许经营协议的条件,从而不支持再审申请人要求继续履行合同的诉讼请求,并无明显不当。且从再审申请人提交的证据来看,亦无法证明其存在继续履行天然气特许经营协议的条件及可能性,故其要求继续履行该协议的再审请求,不予支持。

对于疆源公司和瑞燃公司因其与市政府解除天然气特许经营协议以及建设局接管天然气特许经营项目的行为而造成的损失,市政府以及建设局应当予以赔偿。但经一审法院释明,疆源公司、瑞燃公司拒绝变更诉讼请求,相关赔偿金额的审理工作无法继续进行,因此一审法院认为关于此部分损失,疆源公司、瑞燃公司可另行主张,亦无不当。

综上,疆源公司和瑞燃公司的再审申请不符合《行政诉讼法》第91条规定的情形。

审查结果

2018年12月24日,最高人民法院作出行政裁定:驳回疆源公司、瑞燃公司的再审申请。

案例评析

对于《解除合同告知函》《接管决定》的性质认定是本案审理的关键所在。市政府与疆源公司就投资建设天然气利用项目工程签订的《项目合同》,其性质属于政府特许经营协议。解除特许经营协议,取消相对人特许经营权的行为不是单纯的民事法律行为,而是对相对人的权益产生重大影响的具体行政行为,因此本案应属于行政诉讼的受案范围。

若单从时间跨度上看,疆源公司、瑞燃公司提起行政诉讼已经超过法定起诉期限,但是《合同解除通知函》《接管决定》作出后均未告知行政相对人疆源公司、瑞燃公司诉权和起诉期限。根据《最高人民法院关于执行〈中华人民共和国行政诉讼法〉若干问题的解释》[1]第41条第1款的规定,应适用最长2年的起诉期限。市政府、建设局曾提起合同解除的民事诉讼,疆源公司、瑞燃公司应诉及起诉要求确认解除合同无效的行为,可见其对权利的积极主张,而非怠于行使诉权。最高人民法院作出裁定,认定市政府解除合同和批复同意接管天然气运营业务的行为属于行政行为。疆源公司、瑞燃公司接到该裁定书后即提起行政诉讼,亦是积极行使诉权之行为。关于起诉期限的设置,一方面是为了保障行政行为的稳定预期,另一方面是推动相对人积极行使诉权,法律不保护在权利上"睡觉"之人。

本案中,市政府在作出《合同解除通知函》之前,并未履行上述义务,剥夺了相对人申辩、陈述和要求听证的权利,该行政行为应属违法。由于建设局作出《接管决定》以《合同解除通知函》和《接管批复》为基础,基础行为违法,则《接管决定》亦不具备合法性。虽然《合同解除通知函》《接管决定》均不具有合法性,但是由于该特许经营协议所涉及项目为居民天然气供应和服务,对社会公共利益具有重大影响,因此根据《行政诉讼法》第74条第1款第1项的规定,对于上述行政行为应判决确认违法,但是不撤销。

疆源公司与瑞燃公司一直主张请求继续履行天然气特许经营协议,但自建设局接管天然气供应经营权业务之后,该项目建设与经营状况已发生重大变化,若再将项目移转回疆源公司与瑞燃公司将难以保证项目的平稳过渡,会对基础民生产生重大影响,从现实状况与公共利益的角度出发,不予撤销《合同解除通知函》《接管决定》具有现实性、合理性,但在疆源公司与瑞燃公司另案主张损失之下,应充分考虑政府方行为违法性,对疆源公司与瑞燃公司所受之损失(包括预期利益)予以赔偿。

---

① 现已失效。

案例79　因协议解除产生的损失金额及责任分担

相关问题

1. 原告变更诉讼请求的申请是否符合法律规定；
2. 被诉行政行为是否符合《项目协议书》《BOT 项目协议》约定的解除条件；
3. 原告的赔偿请求与《国家赔偿法》中规定的行政赔偿是否相同；
4. 因协议解除产生的损失金额及责任分担如何认定。

裁判要点摘选

在执法局作出《解除（终止）协议通知书》后，从双方当事人协商及门保公司出具《关于申请补偿的请示》来看，双方已就解除协议达成合意，对该协议解除的效力予以认可。

基本案情

上诉人（一审原告）：门保公司

上诉人（一审被告）：M 县综合行政执法局

一审第三人：欣达公司

M 县综合行政执法局（以下简称执法局）经 M 县人民政府授权，于 2013 年 5 月 3 日发出 M 县生活垃圾焚烧无害化处理项目（以下简称垃圾焚烧项目）BOT 特许经营项目法人招标文件，第三人欣达公司于 2013 年 6 月 9 日被选为中标人。被告同意授权第三人在 M 县所成立的项目公司对项目进行可研、环评、设计、融资、投资、建设，在特许经营期内，按照《特许经营协议》及《垃圾处理服务协议》的内容对垃圾焚烧项目进行运营、维护和修理，并在特许经营期满后或出现《特许经营协议》约定的提前终止的情形时将项目公司全部资产移交给甲方。

2013 年 9 月 4 日，被告（甲方）与第三人（乙方）签订了《M 县生活垃圾焚烧无害化处理项目协议书》，双方约定：(1)乙方作为通过招标确定的本项目唯一中标单位，将在本协议书签署后的 60 个日历天内在 M 县注册成立项目公司，负责本项目的可研、环评、设计、投资、融资、建设，并在特许经营期内拥有垃圾焚烧项目的运营及收益权。甲方应为乙方注册成立项目公司提供必要的协助，以便乙方在约定的时间内获得项目公司注册成立所必需的批文。(2)垃圾焚烧项目的特许经营期暂定为 25 年（确定年限以《特许经营协议》正式合同文本为准，包含建设期及运营期）。(3)甲乙双方已就本项目协议书的附件《特许经营协议》《垃圾处理服务协议》初步达成一致；本协议书附件的文本，待项目公司成立后，由项目公司与甲方确认后无异议地签订正式协议。(4)乙方承诺项目公司由乙方或乙方的全资子公司组建，其中乙方或乙方的全资子公司股份比例为 100%，注册资本金为 1 亿元。乙方同时保证为项目公司未来的融资提供必须且及时有效的担保。……(10)乙方承诺：如因不可抗力或政府其他因素等导致项目无法实施的，甲方有权选择终止本项目协议书及附件，并对乙方和其项目公司所投入的费用（包括投资费用等）适当进行补偿。

2013 年 9 月 24 日，能环公司（截至 2019 年 3 月 31 日第三人投资占总股本 34.3%）的一子公司出资 5000 万元设立门保公司（本案原告）。

2013 年 12 月 17 日，被告与原告签订了《BOT 项目协议》（含《特许经营协议》和《垃圾处理服务协议》。《特许经营协议》第三章“双方的一般义务”部分约定：在《特许经营协议》签署后，甲方有义务协助乙方依法办理并获得有关政府部门要求的与本项目有关的各种项目批准手续。乙方应在特许经营期内自行承担费用、责任和风险，负责进行项目的融资、设计、建设、运营、维护和移交。第七章“违约及赔偿”部分约定：无论本协议有无约定，任何一方违约，守约方均有权向违约方要求支付赔偿金，本协议对赔偿数额有约定的从其约定，无约定的由守约方根据违约造成的损失，合理地向违约方主张违约赔偿金。因乙方违约导致项目不能运行，且在甲方规定的合理时间内未改正或改正无效时，甲方有权视违约事项的严重程度启动临时接管或直接终止本协议，并按协议相应条款进行处罚。

2014 年 7 月 16 日、2015 年 7 月 17 日，M 县所属省环保厅、市环保局先后函告原告：本案项目周边多个村委会及部分公众多次上访，信访反应的情况与《M 县生活垃圾焚烧发电项目环境影响报告书（报批稿）》公众参与相关结论有较大的出入，该项目环评公众参与工作须核实、强化，故暂缓审批。后各方当事人多次沟通协商未果。被告于 2019 年 1 月 18 日作出《解除（终止）协议通知书》并送达原告及第三人。

2019 年 10 月 11 日，门保公司起诉执法局、欣达公司（案由为行政协议纠纷），请求：判决被告赔偿因其违法解除 BOT 协议而造成的损失 10,936,994.33 元。庭审中，原告以计算错误为由，变更损失数额为 12,410,312.6 元。

一审意见

一审法院认为，本案实质系行政协议纠纷，原告在起诉时以被告违法解除合同为由要求判决撤销被告作出的《解除（终止）协议通知书》，后以被告已确定与他人合作开展与本案项目有竞争关系的项目为由申请变更诉讼请求，理由正当，应予准许。根据被告与第三人协议的约定，原告应承担该项目环评的责任，由于环评不能如期获得审批，导致该项目协议实质无法履行，现双方均同意解除该行政协议，予以准许。协议中双方未明确相应的违约责任，原告亦未提供充分的证明本案违约责任在被告方，故原告要求被告承担赔偿责任缺乏充分的依据，对该诉讼请求不予支持。鉴于原告已为项目进行了一定的投资系客观事实，被告在本案协调阶段表示同意补偿原告 1,574,922 元，对该补偿数额，予以认可。

一审结果

2020 年 3 月 18 日，一审法院作出行政判决：执法局补偿门保公司 1,574,922 元，款限本判决书生效之日起 15 日内付清。

门保公司、执法局均不服一审判决，向浙江省台州市中级人民法院（以下简称台州中院）提出上诉。

二审查明

台州中院对一审法院查明的事实予以确认。另查明，省环境保护厅在审批垃圾焚烧项目环境影响评价文件行政许可申请过程中，于 2014 年 6 月 3 日向 M 县人民政府发出《关于商请协调处理 M 县生活垃圾焚烧发电项目环境信访事项的函》，载明"我厅分别收到你县健跳镇小浦村、巡检司村等村委会和个别公众通过信函、传真、电话等方式的环境信访,表达他们对项目选址的反对态度、认为项目选址不合理、担心项目环境污染、要求资金补偿等相关诉求”,商请该政府牵头组织研究解决,同时做好周边群众的沟通、协调工作,确保区域社会稳定。同年6月18日,M县人民政府向省环境保护厅作出《关于M县生活垃圾焚烧发电项目环境信访事项协调情况的报告》,报告载明该项目的选址情况、周边群众意愿调查情况、关于项目审批的要求及下一步工作打算,其中在工作打算中承诺将采取强有力措施尽量避免群体性事件发生。2015年1月8日,M县所属市环境保护局向M县人民政府发函,商请该政府做好M县垃圾焚烧发电项目相关工作,包括做好现有蒲西垃圾填埋场存在问题的整改,做好周边村居群众工作,督促建设单位高标准、严要求进行项目工程设计、合理布局、优化工艺。后因省、市环保部门均作出暂缓审批环境影响报告书的决定,导致垃圾焚烧项目无法开工建设并如期投入运行。2018年12月28日,执法局向欣达公司及门保公司发出《拟终止协议事先告知书》。门保公司于2019年1月7日向执法局作出复函,不同意终止协议,要求继续履行。2019年1月18日,执法局作出《解除(终止)协议通知书》。后双方当事人曾就协议解除及补偿事宜进行协商,其间,门保公司于2019年5月14日向执法局提交《关于申请补偿的请示》,申请该局在相关协议解除后依法客观地对该方实际承担的成本费用以及合理的预期投资收益进行补偿。后双方就补偿问题未达成一致意见。

二审意见

台州中院认为,首先,根据《最高人民法院关于审理行政协议案件若干问题的规定》第9条的规定,在行政协议案件中,《行政诉讼法》第49条第3项规定的“有具体的诉讼请求”是指:请求判决撤销行政机关变更、解除行政协议的行政行为,或者确认该行政行为违法;……请求判决行政机关赔偿或者补偿;……本案中,上诉人门保公司在一审审理过程中认可案涉《BOT项目协议》解除,故将诉讼请求由“撤销《解除(终止)协议通知书》”变更为“赔偿因违法解除BOT协议造成的损失12,410,312.6元”,符合法律规定。且该赔偿请求系基于行政协议履行中的违约或违法解除等情形,并不同于《国家赔偿法》中规定的行政赔偿。上诉人执法局关于本案不符合单独提起行政赔偿条件的上诉意见,不予采纳。

其次,上诉人门保公司与上诉人执法局签订的《BOT项目协议》系双方的真实意思表示,合法有效。因门保公司编制的《M 县生活垃圾焚烧发电项目环境影响报告书》未能获得有权机关的审批,致该项目无法开工建设,合同目的已不能实现。在执法局作出《解除(终止)协议通知书》后,从双方当事人协商及门保公司出具《关于申请补偿的请示》来看,双方已就解除协议达成合意,对该协议解除的效力予以认可。根据《合同法》第 97 条之规定,合同解除后,尚未履行的,终止履行;已经履行的,根据履行情况和合同性质,当事人可以要求恢复原状、采取其他补救措施,并有权要求赔偿损失。本案因《M 县生活垃圾焚烧发电项目环境影响报告书》未能获批而导致合同目的不能实现。上诉人门保公司已为案涉协议的履行进行投入,并因协议解除受到损失系客观事实。一审法院未查明门保公司因协议解除产生的损失金额,也未查明双方当事人应承担的责任份额,属认定事实不清。一审法院将上诉人执法局在案件协调过程中对补偿金额的表态,直接认定为损失的补偿金额,缺乏依据。综上,两上诉人的部分上诉理由成立,予以支持。

二审结果

2020 年 8 月 12 日,台州中院作出行政裁定:一、撤销一审判决;二、本案发回一审法院重审。

案例评析

1. 关于案涉 BOT 协议、项目协议的法律性质是否为行政协议问题

《最高人民法院关于审理行政协议案件若干问题的规定》第 1 条规定:“行政机关为了实现行政管理或者公共服务目标,与公民、法人或者其他组织协商订立的具有行政法上权利义务内容的协议,属于行政诉讼法第十二条第一款第十一项规定的行政协议。”《最高人民法院关于适用〈中华人民共和国行政诉讼法〉若干问题的解释》[1]第 12 条规定:“公民、法人或者其他组织对行政机关不依法履行、未按照约定履行协议提起诉讼的,参照民事法律规范关于诉讼时效的规定;对行政机关单方变更、解除协议等行为提起诉讼的,适用行政诉讼法及其司法解释关于起诉期限的规定。”根据上述司法解释规定,本案《BOT 项目协议》法律性质是行政协议,因履行行政协议而产生的诉讼争议,应当为行政诉讼案件,

① 现已失效。

适用行政诉讼法程序。

2. 关于《BOT 项目协议》解除条件及解除后的处理问题

《BOT 项目协议》系经双方协商一致达成一致意见并签订，为有效的协议，对双方均有法律约束力。协议签订后，项目未能获得有权机关审批，致无法开工建设，合同目的已不能实现，已符合解除的条件。《BOT 项目协议》解除后，尚未履行的行政协议须终止履行；已经履行的，根据履行情况和合同性质，当事人可以要求恢复原状、采取其他补救措施，并有权要求赔偿损失。

3. 关于行政协议解除后的赔偿是否是《国家赔偿法》中规定的行政赔偿问题

根据《最高人民法院关于审理行政协议案件若干问题的规定》第 9 条的规定，在行政协议争议案件中，《行政诉讼法》第 49 条第 3 项规定的"有具体的诉讼请求"是指"（一）请求判决撤销行政机关变更、解除行政协议的行政行为，或者确认该行政行为违法；……（六）请求判决行政机关赔偿或者补偿；……"据此，在行政协议诉讼争议中涉及的赔偿请求，是基于行政协议履行中的违约或违法情形而主张的赔偿，《国家赔偿法》中规定的行政赔偿是指行政机关及其工作人员在行使行政职权时侵犯人身、财产权时受害人取得赔偿的权利。行政协议争议中的行政赔偿与国家赔偿法中的行政赔偿是不同的，二者是不同性质的行政赔偿。

4. 关于因协议解除产生的损失金额及责任分担如何认定问题

行政协议签订后，企业为履行协议已有实际投入，因行政协议的解除受到损失的，损失金额应当依法查明，并根据双方当事人的过错责任来确定责任及应承担份额。

案例 80　政府方解除 PPP 项目合同行为确认之诉能否适用行政诉讼时效规定

相关问题

1. 行政主体在合作性的行政协议中是否仍享有行政优益权；
2. 原告的起诉超过了规定的起诉期限。

裁判要点摘选

审理行政案件首先应适用行政法和《行政诉讼法》的相关规定，在不违背行政法和《行政诉讼法》强制性规定的前提下，也可以适用《合同法》等民事法律和《民事诉讼法》的相关规定。

基本案情

上诉人（一审原告）：新房公司

被上诉人（一审被告）：Z 市住房和城乡建设局

新房公司与 Z 市住房和城乡建设局（以下简称住建局）通过政府采购，竞争性磋商，于 2016 年 5 月 26 日签订 Z 市二环路 B 段保障性住房（二、三期限价商品房）建设项目 PPP 模式《投资建设合同》，该合同第 7.2.1.5 载明："项目前期启动资金：在本合同签订后 10 个工作日内，乙方将项目启动资金 8000 万元拨付到项目公司账户。"第 30.2.1 载明："乙方未能按照本合同约定履行义务且满足第 31 条的情形，甲方有权终止合同，乙方承担相应违约责任。"第 31.1.2 载明："乙方未能按本合同规定提供资金或金额不足时，给甲方催告后 60 个工作日仍未提供的。”

合同签订后,原告于2016年6月13日,通过孙某的个人账户向安居公司账户汇入资金8000万元。次日,该笔资金即全部转入孙某的个人账户,其电汇凭证的附加信息及用途栏载明为还款。2017年3月17日,安居公司向原告发出《关于推进Z市二环路B段保障性住房(二、三期限价商品房)PPP项目有关事宜的函》,要求原告履行相关合同义务,确保项目推进。2017年4月13日,被告向原告发出《关于督促依法履约推进二环路B段保障性住房(二、三期限价商品房)建设项目有关工作的函》,要求原告严格履行相关合同义务,采取补救措施,否则,将依照相关规定和合同约定采取相应措施。2017年7月14日,Z市城市建设投资有限公司(以下简称城投公司)再次向原告发出《关于依法履约推进Z市二环路B段保障性住房(二、三期限价商品房)建设PPP项目有关工作的函》,要求原告须在2017年8月10日前到位启动资金,切实履行相关合同义务,采取补救措施,否则,将依照相关规定和合同约定采取相应措施,并明确告知本次催告为最后一次催告。2017年7月20日,原告向城投公司发出《关于依法履约推进Z市二环路B段保障性住房(二、三期限价商品房)建设PPP项目有关工作的回复函》,表示将按照约定于8月10日到位启动资金8000万元,报送下一步融资方案,7月31日前提供前期支付凭证及清单。后原告一直未将启动资金到位,被告于2017年11月10日作出《关于解除Z市二环路B段保障性住房(二、三期限价商品房)建设项目〈投资建设合同〉的函》(以下简称《解除函》),并于同年11月13日,经过公证处公证,通过邮政快递向原告进行送达。2017年12月30日,原告向被告发出《关于Z市住房和建设局〈关于解除Z市二环路B段保障性住房(二、三期限价商品房)建设项目投资建设合同的函〉的回函》(以下简称《回函》),认为原告在履约过程中无违约行为,被告解除合同缺乏事实和法律依据。

城投公司系被告就Z市二环路B段保障性住房(二、三期限价商品房)PPP项目开展政府采购,与社会资本成立项目公司,履行项目管理职责的授权代表;安居公司系城投公司与原告共同投资于2016年2月2日注册设立的项目公司,法定代表人为孙某。2018年3月6日,城投公司向法院提起诉讼,诉请解散安居公司。因本案一审法院受理原告诉被告其他行政行为纠纷一案,该案件中止审理。

2019 年 1 月 8 日，新房公司起诉住建局（案由为其他行政行为纠纷），请求：依法确认被告住建局《解除函》违反事实和法律规定，并撤销被告上述单方解除行政合同的行政行为。

一审意见

一审法院认为：

行政协议是行政机关为实现公共利益或者行政管理目标，在法定职责范围内，与公民、法人或者其他组织协商订立的具有行政法上权利义务内容的协议。一般包括替代行政行为的行政协议和合作性的行政协议。本案原告与被告签订的保障性住房建设项目《投资建设合同》属于合作性的行政协议。一般来说，合作性的行政协议中行政主体的优势地位不如替代行政行为的行政协议中那么明显，但行政主体在合作性的行政协议中仍享有行政优益权，在符合法律规定及合同约定的条件下，行政主体有权行使行政优益权——单方解除行政合同；行政相对人对行政主体单方解除行政合同的行政行为不服，有权依法提起行政诉讼。因此，本案中被告依法享有行政优益权，即在符合法定或约定的条件下单方解除行政合同的权利；原告对被告单方解除行政合同的行政行为不服，享有依法提起行政诉讼的权利。被告于 2017 年 11 月 10 日作出《解除函》，并于同年 11 月 13 日经公证通过邮政快递向原告送达；根据原告 2017 年 12 月 30 日向被告发出的《回函》，原告至迟在 2017 年 12 月 30 日知晓被告作出的《解除函》内容；虽然该《解除函》未告知原告申请行政复议和提起诉讼的期限，但根据《最高人民法院关于适用〈中华人民共和国行政诉讼法〉的解释》第 64 条第 1 款“行政机关作出行政行为时，未告知公民、法人或者其他组织起诉期限的，起诉期限从公民、法人或者其他组织知道或者应当知道起诉期限之日起计算，但从知道或者应当知道行政行为内容之日起最长不得超过一年”的规定，原告于 2019 年 1 月 8 日向一审法院提起行政诉讼，且原告未提供证据证明其有符合《行政诉讼法》第 48 条的情形，故原告的起诉超过了规定的起诉期限。原告认为，其相关负责人曾于 2017 年 4 月起配合纪委等相关部门进行调查，影响了原告的正常经营，导致原告未能依约履行合同，未依法及时维权。一审法院认为，原告主张的理由不符合《行政诉讼法》第 48 条规定的起诉期限扣除或延长的法定情形；本案属行政案件，审理行政案件首先应适用行政法和《行政诉讼法》的相关规定，在不违背行政法和《行政诉讼法》强制性规定的前提下，也可以适用《合同法》等民事法律和

《民事诉讼法》的相关规定,故原告认为其提起行政诉讼的期限不能适用行政诉讼的相关规定的主张于法无据,依法不予支持。

一审结果

2019 年 3 月 27 日,一审法院作出行政裁定:驳回新房公司的起诉。

新房公司不服一审裁定,向四川省资阳市中级人民法院(以下简称资阳中院)提出上诉。

上诉意见

新房公司上诉认为:一审裁定认定事实不清,适用法律不当;上诉人未清晰认识到此案属于行政案件,曾给予同样的事实和请求以民事案件案由向雁江区法院和资阳中院提起诉讼,上述二级人民法院立案庭在收悉上诉人提交的诉讼材料后,均未针对上诉人的诉讼请求和案由进行释明;本案的案由和定性,在司法机关内部的专管立案的部门亦存在认识上的不同,不能强求上诉人在向法院提出诉讼主张时拥有强于司法机关的认识理解而准确选择行政诉讼途径。综上,请求二审撤销一审裁定,指定一审法院继续审理。

二审意见

资阳中院认为:根据《最高人民法院关于适用〈中华人民共和国行政诉讼法〉的解释》第 64 条第 1 款"行政机关作出行政行为时,未告知公民、法人或者其他组织起诉期限的,起诉期限从公民、法人或者其他组织知道或者应当知道起诉期限之日起计算,但从知道或者应当知道行政行为内容之日起最长不得超过一年"的规定,上诉人 2017 年 12 月 30 日向被上诉人发出《回函》,上诉人至迟在 2017 年 12 月 30 日知晓被上诉人作出的《解除函》内容,上诉人于 2019 年 1 月 8 日向一审法院提起行政诉讼,且未提供证据证明其有符合《行政诉讼法》第 48 条的情形,其起诉已超过法定起诉期限。

综上,上诉人上诉认为其没有及时提起行政诉讼,致使起诉超过法定起诉期限不属于自身责任的事实和理由不能成立,依法不予支持;一审法院受理上诉人的起诉后,通过审理发现上诉人的起诉已经超过法定起诉期限而裁定驳回起诉认定事实清楚,适用法律正确,审理程序合法。

二审结果

2019 年 6 月 20 日,资阳中院作出行政裁定:驳回上诉,维持原裁定。

案例评析

该案在 PPP 模式建设工程领域具有非常典型的意义。

典型意义一，政府和社会资本合作进行安置房项目建设所签订的项目合作合同，其性质是民事合同还是行政协议。民事合同是指作为平等民事主体的双方，为了实现一定的经济利益所签订的合同，产生争议按照《民事诉讼法》的规定程序进行解决。关于行政协议，在 2015 年 5 月 1 日开始施行的《最高人民法院关于适用〈中华人民共和国行政诉讼法〉若干问题的解释》[①]第 11 条规定，行政机关为实现公共利益或者行政管理目标，在法定职责范围内，与公民、法人或者其他组织协商订立的具有行政法上权利义务内容的协议，属于《行政诉讼法》第 12 条第 1 款第 11 项规定的行政协议（该司法解释已经废止，但该定义被后续司法解释继续采用）。行政协议包括四个要素：一是主体要素，即必须一方当事人为行政机关；二是目的要素，即必须是为了实现行政管理或者公共服务目标；三是内容要素，协议内容必须具有行政法上的权利义务内容；四是意思要素，即协议双方当事人必须协商一致。本案新房公司与住建局通过政府采购、竞争性磋商，签订 Z 市二环路 B 段保障性住房（二、三期限价商品房）建设项目 PPP 模式《投资建设合同》，作为保障性住房其是使用政府财政性资金或融资，由政府的住建部门进行组织和实施，从建设管理到房屋的分配或销售都是由政府进行直接管理，具有很强的行政管理特征。政府方指派的政府出资代表城投公司，只参与项目的监督管理，并不和新房公司共同追求项目公司实现经济利益的目标，不符合民事合同的根本属性。因此，本案从《投资建设合同》本身的性质来讲就是属于行政协议。法院认定作为行政协议一方的住建局拥有行政优益权，为了公共利益需要有合同单方解除权，是正确的、适当的。

典型意义二，请求确认行政协议合同单方解除的效力的期限与确认民事合同单方解除效力的期限有着不同的规定。根据本案审理期间有效的《最高人民法院关于适用〈中华人民共和国合同法〉若干问题的解释（二）》第 24 条的规定，当事人对合同解除或债务抵销有异议，但在约定的或法定 3 个月异议期经过后才提出异议并向人民法院起诉的，人民法院不予支持。这里规定民事合同当享

---

① 现已失效。

有单方解除权的一方向另一方发出解除合同通知后，另一方有异议时，如果合同当中没有约定异议期限，则另一方必须在收到合同解除通知后 3 个月内向法院提起诉讼确认合同解除不生效，否则，法院就不再支持异议请求。而本案中，行政协议当中政府方发出解除合同，实质上是视为作出具体行政行为，因为《行政诉讼法》及司法解释没有对确认行政协议单方解除权的异议期限作出规定，故对行政机关单方变更、解除协议等行为提起诉讼的，适用《行政诉讼法》及其司法解释关于起诉期限的规定。《最高人民法院关于适用〈中华人民共和国行政诉讼法〉的解释》第 64 条第 1 款规定，"行政机关作出行政行为时，未告知公民、法人或者其他组织起诉期限的，起诉期限从公民、法人或者其他组织知道或者应当知道起诉期限之日起计算，但从知道或者应当知道行政行为内容之日起最长不得超过一年"。故本案中新房公司至迟在 2017 年 12 月 30 日即知晓被上诉人作出的《解除函》内容，于 2019 年 1 月 8 日向一审法院提起行政诉讼，显然超过法定异议期限主张权利，法院不应予以支持。

本案需要引起高度重视的问题是，社会资本方在和政府方签订 PPP 合同的时候，应当约定单方解除合同的异议期限，并按约定及时行使权利。同时，社会资本方行使单方解除权时，也应当遵照《行政诉讼法》及相关司法解释的规定主张权利，避免以民事诉讼的观点对待，导致超过期限而失权，最终利益受损。

案例81　通知收回案涉特许经营权的行为是否合法

相关问题

1. 案涉市政府是否是本案适格被告；
2. 通知收回案涉特许经营权的行为是否合法；
3. 一、二审判决适用法律是否正确；
4. 一、二审判决是否遗漏诉讼请求；
5. 二审审理程序是否违法。

裁判要点摘选

因案涉特许经营权系环保局就医疗废物集中处置项目特许经营权与瀚废公司签订的公用事业特许经营协议，属于行政协议的范畴。本案主要争议的是案涉政府特许经营协议问题，应主要适用行政协议及政府特许经营法律规定。

再审申请人（一审原告、二审上诉人）：瀚废公司

被申请人（一审被告、二审上诉人）：山东省济南市环境保护局

被申请人（一审被告）：山东省济南市人民政府

再审申请人瀚废公司因诉济南市环境保护局（以下简称环保局）、济南市人民政府（以下简称市政府）终止政府特许经营协议一案，不服山东省高级人民法院一审行政判决，向最高人民法院申请再审。

再审申请

瀚废公司申请再审称，一、二审法院认定事实不清，证据不足，适用法律错

误，程序违法。主要理由：(1)市政府是本案适格被告。①市政府以《会议纪要》形式作出具体行政行为，决定终止与瀚废公司特许经营协议。《会议纪要》对瀚废公司的权利和义务产生影响。一、二审法院认定《会议纪要》系内部行为，不对外发生法律效力错误。②《济南市市政公用行业特许经营试行办法》[①]第4条明确规定，市人民政府是市政公用行业特许经营权的授权主体，市人民政府委托相关监管部门负责具体实施工作。一、二审法院错误地把"行政委托"理解为"行政授权"，根据《行政诉讼法》第26条第5款"行政机关委托的组织所作的行政行为，委托的行政机关是被告"的规定，市政府是本案适格被告。(2)环保局作出《关于终止〈济南市医疗废物集中处置项目特许经营权协议〉》(济环字〔2015〕167号)(以下简称167号《通知》)收回瀚废公司案涉特许经营权的行为在实体和程序上均违法违约，瀚废公司没有任何违约行为。①《土地管理法》《城市房地产管理法》《固体废物污染环境防治法》《医疗废物管理条例》《医疗机构管理条例实施细则》《国务院关于加强城市基础设施建设的意见》(国发〔2013〕36号)等法律法规规定，医疗废物集中处置设施属于城市基础公用设施，符合《划拨用地目录》确定的城市基础设施建设用地项目要求，各级政府应当以划拨方式落实供应建设用地，并组织实施建设。市政府未能落实可供建设的规划用地，导致瀚废公司无法履行改建、扩建、重建义务，无法自行办理审批手续。市政府及环保局收回瀚废公司特许经营权构成实体上根本违约。瀚废公司在履行协议过程中不存在任何违约行为。②根据《基础设施和公用事业特许经营管理办法》第38条的规定，市政府确需提前终止特许经营协议时，首先应当与瀚废公司的债权人协商一致。本案中，市政府在委托环保局作出终止特许经营权协议、收回瀚废公司特许经营权的具体行政行为之前，未与瀚废公司的债权人协商一致，也未依法告知瀚废公司依法所享有的陈述、申辩和要求听证的权利，违反法定程序，并构成违约。(3)一审与二审判决适用法律错误。一、二审法院适用《最高人民法院关于适用〈中华人民共和国行政诉讼法〉若干问题的解释》第14条，未适用《行政许可法》错误。(4)一审与二审判决遗漏诉讼请求。因市政府、环保局提前违法违约解除特许经营协议收回特许经营权，应当赔偿或补偿瀚废公司及投资者重大损失。但《会议纪要》未授予瀚废公司救济的权利和渠道。

---

① 现已失效。

根据《行政诉讼法》第78条、《最高人民法院关于适用〈中华人民共和国行政诉讼法〉若干问题的解释》[①]第15条规定，对于瀚废公司的经济损失，一审法院应作出明确的赔偿或补偿判决。一、二审法院仅判令环保局对瀚废公司的损失作出补偿决定，未作出明确赔偿数额或补偿数额的判决，明显违反上述法律规定。(5)二审审理程序违法。本案中，瀚废公司与环保局均提起上诉，但二审法院既未依照法定程序询问，也未经开庭审理，便迳行作出二审判决，违反《行政诉讼法》第86条及《最高人民法院关于执行〈中华人民共和国行政诉讼法〉的解释》第67条有关开庭审理的规定。瀚废公司依据《行政诉讼法》第91条第3项、第4项、第5项、第6项的规定申请再审。

审查意见

最高人民法院认为，本案再审审查的重点问题：(1)市政府是否是本案适格被告；(2)环保局作出167号《通知》收回瀚废公司案涉特许经营权的行为是否合法；(3)一、二审判决适用法律是否正确；(4)一、二审判决是否遗漏诉讼请求；(5)二审审理程序是否违法。

一、关于市政府是否是本案适格被告的问题

根据《最高人民法院关于执行〈中华人民共和国行政诉讼法〉若干问题的解释》[②]第19条的规定，当事人不服经上级行政机关批准的具体行政行为，向人民法院提起诉讼的，应当以在对外发生法律效力的文书上署名的机关为被告。本案中，2015年9月11日，市政府召开会议研究医疗废物集中处置有关问题，形成案涉《会议纪要》，原则同意按程序依法终止环保局与瀚废公司的医疗废物处置特许经营协议。该《会议纪要》印送市政府有关部门和单位，属于内部行政行为，不对外发生法律效力。2015年9月15日，环保局作出167号《通知》，终止与瀚废公司签订的政府特许经营协议，该《通知》对外发生法律效力，直接对瀚废公司的权利和义务产生影响。环保局作为在终止案涉政府特许经营协议的167号《通知》上署名的行政主体，应为适格被告。一、二审法院根据《最高人民法院关于执行〈中华人民共和国行政诉讼法〉若干问题的解释》第19条的规定，认定市政府不是本案适格被告，并无不当。

---

① 现已失效。

② 现已失效。

二、关于环保局作出167号《通知》收回瀚废公司案涉特许经营权的行为是否合法的问题

1. 环保局是否具有收回特许经营权的权限

案涉医疗废物集中处置属于公用事业。《基础设施和公用事业特许经营管理办法》第58条第2款规定："本办法实施之前依法已经订立特许经营协议的，按照协议约定执行。"该文件于2015年6月1日起施行，而案涉《济南市医疗废物集中处置项目特许经营权协议》（以下简称《协议》）签订于2007年，在《基础设施和公用事业特许经营管理办法》实施之前已经订立。《协议》第7条约定，瀚废公司出现未履行协议责任和义务等违约事件且在被允许的时期内未改正违约行为，环保局有权向其发出书面预备终止协议通知，瀚废公司在1个月内未答复或采取实质措施，环保局可以终止特许经营协议，收回特许经营权。因此，环保局依约具有收回瀚废公司案涉特许经营权的权限。

2. 环保局单方终止《协议》，收回特许经营权的条件是否成立

《协议》第3条约定，瀚废公司在出现现有集中处置场所临时定点规划被取消等情形时，负有在时限内对医疗废物集中处置的设施、设备及污染防治设施进行改建、扩建、重建的合同义务，并自行办理上述改建、扩建、重建所需各项审批手续。《协议》第7条约定，瀚废公司出现未履行协议责任和义务等违约事件且在被允许的时期内未改正违约行为，环保局有权向其发出书面预备终止协议通知，瀚废公司在1个月内未答复或采取实质措施，环保局可以终止特许经营协议，收回特许经营权。本案中，瀚废公司的项目临时用地于2015年9月26日到期，危险废物经营许可证（临时）最终延长至2016年9月20日。环保局要求瀚废公司在2015年上半年建成新的集中处置设施并投入使用，但因选址地块附近村民不予配合，导致新建项目无法通过环境影响评价，瀚废公司不能履行协议约定的对医疗废物集中处置的设施、设备及污染防治设施进行改建、扩建、重建的义务。因医疗废物进行集中处置关涉社会公共利益，二审法院依据《合同法》的相关规定以及《山东省行政程序规定》第105条第2款关于"行政合同在履行过程中，出现严重损害国家利益或者公共利益的重大情形，行政机关有权变更或者解除合同"的规定，认定瀚废公司现有的处置场地临时定点规划于2015年9月26日到期后，无法建成新的集中处置设施，不能履行《协议》约定的对医疗废物进行集中处置的义务，危及社会公共利益，致使合同目的不能实现，环保局终止

《协议》,收回特许经营权的条件成就,具有事实和法律依据。

3. 环保局终止《协议》的程序是否合法

《协议》第8条约定,因瀚废公司违约环保局决定收回特许经营权的,应在作出决定之日起3日内通知瀚废公司,瀚废公司可以提出书面申辩或要求举行听证。根据本案查明的事实,环保局在作出167号《通知》前,提前1个月向瀚废公司发出了终止预备通知,要求书面报送答复并采取实质措施,保障了瀚废公司的知情权和陈述申辩的权利。环保局167号《通知》中亦向瀚废公司告知了其可以在30日内提出书面申辩或者要求举行听证,保障了瀚废公司的上述权利。上述事实可以证明瀚废公司关于环保局未依法告知瀚废公司依法所享有的陈述、申辩和要求听证的权利,违反法定程序的主张缺乏事实依据,不能成立。一、二审法院认定被诉行政行为作出程序合法并无不当。至于瀚废公司主张市政府收回瀚废公司特许经营权前未与瀚废公司债权人协商一致,违反《基础设施和公用事业特许经营管理办法》第38条规定,由于瀚废公司未提供相关证据加以证明,一、二审法院未予支持并无不当。

三、关于一、二审判决适用法律是否正确的问题

因《协议》系环保局就医疗废物集中处置项目特许经营权与瀚废公司签订的公用事业特许经营协议,属于行政协议的范畴。本案主要争议的是案涉政府特许经营协议问题,应主要适用行政协议及政府特许经营法律规定,一、二审判决不存在适用法律错误的情形。《最高人民法院关于适用〈中华人民共和国行政诉讼法〉若干问题的解释》[①]第14条规定:“人民法院审查行政机关是否依法履行、按照约定履行协议或者单方变更、解除协议是否合法,在适用行政法律规范的同时,可以适用不违反行政法和行政诉讼法强制性规定的民事法律规范。”据此,一、二审判决适用《合同法》的相关规定并无不当。

四、关于一、二审判决是否遗漏诉讼请求的问题

瀚废公司主张一、二审判决遗漏了其一审第三项关于判令市政府及环保局赔偿瀚废公司经济损失76,292,684.71元的诉讼请求。经审查,一、二审判决均将收回特许经营权后对瀚废公司的法律救济问题作为一个重点问题进行了审理,认为因本案被诉行政行为并不违法,故瀚废公司的赔偿请求不能成立。根据

① 现已失效。

《最高人民法院关于适用〈中华人民共和国行政诉讼法〉若干问题的解释》①第15条第3款规定，“被告因公共利益需要或者其他法定理由单方变更、解除协议，给原告造成损失的，判决被告予以补偿”。一、二审法院考虑实际情况，判令环保局应对瀚废公司有关损失先予作出认定，并根据认定情况决定是否予以补偿，已经对瀚废公司的权利救济问题作出处理。因此，一、二审判决并不存在遗漏诉讼请求的问题。瀚废公司的该项申请再审理由不能成立。

五、关于二审审理程序是否违法的问题

根据《行政诉讼法》第86条的规定，“人民法院对上诉案件，应当组成合议庭，开庭审理经。过阅卷、调查和询问当事人，对没有提出新的事实、证据或者理由，合议庭认为不需要开庭审理的，也可以不开庭审理”。本案二审中，瀚废公司与环保局均提起上诉，但均未提出新的事实和证据，二审法院未开庭审理，程序并无不当。

综上，瀚废公司的再审申请不符合《行政诉讼法》第91条第3项、第4项、第5项、第6项规定的情形。

审查结果

2018年12月29日，最高人民法院作出行政裁定：驳回瀚废公司的再审申请。

案例评析

1. 行政诉讼适格被告的判断

市政府召开会议研究该市医疗废物集中处置有关问题，会议决定按程序依法终止环保局与瀚废公司的医疗废物处置特许经营协议，并形成《会议纪要》。环保局据此作出167号《通知》，终止与瀚废公司签订的政府特许经营协议。原告瀚废公司为行政相对人，对该终止其特许经营权的行政行为不服，提起行政诉讼，以市政府作出《会议纪要》的行政决定行为为被诉具体行政行为。那么，应该以市政府为被告，还是以发出终止原告特许经营权的167号《通知》的环保局作为行政诉讼的被告呢？对此，最高人民法院有明确的司法解释规定。根据

① 现已失效。

《最高人民法院关于执行〈中华人民共和国行政诉讼法〉若干问题的解释》①第19条的规定,当事人不服经上级行政机关批准的具体行政行为,向人民法院提起诉讼的,应当以在对外发生法律效力的文书上署名的机关为被告。因此,本案应当以167号《通知》上的落款单位环保局为被告。市政府的该《会议纪要》印送市政府有关部门和单位,包括环保局,其性质属于内部行政行为,不对外发生法律效力,因此,市政府不能成为本案适格被告。

2. 通知收回案涉特许经营权的行为是否合法

第一,环保局有出具167号《通知》的行政职权。

2015年6月1日起施行的《基础设施和公用事业特许经营管理办法》第58条第2款规定:"本办法实施之前依法已经订立特许经营协议的,按照协议约定执行。"案涉医疗废物集中处置属于公用事业,案涉《协议》签订于2007年,在该《基础设施和公用事业特许经营管理办法》实施之前已经订立,因此,《基础设施和公用事业特许经营管理办法》对诉争的《协议》有法律效力,即本案特许经营协议,应按照协议约定执行。

案涉特许经营权的《协议》第7条约定,瀚废公司出现未履行协议责任和义务等违约事件且在被允许的时期内未改正违约行为,环保局有权向其发出书面预备终止协议通知,瀚废公司在1个月内未答复或采取实质措施,环保局可以终止特许经营协议,收回特许经营权。因此,环保局依据《基础设施和公用事业特许经营管理办法》规定以及《协议》约定,有出具终止特许经营权协议的行政职权。

第二,环保局单方终止《协议》,收回特许经营权的行政行为具有合法、合理性。

案涉特许经营权《协议》第3条、第7条,对原告履行特许经营权的责任、义务以及违约责任、改正违约行为、补救措施、取消授权等情形均有明确规定,《协议》中规定环保局有权针对原告的违约行为发出书面预备终止协议通知,瀚废公司在1个月内未答复或采取实质措施,环保局可以终止特许经营协议,收回特许经营权。

本案中,瀚废公司的项目临时用地到期,危险废物经营许可证(临时)经延

① 现已失效。

长后也到期，瀚废公司应当在临时用地到期前建成新的集中处置设施并投入使用，但新建项目无法通过环境影响评价，瀚废公司不能履行协议约定的对医疗废物集中处置的设施、设备及污染防治设施进行改建、扩建、重建的义务。医疗废物进行集中处置关涉社会公共利益，危及社会公共利益，符合《合同法》的相关规定以及《山东省行政程序规定》第105条第2款关于“行政合同在履行过程中，出现严重损害国家利益或者公共利益的重大情形，行政机关有权变更或者解除合同”的规定。因此，原告瀚废公司现有的处置场地临时定点规划的临时用地到期后，无法建成新的集中处置设施，不能履行《协议》约定的对医疗废物进行集中处置的义务，危及社会公共利益，致使合同目的不能实现。环保局终止《协议》，收回特许经营权的条件成就，具有事实和法律依据。

第三，环保局终止《协议》的程序合法。

《协议》第8条约定，因瀚废公司违约环保局决定收回特许经营权的，应在作出决定之日起3日内通知瀚废公司，瀚废公司可以提出书面申辩或要求举行听证。根据本案查明的事实，环保局在作出167号《通知》前，提前1个月向瀚废公司发出了终止预备通知，要求书面报送答复并采取实质措施，保障了瀚废公司的知情权和陈述申辩的权利。环保局167号《通知》中亦向瀚废公司告知了其可以在30日内提出书面申辩或者要求举行听证，保障了瀚废公司的上述权利。上述事实可以证明瀚废公司关于环保局未依法告知瀚废公司依法所享有的陈述、申辩和要求听证的权利，违反法定程序的主张缺乏事实依据，不能成立。一、二审法院认定被诉行政行为作出程序合法并无不当。至于瀚废公司主张市政府收回瀚废公司特许经营权前未与瀚废公司债权人协商一致，违反《基础设施和公用事业特许经营管理办法》第38条规定，由于瀚废公司未提供相关证据加以证明，一、二审法院未予支持并无不当。

3. 一、二审判决适用法律是否正确

案涉《协议》系环保局就医疗废物集中处置项目特许经营权与瀚废公司签订的公用事业特许经营协议，首先，从主体角度，合作协议的一方当事人为环保局，属于典型的行政机关；其次，从目的角度，合作协议系政府为了实现实现行政管理或者公共服务目标而签订的，其目的具有公益性，而非满足和实现环保局身的利益；再次，从内容角度，环保局为了实现行政管理或者公共服务目标，在协议履行过程中享有监督、管理等行政优益权，即与瀚废公司协商订立的是具有行政法上权利义务内容的协议;最后,从意思角度,该协议环保局与瀚废公司间协商一致后签订。案涉《协议》符合行政协议的基本要素,应属于《行政诉讼法》第12条第1款第11项规定的行政协议,因此应适用行政协议及政府特许经营的相关法律规定。

《最高人民法院关于适用〈中华人民共和国行政诉讼法〉若干问题的解释》[①]第14条规定:“人民法院审查行政机关是否依法履行、按照约定履行协议或者单方变更、解除协议是否合法,在适用行政法律规范的同时,可以适用不违反行政法和行政诉讼法强制性规定的民事法律规范。”据此,一、二审判决适用法律并无不当。

4. 一、二审判决是否遗漏诉讼请求

瀚废公司认为因市政府、环保局提前违法违约解除特许经营协议收回特许经营权,应当赔偿或补偿瀚废公司及投资者重大损失,对于瀚废公司的经济损失,一、二审法院仅判令环保局对瀚废公司的损失作出补偿决定,未作出明确赔偿数额或补偿数额的判决,认为一、二审判决遗漏瀚废公司诉讼请求。

关于赔偿,进行赔偿的前提是被诉行政行为被认定为确属违法,经一、二审法院认定,本案被诉行政行为并不违法,因此瀚废公司要求赔偿的请求不能成立,法院对此已经作出处理。关于补偿,根据《最高人民法院关于适用〈中华人民共和国行政诉讼法〉若干问题的解释》第15条第3款规定,“被告因公共利益需要或者其他法定理由单方变更、解除协议,给原告造成损失的,判决被告予以补偿”。一、二审法院判令环保局对瀚废公司有关损失先予作出认定,并根据认定情况决定是否予以补偿,已经对瀚废公司的权利救济问题作出处理,不存在遗漏诉讼请求的问题。

5. 二审审理程序是否违法

本案二审中,瀚废公司与环保局均提起上诉,但均未提出新的事实和证据,根据《行政诉讼法》第86条的规定,“人民法院对上诉案件,应当组成合议庭,开庭审理。经过阅卷、调查和询问当事人,对没有提出新的事实、证据或者理由,合议庭认为不需要开庭审理的,也可以不开庭审理”。二审法院可以不开庭审理。

---

① 现已失效。

案例 82　终止政府特许经营行政协议合法性审查的法律适用

相关问题

1. 如何适用法律对案涉终止政府特许经营行政协议决定合法性进行审查；
2. 案涉住房和城乡建设局是否具有终止特许经营行政协议的职权；
3. 终止特许经营行政协议的法定事由是否存在；
4. 终止特许经营行政协议决定的程序是否合法。

裁判要点摘选

因行政相对人的原因导致协议不能正常履行，行政机关可以行使行政优益权，终止特许经营协议，取消其特许经营权。

上诉人（一审原告）：科益公司

被上诉人（一审被告）：Z 市住房和城乡建设局

被上诉人（一审被告）：Z 市人民政府

科益公司诉 Z 市住房和城乡建设局（以下简称住建局）、Z 市人民政府（以下简称市政府）终止政府特许经营行政协议纠纷一案，一审法院于 2020 年 1 月 22 日立案受理。

行政决定

2019 年 11 月 20 日，住建局向科益公司作出《关于终止并收回科益公司特许经营权的决定》，该决定载明："科益公司：你公司擅自变更以昆浩公司（有限合伙）为股东，违反特许经营权项下的义务；且在不具有相应提标改造资金能力的情况下，无法按时完成提标改造任务；另，你公司未按城市规划投资建设公用设施，经主管部门责令限期改正而拒不改正，致使你公司出具的承诺无法履行，不能达到市政公用事业产品、服务标准和要求，严重影响公共利益。2019 年 7 月 23 日，住建局向你单位发出《拟收回特许经营权的通知》，2019 年 8 月 19 日，应你公司要求组织召开收回特许经营权听证会。2019 年 11 月 11 日，市政府授权委托住建局全面负责 Z 市污水处理厂项目的特许经营权处理和提标改造推进工作。现根据《河北省市政公用事业特许经营管理办法》第二十七条规定，决定终止市政府与你公司签订的《特许经营合同》，并收回特许经营权；对 Z 市城市污水处理厂实施临时接管。"

原告科益公司起诉称，原告与被告市政府于 2006 年 6 月 23 日签订《关于 Z 市城市污水处理厂项目特许经营权合同》。2012 年 11 月 13 日，双方签订《关于 Z 市城市污水处理厂东厂扩建项目特许经营权合同》实施投资建设，并依法享有 Z 市污水处理东厂、西厂、开发区厂特许经营权。自原告取得特许经营权至今严格按照合同履行义务开展经营活动，无安全责任事故，污水排放达到约定和国家标准。2019 年 11 月 20 日，被告住建局作出《关于终止并收回科益公司特许经营权的决定》，决定终止市政府与原告签订的《特许经营合同》，并收回特许经营权；对 Z 市城市污水处理厂实施临时接管。该决定无事实依据，程序违法。(1)作出该诉争决定的主体不适格。与原告订立《特许经营合同》的相对方是市政府，故仅能由市政府行使解除权作出相应终止并收回特许经营权的决定。(2)该诉争决定无任何事实依据。本案诉争决定作出所依据的事实为：擅自变更股东、不具有提标改造能力、未实施提标改造导致不能达到公用事业产品和服务标准。原告依法享有独立经营企业的权利，股权转让不违反现行法律法规的强制性标准。并且原告股权转让时，具有被告出具的《关于科益公司工商变更的函》同意股权转让事宜，不存在擅自转让的事实。对于所谓提标改造事宜，原被告之间无合同约定，仅停留在协商谈判过程中。(3)被告住建局所作诉争决定适用法律错误。被告作出诉争决定的法律依据为《河北省市政公用事业特许经营管理办法》第 27 条，该条包含九种情形，被告未明确说明具体适用何种情形作出该决定。另外，《基础设施和公用事业特许经营管理办法》与《河北省市政公用事业特许经营管理办法》相比，法律位阶高且是新法，故被告应当适用《基础设施和公用事业特许经营管理办法》，原告并未发生该办法第 53 条规定中的有关违法情形。(4)被告住建局超越授权作出该诉争决定。2019年11月11日,市政府向住建局出具授权委托书,仅授权实施“提标改造”工作。故住建局超越职权召开听证会和作出终止并收回特许经营权的决定,属于超越授权的违法行为。(5)被告住建局作出该诉争决定的程序违法。被告召开拟终止和收回特许经营权决定听证会时应当向原告出示证据,用于证实原告应当履行提标改造义务的依据,以及不能或者不具备履行提标改造义务的依据,但被告并未出示。此外,本案污水处理特许经营权涉及公共事业服务,终止和收回特许经营权前被告应当明确临时接管方案,以及设施设备移交方案,接收主体等问题。现被告未履行程序性规定作出该诉争决定,属于程序违法。综上,被告在没有事实依据、超越授权、程序违法的情况下,错误适用法律作出该诉争决定,属于违法行为。

科益公司诉讼请求:(1)依法撤销被告作出的《关于终止并收回科益公司特许经营权的决定》;(2)判令由被告承担本案诉讼费用。

被告住建局答辩称,(1)答辩人作出诉争决定的职权依据。具体法律依据为《市政公用事业特许经营管理办法》第4条、《河北省市政公用事业特许经营管理办法》第27条。2006年6月23日,市政府与被答辩人签订《特许经营合同》,该合同第7条第3款规定,Z市建设局作为甲方的指定机构,负责具体履行甲方在本合同项下的权利和义务。2012年11月13日,市政府与被答辩人签订的《市政府科益公司关于Z市城市污水处理厂东厂扩建项目特许经营权合同》。该合同第7条第3款规定,住建局作为甲方的指定机构,负责具体履行甲方在本合同项下的权利和义务。2019年11月11日,市政府出具授权委托书,授权答辩人代表市政府,全面负责Z市污水处理厂提标改造项目的推进工作;进行与本次提标改造工作有关的洽商、谈判,依照法规及相关政策,向污水处理厂运营单位出具通知、决定,签订并履行相关文书,确保此项工作按时完成。综上,依据上述法律规定及市政府出具的相关授权文件,答辩人作为Z市行政区域市政公用事业特许经营的主管部门,在被答辩人存在法定情形时,依法享有“终止特许经营协议,取消特许经营权”的法定职权。(2)答辩人作出的的诉争决定,认定事实清楚、适用法律正确。答辩人根据《河北省市政公用事业特许经营管理办法》第27条的规定,认为被答辩人存在该条第2项“因转让企业股权而出现不符合授权资格条件的”及第3项“达不到公用事业产品、服务的标准和要求,严重影响公众利益的"规定的情形，作出诉争决定。在事实方面：①被答辩人存在"因转让股权不符合授权资格条件的"事实。被答辩人原股东龙水公司，具备《河北省市政公用事业特许经营管理办法》第 12 条规定的条件，其将股权转让给昆浩公司，昆浩公司应当同样具备上述条件。首先，昆浩公司系合伙企业，不属于依法注册的企业法人。其次，2019 年 4 月 8 日，昆浩公司在向答辩人出具的函件中承诺，积极配合政府进行提标改造工作。2019 年 6 月 18 日，被答辩人出具回复函，承诺开展提标改造工程项目资金的筹措工作，2019 年 6 月 30 日，将投入首期资金不低于 1000 万元并向答辩人出具书面资金证明文件。但经政府多次催促，时至今日，仍未见企业相应人员和资金到位，并在实际履行过程中，出现水质不达标等违约行为，说明昆浩公司不具备履约能力，不具备规定中的条件。最后，答辩人从未同意被答辩人股东变更。且该企业是否具备条件，并不因相关政府部门是否同意就有所改变。在答辩人发现该企业不具备前述法律规定的条件时，就有权利依据《河北省市政公用事业特许经营管理办法》第 27 条第 2 项的规定，终止合同，收回特许经营权。②被答辩人具备"达不到公用事业产品、服务的标准和要求，严重影响公众利益的"情形。被答辩人在特许经营期间多次出现超标排放情形，且超标排放至今未完全纠正。在法律适用方面：《基础设施和公用事业特许经营管理办法》《河北省市政公用事业特许经营管理办法》都是现行有效的规范性文件，二者是互补关系。在前者没有规定的情况下，可以适用后者。此外，被答辩人股权转让时间为 2019 年 4 月 25 日，在股权转让完成后的 2019 年 6 月 18 日才向政府申请同意股权转让，是先变更后申请的擅自转让特许经营权的行为。根据《市政公用事业特许经营管理办法》第 18 条第 1 项的规定，答辩人亦有权终止合同，收回特许经营权。(3)答辩人作出诉争决定，程序合法。根据《河北省市政公用事业特许经营管理办法》第 28 条规定，答辩人于 2019 年 7 月 23 日作出《拟终止 Z 市城市污水处理厂经营合同书收回特许经营权并实施临时接管的告知书》。2019 年 7 月 24 日，被答辩人提起听证的申请。答辩人于 2019 年 8 月 19 日依法举行听证。同时，法律亦没有明确规定，在作出诉争决定时必须确定临时接管方案及接收主体。(4)依据市政府与被答辩人签订的《特许经营合同》《关于 Z 市城市污水处理厂东厂扩建项目特许经营权合同》约定，答辩人有权终止合同，取消特许经营权。两份合同的第 50 条第 7 款均约定，被答辩人违约导致合同无法履行的，答辩人有权终止本合同。河北省人民政府《关于印发白洋淀流域治理实施方案(2018—2020 年)的通知》(冀政字〔2018〕38 号)要求,Z 市必须于 2019 年年底前完成市辖区内污水处理厂的提标改造工作,出水水质由一级 A 类标准升级至大清河排放标准。基于此,答辩人与被答辩人进行协商。被答辩人对此认可并多次出函承诺保证 2019 年 12 月 31 日前完成提标改造工作,出水水质达到大清河排放标准。事实上,被答辩人不仅无法履行原合同标准,也无法履行协商一致后的新标准。基于前述的合同约定,答辩人有权终止合同,取消特许经营权。(5)被答辩人已经同意终止特许经营权。2019 年 12 月 24 日,被答辩人向答辩人发送《项目临时接管移交方案》,该方案中明确表示被答辩人同意终止特许经营权,并向答辩人提出了临时接管方案。2020 年 2 月 6 日,被答辩人委托律师向答辩人发律师函,函中明确表示:“督促住建局落实接管污水处理厂事宜。”这亦说明被答辩人同意终止特许经营权,并同意着手启动接管相关工作。综上,答辩人作出的诉争决定,认定事实清楚,适用法律正确,程序合法。被答辩人已经同意终止合同,恳请法院依法驳回被答辩人的诉讼请求。

被告市政府答辩称,(1)答辩人不是本案的适格被告。本案是被答辩人针对住建局作出诉争决定不服提起的行政诉讼,该诉争决定的作出主体为住建局,并非答辩人,故答辩人不是本案的适格被告。(2)住建局具有作出诉争决定的行政职权,主体适格。住建局作出诉争决定,符合法律法规及相关规章、规范性文件的规定。《市政公用事业特许经营管理办法》第 4 条第 3 款规定,“直辖市、市、县人民政府市政公用事业主管部门依据人民政府的授权,负责本行政区域内的市政公用事业特许经营的具体实施”。依据《中共 Z 市委办公室、市政府办公室关于印发〈住建局职能配置、内设机构和人员编制规定〉的通知》第 3 条第 8 项、第 5 条第 7 项之规定,住建局负责指导城镇生活垃圾生活污水处理及农村生活垃圾收运处置体系建设,指导城镇生活污水生活垃圾处理设施建设及运行管理工作。由于被答辩人在特许经营期间违反了《市政公用事业特许经营管理办法》第 18 条和《河北省市政公用事业特许经营管理办法》第 27 条的规定,住建局根据上述规定作出诉争决定,主体适格。(3)住建局作出诉争决定,符合特许经营合同约定。被答辩人和答辩人分别于 2006 年 6 月 23 日、2012 年 11 月 13 日签订了《特许经营合同》《关于 Z 市城市污水处理厂东厂扩建项目特许经营权合同》,两份合同中均约定了住建局作为答辩人的指定机构,负责具体履行答辩人在本合同项下的权利和义务。因此,住建局依法作出诉争决定符合合同约定。(4)住建局作出诉争决定具有答辩人的授权。答辩人于2019年11月11日作出授权委托书,授权住建局代表答辩人,全面负责Z市污水处理厂提标改造项目的推进工作;进行与本次提标改造工作有关的洽商、谈判,依照法律法规及相关政策,向污水处理厂运营单位出具通知、决定,签订并履行相关文书,确保此项工作按时完成。(5)住建局作出诉争决定,事实清楚、程序合法、适用法律正确。该项由住建局提出具体答辩意见和证据材料。综上所述,答辩人并非本案适格被告,住建局作出诉争决定,主体适格、认定事实清楚、适用法律正确、程序合法,恳请法院依法驳回被答辩人的诉讼请求。

一审查明

2006年7月4日,市政府、科益公司签订《关于Z市城市污水处理厂项目特许经营权合同》。2012年11月13日,双方又签订《关于Z市城市污水处理厂东厂扩建项目特许经营权合同》。该两份合同中市政府为甲方,科益公司为乙方。两份合同第3条均约定,除本合同另有规定外,甲方指定Z市建设局作为其执行方,负责本合同的各项权利和义务的具体实施。第7条第3款均约定,Z市建设局作为甲方指定机构,负责具体履行甲方在本合同项下的权利和义务,并仍由甲方承担本合同项下的责任。2018年7月25日至8月15日,省环保厅组织开展了白洋淀上游及其周边生态环境大排查、大整治专项检查,发现科益公司存在超标排放违法问题。2018年9月8日,河北省人民政府印发《白洋淀流域治理实施方案》,该实施方案治理范围为白洋淀流域,包括所属保定区域的Z市,该市主要项目为Z市污水处理厂提标改造工程项目。2019年4月2日,科益公司作出《关于科益公司污水处理厂提标改造工艺选型意见》。2019年4月8日,昆浩公司作出《关于科益公司受让方的背景介绍及承诺》,承诺其作为科益公司的股东,从多个方面积极配合政府进行提标改造工作。2019年4月25日,科益公司的投资人、股东变更为昆浩公司。2019年5月7日,住建局作出《关于污水处理厂提标改造任务的函》,告知科益公司必须于2019年年底前完成本市辖区内污水处理厂的提标改造工作,出水水质由一级A类标准升级至大清河排放标准。2019年5月28日,Z市环境保护局查明科益公司超标排放污染物(总磷超标0.1倍),对其作出行政处罚决定书。2019年5月31日,住建局对科益公司作出《关于责成科益公司及股东加快推进提标改造项目告知函》,告知其变更股东并完成股权转让后，至今未有实质性工作进展，且存在各类严重影响提标改造工程进度的问题。2019年6月3日，科益公司请示住建局，表示愿意配合政府部门开展提标改造项目工作，以保证其按时完成，但目前公司面临诸多实际困难及风险。2019年6月11日，住建局向科益公司作出《关于责成科益公司全力配合政府加快推进提标项目进度的函》，要求该公司就项目启动资金的筹措方式及到账时间给出明确回复，同时立即进场开展提标改造相关工作。2019年6月18日，科益公司针对该函作出回复，其中第7项载明：我司将于近期完成该项目的专项启动资金筹措。投资人将为该项目投入专项资金，首期到账不低于1000万，于6月30日之前存入，同时向贵局出具书面资金证明。2019年6月30日，住建局向昆浩公司作出《关于拟终止并收回科益公司特许经营权的函》。2019年7月1日，住建局作出《关于将提标改造项目主体转移至科益公司的函》，告知该公司，住建局已完成污水处理厂提标改造项目前期及设计招标，现本次Z市污水处理厂提标改造项目主体转移至该公司，由该公司负责项目后期设备采购、安装，建设工程及运营服务等工作。同时，请该公司有序推进项目进展，并就是否接受此任务，能否按时完成提标改造，及项目资金的筹措方式及到账时间给出明确回复，以确保年底完工。2019年7月9日，科益公司对该函作出回复，向其提出项目资金到位的刚性条件，请市政府及住建局予以支持。2019年7月18日上午9时，市政府召开市长办公会议，会议议定鉴于科益公司在未经市政府知晓的情况下私自转让股权，且在污水处理厂提标改造过程中，消极推托，严重影响工作进度，市建局要做最坏打算，积极应对，探讨依法依规收回特许经营权及市政府直接投资，进行提标改造工程。2019年7月23日，住建局向龙水公司作出《关于拟终止Z市城市污水处理厂特许经营合同收回特许经营权并实施临时接管的告知书》，告知该公司变更股东的行为违反了《河北省市政公用事业特许经营管理办法》第12条、第27条的规定，经政府同意，将终止污水处理厂特许经营合同、收回特许经营权；并载明对该行为不服进行救济的途径、时间。2019年8月8日，住建局作出《关于举行拟解除科益公司特许经营合同、收回特许经营权并实施临时接管听证会的公告》。2019年8月12日，住建局作出《关于召开拟解除科益公司特许经营合同、收回特许经营权并实施临时接管听证会的通知》，通知科益公司听证的时间及地点。2019年8月19日下午2时30分，住建局组织召开了该听证会，后于2019年8月22日作出该听证会报告。2019年11月11日，市政府作出授权委托书,委托住建局代表市政府,全面负责Z市污水处理厂提标改造项目的推进工作。2019年11月20日,住建局向科益公司作出《关于终止并收回科益公司特许经营权的决定》。2019年12月6日,住建局作出《关于终止并收回科益公司特许经营权相关事宜的函》,对科益公司关于住建局终止并收回特许经营权相关问题的函作出回复,其中第1项载明:关于收回特许经营权并解除原特许经营协议的法律依据为《河北省市政公用事业特许经营管理办法》第27条、《合同法》第94条第5项和《行政许可法》第8条第2款。2019年12月24日,科益公司向市政府、住建局提出移交方案。2020年2月6日,科益公司的委托代理律师事务所向市政府发送律师函,要求政府督促住建局落实接管Z市污水处理厂事宜。

一审意见

一、关于住建局终止协议的法律适用问题

2015年6月1日起施行的《基础设施和公用事业特许经营管理办法》第3条规定:本办法所称基础设施和公用事业特许经营,是指政府采用竞争方式依法授权中华人民共和国境内外的法人或者其他组织,通过协议明确权利义务和风险分担,约定其在一定期限和范围内投资建设运营基础设施和公用事业并获得收益,提供公共产品或者公共服务。《市政公用事业特许经营管理办法》第2条规定:本办法所称市政公用事业特许经营,是指政府按照有关法律、法规规定,通过市场竞争机制选择市政公用事业投资者或者经营者,明确其在一定期限和范围内经营某项市政公用事业产品或者提供某项服务的制度。城市供水、供气、供热、公共交通、污水处理、垃圾处理等行业,依法实施特许经营的,适用本办法。《河北省市政公用事业特许经营管理办法》第2条规定:本办法所称市政公用事业特许经营,是指城市政府通过特定的程序和方式,授权符合条件的企业,在一定时间和范围内对某项市政公用事业产品或服务进行经营的权利。第3条第1款规定:市政公用行业实行特许经营的范围包括:城市供水、供气、集中供热、污水处理、垃圾处理、公共客运交通等直接关系社会公共利益及涉及有限公共资源配置的行业。根据上述规定,以上办法均为调整市政公用事业特许经营的现行有效规定。本案中,《特许经营合同》系市政府通过协议方式授权科益公司在一定时间和范围内经营Z市城市污水处理事项的约定,适用上述办法调整。

《最高人民法院关于审理行政协议案件若干问题的规定》第27条规定:人

民法院审理行政协议案件，应当适用行政诉讼法的规定；行政诉讼法没有规定的，参照适用民事诉讼法的规定。人民法院审理行政协议案件，可以参照适用民事法律规范关于民事合同的相关规定。《合同法》作为调整合同关系的民事法律规范，可以参照适用行政协议。本案中，《特许经营合同》系市政府就Z市城市污水处理特许经营事项与科益公司进行的约定，具有行政法上的权利义务内容，属行政协议，该协议的订立、变更、终止、解除均可以参照适用《合同法》。

二、关于住建局是否具有终止协议的职权问题

《市政公用事业特许经营管理办法》第4条第3款规定：直辖市、市、县人民政府市政公用事业主管部门依据人民政府的授权，负责本行政区域内的市政公用事业特许经营的具体实施。第18条规定，获得特许经营权的企业在特许经营期间存在有关行为时，主管部门应当依法终止特许经营协议，取消其特许经营权，并可以实施临时接管。《河北省市政公用事业特许经营管理办法》第27条规定：特许经营者有相关情形时，主管部门报当地人民政府同意后可收回其特许经营权。根据上述规定，经政府授权负责本行政区域内市政公用事业特许经营的主管部门经政府同意后享有“终止特许经营协议，取消其特许经营权”的权利。2015年6月1日起施行的《基础设施和公用事业特许经营管理办法》第58条规定：法律、行政法规对基础设施和公用事业特许经营另有规定的，从其规定。本办法实施之前依法已经订立特许经营协议的，按照协议约定执行。

本案中，市政府、科益公司先后签订的两份特许经营权合同第3条均约定：除本合同另有规定外，甲方指定Z市建设局作为其执行方，负责本合同的各项权利和义务的具体实施。在Z市城市污水处理厂项目实际开展过程中，系住建局具体负责，科益公司亦未提出任何异议。在作出《关于终止并收回科益公司特许经营权的决定》前，市政府又再次授权住建局全面负责Z市污水处理厂提标改造项目推进工作。故住建局作为Z市行政区域内市政公用事业主管部门，已实际获得市政府授权，且符合特许经营合同约定，有权作出《关于终止并收回科益公司特许经营权的决定》，终止特许经营协议。

三、关于本案是否存在协议终止的法定事由问题

《合同法》第94条第5项规定：有下列情形之一的，当事人可以解除合同：……法律规定的其他情形。根据该规定，行政协议履行过程中，出现上述情形时，解除行政协议的法定条件即成立，行政机关可以单方解除行政协议。

《河北省市政公用事业特许经营管理办法》第12条规定:申请特许经营权的投标者应具备以下基本条件:……企业经营管理、技术管理负责人具备相应的从业经历和业绩,其他关键岗位人员具备相应的从业资格,应具有的资金和设备、设施能力……第27条规定:特许经营者有下列情形之一的,主管部门报当地人民政府同意后可收回其特许经营权:……因转让企业股权而出现不符合授权资格条件的;达不到公用事业产品、服务的标准和要求,严重影响公众利益的……

本案中,2018年9月8日,河北省人民政府印发《白洋淀流域治理实施方案(2018—2020年)》,该实施方案中要求白洋淀流域范围内所有城市污水集中处理设施全部达到大清河流域排放限值。住建局于2019年5月7日作出《关于污水处理厂提标改造任务的函》,明确告知科益公司必须于2019年年底完成本辖区内污水处理厂的提标改造工作,后又于5月至7月多次催促科益公司按时完成该项目。科益公司也实际作出响应表示愿意配合完工并多次作出承诺,但未开展实质性工作。省环保厅2018年7月25日至8月15日组织开展的白洋淀上游及其周边生态环境大排查、大整治专项检查中,科益公司被检查出存在超标排放问题。后又于2019年5月28日被Z市环境保护局查出超标排放污染物(总磷超标0.1倍),并对其作出行政处罚。综合考虑科益公司现有能力及超标排放情形,其经营行为已不能达到市政公用事业产品、服务标准和要求,已经严重影响公共利益。

同时,在住建局与科益公司协调推进提标改造项目过程中,科益公司所作技术、人员、运营、资金、工期等承诺均未兑现,证明其作为特许经营权的持有者,实际不具备《河北省市政公用事业特许经营管理办法》第12条第2项"应具有的资金和设备、设施能力"规定的条件,不符合特许经营者的授权资格。

根据上述情况,本案确已出现影响行政协议目的实现,损害社会公共利益的法定解除行政协议的情形,住建局适用《河北省市政公用事业特许经营管理办法》第27条第2项、第3项、《合同法》第94条第5项规定作出《关于终止并收回科益公司特许经营权的决定》,收回特许经营权,认定事实清楚,适用法律、法规正确。住建局作出《关于终止并收回科益公司特许经营权的决定》时未明确适用《河北省市政公用事业特许经营管理办法》第27条的具体款项虽有瑕疵,但其在答辩中已予以明确,且不影响该行为结果。

四、关于住建局终止协议的程序是否违法的问题

《河北省市政公用事业特许经营管理办法》第28条第1款规定：收回特许经营权的决定由主管部门书面通知特许经营者。特许经营者可以在收到书面通知后30个工作日内提出书面申辩或要求举行听证会。特许经营者要求举行听证的，主管部门应当组织听证。

本案中，住建局在作出终止协议的决定前作出了《关于拟终止Z市城市污水处理厂特许经营合同收回特许经营权并实施临时接管的告知书》，告知科益公司终止的事实、理由及其享有的听证权利，保障了科益公司知情和陈述申辩的权利。住建局依据该公司申请组织召开了听证会，终止程序合法。

综上，住建局作出《关于终止并收回科益公司特许经营权的决定》，终止特许经营协议，主体适格，认定事实清楚，程序合法，适用法律、法规正确。科益公司提出的诉讼请求，理据不足，不予支持。

一审结果

2020年6月30日，一审法院作出行政判决：驳回科益公司的诉讼请求。

科益公司不服一审判决，向河北省高级人民法院（以下简称河北高院）提出上诉。

上诉意见

科益公司上诉称，1. 一审遗漏重要案件事实。（1）特许经营合同排放标准为“一级A类标准”。2006年6月23日，科益公司与市政府签订的《Z市城市污水处理厂项目特许经营权合同》第40.3条款载明“根据甲方要求，污水处理水质的排放标准执行《城镇污水处理厂污水排放标准》（GB 18918—2002）一级B类标准”。2011年5月13日签订的《关于Z市城市污水处理厂项目特许经营权合同的修改补充协议》约定科益公司运营的Z市城市污水处理厂东厂、西厂原设计出水水质为一级B类标准，提高至一级A类标准。因科益公司追加投资提高出水，故市政府同意通过处理服务费的方式补偿科益公司为技改工程追加的投资，其中东厂提高暂定0.16元/吨。2012年11月13日签订的《Z市城市污水处理厂东厂扩建项目特许经营权合同》第40.3条款约定：“根据甲方要求，污水处理水质的排放标准执行《城镇污水处理厂污水物排放标准》（GB 18918—2002）一级A类标准。”同时，上述两份特许经营权合同中的第40.3条款，均载明：“如甲方或国家有关部门要求乙方按照其他排放标准执行，并且乙方通过正

常调整工艺参数不能解决出水达标,则乙方应提出更改工艺、设备、系统升级、增加药剂等方案与甲方商议确定,若由此导致乙方投入增加或费用增加或乙方损失,甲方应予以补偿,具体由双方另议。”(2)科益公司排放超标系一般违法行为且已被处罚。一审认定事实“2018年7月25日至8月15日,省环保厅组织开展了白洋淀上游及其周边生态环境大排查、大整治专项检查,发现科益公司存在超标排放违法问题”与“2019年5月28日,Z市环境保护局查明科益公司超标排放污染物(总磷超标0.1倍),对其作出行政处罚决定书”系同一事件,Z市环境保护局行政处罚决定书记载2018年8月14日河北省环境监测中心出具的监测报告认定总磷超标0.1倍,依据《水污染防治法》第83条的规定,认定科益公司违法行为情节一般,决定处罚款10万元的行政处罚决定。(3)科益公司要求对提标改造项目签订补充协议。一审认定的事实,2019年6月3日科益公司向住建局作出《关于污水处理厂提标改造面临急需解决问题的请示》,提标改造项目存在可研、初设、图审、环评、规划及开工许可等手续均未完成的问题,而上述手续需行政机关协助办理,同时科益公司提出市政府部门需明确的具体事项:①政府授权科益公司开展提标改造项目土建、设备、涉及优化的招标工作;②政府部门推进并明确发改局立项批复;③政府部门安排设计单位和科益公司组成设计小组尽快完成初步设计工作;④请政府部门确定施工图审查时间;⑤明确环评工作主体;⑥明确工程监理的招标主体;⑦在满足上述条件后,请政府部门协助科益公司办理并取得环评、工程规划许可、开工许可等工程合规手续;⑧明确签订BOT补充协议的时间节点。2019年7月9日科益公司作出《关于住建局移交提标改造项目主体相关问题的回函》,载明:①自7月1日起项目的后期设备采购、安装,建设工程及运营服务等公司正式主体移交给科益公司,科益公司将全力以赴开展此项工作,恳请市政府尽快完成立项批复、可行性研究报告批复、设计等前期手续并及时移交给科益公司后,科益公司将以政府委托授权合法身份立即启动融资流程、招标代理工作等,尽早实现通水试车。②尽快签署BOT补充协议。③恳请市政府按时支付科益公司污水处理费约2400万元。④请市政府配合出示说明,同意将项目BOT项下资产,划拨登记至科益公司,协助科益公司办理项目融资相关手续。以上均为项目资金匹配到位的刚性条件,还望市政府及住建局给予支持。该事实证实,提标改造项目实施主体自2019年7月1日通过住建局作出的《关于将提标改造项目主体转移至科益公司的函》才移交给科益公司实施,而科益公司对实施提标改造提出政府需提供完备的手续和许可,并且应当签订BOT补充协议对双方之间权利义务变更事宜进行约定的刚性条件。而市政府及住建局无视自身提供必要手续的必要性,拒不签订BOT补充协议,拖欠2400万元污水处理费不予支付,是导致提标改造项目不能顺利进行的主要原因。(4)科益公司依照特许经营合同履行义务无违约行为。首先,对于上述事实一审法院未载明,导致忽视科益公司出水标准是一级A类标准,科益公司有权对超出一级A类标准的“大清河排放标准”进行协商谈判并签订BOT补充协议的权利。在双方未就提标改造项目达成协议前,科益公司仍然按照一级A类标准符合合同约定,符合市政公用事业产品、服务标准和要求,没有任何损害公共利益的情形。其次,一审认定2019年5月28日Z市环境保护局作出的行政处罚事项,以载明总磷超标0.1倍属于一般违法,市政府以同一事实和理由主张解除并收回特许经营权,属于一事二罚违反行政处罚基本原则,且科益公司超标排放也未达到法定情节严重,责令停业、关闭的标准。一审法院以该事实为基础认定科益公司超标排放情形,其经营行为已不能达到市政公用事业产品、服务标准和要求,已经严重影响公共利益的主张缺乏事实和法律依据。最后,双方往来函件中科益公司多次要求政府相关部门解决提标改造的立项、环评、招标、设计、施工等刚性条件,并且要求对提标改造专门签订BOT补充协议针对资金投入予以明确,但市政府及住建局避而不谈,客观上对推进提标改造项目实施形成障碍。同时,住建局于2019年8月12日又作出《关于召开拟解除科益公司特许经营权合同,收回特许经营权并实施临时接管听证会的通知》,违反行政法诚信原则。2.适用法律错误。首先,一审法院适用《合同法》第94条第5项规定“法律规定的其他情形”,而本案住建局作出终止并收回特许经营权决定所依据的是地方性法规《河北省市政公用事业特许经营管理办法》,不属于法律或者法规范畴,存在明显的适用法律错误问题。其次,《河北省市政公用事业特许经营管理办法》第12条第2项规定:“企业经营管理、技术管理负责人具备相应的从业经历和业绩,其他关键岗位人员具有相应的从业资格,应具有的资金和设备、设施能力。”所适用的范围是特许经营权招投标环节中,投标人应当具备的条件,科益公司已通过招投标取得特许经营权,并且所指的针对《特许经营合同》中所约定的一级A类的出水标准,科益公司也一直能够达标,无能力、资金、设备不符合的情形。而提标改造项目“大清河流域排放标准”当事双方仍然在协商过程中,尚未形成合同约定,不具有约束力。《河北省市政公用事业特许经营管理办法》第27条第2项“因转让企业股权而出现不符合授权资格条件的”和第3项“达不到公用事业产品、服务的标准和要求,严重影响公共利益的”的适用范围应当结合《特许经营合同》内容,科益公司股权变更经过住建局同意,并且股权变更后没有发生出水水质与合同约定不符的情形。最后,提标改造市政府及住建局不予提供必要刚性手续,也不愿签订BOT补充协议,客观阻碍提标改造项目推进,故不能以此解除并收回特许经营权。综上所述,一审法院遗漏案件重要事实,超出合同约定要求科益公司提供服务,且不予提供相关手续和明确双方权利义务,导致提标改造不能推进。而所谓科益公司经营行为已不能达到市政公用事业产品、服务标准和要求,已经严重影响公共利益的认定,缺乏事实支撑,由此作出的行政决定属于违法行为,应当予以撤销。

科益公司上诉请求:(1)撤销一审行政判决;(2)改判支持上诉人的诉讼请求,即撤销被上诉人作出的《关于终止并收回科益公司特许经营权的决定》;(3)判令被上诉人承担本案一、二审诉讼费用。

二审答辩

住建局当庭答辩称:(1)上诉人科益公司没有达到合同规定的排放标准,有2019年5月28日Z市环保局作出的行政处罚为事实依据。(2)上诉人没有完成提标改造的原因并非未签订特许经营补充协议,而是其股东昆浩公司在未经政府同意的情况下受让股权,而作为一个有限合伙企业,昆浩公司并不具备履行本项目的资金人员技术等条件,导致其多次违反向政府的承诺,包括在拟受让股权之初(2019年4月8日)所承诺的具备履约条件及期间多次承诺的注入资金(2019年6月18日)、按时完成提标改造任务。昆浩公司在与政府的沟通过程中从未提及“不签约不改造”,所谓未签合同导致未完成提标改造只是庭审中的说辞。一审法院已在判决中认定上诉人已实质作出响应表示愿意配合完工并多次作出承诺但未开展实质性工作。被上诉人住建局一直在积极推进提标改造事项,以便于完成河北省人民政府38号文《白洋淀流域治理实施方案》所规定的提标改造任务。(3)上诉人不仅存在无法提供合格公共产品的违约行为,而且存在未经政府同意转让股权超标排放等违法行为,依法依约政府有权解除政府特许经营合同,行政处罚并不排斥政府解除合同的行为,并不属于一事二罚。(4)一审法院适用法律正确,河北省406号文《河北省市政公共事业特许经营管理办法》第12条第12项、第27条第2项所规定的股权受让人符合资质条件并非仅针对招投标环节，受让环节同样适用。(5)一审法院认定事实清楚适用法律准确，请求二审法院维持原判。

市政府当庭辩称：与住建局答辩意见一致，此外再补充两点。(1)上诉人超标排污的行为是经抽查被发现的，表明其超标排污是持续性行为，反映出上诉人在特许经营过程中存在管理不善，所提供的服务不能达到公用事业产品服务的标准，严重影响公共利益。(2)关于法律适用，行政特许经营合同也可适用《行政许可法》，《行政许可法》第8条第2款规定行政许可所依据的法律法规规章修改或者废止或者准予行政许可所依据的客观情况发生重大变化的，为了公共利益的需要行政机关可以依法变更或者撤回已经生效的行政许可。本案中，省政府发文要求将排污标准提高至大清河排污标准，属于客观情况发生重大变化。此外，上诉人存在诸多违法违约行为，市政府授权住建局终止特许经营合同并收回特许经营权合法，请求法院驳回上诉维持原判。

二审意见

河北高院认为，市政府与科益公司之间自2006年起，双方就先后签有两份特许经营权合同，分别是《关于Z市城市污水处理厂项目特许经营权合同》《关于Z市城市污水处理厂东厂扩建项目特许经营权合同》，双方权利义务约定明确。2018年9月8日，河北省人民政府印发《白洋淀流域治理实施方案》，该实施方案治理范围为白洋淀流域，包括所属保定区域的Z市，该市主要项目为Z市污水处理厂提标改造工程项目，且必须于2019年年底前完成本市辖区内污水处理厂的提标改造工作。为此，市政府与科益公司多次协商，虽然期间科益公司发生股权变更，然往来的公函显示双方合作意愿明确。但5月至7月，科益公司所作技术、人员、运营、资金、工期等承诺均未兑现，提标改造工程项目未有实质进展，且科益公司被Z市环境保护局查出超标排放污染物(总磷超标0.1倍)，并对其作出行政处罚。基于上述情况，市政府认为科益公司作为特许经营权的持有者，其经营行为已不能达到市政公用事业产品、服务标准和要求，已经严重影响行政协议目的的实现，符合损害社会公共利益的法定解除行政协议的情形，遂根据《河北省市政公用事业特许经营管理办法》第27条第2项、第3项、《合同法》第94条第5项的规定，作出《关于终止并收回科益公司特许经营权的决定》，终止并收回了科益公司的特许经营权。且在作出行政行为前依照程序作出了《关于拟终止Z市城市污水处理厂特许经营合同收回特许经营权并实施临时接管的告知书》,告知科益公司终止的事实、理由及其享有的听证权利。科益公司提出听证申请后,住建局依据程序组织召开了听证会,保障了科益公司知情和陈述申辩的权利。科益公司主张住建局适用法律错误,但《河北省市政公用事业特许经营管理办法》为调整市政公用事业特许经营的现行有效规定,案涉《特许经营合同》系市政府通过协议方式授权科益公司在一定时间和范围内经营Z市城市污水处理事项的约定,适用上述办法调整。故住建局作出的《关于终止并收回科益公司特许经营权的决定》认定事实清楚,程序符合法律规定,适用法律、法规正确。一审法院判决驳回科益公司的诉讼请求并无不妥。科益公司的上诉请求不能成立,不予支持。综上,一审法院认定事实清楚,适用法律正确。

二审结果

2020年10月29日,河北高院作出民事判决:驳回上诉,维持原判。

案例评析

1. 关于如何适用法律对案涉终止市政府特许经营行政协议决定合法性进行审查问题

合法性审查是人民法院的法定职权。对于行政协议履行中行政机关的单方变更、解除决定,人民法院可以在履约之诉中审查其合法性,即人民法院可以对行政机关行使优益权单方变更、解除行政协议的决定进行合法性审查。为防止行政机关任意扩大公共利益的解释,行政机关单方变更解除协议,必须有行政法律规范的依据。

本案中,案涉《特许经营合同》系市政府通过协议方式授权科益公司在一定时间和范围内经营Z市城市污水处理事项的约定,具有行政法上的权利义务内容,属行政协议。住建局适用《基础设施和公用事业特许经营管理办法》第3条、《市政公用事业特许经营管理办法》第2条、《河北省市政公用事业特许经营管理办法》第2条、第3条的规定,作出《关于终止并收回科益公司特许经营权的决定》合法有效。

2. 关于案涉住建局是否具有终止特许经营行政协议的职权问题

行政协议是行政主体施行行政管理职能的一种方式,它肩负着公共利益的实现。行政主体既是行政协议的组织实施者,也是公共利益的最终评判者,行政协议具有明显的公共利益属性,并同时具有行政管理的指向性。行政主体在履行协议中,不仅仅是履行相关义务,为特许经营项目提供便利和支持,更重要的是行政主体应当根据各自行政管理职能及监管要求,对特许经营者执行法律、行政法规、行业标准、产品或服务技术规范进行监督管理,以保障所提供公共产品或公共服务的质量和效率,保证公共产品或公共服务的持续性和稳定性。

根据《市政公用事业特许经营管理办法》第 4 条第 3 款、《河北省市政公用事业特许经营管理办法》第 27 条的规定,经政府授权负责本行政区域内市政公用事业特许经营的主管部门,经政府同意后享有“终止特许经营协议,取消其特许经营权”的权利。市政府在其与科益公司先后签订的两份特许经营权合同中,均指定住建局作为其执行方,负责本合同的各项权利和义务的具体实施,污水处理厂项目实际开展也由住建局具体负责的情况下,以及在作出《关于终止并收回科益公司特许经营权的决定》前,市政府再次授权住建局负责 Z 市污水处理厂提标改造项目推进工作的情况下,住建局有权作出《关于终止并收回科益公司特许经营权的决定》,终止特许经营协议。

3. 关于终止特许经营行政协议的法定事由是否存在问题

本案中,住建局作出《关于污水处理厂提标改造任务的函》,明确告知科益公司必须于 2019 年年底完成本辖区内污水处理厂的提标改造工作,科益公司也实际作出响应表示愿意配合完工并多次作出承诺,但未开展实质性工作。同时,在省环保厅组织开展的白洋淀上游及其周边生态环境大排查、大整治专项检查中,发现科益公司存在超标排放的问题;之后 Z 市环境保护局再次查出科益公司存在超标排放污染物的问题,并对其作出行政处罚。综合考虑科益公司现有能力及超标排放情形,其经营行为已不能达到市政公用事业产品、服务标准和要求,已经严重影响公共利益。又因住建局在与科益公司协调推进提标改造项目过程中,科益公司所作技术、人员、运营、资金、工期等承诺均未兑现,证明其作为特许经营权的持有者,实际不具备《河北省市政公用事业特许经营管理办法》第 12 条第 2 项“应具有的资金和设备、设施能力”规定的条件,不符合特许经营者的授权资格。因此,法院可以根据实际情况,认定本案确已出现影响行政协议目的实现,已存在损害社会公共利益的法定解除行政协议的情形。

4. 关于终止特许经营行政协议决定的程序是否合法问题

本案中,住建局在作出《关于终止并收回科益公司特许经营权的决定》的行政行为前,依照程序作出了《关于拟终止 Z 市城市污水处理厂特许经营合同收回特许经营权并实施临时接管的告知书》,明确告知科益公司终止特许经营权的事实、理由及其享有的听证权利。在科益公司提出听证申请后,住建局依据程序组织召开了听证会,充分保障了科益公司知情和陈述申辩的权利,住建局终止特许经营行政协议决定的程序合法。

案例83　未能实现融资及施工原材料价格上涨等原因导致合同无法履行案

相关问题

1. 案由是建设工程施工合同纠纷还是合同纠纷；

2. 政府出资方代表应否承担违约责任。

裁判要点摘选

PPP合同不同于建设工程施工合同，合同双方并非是建设工程中发包与承包的关系。

基本案情

上诉人（一审被告）：利民公司

被上诉人（一审原告）：H县经济开发区管委会

被上诉人（一审被告）：华力公司

为加强建设H县矿区、园区道路基础设施，经H县人民政府研究决定，采用政府与社会资本合作方式进行建设，并授权H县经济开发区管委会（以下简称管委会）为本项目的实施机构，利民公司作为本项目的政府方出资代表。项目经公开招标，华力公司、龙元公司中标。2017年11月22日，原、被告签订了《H县矿区、园区路网工程PPP项目合同》，合同价款52,260.29万元，其中工程价款26,260.2949万元。合同约定在正式签署合同后10天内对具备施工条件的道路由社会资本方组织进场施工。在签订合同时，原告已完成了部分道路施工的土地征用工作，满足了被告按时进场施工的条件。但被告没有按照合同约定提交建设期的履约担保金3000万元,没有成立项目公司,没有按时进场施工,只是在2018年1月底才对长集镇纬十一路进场施工,在建设施工过程中又停止施工。原告多次催促,华力公司一直没有继续履行合同。2018年3月26日,华力公司向H县主要领导递交了申请报告,要求允许解除之前签订的合同,未得到相关领导及原告的同意。2018年4月15日,华力公司又向原告邮寄了《终止意向通知书》,要求解除合同,退出本项目。现在合同已无法继续履行,原告同意解除,但被告应当按照合同约定承担违约责任,并赔偿因违约给原告造成的经济损失。

管委会起诉利民公司、华力公司(案由为合同纠纷),请求:(1)判令被告向原告支付违约金和赔偿相关经济损失共计2890万元,其中包括:迟延开工违约金1240万元(从2017年12月10日计算至2018年4月13日);建设期内停工违约金1000万元;本项目重新招标工程涨价造成原告的损失暂定600万元(以重新招标后合同价款与本次合同价款的差额为准);施工造成的设施损毁暂定50万元(最终以评估为准);被告按占计划成立的项目公司的股份比例承担责任。(2)由被告承担本案的诉讼费用、律师费用。

一审诉讼过程中,原、被告于2018年6月5日达成调解协议,均同意解除案涉合同,龙元公司所占股1%的责任,由华力公司承担。

一审意见

一审法院认为,本案在立案时确定案由为建设工程合同纠纷,而建设工程合同纠纷,是指发包人将建设工程承包给承包人,发包人支付工程款的合同中发生的纠纷,本案诉争的"PPP"合同,不符合建设工程合同构成要件,故变更案由为合同纠纷。本案双方的争议焦点:(1)合同是否有效;(2)违约责任确定;(3)原告诉请的违约金及损失如何确定。

一、关于合同效力问题

华力公司称合同无效的理由是原告未取得建设工程规划许可证、施工许可证等,一审法院认为,案涉工程是PPP项目,原告为此还成立了专门的公司,项目资本的股权比例是华力占比89%,原告占10%,龙元公司占1%(诉讼中经原、被告双方调解,此1%责任由华力公司承担),案涉项目包含工程的融资、建设、运营维护、移交等,其中建设期不超过2年,运营期10年,10年后华力公司将项目运营移交给原告。在合同中,双方约定的甲方(指本案原告)负责的是征地拆迁,规划选址、环境影响评价及报批、立项及可研报批、勘测、设计及审查、工程量单价控制价编制等,同时在基本义务中约定“协助乙方及时获得相关的许可或批准,包括但不限于施工许可证等”,乙方(指本案被告)负责项目的投融资、建设、运营。可以看出,“PPP”合同不同于建设工程施工合同,原、被告双方并非建设工程中发包与承包的关系,合同约定取得施工许可证的主体是乙方,原告予以协助。华力公司所称合同无效的理由基于建设工程施工合同,不适用本案 PPP 项目合同,其称合同无效的意见,不予采信。

二、关于违约责任确定

庭审查明,案涉项目在原告辖区内项目选址、用地已经过相关部门审批,具备施工条件。合同签订后,华力公司仅做了一些前期准备工作。2018 年 3 月 26 日,华力公司向政府提交的申请报告中明确表示“随着政策环境、融资环境和市场环境的变化,导致项目原实施方案很难实现,若继续按‘PPP’合同执行,不仅将使我公司蒙受巨大亏损,也无法保证工程施工进度和后期运维质量……”“项目材料价格普遍暴涨,项目材差不予调整导致未开工即亏损。”2018 年 4 月 13 日,华力公司向原告发出《终止意见通知书》,要求协商解除合同,同时也表明“因政策冷背货变化,导致本项目无法实现融资,最终将无法完整实施,双方合同目的将无法实现”。由此可以看出,华力公司未履行合同的根本原因是未能实现融资及施工原材料价格上涨,原告已经为开工进行了拆迁,完成迁址及用地许可,已履行了合同约定的前期义务,项目具备施工条件,原告没有违约行为。华力公司在签订合同后,未按合同约定的进度按期组织施工,不按监理要求申报施工许可,在做了一些工程前期准备工作后又停工,并不再履行合同,已构成违约。华力公司所称的外部环境的变化因素系可以预测的商业风险,不能认定为不可抗力,故其免责理由不能成立。

三、关于违约金数额的确定问题

原告诉请的违约金及损失组成主要有四个部分:(1)迟延开工违约金 1240 万元(从 2017 年 12 月 10 日计算至 2018 年 4 月 13 日),依据是合同约定的开工迟延一天被告承担违约金 10 万元(合同第 42 页)。(2)建设期内停工违约金 1000 万元(合同第 46 页),合同约定建设期乙方违约造成中止的,若已完工程低于 1 亿元的,政府方有权在履约保函中提取 1000 万元作为乙方违约金。(3)项目重新招标工程涨价造成原告的损失暂定 600 万元(以重新招标后合同价款与本次合同价款的差额为准,实际未招标)。(4)施工造成的设施损毁暂定50万元(暂定,以评估为准)。一审法院认为,违约金具有补偿性和惩罚性,合同法规定违约金不能过分高于实际损失。本案中,原告诉请的违约金第1项、第2项,具有重复性,考虑到合同刚开始履行即终止,原告诉请违约金数额明显过高,应酌情予以调整。原告诉请的第3项重新招标的可能发生的损失,因被告的违约行为已在上述第1项、第2项违约金中进行了处理,对原告此损失不予支持。对于原告诉请的第4项设施损毁50万元,是原告为履行合同而进行了拆迁、拆除,虽然原告提出申请评估,但施工现场原设施已不存在,原告也未提供拆迁设施明细,评估实际已无法进行,但由于损失确实存在,在确定华力公司应承担的违约责任中一并酌情予以处理。关于违约金数额,一审法院认为,本案的合同价款为52,260.29万元,由于华力公司的违约导致合同未能履行,虽然双方在诉讼过程中已协商解除了合同,但被告的违约责任并未免除。综合考虑到当事人对合同的期望值、被告的过错程度、原告的损失情况及合同未能履行给原告带来的不利后果等因素,酌定被告按合同价款的1%承担违约责任较为恰当,由此可以确定违约金数额为522.6029万元。

关于两被告的责任承担比例,合同约定华力公司占股89%,加上解调达成的承担龙元公司1%的责任,故华力公司应承担的违约金数额:522.6029万元×90% = 470.34261万元;利民公司占股10%,应承担违约金数额:522.6029万元×10% = 52.26029万元。

综上所述,原告诉讼请求中有合理的部分,对合理的部分予以支持,对不合理的部分不予支持。

一审结果

2019年4月25日,一审法院经审判委员会讨论决定作出民事判决:一、被告华力公司于本判决生效后10日内支付给原告管委会违约金470.34261万元;二、被告利民公司于本判决生效后10日内支付给原告管委会违约金52.26029万元;三、驳回原告管委会其他诉讼请求。

利民公司不服一审判决,向安徽省六安市中级人民法院(以下简称六安中院)提出上诉。

二审意见

六安中院认为,本案的争议焦点:利民公司是否应当承担违约责任。经查,管委会与利民公司、华力公司、龙元公司签订的《H县矿区、园区路网工程PPP项目合同》系双方真实意思表示，其内容不违背法律、法规的强制性规定，依法应属有效合同，对双方具有法律约束力。在履行过程中，华力公司因未能实现融资及施工原材料价格上涨等原因，没有继续履行合同约定的义务，应承担违约责任。根据《H县矿区、园区路网工程PPP项目合同》的约定，利民公司、华力公司、龙元公司在合同生效后15日内在H县注册成立项目公司，自项目公司成立之日起各方以各自出资的资本金为限对项目公司承担责任，并分担风险及亏损。利民公司作为政府出资方代表，在本案PPP项目合同中的义务为注册项目公司时按注册资本金的10%投入注册资金1050万元，无股权收益权，不参与项目施工。因为华力公司、龙元公司在合同约定的时间内没有注册成立项目公司，利民公司未成为此项目公司占10%股份的股东，且合同没有履行的根本原因是应承担全部建设施工义务的社会资本方华力公司、龙元公司不再继续建设施工，应由华力公司承担全部违约责任。利民公司没有违约行为，不应当承担此合同的违约责任。一审法院判决利民公司承担违约责任不当，予以纠正。

二审结果

2019年6月26日，六安中院作出民事判决：维持一审判决第三项，撤销一审判决第二项，变更一审判决第一项为华力公司于二审判决生效后10日内支付给管委会违约金522.6029万元。

案例评析

1. 关于案由是建设工程施工合同纠纷还是合同纠纷问题

因融资未完成以及原材料涨价致使PPP项目合同无法履行的诉讼争议，案由不是建设工程施工合同纠纷，而应当是合同纠纷。建设工程施工合同的主体是发包方（建设单位）及承包方（施工人），建设工程施工合同是双方为完成商定的施工工程，明确相互权利、义务的协议。依照施工合同，施工单位应完成建设单位交给的施工任务，建设单位应按照规定提供必要条件并支付工程价款。PPP项目合同的主体是PPP项目的融资方（投资方）及建设方，PPP项目合同是双方就PPP项目的投资、建设、项目运营、收益以及项目转让等内容所达成的合同。PPP项目合同中必有政府或代表政府的主体，所建设的项目也是涉及公共利益的项目。

对比建设工程施工合同与PPP项目合同的主体及权利义务内容,可以看出二者的构成要件是不同的。PPP项目合同不是建设工程施工合同,它是合同中的一种类别。法律法规中没有将PPP项目合同列为有名合同,但是它具备一般合同的核心要素,并符合一般合同的构成要件,可以将PPP项目合同定义为一般合同。

2. 关于政府出资方代表应否承担违约责任问题

判断各方主体包括政府出资方代表是否存在违约行为、应否承担违约责任,依据是PPP项目合同及相关法律法规规定。如果PPP项目合同合法有效,政府出资方代表没有履行或全面履行合同中约定的义务,就构成违约,应当承担相应的违约责任。不会因其是政府出资方代表,而免除其合同中约定的义务及应当承担的违约责任。

案例 84　PPP 项目改用 EPC 方式亦无法实施引起的争议

相关问题

1. 被告应否承担项目无法实施的责任；
2. 原告中标前各费用应否由被告承担责任；
3. 原告中标后各费用应否由被告承担责任；
4. 原告各项费用支出及数额的认定。

裁判要点摘选

案涉项目以 EPC 合作方式也无法实施时，政府方违背诚实信用原则，未尽到及时通知铁道公司退场的义务而造成对方财产损失，应承担缔约过失责任，投资人在中标前后为本项目支出必要的、与缔约过失之间有直接因果关系的费用损失，应予赔偿。

基本案情

原告：铁道公司

被告：城发公司

2012 年 7 月 18 日，城发公司成立。城发公司经营范围：辖区基础设施建设，土地收储前期开发，授权国有资产的经营管理，房地产开发（依法须经批准的项目，经相关部门批准后方可开展经营活动）。

2014 年 9 月 6 日开始，福建省人民政府在全省开展政府和社会资本合作（PPP）试点。2016 年 10 月，三明市梅列区人民政府授权的招标人城发公司就案涉项目委托招标代理机构正茂咨询公司招标。招标文件(第一册)载明:“第一章,招标公告。1. 招标条件。案涉项目已由三明市梅列区人民政府批准建设,同意采用 PPP 模式(即政府和社会资本合作模式),现邀请具备相应资格条件的投资建设合作人参与密封投标。案涉项目采用资格后审方式。……2. 项目概况与招标内容及范围。2.6 建设工期 2.5 年,其中勘察设计期 0.5 年、建设期 2 年。2.7 运营期 5 年。……6. 投标保证金 80 万元。第二章,投标人须知。1. 总则。1.9.3 投标人中标后必须按适用法律和本招标文件的规定组建项目公司。……3. 踏勘现场。3.1.4 投标人自行承担进行踏勘现场的费用……4. 投标文件的编制。4.11 投标保证金。4.11.5 中标人的投标保证金,将在招标人与中标人签订《投资合作协议》后 5 个日历日内退还,不计利息。……7. 授标。7.3 中标通知书。7.3.2 中标人在收到中标通知书后 30 个日历日内与招标人签署《投资合作协议》,并在项目所在地按约定出资成立资本金为不少于项目总投资费用的 20% 的项目公司。7.3.4 在签订《投资合作协议》后,该中标通知书将构成合同的一部分。7.3.5 如果中标人未能按本须知第 7.3.2 款的规定签订《投资合作协议》,则招标人对该中标人的授权自动生效,该中标人的投标保证金将不予退还,但由于招标人的原因或不可抗力事件除外。7.3.6 如果招标人未能按本须知第 7.3.2 款的规定签订《投资合作协议》,则中标人可以撤回其投标,该中标人的招标保证金将予以退还。”招标文件(第二册)投资合作协议(框架)载明:“五、项目公司。……5.2 项目公司注册。5.2.1 项目公司注册资本金为项目总投资费用的 20%,其中:甲方(政府投资主体)出资占项目公司 30% 的股权,乙方(社会资本主体)出资项目公司 70% 的股权。甲乙双方均以现金方式履行对项目公司注册资本的出资义务,其中第一笔实缴资本金 2000 万元在项目公司注册后 5 个工作日内到位,其余资金在 2 个月内到位。……六、投资、作价及投资回报。6.1 投资。本项目投资总费用约 3.1 亿元(不含前期征迁安置补偿费及土地费用),其中建设成本约 2.7 亿元,采用 PPP 模式产生的融资费用约 0.4 亿元。6.2 作价。6.2.1.2 融资费用。由项目公司融资利息和乙方投入的自有资金投资利息组成。……招标文件(第二册)投资建设合作协议(框架)。”

2016 年 11 月 23 日,铁道公司按照案涉项目招标文件的要求缴纳了保证金 80 万元,并于投标截止时间之前递交了投标文件。2016 年 12 月 19 日,城发公司向铁道公司发出中标通知书。中标后,双方未签订任何相关协议,未组建项目公司。

2016年12月26日，三明市人民政府作出《三明市人民政府关于规范运作公共服务领域PPP项目的通知》，载明：根据《福建省人民政府关于进一步做好政府和社会资本合作（PPP）试点工作的若干意见》（闽政〔2016〕28号）精神，为进一步规范运作公共服务领域PPP项目，防止利用PPP模式规避工程公开招标和经营性土地公开招拍挂，结合我市实际，现将有关事项通知如下：PPP项目适用范围为，项目投资金额在1亿元以上（村镇污水处理、生活垃圾处理、城市公共停车场和养老服务四类PPP项目适当放宽限制），一轮合作期限为10年至30年，遵循收益比较稳定等原则。2017年8月8日，梅列区委常委（扩大）会议根据上述市政府通知精神，议定三明市生态旅游路（梅列段）项目不采用PPP模式建设，并对该项目进行重新优化，选择其他模式实施。2017年11月，铁道公司被告知，因政策原因，案涉项目无法采用PPP模式施行，拟转为EPC合作方式继续实施。

2018年8月31日，铁道公司收到退还的80万元投标保证金，并得知采用EPC合作方式也无法继续实施案涉项目。2019年10月30日，上海浦东发展银行闸北支行向城发公司出具《银行存款证明函》，载明：铁道公司在其行开立一般存款账户，自2016年12月至2018年3月该账户每日余额大于4340万元。

2020年1月13日，铁道公司诉至一审法院，请求：判令城发公司支付其就案涉项目支出的各项费用9,150,270.7元。

对于当事人双方有争议的证据和事实，一审法院认定如下：

1. 本案中城发公司是否承担责任的认定问题

城发公司就案涉项目发布招标文件共三册，招标文件对社会大众公开，铁道公司参与投标，视为其同意城发公司在招标文件中的内容约定，《投资合作协议》作为招标文件其中一部分内容应也对双方进行约束。后城发公司向铁道公司发出中标通知书，是双方真实意思表示，符合法律规定，合法有效，双方均应恪守。因政策原因，案涉项目无法采用PPP模式施行，铁道公司、城发公司均无过错。案涉项目无法采用PPP模式施行后，采用EPC合作方式进行补救，双方亦无过错。但案涉项目以EPC合作方式也无法实施时，城发公司违背诚实信用原则，未尽到及时通知铁道公司退场的义务而造成对方财产损失，应承担缔约过失责任，故铁道公司在中标前、中标后为案涉项目支出必要的、与缔约过失之间有直接因果关系的费用损失,应予赔偿。

2. 铁道公司中标前各费用应否由城发公司支付的认定问题

其一,铁道公司提供的会务费收款收据 2 张(金额合计为 48,536 元)、现场踏勘费用收款收据(金额为 62,320 元),不是合规发票,且城发公司对其真实性有异议,不予采信。铁道公司主张的会务费 48,536 元发生在 2016 年 3 月 7 日和 2016 年 5 月 16 日,均在案涉招标发布时间 2016 年 11 月之前,且双方并未约定由城发公司承担,铁道公司要求会务费 48,536 元由城发公司支付的诉讼请求不予支持。案涉招标文件内容约定投标人自行承担进行踏勘现场的费用,故铁道公司要求现场踏勘费用 62,320 元由城发公司支付的诉讼请求不予支持。其二,双方并未约定由铁道公司承担工程预算编制、项目公司组建方案编制、项目建设管理方案、项目移交方案,故铁道公司要求工程预算编制 672,000 元、项目公司组建方案编制 5 万元、项目建设管理方案 5 万元、项目移交方案 5 万元由城发公司支付的诉讼请求,不予支持。其三,铁道公司提供的《项目咨询顾问服务合同》,城发公司对其真实性认为无法核实,《项目咨询顾问服务合同》能够证明铁道公司有委托他方进行工程设计咨询,但不足以证明铁道公司已经发生工程设计咨询费用 16 万元。招标文件内容约定,工程设计咨询费应由组建的案涉项目公司支付。故铁道公司要求工程设计咨询费用 16 万元由城发公司支付的诉讼请求,不予支持。其四,招标文件内容约定,中标人在收到中标通知书后 30 个日历日内与招标人签署《投资合作协议》,并在项目所在地按约定出资成立资本金为不少于项目总投资费用 3.1 亿元的 20% 即 6200 万元的项目公司;铁道公司应以现金方式履行对项目公司注册资本的出资义务,其中第一笔实缴资本金 2000 万元的 70% 即 1400 万元在项目公司注册后 5 个工作日内到位,其余资金 4200 万元的 70% 即 2940 万元在 2 个月内到位。而上海浦东发展银行闸北支行出具的《银行存款证明函》能够证明自 2016 年 12 月至 2018 年 3 月铁道公司存放在账户中 4340 万元是预备用于案涉项目注册资本金的事实。因城发公司存在未及时通知铁道公司退场的过错,铁道公司长期备存案涉项目注册资本金无法使用,造成的利息损失应当由城发公司予以赔偿。但双方未在招标文件内容约定时间签订《投资合作协议》和成立项目公司,第一期资本金 1400 万元也尚未转入项目公司的情形下,铁道公司仍将第二期资本金 2940 万元存放在银行账户中,属于单方扩大损失范围,资本金 2940 万元的利息损失由铁道公司自行承担。铁道公司主张案涉项目第一期注册资本金1400万元的利息损失自2016年12月起计,不予支持。铁道公司收到中标通知书时间为2016年12月19日,故应从35天后的2017年1月24日起算案涉项目第一期注册资本金1400万元的利息损失。铁道公司于2017年11月被告知案涉项目无法采用PPP模式施行,故铁道公司主张案涉项目第一期注册资本金1400万元的利息损失计至2017年11月底起,予以支持。铁道公司主张按照年利率6%计算注册资本金利息损失,按一年期LPR利率(贷款市场报价利率)年4.35%予以支持。经计算,案涉项目第一期注册资本金1400万元的利息损失为1400万元×年4.35%×10个月零7天(2017年1月24日至2017年11月30日)=519,341.67元。铁道公司要求注册资本金4340万元的利息损失2,604,000元由城发公司支付的诉讼请求,予以部分支持。其五,因案涉项目由于政策原因无法实施,双方均无过错,但投标保证金为城发公司实际占用,其利息应由城发公司支付。招标文件内容约定,中标人在收到中标通知书后30个日历日内与招标人签署《投资合作协议》;中标人的投标保证金将在招标人与中标人签订《投资合作协议》后5个日历日内退还,不计利息。铁道公司收到中标通知书时间为2016年12月19日,利息应从2017年1月23日起算至投标保证金实际退还时间2018年8月31日。铁道公司主张按照年利率6%计算资金占用期间利息,按五年期LPR利率(贷款市场报价利率)年4.75%支持。经计算,利息为61,116.67元。铁道公司要求投标保证金80万元的占用利息84,000元由城发公司支付的诉讼请求,予以部分支持。其六,铁道公司要求中标服务费2万元由城发公司退还的诉讼请求,因案涉项目由于政策原因无法实施,双方均无过错,予以支持。其七,铁道公司提供的差旅费票据,城发公司对其真实性不持异议,予以采信。差旅费票据能够证明铁道公司福建公司领导及相关员工到北京的中国铁道建筑有限公司、到上海的铁道公司、到三明市出差实际支出的差旅费用183,816.10元,但不足以证明上述差旅费用均用于案涉项目。鉴于铁道公司在案涉项目必然产生差旅费用,参照差旅费按铁道公司主张的金额50%的比例,酌定为91,908.05元。

3.铁道公司中标后各费用应否由城发公司支付的认定问题

其一,铁道公司提供的工资表,因未盖有公章,且城发公司对其真实性有异议,不予采信。鉴于铁道公司在案涉项目必然产生人员工资,其主张为16人的工资3,445,170元,酌定按9人支持为宜;其主张每月工资25,000元至32,000

元不等,酌定参照福建省统计局数据2018年度福建省建筑业在岗职工年平均工资61,339元/年的标准计算;其主张从2017年2月起算,予以支持;其主张按19个月或13个月计算在岗月数,酌定计至保证金退还时间的2018年8月31日计19个月为妥;故工资损失确定为61,339元/年·人÷12个月/年×19个月×9人=874,080.75元。其二,铁道公司提供的闽A×××××号车、闽A×××××号车、闽A×××××号车的租赁合同、行驶证、车辆所有人的营业执照、驾驶员的居民身份证和驾驶证、租金结算单和收据,虽然城发公司对其真实性有异议,但能够证明铁道公司租赁闽A×××××号车、闽A×××××号车、闽A×××××号车的事实,却不足以证明该三车所有费用均用于案涉项目。根据闽A×××××号车的租车协议,公里数费用按1.8元/公里计算,48,153公里为86,675.4元;固定费用即基本租金为2000元/月,驾驶员工资为5500元/月,按30个月计为225,000元;合计311,675.4元。根据闽A×××××号车的租车协议,公里数费用按1.8元/公里计算,30,133公里为54,239.4元;固定费用即基本租金为2000元/月,驾驶员工资为5500元/月,按18个月计为135,000元;合计189,239.4元。根据闽A×××××号车的租车协议,公里数费用按1.8元/公里计算,14,121公里为25,417.8元;固定费用即基本租金为2500元/月,驾驶员工资为5500元/月,按6个月计为48,000元;合计73,417.8元。以上三车租赁费用共计574,332.6元。鉴于铁道公司在案涉项目必然产生车辆租赁费用,参照车辆租赁费用按铁道公司主张的金额50%的比例,酌定为287,166.3元。其三,铁道公司提供的购买摩托车(金额14,600元)、摩托车机油和机械维护费用(金额3132元)收款收据2张,不是合规发票,且城发公司对其真实性有异议,故不予采信。铁道公司要求购置2辆摩托车花费14,600元、摩托车机油和机械维护费用3132元由城发公司支付的诉讼请求,不予支持。其四,铁道公司提供有在梅列区租房合同、房主的居民身份证、房屋所有权证、租金收据,城发公司认为合同签订人是郑某某不是铁道公司,对其真实性有异议,但因郑某某是铁道公司案涉项目的材料员,上述证据能够证明铁道公司于2016年、2019年租赁房屋支付租金事实,对铁道公司要求房屋和仓库租金268,500元由城发公司支付的诉讼请求,予以支持。其五,铁道公司提供的购买电脑等设备和办公用品的票据(金额合计为472,574元)、购买床铺等生活用品的票据(金额合计为129,750元)、购买电箱等工地使用设备的票据(金额合计为

257,540 元),不是合规发票,且城发公司对其真实性有异议,又因上述电脑等设备和办公用品、床铺等生活用品、电箱等工地使用设备,双方未作清点核实,尚不具备处理条件,故在本案中不予处理。

综上,城发公司应支付给铁道公司以下费用:中标前的投标保证金80万元的占用利息61,116.67元、第一期注册资本金1400万元的利息损失519,341.67元、(退还)中标服务费2万元、差旅费91,908.05元;中标后的工资损失874,080.75元、车辆租赁费287,166.3元、房屋和仓库租金268,500元;以上共计2,122,113.44元。

一审意见

一审法院认为,城发公司就案涉项目发布招标文件共三册,招标文件对社会大众公开。铁道公司参与投标,视为其同意城发公司在招标文件中的内容约定。《投资合作协议》作为招标文件中的一部分内容,应也对双方进行约束。后城发公司向铁道公司发出中标通知书,是双方真实意思表示,符合法律规定,合法有效,双方均应恪守。因政策原因,案涉项目无法采用PPP模式施行,铁道公司、城发公司均无过错。案涉项目无法采用PPP模式施行后,采用EPC合作方式进行补救,双方亦无过错。但案涉项目以EPC合作方式也无法实施时,城发公司违背诚实信用原则,未尽到及时通知铁道公司退场的义务而造成对方财产损失,应承担缔约过失责任,故铁道公司在中标前后为本项目支出必要的、与缔约过失之间有直接因果关系的费用损失,应予赔偿。铁道公司要求中标前的费用中投标保证金80万元的占用利息84,000元、注册资本金4340万元的利息2,604,000元、差旅费183,816.10元由城发公司支付的诉讼请求,按占用利息61,116.67元、第一期注册资本金1400万元的利息519,341.67元、差旅费91,908.05元予以支持。铁道公司要求退还中标服务费2万元的诉讼请求,予以支持。铁道公司要求中标后的费用中工资损失3,445,170元、车辆租赁费574,332.6元由城发公司支付的诉讼请求,按工资损失874,080.75元、车辆租赁费287,166.3元予以支持。铁道公司要求中标后的房屋和仓库租金268,500元由城发公司支付的诉讼请求,予以支持。铁道公司要求中标前、中标后的其他费用由城发公司支付的诉讼请求,不予支持。

一审结果

2020 年 10 月 9 日,一审法院作出民事判决:一、城发公司应向铁道公司支付投标保证金占用利息 61,116.67 元;二、城发公司应向铁道公司支付注册资本金利息损失 519,341.67 元;三、城发公司应向铁道公司退还中标服务费 2 万元;四、城发公司应向铁道公司支付差旅费 91,908.05 元;五、城发公司应向铁道公司支付工资损失 874,080.75 元;六、城发公司应向铁道公司支付车辆租赁费 287,166.3 元;七、城发公司应向铁道公司支付房屋和仓库租金 268,500 元;以上铁道公司就案涉项目支出的款项共计 2,122,113.44 元,城发公司应于本判决生效之日起 1 个月内支付给铁道公司;八、驳回铁道公司的其他诉讼请求。

(编者注:未发现该案有二审、再审程序)

案例评析

1. 城发公司已向铁道公司发出中标通知书,招标人一旦确定中标人并发出中标通知书就是对中标人作出订立合同的承诺,即受承诺约束。《招标投标法》规定,自中标通知书发出之时承诺生效。承诺生效后即在招标人和中标人之间产生了订立合同的义务,招标人和中标人各自都有权利要求对方签订合同,也有义务与对方签订合同。本案中,原、被告双方因政策原因导致项目无法继续实施,双方均无过错,但城发公司违背诚实信用原则,未尽到及时通知铁道公司退场的义务而造成对方财产损失,应承担项目无法实施的缔约过失责任。

2. 城发公司缔约过失责任的损失承担范围为原告信赖利益的损失,包括直接损失和间接损失。铁道公司中标前所产生的会务费、踏勘费、工程预算编制费、工程咨询费等费用是否由被告承担,关键在于其是否与缔约过失之间有直接因果关系;需根据铁道公司提交证据的真实性、关联性以及该费用产生的合理性等方面综合考量。铁道公司在中标后为本项目支出必要的、与缔约过失之间有直接因果关系的费用损失,城发公司应予赔偿。

案例 85　5120 万元投入款在项目已无法继续后应由谁返还

相关问题

1. 项目公司应否承担返还 5120 万元款项责任；
2. 约定不承担违约责任是否即不应承担需返还款项利息损失。

要点说明

一、二审对于《重组框架协议之补充协议》及其补充协议未予认定，基于此作出的判决亦值得商榷。同时，赔偿利息损失与违约责任也是有所区别的。

基本案情

上诉人（一审原告）：交建集团

上诉人（一审被告）：北建公司

被上诉人（一审被告）：城发公司

2016 年 10 月，高化公司作为甲方，方态公司、基腾公司、城发公司作为乙方，签订《J 湖湿地生态文化综合治理项目合资经营协议》（以下简称《合资经营协议》），约定鉴于方态公司联合体（成员：基腾公司、城发公司）为 J 湖项目中标人，根据招标文件要求，达成合同如下：乙方为 J 湖湿地生态文化综合治理项目的中标人，双方同意出资成立项目公司，注册资本为 8 亿元，其中甲方认缴 20% 即 1.6 亿元，乙方认缴 80% 即 6.4 亿元，其中方态公司 15% 即 1.2 亿元、基腾公司 1% 即 800 万元、城发公司 64% 即 5.12 亿元。项目公司的宗旨是与 J 湖开发区管委会（以下简称管委会）签署 PPP 协议，取得投资、设计、建设、运营、管理和维护J湖湿地生态文化综合治理项目的PPP经营权等。

2017年1月16日,高化公司、方态公司、基腾公司、城发公司作为股东,按照上述持股比例,注册成立项目公司,即北建公司。北建公司章程约定,各方应按照其在注册资本中的比例在公司成立后1个月内或者各方商定的更早时间将不低于认缴出资额10%的注册资金划入公司所在地约定账户。

2017年4月20日,管委会发布《公告》,高化公司、方态公司、基腾公司、城发公司签订了《合资经营协议》和项目公司章程,设立了项目公司。根据项目公司章程规定,各股东应在公司成立后1个月内将其认缴的出资额的10%缴纳到位。虽经多次催告,但中标联合体部分成员未依约缴纳出资,并且联合体成员之间存有分歧,没有与管委会签订项目PPP协议,中标人放弃了中标。

交建集团、城发公司、中丞公司签订《重组框架协议》,约定中丞公司持有城发公司100%股权,城发公司持有北建公司64%股权。中丞公司将其持有的城发公司100%股权中的"大部分股权"转让给交建集团,交建集团成为城发公司的控股股东。具体事宜各方另行协商,并在签订的正式协议中具体约定,各方同意在2017年4月30日前完成城发公司重组并签订正式重组协议。

2017年4月24日,交建集团、城发公司、中丞公司签订《重组框架协议之补充协议》,鉴于三方已签订《重组框架协议》,交建集团重组城发公司的目的是更好地从事J湖湿地建设、经营项目。方态公司已公告退出J湖项目,为挽回J湖项目,城发公司应付北建公司实缴出资5120万元。基于上述背景,各方达成如下条款:城发公司在北建公司的出资5120万元义务,由交建集团代为履行。交建集团将5120万元存入城发公司账户后,由城发公司再通过银行转账方式存入北建公司账户。项目恢复后,中丞公司将其持有的城发公司股权转让给交建集团。项目恢复未果,三方合作终止。出现下列情形之一的,本协议终止:J湖项目未能恢复的;经三方协商一致书面同意的;任何一方发生根本性违约的,守约方可以解除本协议。本协议终止的,相关所有协议终止,各方应恢复原状,且不承担违约责任。

2017年4月28日,交建集团将5120万元电汇至城发公司,同日,城发公司将5120万元电汇至北建公司。

2017年9月5日的《新区主任办公会议纪要》载明:"会议确定:同意不再采用PPP模式推进J湖湿地公园项目,以其他方式实施后续项目建设。如社会资本方主动提出清算J湖湿地公园项目PPP公司，高化公司可予以同意，按照法律、合同约定办理。”

北建公司未开展经营活动即终止，也未向城发公司及交建集团出具过出资证明文件。

交建集团起诉北建公司、城发公司（案由为合同纠纷），请求：(1)判令城发公司、北建公司返还交建集团代为出资5120万元及资金占用期间利息（自2017年5月29日起按照年利率6%支付资金占用期间利息）；(2)由城发公司、北建公司承担本案的诉讼费。

一审庭审中，城发公司与交建集团确认，城发公司的股权并未转让给交建集团。交建集团主张J湖项目未能恢复，也没有恢复的可能。城发公司则主张J湖项目还在恢复中，有恢复的可能，但是同意向交建集团返款。

一审意见

一审法院认为：

1. 关于城发公司应否向交建集团返还出资款5120万元并支付利息的问题。交建集团主张J湖项目未能恢复，城发公司应返还5120万元。城发公司虽辩称J湖项目还在恢复中，但同意向交建集团返款，依据《民事诉讼法》第13条第2款“当事人有权在法律规定的范围内处分自己的民事权利和诉讼权利”的规定，城发公司同意向交建集团返款是对其自身权利的处分，未违反法律规定，予以准许，故对于交建集团要求城发公司返还5120万元的请求予以支持。

2. 关于北建公司应否向交建集团返还出资款5120万元并支付利息的问题。交建集团主张5120万元是以城发公司名义转到北建公司，J湖项目已经终止，北建公司应与城发公司共同返还出资款。依据《合资经营协议》、北建公司章程内容可知，北建公司即是根据招标文件要求成立的项目公司，其设立的宗旨是与管委会签署PPP协议，取得J湖项目的PPP经营权。依据管委会《公告》、《重组框架协议》、《重组框架协议之补充协议》的内容可知，交建集团是在方态公司公告退出、联合体放弃中标的情况下，为挽回J湖项目，代城发公司履行向北建公司的出资义务。但在交建集团转款之后，J湖项目未有任何进展，城发公司亦未能提供证据证明其为恢复J湖项目采取何种措施或做过何种努力。而2017年9月5日《新区主任办公会议纪要》确认，不再采用PPP模式推进J湖湿地公园项目。至此，事实上已经不存在北建公司与管委会签署PPP协议的可能，设立北建公司的目的已不能实现，北建公司占有案涉款项无事实及法律依据，应与城发公司共同承担返还该笔款项的义务。

3. 关于城发公司、北建公司应否向交建集团支付利息的问题。交建集团主张自2017年5月29日起按照年利率6%支付资金占用期间利息。各方协议中并无关于返款时间及利息的约定，依据《重组框架协议之补充协议》中关于"本协议终止的，相关所有协议终止，各方应恢复原状，且不承担违约责任"的约定，交建集团无权主张利息。故对于交建集团的该项主张一审法院不予支持。

一审结果

2017年12月14日，一审法院作出民事判决：一、城发公司、北建公司于该判决生效后立即共同向交建集团返还5120万元；二、驳回交建集团的其他诉讼请求。

交建集团、北建公司均不服一审判决，向吉林省高级人民法院（以下简称吉林高院）提出上诉。

二审意见

吉林高院经审理认为：

1. 关于北建公司应否向交建集团返还出资款5120万元的问题。《公司法》第31条第1款规定："有限责任公司成立后，应当向股东签发出资证明书"，北建公司章程第5.9条亦规定："每当一方向项目公司缴付注册资本出资额，项目公司应向每一方出具加盖项目公司印章的出资证明书以证明该方的出资额及出资时间。"《重组框架协议之补充协议》约定，城发公司在北建公司的出资5120万元的义务，由交建集团代为履行。本案中，交建集团在将5120万元汇给城发公司的当日，城发公司即将该款汇至北建公司。虽然交建集团代城发公司给付的5120万元名义上为出资款，但北建公司未向城发公司及交建集团出具出资证明文件，且北建公司未开展经营活动即终止，故该款实际上尚未转化为对北建公司的出资，其性质仍为公司之间的往来款。虽然北建公司与交建集团未有合同关系，且款项为城发公司打入北建公司，但根据《民法通则》①第92条"没有合法根据，取得不当利益，造成他人损失的，应当将取得的不当利益返还受损失的人"的规定，北建公司占有该款没有法律上的依据，应返还给交建集团。北建公司认

① 现已无效。

为交建集团诉讼主体错误，北建公司向交建集团返款既无合同根据，又无法律依据，其上诉理由不能成立。

2. 关于交建集团主张的利息应否保护的问题。《重组框架协议之补充协议》第3.1条约定："出现下列情形之一的，本协议终止：(1)J湖项目未能恢复的……"第3.2条约定："本协议终止的，相关所有协议终止，各方应恢复原状，且互不承担违约责任。"2017年9月5日，《新区主任办公会议纪要》确定不再采用PPP模式推进J湖湿地公园项目，根据北建公司章程，其设立的宗旨即是与管委会签署PPP协议，取得J湖项目的经营权，故此时J湖项目即确定未能恢复，《重组框架协议之补充协议》应予终止。对于协议终止前的利息损失，按照约定城发公司不应承担责任，但协议终止后，城发公司应立即承担恢复原状的义务，将款项返还给交建集团，但其怠于履行义务，一直未将款项返还给交建集团，对此给交建集团造成的损失应负责任。参照《最高人民法院关于审理民间借贷案件适用法律若干问题的规定》第29条①第2款第1项的规定，城发公司应承担自2017年9月6日至实际给付之日按年利率6%计算的利息。

3. 关于本案诉讼主体的问题。虽然交建集团一审提交的民事起诉状中列明中丞公司为第三人，但在诉讼过程中已经撤回追加中丞公司为第三人的请求，一审未列明中丞公司为第三人并无不当。北建公司该上诉理由不能成立。

二审结果

2018年7月13日，吉林高院作出民事判决：一、维持一审判决第一项；二、撤销一审判决第二项；三、城发公司于本判决生效后立即向交建集团支付以5120万元为基数，自2017年9月6日起至实际给付之日按年6%利率计算的利息；四、驳回交建集团的其他诉讼请求。

案例评析

1. 关于项目公司应否承担返还5120万元款项责任问题。编者认为，关于这一问题，应根据合同相对性及股东对公司出资法律关系作出认定。交建公司与项目公司即北建公司并不存在合同关系，从北建公司角度，根据其股东登记情况，其与交建公司也不存在公司与股东间关系。交建公司与城发公司间代为出

---

① 现为第28条。

资约定及其约定目的,对于北建公司及第三方并不具有约束力。北建公司对其所收 5120 万元款项,城发公司具有权利主张,而城发公司并不具有向北建公司主张的权利。一、二审判决城发公司返还款项是正确的,但判决北建公司对于交建公司负返还款项义务,值得商榷。

2. 关于约定不承担违约责任是否即不应承担需返还款项利息损失问题。本案交建公司向城发公司汇付 5120 万元款项是何性质,涉及这一问题的处理。而 5120 万元款项性质的认定,又涉及《重组框架协议》及其补充协议性质的认定。根据案件事实,交建公司汇付款项系代城发公司向北建公司出资,北建公司取得 J 湖项目经营权后,再受让城发公司股权。《重组框架协议》及其补充协议涉及代为履行出资、股权转让两方面内容。前者履行事项是清楚的,已具有可履行性。而后者转让股权仅是意向性的,还需要另行协议,即"具体事宜各方另行协商"。由此,应认定《重组框架协议》及其补充协议性质为借款协议,交建公司向城发公司汇付 5120 万元款项性质为借款。《重组框架协议之补充协议》及其补充协议并未约定相关利息,根据《最高人民法院关于审理民间借贷案件适用法律若干问题的规定》第 25 条[①]第 1 款"借贷双方没有约定利息,出借人主张支付利息的,人民法院不予支持"的规定,交建公司相关利息主张没有依据,不应予以支持。该案后出台的《民法典》第 680 条第 2 款也有相应规定。编者认为,一、二审对于《重组框架协议之补充协议》及其补充协议未予认定,基于此作出的判决亦值得商榷。同时,赔偿利息损失与违约责任也是有所区别的。

---

① 现为第 24 条。

案例 86　项目实施机构向社会资本方追偿项目融资款纠纷案

相关问题

1. 项目实施机构代偿的项目融资款及利息请求应否支持；
2. 资金占用损失如何认定；
3. 差旅费、律师代理费的诉讼请求应否支持。

裁判要点摘选

项目实施机构承担连带担保责任后，可以向债务人追偿，追偿范围包括项目融资款及利息。对于资金占用损失的认定，依据案件中项目实施机构实际融资成本及利息年利率之比较，以融资利息年利率来计算资金占用损失可以被支持。

基本案情

原告：岳通公司

被告：道投公司

2016 年 2 月 24 日，某县交通运输局（以下简称交通局）与道投公司、铁海公司签订《省道 102（两乡段）公路改建投资建设项目 PPP 合作协议》，约定交通局授权岳通公司为项目实施机构；通过公开招标方式招标联合体（投资单位 + 施工单位）与交通局共同出资成立二标项目公司，二标项目公司负责对项目进行投融资、建设、维护、工程竣工验收合格后进行项目移交等。2016 年 3 月 17 日、3 月 26 日，岳通公司与道投公司制定《二标段项目建设管理有限公司章程》并签订《省道 102（两乡段）公路改建项目投资建设项目 PPP 股东协议》，明确双方共同现金出资6300万元设立二标项目公司，岳通公司、道投公司分别出资378万元、5922万元，出资比例分别为6%、94%；二标项目公司由道投公司在协议签订之日起30日内筹建完成；岳通公司除投入注册资本金外不再承担投融资责任，道投公司除投入注册资本金外还应对项目投资承担投融资责任。

2017年1月，开券公司、道投公司、二标项目公司签订《股权收益权转让及回购合同》，表明开券公司接受熙基公司委托，设立定向资产管理计划，以定向计划的资金受让道投公司持有的二标项目公司股权收益权。约定道投公司将持有的二标项目公司的94%股权的收益权作价1.2亿元转让给开券公司；道投公司在24个月内进行回购，每期回购总额为开券公司按支付的每期转让价款总额×[1+12%×该期转让价款发放到道投公司账户之日起(含)至该期资金回购日或定向资管计划终止日(不含)之间天数/365]；道投公司未按约定时间、金额支付任何一期回购价款或支付全部回购价款超过3日的，开券公司有权要求道投公司按逾期金额5万元/日支付逾期付款违约金，违约金不足以弥补损失的，还需赔偿实际损失与违约金的差额部分；道投公司未按约支付回购价款，则按逾期金额5万元/日支付违约金；开券公司按约要求道投公司支付全部回购价款后，道投公司应在接到通知之日起5个工作日内支付，否则按未支付部分金额的1‰/日支付违约金。2017年1月27日，开券公司、岳通公司、二标项目公司签订《股权收益权转让及回购合同保证合同Ⅰ》，约定岳通公司为前述《股权收益权转让及回购合同》项下道投公司或其指定第三方按期、足额回购标的股权收益权的义务以及主合同项下其他相关义务提供连带保证担保；担保范围包括但不限于主合同项下全部1.2亿元标的股权收益权回购款、溢价款、罚息、违约金、赔偿金、实现债权的费用和所有其他应付费用(包括但不限于可能发生的诉讼费、仲裁费、财产保全费、差旅费、执行费、评估费、登记费、拍卖费、公证费、送达费、公告费、律师费等)；保证期限为主合同履行期限届满之日起2年。2017年1月24日至3月1日，开券公司分6批次将1.2亿元付给道投公司。2017年3月13日，岳通公司与开券公司签订《强制执行公证协议》，约定双方向一公证处办理公证赋予《股权收益权转让及回购合同保证合同Ⅰ》及本协议强制执行效力。

2018年8月9日，岳通公司致函道投公司，要求该公司在当月15日前补齐从开券公司融资但未转入二标项目公司的款项1580元以及挪用资金2265.14

万元。2018 年 10 月 30 日,岳通公司又致函道投公司,要求该公司尽快拟定回购资金延期支付方案交熙基公司决策审批。2018 年 11 月 29 日,岳通公司再次致函道投公司,要求该公司按时支付熙基公司融资利息并处理好借款延期等事宜。2018 年 12 月 26 日,熙基公司就道投公司无法按约履行付款义务事宜函告岳通公司和道投公司,要求确认延期付款方案可行性。2019 年 3 月 28 日,岳通公司为道投公司向开券公司代偿资金 600 万元。2019 年 4 月 11 日,岳通公司为道投公司向开券公司代偿资金 1200 万元。2019 年 4 月 24 日,岳通公司致函道投公司,告知因其未按时支付开券公司借款本息致岳通公司为此代付到期借款 3000 万元及利息 5,910,361.64 元。2019 年 4 月 29 日,熙基公司向道投公司、岳通公司发出催款函,要求在接到函件之日起 5 日内支付剩余股权收益权回购款 9000 万元、相应利息及违约金。

2017 年 12 月后,岳通公司通过第三方以年综合成本 8.55%、票面年利率 8% 在 3 亿元限额内向社会进行融资,并按季付息。岳通公司于 2019 年 3 月 28 日、4 月 11 日为道投公司代偿 1800 万元后向道投公司追偿未果,形成本案诉讼。

2019 年 5 月 27 日,岳通公司起诉道投公司(案由为追偿权纠纷),请求:(1)调解或判令道投公司偿付代偿款 1800 万元及自代偿之日起按年利率 8% 计算至付清之日止的利息;(2)调解或判令道投公司承担岳通公司为主张本案权利支付的差旅费、律师代理费等费用 16 万元。

诉讼中,一审法院根据岳通公司申请,依法对道投公司在二标项目公司的 94% 股权予以冻结。

一审意见

一审法院认为:岳通公司为道投公司向开券公司融资 1.2 亿元提供连带保证担保后,因道投公司未能按约履行回购义务,致岳通公司承担连带担保责任,为道投公司代偿 1800 万元,依照《合同法》第 107 条"当事人一方不履行合同义务或者履行合同义务不符合约定的,应当承担继续履行、采取补救措施或者赔偿损失等违约责任"、《担保法》第 18 条第 2 款"连带责任保证的债务人在主合同规定的债务履行期届满没有履行债务的,债权人可以要求债务人履行债务,也可以要求保证人在其保证范围内承担保证责任"及第 31 条"保证人承担保证责任后,有权向债务人追偿"的规定,岳通公司有权要求道投公司支付代偿款并承担相应资金占用利息损失。双方未对资金占用损失进行约定,但岳通公司融资年综合成本达8.55%、向出借人亦按年利率8%支付利息,现岳通公司未按融资成本而按付出利息标准要求道投公司承担资金占用利息损失符合法律规定,应予保护。岳通公司要求道投公司支付差旅费、律师代理费的诉讼请求没有事实和法律依据,依法不应保护。

一审结果

2019年8月2日,一审法院作出民事判决:一、限被告道投公司于本判决生效之日起10日内偿付原告岳通公司代偿款1800万元及其利息(其中600万元的利息自2019年3月28日起计、1200万元的利息自2019年4月11日起计,均计算至给付之日止,年利率按8%计算);二、驳回原告岳通公司的其他诉讼请求。

(编者注:未发现该案有二审、再审程序)

案例评析

根据开券公司、岳通公司、二标项目公司签订的《股权收益权转让及回购合同保证合同Ⅰ》的约定,由岳通公司为《股权收益权转让及回购合同》项下道投公司或其指定第三方按期、足额回购标的股权收益权的义务以及主合同项下其他相关义务提供连带保证担保。因道投公司未能按照约定履行回购义务,岳通公司应当承担连带担保责任。保证人承担保证责任后,可以向债务人追偿。首先,在项目实施机构代偿的项目融资款及利息请求方面,岳通公司有权要求道投公司向其支付代偿款并承担相应的资金占用利息损失。其次,在资金占用损失的认定方面,由于双方未对资金占用损失进行约定,但考虑到岳通公司融资年综合成本达8.55%、向出借人亦按年利率8%支付利息,现岳通公司未按融资成本而按付出利息标准要求道投公司承担资金占用利息损失符合法律规定,相应利息标准也具有合理性,应予支持。最后,关于差旅费、律师代理费的诉讼请求,法院以依据不足驳回,属于正常情况。司法实践中,有关律师费,请求权基础主要包括两类:第一类是当事人已达成明确约定,即各方就律师费的承担已达成合意,存在明确的合同依据;第二类是法律有明确规定,即相关法律就律师费的承担主体存在明确规定。一般情况下,如果既无明确的合同约定,又无明确的法律规定,则当事人在诉讼过程中提起的"律师费由对方承担"的诉讼请求,大概率会被法院驳回。

案例87　PPP项目无法继续的情况下资金投入方的利益如何处理

相关问题

1.“该补充协议待报县政府批复后执行”约定是否属于对协议履行时间所附期限；

2.对于《项目合作协议》不能履行的责任如何认定；

3.案涉原告是否有权分配PPP项目利益；

4.PPP项目无法继续的情况下资金投入方的利益如何处理。

裁判要点摘选

根据《民法通则》[①]第4条“民事活动应当遵循自愿、公平、等价有偿、诚实信用的原则”和《合同法》第5条“当事人应当遵循公平原则确定各方的权利和义务”的规定，在投资人已自愿放弃对合作项目进行分成的情况下，应当对其进行项目投入的资金给予适当补偿。

基本案情

原告：三原分公司

被告：德实公司

2014年7月12日，三原公司将SS家园保障性住房项目发包给三建公司建设。同年8月19日，德实公司向三原公司出具《委托书》，内容：“德实公司SS

---

① 现已失效。

家园建设项目已经正式确定,德实公司委托三原公司按法律程序完成工程建设及相关工程招投标手续。”2014 年 10 月 20 日,德实公司(甲方)与三原分公司(三原公司的分公司,乙方)签订了《保障性住房建设项目合作协议(PPP 模式)》(以下简称《项目合作协议》。协议约定,双方采用 PPP 模式进行合作开发 SS 家园项目,甲方以依法挂牌出让获得的国有土地使用权出资,乙方按规划建设内容出资建设。商业部分双方合作开发,公租房部分由乙方代建。乙方作为项目建设单位,具体负责实施项目建设投资管理的各项工作,依法通过招标方式确定具有相应资质的项目勘察单位、设计单位、施工单位,费用计入项目乙方投资成本,甲方通过招标方式确定具有相应资质的项目监理单位,费用计入甲方投资成本。双方同意在乙方名下设立银行专用账户共同管理,乙方负责资金筹集,确保项目的建设资金能够及时支付并专款专用。商业部分出售、租赁所获得的收入扣除甲乙双方共同投资成本后,剩余部分双方五五分成,各计提 1% 管理费;公租房部分按公租房及其配套城市基础设施建设投资总额中扣除国家投资部分后计提 5%,双方各计提 1% 管理费,乙方计提 3% 利润。

2015 年 2 月 6 日,德实公司(甲方)与三原分公司(乙方)签订《项目补充协议》,约定:(1)甲方于 2015 年 1 月 30 日书面通知乙方,要求在 2 月 5 日前必须到位 3000 万元工程进度及保障后续工程进度款,乙方在 2 月 5 日没有做到。现乙方自愿放弃该项目 PPP 合作模式,不参与合作分成。且按《项目合作协议》的约定,甲乙双方承担相应责任。(2)由于该项目前期所有工作都是乙方在管理,建议在终止 PPP 合作模式后,继续参与管理。(3)根据《项目合作协议》第 9 款第 4 条“由于乙方原因导致项目累计停工三个月的,经甲方书面通知后乙方仍不能确保工程进度的,甲方有权解除合同……”的约定,鉴于停工时间短,若乙方在 2015 年 5 月 15 日前能够到位项目资金 1 亿元,建议继续履行 PPP 合作模式。(4)补充协议与主合同具有同等法律效力。(5)该补充协议待报县人民政府批复后执行。

2015 年 3 月 15 日,项目所在地县人民政府专题会议纪要明确,同意三原分公司建设项目一期工程建设资金的筹集计划,即第一次为 2015 年 3 月 31 日前筹资 2000 万元、第二次为 4 月 30 日前筹资 2000 万元、第三次为 5 月 15 日前筹资 6000 万元,并及时足额交纳到共管账户。如果三原分公司在 2015 年 3 月 31 日前,未能及时足额交纳 2000 万元工程款,则自动解除 PPP 合作协议;如果第一次2000万元工程款交纳到位,但是2015年4月30日前未能及时足额交纳第二次2000万元的工程款,则自动解除PPP合作协议;如果前两次足额交纳到位,但是在5月15日前,未能及时足额交纳6000万元工程款,则自动解除PPP合作协议。如果三原分公司三次项目资金均能按计划筹集到位,则双方再签订补充协议。协议解除后,对三原分公司的项目前期投入,将以发票等双方均认可的实际投入凭证为依据进行清算,由此造成的损失,由三原分公司自行承担。三原分公司负责人常某参加了上述专题会议。

2015年4月20日,县人民政府成立SS家园清算工作领导小组,同年8月5日,清算领导小组作出《关于清算组对SS家园项目工程进行清算初审的报告》,报告载明,三原分公司前期投入资金10,895,494元,德实公司拨付三原分公司资金4800万元,三原分公司拨付建工集团黔南分公司资金6640万元,三原分公司垫资1840万元。三原分公司在上述报告中签署备注为"同意报告中的数据,管理费和资金占用费利息没有结清"。

2015年8月3日,受清算工作领导小组委托,南邦咨询公司作出SS家园(一期)工程(清算)结算审计报告,审核结果:SS家园建设项目(一期)完工工程的(中止清算)送审金额共计137,978,404.67元;经审核确认的结算金额共计80,103,126.94元,审计核减57,875,277.73元。德实公司和三原分公司在工程(中止清算)结算审核结果确认表中签章予以认可。

2015年10月27日,德实公司向该县住建局出具《关于SS家园项目前期投资费用情况的函》说明,三原分公司前期投资费用为10,895,494.6元。

2016年6月14日,三原分公司起诉德实公司(案由为合同纠纷),请求:(1)被告德实公司赔偿因违约给原告造成的损失(包括协议履行后可获得利益)即《项目合作协议》所约定的可分配利益暂计6,409,179.5元(最终以评估为准);(2)被告德实公司向原告支付资金占用费(利息)3,590,820.5元;(3)诉讼费用由被告承担。

三原分公司主要诉讼意见:德实公司严重违反协议有关项目招标应由原告施行及资金专款专用等约定,挪用国家保障性住房专用资金和原告项目专用金2000万元,致使SS家园项目投资环境改变,增加项目合作风险。在德实公司进行违约招标时,使施工方三建公司认为业主方发生变化,与原告签订的《施工合同》不予履行,擅自停工。在政府的行政干预下,强迫原告承担本应由三建公司承担的合同义务。在向三建公司拨付3800万元工程款仍继续违约停工的情况下，德实公司的违约行为已使投资风险无法控制，原告不再继续投入。由此，被迫造成SS家园项目(一期工程)完工工程中止清算，并由南邦咨询公司出具《SS家园项目(一期工程)完工工程(中止清算)结算》，确认一期完工投入及前期投入共计90,129,937.11元，而原告在项目中合法投资回报权益未按协议约定进行处置分配，且被告德实公司在一期工程完工部分工程占用原告资金42,129,937.11元没有支付资金占用费。被告德实公司的行为已严重侵害了原告的合法权益。

德实公司主要诉讼意见：原告诉请事项不明确具体，1000万元的诉讼金额如何构成没有证据佐证。对外招标系原告出具的授权委托书，原告的负责人常某参与了招标过程，被告没有违约行为存在。资金为当事人双方共管，原告诉称被告挪用资金没有事实依据。根据协议约定，被告须到位3000万元资金作为后续工程，但其没有履行协议约定，PPP协议已终止，原告不再参与PPP模式分成。综上，原告诉请被告予以支付或赔偿相应费用没有事实和法律依据。

一审意见

一审法院认为，德实公司与三原分公司签订的《项目合作协议》和《项目补充协议》是双方当事人的真实意思表示，内容并不违反法律、行政法规的强制性规定，协议合法有效，予以确认。三原分公司抗辩主张《项目补充协议》系其受胁迫所签，但未提交证据证明。根据《最高人民法院关于民事诉讼证据的若干规定》第2条第2款[①]“没有证据或者证据不足以证明当事人的事实主张的，由负有举证责任的当事人承担不利后果”的规定，三原分公司的该项主张缺乏事实和法律依据，不予支持。《项目补充协议》第5条虽约定“该补充协议待报县政府批复后执行”，但该内容仅是对协议的履行时间作了附期限，而非《合同法》第45条规定的合同附生效条件。依照《合同法》第44条第1款“依法成立的合同，自成立时生效”的规定，《项目补充协议》自当事人双方签字盖章时即成立生效。故三原分公司提出《项目补充协议》未经批复没有生效的理由与法律规定不符，不予支持。《项目补充协议》签订后至县人民政府以专题会议纪要明确三原分公司筹集资金期限届满前，再到县人民政府成立清算工作领导小组并对外

① 已被修正，新版无此条。

委托作出案涉工程审核报告,三原分公司不仅未能按照约定筹集资金到位,也未对清算工作提出异议,应视为双方对履行《项目补充协议》中止合作《项目合作协议》的认可。但德实公司在向三原分公司拨付工程建设资金后,又以“借支”的形式将部分资金拨出他用,最终造成工程资金困难,为此,对于《项目合作协议》不能履行,当事人双方均有责任。依照双方签订的《项目补充协议》第1条“甲方(德实公司)于2015年1月30日书面通知乙方(三原分公司),要求在2月5日前必须到位3000万元工程进度及保障后续工程进度款,乙方在2月5日没有做到。现乙方自愿放弃该项目PPP合作模式,不参与合作分成”的约定,双方已对三原分公司在案涉工程PPP合作模式中的分成进行了明确,各方均应恪守履行。三原分公司在《项目补充协议》对其参与PPP合作模式中的分成已表示了自愿放弃,现其又诉请要求予以分配参与PPP合作模式项目的利益,违背了民事活动的诚实信用原则,与合同约定不符,不予支持。根据南邦咨询公司作出的SS家园(一期)工程(清算)结算审计报告载明,三原分公司已完成SS家园建设项目(一期)工程资金为80,103,126.94元,扣除德实公司向其拨付的资金4800万元,在三原分公司参与PPP合作模式下已完成的工程价值为32,103,126.94元。依照德实公司于2015年10月27日向县住建局出具《关于SS家园项目前期投资费用情况的函》说明,三原分公司前期投资费用为10,895,494.6元和分别于2014年1月17日及同年2月18日各出资的1000万元,三原分公司累计已向案涉项目投入资金30,895,494.6元。而县住建局已于2016年1月26日将案涉项目另行对外发包建设,至此,德实公司与三原分公司就案涉项目进行PPP合作模式建设已无继续履行的可能。德实公司作为案涉工程的实际受益人和业主单位,根据《民法通则》①第4条“民事活动应当遵循自愿、公平、等价有偿、诚实信用的原则”和《合同法》第5条“当事人应当遵循公平原则确定各方的权利和义务”的规定,在三原分公司已自愿放弃对合作项目进行分成的情况下,德实公司应当对三原分公司进行案涉项目投入的资金给予适当补偿。至三原分公司提起本案诉讼时止,该公司已累计向案涉项目投入资金30,895,494.6元,综合考虑当前融资状况、项目完成情况和《项目合作协议》不能履行等原因,酌定由德实公司向三原分公司支付210万元资金占用费为宜。

---

① 现已失效。

综上所述,三原分公司的部分诉讼请求成立,予以支持。

一审结果

2016 年 10 月 31 日,一审法院作出民事判决:一、被告德实公司自本判决生效之日起 30 日内向原告三原分公司支付资金占用费 210 万元;二、驳回原告三原分公司的其他诉讼请求。

德实公司不服一审判决,向贵州省高级人民法院提出上诉。

二审结果

在二审审理过程中,德实公司以其自愿履行一审判决,双方之间的纠纷已经解决为由,申请撤回上诉,被准许。

案例评析

1. 三原分公司认为,《项目补充协议》未经批复没有生效。三原分公司上述意见不能成立。附条件,是指当事人约定以将来可能发生、也可能不发生的事实作为民事法律行为生效、失效或者履行的条件;而附期限,是指当事人约定以某一期限作为民事法律行为生效、失效或者履行的根据。两者的核心区别就在于,据以导致民事法律行为生效、失效或者履行的事实,是将来可能发生,也可能不发生的事实,还是将来确定发生的事实。期限虽然被认为是确定会发生的事实,但期限本身也分为“确定期限”与“不确定期限”,故司法实践中“附不确定期限”与“附条件”在约定外观上易于混淆。本案中,因三原分公司 2015 年 2 月 5 日前未到位 3000 万元工程进度及保障后续工程进度款,已构成违约,所以三原分公司签订《项目补充协议》自愿放弃该项目 PPP 合作模式,不参与合作分成。如果认定“该补充协议待报县人民政府批复后执行”为“附条件”条款,当县人民政府批复条件不成就时,三原分公司却仍可以按照 PPP 合作模式并参与合作分成,并不符合当事人本意,故“该补充协议待报县政府批复后执行”是关于履行期限的约定,而非附条件的约定。

2. 德实公司认为,其在履行《项目合作协议》中没有违约行为存在,与事实不符。本案中,《项目合作协议》约定,三原分公司负责资金筹集,确保项目的建设资金能够及时支付并专款专用。三原分公司因未按协议约定履行资金筹集义务,施工方三建公司擅自停工,不予履行《施工合同》,案涉项目无法继续履行,进而县住建局将案涉项目另行对外发包建设,三原分公司已构成违约,应当承担责任。但是,案涉工程资金困难,施工单位擅自停工拒绝履行《施工合同》,三原分公司基于考虑案涉投资风险过大而不再继续投入,部分是德实公司挪用工程建设资金造成的,故德实公司对于《项目合作协议》不能履行同样存在责任。

3. 本案中,三原分公司与德实公司采用 PPP 模式合作开发 SS 家园项目,《项目合作协议》对合作分成作了具体约定。此后,因三原分公司负责筹集的 3000 万元工程进度及保障后续工程进度款未到位,三原分公司在与德实公司所签订的《项目补充协议》中已明确自愿放弃该项目 PPP 合作模式,不参与合作分成,故三原分公司无权再要求分配 PPP 项目利益。

4. 如前所述,导致案涉 PPP 项目无法继续履行,三原分公司、德实公司都应当承担一定的责任。本案中,虽三原分公司因筹集资金未到位而自愿放弃对合作项目的分成,但案涉 PPP 项目建设的投资管理各项工作均是由三原分公司负责实施,且三原分公司累计向案涉项目实际投入资金 3000 余万元。考虑其对案涉项目的实际付出及承受的融资成本等因素,从公平原则角度出发,德实公司作为案涉工程的实际受益人,一审法院判决德实公司对三原分公司进行案涉项目投入的资金给予适当补偿,并无不当。

案例 88　招标人单方解除投资合同后约定的投资回报如何处理

相关问题

1. 该案合同性质是否属于 PPP 项目合同；
2. 合同约定固定投资回报应否予以支持。

裁判要点摘选

禁止固定回报的文件从法律层级上讲均属于部门规章，其效力低于法律和行政法规，PPP 合同中的固定回报条款并没有违反法律、行政法规的强制性规定的，应认定有效，且合同中约定的固定投资回报是履行合同后可以获得的利益。

基本案情

上诉人(一审原告)：和设公司

被上诉人(一审被告)：进修学校

2013 年 11 月 25 日，进修学校面向社会公开发布了《进修学校迁建项目招商公告》，通过公开招商方式，选择确定和设公司为案涉项目建设投资单位。2013 年 12 月 20 日，和设公司通过工商银行转账 595 万元到县财政国库中心，用于缴纳招标保证金。2014 年 7 月 2 日，进修学校(甲方)与和设公司(乙方)签订了《进修学校迁建项目投资合同书》。第三部分项目投资及回报中约定"二、投资回报：乙方的投资回报包括固定投资回报和资金占用费两部分。(一)固定投资回报：乙方的固定投资回报率(项目估算投资 5950 万元)按 38.8% 计算；(二)资金占用费：1. 建设期间：以乙方汇入双方共管账户之日起作为起算日，按实际投入资金×实际天数×(中国人民银行发布的同期金融机构人民币一年期贷款基准利率/365天)×120%分段计算;2.支付期间:实行分段计算和支付。首次支付后次日起至第二次应支付之日止,甲方按应支付乙方的投资成本和投资回报后的余额为基数计算,以此类推直至投资成本与投资回报支付完毕[计算办法:(实际投资支付后的余额+投资回报支付后的余额)×未支付比例×实际天数×(中国人民银行发布的同期金融机构人民币一年期贷款基准利率/365天)×120%]"。第七部分违约责任中约定"1.本合同生效尚未履行,任何一方违约致使本合同不能继续履行的,守约方有权解除合同,违约方须按5950万元×10%支付违约金;2.乙方不能按甲方的投资计划要求按时足额将资金汇入共管账户时,应以未投入部分为基数每月按4%支付违约金;3.甲方不能按合同约定支付乙方投资成本和投资回报,应以未支付部分为基数每月按4%支付违约金"。第八部分其他事项中约定"一、争议解决甲、乙双方应以协商方式解决双方之间因本合同引起的任何争议,如协商未果,可向合同履行地人民法院提起诉讼"。

2014年7月7日,和设公司向进修学校出具委托书,委托王某作为和设公司代理人。2014年11月5日,和设公司发出关于成立"和设公司进修校投资管理部"的通知,通知主要载明:成立和设公司进修校投资管理部;任命王某某为投资管理部负责人;王某为投资管理部经理。2014年8月12日,经进修学校申请,县财政国库中心将招标保证金595万元转入中国银行某支行共管账户。2014年11月21日,和设公司委托刘某作为其代理人,代表和设公司就进修学校迁建项目文件签署,进行工程谈判,签订合同和处理与之有关一切事务。2015年7月17日,进修学校所在县人民政府办公室印发政府会议纪要,决定暂停进修学校迁建项目。2015年4月25日,县教育局向县政府作出关于县教育局关于提前支付进修学校迁建工程投资及回报的请示,该请示载明:进修学校迁建项目是根据县政府2011年11月25日发布的招商公告,并经县政府组织相关部门参加招标会议,最后确定和设公司为进修学校迁建工程投资人。到目前为止,双方已履行合同,并产生各种费用约1915.33万元。现县政府要求停止履行合同并进行清算,而和设公司欠县地税局税金7,162,604.21元,特恳请县政府提前支付7,162,604.21元用于和设公司缴纳县地税局税款。

2016年9月20日,进修学校向和设公司发出函件,该函载明:"根据县党委办公室2015年7月27日第18期会议纪要精神,我校与你公司签订的投资合同予以解除，请你公司及时派法人代表与我校商谈解除合同事相关事宜”。2016年11月18日，进修学校向和设公司再次发出函件，该函载明：“因政策调整，我校拟解除与你公司2014年7月2日签订的《进修学校迁建项目投资合同书》，为此，我校已通知了你公司委托代理人王某，并多次与其就解除合同相关事宜进行了磋商，但未达成共识。现函告你司，我校决定解除与你司于2014年7月2日签订的《进修学校迁建项目投资合同书》。请你司尽快派人与我校处理合同解除后的相关事宜。”2017年6月1日，和设公司出具委托书，委托盛建公司代收进修学校迁建项目缴纳的投资款595万元。2017年6月9日，进修学校退还和设公司投资本金595万元。2017年7月5日，进修学校向和设公司出具签收单，主要载明：“和设公司：我校分别于2015年8月26日、2016年1月19日、2017年3月1日收到你公司《关于请求结算支付你校迁建项目全部费用的请示》，每次收到你公司的请示后都及时据文向主管部门（县教育局）作了汇报。”后因和设公司与进修学校就投资回报、资金占用利息、违约金协商未果，发生本案诉讼。

2014年7月10日，王某作为和设公司代理人与朱某某签订房屋租赁合同，租赁和设公司进修学校投资管理部办公用房产生租赁费7.2万元。2014年7月17日，和设公司进修学校投资管理部向源投公司借款595万元用于进修学校迁建项目，借款期限24个月，月利率3%。2015年7月，和设公司支付进修学校校迁项目部工作人员解聘补偿工资19.8万元。2014年1月至2015年8月，和设公司支付进修学校校迁项目部工作人员工资132万元。2017年5月20日，和设公司支付进修学校投资管理部偿还源投公司借款595万元，并支付借款利息606.9万元。

和设公司以投资合同纠纷案由起诉进修学校，请求：(1)判令进修学校立即向和设公司支付固定投资回报230.86万元；(2)判令进修学校立即向和设公司支付占用资金的利息126.1509万元（从2013年12月20日起，计算至2017年6月9日止）；(3)判令进修学校立即向和设公司支付违约金1387.4448万元。

一审结果

一审法院作出民事判决：一、由进修学校于本判决生效之日起10日内给付和设公司投资款595万元的资金占用费（资金占用费以595万元为基数，从2014年8月12日起计算至2017年6月8日止，利率按中国人民银行发布的同期金融机构人民币一年期贷款基准利率/365天×120%计算）；二、由进修学校于本判决生效之日起10日内给付和设公司违约金595万元;三、驳回和设公司的其他诉讼请求。

和设公司不服一审判决,向四川省资阳市中级人民法院(以下简称资阳中院)提出上诉。

二审意见

资阳中院经审理认为,对于本案合同的性质,根据合同约定,和设公司向进修学校投资用于进修学校迁建项目,和设公司依约负有出资义务,参与项目资金的管理和使用,保证项目资金的专款专用,向进修学校提供本项目的所有资料,并对涉及保密的资料承担保密责任;并享有编制投资计划,审核用款计划,主持协调会议,指派授权代表及工作人员与进修学校授权代表及工作人员共同履行资金监督与管理,依约收取投资成本及回报,依法竞买经营性用地的权利。由此可见,本案合同仅是约定和设公司向进修学校迁建项目投资,并未参与进修学校迁建项目的工程建设工作,故不是建设工程合同;同时,和设公司负有对资金的监督与管理的责任,并在实际履行过程中成立了和设公司进修学校投资管理部对该项目进行了实际的经营管理,并不是单纯地借款给进修学校使用,故也不是借款合同,并且,由于和设公司参与该项目的经营管理,亦不存在不参与经营管理只收取固定回报的名为投资实为借贷的合同法律特征。一审判决虽然指出了本案合同既不属于建设工程合同,也不属于民间借贷合同,但对本案合同的性质并未明确。根据本案合同的约定,招商公告及县政府及相关部门的纪要的文件,本案合同的性质类似于PPP项目投资合同。PPP模式,是指政府与私人组织之间,为了提供某种公共物品和服务,以特许权协议为基础,彼此之间形成一种伙伴式的合作关系,并通过签署合同来明确双方的权利和义务,以确保合作的顺利完成,最终使合作各方达到比预期单独行动更为有利的结果。本案合同虽然没有政府作为合同的一方,但项目的招商、合同的审核、签订均是政府批准后才得以实施,项目所涉及的进修学校迁建项目亦是公共物品和服务,虽然没有特许权协议,但也有政府采取竞争性方式择优选择社会资本,由社会资本提供公共服务或公共产品这一特征,因此,本案合同类似于PPP项目合同,可参照PPP项目合同的特征进行处理。

PPP项目合同本身是合法、有效的,但在PPP项目的实际操作中,固定回报条款普遍存在于PPP合同中,对于PPP合同中的固定回报条款的效力问题,应从以下方面进行分析：

PPP项目投资合同属于民事合同，合同条款的效力应根据法律和行政法规进行判断。《合同法》第52条规定了五种合同无效的情形，即(1)一方以欺诈、胁迫的手段订立合同，损害国家利益；(2)恶意串通，损害国家、集体或者第三人利益；(3)以合法形式掩盖非法目的；(4)损害社会公共利益；(5)违反法律、行政法规的强制性规定。PPP合同是政府与社会资本之间签订的合同，社会资本是政府通过竞争方式依法选定的，社会资本的选定程序是公开的，合同的内容是关于公共服务和基础设施方面项目的投融资建设，且合同内容也是公开的，因此，PPP合同中的固定投资回报条款，不存在《合同法》第52条第1、2、3种情形。本案合同虽然政府不是合同一方当事人，但招商是公开的，合同也是经过政府批准的，合同的内容是关于公共服务和基础设施方面项目的投融资建设，且是公开的，故亦不存在《合同法》第52条第1、2、3种情形。也就是说，PPP合同及本案合同中的固定投资回报条款的效力，主要看是否存在《合同法》第52条第4、5种情形。

1. 是否存在"违反法律、行政法规的强制性规定"的情形

现行规定要避免通过固定回报承诺进行变相融资，杜绝固定回报的文件主要有：2015年6月25日，《关于进一步做好政府和社会资本合作项目示范工作的通知》(财金〔2015〕57号)明确，严禁通过保底承诺、回购安排、明股实债等方式进行变相融资，将项目包装成PPP项目；2016年5月28日，《关于进一步共同做好政府和社会资本合作(PPP)有关工作的通知》(财金〔2016〕32号)明确，要避免通过固定回报承诺、明股实债等方式进行变相融资；2016年10月11日，《关于在公共服务领域深入推进政府和社会资本合作工作的通知》(财金〔2016〕90号)明确，防止政府以固定回报、回购安排、明股实债等方式承担过度支出责任。虽然上述文件均禁止固定回报，但上述文件从法律层级上讲均属于部门规章，其效力低于法律和行政法规，因此，PPP合同中的固定回报条款并没有"违反法律、行政法规的强制性规定"。本案合同也一样，并且上述文件均系2015年以后出台的，而本案合同签订于2014年7月2日，上述文件的效力不溯及本案合同。

2. 是否属于"损害社会公共利益"的情形

PPP模式通过引进社会资本，打破行业准入，让社会资本进入公共服务和基

础设施领域,充分发挥市场机制的作用,能够提升公共产品或公共服务的质量和效率;同时,借助社会资本的专业运营能力,提升运营效率和收益,能够减轻政府的财政负担。PPP 合同中的固定回报条款是为了提升公共服务的供给质量和效率,实现公共利益的最大化。因此 PPP 合同中的固定回报条款不属于“损害社会公共利益”的情形。本案中,2013 年 11 月 25 日进修学校面向社会公开发布了《进修学校迁建项目招商公告》,提出了投资单位的综合固定投资回报率原则上不高于 45%,说明进修学校提出该固定投资率是通过了物有所值和其承受能力的,其约定固定投资回报条款亦没有违反《合同法》第 52 条第 4 项的规定。

因此,本案合同及合同中约定的固定回报条款均是有效的,一审判决在没有否定合同约定的固定回报条款的情况下,以进修学校的根本违约行为导致《投资合同书》尚未履行,故和设公司要求进修学校按合同约定给付固定投资回报款 230.86 万元的诉讼请求,并无法律依据。根据《合同法》第 113 条第 1 款的规定,当事人一方不履行合同义务或者履行合同义务不符合约定,给对方造成损失的,损失赔偿额应当相当于因违约所造成的损失,包括合同履行后可以获得的利益,但不得超过违反合同一方订立合同时预见到或者应当预见到的因违反合同可能造成的损失。合同中约定的固定投资回报,是和设公司履行合同后可以获得的利益,故对此予以纠正。

另外,就和设公司的实际损失而言,一审判决认定和设公司的实际损失为借款利息 606.9 万元、工作人员工资 132 万元、解聘补偿工资 19.8 万元、办公用房产生租赁费 7.2 万元,共计 765.9 万元,一审判决进修学校承担违约金 595 万元尚不足以弥补和设公司的损失。

综上所述,一审判决认定事实清楚,但适用法律错误,和设公司的上诉理由成立。

二审结果

2018 年 5 月 10 日,资阳中院作出民事判决:一、维持一审判决全部三项内容;二、进修学校于本判决生效之日起 10 日内给付和设公司投资回报 230.86 万元。

案例评析

1. 关于该案合同性质是否属于 PPP 项目合同问题。本案《进修学校迁建项目投资合同书》并非 PPP 项目合同,也不属于建设工程合同、民间借贷合同,根据合同约定的投资、管理等内容,二审法院参照PPP项目合同处理是适当的,也是公平、合理的。

2.关于合同约定固定投资回报应否予以支持问题。由于《进修学校迁建项目投资合同书》及所约定的固定投资回报并不违反法律、行政法规的强制性规定,应予以支持。

案例89　合同解除但项目土地因被抵押银行申请查封无法返还的损失赔偿认定

相关问题

1. 是否可以视为被告已放弃继续履行协议；
2. 被告应否赔偿原告无法返还案涉土地损失；
3. 无法返还案涉土地损失数额如何认定。

典型意义

项目土地已登记在项目公司名下，项目合同履行过程中因投资方原因导致解除，但项目土地因被抵押银行申请查封无法返还。上述情形下，投资方应否赔偿政府方相关无法返还案涉土地损失，无法返还案涉土地损失数额如何认定，本案具有典型性。

基本案情

上诉人（一审被告）：鑫水公司

被上诉人（一审原告）：某镇人民政府

2009年12月18日，某镇人民政府（以下简称镇政府）与鑫水公司原法定代表人章某签订了《投资协议书》，协议约定由章某负责B污水处理厂一期工程建设、运营维护以至最终移交项目，章某在签订协议后30日内，成立项目水务公司，在成立项目水务公司后与镇政府签订特许经营权协议。同年12月23日，章某与一环保公司共同出资成立鑫水公司。

2010 年 1 月 21 日,镇政府与鑫水公司签订了《特许经营协议》,协议就特许经营权、建设、检验、完工、水量、水价、污水处理费违约赔偿、协议终止等双方权利义务作出约定。

2010 年 9 月 25 日,镇政府与鑫水公司签订《关于 A 污水处理厂土地使用问题的补充协议》一份。该协议约定,镇政府负责把 A 污水处理厂、B 污水处理厂建设所需的土地以出让方式办理至鑫水公司名下,所涉及土地征用、出让等相关费用由镇政府承担。在特许经营结束日,鑫水公司应将上述项目的土地使用权完好归还给镇政府。

镇政府为履行《关于 A 污水处理厂土地使用问题的补充协议》,实际缴纳了上述两块宗地的土地出让金及相关费用 5,549,619.4 元。

2011 年 5 月 20 日,鑫水公司以案涉土地为抵押,向一银行支行(以下简称贷款支行)办理了最高额 1000 万元的抵押贷款。其中,B 污水处理厂所在地块抵押债权数额为 450 万元,A 污水处理厂所在地块抵押债权数额为 550 万元。

2013 年春节前后,章某因债务问题出走,下落不明,由镇政府代发了 B 污水处理厂数名职工 2013 年 6 月至 2014 年 1 月的工资。2013 年 10 月 21 日,镇政府作出《关于终止〈B 污水处理厂 BOT 特许经营权协议〉的函》,并向鑫水公司进行了送达。

2018 年 9 月 3 日,本案一审法院作出行政判决,确认镇政府与鑫水公司于 2010 年 1 月 21 日签订的《特许经营协议》已于 2014 年五六月解除。

因鑫水公司未按期归还贷款支行的贷款,贷款支行诉至本案一审法院,一审法院作出民事判决,判令鑫水公司归还贷款支行借款本息,并判定贷款支行对抵押物享有优先受偿款,现该判决在执行过程中。因鑫水公司涉及执行案,一审法院依法查封了案涉两宗土地。

2018 年 12 月 6 日,镇政府起诉鑫水公司(案由为合同纠纷),请求:(1)解除镇政府与鑫水公司双方于 2010 年 9 月 25 日签订的《关于 A 污水处理厂土地使用问题的补充协议》;(2)鑫水公司赔偿镇政府损失 5,549,619.40 元。

一审意见

一审法院认为,《合同法》第 94 条规定,有下列情形之一的,当事人可以解除合同:(1)因不可抗力致使不能实现合同目的;(2)在履行期限届满之前,当事人一方明确表示或者以自己的行为表明不履行主要债务;(3)当事人一方迟延履行主要债务,经催告后在合理期限内仍未履行;(4)当事人一方迟延履行债务或者有其他违约行为致使不能实现合同目的;(5)法律规定的其他情形。本案中,鑫水公司原法定代表人章某于2013年春节前后出走,下落不明。此后,公司法定代表人虽进行了变更,但未对B污水处理厂职工工资等问题作出处理,债权人、工人集聚镇政府。镇政府为维护社会稳定和解决职工实际困难,代付职工工资,于2014年7月实际接管B污水处理厂并委托其他公司运行。鑫水公司及章某陆续被起诉至一审法院。上述事实表明,鑫水公司已放弃继续履行协议,镇政府已实际收回特许经营权,合同目的已无法实现。镇政府与鑫水公司于2010年1月21日签订的《特许经营协议》,已于2014年五六月解除。因此,镇政府现主张要求解除双方于2010年9月25日签订的《关于A污水处理厂土地使用问题的补充协议》之诉请,符合法律规定,予以支持。《合同法》第97条规定,合同解除后,尚未履行的,终止履行;已经履行的,根据履行情况和合同性质,当事人可以要求恢复原状、采取其他补救措施,并有权要求赔偿损失。合同解除的效力是使合同恢复到订立前的状态。补充协议解除后,鑫水公司应将案涉两宗土地的土地使用权返还给镇政府。现该两宗土地登记于鑫水公司名下,因鑫水公司在该两宗土地上设定了抵押,鑫水公司涉及执行案件被依法查封,导致土地使用权无法转移登记至镇政府名下,由此造成的损失,应由鑫水公司作出赔偿。关于损失数额的认定问题,镇政府办理土地出让手续所产生的费用,系其为履行合同而支付的相关费用,虽然该价值添附于该两宗土地之上,但该两宗土地使用权登记于鑫水公司名下,且因鑫水公司的原因不可逆转,该两宗土地被镇政府实际收回使用,不改变该两宗土地的土地使用权登记权利人的性质,故该费用对镇政府而言系直接损失。现镇政府要求鑫水公司赔偿该部分损失,并无不当,予以支持。

一审结果

一审法院作出民事判决:一、解除镇政府与鑫水公司于2010年9月25日签订的《关于A污水处理厂土地使用问题的补充协议》;二、鑫水公司于判决生效后15日内赔偿镇政府损失5,549,619.40元。

鑫水公司不服一审判决,向浙江省杭州市中级人民法院(以下简称杭州中院)提出上诉。

二审意见

杭州中院认为,2010年1月21日,镇政府与鑫水公司签订《特许经营协议》,后双方于同年9月25日签订《关于A污水处理厂土地使用问题的补充协议》。从该补充协议约定的内容可知,双方签订补充协议是为履行之前双方签订的《特许经营协议》,确保污水处理厂正常运行。《特许经营协议》由生效的行政判决确认已于2014年五六解除。因此,双方为履行《特许经营协议》而签订的《关于A污水处理厂土地使用问题的补充协议》已无法继续履行,一审法院判决解除《关于A污水处理厂土地使用问题的补充协议》并无不当。合同解除后,尚未履行的,终止履行;已经履行的,根据履行情况和合同性质,当事人可以要求恢复原状、采取其他补救措施、并有权要求赔偿损失。依据《关于A污水处理厂土地使用问题的补充协议》,鑫水公司本应返还案涉两宗土地,但因鑫水公司以该两宗土地抵押贷款,且目前涉及其他案件该两宗土地被法院查封。二审期间,鑫水公司也表示目前无法清偿相关债务,保证案涉土地不被执行并将该土地返还给镇政府。镇政府有权据此向鑫水公司主张赔偿损失,鑫水公司认为在案涉土地被拍卖前镇政府没有遭受实际经济损失上诉理由不能成立。因案涉土地无法返还导致的损失,实际应以案涉土地的相关价款确认,在鑫水公司无法返还案涉土地的情况下,镇政府主张以当时缴纳该两宗土地出让金及相应费用的金额主张赔偿损失的数额,并不超过其实际损失,一审法院判令鑫水公司赔偿镇政府损失5,549,619.4元有事实及法律依据,予以确认。

二审结果

2019年6月24日,杭州中院作出民事判决:驳回上诉,维持原判。

案例评析

1.关于是否可以视为鑫水公司已放弃继续履行协议问题

根据《最高人民法院关于审理行政协议案件若干问题的规定》第27条第2款的规定,人民法院审理行政协议案件,可以参照适用民事法律规范关于民事合同的相关规定。《合同法》第94条规定:“有下列情形之一的,当事人可以解除合同:(一)因不可抗力致使不能实现合同目的;(二)在履行期限届满之前,当事人一方明确表示或者以自己的行为表明不履行主要债务;(三)当事人一方迟延履行主要债务,经催告后在合理期限内仍未履行;(四)当事人一方迟延履行债务或者有其他违约行为致使不能实现合同目的;(五)法律规定的其他情形。”鑫水公司原法定代表人章某出走下落不明,该公司无力支付员工工资,未如约如期完成建设工作的行为，且利用案涉土地进行抵押。根据上述司法解释、法律规定，应认定鑫水公司已放弃继续履行协议。

2. 关于鑫水公司应否赔偿镇政府无法返还案涉土地损失问题

根据另案行政判决，《特许经营协议》已经解除。《合同法》第 97 条规定："合同解除后，尚未履行的，终止履行；已经履行的，根据履行情况和合同性质，当事人可以要求恢复原状、采取其他补救措施，并有权要求赔偿损失。"协议解除后，鑫水公司应将案涉两宗土地的土地使用权返还给镇政府。由于鑫水公司原因在案涉两宗土地设立抵押，被依法查封，贷款支行对案涉两宗土地享有优先受偿款，现土地使用权已无法转移登记至镇政府名下，故鑫水公司应就无法返还案涉土地损失进行赔偿。

3. 关于无法返还案涉土地损失数额如何认定问题

根据《合同法》第 58 条"合同无效或者被撤销后，因该合同取得的财产，应当予以返还；不能返还或者没有必要返还的，应当折价补偿。有过错的一方应当赔偿对方因此所受到的损失，双方都有过错的，应当各自承担相应的责任"以及第 113 条"当事人一方不履行合同义务或者履行合同义务不符合约定，给对方造成损失的，损失赔偿额应当相当于因违约所造成的损失，包括合同履行后可以获得的利益，但不得超过违反合同一方订立合同时预见到或者应当预见到的因违反合同可能造成的损失"之规定，镇政府受到的损失包括直接损失和间接损失，鑫水公司无法返还案涉土地属于直接损失，其损失范围是镇政府办理土地出让手续所产生的费用。

案例90　已完工公路无法收费而引起的回购与投融资损失赔偿案

相关问题

1. 关于项目回购问题的认定;
2. 投融资资金138,894,985.40元及相关利息(含罚息)的认定;
3. 收费站工程投资应否认定处理。

裁判要点摘选

项目回购的目的是在项目协议书解除后,用于赔偿投资人的投资损失,投融资审计鉴定反映的正是投资人在项目上的投融资数额。而资产价值评估反映的是市场对特定条件下资产价值的评估和判断,不宜作为确定赔偿数额的依据。

典型意义

本案系已完工公路无法收费而引起的回购与投融资损失赔偿的典型案例。新陵公司是否有权解除与市政府签订的《新陵公路项目协议书》,新陵公司请求市政府回购是不是合同解除后赔偿守约方损失的一种方式,以及关于回购价格的计算方式、项目工程投资额、回购款项利息与罚息等问题,相关主张、裁判处理都具有参考价值。

基本案情

上诉人(一审被告):辉县市人民政府

上诉人(一审原告):新陵公司

2003年,辉县市人民政府(以下简称市政府)为加快本地经济发展,解决与山西省主要通道S229线交通受阻问题,准备建设辉县市上八里至山西省省道路,其中隧道1.486公里(以下简称新陵公路)。新陵公路工程项目可行性研究报告经逐级向有关部门申报,2004年2月25日、4月23日,河南省交通厅、河南省发改委分别予以批复。2004年4月23日,河南省发改委《关于辉县市上八里至山西省省工程可行性研究报告的批复》载明内容中有:"该项目估算总投资8111万元,其中隧道工程投资3342万元。资金来源由辉县市筹措解决。关于涉站收费问题,待项目建成后,符合该站收费条件时按规定程序报省政府审批。"

2014年9月15日,新陵公路建设指挥部(甲方)与万通公司(乙方)签订《新陵公路项目协议书》。协议约定:(1)建设项目:新陵公路投融资、建设及经营管理。(2)投资方式:由万通公司出资成立新陵公司承担该项目8111万元的投融资、建设及经营管理,该公司持有全部股权。项目公司法人代表由万通公司推举李某担任,全权负责该项目事宜。(3)经营期限:此项目建成后,符合该站收费条件时按规定程序报省政府审批,由万通公司出资成立的新陵公司经营,收回全部投资。经营期限按省政府批准年限为准,经营期满后交与辉县市交通行政部门。(4)双方责任。甲方责任:①协助乙方办理项目投资、建设、经营等相关手续;②负责做好项目沿线的拆迁、路段两端的接线等相关问题的协调工作;提供良好的投资环境、优惠条件等,确保项目的施工和经营的正常进行等。乙方责任:①负责项目资金及时到位,保证项目的正常进行;②负责项目建设中的专项管理,确保项目按质按量按期完成等。(5)违约责任:双方共同遵守协议,如有一方违约(不可抗力因素除外),违约方赔偿另一方的经济损失等。该协议签订后,新陵公司于2004年2月22日开工建设新陵公路。2005年12月,工程完工。

2006年11月30日,河南省发改委下发《关于辉县市上八里至山西省设站收费的函》。主要内容:新陵公路工程项目符合设站收费规定。该项目建成通车后由省发改委、省交通厅报请省政府批准后设站收费等。2007年2月2日,新乡市人民政府向河南省人民政府提交《关于辉县市上八里至山西省界经营性公路隧道收费问题的请示》中载明:新陵公司实际建设路基宽为12米、路面宽为9米,已完成投资12,600万元,目前具备通车条件,请示设置新陵公路鸭口收费站,按经营性收费公路管理等。2007年4月3日,河南省人民政府下发《关于辉县市上八里至山西省界公路隧道设置收费站的批复》,主要内容:收费年限及收费标准。收费年限由省发改委、交通厅根据该路段实际投资额、偿还贷款的期限以及交通量等因素计算,按照收回投资并有合理回报的原则依法确定,最长收费年限不得超过 30 年。收费工作自 2007 年 5 月 1 日起实施,收费标准见附件;……收费期限届满,必须终止收费,由国家无偿收回等。

2007 年 6 月 13 日,河南省发改委为新陵公司颁发了收费许可证。

2012 年 4 月 6 日,河南省人民政府办公厅下发《关于加快推进普通干线经营性收费公路回归公益工作的指导意见》(以下简称《指导意见》)。《指导意见》提出 2009 年 4 月河南省一次性全部撤销 158 个政府还贷二级公路收费站,并要求尽快实现普通干线经营性公路逐步取消收费、回归公益目标,并按照“明确目标、市县为主,依法依规、政府回购,合理补偿、逐年偿还,安置人员、确保稳定”的原则,由各相关省辖市、省直管试点县(市)政府组织实施等。因新陵公路鸭口收费站未列入政府回购和补偿范围,新陵公司及其法定代表人李某多次通过信访途径向市政府及有关部门反映,请求将新陵公路鸭口收费站列入政府回购补偿范围,并予以合理补偿。2013 年 2 月 5 日,辉县市交通局向新乡市交通运输局提交《关于辉县市新陵公路及鸭口收费站回购的请示》中载明:2007 年 5 月 22 日,省发改委和省交通厅下发“豫发改收费〔2007〕674 号”文件批复新陵公路鸭口收费站收费年限和收费标准。虽然建立收费站的全部手续和政府批复都齐备,但由于山西省方面与新陵公路未连接,形成了一条“断头路”,所以收费站至今无法实施收费。现就新陵公路与鸭口收费站的回购和将该路段作为国省干线公路进行管理的问题,提请市局研究解决,请予审阅批示。

2013 年 5 月 17 日,市政府向新乡市人民政府提交《关于对新陵公路鸭口收费站进行回购和补偿的请示》中载明:新陵公路工程项目于 2004 年开工修建,2005 年 12 月完工,新陵公路建成后,新陵公司按规定办理了相关收费手续,但由于山西省方面与新陵公路没有公路对接,致使新陵公路成了一条“断头路”,收费工作至今没有开展,造成新陵公司投入资金无法收回,根据河南省人民政府办公厅《指导意见》的相关规定,特恳请新乡市人民政府批准对新陵公路鸭口收费站进行回购和补偿。时任新乡市人民政府市长的刘某在该请示文件上批示“同意辉县市回购”。但上述请示未能得到批复,新陵公司请求市政府回购新陵公路与鸭口收费站的问题未予解决。

2015 年 1 月 26 日,新陵公司起诉市政府(案由为合同纠纷),请求:(1)判令市政府回购新陵公司投融资建设的新陵公路项目,并支付新陵公司对项目建设的投融资资金共计 138,894,985.40 元。(2)判令市政府支付上述投融资资金自 2006 年 1 月 1 日至 2015 年 1 月 1 日按年利率 7.1% 计算,利息计88,753,895.67 元,另计算,融资资金 8000 万元,罚息自 2007 年 9 月 20 日至 2015 年 1 月 20 日按年利率 7.1% 上浮 50%,计 2272 万元,两项共计 111,473,895.67 元。以后利息及罚息计算至付清之日止。(3)本案诉讼费用由市政府承担。

一审中,新陵公司提出对新陵公路项目的投融资进行审计鉴定申请。一审法院委托瑞祥公司对新陵公司投融资进行审计。2017 年 3 月 31 日,瑞祥公司出具司法鉴定意见,经审核后鉴定的账面投资总额为 114,126,420.29 元。

一审结果

2018 年 6 月 4 日,一审法院作出民事判决:市政府于该判决生效后 30 日内支付新陵公司投资款 114,996,420.29 元及利息(自 2007 年 6 月 14 日起至实际清偿之日止,按中国人民银行同期银行贷款利率计算)。

市政府、新陵公司均不服一审判决,向最高人民法院提出上诉。

二审查明

最高人民法院补充认定事实:关于新陵公路是否完工和新陵公路鸭口收费站无法收费的原因等事实,在市政府一审中作为证据提交的多份行政机关公文中均有反映,如《新乡市人民政府关于辉县市上八里至山西省界经营性公路隧道收费问题的请示》(请示对象为河南省人民政府,时间为 2007 年 2 月 2 日)载明"该项目自 2004 年开工以来近两年的建设,目前已基本完成""目前已具备通车条件";《辉县市交通局关于辉县市新陵公路鸭口收费站回购的请示》(请示对象为新乡市交通运输局,时间为 2013 年 2 月 5 日)载明"由于山西省方面与新陵公路未连接,形成了一条'断头路'。所以收费站至今无法实施收费";《辉县市政府对新陵公路鸭口收费站进行回购和补偿的请示》(请示对象为新乡市人民政府,时间为 2013 年 5 月 17 日)载明"新陵公路建成后,新陵公司按规定办理了相关收费手续,但由于山西省方面与新陵公路没有公路对接,致使新陵公路成了一条'断头路',收费工作至今没有开展";《辉县市交通局关于李某信访反映问题办结情况的报告》(报告对象为辉县市信访局,内容为对李某向省委巡视组反映政府不履行新陵公路投资协议问题的调查核实情况,时间为 2014 年 10 月 17

日)载明:“该路于2004年2月25日正式开工修建,2005年12月初步完工,……但由于种种原因,新陵公路山西省境内原砂石路未进行改建,为车辆通行造成了不便,鸭口收费站也没有运行起来。”

最高人民法院认为,从以上请示、报告可知,新陵公路已经完工,新陵公司已经按照投资协议的约定履行了合同义务,新陵公路鸭口收费站无法收费是与山西省内的公路连线问题所致。以上证据的来源包括市政府在内的当地有关政府机关,时间跨度从2007年到2014年,经历设置收费站、申请回购补偿、信访等阶段,表述内容基本保持一致,具有较高可信度。一审法院认定该节事实有充分的依据,予以确认。

最高人民法院二审另查明:司法鉴定意见书记载,新陵公路项目未依照《招标投标法》规定履行义务。新陵公司将新陵公路项目发包给两个施工单位:万通公司和平建公司。万通公司主要负责路基、路面施工,平建公司主要负责隧道项目施工。因新陵公路项目未进行竣工验收,万通公司和平建公司对全部工程计量均未开具发票,亦无政府或中介审计资料。2004年6月,万通公司和杨投公司、龙宇公司出资设立新陵公司,其中万通公司出资950万元,出资比例为38%。

新陵公路项目工程款支付流程为,施工单位向监理单位提交《中间计量表》《合同工程月计量申报表》《付款申请》等资料,由计量工程师暨驻地监理工程师确认支付项目所涉工程数量、核定支付项目的工程数量和总价。施工单位的付款申请经驻地监理工程师和总监理工程师批准后,监理单位向新陵公路工程建设指挥部签发《中间支付证书》,请求予以支付该期工程款。《中间支付证书》应由总监理工程师签字和监理单位盖章。新陵公路项目XL-1合同段(平建公司承包)中编号NO. XL1-01至NO. XL1-08等8份《中间支付证书》和XL-2合同段(万通公司承包)中编号NO. XL2-01至NO. XL1-13等13份《中间支付证书》均有总监理工程师汪某敏签字和监理单位盖章。案涉工程项目路基、路面工程第13-1期、第14期、隧道项目第9期工程计量资料无总监理工程师和监理公司的印章。收费站项目无合同、无工程计量资料。

二审意见

最高人民法院认为本案的争议焦点:(1)关于新陵公路项目回购问题的认定;(2)关于新陵公司请求市政府支付投融资资金138,894,985.40元及相关利息(含罚息)能否得到支持的问题。

一、关于新陵公路项目回购问题的认定

本案所涉《新陵公路项目协议书》为BOT合同。BOT合同的基本模式是,由投资单位与政府签订合同,其中投资合同一方投资建设、运营项目,由相关政府部门授予特许经营权,以特许经营项目方式收回项目投资并获得收益。虽然BOT合同一方当事人是政府机关,但所缔约合同内容体现的是民商事法律关系性质,属于民商事合同,因履行该合同产生的争议属于民事争议。按照《新陵公路项目协议书》的约定,新陵公司的主要义务是出资修建、维护运营新陵公路项目,市政府的主要合同义务是"负责做好项目沿线的拆迁、路段两端的接线等相关问题的协调工作"等。新陵公司将新陵公路项目已建设完成,但在取得收费许可证后,由于新陵公路未与山西省境内公路正常连线,导致新陵公路通行受阻,项目无法收费。尽管市政府及相关部门协助新陵公司办理了项目建设审批以及逐级报请河南省人民政府批准设置新陵公路鸭口收费站并取得收费许可等手续,同时在协调新陵公路项目与山西省连线等方面也做了一些沟通工作,但从实际效果来看,案涉公路连线的目标并没有实现,新陵公路仍是一条"断头路",导致按合同预期通过收取过路费获得投资回报的合同目的不能实现。对此,合同目的不能实现的主要责任在于市政府,市政府构成根本违约。市政府提出"新陵公司擅自放弃项目建设,进而造成公路荒废的行为,才是其合同目的无法实现的根本原因"的上诉理由缺乏证据证明,与事实不符。根据《合同法》第94条第4项的规定,"当事人一方迟延履行债务或者有其他违约行为致使不能实现合同目的",守约方有权解除合同。第97条规定:"合同解除后,尚未履行的,终止履行;已经履行的,根据履行情况和合同性质,当事人可以要求恢复原状、采取其他补救措施、并有权要求赔偿损失"。新陵公司有权解除与市政府签订的《新陵公路项目协议书》。而新陵公司请求市政府回购,是合同解除后赔偿守约方损失的一种方式。一审法院关于"新陵公司多次向辉县市政府及有关部门反映请求对新陵公路及鸭口收费站进行回购与补偿,其请求的应有之意为解除与市政府签订的《新陵公路项目协议》"的认定,并无不当。市政府提出的"一审判决市政府回购没有法律依据"的理由不能成立。

二、关于新陵公司请求市政府支付投融资资金138,894,985.40元及相关利息(含罚息)能否得到支持的问题

(一)关于回购价格的计算方式。鉴定机构瑞祥公司对2004年7月至2006年12月新陵公司的会计资料进行了审计,出具了司法鉴定意见书,一审法院在参考该鉴定意见书意见的基础上,审查确认新陵公路项目投融资数额为114,996,420.29元。市政府认为回购价格应按照《收费公路权益转让办法》(以下简称《转让办法》)第36条第2款确定,即"收费公路权益转让期限未满,因社会公共利益需要等原因国家提前收回转让的收费公路权益的,接收收费公路权益的交通运输主管部门依法给予受让方补偿。最高补偿额按照原转让价格和提前收回的期限占原批准转让期限的比例计算确定"。同时提出补偿额与公路资产评估价值相关。对此,最高人民法院认为:第一,本案不适用《转让办法》规定的情形。《转让办法》的调整对象是"社会公共利益需要等原因国家提前收回转让的收费公路权益",其中第36条第2款规定的是受让方在受让收费公路权益之后,在收费公路权益转让期限未满之时,因社会公共利益需要等原因国家提前收回转让的收费公路权益,如何计算补偿额以填平受让方损失。而本案中,新陵公司是案涉公路项目业主,不是受让人,本案中亦不存在所谓"原转让价格"。本案回购的起因是市政府违约,新陵公司请求回购,即解除合同以赔偿其投资损失,而非市政府提前收回新陵公路项目权益。故对市政府该项上诉理由,不予支持。第二,回购价格应以账目价值而非资产价值计算。本案中,回购的目的是在《新陵公路项目协议书》解除后,用于赔偿新陵公司的投资损失,一审中进行的投融资审计鉴定反映的正是新陵公司在新陵公路项目上的投融资数额。反之,资产价值评估反映的是市场对特定条件下资产价值的评估和判断,不宜作为本案确定赔偿数额的依据。一审法院关于回购价格计算方式的认定并无不当。对市政府的该项上诉请求,不予支持。

(二)关于案涉公路项目第13-1期、第14期、隧道项目第9期工程投资额合计30,191,336元,以及收费站项目投资额110万元能否计入新陵公路项目投融资数额的问题。①关于案涉公路项目第13-1期、第14期、隧道项目第9期投资数额认定。新陵公司主张,第13-1期、第14期工程虽然缺少《中间支付证书》但有工程计量表、计量清单、施工图纸等证明工程量确实存在。最高人民法院认为,首先,《中间支付证书》上记载的是监理单位向发包人出具的经审核同

意的付款数额。根据施工合同约定,《中间支付证书》是经驻地监理工程师审查和总监理工程师的批准,由总监理工程师签发,而工程计量表等其他计量申报资料是由计量工程师或驻地监理工程师审核的。新陵公司在鉴定中提供的工程计量表、计量清单、施工图纸等证据材料,虽能反映出项目工程量,但不能代替《中间支付证书》对于工程进度款的确认效力。其次,新陵公司既未就缺少第13－1期、第14期工程项目《中间支付证书》作出合理解释,也未就第13－1期、第14期工程款支出提供其他补充证据。故认定第13－1期、第14期工程项目工程进度款事实依据不足。对新陵公司的该项上诉理由,不予支持。②关于隧道项目第9期投资数额认定问题,鉴定意见书记载该期项目工程计量资料中无监理单位签章,基于前文已述的理由,该项目工程款支出的真实性无法确认。新陵公司的该项上诉理由,不予支持。③关于收费站工程投资数额认定问题。本案鉴定为投融资审计鉴定,并非工程造价鉴定,收费站项目虽已建成,但由于未订立工程施工合同和无工程计量资料,审计机构在缺少必要的会计资料的情况下无法判断交易的真实性和合法性,收费站项目未计入新陵公路投资总额符合会计准则。一审法院关于收费站工程投资数额认定结论并无不当。新陵公司该项上诉理由缺乏证据证明,不予支持。

(三)关于回购款项利息的起算点和8000万元融资款的利息、罚息等问题。新陵公司主张应以新陵公路项目工程完工时间即2006年1月1日起计算利息。最高人民法院认为,确定市政府的违约赔偿责任,应综合合同履行、预期收益和双方利益均衡等予以考虑。虽然市政府违约是导致合同解除的根本原因,但本案也存在以下情况:①新陵公路项目在建设中也存在诸多不规范之处,如未依法举行招投标、工程发包涉及关联交易、工程款支出无有效支付凭证、工程计量未经第三方确认等。②根据《指导意见》精神,即便新陵公路项目正常通车收费,新陵公路作为按照山区二级公路建设的收费经营性公路,不排除未来在经营期限内纳入政府回购对象,取消收费回归公益。且在本案起诉前,新陵公司一直试图促成当地政府依据《指导意见》回购新陵公路以补偿投资损失。③新陵公司向安信公司所借三笔款项总计8710万元借款产生的利息共12,550,709.44万元,其中已付的3,573,333.33元利息在鉴定意见中计入了新陵公路投资金额。一审法院对此予以确认,并判决依照中国人民银行同期贷款利率计息。故新陵公司主张的8000万元融资款自2004年11月18日至2007年9月20日按年利率7.1%计算,实际上在一审判决中已部分得到支持。一审法院在以账面投资数额计算回购价格的基础上,对于资金占用损失按照中国人民银行同期贷款利率自取得收费许可证的次日起计算,充分考虑到合同双方的利益均衡,符合公平原则。一审法院作出“因双方签订的合同中未约定违约损失的计算标准。确认自新陵公司于2007年6月13日取得收费许可证的次日即2007年6月14日起,按照中国人民银行同期银行贷款利率为标准计算至市政府实际清偿完毕之日止”“新陵公司该项请求中超出上述起算时间与计算标准部分于法无据”的认定,并无不当。新陵公司提出“回购款项利息的起算点和有关8000万元融资款的利息、罚息”的上诉主张不能成立。

二审结果

2019年6月14日,最高人民法院作出民事判决:驳回上诉,维持原判。

案例评析

1. 关于BOT合同引发的纠纷是行政案件还是民事案件问题

BOT合同引发的纠纷是行政案件还是民事案件,目前主要有两种观点。第一种观点认为,BOT合同引发的纠纷是民事案件。本案诉讼期间,市政府提出管辖权异议,认为本案合同是行政合同,应该提起行政诉讼。例如,最高人民法院在(2015)民一终字第244号管辖权异议一案审理时认为,“本案是典型的BOT模式的政府特许经营协议。案涉合同的直接目的是建设河南省辉县市上八里至山西省省界关爷坪的新陵公路,而开发项目的主要目的为开发和经营新陵公路,设立新陵公路收费站,具有营利性质,并非提供向社会公众无偿开放的公共服务。虽然合同的一方当事人为辉县市政府,但合同相对人新陵公司在订立合同及决定合同内容等方面仍享有充分的意思自治,并不受单方行政行为强制,合同内容包括了具体的权利义务及违约责任,均体现了双方当事人的平等、等价协商一致的合意。本案合同并未仅就行政审批或行政许可事项本身进行约定,合同涉及的相关行政审批和行政许可等其他内容,为合同履行行为之一,属于合同的组成部分,不能决定案涉合同的性质。从本案合同的目的、职责、主体、行为、内容等方面看,合同具有明显的民商事法律关系性质,应当定性为民商事合同,不属于新《行政诉讼法》第十二条第(十一)项、《最高人民法院关于适用〈中华人民共和国行政诉讼法〉若干问题的解释》第十一条第二款规定的情形。

辉县市政府主张本案合同为行政合同及不能作为民事案件受理,没有法律依据”。河北省高级人民法院在(2019)冀民辖终139号管辖权异议案件中将“上诉人长顺建设集团有限公司与被上诉人河北卢某经济开发区管理委员会2017年4月24日签订的《河北卢某经济开发区绿色化工园基层设施建设PPP项目合同》引发纠纷作为民事合同纠纷案件审理”。第二种观点认为,BOT合同引发的纠纷是行政案件。根据《行政诉讼法》第12条第1款第11项的规定,认为行政机关不依法履行、未按照约定履行或者违法变更、解除政府特许经营协议、土地房屋征收补偿协议等协议的,可以提起行政诉讼。《最高人民法院关于审理行政协议案件若干问题的规定》第1条规定,“行政机关为了实现行政管理或者公共服务目标,与公民、法人或者其他组织协商订立的具有行政法上权利义务内容的协议,属于行政诉讼法第十二条第一款第十一项规定的行政协议”。同时,根据第2条的规定,政府特许经营协议及“符合本规定第一条规定的政府与社会资本合作协议”,公民、法人或者其他组织就行政协议提起行政诉讼的,人民法院应当依法受理。福建省高级人民法院在(2019)闽行终972号案件中,将案涉原告福州科环公司与被告仙游县人民政府于2008年6月26日签订的《仙游县寨岭垃圾无害化处理工程BOT项目特许权协议》引发的纠纷,作为行政案件审理。安徽省高级人民法院在(2019)皖行终1092号案件中,将阜南县住建局受阜南县政府委托与二十二冶公司于2017年3月17日签订的《阜南县内外环路网建设PPP项目PPP协议书》引发的纠纷,作为行政案件审理。

2. 关于原告主张投融资资金138,894,985.40元及相关利息(含罚息)的认定问题

BOT合同解除后,如果BOT合同对合同解除的赔偿方式或补偿方式有明确约定,编者认为应该按照约定处理。BOT合同解除后,如果BOT合同对合同解除的赔偿方式或补偿方式没有约定,可以根据投融资账面审计、工程造价鉴定等方式计算确定。根据投融资账面审计或者工程造价鉴定等方式计算赔偿或补偿,都难以做到绝对的公平公正,都只能是相对的公平公正。BOT合同解除后,无论是根据投融资账面审计,还是根据工程造价鉴定等方式计算赔偿或补偿,均应结合案件实际情况、双方过错、实际损失情况等进行综合判断,对裁判者的自由裁量权要求较高。本案以投融资账面审计结果作为对新陵公司的赔偿依据,是兼顾了市政府根本性违约及新陵公司长期无法收费损失过大等综合考量的

结果。

关于相关利息的认定。编者认为，可以参照《最高人民法院关于审理建设工程施工合同纠纷案件适用法律问题的解释（一）》第 26 条"当事人对欠付工程价款利息计付标准有约定的，按照约定处理。没有约定的，按照同期同类贷款利率或者同期贷款市场报价利率计息"的规定处理。

3. 关于收费站工程投资应否认定处理问题

本案以投融资账面审计结果作为对新陵公司的赔偿依据，兼顾了市政府根本性违约、新陵公司长期无法收费损失过大等综合因素。在赔偿总金额计算方面，应该说对合同双方是公平的。关于收费站建设问题，二审法院认为，"本案鉴定为投融资审计鉴定，并非工程造价鉴定，收费站项目虽已建成，但由于未订立工程施工合同和无工程计量资料，审计机构在缺少必要的会计资料的情况下无法判断交易的真实性和合法性，收费站项目未计入新陵公路投资总额符合会计准则。一审法院关于收费站工程投资数额认定结论并无不当"。基于本案鉴定为投融资审计鉴定，而不是工程造价鉴定，又没有合同、工程量资料，二审法院不予考虑是正常的。编者认为，不能排除收费站建设费用已包含在其他工程中等可能，新陵公司如有证据证明包含在其他工程中，应予以赔偿或者补偿，也可另行主张。

案例91 《资产收购协议》是否能终止《特许经营协议》中关于提前终止补偿金的约定

相关问题

1. 对于该案《特许经营协议》中的“项目投资额”应作何理解；

2.《特许经营协议》中对污水处理费支付时间的约定是否明确。

裁判要点摘选

《资产收购协议》实际终止了《特许经营协议》中提前终止补偿金的约定，资产收购款和提前终止补偿金在弥补损失、资产收购的功能上有所重合。

再审申请人（一审原告、二审上诉人）：阳恒公司

被申请人（一审被告、二审被上诉人）：某县人民政府

阳恒公司诉某县人民政府（以下简称县政府）合同纠纷一案，一审法院立案受理。

阳恒公司诉讼请求：（1）判令县政府支付提前终止2009年4月30日的《特许经营协议》的补偿款38,984.37万元[4640.996万元（投资总额）×0.3（总系数1.3－已支付的1倍投资款）×28年（30年特许经营年限－实际生产年限2年）]以及自2011年12月13日《资产收购协议》签订之日起按照一年期贷款利率6.56%上浮2%即8.56%的年利率计算至实际支付之日止的利息，暂计算至2016年4月13日为14,349.37万元[38,984.37万元×8.56%×4.3年]，以上合计53,333.74万元；（2）由县政府承担本案诉讼费用。

一审结果

一审法院作出民事判决:驳回阳恒公司的诉讼请求。

阳恒公司不服一审判决,向最高人民法院提出上诉。

二审意见

最高人民法院认为,本案二审争议焦点:阳恒公司要求县政府支付提前终止《特许经营协议》补偿款的请求是否成立;如果成立,补偿款应如何计算。

1.《资产收购协议》实际终止了《特许经营协议》中提前终止补偿金的约定。此节需要阐明《资产收购协议》中资产收购价格与《特许经营协议》中提前终止补偿金的关系问题。首先,针对资产收购价格而言,阳恒公司于2013年1月4日依据《资产收购协议》起诉县政府主张资产收购款等,该案一审法院民事判决和最高人民法院二审已生效民事判决(以下简称18号民事判决)已经确认资产收购款合计为4640.996万元。其次,针对提前终止补偿金而言,《特许经营协议》第11.3条"终止后的补偿"约定,"终止后按照附件2支付补偿金后,乙方对该项目的相关权益将转归甲方所有"。另外,阳恒公司在一、二审关于提前终止补偿金的计算上亦主动扣除了县政府已支付的资产收购款4640.996万元。因此,提前终止补偿金一定程度上带有资产收购之性质。最后,针对提前终止补偿金中"项目投资额"的理解而言,本案中,阳恒公司依据《特许经营协议》起诉县政府主张违约责任,《特许经营协议》附件2约定如果甲方违约致特许经营权提前终止,终止补偿金为B+C(B=项目投资额×1.3×特许经营期剩余年限/30,C=特许协议提前终止后乙方根据协议规定应向甲方或指定机构移交项目设施运营维护所需的备品备件及化学品的合理评估值)。其中,关于B项中"项目投资额"的理解,虽然阳恒公司在一审庭审、二审上诉状中提及"项目投资额"为固定资产(4640.996万元)、另案判决支付的污水处理费、另案判决前已付污水处理费三项费用总和,但该主张缺乏证据证明,且阳恒公司在一审起诉状中仅以投资款4640.996万元作为计算基数,故将B项中"项目投资额"理解为4640.996万元较为合理。综上,可以认定提前终止补偿金与资产收购款均具有弥补损失、收购资产的性质,将《资产收购协议》中的资产收购价格视为对《特许经营协议》中提前终止补偿金的重新约定更符合双方真实意思表示。同时,2015年阳恒公司就案涉纠纷提起的仲裁案件中,针对县政府提出的管辖权异议发表答辩意见称如果资产转让价值稍微能填平亏空,则阳恒公司就不会再次提起仲裁。本案二审中,阳恒公司亦陈述《资产收购协议》中之所以没有涉及补偿款的问题,是因为当时没有想到评估价格这么低,所以(现在)通过另外渠道找补偿。由此,进一步印证双方签订的《资产收购协议》实际终止了《特许经营协议》中提前终止补偿金的约定。至于阳恒公司按照《资产收购协议》有无实际弥补损失不能成为否认《特许经营协议》中提前终止补偿金的约定已被取代,进而要求仍然按照《特许经营协议》中相关条款进行履行的理由。因此,阳恒公司在按照《资产收购协议》及生效判决取得资产收购款的情况下,再行以《特许经营协议》为由主张提前终止补偿金缺乏事实依据,不应予以支持。

2. 即使阳恒公司按照《特许经营协议》主张提前终止补偿款,亦没有充分证据证明县政府构成该协议中约定的违约事件,该项主张不能成立。《特许经营协议》第11.2条约定,下述每一条款所述事件,如果不是由于乙方的违约或由于不可抗力所致,如果有允许的纠正期限而在该期限内未能纠正,即构成甲方违约事件,乙方有权立即发出终止意向通知。(a)甲方的任何声明和保证被证明在作出时即有严重违约,使甲方履行本协议的能力受到严重的不利影响;(b)甲方未履行其在本协议项下的任何其他义务构成对本协议的实质性违约,并且在收到乙方说明其违约并要求补救的书面通知后20日内仍未能补救该实质性违约;(c)甲方未能根据本协议的约定履行向乙方支付污水处理服务费的义务。首先,关于(a)项和(b)项,阳恒公司认为县政府未能按照《特许经营协议》的约定提供当地人大常委会和财政部门出具的同意函、未能按照约定使阳恒公司取得相应的土地使用权,属于违约行为。但根据(a)项约定,违约行为需达到"使县政府履行本协议的能力受到严重的不利影响"的程度才构成县政府的违约事件。根据(b)项约定,如县政府未履行约定的相关义务,仍需满足"允许的纠正期限"的条件,即阳恒公司发出说明县政府违约并要求补救的书面通知后20日内县政府仍未补救的情况下,才能认定县政府构成违约事件。而目前针对同意函和土地使用权的问题,阳恒公司并未提交充分有效证据证明影响了县政府的履约能力,亦未提交证据证明就县政府未履行合同义务的行为发出了说明和补救通知书。其次,关于(c)项,阳恒公司认为县政府未能根据约定支付污水处理费构成违约。《特许经营协议》第6.1.1条约定,甲方应按时足额支付污水处理服务费不足部分。第8.3条约定,每月的前5个工作日内,甲方与开发区管委会、环保局共同组成的收费小组与各企业按实际处理水量核定各企业前月的污水处理服务费，对该款项无异议后，应在5个工作日内将污水处理服务费支付到乙方指定账户；欠缴部分由甲方责成环保局对企业进行处罚，并协助乙方追缴欠款。如环保局处罚不到位，由开发区管委会从开发区的地方税收分成款中予以支付。上述条款虽约定了县政府就污水处理费组织核定、处罚、追缴等的责任，但正如最高人民法院18号民事判决所述，本案双方对于污水处理费的应支付时间没有明确约定，因此，阳恒公司未有充分证据证实县政府在污水处理费的给付上构成违约。

二审结果

2017年9月27日，最高人民法院作出民事判决：驳回上诉，维持原判。

再审申请

阳恒公司申请再审称，一审判决认定事实不清、判决有误，依据《民事诉讼法》第200条第2项的规定申请再审，请求撤销原一、二审判决，改判县政府支付阳恒公司提前终止补偿费2702.5712万元及利息损失，案件诉讼费由县政府承担。理由如下：(1)《资产收购协议》仅就资产转让达成合意，一审判决认为《特许经营协议》的提前终止补偿金与《资产收购协议》的资产收购款均具有弥补损失、收购资产的性质，将资产收购价格视为对提前终止补偿金的重新约定，从而认定《资产收购协议》实际终止了《特许经营协议》中提前终止补偿金的约定，是主观臆断毫无证据。(2)一审判决认定阳恒公司没有充分证据证明县政府构成违约，属认定事实缺乏证据证明。①在《资产收购协议》纠纷的另案中，法院没有支持污水处理费的利息，是因为阳恒公司当时在该案庭审中因诉标而主动放弃，而非一审判决认定的没有判定利息就推定县政府没有违约。②县政府存在没有按照合同约定提供当地人大常委会和财政部门出具的函件、未能按照约定使阳恒公司取得相应的土地使用权、不支付污水处理费等违约行为，故应当按照协议约定以县政府违约的公式计算补偿金。

审查意见

最高人民法院经审查认为，根据案件事实及法律规定，阳恒公司的申请再审事由不能成立，理由如下：

本案系阳恒公司主张按照《特许经营协议》约定要求县政府支付提前终止该协议的补偿金。根据一审查明，《特许经营协议》第11.3条约定“终止后的补偿：终止后按照附件2支付补偿金后，阳恒公司对该项目的相关权益将转归县政府所有”。此后,阳恒公司与县政府签订了《资产收购协议》,且另案生效裁判已经确认县政府已向阳恒公司收购案涉项目,资产收购款合计为4640.996万元。一审判决据此认定《资产收购协议》视为对《特许经营协议》中提前终止补偿金的重新约定,并不缺乏证据证明。

本案中,《特许经营协议》第11.2条约定:“下述每一条款所述事件,如果不是由于阳恒公司的违约或由于不可抗力所致,如果有允许的纠正期限而在该期限内未能纠正,即构成县政府违约事件,阳恒公司有权立即发出终止意向通知。(a)县政府的任何声明和保证被证明在作出时即有严重违约,使县政府履行本协议的能力受到严重的不利影响;(b)县政府未履行其在本协议项下的任何其他义务构成对本协议的实质性违约,并且在收到阳恒公司说明其违约并要求补救的书面通知后20日内仍未能补救该实质性违约;(c)县政府未能根据本协议的约定履行向阳恒公司支付污水处理服务费的义务。”据此可见,未履行上述约定的情形时县政府才构成违约事件。而阳恒公司主张的县政府没有按照协议约定提供当地人大常委会和财政部门出具的函件、未能按照协议约定使阳恒公司取得相应的土地使用权、未支付污水处理费等行为,均未达到上述约定的县政府违约情形,故阳恒公司关于县政府构成协议约定违约事件须支付提前终止补偿款的主张不能成立。

综上,阳恒公司的再审申请不符合《民事诉讼法》第200条第2项规定应当再审的情形。

审查结果

2019年1月21日,最高人民法院作出民事裁定:驳回阳恒公司的再审申请。

案例评析

1. 关于《资产收购协议》与《特许经营协议》第11.3条中约定的“终止后的补偿”之间的关系,是解决本案争议的重要基础之一。《特许经营协议》第11.3条终止后的补偿约定“终止后按照附件2支付补偿金后,乙方对该项目的相关权益将转归甲方所有”。对于该条款的理解应是,协议终止后,甲方支付补偿金,项目的相关权益将转归甲方所有。而《资产收购协议》的签订是双方已实际终止了《特许经营协议》,资产收购款4640.996万元,应属于双方依据《特许经营协议》第11.3条终止后的补偿约定给付的包括资产价值在内的补偿金。一般而言，已对项目资产协议收购，该收购费用应包括有关补偿金在内。同时，《资产收购协议》也没有约定尚有补偿金问题未处理或者未给付。因此，编者认为，阳恒公司主张终止后的补偿金，并无依据。

2. 建设项目总投资包括固定资产投资总额和流动资金，固定资产投资总额由固定资产投资、投资方向调节税和建设期利息组成，反映固定资产投资规模、速度、比例关系和使用方向的综合性指标。投资额是"固定资产投资额"的简称。本案中的"项目投资额"，双方并未特别界定，应理解为固定资产投资额。阳恒公司在一审庭审、二审上诉状中提及"项目投资额"为固定资产（4640.996万元）、另案判决支付的污水处理费、另案判决前已付污水处理费三项费用总和，阳恒公司将后两者列入，并无依据。

3. 阳恒公司支付提前终止补偿款的主张是否成立，需审查县政府是否构成协议约定的违约事件。《特许经营协议》第11.2条约定了三种违约情形，结合案件事实比对，前两种情形不存在。关于第三种情形，因《特许经营协议》并未明确约定污水处理费支付时间，也不能认定存在。因此，阳恒公司支付提前终止补偿款的主张，依据不足。

案例92　污水处理厂的所有权和所有权益何时发生转移

相关问题

1. 双方未办理资产移交手续情况下能否根据判决认定资产移交事实与时间；

2. 被告是否在接管污水处理厂之日即取得其经营权及其相关权益；

3. 投资人相关污水处理厂的收益741.76万元有无依据。

裁判要点摘选

根据《特许经营权合同》的约定，特许经营权的内容包括享有污水处理厂的运营管理权及资产所有权、享有相应土地的使用权及该宗土地范围上的他项权利、收取污水处理费并对处理后的污水回用享有所有权等，投资人基于物上请求权要求继续享有污水处理厂经营收益，没有事实和法律依据。

基本案情

再审申请人（一审原告、二审上诉人）：氏安公司

被申请人（一审被告、二审被上诉人）：H镇某工业园区管理委员会

被申请人（一审被告、二审被上诉人）：H镇人民政府

2009年3月23日，原告氏安公司与被告H镇某工业园区管理委员会（以下简称管委会）、H镇人民政府（以下简称镇政府）签订《污水处理厂BOT项目特许经营权合同》（以下简称《特许经营权合同》）。合同约定，被告授权原告在特许经营期限24年内（包括建设期）投资、设计、建设、运营和维护污水处理厂，收

取污水处理费及其他相关收益;收取的污水处理费每年为358万元(包括年均污水处理费126万元,项目年均投资收益232元)。原告投资建成污水处理厂后,在管理运营过程中,因污水处理不达标,被告拖欠污水处理费,双方发生纠纷,诉至法院。2012年12月10日,在区政府协调下,召开了有管委会、环保局、公安局、法院、司法局、检察院、公证处等单位参加的处理污水处理厂停运问题的专题会议,决定成立管委会接管污水处理厂工作小组,接管污水处理厂。2014年12月10日,法院作出上述纠纷案件一审判决(以下简称15号民事判决),认定双方在履行《特许经营权合同》过程中都存在违约行为,二被告"及时接管污水处理厂并恢复运行,保护当地环境安全及群众正常生产生活,属合同终止后防止损失进一步扩大的行为","现管委会、镇政府诉请判决污水处理厂全部资产归其所有,应视为选择收购污水处理厂",认定"其应向氏安公司支付的金额:(22-实际经营年限)/22×项目总投资。氏安公司从2010年12月29日通过环境保护竣工验收投入运营至2012年10月23日停止运行,实际经营时间为1.83年。污水处理厂项目总投资为固定资产1384.5万元,技术服务费50万美元(折合人民币311.625万元),技术服务报酬400万元,总计2096.125万元。则管委会、镇政府应支付氏安公司投资补偿款(22-1.83)/22×2096.125即1921.7655万元"。遂判决解除双方签订的《特许经营权合同》,污水处理厂归二被告所有;并判令原告在判决生效后30日内向二被告移交全部资产和全部技术资料,二被告在判决生效后30日内向原告支付污水处理厂投资补偿款1921.7655万元。最高人民法院对该案审理后,于2015年12月9日作出二审判决(以下简称116号民事判决),维持了一审判决,该判决于2016年2月20日生效。

2018年11月8日,氏安公司起诉管委会、镇政府(案由为用益物权纠纷),请求:(1)判令二被告向原告支付污水处理厂自2012年12月10日起至2016年2月20日止运营期间的收益741.76万元及利息(利息按年息24%计算,自2016年2月21日起算,息随本清;暂计算到起诉日的利息为459.88万元);(2)本案诉讼费全部由二被告承担。

氏安公司主要诉讼意见:自2012年12月10日二被告强行接管污水处理厂到2016年2月20日最高人民法院终审判决生效,共计3年零72天,按照《特许经营权合同》的规定,被告在此期间运营污水处理厂的收益741.76万元,应归原告所有。

管委会主要诉讼意见:原告诉请被告管委会支付二被告接管污水处理厂以来该厂运营收益没有事实和法律依据。法院生效民事判决书认定,二被告接管污水处理厂并恢复运行,保护了当地环境安全及群众正常生产生活,属合同终止后防止损失进一步扩大的行为。合同终止履行的法律后果是原告丧失了对污水处理厂的经营权,其不再对污水处理厂享有占有、使用、收益的权利。以上判决认定,“因管委会、镇政府诉请判决污水处理厂全部资产归其所有,应视为其选择收购污水处理厂。氏安公司从2010年12月29日通过环境保护竣工验收投入运营至2012年10月23日停止运行,实际经营时间为1.83年。管委会、镇政府应支付氏安公司投资补偿款(22－1.83)/22×2096.125即1921.7655万元”。被告为防止损失进一步扩大接管污水处理厂,选择收购污水厂符合合同约定,生效判决均予以支持。污水处理厂收购的时间节点为2012年10月23日,收购时间节点前的经营收益归原告所有,收购时间节点后的经营收益归被告所有。由于被告在接管污水处理厂时启动的是防止损失扩大的应急处理程序,所以双方并未办理资产移交手续,前述判决解决了合同的解除及资产移交问题,原告依据资产移交时间主张污水处理厂的运营收益权显然是对生效判决的错误解读。原告的诉讼请求不能成立,依法应予驳回。

镇政府主要诉讼意见:原告在被告接管污水处理厂后,对污水处理厂不再管理、经营,故再无权获得污水处理费收益。请求驳回原告的诉讼请求。

一审意见

一审法院认为,原告氏安公司依约投资修建污水处理厂后,在运营过程中,其与被告管委会、镇政府发生纠纷,根据行政指令,二被告于2012年12月10日接管该厂。二被告接管污水处理厂的行为,属单方终止合同并取得财产权的行为。该行为旨在维护公共环境安全,防止双方损失进一步扩大,在先前双方的诉讼中,法院判决解除双方《特许经营权合同》,判决污水处理厂归二被告所有,并判令二被告向原告支付2012年10月23日止特许经营期限内污水处理厂的投资补偿款,即是对二被告上述行为之有效性的法律确认。经法院处理,原告已取得2012年12月10日以来特许经营期限内污水处理厂的投资补偿,因此,从该日起原告即丧失了其对污水处理厂的财产所有权,加之原告从该日起也不再管理污水处理厂的运营,故原告无权再享有之后污水处理厂运营所得的收益。

综上所述,原告氏安公司“二被告应向其支付接管污水处理厂以来到最高人民法院判决确定其向二被告移交该厂时该厂运营收益”的诉讼请求和理由，不能成立。

一审结果

2018年12月25日，一审法院作出民事判决：驳回原告氏安公司的诉讼请求。

氏安公司不服一审判决，向甘肃省高级人民法院（以下简称甘肃高院）提出上诉。

二审意见

甘肃高院认为，合同是平等主体的自然人、法人、其他组织之间依据其真实的意思表示设立、变更、终止民事权利义务关系的协议，案涉《特许经营权合同》基于当事人双方真实意思表示而成立，合法有效。根据15号民事判决及最高人民法院116号民事判决的认定的事实，在合同履行期间，双方当事人均未按照合同约定诚信履行各自义务，氏安公司在与管委会、镇政府就污水处理费发生争议后，单方终止合同，于2012年10月23日停止污水处理厂运营，致使未处理污水排放至无防渗漏措施的沟渠、坑塘，给当地群众生产生活及生态环境安全造成较大影响，构成根本违约。经催告氏安公司恢复污水处理厂运行无果后，管委会、镇政府接管污水处理厂，并负责运营管理。后双方当事人在自主协商解除案涉合同的过程中就投资补偿款数额及违约金金额等未达成合意，氏安公司提起诉讼诉请解除案涉合同，判令管委会、镇政府支付污水处理费及利息并支付赔偿金，管委会、镇政府提起反诉诉请判决污水处理厂的全部资产归管委会、镇政府所有。15号民事判决解除案涉合同，污水处理厂归管委会、镇政府所有，管委会、镇政府在30日内向氏安公司支付污水处理费3,173,154.41元、按每日0.1%承担污水处理费违约金、支付投资补偿款1921.7655万元，双方当事人均提出上诉，最高人民法院对15号民事判决予以维持，认为管委会、镇政府诉请判决污水处理厂的全部资产归管委会、镇政府所有，应视为其根据案涉合同约定选择收购污水处理厂，并以2012年10月23日为时间节点，按照《特许经营权合同》第16章第16.5.2条约定的管委会、镇政府选择收购污水处理厂应按照（22－实际经营年限）/22×项目总投资确定氏安公司的实际经营期限及投资补偿金额。结合上述生效判决，在纠纷发生时，氏安公司已停止对污水处理厂运营，管委会、镇政府接管污水处理厂，合同履行已实际终止，且双方当事人对管委会、镇政府选择收购并主张污水处理厂全部资产的行为无争议,因对投资补偿款、违约金数额及污水处理费的计算存有争议而提起诉讼。综上,虽最高人民法院116号民事判决于2016年2月20日生效,但该判决确认《特许经营权合同》于2012年10月23日污水处理厂停运之日起终止履行,管委会、镇政府接管污水处理厂,并实际管理运营,氏安公司不再参与污水处理厂的管理和运营,上述生效判决亦以2012年10月23日为时间节点确定了相应的投资补偿款数额。应当认定管委会、镇政府于接管之日取得污水处理厂的经营权及相关权益,根据《特许经营权合同》的约定,特许经营权的内容包括享有污水处理厂的运营管理权及资产所有权、享有相应土地的使用权及该宗土地范围上的他项权利、收取污水处理费并对处理后的污水回用享有所有权等,氏安公司基于物上请求权要求继续享有污水处理厂2012年12月10日至2016年2月20日的经营收益,没有事实和法律依据。故一审法院驳回氏安公司的诉讼请求事实认定清楚、适用法律正确,应当予以维持。

二审结果

2019年6月28日,甘肃高院作出民事判决:驳回上诉,维持原判。

再审申请

氏安公司不服甘肃高院二审判决,向最高人民法院提出再审申请。事实与理由如下:

1. 一审判决认定镇政府、管委会在接管污水处理厂之日取得其经营权及其相关权益,属于事实认定错误,与合同约定不符。《特许经营权合同》中约定,在特许经营期内,氏安公司享有污水处理厂运营管理权和资产所有权,且具有独占性;关于处理费、价格和支付约定,氏安公司每年的污水处理费为358万元(其中,年均污水处理费126万元,项目年投资收益232万元);关于合同终止约定,本合同的终止不应视为项目设施所有权的转移。并约定:由于乙方的违约导致本合同终止的,甲方有权选择是否收购本项目,甲方选择收购的,甲方应收购乙方项目的所有权和所有权益,若甲方不选择收购,乙方自行处置其全部资产。

15号民事判决和116号民事判决认定在合同履行期间,双方均未按合同履义务,氏安公司在镇政府、管委会拖欠污水处理费的情况下单方终止合同,于2012年10月23日停止污水处理厂的运营。镇政府、管委会于2012年12月10日接管了污水处理厂,并负责其运营。为此,两审判决认定双方当事人以实际行动终止了合同履行,以上判决于2016年2月20日生效。

本案中,一、二审法院援引一审判决认定合同于2012年10月23日污水处理厂停运之日起终止履行,镇政府、管委会接管之日取得了污水处理厂的经营权和相关权益,氏安公司再以物上请求权要求享有污水处理厂2012年12月10日到2016年2月20日的经营收益,没有事实和法律依据。首先,一审判决认定合同终止时间是2012年12月10日,并非氏安公司停业时间2012年10月23日。其次,合同明确约定,合同终止并不发生污水处理厂所有权转移的事实,不管镇政府、管委会是否接管,均不发生物的所有权转移,污水处理厂的所有权仍归氏安公司所有。最后,镇政府、管委会选择收购本项目,应支付对价,否则,氏安公司有权自行处置全部资产。所以,一、二审判决认定氏安公司自接管之日取得污水处理厂的经营权和相关权益没有事实依据。

2. 一、二审判决认定镇政府、管委会取得污水处理厂经营权及其相关权益,属于适用法律错误。一、二审判决认定,2012年12月10日,双方当事人以实际行动终止了合同,但并不必然发生物权的转移。只有在镇政府、管委会选择收购的情况下才产生买卖合同关系。镇政府、管委会在支付对价后取得污水处理厂的所有权,否则无权取得污水处理厂的所有权。在一审判决中,镇政府、管委会提起反诉,请求判令污水处理厂的资产归其所有,一审最终判决污水处理厂的资产归镇政府、管委会所有,氏安公司在判决生效后30日内移交资产,同时镇政府、管委会在判决生效后30日内支付投资补偿款1921万元。

3. 氏安公司基于物上请求权主张权利,其收益参照合同约定,理应得到支持。镇政府、管委会取得污水处理厂的物权并非基于合同的终止,而是基于一审判决,而一审判决的生效时间是2016年2月20日,也就是2016年2月20日之前,污水处理厂的物权仍归氏安公司所有,氏安公司基于物权主张收益并无不当,镇政府、管委会使用氏安公司物权获得收益理应归还。根据合同约定,从2012年12月10日到2016年2月20日,氏安公司应得收益741.76万元。

审查意见

最高人民法院经审查认为,案涉《特许经营权合同》第16.5.2条明确约定:"……若甲方选择收购,甲方应收购乙方项目的所有权和所有权益,则甲方向乙方支付金额为(22 - 实际经营年限)/220 × 项目总投资。"依据该条款约定,已生效的15号民事判决、116号民事判决确定自2012年10月23日为时间节点起算应支付的投资补偿款数额，则镇政府、管委会应自2012年10月23日起取得污水处理厂的所有权和所有权益。氏安公司主张一审判决生效之日，即2016年2月20日之前的经营收益与《特许经营权合同》约定及已生效判决认定不符，其亦未提供新证据证实其主张。一、二审判决事实认定清楚、适用法律正确，氏安公司的再审申请理由不能成立。

综上所述，氏安公司的再审申请涉及认定事实及适用法律的问题，但不符合《民事诉讼法》第200条第2项、第6项规定的情形。

审查结果

2020年3月31日，最高人民法院作出民事裁定：驳回氏安公司的再审申请。

案例评析

1. 关于被告是否在接管污水处理厂之日即取得其经营权及其相关权益问题

2010年12月29日，污水处理厂通过环境保护竣工验收。运营过程中，氏安公司与管委会、镇政府因污水处理费发生争议，氏安公司诉至法院。2012年10月23日，污水处理厂停止运营。2012年12月10日，在区政府协调下，召开了有管委会、环保局等单位参加的处理污水处理厂停运问题专题会议，决定成立管委会接管污水处理厂工作小组，并实际接管了污水处理厂。

2014年12月10日，法院作出上述纠纷案件一审判决即15号民事判决，认定氏安公司从2010年12月29日通过环境保护竣工验收投入运营至2012年10月23日停止运行，实际经营时间为1.83年。2016年2月20日生效的二审判决即116号民事判决，维持了一审判决。

本案的争议焦点之一是相关补偿收益截止点的认定。一般情况下，应以接管污水处理厂时间为截止节点，即应以2012年12月10日管委会接管污水处理厂工作小组实际接收时间为截止节点。前述案件生效的115号民事判决以污水处理厂停止运营时间2012年10月23日作为投资补偿截止时间节点，是不准确的，该认定导致氏安公司丧失了2012年10月23日至2012年12月10日的补偿权益。《特许经营权合同》第16.5.2条明确约定："……若甲方选择收购，甲方应收购乙方项目的所有权和所有权益，则甲方向乙方支付金额为(22－实际经营年限)/220×项目总投资。"该条款中的"实际经营年限"与污水处理厂运营时间并不等同，污水处理厂于2012年10月23日停止运营，并不代表氏安公司对污水处理厂的经营也停止了。编者认为,2012 年 10 月 23 日至 2012 年 12 月 10 日应计入“实际经营年限”中。由于前述案件的 115 号民事判决已生效,在其未被撤销之前,本案只能根据其相关计算的补偿截止时间即 2012 年 10 月 23 日,处理本案争议。

2. 关于投资人相关污水处理厂的收益 741.76 万元有无依据问题

根据《特许经营权合同》的约定,特许经营权的内容包括享有污水处理厂的运营管理权及资产所有权、享有相应土地的使用权及该宗土地范围上的他项权利、收取污水处理费并对处理后的污水回用享有所有权等。已生效的 15 号民事判决已认定 2012 年 10 月 23 日为补偿计算截止时间节点,则镇政府、管委会应自 2012 年 10 月 23 日起取得污水处理厂的所有权和所有权益。氏安公司基于物上请求权要求继续享有污水处理厂 2012 年 12 月 10 日至 2016 年 2 月 20 日的经营收益,已没有依据。

案例93 拟提前回购的污水处理项目争议

相关问题

1. 政府方应退还的项目投资款数额如何认定;
2. 政府方应否支付项目出资本金的利息;
3. 投资人的合理利润如何计付;
4. 项目所在区政府应否承担连带责任。

典型意义

本案相关项目合同解除后,政府方应退还的项目投资款数额如何认定,政府方应否支付项目出资本金的利息,以及投资人的合理利润如何计付问题,具有一定代表性。

上诉人(一审原告):恒水公司

上诉人(一审被告):武威市凉州区人民政府

上诉人(一审被告):甘肃武威工业园区管理委员会

一审第三人:福建沃特投资有限公司

恒水公司因与武威市凉州区人民政府(以下简称区政府)、甘肃武威工业园区管理委员会(以下简称管委会)、福建沃特投资有限公司(以下简称沃投公司)合同纠纷,向一审法院提起民事诉讼。

恒水公司诉讼请求:(1)解除《甘肃武威工业园区污水BOT项目特许经营权合同书》(以下简称《BOT合同书》)及《甘肃武威工业园区污水厂资产回购协

议》(以下简称《资产回购协议》);(2)判令区政府、管委会向其支付项目投资款38,621,100元及项目建设期内产生的投资利息7,153,000元,及以出资的3500万元资金的25%计算的合理利润;(3)判令区政府、管委会赔偿因其违约行为给原告造成的损失15,128,600元。

一审查明

2008年10月20日,环技公司中标管委会的2万吨污水处理厂BOT项目特许经营权工程的建设。2008年12月,管委会受区政府的委托,与环技公司签订《BOT合同书》,主要约定:2008年12月,环技公司与管委会就武威工业园区污水处理项目签订特许经营权合同书,该合同是管委会受区政府的委托经过招标程序与环技公司签订的。特许经营期限为27年(其中建设期2年)。管委会负责向项目公司提供融资的相关手续和文件。项目公司成立后全面接受本合同,由项目公司享有和承担本合同项下的所有权利和义务责任。双方还约定在项目特许经营期内被告不得采取任何违反法律、法规和本合同约定以外的行动,影响环技公司对本项目的建设和运营管理。在建设期内管委会给项目公司提供800万元的资金支持,分2年支付。同时,合同对项目建设规模、建设内容、建设期、土地的使用、设计、进水管网和出水管网、工程验收和审计、项目运营维护、项目的移交及各当事方的一般义务、责任和赔偿均作出了详尽和具体的约定。其中第2条约定,管委会授权环技公司负责投资、建设、运营和维护武威工业园区污水处理厂厂区范围内项目的特许经营权。管委会在环技公司投资注册项目公司取得营业执照后5个工作日内向项目公司颁发特许经营权证,管委会向环技公司项目公司授权特许经营权后,环技公司项目公司取得向区政府收取污水处理费的权利。第3条3.5约定,项目公司成立后,全面接受该合同,并由项目公司享有和承担本合同项下的所有权利、义务和责任。第4条4.3约定,管委会负责向项目公司提供特许经营权证,并有责任为项目公司提供融资的相关手续和文件。第5条5.6约定,管委会必须确保在工程建设过程中,管委会免费为环技公司项目公司办理两证一书(规划许可证、施工许可证和规划选址意见书)。第6条6.2约定,该项目一期用地性质为土地划拨,并且管委会向环技公司提供污水处理项目用地的土地使用权(以下简称土地使用权),并确保环技公司在特许经营期内独占性地使用土地,环技公司除支付必要的工本费外,不向管委会支付与土地使用有关的任何费用。第8条管委会的主要义务8.1.3中约定,负责办理污水处理厂立项批文,协助环技公司取得建设所需的各种许可和核准,根据污水处理厂为市政公用环保项目及武威工业园区重点招商引资项目的性质执行武威工业全区相关的优惠政策,负责向环技公司提供相关的政策文件。第18条违约及责任18.1.1约定,任何一方违反本合同和本合同附属合同以及各方达成的其他约定均构成违约。18.1.2约定,部分违约事项不影响本合同其他部分或整体部分的效力。如果一方违约造成本合同约定事项将可能得不到履行,将构成根本违约。18.2.4约定,在本合同履行过程中,一方违约给另一方造成损失或项目终止所造成的损失,由违约方承担。包括但不限于直接损失、预期利益、为追索违约责任而支付的合理费用等。该特许经营合同书签订同日,管委会与环技公司签订了《资产回购协议》,《资产回购协议》约定:考虑到区政府的承受能力,管委会回购污水处理厂的时间为园区污水处理厂建成运行后2年内,具体回购时间为2012年12月11日前,管委会支付的回购资金由以下几个方面构成:出资本金3500万元,本金银行利息和相关贷款手续费以出资3500万元的每年8.8%(且按4年计算),合理利润以出资的3500万元资金的25%计算。管委会支付上述全部回购资金后,收回项目公司的特许经营权,管委会为项目公司支付的800万元污水厂建设工程资金项目公司不再支付给管委会。

2009年5月26日,环技公司投资设立了恒水公司,全面负责项目建设。2009年7月19日,通过股权转让恒水公司成为第三人沃投公司的全资子公司,环技公司退出了整个项目建设。

2012年8月7日,沃投公司与管委会签订《关于甘肃武威工业园区污水处理项目工程中若干问题解决方案的议定书》(以下简称《议定书》),约定:此议定书是在原管委会与环技公司签订的特许经营权合同的基础上议定的。存续期间,管委会与沃投公司继续履行原协议条款。待管委会和沃投公司双方签订《BOT合同书》和《资产回购协议》后,按后续合同书履行双方的权利和义务。管委会承诺将800万元财政专项补助资金中未付的200万元分两次支付给沃投公司,其中100万元在8月10日支付,另外100万元待沃投公司8月主要设备到场并安装时支付。在上述条件下,沃投公司必须在2012年12月15日或之前按设计图纸完成项目实体工程建设任务(除亮化、绿化等附属工程),达到进水调试条件。如果沃投公司不能按时实现上述承诺,管委会有权收回特许经营权,并退还800万元财政政策性支持资金。沃投公司实际投资形成的资产由双方另行议定处置。为了给沃投公司投融资创造必要和充分的条件，管委会承诺在与环技公司按法定程序解除合同之后，立即与沃投公司签署《BOT合同书》和《资产回购协议》。在2012年9月30日前，由管委会负责协助办妥项目土地使用证(国有划拨)；凉州区财政局出具的污水处理费列入财政预算内支付的承诺书，以及凉州区人大就同意财政承诺书所作出的决议文件。如管委会未能按时办妥上述文件、证件，沃投公司可以顺延工程建设完工时间和预计的污水处理厂试运行时间。本议定书条款作为正式签署《BOT合同书》和《资产回购协议》的前置约定，将被引用作为相关条款。本议定书经双方代表签字生效，直到正式签署《BOT合同书》和《资产回购协议》当日失效。

《议定书》签订后，沃投公司作为投资人全面参与项目建设，管委会和区政府未按约定与沃投公司和恒水公司重新签订《BOT合同书》和《资产回购协议》，也未按约定办妥承诺的文件。恒水公司也没有在2012年12月15日按设计图纸完成项目实体工程建设任务，达到进水调试条件。

2013年5月9日，由于施工进度影响《甘肃省2011年污染物减排计划》对武威工业园区污水治理工程的要求，管委会提出解除《议定书》，并按未完工程原状接管项目实体工程。恒水公司提出按照《议定书》约定履行，双方为此发生争议。

为解决投资和损失的问题，恒水公司多次与区政府、管委会协商，共同委托了新恒信会计所对恒水公司实际完成的投资情况进行审计，确定恒水公司实际完成工程投资及其他支出。新恒信会计所2013年11月6日经审计作出《关于对武威工业园区污水处理厂截至2013年4月10日实际完成投资情况的审计报告》(以下简称《审计报告》)，审计结果为，截至2013年4月10日，恒水公司投资建设的武威工业园区污水处理项目已完成投资33,268,741.42元，其中：建安投资23,300,005.11元，到场设备投资3,920,155.00元，其他投资162,131.13元，待摊投资4,427,450.18元。2013年4月10日以前已完成建安工程中不合格工程造成的损失。在管委会接管污水项目后，后续建设中发现2013年4月10日前由恒水公司负责建设的已完工工程中，有部分不合格工程，而导致后续建设的返工。根据管委会提供的返工工程签证单，并经恒水公司确认，审计人员在签证单等相关资料的基础上，编制了工程结算书，结算价已经委托双方及施工监理单位确认。返工工程结算价合计312,403.06元，其中：建筑工程237,034.39

元、安装工程75,368.67元。委托双方清算时应在截至2013年4月10日已完成投资中扣除。审计中发现的问题及其他事项说明：除在完成投资审计情况发现的问题及相关情况说明外，审计结果尚有以下问题及需说明的事项：(1)根据委托双方于2013年10月20日到场设备盘点情况，上述审计结果中确认的到场设备投资中有价值622,012元的设备未安装。经了解核实，该部分设备未安装的原因：在订购设备时，按设计能力2万立方米/日订购。但在安装时，按设计能力1万立方米/日组织安装。故该部分设备无法安装，本次审计中暂计入了投资，由委托双方按责任协商处理。(2)本次审计结果中，对未签订合同或未进行工程结算发生的工程项目及相关费用，如其他投资中的何滔、代顺雷生化池模板工程款、赵生设备吊装费、魏玉土石方工程款、王延喜土石方工程款等及待摊投资中的未签订合同的项目费用，审计中以恒水公司提供的情况确认再无欠款，以账面实际支付数额确认了投资。若因此审计结果出现瑕疵，由恒水公司承担责任。(3)待摊投资中暂审定建设单位管理费为635,700元，此费用标准应为项目全部完成后的数额。由于实际发生的建设单位管理费严重超支，故暂以该数额作为审定数。提请委托双方最终协商确定。(4)根据恒水公司与管委会签订的借款合同约定的还款期限，均已逾期，审计中仅按合同约定的正常利率和截至2013年4月10日实际占用时间计算了利息，未按合同约定计算违约金。(5)审计结果中反映的已支付施工单位瀚建公司、九建公司工程款为截至2013年4月10日公司账面反映数，未与施工单位进行核对。(6)部分已支付工程款、设备款及待摊投资款项，未取得正式发票，应按税法规定在支付欠付工程款时及时取得发票。(7)2013年11月2日，由管委会、凉州区审计局、恒水公司、三轮项目管理公司第二十一项目监理部和会计师事务所相关人员，召开专题会议，就恒水公司针对审计初步结果提交的《关于提请列入工程建设费用的报告内容》的有关问题进行了商定，达成下述对投资调整的一致意见：①人工及材料差价：按甘建价〔2010〕286号文件和甘建价〔2010〕514号文件《关于调整甘肃省建设工程人工单价的通知》及实际施工期2011年武威市住建局发布的武威市凉州区第三季度材料指导价进行调整，调整结果计入投资。②冬季施工补偿：一次性补偿50万元计入投资，不再作任何追加和调整。经凉州区审计局核实调整，并经管委会和恒水公司确认，人工及材料差价补充调整合计为1,054,469.93元，其中：人工费调整204,934.16元、材料价差调整846,535.77元。以上人工及材料差价补充调整和冬季施工补偿合计 1,554,469.93 元已计入本报告审计结果中。

双方当事人对《审计报告》中恒水公司投资建设的武威工业园区污水处理项目已完成投资 33,268,741.42 元中的建安投资 23,300,005.11 元,到场设备投资 3,920,155 元,其他投资 1,621,131.13 元,返工工程款 312,403.06 元均进行了确认认可。管委会对待摊投资 4,427,450.18 元未予认可。对于部分分项项目的投资和费用核算未达成一致意见,最终未能确定恒水公司实际完成的投资金额。双方对赔偿问题未达成一致的意见。

管委会在前期给恒水公司借款 1900 万元和在后期借款 20 万元。2015 年 2 月 6 日,管委会代为支付拖欠环技公司股权转让款 120 万元。以上合计 2040 万元。

一审意见

一审法院认为:

管委会的 2 万吨污水处理厂 BOT 项目特许经营权建设工程,受区政府的委托,与环技公司签订的《BOT 合同书》内容合法,意思表示真实,依法予以保护。环技公司作为武威工业园区污水 BOT 项目的发起人,投资注册项目公司即恒水公司,恒水公司享有和承担本合同项下的所有权利、义务,全面负责项目建设。沃投公司通过环技公司的股权转让,恒水公司成为沃投公司的全资子公司,环技公司退出了整个项目建设,沃投公司与环技公司的股权转让,符合法律规定,对恒水公司与管委会之间的合同履行没有关系,后在管委会处理武威工业园区污水处理厂的事务中,均系恒水公司名义进行,恒水公司是本案适格的原告,沃投公司系本案第三人,故管委会认为合同主体系环技公司,恒水公司诉讼主体不符的辩解理由不能成立。区政府作为管委会的主管部门,委托管委会与环技公司签订合同,履行主要付款义务,故其辩解不是本案适格被告的理由不能成立。在合同履行中,双方均未能完全履行合同义务,该工程系市政公用事业,由于施工进度影响《甘肃省 2011 年污染物减排计划》对武威工业园区污水治理工程的要求,管委会提出解除合同,并按未完工工程原状接管项目实体工程,对建成项目进行回购,恒水公司也同意按未完工工程原状交付了项目工程,视为双方同意解除合同,符合法律规定,依法应予以支持。恒水公司提出按照双方原议定书约定履行,双方为此发生争议。为解决投资和损失的问题,恒水公司多次与区政府、管委会协商,共同委托了新恒信会计所对恒水公司实际完成的投资情况进行审计,确定恒水公司实际完成工程投资及其他支出。由此,可认定双方当事人均同意并已实际解除了《BOT合同书》及《资产回购协议》的履行。

关于对恒水公司投资款的认定，双方当事人对新恒信会计所作出的《审计报告》中恒水公司投资建设的武威工业园区污水处理项目已完成投资33,268,741.42元中的建安投资23,300,005.11元，到场设备投资3,920,155元，其他投资1,621,131.13元，待摊投资4,427,450.18元，返工工程款312,403.06元均进行了确认认可。确认的到场设备投资中有价值622,012.00元的设备未安装，审计中暂计入了投资，协商由双方按责任处理。以上系双方当事人无争议部分，依法予以确认。未列入审计项目的工程费用及项目费用5,671,225.08元。(1)先行建设合同违约补偿费439,100元。经管委会同意，再就业公司与恒水公司解除合同，支付基础开挖及人工机械补偿费90万元，因为签订施工合同时，不具备招标和开工条件，根据区政府和管委会的要求，项目先行建设而后恒水公司造成违约，该费用支出管委会认可，《审计报告》仅认定基础开挖费460,900元，尚有439,100元应该计入恒水公司投资。(2)建设单位管理费1,179,766.08元。恒水公司方实际支出建设单位管理费1,815,400元，新恒信会计所审计时认定635,700元，根据《审计报告》及2013年9月12日《甘肃武威工业园区污水处理厂清算工作第一次会议纪要》(以下简称《第一次会议纪要》)，恒水公司为本项目支出的建管费应当按照实际工期和实际发生额据实结算，由此未计入《审计报告》建设单位管理费1,179,766.08元应当认定为恒水公司实际投入。(3)已支付设备定金及预付款2,178,000元及卖方发生税款1,874,359元。恒水公司为履行项目建设采购设备，订立了设备采购合同，支付设备定金及预付款2,178,000元，因合同停止履行，造成恒水公司支付的设备定金和预付款及支付的税款无法退回，该款项应列入恒水公司的投资。由此，应当认定恒水公司的项目投资额为33,268,741.42元(无争议部分)+5,671,225.08元(有争议部分)-312,403.06元(返工扣减部分)=38,627,563.44元。

合同解除后，根据管委会与环技公司签订的《甘肃武威工业园区污水处理厂资产回购协议》约定，管委会支付恒水公司的回购资金为出资本金3500万元，银行利息和相关贷款手续费以出资3500万元的每年8.8%(且按4年计算)，合理利润以出资3500万元的25%计算，该投资利益应当由被告支付。现合同解除后，恒水公司按照完成工程量，按照《资产回购协议》约定完成投资建设工程，其由管委会、区政府支付工程建设投资银行利息的请求，符合合同约定，依法予以支持。

双方当事人在合同履行中，未严格履行约定，互有违约，不能确认责任，恒水公司请求由管委会、区政府支付的违约损失应当按照约定支付已完成投资的3500万元限额的25%支付合理利润及形成欠款期间的利息。其诉讼请求符合双方约定，依法予以支持。管委会请求以借款2040万元冲减支付恒水公司投资的辩解成立，依法予以支持。恒水公司主张双方当事人在议定书中约定，管委会借款中，其中800万元财政政策性支持资金，不予返还的理由，因恒水公司没有按照合同约定在2012年12月15日或之前按设计图纸完成项目实体工程建设任务，达到进水调试条件，依法不予支持。

一审结果

一审法院作出民事判决：一、管委会给付恒水公司甘肃武威工业园区污水BOT项目回收款38,627,563.44元，与恒水公司借管委会借款及财政补贴款2040万元抵顶后，实际给付18,227,563.44元；二、管委会给付恒水公司甘肃武威工业园区污水BOT项目回收欠款18,227,563.44元的利息（从2013年5月9日起，按双方约定年利率的8.8%计算，息随本清）；三、管委会给付恒水公司完成投资3500万元限额的25%的合理利润875万元；四、驳回恒水公司的其他诉讼请求。区政府对以上第一、二、三项给付内容承担连带责任。

恒水公司、区政府及管委会均不服一审判决，向甘肃省高级人民法院（以下简称甘肃高院）提出上诉。

二审查明

甘肃高院二审确认一审查明事实，另查明以下事实：

2008年12月11日，管委会（甲方）与环技公司（乙方）签订的《BOT合同书》还约定："第一章总则1.1.(2)'甲方'是指管委会，包括其法定代表人、授权管委会签订本合同的武威凉州区人民政府及其法定代表人、日常事务代表以及该法人权利义务的继受方和受让方。"双方签订的《资产回购协议》还约定："一、受区政府的委托由管委会，回购四川恒泰环境技术有限责任公司以BOT方式建成的武威工业园区污水处理厂。"

2013年5月6日，由于恒水公司未能按期完成项目建设，管委会向沃投公司发出《关于武威工业园区污水处理项目限期全面复工建设的通知》，通知沃投公司于2013年5月8日前全面复工建设，否则依法解除《议定书》，管委会将全面接管项目建设和管理。后由于沃投公司未按要求对污水项目全面复工建设，管委会于2013年5月9日向沃投公司发出《关于解除〈关于甘肃武威工业园区污水处理项目工程建设中若干问题解决方案的议定书〉的函》，提出：终止《议定书》，由管委会全面接管项目建设和管理，恒水公司和施工单位撤离项目用地范围。2013年5月10日，管委会正式接管污水厂项目工地，接管时，案涉项目的所有土建单体工程的主体工程已基本完工，配套的地下管网也基本安装完毕，部分不合格工程由管委会负责返工。主要污水处理设备由恒水公司负责采购并已到场，但尚未安装，其他设备已签订采购合同并支付了预付款，但设备尚未到位。2013年8月14日，管委会制订了《甘肃武威工业园区污水处理项目已完成投资清算方案》，决定对恒水公司负责建设的污水处理项目已完成投资审计后进行清算。

2013年9月12日，管委会和恒水公司形成《第一次会议纪要》约定："一、关于双方联合成立清算工作小组事宜。议定：双方同意成立联合清算工作小组。二、关于委托清算机构事宜。议定：由管委会和恒水公司双方联合成立的清算工作小组共同委托新恒信会计所对武威工业园区污水处理厂投资完成情况进行审计。三、关于清算范围事宜。议定：土建工程部分：以2013年4月10日前实际完成投资为基础，按实际工程量据实结算，考虑扣除因前期施工不合格工程造成的损失和乙方工程延期造成的投资增加等费用。设备工程部分：以2013年5月30日甘肃省武威市中信公证处开箱核验的结果为基础，按照合同价款扣除设备安装费用作为核定设备投资的基础，考虑扣除不符合设计要求的、已损坏的、缺少的设备及配件等费用。"

关于双方有争议的先行建设合同违约补偿费439,100元，经二审审查，管委会于2011年8月20日向恒水公司颁发了案涉项目的开工许可证，但是早在2009年8月31日管委会和恒水公司签订的《关于武威工业园区污水处理项目财政补助拨付计划的备忘录》中，管委会就要求恒水公司在当年冻土期来临之前就完成主体工程土建部分的施工，为此恒水公司才和再就业公司于2009年10月28日签订施工合同进行建设，之后案涉项目建设手续完备后因与再就业公司解除合同，双方签订了《解除合同协议书》，约定土方开挖及停工损失补偿共计90万元，而恒水公司已实际支付786,000元，审计时只是将已完成的实体工程费用460,900元计入了投资，补偿费用439,100元未计入。

关于双方有争议的已支付设备定金及预付款2,178,000元及卖方发生税款1,874,359元,经二审审查,恒水公司预付2,178,000元的设备尚未到场,新恒信会计所在审计时也未将其计入已完成的投资款总额中。恒水公司为履行本案建设项目,确实与设备供应方签订了相关的设备采购合同,其中的设备供应方兰州东方明珠数字设备有限责任公司和诺卫环境安全工程技术(广州)有限公司确实向恒水公司开具了十余份增值税专用发票,所载卖方发生税款金额为1,874,359元。而恒水公司因本案项目的终止无法继续履行相应的设备采购合同,上述设备供应方已经向恒水公司发出了律师函,要求按照合同约定承担相应的违约责任。

根据甘肃省机构编制委员会甘机编办通字〔2007〕49号《关于成立武威市园区管理机构的通知》,管委会为正县级事业机构,隶属武威市区政府管理。主要职责是:制定园区中、长期发展规划,并负责组织实施;建设园区发展项目库,并负责项目的审批、质监及验收;负责园区的招商引资和基础设施建设等工作。

二审意见

甘肃高院认为,本案各方当事人二审争议的焦点问题:(1)管委会应向恒水公司退还的项目投资款是多少;(2)管委会应否向恒水公司支付投资款在项目建设期内的利息,一审判决管委会给付恒水公司3500万元投资限额的25%的利润875万元是否适当;(3)区政府应否承担连带责任。

一、关于管委会应向恒水公司退还的项目投资款的数额认定问题。新恒信会计所作出的《审计报告》确认:截至2013年4月10日,恒水公司投资建设的武威工业污水处理项目已完成投资33,268,741.42元。对此,双方均无争议。对于未列入审计项目的工程费用及项目费用5,671,225.08元,一审也认定为恒水公司的投资款,管委会和区政府对此不服提出上诉。对双方有争议的5,671,225.08元投资经二审审查后认定:第一,先行建设合同违约补偿费439,100元,根据双方《第一次会议纪要》中对清算范围事宜约定的对土建工程据实结算的清算原则,恒水公司与再就业公司签订合同先行建设工程后因不具备招标和开工条件导致解除合同而要支付给再就业公司违约补偿费439,100元的事实存在,该笔补偿费应作为前期土方开挖工程费用的一部分,一审将该笔费用计入恒水公司的投资适当;第二,建设单位管理费1,179,766.08元,恒水公司在其《关于提请列入工程建设费用的报告内容》中也自认导致建设单位管理费超支的原因是工期延误太长，而对工期延误的后果双方均有责任，原因也是多方面的，现恒水公司已实际支出该项费用1,815,400元，根据本案双方当事人均有违约的事实结合公平原则，二审将该笔费用判定由恒水公司和管委会各承担50%即907,700元，新恒信会计所已经审计认定了635,700元，故对建设单位管理费应在635,700元的基础上增加272,000元即907,700元计入恒水公司的投资；第三，已支付设备定金及预付款2,178,000元及卖方发生税款1,874,359元，根据《第一次会议纪要》对设备工程部分议定的原则是"按照合同价款扣除设备安装费用作为核定设备投资的基础，考虑扣除不符合设计要求的、已损坏的、缺少的设备及配件等费用"，恒水公司为建设本案项目采购设备已经实际支出了设备定金、预付款和部分税款，而这些均不属于《第一次会议纪要》议定应扣除的费用，故一审将已支付设备定金、预付款2,178,000元及卖方发生税款1,874,359元合计4,052,359元作为恒水公司的项目投资款并无不当。据此，管委会应向恒水公司支付的项目投资回收款包括33,268,741.42元（无争议部分）+4,763,459元（有争议部分）－312,403.06元（返工扣减部分）＝37,719,797.36元。与恒水公司借管委会的借款及财政补贴款2040万元抵顶后，管委会还应退还恒水公司投资款17,319,797.36元。

二、关于管委会应否向恒水公司支付投资款在项目建设期内的利息，一审判决管委会给付恒水公司3500万元投资限额的25%的利润875万元是否适当的问题。这一问题涉及本案《BOT合同书》解除后双方当事人权利义务的处理。

首先，根据一、二审查明的事实，管委会于2013年5月9日向沃投公司发出《关于解除〈关于甘肃武威工业园区污水处理项目工程建设中若干问题解决方案的议定书〉的函》，提出：终止《议定书》，由管委会全面接管项目建设和管理，恒水公司和施工单位撤离项目用地范围。2013年5月10日，管委会对恒水公司施工建设但未完工的BOT项目进行了接管，恒水公司也同意移交案涉工程，双方并共同委托了新恒信会计所对恒水公司完成项目的情况进行审计，说明双方对案涉合同及相关协议的无法继续履行已达成合意，而且也均有解除合同的意思表示，但双方在此期间的互相往来函件反映出都是以对方违约作为解除合同的条件，因此，双方在合同解除后的权利义务处理上，并未达成一致，即本案合同并不能被认为已被双方协议解除，恒水公司起诉请求解除《BOT合同书》及《资产回购协议》的主张成立，应予支持，一审未对该项诉求单独作出判决存在不当。

其次，至于前述《BOT合同书》和《资产回购协议》解除后，双方权利义务的处理问题，对此，《BOT合同书》第18条约定："在本合同履行过程中，一方违约给另一方造成损失或项目终止所造成的损失，由违约方承担。包括但不限于：直接损失、预期利益、为追索违约责任而支付的合理费用等。"而《合同法》第97条规定："合同解除后，尚未履行的，终止履行；已经履行的，根据履行情况和合同性质，当事人可以要求恢复原状、采取其他补救措施，并有权要求赔偿损失。"故解除合同并不使合同归于消灭，在合同解除后，债权人仍可以根据合同的约定主张不履行合同的损害赔偿请求权即可得利益。在此，可得利益即履行利益，是合同的有效成立和合同的圆满履行所带来的利益。根据本案双方当事人在签订《BOT合同书》的同日即签订了《资产回购协议》的事实，说明恒水公司是以放弃掉《BOT合同书》约定的长达25年的收取污水处理费的特许经营权，而换取到《资产回购协议》约定的由三部分构成的项目回购资金，包括：出资本金3500万元；以3500万元出资的每年8.8%（且按4年计算）计算的本金银行利息和相关贷款手续费；以3500万元出资资金的25%计算的合理利润。如果案涉项目实施顺利，恒水公司也必将获得上述回购资金。因此，恒水公司基于上述约定所提诉求应予以支持。但是鉴于恒水公司和管委会在履行本案合同过程中均有违约行为，且无法划分主次责任，故对恒水公司按回购协议约定所主张的利润支持50%，即管委会给付恒水公司完成投资3500万元限额的25%的合理利润的50%即4,375,000元。二审根据前述《资产回购协议》列明的回购资金项目重新计算管委会应向恒水公司给付的款项包括：第一，出资本金17,319,797.36元；第二，以出资本金17,319,797.36元的每年8.8%计算的本金利息，从2013年5月9日起计算至4年期满；第三，以已完成投资限额3500万元的25%的一半计算的合理利润4,375,000元。

另外，恒水公司对案涉项目的投资是陆续投入，其主张的建设期内的投资款利息不在《资产回购协议》约定的项目回购资金范围内，故一审未予支持适当。同时，恒水公司起诉时所提的诉讼请求中即包括按出资3500万元的25%计算的合理利润，故一审判决也不存在违反"不告不理"原则的问题。

三、关于区政府应否承担连带责任的问题。本案《BOT合同书》和《资产回购协议》虽然都是管委会作为合同一方和恒水公司签订的，但是《BOT合同书》和《资产回购协议》中均明确记载管委会是受区政府的委托签订相关合同及协议书，而且在《BOT合同书》总则中约定的“甲方”包括“管委会及其法定代表人、授权管委会签订本合同的武威凉州区人民政府及其法定代表人、日常事务代表以及该法人权利义务的继受方和受让方”，同时案涉的污水治理项目位于区政府辖区范围内，区政府作为项目的受益人以及项目回购资金的实际承担者，一审判定其对管委会应给付恒水公司的全部款项承担连带责任并无不当。

综上所述，一审判决认定事实清楚，证据确实充分，审判程序合法，但对管委会应退还恒水公司的投资款本金和利润数额的判定存在不当之处，二审予以纠正。

二审结果

2016年11月30日，甘肃高院作出民事判决：一、撤销一审法院判决；二、解除管委会和环技公司2008年12月11日签订的《BOT合同书》和《资产回购协议》；三、管委会给付恒水公司甘肃武威工业园区污水BOT项目出资本金37,719,797.36元，与恒水公司借管委会的借款及财政补贴款2040万元抵顶后，实际给付17,319,797.36元；四、管委会给付恒水公司甘肃武威工业园区污水BOT项目出资本金17,319,797.36元的利息，按双方约定的年利率8.8%从2013年5月9日起计算至4年期满；五、管委会给付恒水公司完成投资3500万元限额的25%的一半计算的合理利润4,375,000元；六、驳回恒水公司的其他诉讼请求。管委会应在本判决生效之日起30日内向恒水公司付清上述第三、四、五项判决确定的款项，区政府对以上款项的支付承担连带责任。

案例评析

本案发生时间较早，是在传统BOT模式即政府授权特许经营合同履行过程中，在建设期解除合同。在目前PPP项目实施过程中，因为政府调整项目范围、社会资本方丧失投融资能力、施工单位中途退场等种种原因，导致项目在建设期解除合同停止实施的案例也是屡见不鲜。故该案在处理建设期终止合同后的处理方面很有借鉴意义。

关于中途解除合同的结算范围问题。概括起来包括三个方面的内容，首先，已完工程量及价款结算，包括：(1)已完工项目的建安工程费用，一般是通过双方结算核对工程量价或委托第三方工程造价审计单位进行工程造价审计等方式确定；(2)已进场未安装到位的设备、材料的价款确认；(3)社会资本方已签订采购合同支付预付款的未进场设备、材料；(4)索赔费用，即在工程进行期间因为双方违约的原因所导致的各项违约及赔偿费用，一般通过双方核对谈判或是委托造价咨询机构出具审核意见确定。其次，财务结算，包括政府方的补贴前期费用垫付垫支、政府方与社会资本方相互间的垫付款项或是借款等。最后，财务费用及预期利润回报，这是政府和社会资本方合作合同不管是 BOT、BT、现行 PPP 模式都包含的一个部分，也是和建设工程施工合同解除相区别的一个重要部分，因为，政府和社会资本方合作合同，本质上是一个投资协议，投资回报必须单独得到处理。具体包括建设期利息、按约定收益率计算的社会资本方应得利润等。

关于解除合同违约责任的确定与补偿赔偿责任的划分问题。合同的解除有双方协商解除、单方违约解除、双方违约导致解除、不可抗力解除、法定事由解除等多种情形，法律规定或合同约定了不同情形下的各方违约责任承担方式或比例。本案当中一审法院认为属于双方协商解除，二审法院则认为双方并未达成协商解除合同的一致意见，认为是恒水公司起诉要求解除合同，从而根据双方均存在违约且无法区分责任大小的事实，判决因双方违约解除合同导致恒水公司的预期利润损失由双方各自承担 50% 的判决结果。

本案发生在 2015 年 5 月 1 日以前，根据当时的法律和司法解释的规定是按照民事诉讼程序进行审理，类似纠纷在 2020 年 1 月 1 日以后，应当按照行政诉讼程序进行处理。根据《最高人民法院关于审理行政协议案件若干问题的规定》第 2 条的规定，公民、法人或者其他组织就下列行政协议提起行政诉讼的，人民法院应当依法受理：政府特许经营协议；符合本规定第 1 条规定的政府与社会资本合作协议。第 28 条规定，2015 年 5 月 1 日后订立的行政协议发生纠纷的，适用行政诉讼法及本规定。第 29 条规定，本规定自 2020 年 1 月 1 日起施行，最高人民法院以前发布的司法解释与本规定不一致的，适用本规定。

案例 94 “双方共同向上级争取回购及改造资金”约定导致的问题

相关问题

1. 被告是不是给付原告回购款的义务主体；
2. 本案是否属于行政诉讼的受案范围；
3. 原告诉请补偿款、利息及损失有无依据；
4. 回购资金金额及给付期限约定是否明确。

裁判要点摘选

因回购协议仅约定双方共同向上级争取回购资金，资金到位后及时拨付给通四公司，属于对回购资金金额及给付期限约定不明确，且无充分证据证实双方就回购金额及给付时间达成补充协议，属于“尚需被告调查或者裁量的”情形。

基本案情

上诉人（一审原告）：通四公司

上诉人（一审被告）：哈尔滨市阿城区人民政府

2003 年 5 月 22 日，哈尔滨市阿城区人民政府（以下简称阿城区政府）与通四公司签订《哈尔滨至红星乡公路工程建设项目 BOT 合同文件》。合同约定由原告依法组织设计单位和施工单位对哈红（哈尔滨至红星水库）公路项目进行勘测设计和工程施工，建成后依法独立运营，并按一定投资回报收回投资和一定额度利润后，将哈红公路使用权及收费经营权无偿交给被告。原告开始收费运营后连年亏损，其间，阿城撤市设区（原阿城市，现为哈尔滨市阿城区）。2011 年

3 月 28 日，永拓会计师事务所向原告出具《专项审计报告》，测算结果："截至 2010 年 12 月末投资收益及定价（补偿金额）413，209，954.48 元。其中，未来收益补偿金（24.5 年）373，205，954.48 元、资本金 40，000，000.00 元。""实际经营期内净现值 -17，089，171.62 元，因经营期实际经营结果为亏损，测算的补偿金额不再予以扣除。"2012 年 6 月 28 日，原、被告双方签订《哈红 BOT 公路回购协议》。协议约定，由于多种原因，该路运营连年亏损，原告无力对道路维修，致使道路破损严重，面临中断交通的危险，给沿线经济社会发展和群众生产生活带来严重影响，为破解这一难题，经双方平等协商，在自愿的基础上，达成以下协议：(1) 被告回购原告经营的哈红 BOT 公路，双方解除 2003 年 5 月 22 日签订的《哈尔滨至红星乡公路工程建设项目 BOT 合同文件》及相关补充协议。(2) 自办理移交手续之日起，原告对该路的经营、管理、收费等权利终止。(3) 被告将该路的审计结论向上级呈报，双方共同向上级争取回购及改造资金。(4) 双方向上级争取到的回购改造资金，无论多少均作为被告的回购款，到位后及时拨付给原告（15 日之内），被告不再另行给付原告回购款；上级对该路回购、改造补贴资金到位后的支付顺序为遣散员工、银行贷款本息、欠缴税金、公路维修改造（如公路维修改造资金不足，双方各承担 50%）。(5) 原告在经营期间发生的所有债权、债务均由原告自行承担，与被告无关。(6) 该路的维修改造由被告组织实施；该路由现状维修改造达到该路建设时标准（具体标准执行 2003 年双方签订 BOT 合同）所需资金的数额按照该路维修改造设计单位出具的工程量清单，由工程造价咨询部门按现行价格核算，参照阿城区其他公路工程造价核定，该款项由被告在回购款中扣除；被告如需提高维修改造标准，提高标准部分所需的资金由被告自行负责。(7) 哈红公路沿线和原告与该路相关的资产以及文件一并列入回购清单（以审计报告所列清单为准，包括但不限于审计报告所列清单），不得缺项和损坏，否则按被告维修或购买的实际费用作价在回购款中扣除…… 2012 年 7 月 23 日，被告向原告作出《关于停止哈红公路收费的函》，通知原告于 2012 年 7 月 27 日中午 12 时停止收费，并立即与被告办理哈红公路及相关物品、文件的移交手续。双方于当日办理了移交手续，被告将哈红公路收回。原告除 2012 年 7 月 26 日通过阿城区交通运输局以借款方式获得 500 万元补偿款外，至今未收到其他补偿。

自 2010 年开始，被告、市政府及相关职能部门之间多次就回购哈红公路事宜书面请示、沟通:(1)2010年11月12日,被告向市政府呈报《关于回购哈红BOT公路的请示》;(2)2011年8月11日,被告向哈尔滨市交通运输局作出《关于回购哈红BOT公路的请示》;(3)2012年6月13日,被告向市政府呈报《关于阿城区人民政府拟回购哈红公路的请示》(哈阿政呈〔2012〕63号);(4)2012年7月12日,哈尔滨市交通运输局向哈尔滨市财政局作出《关于对〈阿城区政府拟回购哈红公路的请示〉回复意见的函》;(5)2012年8月30日,哈尔滨市财政局向市政府呈报《对阿城区政府哈阿政呈〔2012〕63号关于阿城区人民政府拟回购哈红公路有关事宜的回复意见》;(6)2012年9月19日,被告向市政府呈报《通四公司亟待解决事项的情况说明》;(7)2014年9月24日,被告向市政府呈报《关于阿城区人民政府回购哈红公路资金的请示》;(8)2016年12月13日,被告向市政府呈报《关于阿城区人民政府回购哈红公路资金的请示》。因回购资金一直未能解决,原告于2018年5月提起本诉。

通四公司起诉阿城区政府(案由为不履行行政协议纠纷),请求:(1)被告给付回购“哈红公路”的回购款64,854.34万元本金及逾期付款的利息至实际给付时止(截至2018年8月31日为199,917,081元;至截止日共计848,460,481元);(2)被告给付没有及时给付原告欠款给原告造成的经济损失至实际给付时止(计算到截止日期共计166,046,187.49元);(3)被告应当给付原告从2014年1月1日始至实际给付时止欠建行阿城支行的贷款利息及延迟履行付款的加倍利息(截至2018年8月5日为78,879,211.49元);被告应当从2013年1月1日始至实际给付日止原告为了支付银行利息借款产生的利息(截至2018年4月30日为87,166,976元)。共计1,014,506,668.49元。

通四公司主要诉讼意见:由于被告在招商引资时出具的《可研报告》与实际经营中的状况严重不符,导致原告严重亏损,为此原告多次找到被告,要求被告予以解决,被告经研究决定,由被告回购该公路,回购价格由审计公司进行审计。依据回购协议的相对性原则,承担给付回购款是被告的法定义务,如何解决回购“哈红公路”的资金是被告的自身问题,但被告在回购协议中违法设定了原告的行政争取义务,违反法律规定。2012年9月后近6年的时间,原告一直向被告主张权利,被告均以回购资金没有落实为由拒绝,相反却以该“公路”的名义申报了债券,添补自己资金的不足。被告故意失信于民,使原告经营举步维艰,拖欠银行贷款约1.3亿多元不能偿还,公司面临破产倒闭;同时导致原告拖欠数百名职工近6年的补偿金不能给付,已经严重侵犯了原告的合法权益。

阿城区政府主要诉讼意见:(1)《可研报告》系被告根据当时阿城市哈红公路交通流量客观存在的情况作出的。出现了原告所述实际经营中遇到的状况是由多种原因所致,其中,阿城撤市设区、国家推行农村公路支持政策、国家燃油税改革、哈阿高速实行计重收费等情形,均非被告当年出具报告时所能预见。(2)哈红BOT公路从竣工通车至被告回购时一直未验收,该路段自原告建成之日起便存在诸多质量瑕疵,道路破损严重,车辆难以正常通行,该状况是原告经营哈红公路亏损的主要原因。(3)由于原告无能力对道路进行维修,致使道路破损日益严重,面临中断交通的危险,给沿线经济发展和群众生活带来了严重影响。《哈红BOT公路回购协议》第3条约定"由双方共同向上级争取回购及改造资金"。被告与原告的上述约定完全是在平等、自愿原则基础上的真实意思表示,被告未实施任何胁迫、欺诈行为,并未违反法律的相关规定。原告不但在《哈红BOT公路回购协议》中约定与被告共同争取回购及改造资金,同时在原告2017年2月15日向被告提交的《关于哈红公路争取回购资金相关情况说明》中明确表示其自己争取回购及改造资金,并同时说明不需被告偿还案涉回购款。因此,原告诉称的被告与其签订《哈红BOT公路回购协议》设定行政争取义务违反法律规定的事实不能成立。(4)回购协议签订后,被告按照合同约定履行了合同义务,为安置原告公司职工善后等,垫付了500万元。同时投入大量人力、物力、财力对哈红公路进行维修和升级改造。工程竣工后在上级财政没有拨付哈红公路维修、升级改造资金的情况下,被告根据《2015年黑龙江省政府一般债券发行管理办法》《2015年黑龙江省政府专项债券发行管理办法》的相关规定,申请哈红BOT公路政府置换债券13,685.58万元,支付了道路维修、升级改造工程款,该笔款项并未挪作他用。(5)被告不是给付原告回购款的义务主体。哈红BOT公路是经黑龙江省人民政府及相关部门批准建设的二级收费公路,该条公路的回购决定是由市政府及相关部门作出的,该回购款的资金来源、数额及给付方式等均应由市政府及相关部门与省政府及相关部门按照相关政策规定拨付。被告只能服从省、市政府及相关部门的行政命令,没有给付巨额回购款的行政权力。被告虽然是回购哈红BOT公路的签约主体,但回购款及维修升级改造资金等费用均应由省、市财政按相关政策批准及拨付。另外,原告在《关于哈红公路争取回购资金相关情况说明》中明确表示,回购资金为中央财政解决省级债务资金,不需区级财政偿还;资金政策参照国家回购政府还贷二级公路资金政策;申报程序由区级政府、市级政府向省政府申报列入省级债务,再由省政府向中央财政申报解决省级财政债务。为此,被告不是给付原告哈红 BOT 公路回购款的义务主体。

一审意见

一审法院认为,2012 年 6 月 28 日《哈红 BOT 公路回购协议》是被告基于实现行政管理的目的,与原告协商签订,属于行政协议。由于协议中并未明确约定回购(或补偿)的标准、金额,故原告要求被告按照协议约定给付补偿款、利息及损失 10 余亿元,没有依据。鉴于哈红公路被政府实际收回,原告有权依法获得相应的补偿。虽然回购协议中约定回购改造资金向上级争取,被告不再另行给付原告回购款,但由于被告是 2003 年 5 月 22 日《哈尔滨至红星乡公路工程建设项目 BOT 合同文件》、2012 年 6 月 28 日《哈红 BOT 公路回购协议》的签约主体,以及被告 2012 年 7 月向原告作出《关于停止哈红公路收费的函》并将哈红公路实际收回的事实,被告作为收回哈红公路的责任主体,根据权利义务一致的基本原则,应当承担对原告的补偿义务。关于补偿方式及数额。被告签订回购协议、收回哈红公路是基于解决沿线群众通行等公共管理的需要,但当时原告经营连年亏损也是不争的事实,政府如何补偿既关乎企业的利益,也关乎社会公众的利益,如何平衡企业利益与公共利益的关系,按照什么原则和标准进行补偿,这一问题应当由被告基于行政首次判断权原则先行判断处理,法院不能代替行政权的行使直接作出裁判。

一审结果

2018 年 11 月 29 日,一审法院经审判委员会讨论决定作出行政判决:一、责令被告阿城区政府自本判决生效之日起 3 个月内对收回原告通四公司经营哈红公路补偿问题依法作出处理决定;二、驳回原告通四公司的其他诉讼请求。

通四公司、阿城区政府均不服一审判决,向黑龙江省高级人民法院(以下简称黑龙江高院)提出上诉。

上诉意见

通四公司上诉称,一审认定事实及适用法律错误,理由如下:(1)一审法院在阿城区政府对回购通四公司案涉公路的补偿款问题已行使过首次判决权,又查明了回购款的补偿标准及数额的情况下,驳回通四公司的诉讼请求,违反法律规定。《哈红BOT公路回购协议》中虽没有列出回购、改造资金的具体数额，但根据永拓会计师事务所2011年3月28日向通四公司出具的《专项审计报告》、申请回购资金过程中双方的多次协商及阿城区政府向上级政府及相关部门的资金请示等，能够确定回购资金的数额，且回购协议约定不明系阿城区政府的过错。(2)一审法院责令阿城区政府在判决生效之日起3个月内对通四公司作出补偿决定的判项，不仅违反了《最高人民法院关于充分发挥审判职能作用为企业家创新营造良好法治环境的通知》第3条的规定，同时与通四公司的诉讼请求不符。(3)一审法院对通四公司的基本诉求都没有查清，在这种情况下作出保护政府的判项，对黑龙江省的投资营商环境造成极大的负面影响。综上，请求撤销一审判决，改判阿城区政府给付其回购补偿款并赔偿其损失合计1,018,852,668.49元。

阿城区政府答辩称，被诉的《哈红BOT公路回购协议》系民事协议而非行政协议，本案不属于行政诉讼的受案范围。回购金额的确定不属于行政首次判断权行使范围，阿城区政府向上级政府呈请的资金数额不能作为认定回购金额的依据。通四公司要求给付的赔偿金额并非直接损失，该诉求没有法律依据。综上，通四公司的上诉请求和理由不成立，请求予以驳回。

阿城区政府上诉称，一审法院认定事实不清，混淆转让合同与行政征收的法律关系，错误适用行政诉讼法相关规定。理由如下：(1)一审法院认定事实不清。根据《哈红BOT公路回购协议》的约定、《国务院办公厅关于转发发展改革委、交通运输部、财政部逐步有序取消政府还贷二级公路收费实施方案的通知》及哈尔滨市交通局、财政局的相关函复，阿城区政府是《哈红BOT公路回购协议》的签约主体，但不是给付回购补偿款的责任主体。《哈红BOT公路回购协议》是通四公司与阿城区政府平等民事主体之间签订的BOT公路转让合同，并非行政机关与相对人之间的行政征收合同。(2)一审判决适用法律错误。一审法院依据《行政诉讼法》第72条的规定，作出责令阿城区政府对收回公路补偿问题作出处理决定的判决不符合行政首次判断权原则，适用法律错误。一审法院并未对《哈红BOT公路回购协议》的效力作出否定判决，双方应继续履行该协议。综上，请求撤销一审判决第一项，改判双方继续履行回购协议；维持一审判决第二项。

通四公司答辩称，除对阿城区政府认为一审判决适用行政首次判断权原则错误这一观点予以认可外，对阿城区政府其他上诉请求及理由不予认可。本案属于行政诉讼受案范围，并非民事纠纷，阿城区政府是给付通四公司回购款的行政责任主体。阿城区政府回购案涉公路，是国家政策所致，并非因通四公司经营不善，阿城区政府称该公路自建成起就存在质量问题亦不属实。综上，阿城区政府的上诉请求和理由不成立，请求予以驳回。

二审意见

黑龙江高院认为，根据《行政诉讼法》第12条第1款第11项的规定，公民、法人或者其他组织认为行政机关不依法履行、未按照约定履行或者违法变更、解除政府特许经营协议、土地房屋征收补偿协议等协议的，人民法院作为行政诉讼案件受理。本案中，阿城区政府通过与通四公司签订《哈尔滨至红星乡公路工程建设项目BOT合同文件》，将哈红公路的专有权（包括工程修建和商业运营）授予通四公司，系典型的政府特许经营协议。而双方于2012年6月28日签订的《哈红BOT公路回购协议》，主要内容是解除《哈尔滨至红星乡公路工程建设项目BOT合同文件》，阿城区政府收回哈红公路及公路的经营管理权，并向通四公司支付回购资金（补偿）。因回购资金一直未能解决，通四公司以阿城区政府未按约定履行《哈红BOT公路回购协议》为由提起本案诉讼，要求给付公路回购资金及迟延给付的利息和造成的损失，人民法院作为行政案件予以受理符合《行政诉讼法》第12条第1款第11项的规定。阿城区政府认为《哈红BOT公路回购协议》系民事协议而非行政协议，本案不属于行政诉讼的受案范围的上诉主张不能成立，不予支持。

《最高人民法院关于适用〈中华人民共和国行政诉讼法〉若干问题的解释》[①]第91条规定，原告请求被告履行法定职责的理由成立，被告违法拒绝履行或者无正当理由逾期不予答复的，人民法院可以根据《行政诉讼法》第72条的规定，判决被告在一定期限内依法履行原告请求的法定职责；尚需被告调查或者裁量的，应当判决被告针对原告的请求重新作出处理。本案中，《哈红BOT公路回购协议》系阿城区政府与通四公司的真实意思表示，且不违反法律法规的强制性规定，亦不损害国家利益、公共利益和他人合法权益，具有法律效力，双方应遵守和履行协议约定的义务。在通四公司已按照该协议的约定及阿城区政府《关于停止哈红公路收费的函》的要求将哈红公路相关权利转让给阿城区政府的情况

① 现已失效。

下，阿城区政府应及时履行给付公路回购资金（补偿）的义务。但因该协议仅约定双方共同向上级争取回购资金，资金到位后及时拨付给通四公司，属于对回购资金金额及给付期限约定不明确，且无充分证据证实双方就回购金额及给付时间达成补充协议，属于“尚需被告调查或者裁量的”的情形，故一审判决阿城区政府在一定期限内对收回通四公司经营哈红公路补偿问题作出处理决定并无不当。

通四公司主张，根据审计报告、阿城区政府的资金请示报告及双方的多次协商等能够确定回购资金金额。黑龙江高院认为，双方通过协议方式约定路权回购相关事宜，协议中的权利义务均是双方合意的体现，而审计报告和资金请示本身不具有协议的合意性，从《哈红 BOT 公路回购协议》中“甲方将该路的审计结论向上级呈报，甲乙双方共同向上级争取回购及改造资金”“双方向上级争取到的该路回购改造资金，无论多少均作为甲方的回购款”等约定来看，审计结论仅是作为申请回购资金的依据，上级部门具体能批准拨付多少资金、哈红公路尚需多少改造资金，均属不确定因素，而通四公司所称的多次协商亦无书面证据予以证实，故恒通公司的该项上诉主张不能成立，不予支持。

阿城区政府主张，回购资金需要向上级申请，阿城区政府不是给付回购资金的责任主体。黑龙江高院认为，与通四公司签订《哈尔滨至红星乡公路工程建设项目 BOT 合同文件》《哈红 BOT 公路回购协议》的行政主体均为阿城区政府，虽然回购协议中约定回购资金向上级争取，但并非是约定由上级机关履行给付回购资金的义务，回购资金的来源并不影响阿城区政府作为合同相对方应承担给付回购资金的义务。故对阿城区政府的该项上诉主张不能成立，不予支持。

二审结果

2019 年 3 月 26 日，黑龙江高院作出行政判决：驳回上诉，维持原判。

案例评析

1. 关于被告是不是给付原告回购款的义务主体问题

由于哈红公路运营连年亏损，通四公司与阿城区政府于 2012 年 6 月 28 日签订《哈红 BOT 公路回购协议》，协议解除了 BOT 合同文件并约定了回购补偿问题，其主要内容：“1. 阿城区政府回购通四公司经营的哈红 BOT 公路，双方解除 2003 年 5 月 2 日签订的《哈尔滨至红星乡工程建设项目 BOT 合同文件》及相关补充协议;2. 自办理移交手续之日起,通四公司对该路的经营、管理、收费等权利终止;3. 阿城区政府将该路的审计结论向上级呈报,双方共同向上级争取回购及改造资金;4. 双方向上级争取到的回购改造资金,无论多少均作为阿城区政府的回购款,到位后及时拨付给通四公司(15 日之内),阿城区政府不再另行给付通四公司回购款上级对该路回购、改造补贴资金到位后的支付顺序为遣散员工银行贷款本息、欠缴税金、公路维修改造(如公路维修改造资金不足,双方各承担 50%)。”该回购协议是阿城区政府与通四公司的真实意思表示,不违反法律法规的强制性规定,亦不损害国家利益和公共利益,双方均应遵守和履行协议的约定。在通四公司已按照该协议的约定将哈红公路相关权利转让给阿城区政府的情况下,阿城区政府应及时履行给付公路回购资金(补偿)的义务。因此,被告是支付原告回购款的义务主体。

2. 关于本案是否属于行政诉讼的受案范围问题

本案中,阿城区政府通过与通四公司签订《哈尔滨至红星乡公路工程建设项目 BOT 合同文件》,将哈红公路的专有权授予通四公司,系典型的政府特许经营协议。阿城区政府、通四公司于 2012 年 6 月 28 日签订的《哈红 BOT 公路回购协议》,主要内容是解除《哈尔滨至红星乡公路工程建设项目 BOT 合同文件》,阿城区政府收回哈红公路及公路的经营管理权,并向通四公司支付回购资金(补偿)。因回购资金一直未能解决,通四公司以阿城区政府未按约定履行《哈红 BOT 公路回购协议》为由提起本案诉讼,要求给付公路回购资金及迟延给付的利息和造成的损失,人民法院作为行政案件予以受理,符合《行政诉讼法》第 12 条第 1 款第 11 项的规定。

3. 关于原告诉请补偿款、利息及损失有无依据问题

根据《哈红 BOT 公路回购协议》等证据,可以认定审计结论仅是作为申请回购资金的依据,上级部门具体能批准拨付多少资金、哈红公路尚需多少改造资金,均属不确定因素。审计报告和资金请示本身不具有协议的合意性。因回购协议对于回购资金数额及给付期限约定不明确,法院无法直接依据协议约定判决阿城区政府履行一般金钱给付义务,而有赖于行政机关先进行裁量。

4. 关于回购资金金额及给付期限约定是否明确问题

本案中,回购协议约定“甲方将该路的审计结论向上级呈报,甲乙双方共同向上级争取回购及改造资金”,直接指向的是上级机关首先需要对实际给付数

额作出裁量，也即补偿金额的确定在于上级政府决定而非审计机构的审计结论，导致法院无法直接以一般金钱给付义务作出判决。

关于一般给付之诉与行政首次判断权。中南大学黄先雄教授认为"行政首次判断权理论是指法院在司法审查的过程中，应尊重行政机关对行政事务作出优先判断及处理的权力；对行政机关职权范围内的事项，法院一般只能在行政机关进行首次判断之后，才能进行审判"。最高人民法院在（2017）最高法行申317号裁定书中也曾作出明确解释："根据《最高人民法院关于适用〈中华人民共和国行政诉讼法〉若干问题的解释》第二条第一款第五项的规定，当事人可以请求判决行政机关予以赔偿或者补偿。但是，提起请求金钱补偿的一般给付之诉，必须是请求金额或者补偿标准已获明确，如果行政机关在作出实际给付之前尚有优先判断或者裁量余地，则不能直接起诉，而是应与行政机关先行协商解决。作出这种要求，系基于行政首次判断权原则，即对于行政机关职权范围内未予判断处理的事项，应待行政机关先行处理后，法院再对其是否合法以及明显不当进行审查。如果司法机关过早介入，就会有代替或者干预行政权行使的嫌疑"。原告要求被告支付经审计的提前解除补偿金的诉讼请求，之所以没有得到法院的支持，关键在于回购协议在补偿数额的确定上为行政首次判断权保留了空间。

案例95　污水处理项目特许经营权质押效力、范围及实现

相关问题

1. 案涉《特许经营权质押担保协议》是否具有效力；
2. 本案的污水处理收益权是否可以拍卖、变卖；
3. 原告相关律师费的请求应否支持。

典型意义

本案涉及污水处理项目特许经营权质押担保协议的效力、范围问题，收益权能否通过对污水处理厂不动产设施拍卖、变卖实现，以及拍卖、变卖中的优先受偿权行使问题。二审判决认为，市政公司对不动产设施的使用和有关权利的行使都是基于污水处理项目运营之需要，该公司对这些设备、权利并不拥有处分权，其无权将这些设备或权利用于质押担保，因此，本案讼争《特许经营权质押担保协议》项下的质物应该主要指特许经营权中的污水处理收益权。参照相关司法解释规定，污水处理收益权属于依法可以质押的权利，质押担保并不违反法律规定，质押已具备公示要件，质押权利成立并生效。不论是从维护社会公共利益角度考虑，还是从公平、公正角度考虑，本案的污水处理收益权都不宜通过拍卖、变卖的方式予以处置。本案争议问题及处理，具有指导性。

基本案情

上诉人（一审原告）：某银行股份有限公司F市五一支行
上诉人（一审被告）：长亚公司

被上诉人(一审被告):F 市政工程有限公司

2003 年,L 市建设局为让与方、F 市政工程有限公司(以下简称市政公司)为受让方、L 市财政局为见证方,三方签订《L 市城区污水处理厂特许建设经营合同》,合同约定:L 市建设局授予市政公司负责投资、建设、运营和维护 L 市城区污水处理厂项目及其附属设施的特许权;项目的建设及试运行期为 2003 年 1 月 1 日至 2005 年 4 月 30 日;项目的运营期(运营、维护项目的年限)从 2005 年 5 月 1 日至 2030 年 4 月 30 日;市政公司可将本合同授予的特许经营权作为本项目的融资抵押或担保,但不得转让他方;市政公司不得将建成后本项目的固定资产作为融资抵押和担保;市政公司全权负责项目的运营和维护,可由其组建的项目公司,也可由其委托专业的运营公司负责本项目的运营和维护;市政公司的收益来源于 L 市建设局支付的污水处理费;合同到期后,市政公司应将项目全部资产完好地、无偿地按时移交给 L 市建设局。合同还就项目特许权、双方的责任、项目建设标准、项目设计和建设、项目的融资、项目运营和维护、项目的计量计费及调价、项目的移交等其他的有关重要事项作出约定。

2004 年 10 月 22 日,长亚公司成立。其系市政公司为履行《L 市城区污水处理厂特许建设经营合同》而设立的项目公司。市政公司持有长亚公司 99.23% 的股份。

2005 年 3 月 24 日,某银行股份有限公司 F 市五一支行(以下简称五一支行)与长亚公司签订《单位借款合同》,合同约定:长亚公司向五一支行借款 3000 万元;借款用途为 L 市城区污水处理厂 BOT 项目;借款期限为 13 年,自 2005 年 3 月 25 日至 2018 年 3 月 25 日;合同项下的借款按月结息,结息日为每月的第 20 日,还息日为结息日的次日,长亚公司应在还息日支付到期利息;按分期还本方式偿还借款本金(共分 12 期);长亚公司未履行本合同的,应承担由此引起的五一支行为实现债权(含担保债权)的费用(包括但不限于诉讼费、财产保全费、律师费、差旅费、执行费、评估费、拍卖费等);长亚公司违约的,五一支行有权停止发放未发放的借款,视为所有已发放的借款提前到期,要求长亚公司立即偿还本合同项下所有借款本金和利息;对长亚公司未按合同约定的期限清偿借款本金(包括提前到期的借款本金)的,就其到期应付而未付借款本金自逾期之日(含当日)起按合同借款利率上浮 30%(称为“逾期罚息利率”)以按月结息的方式计收利息;对于长亚公司未按合同约定的期限清偿借款利息的,就其到期应付而未付借款利息自逾期之日(含当日)起按逾期罚息利率按月结息的方式计收复利。

2005年3月24日,五一支行还与市政公司签订了《保证合同》,市政公司为长亚公司的上述借款承担连带责任保证,合同约定保证担保的范围为主合同项下债务人的债务本金、利息(含复利)、违约金、损害赔偿金以及实现债权(含担保债权)的费用(包括但不限于诉讼费、财产保全费、律师费、差旅费、执行费、评估费、拍卖费等)。

五一支行与长亚公司、市政公司、L市建设局亦于同日共同签订《特许经营权质押担保协议》,协议约定:市政公司以《L市城区污水处理厂特许建设经营协议》授予的特许经营权为长亚公司向五一支行的借款提供质押担保,L市建设局同意该担保;市政公司同意将特许经营权收益优先用于清偿借款合同项下的长亚公司的债务,L市建设局和市政公司同意将污水处理费优先用于清偿借款合同项下的长亚公司的债务;为加强对项目资金和收益的监控,长亚公司同意在五一支行设立融资控制账户;项目资金和支出和收入必须通过融资控制账户结算,五一支行有权对项目资金的支出进行审查和监控;特许协议项下由L市建设局支付给市政公司的污水处理服务费以及市政公司从L市建设局获得的其他款项均由L市建设局直接划入融资控制账户;未经五一支行和L市建设局一致书面同意,前述污水处理服务费等款项不得划入其他账户,若L市建设局违反上述约定应承担赔偿责任;五一支行未受清偿的,有权依法通过拍卖等方式处分质押权利等;五一支行处分质押权利时,同意与其他方友好协商,在同等条件下优先考虑将质押权利转让给L市建设局推荐的第三人;L市建设局同意为五一支行和市政公司办理质押权利出质登记手续,质押权利担保的债务得以清偿后,五一支行和市政公司应及时到L市建设局办理出质登记注销手续。

上述合同签订后,五一支行于2005年3月25日向长亚公司发放贷款2500万元,于同月30日发放200万元,于同年4月28日发放300万元,共计发放3000万元。长亚公司于2007年10月21日起未依约按期足额还本付息,五一支行曾多次向长亚公司、市政公司催收借款本金及利息。截至2012年8月21日,长亚公司尚欠五一支行借款本金28,714,764.43元以及利息(包括借款利息、逾期罚息和复利)2,142,597.6元,其中逾期贷款本金为8,618,098.43元。

五一支行起诉长亚公司、市政公司(案由为借款合同纠纷),请求:(1)判令被告长亚公司偿还五一支行借款本金28,714,764.43元以及利息2,142,597.6元,上述利息(包含借款期限内利息、逾期罚息、复利)暂计至2012年8月21日,此后利息按《单位借款合同》之约定计收至借款还清之日止;(2)判令被告长亚公司偿还五一支行为实现债权而支付的律师代理费123,640元;(3)确认五一支行与两被告以及L市建设局签订的《特许经营权质押担保协议》合法有效,判令拍卖、变卖《特许经营权质押担保协议》项下的质物,同时五一支行有权以上述质物变现所得优先受偿;(4)判令将L市建设局支付给两被告的污水处理服务费优先用于清偿应偿还五一支行的所有款项;(5)判令被告市政公司对被告长亚公司应偿还五一支行的所有款项承担连带清偿责任;(6)判令上述两被告承担本案诉讼费用。

五一支行主要诉讼意见:自2007年10月21日起,长亚公司未按约还本付息,五一支行多次催促其归还逾期贷款,两被告对五一支行历次催款函中所载其所欠贷款本金和利息金额均予以承认,也明确愿意承担相应的违约金、损害赔偿金及五一支行实现债权的有关费用,但至今长亚公司未能归还逾期贷款本金和利息,市政公司也未依约履行担保义务。

长亚公司主要诉讼意见:(1)本案诉讼的起因系L市建设局延误两年半之久才开始向答辩人支付污水处理费,造成答辩人包括偿还银行贷款本息等各项直接经济损失达2000多万元。(2)本案借款合同约定的借款期限至2018年3月25日,现尚未到期,答辩人已连续多年还贷,且尚有提升和持续还贷能力,五一支行提前收贷,将对政府工程项目正常运营产生不良影响。

市政公司主要诉讼意见:市政公司与长亚公司答辩意见一致,此外,L市城区污水处理厂特许经营权,并非法定的可以质押的权利,且该特许经营权并未办理质押登记,故五一支行诉请拍卖、变卖L市城区污水处理厂特许经营权,于法无据。

一审意见

本案争议焦点:(1)长亚公司和市政公司所应承担的责任;(2)L市城区污水处理厂特许经营权能否质押;(3)质权如何实现。

一、关于长亚公司和市政公司所应承担的责任问题

一审法院认为,讼争《单位借款合同》《保证合同》,系当事人真实的意思表示,未违反法律、行政法规的强制性规定,合法有效。五一支行依约向长亚公司

发放贷款3000万元,长亚公司自2007年10月21日起未依约按期偿还借款本金及利息,已构成违约。在长亚公司违约情况下,根据《单位借款合同》第11条第2款的约定,五一支行有权要求长亚公司提前偿还其借款本金28,714,764.43元及利息(包含借款期限内利息、逾期罚息和复利,截至2012年8月21日的利息为2,142,597.6元,此后利息按《单位借款合同》约定计付)。五一支行为提起本案诉讼支出律师代理费123,640元,并未超过律师收费标准,属五一支行实现债权的合理费用,依照《单位借款合同》第9条第14款的约定,长亚公司应向五一支行支付该费用。市政公司自愿为上述债务提供连带责任保证,故应对上述借款本金、利息及实现债权的费用承担连带清偿责任。

二、L市城区污水处理厂特许经营权质押问题

一审法院认为,特许经营权是对污水处理厂进行运营和维护,并获得的收益的权利。污水处理厂的运营和维护,属于经营权人的义务;而污水处理厂的收益权,则属于经营权人所享有的权利。由于对污水处理厂的运营和维护,并不属于可转让的权利,因此讼争的特许经营权的出质,实质上系指收益权的出质。

对于污水处理的收益权,我国法律并未将其列为独立的财产权利,但《物权法》①第223条第1款第6项规定了"应收账款"属于可出质的权利。中国人民银行《应收账款质押登记办法》②第4条亦规定,"本办法所称的应收账款是指权利人因提供一定的货物、服务或设施而获得的要求义务人付款的权利,包括现有的和未来的金钱债权及其产生的收益,但不包括因票据或其他有价证券而产生的付款请求权。本办法所称的应收账款包括下列权利:(一)销售产生的债权,包括销售货物,供应水、电、气、暖,知识产权的许可使用等;(二)出租产生的债权,包括出租动产或不动产;(三)提供服务产生的债权;(四)公路、桥梁、隧道、渡口等不动产收费权;(五)提供贷款或其他信用产生的债权"。由于污水处理的收益权系基于提供污水处理服务而产生的债权,故属于应收账款。但本案讼争的污水处理厂特许经营权质押担保协议签订于2005年,当时《物权法》尚未颁布,因此应适用当时法律之规定,即应适用《担保法》关于权利质押之规定。

《担保法》③第75条规定,"下列权利可以质押:(一)汇票、支票、本票、债券、

---

① 现已失效。
② 现已失效。
③ 现已失效。

存款单、仓单、提单;(二)依法可以转让的股份、股票;(三)依法可以转让的商标专用权,专利权、著作权中的财产权;(四)依法可以质押的其他权利”。《最高人民法院关于适用〈中华人民共和国担保法〉若干问题的解释》①第97条规定,“以公路桥梁、公路隧道或者公路渡口等不动产收益权出质的,按照担保法第七十五条第(四)项的规定处理”。上述规定并未涉及污水处理厂等环保设施的收益权质押问题。但污水处理厂的收益权与公路收益权同属于债权,且两者性质上相类似,公路收益权属于依法可质押的其他权利,则污水处理收益权亦应允许出质。并且,2001年9月29日,国务院办公厅转发《国务院西部开发办〈关于西部大开放若干政策措施的实施意见〉的通知》(国办发〔2001〕73号)第五部分“加大金融信贷支持”第13项关于“对具有一定还贷能力的水利开发项目和城市环保项目(如城市污水处理和垃圾处理等),探索逐步开办以项目收益权或收费权为质押发放贷款的业务”的规定,首次明确可试行将污水处理项目的收益权进行质押。因此,在《物权法》实施之前,本案讼争特许经营的收益权亦属于可出质的权利。

污水处理的收益权,性质上属于债权,对于债权质押,系以特定债权担保其他债权,故出质的债权应具备确定性的特征。若出质的债权不确定,以其质押贷款,则出质的债权因不确定而具有无法实现的风险,从而影响其担保功能的发挥,极易引发金融信贷风险;出质人若可将其不特定债权进行质押,出质人的其他债权人对出质人的履行债务的能力将难以预见,亦将损害出质人的其他债权人的利益。因此,可作为出质标的物的债权应当是确定的债权。而债权除已确定产生之现有债权外,还包括将来债权。对于将来债权,因存在基础关系而确定其将来会产生。并且,债权不限于单一之债权,还包括在一定期间内连续产生之集合债权。污水处理项目的收益权,经营权人系基于提供污水处理项目的经营服务而持续产生向付款义务方请求支付污水处理服务费的权利,故该债权属于集合性的将来债权。该收益权因存在特许经营的基础关系,而在一定期限内所产生,且债权金额亦可根据污水处理服务费的价格、提供服务的范围和对象等因素而得以预见,故从其产生原因、期间、债权金额三方面可判断其具备债权的确定性的特征,可成为质押标的物。本案讼争的特许经营收益权系因提供L市城

① 现已失效。

区的污水处理服务而产生,其运营期至2030年4月30日,且收益金额亦可预期,故其属于确定之债权,可作为担保其他债权的质权标的物。

此外,将污水处理项目收益权出质,还应当具备担保物权成立的形式要件,即出质人和质权人应通过订立书面合同的方式达成设立质权的意思表示,并对质权进行公示。我国《物权法》第228条第1款规定:“以应收账款出质的,当事人应当订立书面合同。质权自信贷征信机构办理出质登记时设立。”为此,应收账款质权的设立,双方应订立书面合同,并应在中国人民银行征信中心的应收账款质押登记公示系统进行出质登记,质权才依法成立。《物权法》于2007年10月1日开始施行,由于公路收益权、污水处理收益权等收益权均属《物权法》规定的应收账款,故其于2007年10月1日之后出质的,均应依法在征信中心的应收账款质押登记公示系统上予以登记公示。但在《物权法》施行前,对于污水处理项目收益权质押,并未有统一的登记公示的规定,故参照当时公路收费权质押登记的规定,由其主管部门进行备案登记,有关利害关系人可通过其主管部门了解该收益权是否存在质押之情况,该权利即具备物权公示的效果。

本案中,出质人市政公司已与质权人达成书面协议,对于污水处理特许经营收益权的质押公示问题,由于该质押担保协议签订于2005年,在《物权法》施行之前,故不适用《物权法》关于应收账款的统一登记制度。讼争的质权在主管部门登记备案,质权即依法成立并生效。本案讼争的L市城区污水处理项目的主管部门系特许权的转让方L市建设局,由于L市建设局在《特许经营权质押担保协议》上盖章,且协议第7条明确约定“L市建设局同意为五一支行和市政公司办理质押登记出质登记手续”,故可认定讼争污水处理项目的主管部门已知晓并认可该权利质押情况,有关利害关系人亦可通过L市建设局查询了解讼争污水处理厂的有关权利质押的情况。因此,本案讼争的权利质押已具备公示之要件,L市城区污水处理厂特许经营收益权的权利质权已成立并生效。

三、污水处理厂特许经营收益权质权的实现问题

一审法院认为,长亚公司未偿还借款,五一支行依法有权行使质权。我国《担保法》和《物权法》均未具体规定权利质权的具体实现方法,仅就质权的实现作一般性的规定,即《担保法》第71条第2款规定,“债务履行期届满质权人未受清偿的,可以与出质人协议以质物折价,也可以依法拍卖、变卖质物”,以及《物权法》第219条第2款规定,“债务人不履行到期债务或者发生当事人约定

的实现质权的情形,质权人可以与出质人协议以质押财产折价,也可以就拍卖、变卖质押财产所得的价款优先受偿”。根据上述规定,质权人在行使质权时,可通过协商将质押财产折价或拍卖、变卖质押财产方式取得相应价款的优先受偿权。由于可质押的财产(包括动产和权利)通常并非直接体现为金钱价款,需通过转让的方式才可获得对价款,故我国法律规定了变价受偿的质权实现的一般方法。但收益权属于将来获得的金钱债权,其可通过直接向第三债务人收取金钱的方式实现质权,故无须采取折价或拍卖、变卖之方式。并且,收益权均附有一定之负担,其经营主体的特定性,以及经营过程中经营主体所应承担之义务,均非可转让的财产权利,依其性质均非可以折价或拍卖、变卖的对象。本案L市城区污水处理厂特许经营权的经营主体为市政公司及其成立的项目公司长亚公司,由于市政公司及长亚公司投资建设污水处理厂,其在经营期间对相关不动产、设备享有所有权,其亦雇用人员具体负责污水处理厂的运营管理,故在实现质权时,该收益权依其性质不能采取拍卖、变卖的方式予以处置。因此,五一支行请求将《特许经营权质押担保协议》项下的质物予以拍卖、变卖并行使优先受偿权,不予支持。

根据《特许经营权质押担保协议》第3条第2款关于“根据特许协议的有关规定,为确保项目运营期届满前长亚公司能够清偿借款合同项下的债务,L市建设局和市政公司同意将特许协议项下L市建设局支付给市政公司的污水处理服务费优先清偿借款合同项下的债务”的约定,五一支行有权直接向L市建设局收取污水处理服务费,并对所收取的污水处理服务费行使优先受偿权。由于被告仍应依约对污水处理厂进行正常运营和维护,若无法正常运营,则将影响到L市城区污水的处理,亦将影响五一支行对污水处理费的收取,故五一支行在向L市建设局收取污水处理服务费时,应当合理行使权利,向被告预留经营污水处理厂的必要合理之费用。至于市政公司和长亚公司已收取的污水处理服务费,已无法特定,故其已转化为市政公司和长亚公司的一般财产,五一支行已不具备对被告已收取部分污水处理服务费行使优先受偿权之条件。

一审结果

2013年5月16日,一审法院作出民事判决:一、被告长亚公司应于本判决生效之日起10日内向原告五一支行偿还借款本金28,714,764.43元及利息(包括借款期限内的利息、逾期罚息、复利,暂计至2012年8月21日为2,142,597.6元,此后利息按300030002005001号《单位借款合同》的约定计至借款本息还清之日止)；二、被告长亚公司应于本判决生效之日起10日内向原告五一支行支付律师代理费123,640元；三、原告五一支行于本判决生效之日起有权直接向L市建设局收取应由L市建设局支付给被告长亚公司、市政公司的污水处理服务费，并对该污水处理服务费就本判决第一项、第二项所确定的债务行使优先受偿权；四、被告市政公司对本判决第一项、第二项确定的债务承担连带清偿责任；五、驳回原告五一支行的其他诉讼请求。

五一支行、长亚公司均不服一审判决，向福建省高级人民法院(以下简称福建高院)提出上诉。

上诉意见

五一支行上诉称，(1)原判决将《特许经营权质押担保协议》项下质物"污水处理经营权"的内涵界定为"污水处理费收益权"，这项判断没有明文法律规定支持。(2)原判决首先确认五一支行享有质权，但是未支持五一支行拍卖、变卖质物的请求，与现行担保法规定不符。请求：(1)撤销一审判决第五项；(2)改判：确认五一支行与长亚公司、市政公司以及L市建设局签订的《特许经营权质押担保协议》合法有效，判令拍卖、变卖《特许经营权质押担保协议》项下的质物，同时五一支行有权以上述质物变现所得优先受偿；(3)本案诉讼费用由长亚公司、市政公司承担。

长亚公司答辩称，一审法院对本案质物"污水处理经营权"所作的学理解释是符合法律规定也是符合情理的。但客观地说，本案污水处理特许经营权的质押存在瑕疵。首先，污水处理特许经营权的质押确实没有明文的法律规定；其次，特许经营权的质押按法律规定应进行登记、备案并公示，而本案特许经营权的质押并没有履行上述手续。污水处理厂目前经营状况良好，偿债能力逐年提高，一审判决五一支行从L市建设局支付给长亚公司的污水处理费中优先受偿完全可以保证其债权的实现。而且诉讼过程中，F市政府曾组织讼争各方进行协商并形成和解精神，即本案纠纷不宜通过诉讼方式解决，宜和解解决，要求五一支行给予长亚公司2年的还贷宽限期。对此，五一支行是清楚的。本案如果支持五一支行的诉讼请求，判决长亚公司立即提前全部还贷，将造成严重的社会影响。因此，一审法院判决驳回五一支行关于拍卖、变卖污水处理特许经营权是正确的。

长亚公司上诉称,(1)本案诉讼的前因是L市建设局延误两年半之久才向长亚公司支付污水处理费,造成长亚公司未能按期还贷,一审未依职权追加L市建设局为诉讼参与人,不利于本案的调解或和解解决。(2)F市人民政府就本案诉讼问题召集各方协调,会议达成五一支行再给予2年还贷宽限期的和解精神,一审判决长亚公司立即提前全部还贷,与会议各方达成一致的和解精神不符。(3)一审未依申请向长亚公司和市政公司的法人代表调查核实本案的主要证据,影响本案事实的认定。(4)五一支行支付的律师费123,640元,不是法定或合同约定的其实现债权的金额费用,显属不必要、不合理的高额费用,长亚公司和市政公司对此不予认可,该费用应由五一支行自行承担。请求依法撤销一审判决第一、二、三、四项,改判驳回五一支行的诉讼请求,本案诉讼费用由五一支行承担。

五一支行答辩称,(1)L市建设局并非讼争合同的相对方,本案的判决结果与L市建设局也没有法律上的利害关系,因此,L市建设局无须作为本案的诉讼参与人,一审法院未追加其作为本案当事人程序并无违法。(2)F市政府召集各方开协调会,与会各方并未达成和解,协调过程中形成的会议纪要对各方均无约束力,五一支行并没有承诺要给予长亚公司2年的还贷宽限期。而且,诉讼过程中,F市政府针对本案双方的纠纷又有了新的意见,即由F市水务集团受让污水处理特许经营权,这样既可以保障污水处理不中断,也能够保证五一支行债权的实现,由此可见,协调会精神及会议纪要内容是不断变化的,五一支行要求长亚公司提前还贷及拍卖、变卖质物的诉请和F市人民政府对本案的协调精神并不违背。(3)长亚公司拖欠借款本金和利息的违约行为始于2007年,根据《单位借款合同》第11条第1款和第2款约定,若长亚公司在合同履行期间存在未按合同约定的期限清偿借款本金或利息,五一支行有权视为所有已发放的借款提前到期,并要求长亚公司立即偿还合同项下的所有借款本金和利息,行使担保权利。长亚公司清偿全部借款本息后,双方债权债务结清,合同自然终止。(4)五一支行有权要求拍卖、变卖《特许经营权质押担保协议》项下的质物,并以拍卖、变卖质物所得价款优先受偿。首先,本案中的"污水处理经营权"具备作为质押物的基本特征,即财产性和可让与性。其次,本案中污水处理经营权出质,具备了担保物权成立的形式要件,即出质人和质权人订立了书面合同,并对质权进行了公示。因此,该质证已成立并生效,五一支行依法有权通过拍卖、变卖方式行使质权。(5)五一支行为本案诉讼支出律师代理费123,640元是有合同明确约定支付的,具体金额计算合理,不存在过高情形,长亚公司应依约向五一支行支付该费用。

市政公司的答辩意见与长亚公司的答辩意见基本一致,认为根据F市人民政府的协调会精神,本案不宜通过诉讼方式解决,希望各方能够和解解决本案纠纷。

二审意见

本案二审争议焦点:(1)本案是否应追加L市建设局作为本案的当事人;(2)《特许经营权质押担保协议》的效力;(3)五一支行是否有权要求拍卖、变卖《特许经营权质押担保协议》项下的质物,并从质物变现所得中优先受偿;(4)长亚公司是否应当负担五一支行为本案支出的律师代理费。福建高院对争议焦点分析、认定如下:

一、关于本案是否应追加L市建设局作为本案当事人的问题

本案系五一支行与长亚公司、市政公司在履行《单位借款合同》《保证合同》《特许经营权质押担保协议》过程中,因长亚公司未能按期偿还贷款本息引发的借款合同纠纷。贷款人五一支行、借款人长亚公司、担保人市政公司是讼争借款担保法律关系的三方主体。L市建设局在本案中仅是污水处理特许经营权的让与人,并非讼争法律关系的一方当事人。长亚公司主张本案纠纷的起因是L市建设局拖延支付污水处理费,导致其未能及时偿付贷款本息,是该公司与L市建设局之间的法律关系。长亚公司以此要求追加L市建设局参加本案诉讼,缺乏法律依据,不予支持。

二、关于《特许经营权质押担保协议》的效力问题

本案《特许经营权质押担保协议》项下市政公司提供的质押权利是L市建设局授予该公司的污水处理特许经营权。根据L市建设局和市政公司签订的《L市城区污水处理厂特许建设经营合同》的约定,该污水处理特许经营权包括对污水处理厂进行投资、建设、运营、维护,并获得收益的权利。而从《特许经营权质押担保协议》第2条"为确保项目运营期届满前乙方(长亚公司)能够清偿借款合同项下的债务,丁方(L市建设局)和丙方(市政公司)同意将特许协议项下丁方(L市建设局)支付给丙方(市政公司)的污水处理服务费优先用于清偿借款合同项下的乙方(长亚公司)债务"的约定,可以进一步明确,市政公司为长

亚公司借款提供质押担保的主要是该特许经营权中的污水处理收益权。尽管五一支行主张用于质押的特许经营权不应仅指污水处理收益权,还应当包括对污水处理厂所有设施,包括建、构筑物、设备、工具、车辆以及其他设施,还有特许经营期内可能形成的知识产权的所有权和使用权,但根据L市建设局和市政公司《特许建设经营合同》的约定,这些不动产、设施、设备在特许经营权期限内是不得转让的,并且特许经营权期限届满,有关不动产以及权利均要移交给出让方。由此可见,市政公司对这些不动产设施的使用和有关权利的行使都是基于污水处理项目运营之需要,该公司对这些设备、权利并不拥有处分权,其无权将这些设备或权利用于质押担保,因此,本案讼争《特许经营权质押担保协议》项下的质物应该主要指特许经营权中的污水处理收益权。

尽管《担保法》未明确规定污水处理收益权可以作为质押的权利,但最高人民法院在《关于适用〈中华人民共和国担保法〉若干问题的解释》中对公路桥梁、隧道、渡口等不动产收益权的质押有作相关规定,根据上述司法解释第97条的规定,前述公路桥梁、隧道、渡口等不动产收益权属于《担保法》第75条第4项规定的依法可以质押的其他权利。本案中,市政公司享有的污水处理收益权,与前述的公路桥梁、隧道、渡口的不动产收益权性质相类似,都是政府授予企业在一定时间和范围内基于对特定项目的投资、建设、运营、维护而享有的获取收益的权利,因此,参照该司法解释的规定,污水处理收益权属于依法可以质押的权利。市政公司将其享有的污水处理收益权作为长亚公司借款的质押担保,并不违反法律规定。

根据《担保法》的规定,质押权的设定除质物应符合法律规定,出质人与质权人应当签订书面合同之外,还必须进行必要的公示。有些权利质押合同的生效以权利凭证的交付为要件,有些则必须到有关部门办理出质登记。尽管《担保法》对污水处理收益权质押权的取得要件并未作出明确规定,但各方当事人在《特许经营权质押担保协议》第7条中约定,由L市建设局为质权人五一支行和出质人市政公司办理出质登记手续。考虑到L市建设局不仅是污水处理特许经营权的出让方,也是L市城区污水处理项目的主管部门,而法律并未对该权利出质登记的具体形式作出特别规定,一审法院参照公路收费权质押登记的规定,将污水处理项目的主管部门L市建设局作为该污水处理收益权的质押登记部门,以L市建设局在《特许经营权质押担保协议》上盖章,同意为五一支行和市政公司办理质押权利出质登记手续，有关利害关系人可通过L市建设局查询了解讼争污水处理厂有关权利质押情况为由，认定该污水处理收益权的质押已具备公示之要件，质押权利成立并生效，并无不当，予以维持。

三、关于五一支行是否有权要求拍卖、变卖《特许经营权质押担保协议》项下的质物，并从质物变现所得中优先受偿的问题

本案中，长亚公司未能依约偿还贷款本息，构成违约，五一支行有权按照合同约定要求长亚公司立即偿还所有借款本金和利息，并依法行使质权。根据《担保法》第71条第2款的规定，债务履行期限届满质权人未受清偿的，可以与出质人协议以质物折价，也可以依法拍卖、变卖质物。从上述规定可以看出，质权人实现质权的方式通常是，与出质人协议将质物折价或者将质物拍卖、变卖并从所得价款中优先受偿。上述规定是《担保法》对质权实现方式的一般性规定。本案中，出质人市政公司与质权人五一支行约定的质权实现方式是，市政公司承诺将L市建设局支付给该公司的污水处理服务费优先用于清偿借款合同项下长亚公司的债务。尽管上述约定也是通过从质权变现所得价款中优先受偿的方式来保证质权人质权的实现，但由于该种污水处理收益权实质上是一种可期待的将来之债权，是市政公司根据其每月提供的污水处理服务分期获得的收益，因此，双方约定的该种质权实现方式实际上又有别于一般的通过拍卖、变卖质物，从所得价款中一次性优先受偿的质权实现方式。五一支行在《特许经营权质押担保协议》上签字，应视为其同意通过分期优先受偿的方式实现质权。更为重要的是，污水处理收益权作为污水处理特许经营权的一项权能，与企业对污水处理项目的投资、运营和维护是密不可分的，并非可以单独行使。该收益权的获得不仅是对企业先期投入的一种回报，更有赖于企业对污水处理项目的持续运营和维护，而这些更多地体现为一种负担和义务，对经营主体的资质、能力有着较为严格的要求。因此，不论是从维护社会公共利益角度考虑，还是从公平、公正角度考虑，本案的污水处理收益权都不宜通过拍卖、变卖的方式予以处置。鉴于目前长亚公司负责的污水处理项目已经能够正常运作，市政公司每月获得的污水处理费收益稳定，五一支行的债权完全可以通过从市政公司每月取得的污水处理费中优先受偿的方式保证其债权的最终实现，因此，对五一支行要求将《特许经营权质押担保协议》项下质物拍卖，并从质物变现所得价款中优先受偿的主张不予支持。

四、关于长亚公司是否应当负担五一支行为本案支出的律师代理费的问题

本案中，长亚公司未按合同约定偿付贷款本息，构成违约。五一支行为提起本案诉讼支出律师代理费123,640元，并未超过律师收费标准。该费用属于五一支行为实现债权而支出的合理费用。根据《单位借款合同》第14条甲方（长亚公司）未按合同约定履行义务，应承担乙方（五一支行）为实现债权（含担保债权）的费用（包括但不限于诉讼费、财产保全费、律师费、差旅费、执行费、评估费、拍卖费等）的约定，长亚公司应当承担五一支行该笔律师费。长亚公司关于该笔律师费不是法定或合同约定的实现债权的费用，属不必要、不合理的高额费用，应由五一支行自行承担的主张，缺乏事实和法律依据，不予支持。

综上所述，福建高院认为，讼争的《单位借款合同》《保证合同》《特许经营权质押担保协议》均系各方当事人的真实意思表示，其内容不违反法律、行政法规的强制性规定，应认定合法有效。长亚公司未按约定偿付贷款本息，构成违约，应依法承担相应的违约责任。根据《单位借款合同》第11条、第12条"甲方（长亚公司）未按本合同约定的期限清偿借款本金或利息……乙方（五一支行）有权视为所有已发放的借款提前到期，要求甲方（长亚公司）立即偿还本合同项下所有借款本金和利息"的约定，五一支行有权要求长亚公司立即提前偿还其尚欠的借款本金和利息，并承担五一支行为提起本案诉讼支出的律师代理费。市政公司在提供连带责任保证的同时，自愿将L市建设局授予该公司的特许经营权为长亚公司的借款提供质押担保，承诺将特许协议项下L市建设局支付给该公司的污水处理服务费优先用于清偿长亚公司的借款，现长亚公司逾期偿付贷款本息，五一支行有权依法依约行使质权，从市政公司每月获得的污水处理费中优先受偿。综上，一审认定事实清楚，适用法律正确，程序合法，应予维持。五一支行、长亚公司的上诉理由均不能成立，其请求不予支持。

二审结果

2013年9月17日，福建高院作出民事判决：驳回上诉，维持原判。

案例评析

本案中，五一支行认为，用于质押的特许经营权不应仅指污水处理收益权，还应当包括对污水处理厂所有设施，包括建筑物、构筑物、设备、工具、车辆以及其他设施，以及特许经营期内可能形成的知识产权的所有权和使用权。五一支

行有权要求拍卖、变卖《特许经营权质押担保协议》项下的质物，并以拍卖、变卖质物所得价款优先受偿。五一支行的上述意见是不成立的，本案中，根据《特许建设经营合同》的约定，污水处理厂的不动产、设施、设备在特许经营权期限内是不得转让的，并且特许经营权期限届满，有关不动产以及权利均要移交给出让方。由此可见，市政公司无权将这些设备或权利用于质押担保，因此，本案讼争《特许经营权质押担保协议》项下的质物应该主要指特许经营权中的污水处理收益权。

关于污水处理项目收益权的质权公示问题，《物权法》自 2007 年 10 月 1 日起施行后，因收益权已纳入该法第 223 条第 6 项的"应收账款"范畴，故应当在中国人民银行征信中心的应收账款质押登记公示系统进行出质登记，质权才能依法成立。由于本案的质押担保协议签订于 2005 年，在《物权法》施行之前，故不适用《物权法》关于应收账款的统一登记制度。因当时并未有统一的登记公示的规定，故参照当时公路收费权质押登记的规定，由其主管部门进行备案登记，有关利害关系人可通过其主管部门了解该收益权是否存在质押之情况，该权利即具备物权公示的效果。

关于污水处理项目收益权的质权实现方式问题。我国《担保法》和《物权法》均未具体规定权利质权的具体实现方式，仅就质权的实现作出一般性的规定，即质权人在行使质权时，可与出质人协议以质押财产折价，或就拍卖、变卖质押财产所得的价款优先受偿。污水处理项目收益权属于将来金钱债权，质权人可请求法院判令其直接向出质人的债务人收取金钱并对该金钱行使优先受偿权，故无须采取折价或拍卖、变卖之方式。况且收益权均附有一定的负担，且其经营主体具有特定性，故依其性质亦不宜拍卖、变卖。因此，原告请求将《特许经营权质押担保协议》项下的质物予以拍卖、变卖并行使优先受偿权，法院应不予支持。

案例96　贷款银行能否就管道天然气30年特许经营权享有优先受偿权

相关问题

1. 诉争的管道天然气特许经营权的收益权是否可以出质；
2. 城市管道天然气特许经营权质押的实质是什么；
3. 特许经营权与经营收费权能不能分离；
4. 案涉银行能否就管道天然气30年特许经营权享有优先受偿权。

典型意义

管道天然气特许经营权的收益权是否可以出质，城市管道天然气特许经营权质押的实质是什么，特许经营权与经营收费权能不能分离，银行能否就管道天然气特许经营权享有优先受偿权，上述问题都具有一定代表性，这是本案典型性价值所在。

基本案情

上诉人（一审原告）：某银行股份有限公司桑植支行

被上诉人（一审被告）：燃气公司

一审被告：庆宝公司

一审被告：重源公司

一审被告：夏某

一审被告：费某

2011 年 1 月 17 日,某银行股份有限公司桑植支行(以下简称桑植支行)与燃气公司签订《固定资产借款合同》,约定:燃气公司因桑植县供气工程建设,向桑植支行借款 4000 万元,借款期限 8 年,借款利率为年利率 6.4% 上浮 30%(月利率 6.933‰),2013 年至 2016 年每年归还借款本金 600 万元,2017 年至 2018 年每年归还借款本金 800 万元。如借款人未按约偿还本合同项下借款本息及其他应付款项,或未履行本合同项下任何其他义务,或违背在本合同项下的陈述、保证或承诺,则构成借款人违约,贷款人有权宣布本合同项下未偿还的借款和其他融资款项立即到期,并收回未偿还款项。2011 年 1 月 27 日,桑植支行向燃气公司发放贷款 34,095,704.63 元,2012 年 9 月 26 日,桑植支行向燃气公司发放贷款 5,904,295.37 元,共计 4000 万元。至本案诉讼之日,燃气公司尚欠桑植支行贷款本金 3400 万元,利息已支付至 2015 年 2 月 20 日。2011 年 1 月 17 日,桑植支行与燃气公司签订 0001 号《抵押合同》,燃气公司以其所有的机器设备、管道及设施等资产作为抵押物提供担保,同年 1 月 21 日,双方在桑植县工商行政管理局办理了抵押登记。2011 年 1 月 17 日,桑植支行与燃气公司签订 0001 - 2 号《抵押合同》,燃气公司以其所有 9466.61 平方米的土地使用权作为抵押物提供担保,同年 1 月 21 日,双方在桑植县国土资源局办理了抵押登记。2011 年 1 月 17 日,桑植支行与燃气公司签订 0001 - 1 号《质押合同》,燃气公司以其桑植县县城管道天然气经营权为桑植支行的借款提供质押担保,桑植县建设局同意燃气公司以管道天然气特许经营权提供质押,并在中国人民银行征信中心办理了动产权属统一登记 - 初始登记,登记交易类型为应收账款质押。同时,桑植支行与庆宝公司、重源公司、夏某和费某签订《保证合同》,庆宝公司、重源公司、夏某和费某为燃气公司向桑植支行的借款提供连带保证担保。因燃气公司未能按期还本付息,桑植支行遂提起本案诉讼。

2015 年 9 月 28 日,桑植支行起诉燃气公司、庆宝公司、重源公司、夏某、费某(案由为金融借款合同纠纷),请求判令:(1)解除桑植支行与燃气公司签订的《固定资产借款合同》;(2)燃气公司立即归还贷款本金 3400 万元及相应利息(利息按合同约定计算至付清为止);(3)桑植支行就燃气公司国有土地使用权、机器设备及管道设施等抵押物享有优先受偿权;(4)桑植支行就燃气公司享有的桑植县县城城市管道天然气 30 年特许经营权享有优先受偿权;(5)庆宝公司、重源公司、夏某和费某对前述贷款本息承担连带还款责任。

一审意见

一审法院认为,桑植支行与燃气公司签订的《固定资产借款合同》及《抵押合同》,系当事人真实意思表示,内容合法,属于有效合同。当事人应当按照合同约定全面履行自己的义务。根据《固定资产借款合同》的约定,如燃气公司未按约偿还本合同项下借款本息及其他应付款项,或未履行本合同项下任何其他义务,或违背在本合同项下的陈述、保证或承诺,则构成违约,桑植支行有权宣布本合同项下未偿还的借款和其他融资款项立即到期,并收回未偿还款项。至本案诉讼之日,燃气公司拖欠利息时间已经超过7个月,也未按合同约定偿还借款本金,故桑植支行依据合同约定有权行使诉权要求燃气公司偿还借款本金及利息。现燃气公司对解除《固定资产借款合同》和尚欠桑植支行借款本金及利息均无异议,桑植支行要求解除双方签订的《固定资产借款合同》和燃气公司偿还下欠借款本金3400万元及利息的诉讼请求,依法予以支持。根据《合同法》第205条的规定,借款人应当按照约定的期限支付利息。双方当事人签订的借款合同及借款借据等证据证实,本案所涉贷款的利率为月利率6.933‰,燃气公司已支付到2015年2月20日的利息,故燃气公司应按月利率6.933‰向桑植支行支付从2015年2月21日起至支付之日止的利息。

关于本案抵押和保证的问题。《最高人民法院关于人民法院审理借贷案件的若干意见》[①]第17条规定:“审理借贷案件时,对于因借贷关系产生的正当的抵押关系应予保护”;《担保法》第33条规定:“本法所称抵押,是指债务人或者第三人不转移对本法第三十四条所列财产的占有,将该财产作为债权的担保。债务人不履行债务时,债权人有权依照本法规定以该财产折价或者以拍卖、变卖该财产的价款优先受偿”;《物权法》第170条规定:“担保物权人在债务人不履行到期债务或者发生当事人约定的实现担保物权的情形,依法享有就担保财产优先受偿的权利,但法律另有规定的除外”。本案桑植支行与燃气公司签订的《抵押合同》均约定,抵押担保范围包括借款本金及利息。故对桑植支行要求从燃气公司抵押物处置价款中优先偿还借款本息的诉讼请求,予以支持。桑植支行与庆宝公司、重源公司、夏某和费某签订的《保证合同》中约定的保证方式均为连带责任保证,所保证担保的范围包括借款本金、利息等,双方约定明确,予以

① 现已失效。

确认。《担保法》第 13 条规定："保证人与债权人应当以书面形式订立保证合同",《合同法》第 32 条规定："当事人采用合同书形式订立合同的,自双方当事人签字或者盖章时合同成立"。故对于桑植支行要求庆宝公司、重源公司、夏某和费某为燃气公司下欠的借款本息承担连带保证责任的诉讼主张,依法予以支持。

关于本案特许经营权能否出质的问题。城市燃气特许经营权属市政公用事业特许经营权中的一类,是指政府按照有关法律、法规规定,通过市场竞争机制选择城市燃气投资者或经营者,明确其在一定期限和范围经营城市燃气供应或提供相应服务。燃气公司的管道天然气特许经营权是对桑植县县城管道天然气进行运营和维护,并获得相应收益的权利。管道天然气的运营和维护属于经营者的义务,而其收益权则属于经营者的权利,燃气公司对桑植县城管道天然气进行运营和维护,并不属于可转让的财产权利。根据《物权法》第 208 条第 1 款"为担保债务的履行,债务人或者第三人将其动产出质给债权人占有的,债务人不履行到期债务或者发生当事人约定的实现质权的情形,债权人有权就该动产优先受偿"、第 223 条"债务人或者第三人有权处分的下列权利可以出质:(一)汇票、支票、本票;(二)债券、存款单;(三)仓单、提单;(四)可以转让的基金份额、股权;(五)可以转让的注册商标专用权、专利权、著作权等知识产权中的财产权;(六)应收账款;(七)法律、行政法规规定可以出质的其他财产权利"、第 228 条第 1 款"以应收账款出质的,当事人应当订立书面合同。质权自信贷征信机构办理出质登记时设立"的规定,燃气公司的出质标的只能是收益权(应收账款)的质押,并经信贷征信机构办理出质登记,桑植支行才有权就此优先受偿。本案所涉燃气公司的应收账款的质押已经中国人民银行征信中心登记,因此,桑植支行有权对燃气公司出质的收费权(应收账款)在中国人民银行征信中心登记的期限内优先受偿,对桑植支行要求燃气公司享有的桑植县县城城市管道天然气 30 年特许经营权享有优先受偿权的诉请,不予支持。燃气公司抗辩称桑植支行不能享有桑植县县城城市管道天然气 30 年特许经营权优先受偿权的理由成立,应予支持。费某书面述称《担保合同》中的签名非本人所签,但其并没有提交证据予以证明,故不予支持。

一审结果

2015 年 12 月 18 日,一审法院作出民事判决:一、解除桑植支行与燃气公司于2011年1月17日签订的《固定资产借款合同》;二、燃气公司支付桑植支行借款本金3400万元及利息(利息按月利率6.933‰从2015年2月21日起计算至本判决确定的还款日止),前述款项限于判决生效之日起10日内给付;三、桑植支行对燃气公司提供的担保财产国有土地使用权、机器设备及管道设施等抵押物依法享有优先受偿的权利;四、桑植支行对燃气公司质押的收费权(应收账款)在中国人民银行征信中心登记的期限内享有优先受偿的权利;五、庆宝公司、重源公司、夏某和费某对燃气公司上述第二项的贷款本息承担连带清偿责任;六、驳回桑植支行的其他诉讼请求。

桑植支行不服上述判决,向湖南省高级人民法院(以下简称湖南高院)提出上诉。

二审查明

湖南高院二审查明,2016年1月21日,桑植县人民法院作出民事裁定,受理了燃气公司的破产清算申请。还查明,案涉管道天然气特许经营权的期限为2005年4月12日起30年。2015年3月5日,该质押在中国人民银行征信中心办理动产权属统一登记-初始登记,登记期限为5年,即2015年3月5日至2020年3月4日。

湖南高院二审查明的其他事实与一审法院查明的事实一致,依法予以确认。

二审意见

湖南高院认为,本案二审争议的焦点问题是桑植支行能否就燃气公司享有的桑植县县城管道天然气30年特许经营权享有优先受偿权。首先,关于案涉特许经营权能否出质的问题。因燃气特许经营权是指特许经营权人以管道输送形式向用户供应天然气,提供相关管道燃气设施的维护、运行、抢修、抢险业务服务,并获得相应收益的权利。前者并不属于可转让的财产权利,后者是基于提供相关服务产生的将来金钱债权,其性质可纳入"应收账款"范畴。根据《物权法》第223条之规定,债务人或者第三人有权处分的应收账款可以出质。故诉争的管道天然气特许经营权的收益权即应收账款可以出质。本案中,桑植支行与燃气公司签订质押合同,约定以桑植县县城城市管道天然气特许经营权的质押,实质上是对该燃气项目收益权即应收账款的质押。桑植支行提出特许经营权与经营收费权不能分离,一审法院仅判决其对案涉特许经营权的收费权享有优先受偿权不当的上诉理由不能成立,不予支持。燃气公司在答辩中提出案涉特许经营权不能质押,本案质押合同无效的理由亦不能成立,依法予以驳回。燃气公司还提出本案质押登记的时间在人民法院受理燃气公司破产申请1年内应归于无效,因本案质押合同的签订日期在2011年1月17日,不属于破产法规定的人民法院受理破产申请前1年内债务人对没有财产担保的债务提供财产担保的情形,故其主张该质押登记无效没有法律依据,不予采信。其次,桑植支行对案涉管道天然气质押的应收账款在何期限内享有优先受偿权。2011年1月17日,桑植支行与燃气公司签订《质押合同》,明确约定质押物为燃气公司所有的桑植县县城管道天然气30年特许经营权(自2005年4月12日起30年)。2015年3月5日,双方在在中国人民银行征信中心办理了应收账款质押登记手续,登记期限为5年。根据《物权法》第228条第1款之规定,以应收账款出质的,当事人应当订立书面合同。质权自信贷征信机构办理出质登记时设立。故桑植支行主张的本案质押权自登记时已经设立。中国人民银行《应收账款质押登记办法》[①]第12条规定,质权人自行确立登记期限,登记期限以年计算,最长不得超过5年。登记期限届满,质押登记失效。第13条规定,在登记期限届满前90日内,质权人可以申请展期。质权人可以多次展期,每次展期期限不得超过5年。因登记期限是应收账款质押权有效存续的期间,并非应收账款的质押范围。应收账款的质押范围应是指质权人主张优先权的标的范围,即质权人对何种期间的应收账款行使优先受偿权的问题。一审法院以登记期限为限仅支持桑植支行在5年的登记期限内享有优先受偿权不当,依法予以纠正。本案中,桑植支行与燃气公司签订了《质押合同》明确约定以桑植县县城城市燃气30年特许经营权作为质押,并于2015年3月5日办理质押登记手续,故桑植支行对燃气公司管道天然气特许经营权的收费权自2015年3月5日至2035年4月11日的应收账款享有优先受偿权,该优先受偿权行使的前提是桑植支行应到相应登记机关办理该应收账款的登记手续及展期登记手续。

综上,一审判决认定事实清楚,适用法律正确,但部分处理结果不当,依法予以纠正。

二审结果

2016年6月28日,湖南高院作出民事判决:一、维持一审判决第一、二、三、

---

① 现已失效。

五、六项;二、变更一审判决第四项为桑植支行对燃气公司质押的桑植县县城管道天然气特许经营权自2015年3月5日至2035年4月11日的应收账款在桑植支行向中国人民银行征信中心办理相应的登记手续和展期登记手续的前提下享有优先受偿权。

案例评析

本案中,桑植支行认为,法律没有禁止城市燃气特许经营权质押的规定,燃气公司以其所有的桑植县县城城市管道天然气30年特许经营权为案涉贷款提供质押担保且得到桑植县建设局批准同意,故桑植支行对案涉30年特许经营权享有优先受偿权,将特许经营权与经营收费权分离是不合理的。而燃气公司认为,特许经营权属于政府许可的权利,依据当地法规规定,特许经营者不得质押特许经营权,故桑植支行与燃气公司签订的《质押合同》因违反法律的强制性规定而无效,桑植支行不享有质押权。

根据《物权法》的相关规定,债务人或者第三人有权处分的应收账款可以出质。桑植支行与燃气公司约定以桑植县县城城市管道天然气特许经营权的质押,实质上是对该燃气项目收益权即应收账款的质押。《质押合同》并未违反法律规定且已办理了应收账款质押登记手续,故质权设立,桑植支行对燃气公司管道天然气特许经营权的收费权在特许经营期间的应收账款享有优先受偿权。

案例 97　38 亿元贷款质押的是股权还是高速公路项目公路收费权益

相关问题

1. 案涉贷款银行是否具有行政诉讼原告资格；
2. 四方所签《投资框架协议》能否作为起诉依据；
3. 两被告决定收回高速公路特许经营权行为是否合法。

典型意义

38 亿元贷款质押的是股权还是高速公路项目公路收费权益，是本案典型性的表现。相关案涉贷款银行是否具有行政诉讼原告资格，两被告决定收回高速公路特许经营权行为是否合法，也是具有代表性的问题。

基本案情

上诉人（一审原告）：某银行股份有限公司长沙分行

被上诉人（一审被告）：湖南省人民政府

被上诉人（一审被告）：湖南省交通运输厅

一审第三人：湖南省高速公路集团有限公司

一审第三人：江诚公司

一审第三人：常开公司

2006 年 7 月 13 日，湖南省交通运输厅（以下简称省交通厅）与常开公司签订《湖南省常德至安化（梅城）高速公路项目特许投资、建设、经营、养护管理合同》(以下简称《特许经营合同》)规定,省交通厅代表省政府将常德至安化段的高速公路项目(以下简称常安高速项目)的特许经营权授予常开公司。

2009年9月22日,某银行股份有限公司长沙分行(以下简称长沙分行)与常开公司签订《人民币借款合同》,贷款金额38亿元整;贷款担保采取质押和保证两种方式。同日,江诚公司与长沙分行签订《权利质押合同》,约定江诚公司将其所持有的常开公司股权全部质押给长沙分行。

2015年6月3日,省交通厅与江诚公司、常开公司及第三人湖南省高速公路集团有限公司(以下简称省高速公路集团)签订《湖南常德至安化(梅城)高速公路项目投资框架协议书》(以下简称《框架协议书》)。《框架协议书》第14条约定"本协议自四方签字盖章之日起成立,江诚公司、常开公司在2015年6月底之前保证省高速公路集团后续施工队伍顺利进场后开始生效"。该协议尚未生效。

2015年9月24日,湖南省人民政府(以下简称省政府)作出《湖南省政府关于常德至安化高速公路项目特许经营有关事项的批复》,同意解除常开公司的常安高速公路投资、建设、经营、养护管理特许经营权合同,收回常安高速公路特许经营权。

2016年4月20日,一审法院立案受理长沙分行诉省政府、省交通厅,省高速公路集团、江诚公司、常开公司收回特许经营权行政行为及行政协议纠纷一案,长沙分行诉讼请求:(1)判决两被告撤销收回常安高速公路项目特许经营权行政行为;(2)判决确认被告省交通厅与第三人省高速公路集团、江诚公司和常开公司签订的《投资框架协议》无效;(3)判令被告承担本案的全部诉讼费用。

长沙分行主要诉讼意见:省政府批复同意省交通厅收回常安高速公路项目特许经营权,同意第三人省高速公路集团接管常安高速公路后续工程建设,并于2015年10月16日在交通厅网站上公布。但二被告事先并未与长沙分行进行沟通、协商。两被告决定收回常安高速公路特许经营权行为违反了《基础设施和公用事业特许经营管理办法》第38条之规定,程序违法。且被告省交通厅事先未与常安高速项目重要债权人长沙分行协商的情况下与江诚公司、常开公司、省高速公路集团签订的《投资框架协议》对长沙分行38亿元债权没有保障性约定,此框架协议的约定极可能造成长沙分行38亿元贷款国有资产流失,严重损害了长沙分行作为常安高速项目债权人的合作权益。两被告决定收回常安高速公路特许经营权的行为直接违反了《基础设施和公用事业特许经营管理办法》

第38条之规定,程序违法。同时也违反了四方签订的《投资框架协议》第5条之约定。

省政府主要诉讼意见:(1)长沙分行不具有行政诉讼原告资格。根据《行政诉讼法》第25条第1款和《最高人民法院关于适用〈中华人民共和国行政诉讼法〉的解释》第12条、第13条的规定,行政行为的相对人和与行政行为有法律上利害关系人有权提起诉讼。长沙分行既不是行政行为的相对人,也不是与行政行为有法律上利害关系人,不具有行政诉讼原告资格,无权提起行政诉讼。(2)省政府收回特许经营权的行为认定事实清楚,适用依据正确。(3)省政府收回特许经营权的行为程序合法。

省交通厅主要诉讼意见:(1)长沙分行不具备诉请撤销省交通厅收回常安高速公路项目特许经营权行政行为的原告主体资格。(2)省交通厅作为收回常安高速公路特许经营权的行政行为程序合法。(3)省交通厅作出收回常安高速公路特许经营权的行政行为认定事实清楚,证据确凿,适用法律法规准确。(4)长沙分行诉请确认《框架协议书》无效,无事实和法律依据。

省高速公路集团主要诉讼意见:第一,长沙分行的诉讼请求没有事实和法律依据。特许经营权收回程序合法,不存在应当撤销的情形。第二,第三人签订的投资框架协议合法但因约定生效条件未成就而未生效。因此,长沙分行诉讼请求不应当支持。

江诚公司主要诉讼意见:第一,第三人对长沙分行在诉状中称述的事实无异议。第二,第三人愿意配合各方,保护常开公司的权益和长沙分行的利益。

常开公司意见:同江诚公司的意见。

一审意见

一审法院认为:

1.关于被告省政府、省交通厅作出的收回特许经营权行为。根据《行政诉讼法》第25条第1款的规定,"行政行为的相对人以及其他与行政行为有利害关系的公民、法人或者其他组织,有权提起诉讼"。从被诉行政行为的相对人来看,被告省交通厅代表省政府将案涉项目特许经营权授予第三人常开公司;长沙分行明显不是被诉收回特许经营权行为的相对人。那么,长沙分行是否是利害关系人?根据《最高人民法院关于适用〈中华人民共和国行政诉讼法〉的解释》第12条的规定,"有下列情形之一的,属于行政诉讼法第二十五条第一款规定的

‘与行政行为有利害关系’:(一)被诉的行政行为涉及其相邻权或者公平竞争权的;(二)在行政复议等行政程序中被追加为第三人的;(三)要求行政机关依法追究加害人法律责任的;(四)撤销或者变更行政行为涉及其合法权益的;(五)为维护自身合法权益向行政机关投诉,具有处理投诉职责的行政机关作出或者未作出处理的;(六)其他与行政行为有利害关系的情形”。很明显,长沙分行不符合该条前五项所列举的情形。本案长沙分行是以常安高速项目债权人的名义起诉的。根据上述司法解释第13条的规定,“债权人以行政机关对债务人所作的行政行为损害债权实现为由提起行政诉讼的,人民法院应当告知其就民事争议提起民事诉讼,但行政机关作出行政行为时依法应予保护或者应予考虑的除外”。事实上,长沙分行与常开公司签订《人民币借款合同》,贷款金额38亿元整,贷款担保采取质押和保证两种方式;其中,质押担保是通过第三人江诚公司与其签订《权利质押合同》,约定江诚公司将其所持有的常开公司股权全部质押给长沙分行这一方式来实现的,并非质押常安高速公路项目公路收费权益。故被告省政府、省交通厅作出的收回特许经营权行为不损害长沙分行的债权实现,被告作出案涉行政行为可不予考虑长沙分行的债权利益。长沙分行不具备起诉资格。

2.关于被告省交通厅与第三人省高速公路集团、江诚公司和常开公司签订的《框架协议书》。被诉《框架协议书》是被告省交通厅与第三人江诚公司、常开公司及省高速公路集团签订的。虽然该《框架协议书》第5条约定:“本协议签订后,四方应共同与有关银行商谈项目前期银行贷款及后续新增贷款的相关事宜,并在本协议生效后3个月内签订相关补充协议。”但因该协议尚未生效,故对长沙分行的合法权利不产生实际影响。长沙分行起诉不符合法定条件。

综上,原告长沙分行与被告省政府、省交通厅作出的收回特许经营权行为,既不是相对人,也不具有利害关系。被告省交通厅与第三人省高速公路集团、江诚公司和常开公司签订的《框架协议书》,对长沙分行的合法权益明显不产生实际影响。对长沙分行的起诉,依法应予驳回。

一审结果

2018年11月13日,一审法院作出行政裁定:驳回原告长沙分行的起诉。

长沙分行不服一审判决,向湖南省高级人民法院(以下简称湖南高院)提出上诉。

二审结果

二审审理过程中,长沙分行于2019年12月4日向湖南高院提交撤诉申请书,称其正在通过其他途径解决此纠纷,现无继续诉讼之必要,申请撤回上诉。

2019年12月6日,湖南高院作出行政裁定:准许长沙分行撤回上诉。

案例评析

1. 关于案涉贷款银行是否具有行政诉讼原告资格问题

长沙分行不具备行政诉讼原告资格,《行政诉讼法》第25条第1款规定:"行政行为的相对人以及其他与行政行为有利害关系的公民、法人或者其他组织,有权提起诉讼",《最高人民法院关于适用〈中华人民共和国行政诉讼法〉的解释》第12条采用不穷尽列举的方式,列举了属于《行政诉讼法》第25条第1款规定"与行政行为有利害关系"的情形。本案中,省政府收回特许经营权的相对人是常开公司,长沙分行不是行政相对人。常开公司向长沙分行贷款了38亿元,但其并没有将常安高速公路项目特许经营权出质给长沙分行,长沙分行的质押权利只是江诚公司在常开公司的股权,并非质押常安高速公路项目公路收费权益。省政府、省交通厅作出的收回特许经营权行为不损害原告的债权实现,作出案涉行政行为可不予考虑原告的债权利益,行政相对人行不具备行政相关人的条件,不具备行政诉讼原告资格。

2. 关于四方所签《投资框架协议》能否作为起诉依据问题

《框架协议书》是被告省交通厅与第三人江诚公司、常安高速公司及省高速总公司签订的。虽然该《投资框架协议》第5条约定:"本协议签订后,四方应共同与有关银行商谈项目前期银行贷款及后续新增贷款的相关事宜,并在本协议生效后3个月内签订相关补充协议。"但因该协议尚未生效,不能作为起诉的依据。

案例98　行政机关在双方义务具备相互抵消情况下可主张抵消

相关问题

1. 提起本案诉讼是否超过法定起诉期限；
2.《优惠政策答复》中允诺资金的性质；
3. 原、被告各自义务是否可以抵消。

典型意义

行政协议诉讼属于行政诉讼的一种，应当遵循行政诉讼的基本原则。行政协议诉讼中，行政机关不能作为原告提起诉讼，也不能提起反诉。行政协议司法实务中，行政机关救济自身权益的路径，通常为通过行使抗辩权拒绝履行协议约定的义务，或者通过申请非诉强制执行途径促使协议相对人履行协议约定的义务。同时，行政协议具有合意性或者合同性特征，合同当事人所享有的合法权利且权利的行使不违反行政性要求的，同样可以适用于行政协议当事人，如主张抵消的权利。本案中，根据义务履行以及权利实现的先后顺序，行政机关应当先履行协议约定的支付义务，同时行政机关可以根据协议约定，要求协议相对人履行返还义务。在协议双方当事人的义务完全相同的情形下，人民法院支持了行政机关的抵消主张，避免协议相对人通过本案诉讼获得相应款项之后，行政机关另行通过申请非诉执行路径主张权益，可以有效减少当事人的诉累，高效、实质地解决行政协议争议。

基本案情

上诉人(一审被告):R县人民政府

被上诉人(一审原告):裕香公司

2009年5月8日,R县人民政府(以下简称县政府)根据裕香公司提交的《报告》,作出《关于裕香公司投资建设茶油深加工项目享受优惠政策的答复》(以下简称《优惠政策答复》):同意出让30亩土地给裕香公司作为茶油深加工项目建设用地。通过竞拍方式获得该地后,当建设投资达180万元时,出让地价超过每亩3万元部分返还给企业,作为企业的建设资金以加快建设进程,要求投产第四年产值必须达到2000万元以上,年税收达到150万元以上,否则,返还出让地价超过每亩3万元部分的资金和同期利息。2011年12月21日,R县国土资源局出具《成交确认书》,载明:裕香公司竞得一地块(18,479.72平方米)国有建设用地使用权。该地块单价为每平方米135.28元,总价为250万元。2012年1月11日,R县土地整理与土地交易储备中心代裕香公司缴纳土地出让价款等250万元。此外,裕香公司还缴纳有挂牌出让服务费6万元以及契税、印花税7.625万元。2012年4月23日,县政府给裕香公司核发《国有土地使用权证》,将18,479.72平方米的土地使用权人登记为裕香公司。2013年4月18日,R县经济贸易局作出《关于裕香公司要求兑现相关优惠政策的请示》,载明:裕香公司要求县政府按《优惠政策答复》以技改扶持资金形式兑现专项补贴资金166.84万元,请县政府予以审核批复。2013年9月30日,县政府作出《关于裕香公司要求兑现相关优惠政策的批复》(以下简称《兑现优惠政策批复》),决定:同意R县法制办《关于〈关于裕香公司投资建设茶油深加工项目享受优惠政策的答复〉的处理意见》,暂不兑现。2014年1月13日,R县价格认证中心出具《裕香公司机械设备价格认证结论书》,载明:裕香公司存放于厂内用于生产的机械设备认证价格合计为783.7万元。

另查明,2018年9月18日,柳州市纪委信访室出具《关于裕香公司来访情况的说明》,载明:2013年10月9日,裕香公司周××同志来访反映兑现《优惠政策答复》的问题,柳州市纪委信访室已将该问题转至县政府处理。

2018年1月24日,裕香公司对县政府提起行政诉讼,请求:判令县政府履行《优惠政策答复》承诺给其的优惠政策(给付《优惠政策答复》第一点允诺的资金)。

一审意见

一审法院认为:关于裕香公司提起本案诉讼是否超过法定起诉期限的问题。县政府认为裕香公司至少于2013年10月就知晓县政府作出的《兑现优惠政策批复》,裕香公司于2018年1月才提起本案诉讼明显超过了法定的起诉期限。但从前述批复的行文来看,县政府对裕香公司要求兑现《优惠政策答复》的决定是"暂不兑现"而非"不予兑现",在县政府未确定履行期限或明确表态不予兑现的情况下,裕香公司可继续向县政府提出兑现的主张,其提起本案诉讼未超过法定的起诉期限。

关于《优惠政策答复》中允诺资金的性质问题。县政府认为《优惠政策答复》中允诺资金的性质为土地出让金的返还,违反了国务院和财政部"不得以'招商引资''旧城改造''国有企业改制'等各种名义减免土地出让收入……或者以土地换项目、先征后返、补贴等形式变相减免土地出让收入"的规定,不予兑现有理有据。但从《优惠政策答复》的行文"通过竞拍方式获得该地后,当建设投资达180万元时,出让地价超过每亩3万元部分返还给企业,作为企业的建设资金以加快建设进程"来看,该资金的性质实质上应为县政府为招商引资而给予裕香公司附条件的作为建设资金用于加快企业建设进程的奖励,并非土地出让金的返还,"超过每亩3万元部分返还给企业"的表述实为奖励的计算方式。再者,县政府作为县级人民政府,作出《优惠政策答复》时应当知晓国务院和财政部的相关规定,现再以此来曲解和否定其制作的《优惠政策答复》本意,实属政府公信力的缺失,亦有悖于诚信政府建设的初衷,对此不予支持。

关于兑现《优惠政策答复》的条件问题。县政府认为裕香公司要获得《优惠政策答复》允诺的资金必须达到三个条件:(1)建设投资达到180万元;(2)投产第四年产值必须达到2000万元以上;(3)年税收达到150万元以上。裕香公司只达到了第一个条件,因而不予兑现有理有据。但从《优惠政策答复》的行文"当建设投资达180万元时,出让地价超过每亩3万元部分返还给企业,作为企业的建设资金以加快建设进程,要求投产第四年产值必须达到2000万元以上,年税收达到150万元以上,否则返还出让地价超过每亩3万元部分的资金和同期利息"来看,该表述包含两层含义:一是当裕香公司的建设投资达180万元时,县政府给付相应的资金;二是投产第四年若裕香公司不能达到产值2000万元以上和年税收150万元以上，则裕香公司返还相应的资金和同期利息。从逻辑上看，二者明显是先后关系而非平行关系，若不存在先行给付，谈何之后返还？因此，只要裕香公司符合"建设投资达到180万元"这一条件，县政府就应当按照《优惠政策答复》的允诺给付裕香公司相应的资金。

综上，县政府在裕香公司达到了《优惠政策答复》中载明的条件后，就应当履行其在该答复中作出的允诺，给付裕香公司相应的资金。裕香公司实际竞得国有建设用地使用权面积18,479.72平方米（约27.72亩），成交总价250万元。县政府应当按照超过每亩3万元部分给付裕香公司250万元－27.72亩×3万元＝166.84万元。至于裕香公司要求将挂牌出让服务费和相应的税费纳入给付基数以及要求县政府给付利息的主张，不符合《优惠政策答复》的允诺，缺乏相应的给付前提和事实依据，不予支持。

一审结果

一审法院作出行政判决：县政府自本判决生效之日起3个月内按照《优惠政策答复》第一点的允诺给付裕香公司166.84万元。

县政府不服一审判决，向广西壮族自治区高级人民法院（以下简称广西高院）提出上诉。

二审查明

广西高院查明的事实与一审法院查明的事实一致。

另查明，在二审庭审中，县政府、裕香公司均确认《优惠政策答复》的建设资金不包括裕香公司竞得国有建设用地使用权面积18,479.72平方米的成交总价250万元。

再查明：2013年3月22日，裕香公司向县政府、招商局、经贸局、财政局作出《技术改造项目资金申请报告》，申请R县科技改造项目专项资金166.84元。2013年4月18日，R县经济贸易局向县政府作出《关于裕香公司要求兑现相关优惠政策的请示》核实裕香公司2012年年底正式投产，当年实现销售收入29.19万元，上缴税费7.97万元，公司完成办公楼一栋，标准厂房两栋，生产灌装线一条，大型油罐2组。

二审意见

广西高院认为：

一、关于案由问题

《优惠政策答复》形成于招商引资过程中，县政府应裕香公司提出在R县投资建设茶油深加工项目的《报告》而作出，该《报告》属于订立合同的要约，《优惠政策答复》属于订立合同的承诺，《报告》与《优惠政策答复》意思表示一致的内容，构成招商引资合同的组成部分，因此，《优惠政策答复》属于招商引资合同的条款之一。裕香公司请求县政府履行《优惠政策答复》的承诺，实际是请求县政府履行招商引资合同的义务，县政府答复"暂不兑现"，其后一直不兑现《优惠政策答复》的承诺，该行为符合《行政诉讼法》第12条第1款第11项"行政机关未按照约定履行"的情形，属于行政行为，由此引发的诉讼，属于行政诉讼。本案的审查对象是县政府未按照约定履行行政协议的合法性，案由应为"诉不按照约定履行行政协议"。

二、关于起诉期限问题

《行政诉讼法》第46条规定："公民、法人或者其他组织直接向人民法院提起诉讼的，应当自知道或者应当知道作出行政行为之日起六个月内提出。法律另有规定的除外。因不动产提起诉讼的案件自行政行为作出之日起超过二十年，其他案件自行政行为作出之日起超过五年提起诉讼的，人民法院不予受理。"本案中，县政府履行《优惠政策答复》兑现专项补贴资金的前提要件是裕香公司"建设投资达180万元"，裕香公司已满足"建设投资达180万元"的条件，县政府以裕香公司有不能履行义务的可能作出《兑现优惠政策批复》"暂不兑现"，未确定履行期限或明确表态不予兑现，裕香公司可继续向县政府请求兑现；县政府在答辩中亦称裕香公司应当在合理期限内恢复履行能力，且提供适当担保，可以兑现允诺的专项补贴资金，说明县政府没有拒绝兑现《优惠政策答复》允诺的专项补贴资金，一审判决认定"裕香公司提起本案诉讼亦未超过法定的起诉期限"并无不当，县政府认为本案超过法定起诉期限的理由不成立。

三、关于《优惠政策答复》效力问题

对于县政府提出"《优惠政策答复》允诺实质是变相减免裕香公司土地出让收入，与国务院和财政部的规定相冲突，允诺部分无效，不具有可诉性"的意见，经查，双方均确认《优惠政策答复》所记载的"建设投资达180万元"不包括土地使用权出让地价；裕香公司以科技改造项目申请兑现《优惠政策答复》专项资金166.84万元，R县经济贸易局向县政府请示，亦是以裕香公司要求兑现《优惠政策答复》以持改扶持资金形式兑现专项补贴资金166.84万元。一审判决认为允诺的资金实质"为县政府为招商引资给予裕香公司附条件的作为建设资金用于加快企业建设进程的奖励”“‘超过每亩3万元部分返还给企业’的表述实为奖励的计算方式”并无不当。故《优惠政策答复》不存在违法情形，具有法律效力。

四、关于县政府不兑现《优惠政策答复》允诺专项补贴资金的合法性问题

《优惠政策答复》明确了县政府和裕香公司的权利义务，县政府出让30亩土地给裕香公司作为建设用地，在裕香公司的建设投资达180万元时，返还出让地价超过每亩3万元部分资金给企业加快建设；裕香公司通过竞拍方式获得建设用地，投产第四年产值必须达到2000万元以上，年税收达到150万元以上，否则返还出让地价超过每亩3万元部分的资金和同期利息。虽然裕香公司建设投资达到180万元的条件成就在先，县政府本应先兑现扶持资金的承诺，但至本案诉讼时，裕香公司一直未达到年产值2000万元、年税收150万元的要求，其应返还扶持资金的条件也已成就，即《优惠政策答复》设定的义务在本案诉讼时具备了相互抵消的条件。县政府作为行政协议的行政机关，按现行法律规定，其不能作为行政诉讼的原告通过行政诉讼来主张权利，但其可以采取不依约履行义务的方式来主张权利，在双方义务具备相互抵消的情况下，县政府无须先行兑现扶持资金、然后再追偿该扶持资金。况且，在裕香公司存在未履行生效裁判义务、财务状况明显恶化的情况下，判令县政府兑现扶持资金，存在县政府难以收回该扶持资金的风险，造成国有资产流失。据此，县政府不按约定履行义务的行为合法。

二审结果

2019年7月23日，广西高院作出行政判决：一、撤销一审判决；二、驳回裕香公司的诉讼请求。

案例评析

本案系因政府招商引资项目中投资方要求县政府按《优惠政策答复》以技改扶持资金形式兑现专项补贴资金而引发的行政诉讼案件。现就以下问题进行简要评析。

1. 关于提起诉讼是否超过法定起诉期限的问题

首先，本案系争的标的是政府未履行其在招商引资达成的协议中承诺的专项补贴资金，符合《行政诉讼法》第12条第1款第11项“行政机关未按照约定履行”的情形，属于行政诉讼受案范围，应根据行政诉讼法确认本案诉讼是否超过

法定起诉期限。

其次,《行政诉讼法》第 46 条第 1 款规定:“公民、法人或者其他组织直接向人民法院提起诉讼的,应当自知道或者应当知道作出行政行为之日起六个月内提出。”而本案中,在裕香公司已满足“建设投资达 180 万元”的条件,具备要求县政府兑现招商引资合同专项补贴资金的情况下,县政府在《兑现优惠政策批复》中仅作出“暂不兑现”的不明确的行政行为意思表示,而且该“暂不兑现”是一种持续性行为,裕香公司可据此继续向县政府请求兑现。在裕香公司无法确定(知道或应当知道)县政府兑现或不兑现招商引资合同专项补贴资金这一具体行政行为的确切内容,无法确定其合法权益是否受到行政行为侵害的情况下,依法不应认定其诉权进入 6 个月诉讼时效期间的起算时点。一审判决认定“裕香公司提起本案诉讼亦未超过法定的起诉期限”符合法律规定。

2. 关于案涉《优惠政策答复》中允诺资金的性质问题

根据本案县政府《优惠政策答复》表述——“通过竞拍方式获得该地后,当建设投资达 180 万元时,出让地价超过每亩 3 万元部分返还给企业,作为企业的建设资金以加快建设进程”,该“出让地价超过每亩 3 万元部分”返还之允诺资金,实质上是以“出让地价”作为返还数额比对基数,以“超过每亩 3 万元部分”作为实际返还数额,以“建设投资达 180 万元”作为返还支付条件的一种政府招商引资优惠政策,或者说是政府对投资者完成投资的奖励措施,其性质并非土地出让金的返还,实质上是一种奖励的计算方式。政府方的该允诺返还资金行为不违反法律法规或政策规定,但可视为招商引资合同承诺的条件或履约支付对价。

3. 关于裕香公司、县政府各自义务是否可以抵消的问题

行政协议具有行政管理和民商行为的双重属性,有关协议履行内容应受民事或商事法律规范的调整。《最高人民法院关于审理行政协议案件若干问题的规定》第 27 条规定,“人民法院审理行政协议案件,应当适用行政诉讼法的规定;行政诉讼法没有规定的,参照适用民事诉讼法的规定。人民法院审理行政协议案件,可以参照适用民事法律规范关于民事合同的相关规定”。而《合同法》第 99 条第 1 款规定,当事人互负到期债务,该债务的标的物种类、品质相同的,任何一方可以将自己的债务与对方的债务抵销,但依照法律规定或者按照合同性质不得抵销的除外。因此,裕香公司、县政府对招商引商合同中各自义务主张

抵消,有相应的法律依据。

本案中,根据裕香公司、县政府有关优惠政策的报告、答复、批复,可以认定,在裕香公司的建设投资达180万元时,政府方负有返还“出让地价超过每亩3万元部分”资金给裕香公司的协议义务;同时,裕香公司按照“投产第四年产值必须达到2000万元以上,年税收达到150万元以上,否则返还出让地价超过每亩3万元部分的资金和同期利息”的约定,在未达到该投资运营条件的情况下,同样也负有按该约定向县政府返还资金的义务。按照上述认定,虽然县政府兑现允诺扶持资金的承诺的支付义务成就在先,但至本案诉讼时,裕香公司一直未达到年产值2000万元、年税收150万元的要求,其应返还上述扶持资金及利息的条件也已成就。因此,裕香公司、县政府任何一方均可按照《合同法》第99条的规定,主张各自义务的抵消。

另外,二审法院按现行法律规定,从政府方囿于诉权限制,但可以在双方义务具备相互抵消的情况下,通过主张抵销防止国有资产流失的论述和说理,无疑是本案依法裁判的一大亮点。

案例99　行政行为被确认违法又不宜撤销的情况处理

相关问题

1. 案涉市政府决定收回燃气经营区域授权的行为是否合法；
2. 行政行为被确认违法又不宜撤销的情况如何处理。

典型意义

《行政诉讼法》将政府特许经营协议作为行政协议，纳入行政诉讼受案范围。企业根据特许经营协议享有的特许经营权，需要具备一定的资质和条件，享受特许经营带来的经济利益，属于合法经营权的一种特殊情形，应当依法得到保护。行政机关虽然有权根据公共利益的需要解除政府特许经营协议，但也应当按照法定权限和程序来进行，并对企业和投资人因此受到的财产损失依法予以补偿。本案判决的典型意义在于，人民法院审理相关案件时，既要支持因公共利益需要依法进行的行政管理行为，也要注意保护企业根据特许经营协议所享有的合法权益，这完全符合中央、省委关于进一步完善产权保护制度依法保护产权的意见精神。

基本案情

上诉人（一审原告）：昆燃公司

被上诉人（一审被告）：寿光市人民政府

被上诉人（一审被告）：潍坊市人民政府

2011年7月15日，寿光市人民政府（以下简称寿光市政府）授权的寿光市住房和城乡建设局(甲方)与原告昆燃公司(乙方)协商共同开发寿光市天然气综合利用项目,双方签订《山东省寿光市天然气综合利用项目合作协议》,达成以下合作协议:“一、甲方、乙方同意就寿光市天然气利用项目进行合作;二、甲方同意乙方在寿光市从事城市天然气特许经营。特许经营范围包括渤海化工园区(羊口镇)、侯镇化工园区、东城工业园,特许经营期限为30年。三、甲方充分考虑天然气项目具有公共事业的特点,在国家政策法规允许的范围内,对该项目在前期可行性研究阶段、建设和经营提供最大限度的支持。四、乙方应保证在中石油管网为寿光市争取足够的天然气指标,甲方应全力配合。如果乙方不能保证寿光市实际用气需求,则甲方有权依照山东省燃气管理条例等相关法律法规进行处理。……六、本协议正式签署后,乙方对寿光市燃气项目积极开展工作,甲方利用自身优势给予积极配合。签订协议八个月内,如因乙方原因工程不能开工建设,则本协议废止。……”协议签署前后,原告陆续取得了寿光市天然气综合利用项目的立项批复、管线路由规划意见、建设用地规划设计条件通知书、国有土地使用证、环评意见书、工业生产建设项目安全设施审查意见书、固定资产投资工程项目合理用能评估审核意见书、项目核准意见、关于燃气项目水土保持方案的批复等手续。同时,原告对项目进行了部分开工建设。

2014年4月30日,潍坊市城市管理行政执法局向山东省住房和城乡建设厅报送“关于昆燃公司办理燃气工程项目批复的请示”,但未获批复。

2014年7月10日,寿光市住房和城乡建设局对原告昆燃公司作出催告通知,内容:“……你公司的管道天然气经营许可手续至今未能办理,影响了经营区域内居民、工业、商业用户及时用气,……现通知你公司抓紧办理管道天然气经营许可手续,若收到本通知2个月内经营许可手续尚未批准,我市将收回你公司的管道天然气经营区域,由此造成的一切损失由你公司自行承担。”

2015年6月25日,原告昆燃公司参加了寿光市燃气工作会议,会议明确要求:“关于天然气镇村通工程建设。各燃气企业要明确管网铺设计划,加快推进工程建设,今年9月底前未完成燃气配套设施建设的,一律收回区域经营权。”

2015年6月29日,原告昆燃公司向被告寿光市政府出具项目保证书,对文家门站及主管网项目、羊口镇燃气项目、侯镇燃气项目、双王城生态经济园区燃气项目作出承诺:在办理完成项目开工手续后3个月内完成以上工作,如不能按照完成,将自动退出政府所授予经营区域。

2016年4月6日,被告寿光市政府作出《关于印发寿光市“镇村通”天然气工作推进方案的通知》(以下简称《推进方案的通知》),决定按照相关框架合作协议中有关违约责任,收回原告昆燃公司的羊口镇、双王城生态经济园区和侯镇的经营区域授权,授权给寿光市城市基础设施建设投资管理中心代表寿光市政府经营管理。

原告昆燃公司不服上述决定,向潍坊市人民政府(以下简称潍坊市政府)申请行政复议,潍坊市政府收到原告的行政复议申请书后,依法予以受理。2016年6月7日,潍坊市政府向被告寿光市政府作出并送达了《提出行政复议答复通知书》。同年6月21日,寿光市政府向潍坊市政府提交了《行政复议答复书》。2016年8月2日,潍坊市政府作出行政复议决定书(以下简称161号复议决定),维持了寿光市政府作出的寿政办发〔2016〕47号文件中关于收回昆燃公司燃气特许经营区域授权的决定,并送达了原告及寿光市政府。原告遂提起本案行政诉讼。

昆燃公司起诉寿光市政府(案由为政府特许经营协议纠纷),请求:(1)确认被告于2016年4月6日作出《推进方案的通知》收回原告全部燃气经营区域授权决定的行为违法;(2)撤销被告于2016年4月6日作出《推进方案的通知》收回原告全部燃气经营区域授权的决定。

一审法院依法追加潍坊市政府为共同被告。

昆燃公司主要诉讼意见:寿光市政府作出《推进方案的通知》收回原告全部燃气经营权区域授权的决定认定事实错误,原告不存在违约行为,且寿光市政府收回原告燃气经营权未履行听证程序,程序违法,系违法的行政行为。

寿光市政府主要诉讼意见:(1)寿光市政府2016年4月6日作出的寿政办发〔2016〕47号《关于印发寿光市“镇村通”天然气工作推进方案的通知》正确,被告潍坊市政府2016年8月2日作出潍政复议字〔2016〕第161号行政复议决定维持了寿光市政府所作决定,足以证明寿光市政府作出的决定合法有效。(2)根据国务院《城镇燃气管理条例》第15条、《山东省燃气管理条例》第15条和《山东省燃气经营许可管理办法》第8条等相关规定,燃气经营属于特种行业,国家对其经营实行许可证制度,在寿光市政府管辖区域内,寿光市政府具有许可决定权。原告取得寿光市政府辖区内的羊口镇、侯镇和双王城生态经济园区管道天然气经营区域授权后,怠于项目的审批和投资建设,蓄意圈占地盘,迟迟不开工建设，严重阻碍了寿光全市天然气“镇村通”工作的顺利推进，给寿光市政府造成了难以弥补的经济损失和负面社会影响，原告违约在先。原告向寿光市政府写出了书面保证承诺在3个月内完成投资建设，但是，原告违背承诺直至2016年4月6日寿光市政府作出《推进方案的通知》仍一事无成。(3)由于原告投资不到位，燃气管道不符合规划要求，气源指标不落实等诸多因素的制约，导致原告的申请审批事项达不到审批条件，其过错完全在原告一方。(4)原告在取得寿光市政府辖区内管道天然气经营区域授权后，长期“圈而不建”，消极怠工，严重影响了寿光市政府辖区内企业和居民生产、生活用气，制约了寿光市政府对环境治理目标的如期完成，寿光市政府保留对原告合同违约责任追究和损失赔偿的追偿权。

潍坊市政府主要诉讼意见：(1)潍坊市政府的行政复议行为程序合法。(2)潍坊市政府作出维持的行政复议决定合法。

一审意见

一审法院认为：

依据《合同法》第8条，第60条第1款，第94条第3项、第4项之规定，依法成立的合同，对当事人具有法律约束力，受法律保护，当事人应当按照约定行使权利、履行义务；当事人一方迟延履行主要债务，经催告后在合理期限内仍未履行或当事人一方迟延履行债务致使不能实现合同目的，当事人另一方可以解除合同。本案中，被告寿光市政府授权的寿光市住房和城乡建设局与原告昆燃公司协商共同开发寿光市天然气综合利用项目，双方签订《山东省寿光市天然气综合利用项目合作协议》，该协议系寿光市政府与原告的真实意思表示，内容不违反法律、行政法规的强制性规定，协议合法有效，双方应当依约履行。原告在依约取得羊口镇、侯镇化工园区、东城工业园区天然气经营区域授权后，因项目的审批、投资建设不到位，致使项目建设不能依约完成，也不能办理燃气经营许可证，在被告向原告发出催告通知、召开会议催促要求，且原告出具了书面项目建设保证书作出承诺后，至2016年4月6日原告仍未依约完成项目投资建设，影响了经营区域内用户及时用气，原告的行为属于迟延履行合同主要债务，经催告后在合理期限内仍未履行，且该迟延履行致使不能实现合同目的，寿光市政府有权依约解除合同。寿光市政府作出《推进方案的通知》，决定按照合作协议中有关违约责任收回原告的天然气经营区域授权，事实清楚，证据充分，理由正当。

因寿光市政府系依据合作协议中有关违约责任收回原告的经营区域授权，非燃气经营许可的收回，故原告认为被告未履行听证程序违法的主张于法无据，法院不予采信。

被告潍坊市政府收到原告昆燃公司的行政复议申请书后，履行了受理、制作《提出行政复议答复书》并送达、审查、作出《行政复议决定书》并送达等法定程序，符合《行政复议法》的相关规定，作出行政复议行为的程序合法。

综上，原告昆燃公司的起诉理由不成立，其要求确认被告寿光市政府作出《推进方案的通知》收回原告燃气经营区域授权决定的行为违法并请求撤销的诉讼请求无事实和法律依据，法院不予支持。

一审结果

2016 年 11 月 21 日，一审法院作出行政判决：驳回昆燃公司的诉讼请求。

昆燃公司不服一审判决，向山东省高级人民法院（以下简称山东高院）提出上诉。

二审意见

山东高院认为，本案二审的争议焦点：寿光市政府作出《推进方案的通知》，决定收回昆燃公司燃气经营区域授权的行为是否合法。

《市政公用事业特许经营管理办法》第 2 条规定，“市政公用事业特许经营，是指政府按照有关法律、法规规定，通过市场竞争机制选择市政公用事业投资者或者经营者，明确其在一定期限和范围内经营某项市政公用事业产品或者提供某项服务的制度。城市供水、供气、供热、污水处理、垃圾处理等行业，依法实施特许经营的，适用本办法”。因此，本案涉及的燃气经营区域授权系市政公用事业特许经营。针对寿光市政府取消特许经营权行为的合法性及合理性审查，主要涉及以下几个方面的问题。

一、关于昆燃公司主张其不应承担违约责任的问题

案涉合作协议系寿光市政府在法定职责范围内为实现公共利益的需要，对天然气综合利用项目实施特许经营而与昆燃公司进行的约定，具有行政法上的权利义务内容，属行政协议。《最高人民法院关于适用〈中华人民共和国行政诉讼法〉若干问题的解释》[①]第 14 条规定，人民法院审查行政机关是否依法履行、

① 现已失效。

按照约定履行协议或者单方变更、解除协议是否合法,在适用行政法律规范的同时,可以适用不违反行政法和《行政诉讼法》强制性规定的民事法律规范。《合同法》作为调整民事合同的法律规范,在不违反有关行政法强制性规定的情况下,可以直接适用于行政协议。《合同法》第 60 条第 1 款规定,当事人应当按照约定全面履行自己的义务;第 64 条第 4 项规定,履行期限不明确的,债务人可以随时履行,债权人也可以随时要求履行,但应当给对方必要的准备时间。合作协议系寿光市政府与昆燃公司的真实意思表示,内容不违反法律规定,应属有效,双方均应按约定履行各自义务。昆燃公司的义务为积极开展燃气项目建设,保证寿光市实际用气需求。因该协议对燃气项目建设未明确约定具体的履行期限,寿光市政府可以随时要求昆燃公司履行。案件事实表明,寿光市政府于 2014 年 7 月 10 日、2015 年 6 月 25 日先后两次催促昆燃公司,要求其履行协议义务,并表示如不履约将收回燃气经营区域授权,故应认定寿光市政府已经给予昆燃公司足够的准备时间。依据《合同法》第 94 条第 4 项的规定,当事人一方迟延履行债务致使不能实现合同目的,另一方可以解除合同。昆燃公司对燃气项目建设作出了保证和承诺,但仍未按照其承诺消除项目建设的障碍,亦未向寿光市政府提出不能履行相关义务的异议。昆燃公司取得燃气经营区域授权后,在长达 5 年的时间内,而且是在寿光市政府要求其履行义务的期限内,一直未完成全部授权经营区域内的燃气项目建设。该事实表明昆燃公司迟延履行义务,导致相关经营区域的供气目的不能实现,合同解除的法定条件成立。寿光市政府据此作出《推进方案的通知》,决定按照合作协议中有关违约责任收回昆燃公司在羊口镇、侯镇化工园区的燃气经营区域授权,实质是解除昆燃公司在上述区域的燃气特许经营协议,并无不当。合作协议虽未对双王城生态经济园区的燃气经营区域授权作出约定,但考虑到昆燃公司长期不能完成该经营区域的燃气项目建设,寿光市政府作出《推进方案的通知》,一并收回该区域授权,亦无不当。

二、关于昆燃公司主张寿光市政府收回燃气经营区域授权不符合法定情形的问题

《市政公用事业特许经营管理办法》第 18 条规定,"获得特许经营权的企业在特许经营期间有下列行为之一的,主管部门应当依法终止特许经营协议,取消其特许经营权,并可以实施临时接管:(一)擅自转让、出租特许经营权的;(二)擅自将所经营的财产进行处置或者抵押的;(三)因管理不善,发生重大质

量、生产安全事故的;(四)擅自停业、歇业,严重影响到社会公共利益和安全的;(五)法律、法规禁止的其他行为”。该条规定了主管部门取消特许经营权的法定情形,昆燃公司认为其不存在上述取消特许经营权的法定情形,寿光市政府收回燃气经营区域授权的行为违反上述规定。山东高院认为,迟延履行特许经营协议义务行为虽然未在《市政公用事业特许经营管理办法》第18条规定的前四项中明确列举,但该法条为弥补列举不全面所可能造成的遗漏规定了兜底性条款,即“法律、法规禁止的其他行为”。本案中,由于昆燃公司长期不能完成经营区域内的燃气项目建设,无法满足居民的用气需要,足以影响社会公共利益,应为法律、法规所禁止。不能因为该条款未将昆燃公司迟延履行特许经营协议义务行为明确列为取消特许经营权的情形,就将其排除在法律规定之外,这并不符合该法保障社会公共利益的立法目的。因此,昆燃公司的该项主张,不应予以支持。

三、关于昆燃公司主张其仍享有东城工业园区域授权的问题

本案合同的履行具有可分性,该合作协议实际是由羊口镇、侯镇化工园区、东城工业园三个区域的燃气特许经营协议组成,每个区域授权与整个协议虽有关联,却相对独立,取消任一区域授权并不影响昆燃公司在其他区域的权利义务。本案中,寿光市政府未提出收回昆燃公司在东城工业园的燃气经营区域授权,合作协议关于东城工业园的燃气特许经营协议尚未解除。一审法院判决对此没有加以区分,应予纠正。昆燃公司关于寿光市政府为其保留了东城工业园区域授权的上诉理由成立,应予以支持。

四、关于寿光市政府收回燃气经营区域授权未进行听证程序是否合法的问题

《市政公用事业特许经营管理办法》第25条第2款规定,对获得特许经营权的企业取消特许经营权并实施临时接管的,必须按照有关法律、法规的规定进行,并召开听证会。昆燃公司认为,寿光市政府收回其燃气经营区域授权未进行听证,违反上述规定。山东高院认为,寿光市政府对供气行业依法实施特许经营,决定收回昆燃公司燃气经营区域授权,应当告知昆燃公司享有听证的权利,听取昆燃公司的陈述和申辩。昆燃公司要求举行听证的,寿光市政府应当组织听证。而寿光市政府未提供证据证明其已履行了相应义务,其取消特许经营权的行为不符合上述法律规定,属于程序违法。一审法院判决认为寿光市政府的

行为系“非燃气经营许可的收回,故可以不进行听证”理由不当,应予纠正。对于昆燃公司的该项主张,应予支持。

综上,寿光市政府作出《推进方案的通知》收回昆燃公司燃气经营区域授权的行为事实清楚、证据充分,但违反法定程序,应当确认该被诉行政行为违法。因本案涉及寿光市供气公共事业,昆燃公司长期不能完成燃气项目建设,无法实现经营区域内的供气目的,达到了解除特许经营协议的法定条件,且经营区域内燃气项目特许经营权已经实际授予他人,行政行为一旦撤销不仅会影响他人已获得的合法权益,而且会影响居民用气,损害区域内公共利益,故对昆燃公司提出撤销被诉行政行为的诉讼请求不予支持。从合理性角度考量,因昆燃公司燃气项目已经开工建设,如果寿光市政府收回昆燃公司燃气经营区域授权的行为给其造成一定程度的损失,在该行政行为被确认违法又不宜撤销的情况下,寿光市政府依法应当采取必要的补救措施。潍坊市政府作出161号复议决定的程序虽然并无不当,但未对寿光市政府收回昆燃公司燃气经营区域授权的程序违法问题进行审查认定,其复议决定维持被诉行政行为不当,应当予以撤销。昆燃公司的上诉理由部分成立,应当予以支持。一审法院判决适用法律存在错误,应予纠正。

二审结果

2017年5月5日,山东高院作出行政判决:一、撤销一审判决;二、撤销潍坊市政府作出的161号复议决定;三、确认寿光市政府作出《推进方案的通知》收回昆燃公司燃气经营区域授权的行政行为程序违法,但不撤销该行政行为;四、驳回昆燃公司的其他诉讼请求。

案例评析

1. 案涉市政府决定收回燃气经营区域授权的行为是否合法

《市政公用事业特许经营管理办法》第2条规定:“本办法所称市政公用事业特许经营,是指政府按照有关法律、法规规定,通过市场竞争机制选择市政公用事业投资者或者经营者,明确其在一定期限和范围内经营某项市政公用事业产品或者提供某项服务的制度。城市供水、供气、供热、公共交通、污水处理、垃圾处理等行业,依法实施特许经营的,适用本办法。”本案中,案涉寿光市政府与昆燃公司签订《山东省寿光市天然气综合利用项目合作协议》开发寿光市天然气综合利用项目，属于上述条款调整的范围。

《市政公用事业特许经营管理办法》第 25 条规定："主管部门应当建立特许经营项目的临时接管应急预案。对获得特许经营权的企业取消特许经营权并实施临时接管的，必须按照有关法律、法规的规定进行，并召开听证会。"案涉市政府对供气行业依法实施特许经营，决定收回昆燃公司燃气经营区域授权，应当告知昆燃公司享有听证的权利，听取昆燃公司的陈述和申辩，昆燃公司要求举行听证的，案涉市政府应当组织听证。而案涉市政府决定收回燃气经营区域授权的行为未按照有关法律、法规的规定进行听证，违反法定程序，属行政行为违法。

2. 行政行为被确认违法又不宜撤销的情况如何处理

《行政诉讼法》第 74 条第 1 款规定："行政行为有下列情形之一的，人民法院判决确认违法，但不撤销行政行为：(一)行政行为依法应当撤销，但撤销会给国家利益、社会公共利益造成重大损害的。"就本案而言，亦适用《最高人民法院关于执行〈中华人民共和国行政诉讼法〉若干问题的解释》[①]第 58 条的规定，"被诉具体行政行为违法，但撤销该具体行政行为将会给国家利益或者公共利益造成重大损失的，人民法院应当作出确认被诉具体行政行为违法的判决，并责令被诉行政机关采取相应的补救措施；造成损害的，依法判决承担赔偿责任"。对于行政行为被确认违法又不宜撤销的，应判决确认被诉具体行政行为违法，同时责令违法行政行为责任主体对行政相对人进行利益损失弥补，以实现公共利益和个体利益平衡。

二审法院判决确认被诉具体行政行为违法并无不当，从合理性角度考量，因上诉人燃气项目已经开工建设，如果寿光市政府收回上诉人燃气经营区域授权的行为给其造成一定程度的损失，在该行政行为被确认违法又不宜撤销的情况下，寿光市政府依法应当采取必要的补救措施。编者认为，二审法院对补救措施的判决似有不足。为防止行政机关对采取补救措施之义务无限期地拖延，在法律未明确规定期限情况下，法院应指定合理期限，但二审判决未指定寿光市政府依法应当采取必要的补救措施的相应期限。

---

① 现已失效。

案例 100　撤销行政违法协议与社会公共利益损害的权衡

相关问题

1. 审查供热特许经营协议适用的法律依据；

2. 被诉特许经营协议的签订是否违反法定程序。

裁判要点摘选

根据《行政诉讼法》的规定，本案被诉特许经营协议的签订违反法定程序，但撤销该协议将影响争议区域居民的冬季采暖，对公共利益造成重大损害，故一审判决确认住建局与永房公司签订的《协议书》违法并无不当。

基本案情

上诉人（一审被告）：D 市住房和城乡建设局

上诉人（一审第三人）：永房公司

被上诉人（一审原告）：旺热公司

2011 年 7 月 15 日，D 市住房和城乡建设局（以下简称住建局）与永房公司签订《增加供热区域协议书》（以下简称《协议书》）。住建局与永房公司签订的《协议书》约定，住建局同意永房公司新增供热区域，该新增供热区域包括新建的隆域小区。

《协议书》签订前，永房公司已将供热经营纳入其经营范围，且此项经营项目仅供其分支机构经营。永房公司的分支机构龙分公司的成立时间为 2016 年 1 月 25 日。

旺热公司认为住建局应将隆域小区划为其供热区域,故提起本案行政诉讼,请求:确认住建局与永房公司签订《协议书》的行为违法。

一审意见

一审法院认为,住建局与永房公司所签订的《协议书》系政府特许经营协议。城市供热经营属于《行政许可法》第12条第2项规定之情形,即"有限自然资源开发利用、公共资源配置以及直接关系公共利益的特定行业的市场准入等,需要赋予特定权利的事项",应设定行政许可。故城市供热经营行政许可的作出,应符合该法第53条第1款、第2款之规定,即"实施本法第十二条第二项所列事项的行政许可的,行政机关应当通过招标、拍卖等公平竞争的方式作出决定。但是,法律、行政法规另有规定的,依照其规定。行政机关通过招标、拍卖等方式作出行政许可决定的具体程序,依照有关法律、行政法规的规定"。地方政府有权划定辖区内供热区域,但对于各供热区域的经营,地方政府无权擅自决定。行政机关签订行政协议应认真履行法定职责,住建局未依照法定程序与永房公司签订《协议书》,依据《行政诉讼法》第70条第3项之规定,即"行政行为有下列情形之一的,人民法院判决撤销或者部分撤销,并可以判决住建局重新作出行政行为:……(三)违反法定程序的",应对此协议予以撤销。但若撤销此协议将会给社会公共利益造成重大损害,且永房公司已于2016年1月25日注册成立了其所属分支机构,即龙分公司,且此分公司有权在总公司隶属经营范围内从事经营活动。故永房公司对其与住建局所签订的《协议书》已具备法定要件。

一审结果

一审法院作出行政判决:确认住建局与永房公司签订的《协议书》违法。

住建局、永房公司均不服一审判决,向吉林省长春市中级人民法院(以下简称长春中院)提起上诉。

二审意见

长春中院认为,《行政许可法》第12条第2项规定,对于有限资源的开发利用、公共资源配置以及直接关系公共利益特定行业的市场准入等,需要赋予特定权利的事项,可以设定行政许可。第53条第1款规定:"实施本法第十二条第二项所列事项的行政许可的,行政机关应当通过招标、拍卖等公平竞争的方式作出决定。但是,法律、行政法规另有规定的,依照其规定。"原建设部《市政公用事业特许经营管理办法》第2条规定:"本办法所称市政公用事业特许经营,是指政府按照有关法律、法规规定，通过市场竞争机制选择市政公用事业投资者或者经营者，明确其在一定期限和范围内经营某项市政公用事业产品或者提供某项服务的制度。城市供水、供气、供热、公共交通、污水处理、垃圾处理等行业，依法实施特许经营的，适用本办法。”本案中，住建局与永房公司签订《协议书》为供热特许经营协议，属于上述条款调整的范围。签订该协议应当由主管部门坚持公正、公开、公平的原则，依照法定程序，通过招标等公平竞争的方式选择投资者或经营者。但本案中，住建局直接与永房公司签订《协议书》，违反法定程序。《行政诉讼法》第70条第3项规定，行政行为违反法定程序的，人民法院判决撤销或者部分撤销，并可以判决被告重新作出行政行为。第74条第1项规定，行政行为依法应当撤销，但撤销会给国家利益、社会公共利益造成重大损害的，人民法院判决确认违法，但不撤销行政行为。根据上述规定，本案被诉特许经营协议的签订违反法定程序，但撤销该协议将影响争议区域居民的冬季采暖，对公共利益造成重大损害，故一审判决确认住建局与永房公司签订的《协议书》违法并无不当。

二审结果

2016年9月6日，长春中院作出行政判决：驳回上诉，维持原判。

案例评析

1. 审查供热特许经营协议适用的法律依据

《行政许可法》第12条规定：“下列事项可以设定行政许可：（一）直接涉及国家安全、公共安全、经济宏观调控、生态环境保护以及直接关系人身健康、生命财产安全等特定活动，需要按照法定条件予以批准的事项；（二）有限自然资源开发利用、公共资源配置以及直接关系公共利益的特定行业的市场准入等，需要赋予特定权利的事项；……（六）法律、行政法规规定可以设定行政许可的其他事项。”

《行政许可法》第13条规定：“本法第十二条所列事项，通过下列方式能够予以规范的，可以不设行政许可：（一）公民、法人或者其他组织能够自主决定的；（二）市场竞争机制能够有效调节的；（三）行业组织或者中介机构能够自律管理的；（四）行政机关采用事后监督等其他行政管理方式能够解决的。”

《行政许可法》第53条规定：“实施本法第十二条第二项所列事项的行政许

可的,行政机关应当通过招标、拍卖等公平竞争的方式作出决定。但是,法律、行政法规另有规定的,依照其规定。行政机关通过招标、拍卖等方式作出行政许可决定的具体程序,依照有关法律、行政法规的规定。行政机关按照招标、拍卖程序确定中标人、买受人后,应当作出准予行政许可的决定,并依法向中标人、买受人颁发行政许可证件。行政机关违反本条规定,不采用招标、拍卖方式,或者违反招标、拍卖程序,损害申请人合法权益的,申请人可以依法申请行政复议或者提起行政诉讼。"

《市政公用事业特许经营管理办法》第 2 条规定:"本办法所称市政公用事业特许经营,是指政府按照有关法律、法规规定,通过市场竞争机制选择市政公用事业投资者或者经营者,明确其在一定期限和范围内经营某项市政公用事业产品或者提供某项服务的制度。城市供水、供气、供热、公共交通、污水处理、垃圾处理等行业,依法实施特许经营的,适用本办法。"

2. 被诉特许经营协议的签订是否违反法定程序

根据《行政许可法》第 53 条以及《市政公用事业特许经营管理办法》第 8 条"主管部门应当依照下列程序选择投资者或者经营者:(一)提出市政公用事业特许经营项目,报直辖市、市、县人民政府批准后,向社会公开发布招标条件,受理投标;(二)根据招标条件,对特许经营权的投标人进行资格审查和方案预审,推荐出符合条件的投标候选人;(三)组织评审委员会依法进行评审,并经过质询和公开答辩,择优选择特许经营权授予对象;(四)向社会公示中标结果,公示时间不少于 20 天;(五)公示期满,对中标者没有异议的,经直辖市、市、县人民政府批准,与中标者(以下简称'获得特许经营权的企业')签订特许经营协议"的规定,被诉特许经营协议的签订未经过法定的招投标程序,存在程序违法。

李　华

盈科律师事务所创始合伙人、盈科全国业务指导委员会主任。

李华律师作为盈科全国业务指导委员会主任，负责盈科体系内的专业化建设，带领盈科律师，构建出完整的专业化法律服务体系，包括研究院、专业委员会及综合性法律中心，推动盈科律师专业化的法律服务，以适应法律服务市场不断细分的需要。在此基础上，通过集成各专业委员会纵深化的法律服务能力为客户提供综合性的法律服务。

曾荣获全国律师行业优秀党员律师、北京市优秀律师、朝阳区优秀律师、朝阳区首届优秀女律师、朝阳区优秀党员的荣誉称号。

张国印

北京市盈科律师事务所高级合伙人律师，先后就读于重庆交通大学、中国政法大学、清华大学，具有建筑工程专业与法学专业双学士学位、法律硕士学位。曾任第八、九、十届北京市律师协会建设工程法律专业委员会副主任。现为广州、呼和浩特等60余地仲裁机构仲裁员，湖北、河南等省财政厅PPP专家库法律类专家，中国国际经济贸易仲裁委员会调解中心调解员，重庆交通大学客座教授，曾获2015年至2018年北京市优秀律师荣誉。出版有《建设工程保险案例与实务》《PPP项目运作与法律实务》《企业合同管理常见问题与对策》《项目经理法律实务》《建筑施工企业及人员刑事风险认知》《施工企业项目管理法律实务》《施工企业物资采购案例与实务》等图书。